القصور والبيوت المملوكية في القاهرة

دراسة أثرية وحضارية

تأليف

غزوان ياغي

بريل

الناشر

دار بريل للنشر في ليدن المحروسة وبوسطن

٢٠٢١

صورة الغلاف: شارع التبانة في عام 1920، ويظهر به الواجهات الرئيسية للمنازل المطلة على الشارع، ومنها الواجهة الرئيسية الشمالية الشرقية لمنزل قايتباي التبانة، والتي تظهر فتحة مدخلها الرئيسي وقد حول لحانوت.

Cover illustration: al-Tabbāna street in 1920, showing the main façades of the houses overlooking the street, including the main north-eastern façade of the Qā'itbāy al-Tabbāna residence, which shows the opening of its main entrance and has been converted into a shop.

Library of Congress Control Number: 2020951576

Typeface for the Latin, Greek, and Cyrillic scripts: "Brill". See and download: brill.com/brill-typeface.

ISBN 978-90-04-44139-2 (hardback)
ISBN 978-90-04-44140-8 (e-book)

Copyright 2021 by Koninklijke Brill NV, Leiden, The Netherlands.

This book is printed on acid-free paper and produced in a sustainable manner.

إِلَى رُوحِ والِدِي الْمُرَبِّي الفاضِلِ
الرّاحِلُ عَنَّا جَسَدًا الْبَاقِي فِي نُفوسِنا أَبَدًا

فهرس المحتويات

ثبت الأشكال

1 الوحدة المعمارية التي يتألف منها التكوين العام للقصور الأموية في بلاد الشام، والتي يغلب أنها صارت تشكل التكوين العام لأقسام البيت في الفسطاط حتى نهاية العصر الأموي. (عن: فريد شافعي، العمارة العربية في مصر)

2 الفسطاط، شكل مقترح للتخطيط العام لقصر عبد الله بن عمرو بن العاص الذي كان واقعاً للشمال من جامع عمرو بن العاص. (عن: فريد شافعي، العمارة العربية في مصر)

3 وحدة سكنية من قصر الأخيضر، هذه الوحدة المعمارية التي يتألف منها التكوين العام للقصر العباسي في العراق والتي صارت تشكل الوحدة المعمارية الرئيسية في العمارة السكنية في عواصم مصر الإسلامية حتى نهاية ق 5هـ/11م. (عن: فريد شافعي، العمارة العربية في مصر)

4 تطور عواصم مصر الإسلامية وموقعها. (عن: كازانوفا، تاريخ ووصف قلعة القاهرة)

5 الفسطاط الدار الثانية التي اكتشفها علي بهجت وألبير جبرييل، وهي تمثل النموذج ذو الفناء الواحد الذي يوجد بأحد أضلاعه عنصر السقيفة التي تتقدم الإيوان والغرفتين على جانبيه، بينما يوجد بكل من أضلاعه الثلاثة الباقية ثلاث إيوانات. (عن: مصطفى محمد جاب الله، البيت الإسلامي)

6 الفسطاط البيت الطولوني الثاني الذي اكتشفه عباس كامل حلمي، ويظهر به واضحاً عنصر السقيفة التي تتقدم إيوان أوسط مقبي وعلى جانبيه غرفتان، ويظهر بهذا البيت استخدام عنصر السقيفة والإيوان ليصبح جناح استقبال مستقل. (عن: فريد شافعي، العمارة العربية في مصر)

7 الفسطاط الدار الثانية التي اكتشفها علي بهجت وألبير جبرييل، والتي تمثل نموذج الدار ذات الفناءين، ويظهر بها أيضاً عنصر الاستقبال المنفصل عن أجزاء الدار. (عن: مصطفى محمد جاب الله، البيت الإسلامي)

8 المسقط الأفقي لمسقط الدار الثامنة بحفريات الفسطاط نموذج الدار ذات الفناء الواحد ذات السقيفة والثلاثة أبواب، وأكد رجوع تاريخها للنصف الأول من القرن 6هـ/12م. (عن: مصطفى محمد جاب الله، البيت الإسلامي)

9 رسم الحدود الخارجية للقصر الشرقي الكبير والقصر الغربي الصغير طبقاً لتحديد رافيز على خريطة مساحية للقاهرة 1925. (عن: Ravaisse, *Essai sur l'histoire et sur la topographie du Caire*)

10 المسقط الذي وضعه هرتس للقصر الفاطمي الغربي الذي بني بيمارستان قلاوون على أساسه، ويظهر التأثير الكبير للمسقط بطراز البيوت الطولونية. (عن: مصطفى محمد جاب الله، البيت الإسلامي)

11 مسقط أفقي لقاعة الدردير التي تمثل الإضافة الفاطمية للدار الإسلامية في مصر، حيث وضع هذا التطور أولى مظاهر الطراز التقليدي في العمارة السكنية في الفترات الإسلامية اللاحقة. (عن: Creswell, *The Muslim architecture of Egypt*)

12 مسقط البيت الأيوبي الذي عثر عليه في مكان قلعة الروضة في القاهرة، حيث يمثل المسقط العام للبيت الأيوبي. (عن Prisse d'Avennes, *Islamic Art in Cairo*)

13 خريطة تمثل القاهرة في العصر المملوكي، موقعاً عليها الامتدادات الجغرافية للمدينة وحدودها وأهم ضواحيها وشوارعها ومبانيها كما كانت في ذلك الوقت. (عن: أندريه ريمون، القاهرة تاريخ حاضرة)

14 خريطة تبين القصور والبيوت التي كانت تقع حول بركة الفيل القريبة من قلعة الجبل بالقاهرة في العصر المملوكي. (عن: محمد الششتاوي، متنزهات القاهرة)

15 رسم تخطيطي للواجهة الرئيسية الشرقية لربع قايتباي

ثبت اللوحات

1 بيوت الطبقة الوسطى على الخليج المصري بالقاهرة.

2 صورة قديمة التقطت عام 1920 لشارع التبانة، ويظهر به الواجهات الرئيسية للبيوت المطلة على الشارع، ومنها الواجهة الرئيسية الشمالية الشرقية لبيت قايتباي التبانة، والتي تظهر فتحة مدخلها الرئيسي وقد حول لحانوت.

3 الواجهة الحالية لقصر الأمير طاز بالسيوفية. ويظهر بها الحوانيت التي اعتاد وجودها في واجهات هذه القصور.

4 تمثل الفناء الحالي لبيت قايتباي بالتبانة، ويظهر بالصورة ضيق الفناء والانحراف الظاهر بالواجهات الداخلية للفناء، إضافة لجمال العناصر المعمارية الموجودة بهذه الواجهات.

5 القاعة الرئيسية في قصر الأمير بشتاك، ويظهر بالصورة فضاء القاعة والإيوان الجنوبي الشرقي والعقود التي تفتح بها.

6 قاعة قصر ألناق من الأعلى، ويظهر في الصورة الجدران العلوية الضخمة للدور قاعة وبها النوافذ، كما يظهر فضاء الإيوان الشمالي الرئيسي للقاعة.

7 صورة قديمة لقاعة محب الدين الموقع، يظهر بها الإيوان الجنوبي الصغير وجزء من الدور قاعة التي يتوسطها فسقية. (عن الهيئة العامة للآثار المصرية)

8 لوحة حديثة رسمت عام 1981 لواجهة مقعد ماماي، ويظهر بها التفاصيل المعمارية الكاملة لهذا المقعد قبل أن تختفي خلف الجدار المرتفع الذي يتقدمها اليوم، وهو أكمل المقاعد التي وصلتنا من العصر المملوكي.

9 ساقية قصر الأمير طاز، ويظهر بها العامود الرأسي (الهرمس) والدولاب الكبير الأفقي (الترس) والعامود الأفقي (الناف) وجزء من الدولاب الصغير الرأسي (الطارة).

10 ساقية قصر الأمير طاز، ويظهر بها الدولاب الثالث (التصلية) من أجزاء الساقية وهو الذي كان يرفع الماء من البئر بواسطة تجاويف خشبية أو قواديس فخارية.

11 منظر جوي يظهر كامل منطقة شارع باب الوزير، ويبين موقع قصر ألناق بالنسبة للشارع. (عن منشورات مؤسسة الآغا خان)

12 صورة أرشيفية للإضافات التي أزالتها لجنة حفظ الآثار العربية عن واجهة قصر ألناق الحسامي، وهي من إضافات إبراهيم آغا مستحفظان. (عن أرشيف الهيئة العامة للآثار المصرية)

13 منظر عام للواجهة الشرقية والشمالية لقصر ألناق الحسامي بعد الترميم الأخير.

14 المدخل الرئيسي لقصر ألناق الحسامي بعد الترميم الأخير.

15 سقف دركاه المدخل الرئيسي لقصر ألناق الحسامي.

16 البحر السابع من كتابات الضلع الغربي لإزار سقف دركاه المدخل الرئيسي للقصر، ويظهر به اسم الأمير ألناق ووظيفته.

17 صورة من داخل الفناء للباب المتوصل منه لفناء قصر ألناق الحسامي.

18 إسطبل قصر ألناق الحسامي، وتظهر بالصورة البلاطة الوسطى للإسطبل والبائكتان ذواتا الأواوين على جانبيها.

19 صورة علوية لقاعة قصر ألناق الحسامي يظهر بها الإيوانان والدور قاعة. (عن منشورات مؤسسة الآغا خان)

20 الإيوان الرئيسي لقاعة قصر ألناق الحسامين.

21 الواجهة الخارجية الشمالية الغربية لقصر بشتاك والتي تطل على شارع بين القصرين.

22 صورة قديمة للفناء الذي يتقدم الواجهة الجنوبية الشرقية لقصر بشتاك، وتظهر بعمق الصورة الجهة الجنوبية الشرقية لهذا الفناء.

23 المدخل الثانوي الواقع بالواجهة الجنوبية الشرقية لقصر بشتاك، وهو المدخل الوحيد المستخدم حالياً للوصول لأجزاء القصر.

24 الإسطبل الوحيد الباقي في قصر بشتاك.

25 الإيوان الشمالي الغربي الرئيسي بقصر بشتاك، وتظهر في

الصورة النوافذ الثلاث السفلية والعلوية والقمرية الواقعة بصدر الإيوان، والتي تطل على شارع بين القصرين.

26 الحقاق المقلوبة (القصع) التي تتكون منها سقوف القاعة والغرفة الملحقة بالإيوان الشمالي الغربي بقصر الأمير بشتاك.

27 صورة توضح داخل إحدى الحقاق المقلوبة (القصع) الأصلية التي تتشكل منها أسقف القاعة الرئيسية بقصر بشتاك، ويظهر بالصورة مكتوباً مانصه: (مما عمل برسم المقر الأشرف العالي المولوي الأميري السيفي بشتاك الناصري). (عن أرشيف الهيئة العامة للآثار المصرية)

28 الإيوان الجنوبي الشرقي لقاعة قصر بشتاك، وتظهر بالصورة السدلة والدخلات الواقعة بصدر هذا الإيوان بعد الترميم الأخير.

29 الإيوان الجنوبي الغربي أحد الإيوانين الجانبيين لقاعة قصر بشتاك، وتظهر بالصورة واجهة الأغاني التي تعلو كل من هذا الإيوان والإيوان الشمالي الشرقي أيضاً.

30 صورتان قديمة وأخرى حديثة للواجهة الشمالية الشرقية الباقية من قصر قوصون، وتظهر في الصورتان المساحة الفضاء التي أمامهما والممتدة حتى شارع حدرة البقر، والتي كانت تشكل جزءاً هاماً من هذا القصر قبل تهدم عمائرها وضياع آثارها. (عن أرشيف الهيئة العامة للآثار المصرية)

31 كتلة المدخل التذكاري الواقع بالطرف الجنوبي الشرقي للواجهة الشمالية الشرقية لقصر قوصون، وتظهر بالشكل السقيفة ذات الدلايات التي تتقدم الحجر المعقود الذي تعلوه طاقية ويفتح به باب الدخول.

32 الحجر المعقود الذي يتصدر سقيفة مدخل قصر قوصون والذي تعلوه طاقية ويفتح به باب الدخول.

33 صورة قديمة للتعديات التي أزالتها لجنة حفظ الآثار العربية عند مدخل قصر قوصون. (عن أرشيف الهيئة العامة للآثار المصرية)

34 جزء من الشريط الكتابي الواقع على جانبي المدخل التذكاري، ويظهر بالصورة اسم الأمير يشبك من مهدي وبعض ألقابه. (عن أرشيف الهيئة العامة للآثار المصرية)

35 منظر عام للواجهة الشمالية الشرقية لقصر قوصون، ويظهر بالصورة الجزءان المتوسطان من الواجهة، وواجهة الإسطبل والقاعة الصغرى التي تعلوه، وواجهة صالات الجند والقاعة الرئيسية التي تعلوه.

36 الكتلة البنائية الأولى من الجزء الرابع من الواجهة الشمالية الشرقية لقصر قوصون الذي يمثل واجهة المقعد والغرفة الملحقة به، وتظهر بالصورة واجهة الغرفة الملحقة بالمقعد والحاصل الواقع بأسفلها.

37 الجزء الظاهر من واجهة المقعد الذي كان ملحقاً بقصر قوصون، ويظهر بالصورة البابان المتوصل منهما للحواصل الثلاثة الظاهرة بالدور الأرضي أسفل المقعد.

38 صورة لداخل الإسطبل الواقع بالطابق الأرضي لقصر قوصون. (عن أرشيف الهيئة العامة للآثار المصرية)

39 صورة تبين داخل القاعة الوحيدة الباقية بالطابق الأرضي لقصر قوصون. (عن أرشيف الهيئة العامة للآثار المصرية)

40 الإيوان الشمالي الشرقي الرئيسي للقاعة الكبرى بالطابق الأول لقصر قوصون ويظهر بالصورة الشبابيك التي بصدر الإيوان والعقد الكبير المخموس الذي يفتح به هذا الإيوان على الدور قاعة.

41 الإيوان الجنوبي الشرقي للقاعة الكبرى بالطابق الأول لقصر قوصون والذي يفتح على الدور قاعة بعقد مخموس، ويظهر بالصورة عقد الإيوان الجانبي الذي يفتح على هذا الإيوان الجنوبي الشرقي بعقد مشابه. (عن أرشيف الهيئة العامة للآثار المصرية)

42 السلم الصاعد والواقع بالدخلة الجدارية الجنوبية الغربية للإيوان الجانبي الذي يفتح على الإيوان الجنوبي الشرقي للقاعة الرئيسية بقصر قوصون، وكان يتوصل عبر هذا السلم لمقعد الأغاني الواقع بالجزء العلوي من الإيوان الجانبي.

43 البحر الأول والثاني من الشريط الكتابي الواقع أسفل سقف القاعة بالجناح السكني المكتشف.

44 الواجهة الخارجية الجنوبية الشرقية لقصر منجك اليوسفي

كما هي عليه الآن بعد الترميمات التي أجرتها لجنة حفظ الآثار العربية أولاً، ثم المجلس الأعلى للآثار.

45 كتلة مدخل قصر منجك اليوسفي السلاح دار، ويظهر بوسط كلا كوشتي هذه الكوشة شكل السيف الذي يتوسط الجامة الحجرية البارزة، وهو رنك السلاح دار.

46 الجامة الحجرية البارزة التي تتوسط الكوشة اليمنى للعقد الذي يتوج كتلة مدخل قصر منجك اليوسفي السلاح دار، ويظهر بها شكل رنك السلاح دار الذي يرمز له بالسيف.

47 القبة الحجرية الضحلة التي تغطي سقيفة مدخل قصر منجك اليوسفي. ويظهر بالصورة المثلثات الكروية الأربعة الحاملة لهذه القبة.

48 إحدى الدخلتان الجداريتان الواقعتان في كتلة مدخل قصر منجك اليوسفي في سوق السلاح.

49 الجدار الواقع بصدر كتلة مدخل قصر منجك، ويظهر بالصورة الباب المعقود والشباك اللذان يتوسطان هذا الجدار.

50 الواجهة الخارجية الشمالية الغربية الرئيسية لقصر الأمير طاز والممتدة على شارع السيوفية.

51 المدخل الرئيسي لقصر الأمير طاز والواقع بالواجهة الشمالية الغربية المطلة على شارع السيوفية.

52 صورة علوية لكامل قصر الأمير طاز، يظهر بها الفناءان الحاليان للقصر. (عن منشورات الهيئة العامة للآثار المصرية)

53 جزء من القبو المتقاطع الحجري الذي يغطي الإيوان الشمالي الشرقي من القاعة الأرضية الصغرى بالطابق الأرضي لقصر الأمير طاز.

54 صورة قديمة تمثل واجهة الحاصلين الواقعين أسفل مقعد الأمير طاز، وتظهر بالصورة واجهة المقعد المؤلفة من ثلاثة عقود محمولة على ثلاثة أعمدة. (عن أرشيف الهيئة العامة للآثار المصرية)

55 الساقية المكتشفة بالطابق الأرضي خلف أحد الحواصل الواقعة أسفل مقعد قصر الأمير طاز بعد الترميم الأخير.

56 الأجزاء الباقية من حمام قصر الأمير طاز بعد الترميم الأخير.

57 صورة قديمة لواجهة الضلع الجنوبي الغربي للفناء الأول الجنوبي الغربي لقصر طاز. (عن: Revault & Maury, *Palais et maisons du Caire*)

58 مقعد قصر الأمير طاز.

59 صورة قديمة لحنية مدخل مقعد قصر الأمير طاز. (عن أرشيف الهيئة العامة للآثار المصرية)

60 جزء من السقف الذي يغطي مقعد قصر الأمير طاز.

61 صورة قديمة للإيوان الشمالي الشرقي الرئيسي للقاعة الرئيسية لقصر الأمير طاز، ويظهر بالصورة الجدار الجنوبي الشرقي من هذا الإيوان قبل الترميم الأخير للقصر. (عن أرشيف الهيئة العامة للآثار المصرية)

62 القاعة الرئيسية بقصر الأمير طاز بعد الترميم الأخير للقصر.

63 واجهة الضلع الجنوبي الشرقي للفناء الجنوبي الغربي كما يظهر بالصورة جزء من الضلع الشمالي الشرقي لنفس الفناء.

64 جزء من الفناء الشمالي الشرقي لقصر الأمير طاز.

65 واجهة الضلع الشمالي الغربي من الفناء الشمالي الشرقي لقصر الأمير طاز.

66 جزء من واجهة الضلع الشمالي الشرقي للفناء الشمالي الشرقي لقصر الأمير طاز.

67 إسطبل قصر الأمير طاز أثناء الترميم الأخير.

68 الواجهة الخارجية الجنوبية الشرقية والرئيسية لبيت السلطان قايتباي بالمغربلين، ويظهر بها بعض أعمال الترميم الأخيرة.

69 باب المدخل الرئيسي لبيت السلطان قايتباي بالمغربلين والواقع بالواجهة الجنوبية الشرقية الرئيسية للبيت.

70 صورة قديمة للزاوية الجنوبية من فناء بيت قايتباي، ويظهر بالصورة المدخل المؤدي للقاعة الرئيسية الأرضية للبيت، (عن أرشيف الهيئة العامة للآثار). وقد نشر هذه الصورة عرفة عبدة عرفة في كتابه وصف مصر بالصور، دار المشرق، ط1، 1993، وقال إنها التقطت

بين عامي 1850–1990م.

71 صورة قديمة للضلع الجنوبي الغربي لفناء بيت قايتباي والذي يضم بطابقه الأرضي الحواصل التي يعلوها المقعد بمستوى الطابقين الأول والثاني التقطت في منتصف القرن العشرين. (عن أرشيف الهيئة العامة للآثار المصرية)

72 في الأعلى صورة قديمة (عن أرشيف الهيئة العامة للآثار المصرية) تعود لمطلع القرن الماضي للضلع الشمالي الغربي لبيت قايتباي، في الأسفل صورة حديثة لنفس الضلع أثناء أعمال الترميم الأخيرة عام 2014. وتظهر في الصورة التغيرات في العقود الستة لبائكة الإسطبل.

73 السقف الخشبي الذي يغطي دهليز الدخول للمقعد.

74 صورتان جداريتان بالفريسكو تمثلان الكعبة وما حولها وتقعان على الجزء العلوي للجدار الجنوبي الشرقي للمقعد، وتظهر بالصورة الحالة السيئة من الحفظ التي تعانيها الصور الجدارية الموجودة بهذا المقعد.

75 الواجهة الخارجية الشمالية الشرقية لبيت السلطان قايتباي بالتبانة، وتظهر بالصورة التغييرات الكبيرة التي طرأت على هذه الواجهة قديماً، حيث ألغي المدخل الرئيسي القديم للبيت الذي كان يتوسطها كما ألغي باب الزقاق المستجد الذي كان يقع على يمين المدخل الرئيسي وحول المدخلان لحانوتين. كما تظهر الصورة بعض الترميمات الحديثة التي تمت على هذه الواجهة.

76 باب الدخول الرئيسي الحالي لبيت السلطان قايتباي بالتبانة، والذي يقع أسفل الواجهة الجنوبية الشرقية للبيت .

77 الضلع الشمالي الغربي لفناء بيت السلطان قايتباي بالتبانة، ويظهر بالصورة الطابقان الأرضي والأول اللذان يتألف منهما هذا الضلع.

78 الواجهة الطابق الأرضي للضلع الشمالي الغربي لفناء منزل قايتباي بالتبانة، ويظهر بالصورة عقود البائكة المكونة للإسطبل بعد الترميم.

79 الباب الواقع بالزاوية الغربية للفناء والمتوصل منه للطابق الأول للضلعين الشمالي الغربي والجنوبي الغربي لبيت السلطان قايتباي بالتبانة. وتظهر الصورة الوضع قبل وبعد أعمال الترميم الأخيرة.

80 الطباق الكبير الواقع بالطابق الأول للضلع الشمالي الغربي لفناء بيت قايتباي بالتبانة.

81 أبواب الحواصل الأربعة الواقعة بالطابق الأرضي للضلع الجنوبي الغربي لفناء أسفل المقعد الزائل في بيت قايتباي في التبانة، ويلاحظ بالزاوية باب الحاصل الرابع الذي صار الباب الذي يصل بين بيت قايتباي هذا ومنزل أحمد كتخدا الرزاز بعد عام 1192هـ/1778م.

82 صورة قديمة للضلع الشرقي لفناء بيت قايتباي بالتبانة، وتظهر بالصورة فتحة نهاية دهليز الدخول إضافة لواجهة الإسطبل الصغير والباب الذي يحمل اسم قايتباي ورنكه بالطابق الأول، وتظهر واجهة الطابق الثاني. (عن أرشيف الهيئة العامة للآثار المصرية)

83 مدخل قايتباي الواقع بالضلع الجنوبي الشرقي لبيت السلطان قايتباي في التبانة، ويظهر بوضوح كامل التكوين المعماري والزخرفي للمدخل.

84 أحد الرنكين الكتابين الموجودين بأعلى حجر مدخل السلطان قايتباي بالضلع الجنوبي الشرقي لبيت السلطان قايتباي بالتبانة. (عن أرشيف الهيئة العامة للآثار المصرية)

85 الضلعين الجنوبي الشرقي والشمالي الشرقي لبيت قايتباي بعد الترميم.

86 القاعة الرئيسية الواقعة في الطابق الثاني للضلع الشمالي الشرقي لبيت السلطان قايتباي بالتبانة.

87 المبيت الملحق بالإيوان الجنوبي الشرقي للقاعة الرئيسية الواقعة في الطابق الثاني للضلع الشمالي الشرقي لفناء بيت قايتباي، وتظهر في الصورة الزخارف الجصية المميزة على السقف والجدران.

88 رسم تصوري لمقعد ماماي عندما كان مستخدماً كدار للقضاء العالي.

89 في الأعلى صورة قديمة (عن الكراسات، كراسة رقم 19، عام 1902، لوحة رقم 5) توضح حال مقعد ماماي في أواخر القرن التاسع عشر، ويظهر في الصورة بعض

المقـدمة

تعتبر العمائر السكنية من الضرورات التي لا تقوم الحواضر إلا بها، ولا يكتمل عمران المدن إلا بانتشارها، فهي أبرز معالم الاستقرار، ونواة المدن، حتى إنها صارت معياراً يعكس مراحل نمو المدن ومستوى التحضر الذي وصلت إليه، حيث يمثل البيت تراكماً يعكس تطور المدينة ضمن إطارها الجغرافي والتاريخي والسياسي والاقتصادي، فالمدينة تمثل (النتيجة لتفاعل عوامل اجتماعية - اقتصادية - تقنية ضمن إطارها الإقليمي ومسارها التاريخي، وتمثل الوظيفة العنصر الأساسي في تشكيل المدينة، ويأتي السكن في مقدمة وظائف المدينة مقاسا بأهميته الاجتماعية والروحية والاقتصادية والمعمارية).[1]

وعليه فقد كان البيت وتأمينه وتحسينه هدفاً عاماً اشتركت في السعي إليه كافة طبقات المجتمع الغنية منها والفقيرة عبر الزمن، فقد كانت ومازالت البيوت تشكل نسبة لا تقل عن 50% من مجموع العمائر الموجودة بالمدينة، ومن هنا تبرز أهميته في التشكيل الحضري للمدن في فترات نموها المختلفة.

وقد اعتبر الإسلام البيت أحد الضرورات الرئيسية والأساسية للإنسان المسلم حيث يجد السكينة والإطمئنان مع عائلته، وجعل البيت من مقومات الحياة ومفردات مستوى المعيشة مثله مثل الكساء والغذاء، وجعله نعمة من الله على عباده، حيث قال تعالى:

﴿وَاللهُ جَعَلَ لَكُم مِّن بُيُوتِكُمْ سَكَنًا وَجَعَلَ لَكُم مِّن جُلُودِ الأَنْعَامِ بُيُوتًا تَسْتَخِفُّونَهَا يَوْمَ ظَعْنِكُمْ وَيَوْمَ إِقَامَتِكُمْ وَمِنْ أَصْوَافِهَا وَأَوْبَارِهَا وَأَشْعَارِهَا أَثَاثًا وَمَتَاعًا إِلَى حِينٍ * وَاللهُ جَعَلَ لَكُم مِّمَّا خَلَقَ ظِلاَلاً وَجَعَلَ لَكُم مِّنَ الْجِبَالِ أَكْنَانًا وَجَعَلَ لَكُمْ سَرَابِيلَ تَقِيكُمُ الْحَرَّ وَسَرَابِيلَ تَقِيكُم بَأْسَكُمْ كَذَلِكَ يُتِمُّ نِعْمَتَهُ عَلَيْكُمْ لَعَلَّكُمْ تُسْلِمُونَ﴾.[2]

وقد جاء البيت الإسلامي معبراً عن الشخصية المسلمة ومرتبطاً بجملة العوامل والمؤثرات الفقهية التي شرعت بدقة العلاقة بين أفراد الأسرة المسلمة، والعلاقة بين هذه الأسرة والمجتمع المحيط بها، فكان لدعوة الإسلام للستر والفصل بين الرجال والنساء أثره الكبير على الشكل المعماري للمسكن الإسلامي، والذي جاءت واجهاته الخارجية مقفلة قليلة الفتحات مثل الحجاب الذي يحجب داخل المسكن، وجعل المدخل المؤدي إليه منكسراً، وخصص فيه للزوار أماكن استقبال خاصة جعل الوصول إليها سهلاً ومباشراً من أقرب نقطة للمدخل الخارجي، بوقت جعل للنساء فيه أيضا أماكن خاصة بعيدة عن أماكن الاستقبال وتطل جلَّ فتحاتها على الفناء.

والعمائر السكنية إحدى فروع العمارة الإسلامية بصفة عامة والعمارة المدنية بصفة خاصة، هذا بالرغم أن ما بقي منها يعتبر قليلاً جداً بالنسبة لباقي فروع العمارة الإسلامية، وقياساً على ما وردنا عن العمائر السكنية في وثائق الوقف أو الإيجار أو البيع أو الاستبدال،[3] فضلاً عن المصادر التاريخية المختلفة، وبخاصة كتب الخطط والرحالة المسلمين والأجانب، وربما كان لطبيعة العمائر السكنية التي هي عمائر تتعرض للكثير من التغيير والتبديل الذي يرتبط أحيانا كثيرة بأذواق وأمزجة ساكنيها، الذين كان لتبدلهم الكثير والمستمر خاصة في تلك القصور والمنازل المملوكية التي يرجع تأسيس أحدثها لأكثر من خمسة قرون ونيف، أثر في إضعاف هذه العمائر التي وإن كانت العناية بها غير منقطعة، فإنها كانت في الواقع من حيث

1 خالص حسن الأشعب، تطور البيت ودوره في تشكيل المدينة العربية "حالة الدراسة بغداد"، مجلة باسل الأسد للعلوم الهندسية (عدد خاص عن تطور المسكن العربي عبر العصور)، العدد 8، تشرين الثاني "نوفمبر"، 1979، ص 83-111، ص85.

2 الآية رقم 80-81، سورة النحل.

3 Zakarya, Mona. "Deux palais du Caire médiéval." *Waqfs et architecture.* Aix-en-Provence: Institut de recherches et d'études sur le mondes-arabes et musulman, Éditions du C.N.R.S., 1983.

 | DOI: 10.1163/9789004441408_002

النوعية أقل بكثير من العناية التي لاقتها المنشآت الدينية التي كانت أصلا أقل عرضة للتخريب والإهمال والتبديل بسبب ما لها من قدسية ومكانة روحية.

ولقد حظيت العمارة السكنية بمدينة القاهرة منذ بداية العصر المملوكي بتطورات كبيرة ملحوظة، ففي كل من فترتي الدولة البحرية 648–784هـ/1250–1382م والجركسية 784–923هـ/1382–1517م (حظيت مصر برخاء اقتصادي وقوة سياسية وازدهار فني ولاسيما في مجال العمارة... وتطورت نظم العمارة والبناء وبلغت درجة عالية من النضج والإتقان، ومما ساعد على إزدهار فن العمارة تنافس أمراء المماليك على تشييد المنشآت الدينية والمدنية المختلفة).[4]

كما وقع المجتمع القاهري منذ بداية العصر المملوكي تحت جملة مؤثرات خاصة دينية واجتماعية ومعمارية، كان لا بد للإنسان المسلم بهذه المدينة من أن يتطور معها في مختلف نواحي حياته.[5]

فقد استمر الطراز الطولوني في بناء البيوت داخل القاهرة الفاطمية، التي بنيت سنة 358هـ/969م، والتي تسارعت حركة البناء فيها مع الزمن بشكل كبير، لاعتبارات سياسية، واجتماعية، وكذلك كانت للاعتبارات الأمنية أهمية، فالقاهرة هي المكان الأكثر أماناً من الفسطاط والعسكر والقطائع لأسوارها الحصينة ذات الحماية الدائمة.

وهكذا لم تلبث القاهرة أن عجت بالأبنية، رغم ضيق مساحتها المحاطة بالأسوار، وظل هذا الحال حتى بداية عصر الدولة المملوكية، (فلم تشيد عواصم جديدة، بل نشأت أحياء جديدة، تتبعت مركز السلطة أينما كانت،[6] ولكن ظلت العواصم القديمة بما فيها القاهرة في تزايد مستمر، وتكدس سكاني ولهذا فإن مباني العصر المملوكي لم تكن عناصر ابتداء كما كان الحال في العواصم الأولى، بل كان لا بد من هدم عقار قديم لإقامة المباني الجديدة على مساحته، وهذه الظاهرة ملحوظة جداً داخل القاهرة في الأحياء المأهولة بالسكان).[7]

وقد أدى صغر المساحة المتاحة إلى تغير تخطيط البيوت في القاهرة، ويحتمل أن بداية هذا التغير قد ظهر منذ بداية العصر الفاطمي،[8] حيث صارت أغلب البيوت تقتصر على فناء واحد، (فقد ظهرت الحاجة إلى تغطية الجزء المكشوف من الفناء، بالإضافة إلى الإيوانات الجانبية، حتى يمكن الاستفادة من ذلك المسطح جميعه للسكن، واستعمل في أغراض الاستقبال، ومن هنا ظهر عنصر القاعة، ولم يكن من الممكن طبعاً الاستغناء عن الفناءين المتوسطين كليهما لداعي التهوية والإضاءة، وبذلك احتفظ بالفناء الثاني)،[9] الذي تجمعت حوله الأضلاع الأربعة للمسكن بما تحتويه من أقسام وعناصر.

4 حسن الباشا، الموسوعة العمارة والآثار والفنون الإسلامية، أوراق ثقافية للطباعة والنشر، 5ج، طبعة 1420هـ/1999م، ج2، ص3.

5 Behrens-Abouseif, Doris. *The Arts of the Mamluks in Egypt and Syria: Evolution and Impact.* Göttingen: V&R unipress, 2012. ⁝ Behrens-Abouseif, Doris. *Islamic Architecture in Cairo: An Introduction.* Cairo: AUC Press, 1998. ⁝ Meinecke, Michael. *Die mamlukische Architektur in Ägypten und Syrien (648/1250 bis 923/1517). Genese, Entwicklung und Auswirkungen der mamlukischen Architektur.* Gluckstadt: Verlag J.J. Augustin, 1992. ⁝ Pauty, Edmond. *Les palais et les maisons d'époque musulmane, au Caire.* Cairo: I.F.A.O, 1932.

6 للاستزادة حول هذا الموضوع انظر: Behrens-Abouseif, Doris, *The Cairo heritage: essays in honor of Laila Ali Brahim,* Cairo: AUC Press, 2000.

7 حسني محمد نويصر، عوامل مؤثرة في تخطيط المدرسة المملوكية، مجلة المنيا، كلية الآداب، قسم التاريخ، المجلد الأول، العدد الأول، 1991، ص258–259.

8 عند ضيق القاهرة بسكانها قام بدر الجمالي وزير الخليفة الفاطمي المستنصر بالله سنة 480–485 هـ/1087–1092م بتوسيعها، وتجديد بناء أسوارها وأبوابها.

9 عباس كامل حلمي، تطور المسكن المصري الإسلامي من الفتح العربي حتى الفتح العثماني، قسم الآثار، كلية الآداب، جامعة القاهرة، 1968، (رسالة دكتوراة غير منشورة) ص203. ⁝ محمود محمد فتحي الألفي، الدور والقصور والوكالات في العصر المملوكي في القاهرة، "دراسة لبعض الأمثلة"، قسم العمارة، كلية الهندسة، جامعة القاهرة، 1976، (رسالة ماجستير غير منشورة) ص147–148.

لقد كانت العمائر السكنية المملوكية (صدى للحياة المدنية، في عصر امتاز بنهضة معمارية وفنية)،[10] فظهر ارتباط المسكن وتخطيطه بالحياة الاجتماعية، والاقتصادية، والسياسية، وأحكام الدين والعرف، والعادات والتقاليد السائدة، فانعكس ذلك على التخطيط، وعلى العناصر التي يحتويها، وبالتالي فقد كان هذا محفزاً للإلتفات عند تخطيط هذه العمائر لبعض العناصر المعمارية وإحيائها بجديه، وتطوير استخدامها، وتحديث وظائفها، والعمل على إبداع عناصر جديدة تلائم الأغراض والمهام الجديدة المطلوبة منها، وهكذا ظهرت في تخطيط هذه العمائر عناصر جديدة ذات استخدامات محددة خصوصية، فصارت المساكن تقسَّم بالعموم إلى ثلاثة أقسام رئيسية :

الأول: للرجال والاستقبال[11] وقد شغل الطابق الأول غالباً، وصار يتألف من المقعد، والقاعة الرئيسية.

والثاني: جعل للحريم والأطفال وللمعيشة اليومية والحياة الخاصة،[12] وقد شغل كامل أجزاء الطابق الثاني وبعض الفراغات البعيدة عن مكان الاستقبال في الطابق الأول.

والثالث: أماكن الخدمات والملحقات العامة، أي المطبخ والحمام والساقية والإسطبل والحواصل، التي شغلت الطابق الأرضي للبيت.

وقد جاء المسكن القاهري منذ بداية العصر المملوكي بسيطاً في مظهره الخارجي، ذا واجهات مسمطة قليلة الفتحات، ومدخله محكماً منكسراً، بينما كان المسكن من الداخل غاية في التفنن المعماري والثراء الزخرفي، حيث جهد المعمار المسلم في حسن توزيع حجراته وأروقته وقاعاته، مما يلبي عامة المطالب الحياتية للسكان، ومراعاة العوامل الدينية والاجتماعية الهامة، بالفصل بين الجنسين، وحجب أماكن النساء والإقامة عن أماكن الاستقبال، كل ذلك بشروط الحفاظ على تلبية كافة الشروط والاحتياجات الأخرى، من ضمان حسن استقبال الضيوف وتوفير الراحة لهم، وفي نفس الوقت ضمان حرية التنقل والحركة للحريم بكافة أجزاء الدار، وتمكينهن من مراقبة ما يدور بالخارج والداخل دون أن تلاحظهن أعين الرجال الغرباء، فقدم لنا المعمار المسلم في هذا المسكن كثيراً من العناصر المعمارية الإبداعية الرائعة، التي جاءت ملبية لتلك الشروط والاحتياجات.

وأكثر من ذلك نجد أنه قد عني بتوجيه كامل المبنى بحيث يكون محور الفناء الرئيسي في اتجاه الشمال أو الشمال الغربي "حسب المساحة المتاحة"، وكذلك ترتيب مواقع باقي الأقسام بالنسبة له، وهذا التوجيه جعل العمائر السكنية تتلقى مباشرة الهواء البارد والمنعش صيفاً، فتكون درجة حرارتها معتدلة لطيفة رغم كونها بذات الوقت في شوارع القاهرة مرتفعة جداً، كما جعلها تتلقى أشعة الشمس وتستفيد من حرارتها شتاءاً.

لقد جاءت العمائر السكنية المملوكية معبرة عن الشخصية الإسلامية بعامة والمملوكية بخاصة المرتبطة في حياتها اليومية بجملة من القيم الدينية والاجتماعية والسياسية، فكانت مرآة ذلك المجتمع، حيث تعكس لنا دراسته صورة جلية لطبقات العصر المملوكي التي سكنت في مساكن تناسبت في مواقعها وتصميماتها مع الإمكانيات الاقتصادية لكل منها.

للعمائر السكنية مسميات عديدة، مثل البيت والدار والمسكن والمنزل والقصر، ويرجع هذا التنوع والتعدد في هذه المسميات إلى ثراء اللغة العربية في ألفاظها ومرادفاتها، والرابط المشترك بين هذه المسميات أنها جميعاً تشير بوضوح الى العمائر السكنية. ولكن من حيث الدلالة الأثرية والتاريخية فإن مسميات بيت، ومنزل، ودار تعني عمائر متواضعة أو متوسطة خصصت لسكن الطبقات الاجتماعية الميسورة الحال والمتوسطة خاصة إذا ما قورنت بمسمى القصر الذي يشير إلى عمارة شديدة الثراء كانت ومازالت ترتبط بمكان سكن الطبقات الاجتماعية العليا والنخب من سلاطين وأمراء وحكام ووجهاء وكبار التجار. وشخصياً أجد نفسي أميل دائما لاستخدام مصطلح بيت الذي ورد في القرآن الكريم في سورة النحل بمعنى لغوي ودلالة معمارية واضحين جداً:

وَاللَّهُ جَعَلَ لَكُم مِّن بُيُوتِكُمْ سَكَنًا وَجَعَلَ لَكُم مِّن جُلُودِ

---

10 كمال الدين سامح، العمارة الإسلامية في مصر، الهيئة المصرية العامة للكتاب، ط4، 1991، ص65.

11 صار يعرف في العصر العثماني اللاحق باسم "السلاملك".

12 صار يعرف في العصر العثماني اللاحق باسم "بالحرملك".

الْأَنْعَامِ بُيُوتًا تَسْتَخِفُّونَهَا يَوْمَ ظَعْنِكُمْ وَيَوْمَ إِقَامَتِكُمْ وَمِنْ أَصْوَافِهَا وَأَوْبَارِهَا وَأَشْعَارِهَا أَثَاثًا وَمَتَاعًا إِلَىٰ حِينٍ (80)

كما ورد في سورة الأنفال:

كَمَا أَخْرَجَكَ رَبُّكَ مِنْ بَيْتِكَ بِالْحَقِّ وَإِنَّ فَرِيقًا مِنَ الْمُؤْمِنِينَ لَكَارِهُونَ (5)

حيث يشير مصطلح البيت بشكل مباشر لمكان المبيت والسكن الثابت. كما سمي سكانه بأهل البيت حيث يرد في سورة الأحزاب:

إِنَّمَا يُرِيدُ اللَّهُ لِيُذْهِبَ عَنْكُمُ الرِّجْسَ أَهْلَ الْبَيْتِ وَيُطَهِّرَكُمْ تَطْهِيرًا (33)

وعليه أطلق على المساجد اسم بيوت الله. ولكن عموماً يختلف الباحثون في تفضيل استخدام هذه المصطلحات وتفسيرها حيث يرى البعض أن المسكن هو لفظ شامل للمصطلحات الأخرى، في حين يميل آخرون لمصطلح الدار باعتباره الأكثر دلالة، وفي فترة متأخرة صار يطلق عل كل من البيت والدّار مسمى المنزل بتأثير من العمارة التجارية حيث كان يطلق خاصة على دور التجار. وبالعموم كل هذه المصطلحات في زماننا هذا تحمل نفس الدلالة عن مكان الإقامة والسكن. كما يتفق الدارسون على حصر استخدام مسمى الرباع والأرباع والربع للدلالة على أماكن السكن الجماعي التي شاعت بكثرة في العصر المملوكي وخصصت لسكن الطبقات الشعبية والفقيرة، والتي لم يبق منها في العمارة المملوكية لأسباب عديدة أمثلة متكاملة، وهي خارج نطاق الدراسة التي يقدمها هذا الكتاب كما سوف نرى.[13]

13 Behrens-Abouseif, Doris. *Islamic Architecture in Cairo*, 40. ⋮ Zakarya, Mona. *Deux palais du Caire médiéval. Waqfs et architecture.* Aix-en-Provence: Institut de recherches et d'études sur le mondes-arabes et musulman, Éditions du C.N.R.S., 1983.

إن هذا الكتاب يسد فجوة علمية باتت ملحوظة جداً وشائعة في أكثر من 80% من الإصدارات بما تشمله من كتب أو مقالات عن الآثار أو العمارة الإسلامية بعامة والمملوكية بخاصة وهي إهمال الحديث عن العمائر السكنية أو اختصار الحديث عنها ببعض الصفحات التي تقدم دراسة أفقية سريعة،[14] بينما يركز الجهد دائماً لتقديم دراسات رأسية أو أفقية عن أنواع العمائر الدينية مثل الجوامع والمساجد والمدارس والزوايا والأضرحة والأربطة والخانقاوات والتكايا أو عن العمائر العسكرية مثل القلاع والحصون والأبراج وأسوار المدن وبواباتها، وفي أحايين خاصة تقديم بعض الدراسات حول بعض أنواع العمائر المدنية مثل الحمامات والأسبلة والأسواق والخانات والسواقي والطواحين.[15] وتشير الأدلة لأن هذا التجاهل للعمارة السكنية ينطبق على أغلب الإصدارات القديمة والحديثة.[16]

14 Behrens-Abouseif, Doris. *Islamic Architecture in Cairo*, 35–44.

15 حول أنواع العمارة الإسلامية انظر: غزوان ياغي، المعالم الأثرية للحضارة الإسلامية في سوريا، المنظمة الإسلامية للتربية والثقافة والعلوم، الرباط، ط1، 2011.

16 للإصدارات القديمة انظر مثلا: Coste, Pascal. *Architecture arabe, ou Monuments du Kaire. Mesurés et Dessinés, de 1818 à 1825*. Paris: Typographie de Firmin Didot Frères, Imprimeurs de l'Institut de France, 1839; ⋮ Briggs, Martin S. *Mohammedan Architecture in Egypt and Palestine.* Oxford: Clarendon, 1924; ⋮ Creswell, Keppel Archibald Cameron. *Early Muslim Architecture. Vol. 1. Umayyads, A.D. 622–750*. Oxford: Clarendon Press, 1969; ⋮ Creswell, Keppel Archibald Cameron. *Early Muslim Architecture. Vol. 2. Early Abbasids, Ummayyads of Cordova, Aghlabids, Tulunids, and Samanids.* Oxford: Clarendon Press, 1940; ⋮ Creswell, Keppel Archibald Cameron. *The Muslim Architecture of Egypt. Vol 1. Ikhshīds and Fātimids 939–1171 A.D.* Oxford: Oxford University Press, 1952; ⋮ Creswell, Keppel Archibald Cameron. *The Muslim Architecture of Egypt. Vol. 2, Ayyubids and Bahrits Mamluks 1171–1326 A.D.* Oxford: Oxford University Press, 1959.

وقد أدى هذا التجاهل لدراسة العمائر المدنية لفقدان الربط المنهجي بينها وبين باقي أنواع العمائر الإسلامية باعتبارها جزء لا يتجزء منها بل هي الأكثر تعبيراً عن الإنسان المسلم باعتبارها عمائر كانت أكثر تحرراً من قواعد فقه العمران الإسلامي ورقابة المحتسبين فيما يخص ضرورة اتباع تطبيق قواعد خاصة في تصميماتها وشروط عمارتها الخارجية أو الداخلية. حيث نرى الإصدارات الضخمة مثل الكتب التي ذكرناها في الحاشية أعلاه خالية من أي ذكر للعمارة السكنية أو عرض لأمثلتها الباقية.

وعليه فأن هذا الكتاب يساهم في فهم أهمية العمائر السكنية في العصر الإسلامي والمملوكي خاصة باعتبارها جزء رئيسي من العمائر الإسلامية، كما يساعد هذا الكتاب في زيادة فهمنا لطبيعة العمارة الإسلامية وفهم العوامل المؤثرة في تكوينها عموماً باعتبار أنها تمثل بكل أنواعها الدينية والعسكرية والمدنية منتجاً اسلامياً وقد أدى كل منها وظيفته طبقاً لاحتياجات أبدع المعمار المسلم في الاستجابة لها مع مراعاة عوامل أخرى مثل البيئة المحلية والمساحة المتاحة وإمكانيات ومتطلبات المنشئين.

يشكل الكتاب موسوعة توثيقية للقصور[17] والبيوت المملوكية في القاهرة على اعتبار أنها تحتوي الأمثلة الأكمل لهذه العمائر من حيث العدد وشكل الحفاظ، حيث تغلب الدراسات التحليلية للجوانب المعمارية والزخرفية والحضارية على صفحات الكتاب الذي سعيت ما استطعت أن أجعله جديداً في شكله ومضمونه، سواء من حيث دراسة كافة العناصر المعمارية والزخرفية المكونة للعمائر السكنية المملوكية كافة، إضافة لدراسة مواد البناء، دون إهمال الحديث عن العوامل المؤثرة في تصميم هذه العمائر وتأثيرها في الشكل النهائي لتصميماتها المختلفة.

وقد جاءت الدراسة الوصفية بالكتاب مرتبطة بمضمونه، حيث بدأت دراسة كل قصر أو بيت بتحديد موقعه بدقة، ثم تقديم ترجمة كاملة لمنشئه، ثم دراسة تاريخ تطور عمارته، مظهراً مراحلها منذ العمارة الأولى حتى العصر الحديث، وبنفس الوقت مشيراً لكل من سكنه أو أضاف فيه أو أجرى عليه عمارة أو إصلاحاً، وقد جهدت لجمع هذه المعلومات من بطون المصادر في معارض ذكرها للأحداث التاريخية أو لترجمة الشخصيات والأعلام، وقد أفادني ذلك في إعادة تأريخ بعض هذه القصور والبيوت وإظهار دورها السياسي والإداري، وتأثيرها في مجريات أحداث عصرها.

كما يرصد هذا الكتاب كامل الترميمات التي تعرضت لها الآثار موضوع الدراسة منذ قيام لجنة حفظ الآثار العربية سنة 1882م وحتى مشاريع الترميم الهامة التي تمَّ تنفيذها أو مازالت جارية حتى اليوم تحت إشراف إدارة مشاريع القاهرة التاريخية. كما يقدم الكتاب وصفاً معمارياً شاملاً لكل أجزاء

ومن الإصدارات الحديثة: حسني محمد نويصر، العمارة الإسلامية في مصر في عصر الأيوبيين والمماليك، مكتبة زهراء الشرق، ط1، 1996. Burgoyne, Michael Hamilton. *Mamluk Jerusalem. An Architectural Study.* London: World of Islam Festival Trust on behalf of the British School of Archaeology in Jerusalem, 1987. ⁝ Behrens-Abouseif, Doris. *The Minarets of Cairo.* Cairo: AUC Press, 1987. ⁝ Behrens-Abouseif, Doris. *The Muslim Architecture of Cairo.* Cairo: AUC Press, 1996. ⁝ Behrens-Abouseif, Doris. *Cairo of the Mamluks: A History of the Architecture and Its Culture.* London: I. B. Tauris, 2007.

17 في بعض الأحيان يرد في الوثائق المملوكية ذكر للقصر للإشارة إلى مكان ملحق بعمارة أخرى يتكون من قاعة ذات مدخل خاص ملحقة به في أحيان كثيرة أماكن أخرى للخدمات وغير ذلك. ولقد ناقش ناصر الرباط في كتابه "التاريخ المملوكي من خلال العمارة" الظهور المعماري والوثائقي لمصطلح القصر وتابع تطور استخدامه في الوثائق ومصادر العصر المملوكي، ليؤكد أنه بالرغم من الارتباك الوثائقي الحاصل في المعنى الدقيق لكلمة قصر فإن المعنى العالمي المعروف لمصطلح قصر كمكان لسكن الملك أو الحاكم قد ظل مستخدماً طوال فترة العصر المملوكي، كما ظل بناء القصور من قبل السلاطين والأمراء تنافسياً يعكس قدراً كبيراً من الرغبة بالتباهي وإظهار القوة والمقدرة. Rabbat, Nasser. *Mamluk History through Architecture: Monuments, Culture and Politics in Medieval Egypt and Syria.* I.B. Tauris, 2010, 112–124.

هذه القصور والبيوت بحيث صار يشكل سجلا توثيقياً شاملاً لكل ما يرتبط بهذه العمائر التي لم ينشر عنها منذ أكثر من ثلاثين عاماً أي دراسات أكادمية متكاملة تسد الفراغ الكبير القائم في مكتباتنا العامة والمتخصصة.[18]

وآمل أن أكون بعملي هذا قد ساهمت في إبراز الأهمية الأثرية والتاريخية والمعمارية لهذه االقصور والبيوت المملوكية التي كاد أن يخبو ذكرها بالرغم من أنها تشكل معارض معمارية وفنية ومصادر علمية غنية تنتمي لعصر شهد قمة نضوج الفن العربي الإسلامي.

18 يمكننا القول مطمئنين أن ما قدمه جان كلود جارسان وجاك ريفو وبرنارد موري ومنى ذكريا هو افضل ما كتب باللغات الأجنبية عن هذه العمائر في القاهرة، ولكن يرجع أحدث هذه الدراسات للعام 1991، حيث تغيرت الملامح العامة لهذه البيوت والقصور بشكل كبير سواء بسبب التقادم أو بسبب التأثيرات المدمرة للزلازل التي وقعت في القاهرة منذ عام 1992 وما بعده، وبعد هذا بسبب التأثيرات الإيجابية لمشاريع الترميم الكبيرة التي نجحت في كشف الكثير من الأجزاء المندثرة لهذه القصور والبيوت، وقامت بترميمها وإعادة تأهيلها، بل ونجحت في توظيف العديد من هذه العمائر لتقوم بأدوار ثقافية ومجتمعية هامة. وسوف نقوم بشرح كل ذلك بالتفصيل في موضعه انظر: Garcin, Jean-Claude, Maury, Bernard, Revault, Jacques, Zakariya, Mona. *Palais et maisons du Caire. Tome I. Époque mamelouke (XIIIe-XVIe siècles)*. Paris: Institut de recherches et d'etudes sur le monde arabe et musulman. Editions du C.N.R.S., 1982. ⁝ Revault, Jacques, Maury, Bernard. *Palais et maisons du Caire (du XIVe au XVIIIe siècle)*, Cairo: I.F.A.O., 1975.

الباب الأول

تطور العمران والعمارة السكنية في القاهرة قبل العصر المملوكي

إن البناء الأول للعاصمة الإسلامية الأولى في مصر "الفسطاط"[1] لا يختلف في تخطيطه عما عرف عند العرب المسلمين من تقاليد عند إعمارهم للمدن الإسلامية الأولى مثل الكوفة والبصرة، حيث يتوسط المدينة المسجد الجامع وبيت المال ودار الإمارة، ثم تُخَطط حولهم بعد ذلك المساكن والدور والقصور. ويغلب أن هذه العمائر السكنية الأولى في الفسطاط جاءت متسعة في مساحاتها، حيث كانت "عمائر ابتداء" اختطت في موضع قال عنه المقريزي: هو موضع (فضاء ومزارع فيما بين النيل والجبل الشرقي الذي يعرف بالجبل المقطم ليس فيه من البناء والعمارة سوى حصن يعرف اليوم بعضه بقصر الشمع والمعلقة).[2]

أما تصميم المساكن في هذه الفترة فيغلب أنه كان متأثراً في تصميم الوحدات السكنية التي شاعت في القصور الأموية في الشام[3] كما في قصر الطوبة والمشتى، حيث تتألف الوحدة السكنية من فناء مكشوف أوسط مستطيل، وفي كل من جانبيه الطويلين حجرتان ملتصقتان ببعضهما [الشكل 1]. حيث أن تكرار هذه الوحدة المعمارية كان يشكل التكوين العام لأقسام البيت، ويغلب الظن أن هذا الطراز ظل شائعاً حتى نهاية الدولة الأموية، وعلى نمطه جاءت القصور الأولى التي بنيت في الفسطاط مثل دار عمرو بن العاص التي بناها شمال جامعه والتي عرفت باسم الدار الصغرى وصارت بمثابة دار إمارة وقام ابنه عبد الله بتوسعتها حتى سميت بالقصر أو الدار الكبرى [الشكل 2].

ويشير الدكتور فريد شافعي إلى أن الطراز الأموي 41–132هـ/661–750م بدأ يتراجع أمام الطراز المعماري الذي كان شائعاً في منطقة العراق،[4] والذي تبناه العباسيون 132–358هـ/750–969م، وشاع في دورهم وقصورهم مثل قصر الأخيضر 160هـ/777م [الشكل 3] الذي بني على مسافة 45 كم جنوب غرب كربلاء، وقصر بلكوارا الذي بناه الخليفة المتوكل لابنه المعز قريباً من سامراء، حيث شكلت المجموعة المعمارية المؤلفة من إيوان مفتوح على الفناء مباشرة أو على سقيفة تتقدمه مفتوحة على الفناء وعلى كل من جانبي الإيوان حجرة[5] أهم مميزات عمارة هذه الفترة، ولم يلبث الولاة العباسيون أن نقلوا هذا الطراز لمصر وبدء يظهر شيئاً فشيئاً في تخطيط ما يقيمونه من مساكن ودور. بتأثير المساحة الواسعة

1 مدينة الفسطاط، هي أقدم عواصم مصر الإسلامية، بناها عمرو بن العاص في العصر الراشدي عقب فتحه مصر سنة 21هـ/641م، وظلت حتى سقوط الدولة الأموية عاصمة إقليم مصر ومقراً لولاته وقاعدة للفتوح الإسلامية باتجاه الغرب والجنوب، حيث أسس العباسيون بعد إسقاطهم الدولة الأموية 132هـ/750م، مدينة العسكر بأرض صحراء للشمال من مدينة الفسطاط، وظلت هذه المدينة قاعدة مصر وعاصمتها حتى عام 256هـ/870م، حين قام أحمد بن طولون ببناء مدينة القطائع إلى الشمال من مدينة العسكر لتكون عاصمة له ومركزاً لدولته الجديدة، وبنى فيها قصره ومسجده وظلت القطائع عاصمة مستقلة ومستقرة تنافس سامراء حاضرة الخلافة العباسية آنذاك حتى أسقطها العباسيون سنة 292هـ/904م، واستعادوا سلطة الخلافة بمصر ولكن ظلت القطائع عامرة حتى أسس الفاطميون القاهرة عام 358هـ/969م لتصبح من ذلك الوقت حتى الآن العاصمة الوحيدة والتاريخية لمصر.

2 المقريزي (تقي الدين أحمد بن علي بن عبد القادر 845هـ/ 1442م)، المواعظ والاعتبار بذكر الخطط والآثار، مكتبة الآداب، القاهرة، 4ج، 1996، ج2، ص59، وسوف نرمز إليه لاحقاً بـ "الخطط المقريزية".

3 انظر: فريد شافعي، العمارة العربية في مصر الإسلامية، الهيئة المصرية العامة للكتاب، المجلد الأول "عصر الولاة"، ص184–190.

4 أشارت دوريس أبو سيف أيضاً لتأثر بيوت الفسطاط بعمارة بلاد الرافدين في تلك الفترة المبكرة. انظر: Behrens-Abouseif, Doris. *Islamic Architecture in Cairo: An Introduction.* Cairo: AUC Press, 1998, 35.

5 فريد شافعي، المرجع السابق، ص354–355.

© KONINKLIJKE BRILL NV, LEIDEN, 2021

 | DOI: 10.1163/9789004441408_003

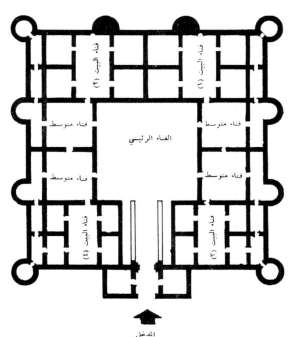

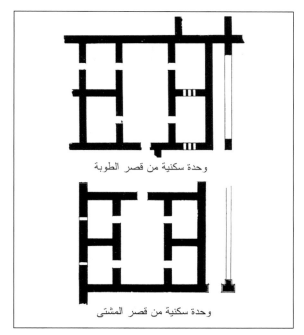

الشكل 1 الوحدة المعمارية التي يتألف منها التكوين العام للقصور الأموية في بلاد الشام، والتي يغلب أنها صارت تشكل التكوين العام لأقسام البيت في الفسطاط حتى نهاية العصر الأموي. (عن: فريد شافعي، العمارة العربية في مصر)

الشكل 2 الفسطاط شكل مقترح للتخطيط العام لقصر عبد الله بن عمرو بن العاص الذي كان واقعاً للشمال من جامع عمرو بن العاص. (عن: فريد شافعي، العمارة العربية في مصر)

المتاحة جاءت أغلب هذه الدور في مدينة الفسطاط مبنية من طابق واحد أرضي، ولما زاد خارجة بن حذافة غرفة فوق هذا الطابق اشتكى جيرانه للخليفة عمر بن الخطاب، فكتب إلى عمرو بن العاص واليه على مصر أن انصب سريراً في الناحية التي شكيت ثم أقم عليه رجلاً لا بالطويل ولا بالقصير، فإن اطلع من كواها فاهدمها ففعل عمر فلم يبلغ الكوى فأقرها.[6]

ويبدو عموماً أن العمائر السكنية التي اختطت طوال القرنين 1–2 للهجرة كانت بسيطة في تخطيطها وتصميمها ويرجح أن المادة الغالبة التي كانت مستعملة في إقامة هذه العمائر هي الطين أي قوالب اللبن، فقد كان سمك الجدران كبيراً جداً بالنسبة لمبان من طابق واحد أو طابقين كما أن تلك الدور لم تعمر فترة طويلة،[7] ولم تخرج تخطيطات هذه المساكن والدور عن الشكل التقليدي البسيط المكون من فناء وغرف معيشة وسور خارجي، حيث ابتنى بعض كبار الأمراء دوراً فخمة واسعة استخدموا في بنائها الحجارة والآجر، وجعلوا لها حماماً خاصاً ومسجداً، ويشير القلقشندي إلى أن عبد العزيز بن مروان والي مصر سنة 65–85هـ/684–704م قد بنى بالفسطاط داراً عظيمة سنة 67هـ/686م سماها دار الذهب وجعل لها قبة مذهبة إذا طلعت عليها الشمس لا يستطيع الناظر التأمل فيها خوفاً على بصره، وكانت تعرف بالمدينة لسعتها وعظمتها.[8]

---

6 القلقشندي (أبو العباس أحمد بن علي بن أحمد ت 811هـ /1418م)، صبح الأعشى في صناعة الإنشا، المطبعة الأميرية، القاهرة، 1915م، 14ج، ج3، ص374. وسوف نرمز إليه لاحقاً بـ "صبح الأعشى".

7 عباس كامل حلمي، تطور المسكن المصري الإسلامي من الفتح العربي حتى العثماني، قسم الآثار، كلية الآداب، جامعة القاهرة، 1968، (رسالة دكتوراة غير منشورة)، ص26.

8 صبح الأعشى، ج3، ص375.

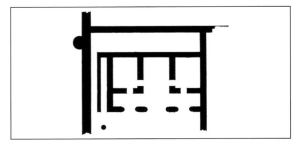

الشكل 3 وحدة سكنية من قصر الأخيضر، هذه الوحدة المعمارية التي يتألف منها التكوين العام للقصر العباسي في العراق والتي صارت تشكل الوحدة المعمارية الرئيسية في العمارة السكنية في عواصم مصر الإسلامية حتى نهاية ق5هـ/11م. (عن: فريد شافعي، العمارة العربية في مصر)

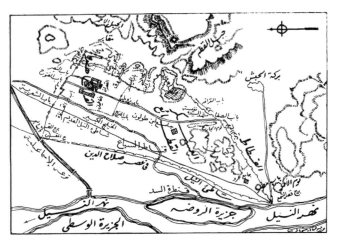

الشكل 4 تطور عواصم مصر الإسلامية وموقعها. (عن: كازانوفا، تاريخ ووصف قلعة القاهرة)

وعموماً فإن هذه العمائر السكنية التي ترجع للقرنين الأول والثاني الهجريين زالت بتأثير عوامل عديدة، أهمها قدم تاريخ إنشائها وضعف قوتها، وكونها كانت عمائر ابتداء على أرض لم ينقطع فيها البناء والتجديد والتطوير في السنوات والفترات والعصور اللاحقة حتى يومنا هذا.

وكان أحمد بن طولون عندما جاء لمصر والياً عليها 254هـ/868م، قد أمضى حياته السابقة في مدينة سامراء حاضرة الخلافة العباسية، وقد تأثر لدرجة كبيرة بحضارتها وبطراز عمارتها ليظهر ذلك في فترة الدولة الطولونية بمصر التي عُرف للطراز المعماري العباسي في بناء المساكن والدور انتشاراً كبيراً بها آنذاك، وقد سكن ابن طولون أولاً مدينة العسكر [الشكل 4] التي كانت قد اتصلت عمارتها بالفسطاط من سنة 200هـ/815م، بعد أن سمح السري بن الحكم للناس بالبناء بها وصارت العسكر مدينة ذات محال وأسواق ودور عظيمة، فبنى بها أحمد بن طولون مارستاناً أنفق عليه وعلى مستغله ستين ألف دينار،[9] واتخذ لنفسه داراً، وبدأ يعمل منها على تثبيت سطوته ودعائم دولته حتى دانت له البلاد وزادت سيطرته وقوته (وصار أحمد بن طولون من كثرة العبيد والرجال والآلات بحال ضاق به داره ولا يتسع له فركب إلى سفح الجبل في شعبان وأمر بحرث قبور اليهود والنصارى، واختط موضعها فبنى القصر والميدان وتقدم إلى أصحابه وغلمانه وأتباعه أن يختطوا لأنفسهم حوله فاختطوا وبنوا حتى اتصل البناء والعمارة والفسطاط ثم قطعت القطائع [الشكل 4]، وسميت كل قطيعة باسم من سكنها... فعمرت القطائع عمارة حسنة وتفرقت منها السكك والأزقة، وبنيت فيها المساجد الحسان والطواحين والحمامات... فصارت القطائع مدينة كبيرة أعمر وأحسن من الشام، وبنى ابن طولون قصره ووسعه وحسنه وجعل له ميداناً كبيراً[10] يضرب فيه بالصولجة، فسمي القصر كله الميدان...).[11]

والواقع أن القطائع تعتبر أول مدينة أنشئت في وادي النيل في العصر الإسلامي[12] وتنافس أمراء أحمد بن طولون وأتباعه بالبناء وشاركهم الأغنياء والتجار ومن خلفهم عامة الناس، فبنوا

9 الخطط المقريزية، ج2، ص89.

10 وبعد وفاة أحمد بن طولون سنة 269هـ/882م، أقبل ابنه خمارويه على قصر أبيه وزاد فيه وأخذ الميدان الذي كان لأبيه، فجعله كله بستاناً، وزرع فيه أنواع الرياحين والورود وأصناف الشجر. : الخطط المقريزية، ج2، ص 208.

11 الخطط المقريزية، ج2، ص 106.

12 أحمد ممدوح حمدي، عواصمنا الإسلامية قبل القاهرة، أبحاث الندوة الدولية لتاريخ القاهرة مارس - ابريل 1969، ج1، مطبعة دار الكتب 1970، ص195-209.

وعمروا حتى اتصلت العمائر في المدن الثلاث القطائع والعسكر والفسطاط، وصارت مدينة واحدة متصلة أطلق عليها مصر أو الفسطاط، تمتد من جبل المقطم شرقاً حتى ساحل النيل غرباً.

وظلت القطائع عامرة بعد زوال الدولة الطولونية 292هـ /904م على يد قائد الخليفة المكتفي العباسي محمد بن سليمان (رغم أن الأمراء تركوها وسكنوا بالعسكر)،[13] وذلك حتى دخل الفاطميون مصر على يد جوهر الصقلي قائد الخليفة المعز لدين الله سنة 358هـ/969م، حيث اختط جوهر مدينة القاهرة لتكون حصناً ومعقلاً ودار خلافة ينزلها الخليفة بحرمه وخواصه،[14] وسكنت الفسطاط والعسكر والقطائع وأنزل المعز لدين الله عمه أبا علي في دار الإمارة بالعسكر، فلم يزل بها إلى أن خربت القطائع والعسكر في الشدة المستنصرية (457–464هـ/1065–1071م) (وهلك جميع من كان بها من الساكنين، وكانت نيفاً على مائة ألف دار نزهة للناظرين محدقة بالجنان والبساتين).[15]

ويقول المقريزي: بسبب هذا الغلاء (الشِدَّة) خربت الفسطاط وخلا موضع العسكر والقطائع وظاهر مصر مما يلي القرافة إلى بركة الحبش فلما قدم أمير الجيوش بدر الجمالي على مصر وقام بتدبير أمرها نقلت أنقاض ظاهر مصر مما يلي القاهرة، حيث كانت العسكر والقطائع وصار فضاء كيماناً فيما بين مصر والقاهرة وفيما بين مصر والقرافة، وتراجعت أحوال الفسطاط بعد ذلك.[16]

وظلت مدينة الفسطاط القديمة عامرة وحدها بعد زوال العسكر والقطائع أيام الشِدَّة حتى سنة 564هـ/1068م عندما أمر الوزير شاور بإضرام النار بمدينة الفسطاط خوفاً من احتلال الصليبيين لها،[17] فخربت خططها واحترقت عمائرها، وصارت أطلالاً وكيماناً، ومن يومها لم يقم لهذه المدينة قائمة تشابه ما كانت عليه من الازدهار والعمارة، وعاد العمار إليها مستحياً بين مد وجزر في بعض أيام الدولة الأيوبية (567–648هـ/1171–1250م) ثم في فترة الدولة المملوكية البحرية (648–778هـ/1250–1382م)، حتى كانت سنة 790هـ/1388م، حين عظم الخراب بها وشرع الناس في هدم دورها وبيع أنقاضها حتى زالت تماماً[18] ولم يعدها اليوم إلى الأذهان إلا أعمال الحفائر التي كشفت لنا بعض منازل تلك المدينة ومميزاتها.[19]

لا شك أنه قد نتج عن النهضة العمرانية التي بدأها أحمد بن طولون سنة 256هـ/870م، الكثير من الآثار الحضارية التي امتد تأثيرها لما بعد العصر الطولوني بقرون عدة، فقد كان القصر الذي شيده والمعروف بقصر الميدان أول القصور الملكية التي عرفتها مصر بعد الفتح الإسلامي، وكل ما سبقها في عمائر الفسطاط كان إما منازلاً عادية للسكنى أو دوراً للإمارة، الأولى أنشأها عبد العزيز بن مروان (65–85هـ/684–704م) وأحرقها مروان بن محمد آخر الخلفاء الأمويين عند فراره من صالح بن علي الذي صار والياً عباسياً لمصر (132هـ/750م) والذي أقام ثاني دار للإمارة في مدينة العسكر التي أسسها، وقد سكن أحمد بن طولون هذه الدار حتى أقام قصر الميدان

13 الخطط المقريزية، ج2، ص157.

14 الخطط المقريزية، ج22، ص157.

15 الخطط المقريزية، ج2، ص124.

16 الخطط المقريزية، ج2، ص141.

17 بعد صراع طويل على كرسي الوزارة بين شاور وضرغام أيام الخليفة الفاطمي العاضد آخر الخلفاء الفاطميين اللذين كان كل منهما قد استعان بالصليبيين ضد عدوه فاستعان بهم ضرغام ضد شاور، ثم استعان بهم شاور ضد أسد الدين شيركوه مما أطمع الصليبيين بمصر فساروا إليها وملكوا بلبيس وتوجهوا للقاهرة فطلب الخليفة العاضد النجدة من نور الدين الزنكي فأمده بجيش على رأسه شيركوه وابن أخيه صلاح الدين، ولما توجه الصليبيون للقاهرة أمر الوزير شاور بإخلاء الفسطاط من أهلها وأشعل بمساكنها النار سنة 564هـ/1068م، خوفاً من استيلاء الصليبيين عليها ولكنهم ما لبث أن تركوها واتجهوا للقاهرة حتى بلغهم وصول قوات نور الدين بعساكر الشام فرحلوا عائدين إلى بلادهم، وظلت النار مشتعلة بالفسطاط أربعة وخمسين يوماً. ؛ الخطط المقريزية، ج2، ص141–143.

18 الخطط المقريزية، ج2، ص144.

19 أهم هذه الحفائر هي: حفائر علي بهجت والبير جبريل بين سنتي 1912–1919، وكذلك حفائر دار الآثار العربية (متحف الفن الإسلامي) في صيف سنة 1932.

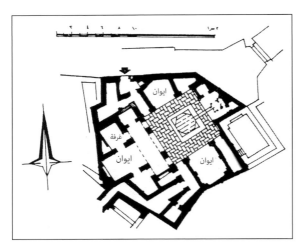

لتصير نواة عاصمته الجديدة القطائع التي ما لبثت أن اتصلت مع العسكر والفسطاط، ولتشكل العواصم الثلاثة مدينة واحدة أطلق عليها مصر أو الفسطاط، وقد اعتنى بها الإخشيديون ومن بعدهم الفاطميون، ويذكر المقريزي أن كافور الإخشيدي بنى لنفسه داراً أنفق عليها مائة ألف دينار، وسكنها في رجب سنة ست وأربعون وثلثمائة[20] (957م).

ويقول المقريزي: كانت الفسطاط نحو ثلث بغداد ومقداره فرسخ على غاية العمارة والخصب والطيبة واللذة وكانت مساكن أهلها خمس طبقات وستاً وسبعاً، وربما سكن في الدار الواحدة المئات من الناس).[21]

ويقول عبد اللطيف البغدادي في رحلته إلى مصر: وأما أبنيتهم ففيها هندسة بارعة وترتيب في الغاية حتى أنهم قلما يتركون مكاناً غفلاً خالياً عن مصلحة ودورهم أفيح وغالب سكناهم في العالي ويجعلون منافذ منازلهم تلقاء الشمال والرياح الطيبة وقلما تجد منزلاً إلا تجد فيه باذاهنج... وأسواقهم وشوارعهم واسعة وأبنيتهم شاهقة ويبنون بالحجر النحيت والطوب الأحمر وهو الآجر شكل طوبهم على نصف طوب العراق ويحكمون قنوات المراحيض حتى أنه تخرب الدار والقناة قائمة ويحفرون الكنف إلى المعين فتغير عليها برهة من الدهر طويلة ولا يفتقر على كسح).[22]

وإذا أرادوا بناء ربع أو دار ملكية أو قيسارية استحضر المهندس وفوض إليه العمل فيعمد إلى العرصة وهي تل تراب أو نحوه، فيقسمها في ذهنه ويرتبها بحسب ما يقترح عليه، ثم يعمد إلى جزء من تلك العرصة ويكمله بحيث ينتفع به على انفراده، ويسكن ثم يعمد إلى جزء آخر، ولا يزال كذلك حتى تكمل الجملة بكمال الأجزاء من غير خلل ولا استدراك).[23]

وبدراسة نتائج الحفائر التي تمت في الفسطاط يلاحظ أن

20 الخطط المقريزية، ج2، ص89.

21 الخطط المقريزية، ج2، ص 135.

22 البغدادي (موفق الدين عبد اللطيف أبو محمد بن يوسف ت629هـ/1232م)، كتاب الإفادة والاعتبار في الأمور المشاهدة والحوادث والمعاينة بأرض مصر، الهيئة العامة للكتاب، ط2، 1998، ص114.

23 المصدر نفسه، ص114–115.

الشكل 5 الفسطاط الدار الثانية التي اكتشفها علي بهجت وألبير جبريل، وهي تمثل النموذج ذو الفناء الواحد الذي يوجد بأحد أضلاعه عنصر السقيفة التي تتقدم الإيوان والغرفتين على جانبيه، بينما يوجد بكل من أضلاعه الثلاثة الباقية ثلاث إيوانات. (عن: مصطفى محمد جاب الله، البيت الإسلامي)

كل البيوت والدور التي بلغ عددها ستة عشر داراً والمكتشفة في مدينة الفسطاط تشترك في سمات عامة أساسية، تتلخص بأنها قد بنيت حول فناء أوسط، تفتح عليه من أحد الجهات "الجنوبية غالباً"، سقيفة مكونة من ثلاثة عقود أوسطها أوسعها، مرتكزة على دعامتين أو عمودين، وخلف هذه السقيفة يقوم إيوان أوسط، مغطى بقبو نصف أسطواني، مفتوح على الشمال، وعلى جانبيه غرفتان جانبيتان، تفتحان أيضاً على السقيفة،[24] وباقي الجهات الثلاث حول الصحن، بكل منها

24 لقد وجد هذا التصميم في العراق في العصر الإسلامي، في منزلين من الأربعة التي يضمها قصر الأخيضر، في بادية العراق، والذي ينسب إلى سنة 160هـ/776م، وكذلك في منازل سامراء، التي تنسب إلى فترة بين 228–220هـ/835–893م، ويظن بعض الأثريين أن تخطيط هذه المجموعة من إيوان وحجرتين، كان معروفاً منذ العصر الساساني في بلاد العراق فظهرت في قصر شيرين المقام حوالي600م، والأرجح أن يكون هذا القصر قد جاء من العراق مع الولاة الموفدين من قبل الخلفاء العباسيين وخاصة مع أحمد بن طولون المتأثر

الشكل 6 الفسطاط البيت الطولوني الثاني الذي اكتشفه عباس كامل حلمي، ويظهر به واضحاً عنصر السقيفة التي تتقدم إيوان أوسط مقبي وعلى جانبيه غرفتان، ويظهر بهذا البيت استخدام عنصر السقيفة والإيوان ليصبح جناح استقبال مستقل. (عن: فريد شافعي، العمارة العربية في مصر)

إيوان أقل عمقاً[25] [الشكل 5]، أو ربما كرر عنصر السقيفة والإيوان والغرفتين الجانبيتين مرة أخرى في الجهة المقابلة، وكان الغرض من ذلك تفادي أشعة الشمس على مدار اليوم، بينما رصت باقي وحدات البيت الأخرى مثل الحجرات، ومباني الخدمات والملحقات، على الضلعين الطويلين للفناء المستطيل[26] [الشكل 6].

وفي كلا الحالتين فقد روعي وجود الإيوان في تخطيط وحدات البيت الطولوني، وروعي قدر الإمكان توجيه هذا الإيوان جهة الشمال أو "البحري"، لتلقي الهواء البارد صيفاً، حيث كان له وظيفتان، الأولى كجزء من الأجزاء المخصصة للاستقبال، والثانية كمكان رطب بارد يصلح للجلوس، والتمتع بالنسيم البارد صيفاً.

إن تصميم البيت ذي الفنائين[27] [الشكل 7] يحقق الخصوصية المطلوبة للبيت بشكل أكبر من البيت ذي الفناء الواحد، بوقت كانت إمكانية ذلك متاحة لعدم ازدحام الفسطاط والعسكر والقطائع آنذاك، ومنطقياً فقد ساعدت على هذا كما قلنا المساحة الواسعة للأراضي، وعدم تكدس المدينة بالعمائر، ولكن من الواضح أن هذا كان متبعاً في بيوت ذوي المكانة، والأغنياء، وبالتالي فقد ظهر مبكراً بناء البيوت بصحن واحد، وجعلت بأكثر من طابق، وهنا يرى الدكتور شافعي (أن الطوابق العليا هي التي كانت مخصصة للحريم، بينما كانت الإيوانات وغيرها من الوحدات في الدور الأرضي، مخصصة للمعيشة اليومية، والاستقبال).[28]

استمر طراز البيوت الطولونية في العصر الإخشيدي 323–358هـ/935–969م والفاطمي 358–567هـ/969–1171م حتى أخذ منذ أواخر القرن 5هـ/11م بالتطور التدريجي نحو الشكل الإيواني الواضح [الشكل 8]، فمنذ نشأة القاهرة عام 358هـ/969م، على الطرف الشمالي لمدينة مصر الفسطاط

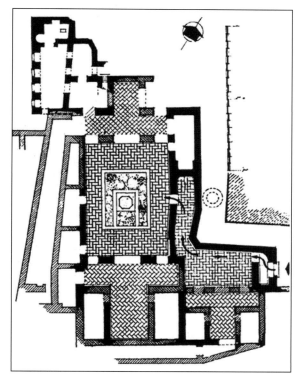

بحضارة سامراء وأراد بناء حضارة لملكه مشابهة لها وقد ظل هذا العنصر يستخدم في مصر منذ العصر الطولوني حتى العصر الفاطمي. ؛ انظر: فريد شافعي، المرجع السابق، ص427، 428. ؛ عباس كامل حلمي، المرجع السابق، ص11.

25 انظر: كمال الدين سامح، العمارة الإسلامية في مصر، الهيئة المصرية العامة للكتاب، ط4، 1991، ص161–162. ؛ رفعت محمد موسى، الوكالات والبيوت الإسلامية، الدار المصرية اللبنانية، الطبعة الأولى 1993، ص182–183. ؛ فريد شافعي، المرجع السابق، ص441.

26 المرجع نفسه، 457–458.

27 وقد كان هذا التصميم متبعاً في البيت اليوناني ثم الروماني، وكذلك البيت الفارسي، فقد قسمت الدار اليونانية إلى أندرونيس [السلاملك أو القسم المخصص للاستقبال] وجينا كونتيس [محل الحريم]، وقسمت الدار الرومانية إلى أتريوم وبريستيليوم، وهما القسمان الداخلي والخارجي. ؛ انظر: علي بهجت، المرجع السابق، ص95–96.

28 فريد شافعي، المرجع السابق، ص13.

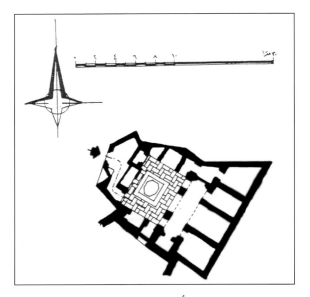

الشكل 7 الفسطاط الدار الثانية التي اكتشفها علي بهجت وألبير جبرييل، والتي تمثل نموذج الدار ذات الفنائين، ويظهر بها أيضاً عنصر الاستقبال المنفصل عن أجزاء الدار. (عن: مصطفى محمد جاب الله، البيت الإسلامي)

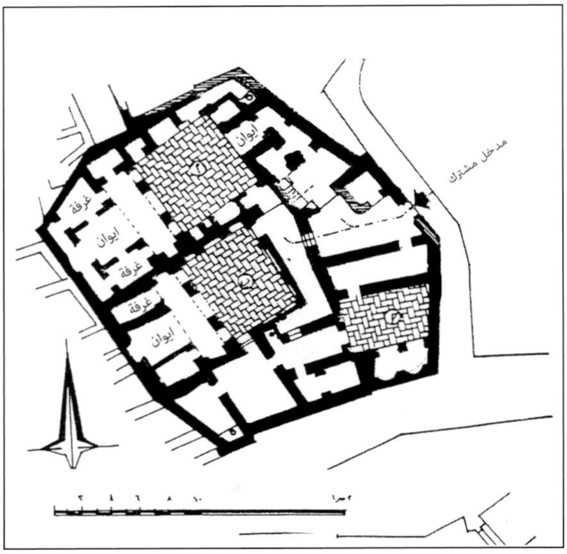

الشكل 8 المسقط الأفقي لمسقط الدار الثامنة بحفريات الفسطاط نموذج الدار ذات الفناء الواحد ذات السقيفة والأبواب الثلاثة، وأكد رجوع تاريخها للنصف الأول من القرن 6هـ/12م. (عن: مصطفى محمد جاب الله، البيت الإسلامي)

أريد لها أن تكون حاضرة للخلافة الجديدة، فكانت لا تضم إلا قصور الخلفاء ودواوين الدولة وخزائنها ويحيط بذلك سور منيع، ويقول المقريزي: أنها (وضعت منزل سكني للخليفة وحرمه وجنده وخواصه معقل قتال يتحصن بها يلتجأ إليها)،[29] ويضيف أيضاً (أن القاهرة مابرحت هكذا حتى كانت السنة "الشدة" العظمى في خلافة المستنصر، ثم قدم بدر الجمالي وسكن القاهرة وهي بباب دائرة خاوية على عروشها غير عامرة فأباح للناس من العسكرية والملحية والأرمن وكل من وصلت قدرته إلى عمارة، بأن يعمر ما شاء في القاهرة مما خلا من فسطاط مصر ومات أهله فأخذ الناس ما كان هناك من أنقاض الدور وغيرها وعمروا به المنازل في القاهرة وسكنوها فمن حينئذ سكنها أصحاب السلطان إلى أن انقرضت الدولة الفاطمية باستيلاء السلطان الملك الناصر صلاح الدين يوسف بن أيوب بن شادي عليها في سنة سبع وستين وخمسمائة (1171م) فنقلها عما كانت عليه من الصيانة وجعلها مبتذلة لسكن العامة والجمهور وحط من مقدار قصور الخلافة وأسكن في بعضها وتهدم البعض وأزيلت معالمه وتغيرت معاهده فصارت خططاً وحارات وشوارع ومسالك وأزقة ونزل السلطان منها في دار الوزارة الكبرى حتى بنيت قلعة الجبل).[30]

وقد أنشأ جوهر الصقلي في القاهرة قصرين هما القصر الكبير الشرقي والقصر الصغير الغربي[31] [الشكل 9]، أما القصر الكبير الشرقي فقد بنى حوله سوراً يفصله عن باقي عمائر القاهرة الفاطمية سنة 360هـ/970م، وجعل بهذا السور تسعة أبواب أهمها بالجهة الغربية **باب الزهومة** ومحله اليوم بواجهة المدارس الصالحية غير بعيد عن مدخلها (أمام سوق الصاغة) وسمي باب الزهومة لأنه كان يدخل منه احتياجات مطابخ

29 الخطط المقريزية، ج2، ص 184.

30 الخطط المقريزية، ج2، ص 184.

31 Behrens-Abouseif, Doris. *Islamic Architecture in Cairo*, 35.

القصر من لحوم وغيره، ويليه **باب الذهب** ومحله الآن محراب المدرسة الظاهرية وكانت تدخل منه المواكب الرسمية والوزراء وكبار الموظفين ويتوصل منه لقاعة الذهب، **ثم باب البحر** ومحله اليوم باب حارة بشتاك وبيت القاضي وكان يخرج منه الخليفة للنيل، ويلي هذه الأبواب بالجهة الشمالية **باب الريح** الذي يبدو أنه سمي بذلك لموقعه المواجه للريح البحرية وموضعه الآن الزقاق الذي بين مدرسة جمال الدين الاستادار ووكالة أودة باشا "ذو الفقار" 1048هـ/1673م، **ثم باب العيد** وكان الخليفة يخرج منه في يومي العيد للمصلى بظاهر باب النصر وموضعه الحالي بدرب الشيخ موسى المتفرع من حارة قصر الشوك، وقال المقريزي أنه بدرب سلامي المتوصل منه لخط قصر الشوك.[32]

وبالجهة الشرقية لسور القصر يقع **باب قصر الشوك** الذي كان يتوصل منه لحارة قصر الشوك ومكانه الآن مدخل حارة درب القزازين المتفرع من حارة قصر الشوك، **ثم باب الزمرد** وكان يتوصل منه لقصر الزمرد ومكانه الآن المدرسة الحجازية، وبالجهة الجنوبية يقع **باب الديلم** ومحله الآن باب المشهد الحسيني المعروف بالباب الأخضر، يليه **باب تربة الزعفران** وكان يتوصل منه لتربة الخلفاء ومكانه اليوم أمام باب الغوري بسوق خان الخليلي.

وكان من جملة هذا القصر الكبير الشرقي مواضيع عديدة منها قاعة الذهب والإيوان الكبير والدواوين وقصر الشوك وقصر أولاد الشيخ وقصر الزمرد وهو الذي أخذه قوصون، ثم عرف بقصر الحجازية،[33] ومن أجزاء هذا القصر أيضاً السقيفة التي كان يقف عندها المتظلمون، وكذلك التربة المعزية أو تربة الزعفران والتي محلها اليوم خان الخليلي، وبها كان مدفن الخلفاء وأسرهم[34] ومنه أيضاً القصر النافعي وكان به عجائز

الشكل 9 رسم الحدود الخارجية للقصر الشرقي الكبير والقصر الغربي الصغير طبقاً لتحديد رافيز على خريطة مساحية للقاهرة 1925. (عن: Ravaisse, *Essai sur l'histoire et sur la topographie du Caire*)

32 الخطط المقريزية، ج3، ص 99.

33 لاحظ تتبعنا لتطور عمارة هذا القصر عند دراستنا لقصر ماماي في الباب الثامن من هذا الكتاب.

34 لقد قام الأمير المملوكي جهاركس الخليلي بإزالة هذه المقبرة ورمي رفات الخلفاء بالصحراء الشمالية ليطلق عليها لاحقاً جبانة الخلفاء، وأقام مكان تربة الزعفران خانه المعروف اليوم باسم خان الخليلي.

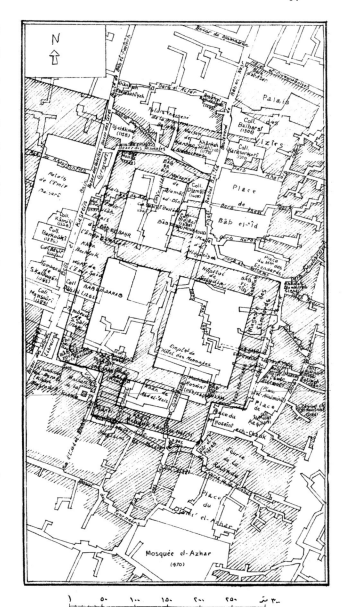

القصر وأقارب الأشراف. كما كان بهذا القصر عدة خزائن منها خزانة الكتب، وكانت أعظم دار كتب في بلاد الإسلام، وقيل كان بها مائتا ألف كتاب، وقيل مليون وستمائة ألف.... وخزانة الكسوة وخزانة الجوهر والطيب وخزانة الفرش وغيرها للسلاح والسروج والخيم والشراب والتوابل والبنود، وكان هذا القصر مخصصاً لسكن الخلفاء وأسرهم وخدمهم فقط، وسمي بالقصر الشرقي لكونه بالجهة الشرقية من القاهرة.

أما القصر الصغير الغربي [الشكل 10] فكان يقابل القصر الكبير وكان يعرف أيضاً بقصر البحر، وقد بناه الخليفة العزيز بالله وأسكنه ابنته ست الملك أخت الخليفة الحاكم، ومكانه اليوم مدرسة وقبة وبيمارستان قلاوون وما في صفها مطلاً على شارع مابين القصرين حتى شارع الخرنفش شمالاً "شمال شرق" وما وراء هذه الأماكن جهة الشمال الغربي حتى شارع خان أبو طاقية، حيث كان بوسطه باب مراد أحد أبواب القصر والذي كان يتقدم بستان الكافوري الممتد جهة الشمال الغربي حتى الخليج، بينما كان يمتد جنوباً "جنوب غرب" حتى مباني الصاغة الحالية.

وقد كانت الواجهة الشرقية "الجنوبية الشرقية" للقصر الغربي متراجعة عن الخط الحالي لشارع بين القصرين والذي عليه واجهة قبة السلطان قلاوون وغيره حيث كان يوجد بين القصرين فيما يعرف اليوم بشارع بين القصرين ميدان واسع يقف فيه عشرة آلاف مقاتل.[35]

ولما قام صلاح الدين الأيوبي بإسقاط الخلافة الفاطمية استولى على القصرين وأخرج من كان بهما من أولاد الخلفاء وأسرهم، وأعطى القصر الكبير الشرقي لأمرائه وحواشيه، والقصر الصغير الغربي لأخيه الملك العادل، كما أمر السلطان الظاهر بيبرس في زمن الدولة المملوكية عام 660هـ/ 1231م، بالإشهاد على من بقي من أولاد الخلفاء الفاطميين بأن جميع الأملاك الداخلة في القصر الشرقي الكبير والقصر الغربي

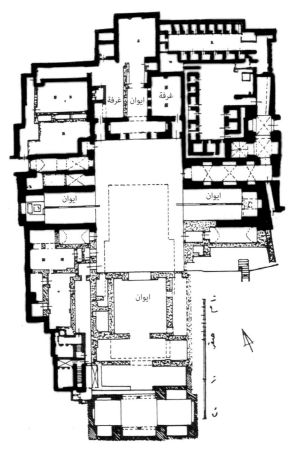

الشكل 10 المسقط الذي وضعه هرتس للقصر الفاطمي الغربي الذي بني بيمارستان قلاوون على أساسه، ويظهر التأثير الكبير للمسقط بطراز البيوت الطولونية. (عن: مصطفى محمد جاب الله، البيت الإسلامي)

الصغير صارت من حقوق بيت المال.[36]

ومن المؤكد أن ما ذكره المقريزي من سماح بدر الجمالي للقادرين من كبار رجال الدولة والعسكر بالبناء داخل مدينة القاهرة الحصن،[37] قد أثر بشكل كبير في تغير التخطيط العمراني والمعماري للقاهرة، حيث تزايدت بشكل كبير ومتسارع حركة بناء الدور والمساكن الخاصة، بوقت لم يقابل

35 حاول رافيز وضع جملة تصورات عن المساقط الأفقية للقصور الفاطمية كما كانت في العصر الفاطمي. انظر: Ravaisse, Paul. *Essai sur l'histoire et sur la topographie du Caire d'après Maḳrizi.* Paris: E. Leroux, 1890.

36 الخطط المقريزية، ج2، ص 176-297. ⁝ الخطط التوفيقية، ج2، ص 92-102.

37 الخطط المقريزية، ج2، ص182.

الشكل 11 مسقط أفقي لقاعة الدردير التي تمثل الإضافة الفاطمية للدار الإسلامية في مصر، حيث وضع هذا التطور أولى مظاهر الطراز التقليدي في العمارة السكنية في الفترات الإسلامية اللاحقة. (عن: Creswell, *The Muslim Architecture of Egypt*)

ذلك توسع متلاحق في رقعة المدينة نفسها.[38] فلم تلبث القاهرة أن عمت بالأبنية رغم ضيق مساحتها المحاطة بالأسوار وذلك لاعتبارات سياسية، حيث القرب من مصدر اتخاذ القرار، وللوصول للمناصب، وأيضاً لاعتبارات اجتماعية، فهي مكان الصفوة في المجتمع، وكذلك كان للاعتبارات الأمنية مكانةً ودوراً بذلك، فالقاهرة هي المكان الأكثر أماناً من الفسطاط والعسكر والقطائع لأسوارها الحصينة ذات الحماية الدائمة.

وقد زادت الكثافة السكانية وصار سعر الأرض داخل المدينة باهظاً، وقلت المساحات وهذا أثر بشكل مباشر على العمائر السكنية بالمدينة فمن الخارج (لم يدفع ضيق المساحة هذا إلى التوسع الرأسي في المباني ولكنه خلق أيضاً مظهراً شاذاً بالنسبة للقاهرة، فكل المباني التزمت بخط تنظيم الطريق ولكي تستغل كل بوصة من الأرض وبسبب ندرة الأرض وارتفاع ثمنها أصبحت الشوارع ضيقة باعتبار حجم السكان الذين تخدمهم وارتفاع المنازل المطلة عليها، وزاد البروز من الشعور بالضيق فكل طابق يزيد كان يبنى على أقواس بارزة عن الطابق الذي أسفله، وبنى الناس السقايف والقناطر فوق الشوارع الجانبية، وكانت تلك السقايف والبروزات تشيد مع ذلك بالتزام شديد حسب التعليمات المذكورة في كتب الحسبة)[39] وانعكس ضيق المساحة المخصصة لكل بيت على التخطيط الداخلي لهذه البيوت التي كانت حتى هذه الفترة محافظة على الطراز الطولوني والفناء والأواوين كما بينا سابقاً، فمنذ تلك الفترة صار (تجميع أجزاء الفناء وتغطيته يمثل ضرورة مادية لإمكان استغلال أكبر قدر ممكن من المسطحات المتاحة مع الاحتفاظ أيضا بعنصر مناسب في مسطحه وتخطيطه للاستقبال والجلوس، وبذلك نشأت محاولة تطوير الأفنية الداخلية لتلائم هذا الغرض واستعمالها للمعيشة اليومية بدلاً من تركها كفناء خال أو كعنصر تجميل إضافي ومن ثم نشأ في نموذج هذه الدور أيضاً عنصر القاعة المغطاة ذات الإيوانات التي تعتمد في إضاءتها وتهويتها أساساً على السقف مع إيجاد فناء صغير مستجد لتهوية وإضاءة أجزاء الدار الأخرى)،[40] وحقاً أنه لم يبق سوى قاعة واحدة باقية من عهد الفاطميين هي قاعة الدردير[41] إلا أن هناك شواهد عديدة يستدل منها على أنها لم تكن الوحيدة من نوعها فدرجة تطور تصميمها المعماري لا يمكن أن ينبع من لاشيء ويتطلب مهارة لا تتأتى إلا بتكرار التجربة.[42]

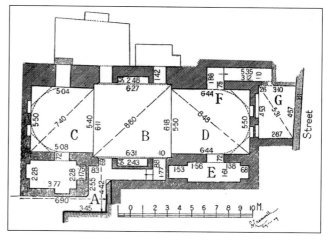

38 المحاولة الوحيدة لتوسيع القاهر عند ضيقها بسكانها قام بدر الجمالي وزير الخليفة الفاطمي المستنصر بالله سنة 480-484هـ/1087-1091م، بتوسيعها وتجديد بناء أسوارها وأبوابها.

39 Ali Ibrahim, Laila. "Residential Architecture in Mamluk Cairo." *Muqarnas* 2 (1984): 47–59, 50–51.

40 عباس كامل حلمي، المرجع السابق، ص 160. ؛ وكان المهندس حسن فتحي قد أشار لهذه الفكرة في مقالته عن القاعة العربية في المنازل القاهرية، انظر: حسن فتحي، القاعة العربية في المنازل القاهرية تطورها وبعض الاستعمالات الجديدة لمبادئ تصميمها، أبحاث الندوة الدولية لتاريخ القاهرة مارس - ابريل 1969، ج1، مطبعة دار الكتب 1970، ص390.

41 أثر رقم 488، وقد حملت القاعة اسم الدردير لوقوعها بشارع ضريح الشيخ الدردير.

42 حسن فتحي، المرجع نفسه، ص387-427.

الشكل 12 مسقط البيت الأيوبي الذي عثر عليه في مكان قلعة الروضة في القاهرة، حيث يمثل المسقط العام للبيت الأيوبي. (عن Prisse d'Avennes, *Islamic Art in Cairo*)

تقع قاعة الدردير بشارع ضريح الشيخ الدردير المتفرع من شارع الكحكيين بحي الغورية، ويمكننا اعتبارها من أهم الأمثلة الباقية لتطور العمائر السكنية في العصر الفاطمي (وهذه القاعة في الأصل هي الجزء الباقي من دار كبيرة كانت تنسب للخطيب الشربيني)،[43] وهذه القاعة عبارة عن دور قاعة مربعة طول ضلعها 6م يشرف عليها إيوانان كبيران، يغطي كل منهما قبو أسطواني ينتهي بنصف قبة محمولة على أركان مثلث مسطح متساوي الساقين، وكان يغطي الدور قاعة شخشيخة ذات جوانب مفتوحة بشبابيك من خشب الخرط [الشكل11].

ويقول جان كلود جارسان أن هذه القاعة متمسكة بالتقاليد المعمارية الفاطمية ولها مظهر خاص لا نجده بمكان آخر، وإذا شككنا بأنها أنشأت في العصر الفاطمي فيمكننا الافتراض أنها بنيت في عصر الأيوبيين لما عرف بشغفهم بفن الفاطميين).[44] ومن خلال دراسة أهم أمثلة هذا التطور الباقية من العصر الفاطمي يمكننا القول إن الطراز الفاطمي للقصور والبيوت لم يظهر إلا أواخر القرن 5هـ/11م، بسبب العوامل التي ذكرناها، وكان من أهم مميزاته ظهور عنصر القاعة ذات الإيوانين والدور قاعة كأهم عناصر الدار، وهذا التطور وضع أولى مظاهر الطراز الكلاسيكي في العمارة السكنية وهذا الطراز الذي استلهمه الأيوبيون ونقلوه للماليك طرازاً كاملاً متطوراً.

إضافة لذلك فمن المؤكد أيضاً أنه وضمن الظروف المناخية، والبيئية لمصر والقاهرة، فقد استمر الحفاظ على وجود الإيوان الرئيسي الذي رأيناه في البيت الطولوني، والذي يتجه للشمال ليتلقى الهواء والنسيم المنعش، الذي يهب على القاهرة من جهة الشمال والشمال الغربي، ولكن هنا ولضيق المساحة فقد تأكد بناء هذا الإيوان "البحري" كأحد العناصر الهامة المطلة على الصحن.

فمن شبه المؤكد أن القصور والبيوت الأيوبية[45] قد جاءت استمراراً لمثيلاتها الفاطمية السابقة من حيث وجود عنصر القاعة التي يعتبر استمرار وجودها في البيت المملوكي دليلاً مؤكداً على شيوعها في بيوت العصر الأيوبي، فقد جاء تصميم هذا البيت أيضاً منغلقاً على الخارج ومنفتحاً على الداخل عبر الفناء، المتوصل إليه عبر مدخل منكسر، وكان يتوضع الإسطبل بمكان غير بعيد عنه، وكان الإيوان يحتل صدر البيت وربما يكون مطلاً على نهر النيل كما يظهر من بعض العناصر

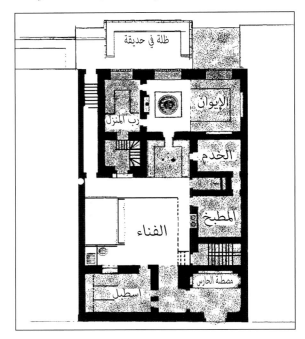

43 مجموعة مؤلفين، أسس التصميم والتخطيط الحضري في العصور الإسلامية المختلفة بالعاصمة القاهرة، جدة، منظمة العواصم والمدن الإسلامية، 1990، ص62. ⁝ وسوف نرمز له لاحقاً بـ "أسس التصميم". ⁝ علي باشا مبارك، الخطط التوفيقية الجديدة في مصر والقاهرة، الهيئة العامة للكتاب، 20ج، 1983، ج2، ص269.

44 Revault, Jacques, Maury, Bernard. *Palais et maisons du Caire (du XIVe au XVIIIe siècle)*, Cairo: I.F.A.O., 1975, 80.

45 لقد قامت في العصر الأيوبي مشاريع معمارية كبيرة أهمها عمارة القلعة (572هـ/1179م) التي ابتدأها صلاح الدين الأيوبي وانتقل إليها وترك القاهرة للعامة فصارت القلعة منذ ذلك الحين هي مقر الحكم وقاعدة الدولة، ثم محاولة صلاح الدين بناء سور كبير يضم عواصم مصر الإسلامية الأربعة القاهرة والقطائع والعسكر والفسطاط.

المعمارية التي كانت تشكل أحد البيوت الأيوبية المكتشفة في جزيرة الروضة النيلية [الشكل 12]، حيث يظهر المسقط الأفقي الأدراج الصاعدة للطابق الأول الذي يحتوي على جناح الحريم والأسرة وغرف النوم وغيرها.[46]

فمن الثابت أن الملك الأيوبي الصالح نجم الدين إسماعيل قد قام بتشييد قلعة بجزيرة الروضة سنة 638هـ/1239م، وبنى لنفسه بها قصراً كبيراً، وبنيت أغلب جدرانه من الحجر، وكانت قاعة القصر ذات مسقط مربع تقريباً تتوسطها دور قاعة تعلوها قبة ويفتح على الدور قاعة أربعة إيوانات يطل كل منها على الدور قاعة ببائكة من أربعة عقود محمولة على ثلاثة أعمدة، وكان الإيوان الجنوبي أكثر عمقاً من الإيوان الشمالي ولم يبق لهذه القاعة أي أثر اليوم.[47] وبالعموم بالرغم من أنه لم يبق من العصر الأيوبي نماذج كاملة صالحة للدراسة يمكن القول إن التأثر الواضح لمسقط المدرسة الأيوبية بالقاعات الفاطمية[48] دليل يرجح إعجاب الأيوبيين بهذا الطراز ويؤكد من دون شك تبنيهم له في عماراتهم المدنية والسكنية أيضاً.

46 D'Avennes, Prisse. *Islamic Art in Cairo.* Cairo: AUC Press, 1999, 204.

47 يشير بعض الباحثين إلى أن هذه القاعة تشكل النموذج الذي استوحى منه معماري هذه الفترة العنصر الانتقالي بين العنصر النموذجي لبيوت الفسطاط "الإيوان الكبير والغرفتين الواقعتين على جانبيه والسقيفة التي تتقدمهم" وبين القاعة المملوكية الكلاسيكية. انظر: أسس التصميم، ص86. Garcin, Jean-Claude, Maury, Bernard, Revault, Jacques, Zakariya, Mona. *Palais et maisons du Caire. Tome I. Époque mamelouke* (XIIIe–XVIe *siècles*). Paris: Institut de recherches et d'études sur le monde arabe et musulman. Éditions du CNRS, 1982, 80. footnote 4. ⁞ D'Avennes, *Op. cit.*, 201.

48 يغلب أن تكون المباني السكنية الفاطمية قد أثرت بالمباني الدينية الأيوبية التي صارت عبارة عن صحن مستطيل يحيط به إيوانان جنوبي شرقي، وشمالي غربي "المدرسة الصالحية"، حيث كان صلاح الدين قد حول الكثير من هذه العمائر السكنية إلى مدارس بأول العصر الأيوبي ضمن المدارس التي أقامها وبلغ عددها 13 مدرسة، وضم المسقط الأفقي لهذه المدارس إضافة للفناء والإيوانين غرف وخلاوي للشيوخ والدارسين. وقد حول صلاح الدين دار سعيد السعداء الفاطمية إلى خانقاه عرفت بالدويرة وسكنها المتصوفون القادمون من الشام 569هـ/1174م، وسميت بالخانقاه الصلاحية. ⁞ انظر: أسس التصميم، ص87.

الباب الثاني

العوامل المؤثرة في تصميم القصور والبيوت في العصر المملوكي

خضعت العمائر السكنية المملوكية بشكل عام وعمارة القصور والبيوت بشكل خاص في تصميماتها لجملة من العوامل المؤثرة المشتركة التي طُبقت على المجتمع القاهري آنذاك، فأثرت جوهرياً على تخطيطات هذه العمائر، وحددت الشكل النهائي لمساقطها الأفقية في جميع طوابقها، كما حددت أقسام هذه القصور والبيوت، ووظائف هذه الأقسام، بل أثرت حتى في مواد وأسلوب إنشاء هذه العمائر.

وإضافة للعوامل المؤثرة والمتغيرة من تأثير المساحة المتاحة وإمكانيات المنشئين ومتطلباتهم وأذواقهم، فإن هذه العوامل أثرت على الشكل العام للمسكن من حيث مساحته وضخامة عناصره ونوعية الفراغات الموجودة فيه، وقد لاحظنا اختلاف تأثير هذه العوامل بحسب الاتجاهات والظروف السياسية والعمرانية والفنية التي كانت سائدة بكل من دولتي العصر المملوكي، "كما كان للتنافس بين الأمراء دور في تحديد ضخامة وشكل المنتج المعماري في هذه العمائر".[1] وإن أهم العوامل المؤثرة في تصميم القصور والبيوت المملوكية هي العامل الإجتماعي والديني والمناخي والأمني والمكاني.

1 العامل الإجتماعي

تميز المجتمع القاهري في العصر المملوكي [الشكل 13] بانقسامه إلى ثلاث طبقات هي:

1. **الطبقة العليا:** تشمل السلاطين والأمراء وغالبيتهم من المماليك الذين (كانوا الطبقة العسكرية الممتازة التي سيطرت على البلاد وأهلها، ولهم في أصلهم ونشأتهم وطريقة تربيتهم وأسلوبهم الخاص في الحياة وعدم اختلاطهم بأهالي البلاد سياج يحيط بهم، ويجعل منهم طبقة ذات خصائص تعزلهم عن المحيط الذي يعيشون وسطه).[2]
2. **الطبقة الوسطى:** تتألف من كبار الموظفين وكبار التجار، حيث عاش (المعممون أو أرباب الأقلام)،[3] في سعة وبسطة في الحياة نتيجة لما أغدقه عليهم السلاطين وكبار الأمراء من رواتب وعطايا لضمان دعمهم ومساندتهم في إرضاء الشعب والسيطرة عليه، كما كان للأوقاف التي وقفت على المؤسسات العلمية والدينية كالمدارس والمساجد والخانقاوات دور في زيادة ثروات هؤلاء.

وفي نفس الوقت تمتع التجار في هذا العصر بثروات كبيرة نتيجة للدور التجاري الكبير الذي لعبته مصر في هذا العصر في تجارة الشرق والغرب، وكانت هذه الثروة التي امتلكوها سببا في ميل السلاطين وكبار الأمراء إليهم ومحاولة التقرب منهم رغبة في جعلهم عوناً لهم ومصدراً للمال في ساعات الحرج والشدة.[4]

3. **الطبقة السفلى:** تكونت من عدة طبقات شعبية شملت مختلف الشرائح من أهل الحرف والصنائع وصغار التجار والباعة والسوقة والسقائين والمكاريين والمشاعلية، وغيرهم.

وقد سكنت طبقات المجتمع المملوكي في مساكن تناسبت في مواقعها ومساحاتها وتصميماتها مع الإمكانيات الاقتصادية لكل منها، فسكن الأمراء طوال العصر المملوكي في قصور قريبة من مقر الحكم في القلعة التي تركزت حولها قصور أشهر أمراء هذا العصر التي منها قصور باقية مثل قصر ألناق، وقصر قوصون وقصر طاز وقصر منجك[5] إضافة للعديد من القصور

1 Rabbat, Nasser. *Mamluk History through Architecture: Monuments, Culture and Politics in Medieval Egypt and Syria.* I.B. Tauris, 2010, 123.

2 سعيد عبد الفتاح عاشور، المجتمع المصري في عصر سلاطين المماليك، دار النهضة العربية، ط1، القاهرة، 1962، ص 11-12. وسنرمز إليه لاحقاً بـ "المجتمع المصري"

3 المجتمع المصري، ص 28.

4 المجتمع المصري، ص34.

5 انظر دراستنا الموسعة لعمارة هذه القصور في الباب السابع من كتابنا هذا.

© KONINKLIJKE BRILL NV, LEIDEN, 2021 | DOI: 10.1163/9789004441408_004

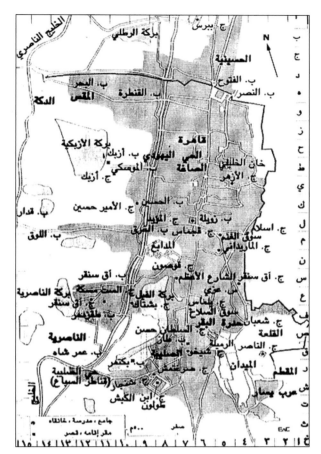

الزائلة مثل قصري يلبغا اليحياوي والطنبغا المرداني،[6] وقصر بكتمر الساقي،[7] وقصر أراغون الكاملي،[8] وقصر صرغتمش،[9] وغيرها كثير. وقد أطلق اسم البيوت الشريفة على بيوت السلطان، واسم البيوت الكريمة على بيوت الأمراء.

وكانت قصورهم هذه إضافة لمواقعها المميزة على الشوارع الرئيسية وحول البرك الهامة والتي أهمها بركة الفيل[10] [الشكل 14] مبنية على مساحات ضخمة تتوسطها أفنية واسعة،[11] كما جاء

6 ويذكر المقريزي أن موقع هذين القصرين كان مكان مدرسة الناصر حسن، حيث قام صاحب المدرسة بهدمهما وأضاف إليهما عدة دور وشرع في بناء مدرسته تجاه قلعة الجبل وذلك سنة 758هـ/1356م. ⁝ المقريزي، المواعظ والاعتبار بذكر الخطط والآثار، مكتبة الآداب، ج4، القاهرة، 1996، ج4، ص117-120. وسوف نرمز إليه لاحقاً بـ"الخطط المقريزية".

7 كان هذا القصر تجاه قلعة الكبش على بركة الفيل، وقال المقريزي: (أنه من أعظم مساكن مصر وأجلها قدراً وأحسنها بنياناً، وقد أنشأه السلطان محمد بن قلاوون لسكن أجل أمرائه بكتمر الساقي)، وللأسف لقد زال هذا القصر منذ أمد بعيد. ⁝ الخطط المقريزية، ج2، ص110.

8 كان يقع بالجسر الأعظم على بركة الفيل، وقد أنشأه الأمير أراغون الكاملي سنة 747هـ/1347م وأدخل فيها من أرض بركة الفيل 20 ذراعا، وهو زائل الآن. ⁝ الخطط المقريزية، ج2، ص118.

9 كان هذا القصر يقع بحارة بئر الوطاويط بالقرب من المدرسة الصرغتمشية بشارع الصليبة.

10 تعتبر بركة الفيل من أقدم برك القاهرة ذكراً، وكانت من أعظم متنزهاتها حتى نهاية القرن الماضي. حول هذه البركة ⁝ انظر: محمد الششتاوي، متنزهات القاهرة في العصرين المملوكي والعثماني، قسم الآثار الإسلامية، كلية الآثار، جامعة القاهرة، (رسالة ماجستير منشورة بنفس العنوان)، 1994، ص76-187.

11 قدرنا مساحة الفناء الأصلي لقصر قوصون بـ 5520 متر مربع، والفناء الأصلي لقصر طاز بـ 1600.250 متر مربع. انظر تفصيل ذلك عند دراستنا للعناصر المعمارية المكونة للبيت

الشكل 13 خريطة تمثل القاهرة في العصر المملوكي، موقعاً عليها الامتدادات الجغرافية المدينة وحدودها وأهم ضواحيها وشوارعها ومبانيها كما كانت في ذلك الوقت. (عن: أندريه ريمون، القاهرة تاريخ حاضرة)

لوحة 1 صورة تمثل بيوت الطبقة الوسطى على الخليج المصري بالقاهرة.

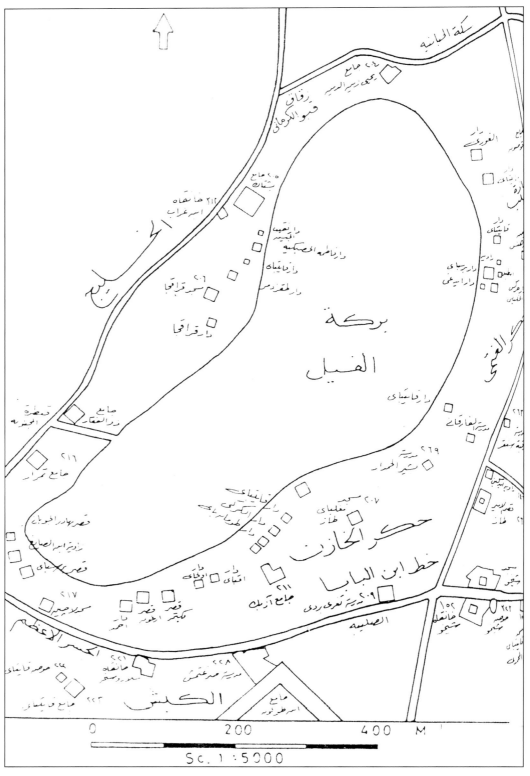

الشكل 14   خريطة تبين القصور والبيوت التي كانت تقع حول بركة الفيل القريبة من قلعة الجبل
بالقاهرة في العصر المملوكي. (عن: محمد الششتاوي، متنزهات القاهرة)

تصميمها الداخلي متكاملاً ملبياً لكل المتطلبات، مشتملاً على كل عناصر المسكن الإسلامي من أماكن استقبال، وأماكن الأسرة والحياة الخاصة، وأماكن الخدمات.

أما **طبقة التجار** فجاءت مساكنها عبارة عن منازل أقل بدرجات من قصور طبقة الأمراء سواء في مواقعها أو مساحاتها أو تصميماتها وتكامل عناصرها، وقد توزعت في الشوارع الأقل من حيث الأهمية السياسية والاجتماعية وحول الخلجان والبرك[12] [لوحة 1].

أما **الطبقات الشعبية** فقد سكن أفضلها في مساكن صغيرة تمتلكها أو تستأجرها، بينما سكنت أغلبية هذه الطبقات في عمائر سكنية عامة متعددة الوحدات بنيت مستقلة كنوع من العمائر المدنية المخصصة للسكن الجماعي وأطلق عليها اسم الرباع والأربع،[13] أو بنيت كأماكن مخصصة للسكن الجماعي فوق الوكالات[14] كأحد أهم أنواع المباني التجارية آنذاك، فقد تحولت الوحدات السكنية الموجودة بالطوابق العليا للرباع والوكالات إلى وحدات سكن دائم للأسر من أبناء الطبقات الشعبية في العصر المملوكي، فيذكر المقريزي مثلاً أن وكالة قوصون القريبة من جامع الحاكم كانت تشتمل على 360 بيتاً ويعيش بها نحو 4000 نفس،[15] وقد عني السلاطين وكبار الأمراء بإنشائها وتأجيرها بهدف الكسب والربح، ولكن لم يصلنا من هذه الأربع المملوكية أمثلة كثيرة باقية،[16] ومن أهم الرباع الباقية بمدينة القاهرة التي ترجع للعصر المملوكي[17] ربع قايتباي بالصحراء الشرقية أثر رقم 104، 879 هـ/1474م، والربعان الباقيان أعلى وكالة قايتباي بباب النصر، أثر رقم 9، 885 هـ/ 1480م، والربع الباقي أعلى وكالة الغوري بالتبليطة،

المملوكي في الباب الرابع من هذا الكتاب.

12 Behrens-Abouseif, Doris. *Azbakiyya and its Environs from Azbak to Ismāʿīl, 1476–1879*. Supplément aux annales islamologiques. Cairo: I.F.A.O., 1985. ⁝ Hanna, Nelly. *An Urban History of Būlāq in the Mamluk and Ottoman Periods*. Supplément aux Annales islamologiques, cahier no. 3. Cairo: I.F.A.O., 1983.

13 كان الربع يخصص أصلاً للصناع وأصحاب الحرف، حيث كان الدور الأرضي يحتوي على ورش ومحلات ومرافق إضافة إلى الخدمات اللازمة، أما الطابقان العلويان فيحتويان على شقق منفصلة مكونة كل شقة منها حجرة أو حجرتين ومطبخ ودورة مياه لعائلات الصناع أصحاب هذه المحلات، وتشبه هذه الشقق إلى حد كبير مثيلاتها بالوكالات، وتؤدي إليها عادة طريق متصلة في أحد نهاياتها بسلم واحد يؤدي إلى الشارع. ⁝ توفيق أحمد عبد الجواد، العمارة الإسلامية فكر وحضارة، مكتبة الأنجلو المصرية، القاهرة، ط3، 1986، ص420.

14 لقد تكونت الوكالات من مخازن منفصلة بالدور الأرضي تطل على فناء مفتوح، كما تضم جميع المرافق والخدمات اللازمة لمثل هذه الأغراض، أما الطوابق العلوية فكانت مخصصة أيضا للشقق السكنية وتطل على نفس الفناء، وكانت هذه الوكالات تخصص بالأصل لإقامة صغار التجار في مواسم التجارة ممن يحضرون من مختلف القرى المجاورة مع عائلاتهم لقضاء موسم التجارة في المدن الكبيرة، فتقيم هذه العائلات في الوكالات، وتخزن البضائع في المخازن الموجودة بها، حتى ينتهي كل تاجر من بيع بضاعته ثم يرحل. ولكن العديد من وحدات هذه الوكالات تحولت بمرور الزمن إلى أماكن سكن جماعي للطبقات الشعبية والفقيرة. توفيق أحمد عبد الجواد، العمارة الإسلامية فكر وحضارة، مكتبة الأنجلو المصرية، القاهرة، ط3، 1986، ص420. ⁝ حول مصطلح الوكالة انظر مسرد المصطلحات الأثرية الملحق بهذا الكتاب.

15 الخطط المقريزية، ج3، ص115.

16 Behrens-Abouseif, Doris. *Islamic Architecture in Cairo: An Introduction*. Cairo: AUC Press, 1998, 39–40.

17 تؤكد الدراسات الأثرية المختلفة قلة الأمثلة الباقية لعمائر السكن الجماعي في القاهرة، كما أن الأجزاء الباقية منها أغلبها متهالك وآيل للسقوط والبعض الآخر بقيت منه أجزاء قليلة تتمثل في واجهاته وأدواره السفلية. حول الأربع الشعبية بالقاهرة ⁝ انظر: هبة الله محمد فتحي حسن، الأربع والمنازل الشعبية في القاهرة في العصرين المملوكي والعثماني، قسم الآثار الإسلامية، كلية الآثار، جامعة القاهرة، (رسالة دكتوراة غير منشورة)، 1995. ⁝ Ali Ibrahim, Laila. "Middle-Class Living Units in Mamluk Cairo. Architecture and Terminology." *Art and Archaeological Research Papers* 14 (1979): 24–30.

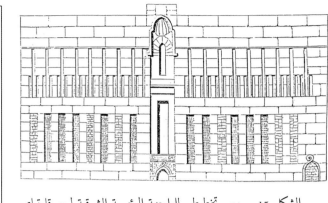

الشكل 15 رسم تخطيطي للواجهة الرئيسية الشرقية لربع قايتباي الواقع بشارع السوق بالصحراء الشرقية بالقاهرة. (عن: هبة الله محمد فتحي، الأربع والمنازل الشعبية)

أثر رقم 64، 909هـ/ 1504م،[18] [الشكل 15].

ومن الواضح أن طبقة الأمراء كانت دائما تقلد السلطان في كل مظاهر حياته وفي كل أسلوب يؤديه، وبنفس الوقت كانت الطبقة الوسطى من الأغنياء تعمل على تقليد الأمراء في مظاهر حياتهم ما أمكنهم ذلك فكان (المملوك إذا وصل إلى مرتبة الإمارة أصبح سلطاناً صغيراً أو على قول القلقشندي "سلطاناً مختصراً"، له إسطبل أي مجموعة من المباني تشمل مسكنه وبيوت مماليكه وموضع خيوله ومخازن مؤنتها وسروجها ولكل أمير منهم موظفون من الطشت خاناه والفراش خاناه وله من أجناده أستادار[19] ورأس نوبة[20] وداوادار،[21] وكأنه سلطان، وأطلق المصطلح المماليكي اسم **البيوت الكريمة** على بيوت الأمراء كما أطلق **البيوت الشريفة** على بيوت السلطان)[22] [الشكل 16].

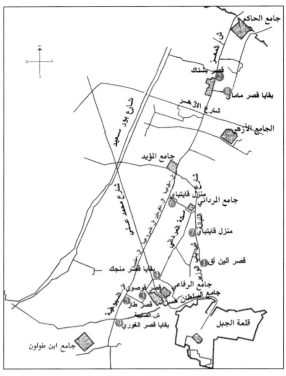

الشكل 16 خريطة حديثة تبين موقع القصور والبيوت الباقية بمدينة القاهرة من العصر المملوكي. (من إعداد الباحث على خلفية خريطة منقولة عن: Revault & Maury, *Palais et maisons du Caire*)

18 انظر أيضاً: علي ماهر متولي أحمد، أسس تصميم العمائر السكنية فى القاهرة فى العصرين المملوكى والعثمانى، كلية الآثار، جامعة القاهرة، (رسالة دكتوراة غير منشورة)، 2006. ؛ أحمد عبد الوهاب حمدي، المجموعات السكنية المشتركة مع مباني التجارة والخدمات، كلية الهندسة، جامعة القاهرة، (رسالة ماجستير غير منشورة)، 1986م.

19 كانت الوظيفة الأساسية للأستادار هي النظر على بيوت السلطان، ويذكر المقريزي أنها من الوظائف الجليلة، ولكن مع الزمن عظمت مكانة الأستادار ونفذت كلمته وصار المتحكم في جمهور أموال الدولة وصار نظر البيوت شيء لا معنى له. ؛ الخطط المقريزية، ج3، ص364.

20 رأس النوبة وظيفة يقوم أصحابها بالحكم على المماليك السلطانية والأخذ على أيديهم، وقد جرت العادة أن يكونوا أربعة أمراء، واحد منهم مقدم ألف وثلاثة طبلخانات. ؛ القلقشندي (أبو العباس أحمد بن علي بن أحمد ت811هـ/1418م)، صبح الأعشى في صناعة الإنشا، المطبعة الأميرية، القاهرة، 1915م، 14ج، ج4، ص18. وسوف نرمز إليه لاحقاً بـ "صبح الأعشى".

21 وظيفة الدودار الأساسية هي حمل دواة السلطان مع ما ينضم لذلك من الأمور اللازمة لهذا المعنى. ؛ صبح الأعشى، ج4، ص19.

22 المجتمع المصري، ص 17-18. ؛ صبح الأعشى، ج4،

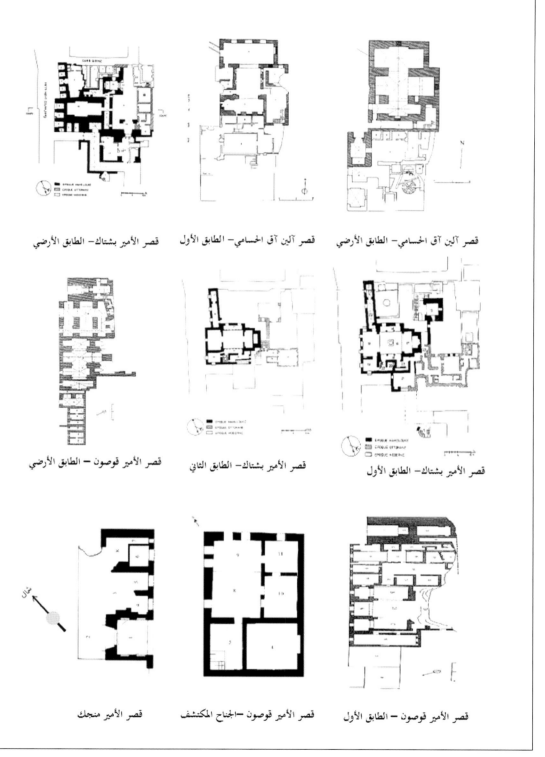

قصر آلين آق الحسامي– الطابق الأرضي
قصر آلين آق الحسامي– الطابق الأول
قصر الأمير بشتاك– الطابق الأرضي
قصر الأمير بشتاك– الطابق الأول
قصر الأمير بشتاك– الطابق الثاني
قصر الأمير قوصون – الطابق الأرضي
قصر الأمير قوصون – الطابق الأول
قصر الأمير قوصون –الجناح المكتشف
قصر الأمير منجك

الشكل 17 مساقط القصور والبيوت الباقية موضوع الدراسة، كأمثلة لمساقط العمائر السكنية في العصر المملوكي. (من إعداد الباحث)

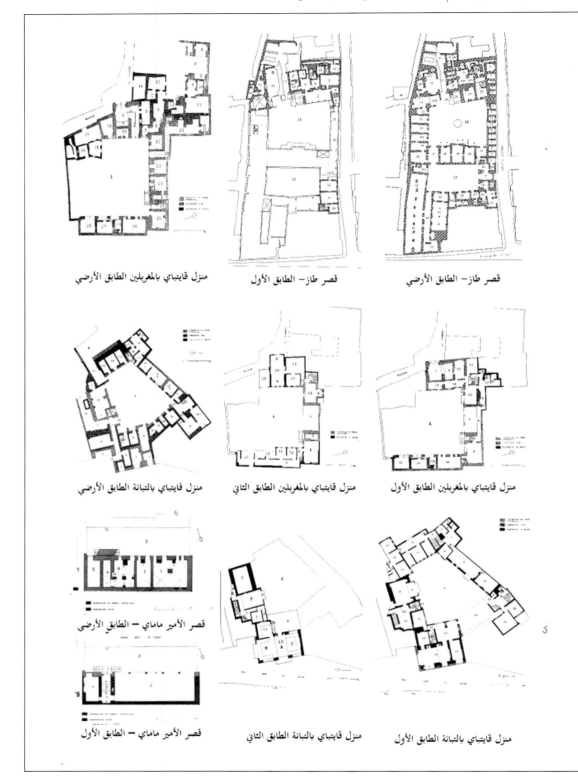

قصر طاز– الطابق الأرضي

قصر طاز– الطابق الأول

منزل قايتباي بالمغربلين الطابق الأرضي

منزل قايتباي بالمغربلين الطابق الأول

منزل قايتباي بالمغربلين الطابق الثاني

منزل قايتباي بالتبانة الطابق الأرضي

منزل قايتباي بالتبانة الطابق الأول

منزل قايتباي بالتبانة الطابق الثاني

قصر الأمير ماماي – الطابق الأرضي

قصر الأمير ماماي – الطابق الأول

2 العامل الديني

إن البيت الإسلامي جاء معبّراً عن الشخصية المسلمة المرتبطة في حياتها اليومية بجملة من القيم الإسلامية وبالعديد من الأوامر والنواهي الفقهية التي نظمت علاقة الفرد والأسرة بالمجتمع المحيط، (فإن تحديد الإسلام للسلوك حدد أسس تصميمية وأوجد عناصر معمارية ذات وظائف متعددة لبناء احتياجات المسكن المسلم، وأعطت صورة متغيرة متنوعة في الشكل والتشكيل)،[23] فكان تحقيق الخصوصية والستر أول ما روعي عند تصميم المسكن الإسلامي، وروعي ذلك بقوة عند تصميم المسقط الأفقي لجميع العمائر السكنية، فجاء هذا التصميم محتجباً عن الخارج بواجهات قليلة الفتحات بمستوي الدور الأرضي، منفتحاً على الداخل حول فناء واسع مكشوف، وجعل الدخول لهذه المساكن عن طريق مداخل منكسرة يقع الرئيسي منها بالواجهة الرئيسية.

وقد كان لهذا الاتجاه نحو الداخل في تصميم المسكن الإسلامي أثر مباشر في إيجاد عنصر الفناء الداخلي الذي أدى العديد من الوظائف، فحوله كانت تنتظم عناصر المسكن بطوابقه التي وزعت فيها العناصر بأماكن تناسبت مع وظيفتها [الشكل 17]، فاشتمل **الطابق الأرضي** إضافة للمداخل المنكسرة على العديد من أماكن الخدمات مثل الإسطبل والحمام والساقية والمطبخ والعديد من المخازن والحواصل، وأحياناً ظهر بهذا الطابق في العصر المملوكي البحري إضافة لذلك قاعة أرضية صغيرة مغلقة الفتحات غطيت بعقود حجرية كما في قصر الأمير طاز [الشكل 76–22]، ثم تحولت هذه القاعة في العصر الجركسي إلى قاعة استقبال ضخمة "مندرة" ارتفعت بمستوي الطابق الأول والثاني وخصصت للاستقبال، كما في بيت السلطان قايتباي بالمغربلين [الشكل 87].

أما **الطابق الأول** فقد احتوى على أماكن الاستقبال وأهمها المقعد والقاعة الرئيسية كما في قصر طاز [الشكل 78–2، 16]، وقد عني بأماكن الاستقبال هذه تمشيا مع الأوامر الدينية الداعية لحسن استقبال الضيوف وإكرام وفادتهم بالقدر الذي لا يخل بأخلاق المسلم ولا يقلل من ضرورات الستر والخصوصية التي دعا إليها الإسلام، فجاءت هذه الأماكن واسعة ترتفع أسقفها بارتفاع الطابق الأول والثاني، وجهزت من الداخل بشكل يحقق الراحة للزائرين، كما زودت بملحقات ومرافق لخدمتهم، وبنفس الوقت جعل الوصول إليها سهلاً ميسوراً ومباشراً من أقرب نقطة من المدخل الرئيسي للمسكن، وعن طريق مداخل وسلالم خاصة تؤدي إليها، واحتوى الطابق الأول أيضا على العديد من الغرف والمبيتات والدهاليز والممرات والسلالم.

وكان لفرض الإسلام الاحتجاب على النساء أثره المباشر بأن جعلت لهن أماكن خاصة يمكن تسميتها بأماكن الأسرة والحياة العائلية، وجاءت هذه الأماكن غالباً بمستوي الطابق الثاني للمسكن،[24] وتكونت من عدد من القاعات الصغيرة والأروقة والغرف والمبيتات، وزودت بملحقات ومرافق لازمة للحياة اليومية للأسرة، وقد جعل الوصول إلى هذه الأماكن أيضاً عن طريق سلالم وممرات خاصة بعيدة عن أماكن الاستقبال، كل هذا دون أن يؤدي ذلك إلى الحجر على النساء داخل خدورهن، بل عمل المعمار على إيجاد نظام اتصال حركي بين أجزاء المسكن عن طريق عمل ممرات بديلة متوارية تسمح للنساء بالتنقل بين أجزاء وطوابق المسكن دون الاضطرار للمرور من الفناء أو أماكن الاستقبال عند وجود الضيوف، كما عمل بنفس الوقت على إيجاد اتصال بصري بين أماكن الاستقبال وباقي أجزاء المسكن وذلك عن طريق المشربيات التي تفتح على الفناء الداخلي فتسمح للنساء بمراقبة ما يجري بالمقعد دون أن تراهن أعين الضيوف، ومن خلال مقاعد الأغاني[25] التي تسمح لهن بمتابعة ما يجري بقاعات

ص21، ج5، ص457.

23 أسس التصميم، ص498–499.

24 من الممكن أحياناً أن تتبع أماكن الأسرة بعض الوحدات الواقعة بالطابق الأول بالأضلاع البعيدة عن أماكن الاستقبال، وربما تقتصر أماكن الأسرة على هذه الوحدات في حال عدم وجود طابق ثان في القصر أو البيت.

25 هو من أنواع المقاعد التي شاعت منذ بداية العصر المملوكي، وزاد انتشاراً في العصر العثماني، وغالباً توجد هذه الأغاني في القاعات الكبيرة المزدوجة، فتقع متقابلة على جانبي الدور

الاستقبال أيضا دون أن يلاحظن.

كما أثرت هذه العوامل الدينية في تحديد شروط معينة لارتفاعات هذه المساكن، كما حددت علاقة هذه المساكن ببعضها البعض، وخصوصا فيما يتعلق بمطلاتها وأبوابها (ظاهرة تنكيب الأبواب وخاصة في الشوارع الضيقة)، وكل ذلك لتمنع الكشف وتحقق مبدأ الخصوصية والستر، وقد فاضت كتب الحسبة بالضوابط والشروط لتحقيق ذلك.[26]

3 العامل المناخي

لقد أثر هذا العامل بشدة في المسقط الأفقي للمسكن الإسلامي القاهري حيث روعي بدقة عند تصميم المسقط توجيه كامل المبنى ليكون اتجاه المحور الرئيسي للفناء الداخلي نحو الشمال أو الشمال الغربي "الاتجاه البحري" بالشكل الذي يسمح للمبنى بتلقي الرياح الباردة اللطيفة التي تهب على القاهرة من هذا الاتجاه، وفي نفس الوقت يوجه أحد الأضلاع القصيرة للفناء - الضلع الجنوبي أو الجنوبي الغربي - للاتجاه البحري، حيث يبنى به أحد أنواع المقاعد ذات الواجهة المفتوحة على الفناء[27] التي تعتبر من أهم عناصر المسكن التي جاءت استجابة لمتطلبات بيئية ومناخية،[28] والتي ما لبثت أن تحكمت بالشكل النهائي للفناء الداخلي.

ولنفس الغاية نلاحظ أن المحور الطولي للقاعات المملوكية جاء موازياً لاتجاه الفناء للزيادة في تلقيها للنسيم عن طريق الشخشيخة التي تعلو دور قاعاتها، أو عن طريق الملاقف،[29] وبناء عليه نلاحظ تأثير ذلك بأن جاءت كل القاعات الرئيسية عمودية في مسقطها على الاتجاه الطولي للمقعد، وقد عمل لنفس الهدف على زيادة الفتحات الداخلية المطلة على الفناء، وجعلت الجدران الخارجية للمساكن سميكة، استخدم في بنائها مواد طبيعية من البيئة تساعد على العزل الحراري وتوفر مناخاً داخلياً لطيفاً، كما قلت الفتحات المطلة على الخارج، وعولج الموجود منها بتغطيته بالمشربيات[30] التي قدمت معالجة مناخية رائعة، كونها تمنع دخول أشعة الشمس المباشرة إلى الوحدات الموجودة خلفها، في وقت تسمح فيه بدخول الهواء والضوء وتلقي الظلال، هذا إضافة لوظيفتها السابقة بحجب النساء وتأكيد الفصل بينهن وبين الرجال، وقد عملت كثرة البروزات التي لجأ إليها المعمار عادة في الطابق الأول وما بعده إلى زيادة مسطحات الظل على واجهات المبنى وكسر حدة الشمس عن الجدران الخارجية، كما جاءت الملاقف التي وجهت بالاتجاه البحري لتلقي النسيم البارد بمثابة معالجة إضافية للعوامل المناخية التي فرضت نفسها بقوة على المسكن الإسلامي وخاصة المملوكي، الذي عرف المسكن به قمة التطور الذي وصلت إليه العمارة السكنية الإسلامية،

قاعة، واسم هذا النوع من المقاعد مشتق من إحدى أهم الوظائف التي قام بها هذا النوع من المقاعد كمكان لجلوس القيان للغناء فيه. للاستزادة حول هذا المصطلح انظر: مسرد المصطلحات الأثرية الملحق بهذا الكتاب.

26 حول ذلك انظر: وليد عبد الله عبد العزيز المنيس، الحسبة على المدن والعمران، حوليات كلية الآداب، جامعة الكويت، الحولية 16، لعام 1995، ص120-104.

27 من أنواع هذه المقاعد المقعد التركي والمقعد الإيواني والديواني والمصري والمقعد ذو العقد الواحد بدون أعمدة والمقعد ذو الدرابزين بغير أعمدة أو عقود والمقعد الأرضي. ؛ انظرحول هذه الأنواع: غزوان ياغي، المقاعد في عمائر القاهرة السكنية في العصرين المملوكي والعثماني، دراسة أثرية حضارية، قسم الآثار الإسلامية، كلية الآثار، جامعة القاهرة، 1999، (رسالة ماجستير غير منشورة)، ص180-261.

28 حول الخصائص البيئية والمناخية للمقاعد انظر: المرجع نفسه، ص258-259.

29 الملاقف هي الفتحات التي تحدث في الأسطح والأقبية لجذب الهواء لتلطيف حرارة الجو، وتعتبر أحد أهم العناصر المميزة في المباني الإسلامية. ؛ يحيى وزيري، العمارة الإسلامية والبيئة "الروافد التي شكلت التعمير الإسلامي"، سلسلة عالم المعرفة، العدد 304، يونيو 2004، مطابع السياسة، الكويت، ص116-117. ؛ للاستزادة حول هذا المصطلح انظر: مسرد المصطلحات الأثرية الملحق بهذا الكتاب.

30 للاستزادة حول مصطلح المشربية انظر مسرد المصطلحات الأثرية الملحق بهذا الكتاب.

سواء في التصميم العام، أو في أنواع العناصر المعمارية والزخرفية وتوزيعها، ووظائف هذه العناصر.

4 العامل الأمني

يلاحظ أن قصور وبيوت العصر المملوكي البحري تميزت بمساحاتها الواسعة والمبالغة في الأحجام والارتفاعات، فشاع بها جميعا ضخامة غير مسبوقة أو متبوعة بالعناصر المكونة لها، ويظهر ذلك واضحا في القصور الباقية من هذا العصر كقصر ألناق، قصر بشتاك، قصر قوصون، قصر منجك، قصر طاز، ولا يخفى ذلك في الواجهات الخارجية لهذه القصور، وفي مداخلها التي تعبر تفاصيلها وخطوطها العرضية ومساحات سطوحها المختلفة عن المتانة والقوة والمنعة والاطمئنان وتدلل على الرسوخ والثبات، والقدرة العالية للتغلب على الهجمات والتعديات.

لقد كان لكثرة الاضطرابات داخل الدولة المملوكية منذ قيامها أبعد الأثر بدفع الأمراء المماليك للعناية الزائدة بتقوية قصورهم وزيادة منعتها لتصمد في وجه المهاجمين، حتى إن بعضها كان يزود ببعض عناصر العمارة الدفاعية، مثل البرج الذي مازال يتقدم المدخل الرئيسي الأصلي لقصر بشتاك والذي كان يتألف من طابقين ومزود بفتحات مزاغل ومراقبة، وكذلك فتحة المزغل التي مازالت موجودة قرب باب سر "المدخل الفرعي" لقصر الأمير طاز.

5 العامل المكاني والمساحة المتاحة

لا شك أن اتساع المساحة المتاحة لقصور العصر المملوكي البحري كون هذه القصور كانت بمثابة عمارات ابتداء في مكانها، حيث بنيت في أماكن شبه خالية آنذاك (يلاحظ مثلا أن قصر طاز بني على جزء من بستان سيف الإسلام)، قد أعطيت لبناتها من الأمراء الأغنياء والطامحين حرية كبيرة في وضع التصاميم التي يرغبون بها لقصورهم، فجاءت متسعة تتناسب رحابتها وأحجام عناصرها بدقة مع المكانة العالية لصاحبها، وقد كان لهذا أثر كبير في الميل الذي لاحظناه بهذه المساكن لإظهار العظمة والفخامة.

وبنفس الوقت فإن قلة هذه المساحة المتاحة قد دفعت المساكن المملوكية الجركسية لتكون أقل في الاتساع، ومالت بالتالي عناصرها للصغر والرشاقة، فيلاحظ مثلا الانحراف والميل الشديد لخطوط الواجهات الخارجية لبيتي قايتباي بالمغربلين والتبانة، مما يعكس مساحة متاحة محدودة غير منتظمة قَبِلَ بها السلطان قايتباي لعدم توفر غيرها وسط الشوارع المكتظة، فلم يستطع سلطان جركسي كبير مثل قايتباي الحصول على أكثر من نصف المساحة التي حصل عليها أمير من العصر البحري مثل طاز.[31]

31 تبلغ المساحة الكلية لفناء قصر طاز حوالي 1600.250 متر مربع، بينما تبلغ المساحة الكلية الحالية لفناء بيت قايتباي بالمغربلين 456 متر مربع. ؛ انظر تفصيل ذلك عند دراستنا للعناصر المعمارية المكونة للبيت المملوكي في الباب الرابع من هذا الكتاب.

الباب الثالث

أنواع القصور والبيوت في العصر المملوكي

يشير تتبع بناء الكثير من قصور بيوت فترة المماليك البحرية أنها كانت عمارات ابتداء في أماكنها، وخاصة منها تلك التي بنيت خارج أسوار القاهرة، ولهذا كانت ذات دور محسوس في تطوير الخطط والدروب حولها، وخاصة أن العديد من هذه القصور كان يحوي العديد من المحلات التجارية بواجهته الرئيسية مما جعلها مكان جذب للنشاط التجاري والحرفي، ولكن يغلب أن هذه القصور بحكم كونها قصور خاصة لم تحقق هذا التأثير في دفع التطور العمراني والمعماري حولها إلا عبر سنوات طويلة، ساعدها فيه ثبات عمارتها واستمرار مكانتها وتأثيرها كأماكن لسكن أكابر الأمراء القادرين على تأمين حماية من يستجيرون بهم وخاصة من الساكنين حول قصورهم، ولاشك أن الكثير من الأمراء الصغار كانوا يرغبون في البناء والسكن حول قصور أسيادهم أيضاً.

وقد تبين أيضاً من خلال دراسة تاريخ عمارة القصور والبيوت المملوكية [الشكل 16]، ووثائق الوقف أن أسس تصميم وهندسة هذه المباني قد اختلفت حسب نوعيتها[1] وبالرغم من اتخاذ هذه القصور والبيوت جميعاً كمكان للسكن فيها، فإن بعض هذه القصور قد خصص لسكن أصحاب وظائف محددة، فكانت بمثابة قصور وظيفية، بوقت ظلت باقي القصور أو البيوت كمقارّ لأصحابها، أي عبارة عن قصور خاصة، كما أشارت المصادر لقيام السلاطين والأمراء ببناء أو شراء العديد من البيوت وتخصيصها للإيجار والانتفاع، وبناء على ذلك يمكننا تقسيم القصور والبيوت المملوكية من حيث استخدامها إلى ثلاثة أنواع:

1 قصور الوظائف

لقد آلت هذه القصور مع الزمن لتصبح قصوراً حكومية أي لا تخص أميراً معيناً، بل خصص كل منها لإقامة الأمراء الذين يتولون وظيفة محددة، حيث يتحول الأمير للإقامة بها بمجرد حصوله على وظيفته هذه، فمثلا خصص قصر قوصون بعد وفاة بانيه ليكون مكان سكن ومقراً لمن يتولى منصب أتابك العسكر،[2] ومن أشهر من شغل هذه الوظيفة وسكن بهذا القصر بعد قوصون الأمير شيخون العمري، ثم الأمير إينال ثم الأمير خوشقدم الأحمدي ثم سكنه الأمير يشبك من مهدي ثم الأمير آقبردي.

أما قصر منجك السلاح دار فقد صار بعد وفاة منشئه من قصور الوظـائف أيضاً، وخصص لسكن من يحصل على وظيفة الدوادارية الكبرى، وأحيانا سكن به بعض من يشغل وظيفة الأتابكية، فمثلا سكن به الأمير يشبك الشعباني وكان أتابكاً للعسكر زمن السلطنة الثانية للناصر فرج (809–815هـ/1406–

1 علي ماهر متولي أحمد، أسس تصميم العمائر السكنية فى القاهرة فى العصرين المملوكى والعثمانى، كلية الآثار، جامعة القاهرة، (رسالة دكتوراة غير منشورة)، 2006. ⁝ Behrens-Abouseif, Doris. *Islamic Architecture in Cairo: An Introduction*. Cairo: AUC Press, 1998, 35.

2 الأتابك لقب من ألقاب الصفات، وأصله أطابك، وهو يتألف من جزئين فارسيين، أطا بمعنى أب، وبك بمعنى أمير، أي الأمير الأب، ثم تحول بعد ذلك إلى لقب وظيفي بمعنى الرئيس الكبير، وكان يتولى رعاية أولاد السلطان وتربيتهم، وقد عرف التركمان هذا اللقب منذ القديم، ثم تطورت مهمة الأتابك على مر العصور، حتى كان سبباً في انقسام الدولة العباسية إلى ولايات مستقلة يحكمها الأتابك، كما أضيف عليه في العصر المملوكي بعض الألفاظ مثل الجيوش والعسكر، فيقال أتابك العسكر أي كبير الجيش وكانت هذه الوظيفة من أرقى الوظائف العسكرية بحضرة السلطان في عصر المماليك، ومتوليها أكبر الأمراء المقدمين بعد النائب الكافل. ⁝ انظر: القلقشندي (أبو العباس أحمد بن علي بن أحمد ت811هـ/1418م)، صبح الأعشى في صناعة الإنشا، المطبعة الأميرية، القاهرة، 1915م، 14ج، ج4، ص18. وسوف نرمز إليه لاحقاً بـ "صبح الأعشى".

 | DOI: 10.1163/9789004441408_005

1412م)، والذي قتل سنة 810 هـ/ 1407م ليخلفه الأمير تغري بردي اليشبغاوي في منصب الأتابكية وفي السكن بهذا القصر، كما سكن به الأمير تمربغا الظاهري الذي لم يلبث أن صار سلطانا سنة 872هـ/1498م، كما سكن به الأمير يشبك من مهدي طوال بقائه في منصب الدوادارية الكبرى من سنة 872-880هـ/1467-1475م، ولم ينتقل منه حتى حصوله سنة 880 هـ/1475م على منصب الأتابكية فانتقل عندئذ للإقامة بقصر قوصون كما ذكرنا أعلاه، كما سكن فيه الأمير تمراز الشمسي الذي نال الأتابكية سنة 901هـ/1495م، وسكنه العادل طومان باي قبل أن يصبح سلطانا 906هـ/1501م، وسكنه الأمير مصرباي الذي عينه الغوري بمنصب الدوادارية الكبرى 906هـ/1501م، وسكنه بعد ذلك الأمير قرقماس أمير كبير أتابك العسكر 910هـ/1504م، وظل به حتى مات سنة 916هـ/1510م[3] [الشكل 17].

ويتضح من هذين المثالين السابقين أن هذه القصور قد ظلت قائمة محافظة على وظيفتها كمكان لسكن أصحاب الوظائف طوال العصر المملوكي، وجرت العادة أن يضع كل أمير رنكه على واجهة القصر أو في مدخله طوال إقامته فيه،[4] ويبدو أنه كان على عاتق الأمير الذي كان يسكن بأحد قصور الوظائف العناية به ومرمته، كما سمح له بإجراء توسعة فيه وتجديد بعض ملحقاته وهذا ما فعله كل من الأمير يشبك ثم آقبردي في قصر قوصون، كما كان الأمير يشبك قد فعل مثل ذلك في قصر الأمير منجك عندما سكنه.

ولم تقتصر قصور الوظائف في العصر المملوكي على هذين القصرين بل وجدت عدة قصور أخرى قامت بنفس المهام مثل مناظر الكبش[5] التي اتخذت سكناً لأصحاب منصب الأتابكية قبل الانتقال منها لقصر قوصون، يؤكد ذلك أن السلطان المنصور صلاح الدين محمد (762-764هـ/1361-1363م) عندما سمح للأمير اسندمر " وكان قد قبض عليه " بالعودة لمنصب الأتابكية بشرط أن يتقاسم هذا المنصب مع الأمير خليل بن قوصون، وعليه أمر بنزولهما معا بمناظر الكبش.[6]

2 قصور السلطة

وتشمل كل القصور التي بناها السلاطين والأمراء ليتخذوها مقار لهم ولمماليكهم أو لتخصيصها لأبنائهم وزوجاتهم، وكان يحق لهم بيع هذه القصور أو تأجيرها أو توريثها أو استبدالها أو وقفها، وقد حرص كل أمير في العصر المملوكي على أن يكون له قصر كبير يتسع له ولأفراد أسرته وجواريه وعبيده ومماليكه وخيوله، حيث كانت هذه القصور الخاصة مقارّ للسكن والإدارة، حيث يسيّر الأمير شؤون إقطاعاته وأملاكه، ويحكم في مماليكه وعبيده وجواريه وهو جالس بقصره، ويزوره فيه كبار الأمراء وأحيانا السلطان نفسه، ومن هذه القصور تدار الفتن والاغتيالات التي اشتهر بها العصر المملوكي.

وقد كان للعناية الزائدة للمنشئين بقصورهم الخاصة هذه السبب الأهم في سعي باقي الأمراء إلى السيطرة عليها وسكناها، لذلك نرى أن كل هذه القصور ظلت مكاناً لسكن كبار الأمراء إلى ما بعد نهاية العصر المملوكي، ومن أشهر هذه البيوت الخاصة قصر الأمير ألناق الحسامي الذي بناه لنفسه

3 انظر تفاصيل ذلك عند دراستنا لتاريخ عمارة قصر الأمير منجك السلاح دار ضمن الباب السادس من هذا الكتاب.

4 نلاحظ وجود بقايا معالم رنك الأمير يشبك حتى اليوم على المدخل الرئيسي لقصر قوصون، بوقت يوجد بالجدار الواقع بصدر دركاة المدخل الرئيسي لهذا القصر أربعة رنوك ممسوحة.

5 كانت مناظر الكبش من متنزهات القاهرة، وتقع على جبل يشكر الذي بني عليه جامع أحمد بن طولون، وقد أنشأها الملك الصالح نجم الدين أيوب حوالي عام 640هـ/ 1242م، واتخذت هذه المناظر كمنتزه ملكي، ثم اتخذت في العصر المملوكي مكاناً لسكن الخلفاء العباسيين، وكذلك دار ضيافة ينزل فيها ضيوف السلطنة والرسل والقصاد، وقد هدمت سنة 778هـ/1376م بأمر الملك الأشرف شعبان. ؛ للاستزادة انظر: محمد الشتشاوي، متنزهات القاهرة في العصرين المملوكي والعثماني، قسم الآثار الإسلامية، كلية الآثار، جامعة القاهرة، (رسالة ماجستير منشورة بنفس العنوان، 1994) ص385-392.

6 ابن تغري بردي (أبو المحاسن جمال الدين يوسف ت874هـ/1469م)، النجوم الزاهرة في ملوك مصر والقاهرة، تحقيق محمد رمزي، الهيئة العامة للكتاب، القاهرة، 1972، 16ج، ج11، ص48-49. وسوف نرمز إليه لاحقاً بـ"النجوم الزاهرة".

سنة 693هـ/1293م، وسكن به بعده الأمير أيتمش البجاسي المتوفي سنة 802هـ/1400م ثم الأمير مقبل الحسامي الدودار، ثم آل لملكية السلطان برسباي (825–841هـ/1422–1438م) بحدود سنوات 820–827هـ/1417–1423، والذي ضمنه في كتاب وقفه،[7] وسكنه بعد برسباي الأمير خير بك ومن بعده الأمير إبراهيم أغا مستحفظان.[8]

أما قصر الأمير طاز فقد احتفل طاز بانتهاء عمارته سنة 753هـ/ 1352م ونزل السلطان الملك الصالح صلاح الدين صالح (752–755هـ/1351–1354م) لقصر طاز ليهنأه بقصره الجديد وقد احتفل بهذه المناسبة، وفي هذا دلالة على مكانة هذه القصور التي تستمد من مكانة أصحابها أو ساكنيها، ومنها أيضاً قصر الأمير بشتاك، وقصر ماماي وقصر الغوري، وبيتي السلطان قايتباي في المغربلين والتبانة وغيرها كثير.

وعموما فقد لعبت هذه القصور بما كان لأصحابها أو ساكنيها من أدوار هامة في مجريات التاريخ المحلي للمناطق التي بنيت بها خاصة تلك القصور القريبة من القلعة فكان العديد منها مسرحاً لأحداث هامة تعرضت فيها هذه القصور للنهب والإحراق مرات عديدة، وقد نصب بعض الأمراء سلاطين وهم جالسون بهذه القصور مثل الأمير خوشقدم أمير سلاح الذي نصب سنة 859هـ/1357م سلطان وهو جالس بمقعد قصر قوصون.[9]

3 البيوت

وهي عبارة عن قصور صغيرة أو بيوت أقامها بعض السلاطين أو الأمراء وغيرهم بغرض السكن أو لتأجيرها لبعض الأمراء أو للتجار أو الأسر المقتدرة مالياً وخاصة الغرباء منهم عن القاهرة، حيث كان يأخذ ريع هذه المنازل ويصرف مع جملة المصاريف التي حددها هؤلاء السلاطين والأمراء على أوقافهم، وقد ذكرت الوثائق العديد من هذه المساكن، فمن ذلك جميع العمائر السكنية الوارد ذكرها في الوقف الأول للسلطان قايتباي،[10] ومنها البيت المكون من قاعتين كبرى وصغرى كاملتي التجهيز والملحقات الذي كان يقع بشارع الصليبية ملاصقاً لمدرسة قاني باي[11] التي مازالت قائمة، وكذلك البيت المشتمل على عدة أروقة وثلاثة طباقات وإسطبل كبير مقام اثني عشرة رأس خيل وعدة حواصل، والذي كان قائماً بدرب ابن البابا،[12] وهذه إضافة لبيوت ومنازل وأماكن سكنية عديدة ذكرتها الوثيقة بهذا الوقف وفي أماكن عديدة من القاهرة.

ويمكننا ضم هذه البيوت مع تلك الوحدات السكنية الأخرى التي أقامها السلاطين والأمراء وبعض الأغنياء كأماكن للسكن الخاص أو بغرض الكسب والانتفاع.

---

7 حجة رقم 880، أوقاف، وهي مؤرخة بعدة تواريخ أولها 24رجب 841هـ/ 1437م، وآخرها 2 صفر 1030هـ/1620م، ص 106–109.

8 انظر تفصيل ذلك عند دراستنا لتاريخ عمارة قصر الأمير ألناق ضمن الباب السادس من هذا الكتاب.

9 انظر حول هذه الأحداث المتعددة التي وقعت بقصر الأمير قوصون ومنجك وطاز عند دراستنا لتاريخ عمارة هذه القصور ضمن الباب السادس من هذا الكتاب.

10 الكتاب الجامع لوقف السلطان قايتباي، وزارة الأوقاف، وثيقة رقم 886، وهي مؤرخة بعدة تواريخ آخرها 18 جمادى الأول 912هـ/1506م. حيث يرد هذا الوقف الأول لهذا السلطان ضمن هذا الكتاب الجامع في الصفحات 1–193.

11 المصدر نفسه، ص82–88.

12 المصدر نفسه، ص88–94. ومازال درب ابن البابا قائماً اليوم، ويحمل نفس اسمه القديم، وهو غير بعيد عن الصليبية.

الباب الرابع

العناصر المعمارية المكونة للقصور والبيوت المملوكية

1 الواجهات الخارجية

جاءت الواجهات الخارجية في القصور والبيوت المملوكية ذات مظهر صارم عبرت عنه ضخامة الأحجار التي بنيت بها وقلة الفتحات وخاصة في المستوى السفلي للواجهات.

وكانت **الواجهة الرئيسية** أضخم الواجهات الخارجية، [لوحة 2]، وهي التي يحتل المدخل الرئيسي جزءاً هاماً منها، وجاء هذا المدخل تذكارياً ضخماً إما ذا حجر غائر يعلوه عقد مليء بالمقرنصات الحجرية التي يعكس ثراؤها فخامة وقوة وتميزاً يعطي الواجهة جمالاً خاصاً وبهاء، أو ذا حجر بارز معقود يحصر خلفه سقيفة مقبية، وقد كان حجم هذا المدخل يؤكد الامتداد الأفقي والرأسي للقصر أو البيت.

إن الواجهات الخارجية للقصور والبيوت العائدة للعصر المملوكي البحري عكست منتهى الصرامة والقوة، وكانت ذات أحجار ضخمة أطلقت عليها الوثائق اسم عجالي، وقد بُنيت من مداميك ضخمة منتظمة الصفوف، ويظهر ذلك في القصور التي بنيت خارج أسوار القاهرة الفاطمية خاصة تلك التي عمرت حول القلعة مثل قصر الأمير ألين آق [لوحة 13]، وقصر قوصون [لوحة 35]، وقصر منجك [لوحة 45]، وقصر طاز [لوحة 50]، ويختلف عن هذه الأمثلة قصر الأمير بشتاك[1] الذي بني بشارع بين القصرين 735- [لوحة 21]، والذي بنيت واجهاته بأحجار منحوتة أقل ضخامة بكثير من تلك الأحجار التي بنيت بها واجهات القصور البحرية الأخرى.

ظهرت هذه القصور وكأنها قلاع صغيرة، تؤكد ضخامة واجهاتها في الامتداد والارتفاع وسماكة جدرانها قوة أصحابها، وربما تؤكد هذه المنعة والقوة للواجهات أيضاً وظائف إضافية لهذه القصور كونها مقرات سيطرة للأمراء أكثر من كونها مجرد قصور لسكنى الأمير وعائلته وجواريه ومماليكه، ففي قصر بشتاك زودت الواجهة الخارجية الجنوبية الغربية الممتدة على حارة بشتاك ببرج حراسة دائري يقع أمام المدخل الرئيسي القديم للقصر [الشكل 44–7]، وقد كان هذا البرج مؤلف من طابقين يربط بينهما سلم حجري صاعد يلتف مع الجدار وزود البرج بفتحات مزاغل لرمي السهام، كما زُوِّدَ باب السر الواقع بالواجهة الجنوبية الشرقية لقصر الأمير طاز بفتحة مزغل واسعة تسهل عملية حمايته والدفاع عنه.

وقد تميزت أغلب قصور العصر المملوكي البحري باحتواء واجهاتها الرئيسية الواقعة على الشارع العام على حوانيت لبيع السلع بنيت منذ فترة التأسيس حسب النصوص الوثائقية والدلائل الأثرية.

فقد حوى قصر الأمير بشتاك بواجهته الشمالية الغربية سبعة حوانيت [الشكل 44–1] وبواجهته الجنوبية الغربية ثلاثة حوانيت، بينما وجد بالواجهة الشمالية الغربية لقصر طاز بعد تجديدات علي أغا دار السعادة خمسة عشر حانوتاً [لوحة 3]، وكذلك وجود حوانيت بالجزء الأول الباقي من الواجهة الرئيسية الجنوبية الشرقية لقصر منجك، وهي حوانيت مختفية تحت مستوى الشارع اليوم، وإن فكرة إلحاق الحوانيت بالدور السكنية الإسلامية ظهرت سابقاً في مصر ببيوت الفسطاط.

وفي العصر المملوكي الجركسي شاع استخدام أحجار أقل حجماً، مع استمرار المحافظة على العناية الكبيرة في إخراج عناصرها التي اتجهت لإظهار الثراء والتعبير عن الفراغ الذي خلفها، وخاصة باستخدام المشربيات والنوافذ المستطيلة والقنديليات والقمريات،[2] ونجد ذلك واضحاً لبيتي السلطان

1 انظر دراستنا حول هذه القصور في الباب السابع من هذا الكتاب.

2 القمريات: مصطلح يدل على نوع الفتحات العلوية المغطاة بالجص المخرم أو الحجر أو الخشب وأحياناً بأشكال نباتية وهندسية مشبكة ومخرمة ثم شاع فيها استعمال الزجاج الملون المعشق، تغطى من الخارج بأشرطة أو شبكة من النحاس للمحافظة عليها،

لوحة 2 صورة قديمة التقطت عام 1920 لشارع التبانة، ويظهر به الواجهات الرئيسية للبيوت المطلة على الشارع، ومنها الواجهة الرئيسية الشمالية الشرقية لبيت قايتباي التبانة، والتي تظهر فتحة مدخلها الرئيسي وقد حول لحانوت.

لوحة 3 الواجهة الحالية لقصر الأمير طاز بالسيوفية. ويظهر بها الحوانيت التي اعتاد وجودها في واجهات هذه القصور.

قايتباي في سكة المرداني بالمغربلين، وفي التبانة[لوحة 4]، الذي تظهر واجهتاه المطلتان على شارع التبانة [لوحة 75] تشكيلاً مميزاً من الفتحات الموزعة بدقة والمشغولة بالمشربيات والأحجبة الخشبية، وكذلك فإن الواجهة الرئيسية الشمالية الشرقية لقصر الغوري بالصليبة قد زودت بخارجة واقعة على يمين كتلة المدخل الرئيسي للقصر بارزة عن سمت الجدار بمقدار 0.75م، محمولة على ستة كباش[3] من الحجر مثبتة بالجدار [لوحة 101]، لمراقبة باب الدخول وحماية القصر من أي اعتداء.

وعموماً يمكننا القول إن واجهات القصور والبيوت المملوكية قد اتسمت بالثراء والقوة والصدق في التعبير عن الوظيفة وعن مواد الإنشاء، وأكدت بقلة فتحاتها خاصة في المستوى السفلي لهذه الواجهات وحُسن إغلاقها مبدأ الاتجاه للداخل

والقمرية إما مستديرة أو مستطيلة مقنطرة أو مربعة وتوضع القمريات غالباً في مجموعة إما من ثلاث أي اثنتان مستطيلتان تعلوهما قمرية مستديرة وتسمى هذه المجموعة شند ومعناها ثلاثة فيرد "أشناد" و"شند قمريات" أو يطلق عليها القندلية البسيطة، أو مجموعة من ست أي ثلاث مستطيلة تعلوها ثلاث مستديرة وتسمى دست فيرد "دست قمريات" ويطلق عليها القندلية المركبة وأحياناً يطلق على القمرية شمسية أو شمسيات سواء كان عليها زجاج أم لا. وفي هذه وتلك تؤدي دورها الجمالي في الشكل والزخرفة، وتعمل لها حلوق خشبية تعرف بالمنابل. ⁝ عبد اللطيف إبراهيم، دراسات تاريخية وأثرية في وثائق من عصر الغوري، قسم الآثار الإسلامية، كلية الآداب، جامعة القاهرة، 1956، 3 أجزاء، (رسالة دكتوراة غير منشورة)، ج2، تحقيق رقم96. ⁝ محمد أمين، ليلى إبراهيم، قاموس المصطلحات الأثرية والوثائقية، مطبعة الجامعة الأمريكية، القاهرة، 1990، ص90-91. وسنرمز إليه لاحقاً ب"قاموس المصطلحات". ⁝ عاصم محمد رزق، معجم مصطلحات العمارة والفنون الإسلامية، مكتبة مدبولي، القاهرة، ط1، 2000. ص243-244. ⁝ للإستزاده حول هذا المصطلح انظر أيضاً مصطلح الشمسيات في مسرد المصطلحات الأثرية الملحق بهذا الكتاب.

3 ويقصد بالكباش الكوابيل من الحجر أو الخشب مثبتة في الحائط وتستخدم لحمل رواشن وأحيانا لحمل ألواح الرخام أمام الأسبلة. ⁝ للإستزاده حول هذا المصطلح وغيره انظر: مسرد المصطلحات الأثرية الملحق بهذا الكتاب.

بشكل كلّي في عمارة هذه المنازل والقصور، وقد (استخدمت البروزات في تشكيل الواجهات إلى جانب التشكيل اللوني وفق نظام المشهر واستخدام العناصر الإنشائية الخشبية على طبيعتها)،[4] حيث روعي في اختيار مواد بنائها قدرة هذه المواد على العزل الحراري وملائمتها للبيئة الخاصة بالقاهرة.

2 المداخل الخارجية

إن المدخل هو الطريق إلى أي مبنى، وهو أول ما تقع عليه العين من تفاصيل أجزاء المبنى، فيعطي الشعور المبدئي للرائي، ودائماً يترك الانطباع المبدئي أثره لفترة طويلة.[5]

وقد جاءت هذه المداخل كأهم أجزاء الواجهات الرئيسية للقصور، فيها ظهرت رغبة المنشئ وتركزت جهود المعمار، لتعكس هذه المداخل بضخامتها عظمة أصحابها ومهارة بنائها،[6] وكانت كل هذه المداخل تذكارية تشكل كلا معمارية ضخمة قوية مميزة بتخطيطاتها، ثرية بزخارفها، وعكست توافقاً مذهلاً بين الشكل والوظيفة، تتألف من جُحور غائرة تنتهي من الأعلى بصدور أو طواقي مكسوة بالمقرنصات الحجرية ذات الصفوف المتراكمة والثرية بالزخارف المميزة، أو عبارة عن جحور مرتدة معقودة أو بارزة قد تحصر خلفها سقيفة حجرية مقبية يدخل منها لدركاه مقبية يفتح بأحد جدرانها باب الدخول المؤدي للدهليز المنكسر المتوصل منه لداخل المسكن [الشكل 18].

فمن أوائل أنواع المداخل التي ظهرت في العمارة السكنية المملوكية الباقية المدخل ذو "المعبرة" أو الصدر المقرنص[7] الذي يمثله المدخل الرئيسي لقصر ألناق الحسامي بباب الوزير وهو عبارة عن حجر غائر يغطيه من الأعلى ثلاث حطات من مقرنص حلبي[8] ذي دلايات [لوحة 14]، وتوجد على جانبي الصدر المقرنص في وجه كتلة المدخل دائرتان غائرتان كانتا مكانين لرنكين كانا يحملان في الغالب شكل الكأس الذي يرمز لوظيفة الساقي التي شغلها ألناق.

هذا ويكتنف حجر هذا المدخل مكسلتان حجريتان تمتدان

4 مجموعة مؤلفين، أسس التصميم والتخطيط الحضري في العصور الإسلامية المختلفة بالعاصمة القاهرة، جدة، منظمة العواصم والمدن الإسلامية، ١٩٩٠، ص٢٨٠. وسوف نرمز له لاحقاً بـ "أسس التصميم".

5 سيف النصر أبو الفتوح، مداخل العمائر المملوكية بالقاهرة الدينية والمدنية بين سنة 648-784هـ/1250-1382م، قسم الآثار الإسلامية، كلية الآثار، جامعة القاهرة، (رسالة ماجستير غير منشورة)، 1975، ص١.

6 احتفظ لنا المدخل الرئيسي لقصر قوصون باسم بانيه مكتوباً على خرطوشين كتابيين يقعان أسفل العتب بأعلى زاويتي باب الدخول ونص كل منهما (عمل محمد بن أحمد) - (زغلش الشامي)، وفي هذا دلالة واضحة على أهمية هذا المدخل وأهمية المعمار الذي نخر بما صنع فوضع اسمه عليه بمكان لا يبتعد كثيراً عن رنك الناصر محمد، ويؤكد السماح له بذلك مدى احترام المجتمع آنذاك لمكانة المعماريين أو المهندسين حتى يسمح لهم بالتوقيع بأسمائهم على العمارات الضخمة مثل قصر قوصون.

7 يعتبر استعمال هذا النوع من المداخل في قصر ألناق أقدم أمثلته في العصر المملوكي، ثم استخدم في المدخل المنفصل الواقع أمام المدخل الرئيسي لزاوية زين الدين يوسف 697هـ/1297م، وفي المدخل الرئيسي لمدرسة سنجر الجاولي 703هـ/1303م، وبجامع شرف الدين 717-738هـ/1317-1337م، والذي هو بالأصل إحدى قاعات المنازل التي حولت إلى مساجد. ⁝ انظر: محمد سيف النصر أبو الفتوح، المرجع السابق، ص33. ⁝ للاستزادة حول هذا المصطلح انظر: مسرد المصطلحات الأثرية الملحق بهذا الكتاب.

8 المقرنص الحلبي: ويسمى أيضاً المقرنص الشامي، وتكون رؤوس طاقاته مقوسة ومساقطها الأفقية منحنية على شكل عقد مدبب ويعرف نوع آخر من المقرنصات أهمها المقرنص البلدي أو العربي وطاقاته مضلعة ذات زوايا حادة تشبه العقد المنكسر، منها المقرنص المصري والمقرنص المخرم... إلخ. والمقرنصات عموماً هي حلية معمارية تتكون من قطع من الحجر أو الخشب تميزه على شكل عقود صغيرة، الجزء العلوي منها بارز عن الجزء الأسفل، وتوضع بجوار بعضها فتكون كورنيش بارز، وقد تكون من عدة كسرات أو نهضات أو حطات وتستعمل لهذا الغرض أعلى الحوائط أو الحنيات أو البوابات أو بمناطق انتقال القباب. ⁝ انظر: عبد اللطيف إبراهيم، المرجع السابق، ج2، تحقيق رقم 61. ⁝ للاستزادة حول هذا المصطلح انظر: مسرد المصطلحات الأثرية الملحق بهذا الكتاب.

لوحة 4 تمثل الفناء الحالي لبيت قايتباي بالتبانة، ويظهر بالصورة ضيق الفناء والانحراف الظاهر بالواجهات الداخلية للفناء، إضافة لجمال العناصر المعمارية الموجودة بهذه الواجهات.

بعمق الحجر، كما كان يعلو كلاً من المكسلتين إفريز كتابي تآكلت اليوم كتاباته وظل مكانها الغائر يدل عليها، ويتوسط هاتين المكسلتين فتحة باب الدخول الذي يعلوه عتب من صنج حجرية مزررة (معشقة) ملبس وجهها بالرخام المنزل بالمعجون بشكل ورقة ثلاثية خضراء، ويعلو العتب عقد عاتق من صنج حجرية مستطيلة خالية من الزخارف، كما يكتنف جانبي هذا العقد العاتق رنك الساقي (الكأس) محفور بالحجر، ويعلو العقد العاتق نافذة مستطيلة تتوسط صدر الحجر أسفل صفوف المقرنصات، تسمح بدخول الإضاءة إلى الدركاه[9] الواقعة خلف باب الدخول، كما يحدد كامل وجه كتلة المدخل إطار قالبي بارز، وعلى مثل هذا النوع جاء (مدخل باب السر بالواجهة الجنوبية الشرقية لقصر طاز، حيث توجت المعبرة هنا بثلاث حطات مقرنصة)[10].

أما المدخل الرئيسي لقصر الأمير طاز، فقد جاء مشابهاً للمدخل الأصلي لقصر الأمير قوصون السابق عليه بزمن البناء، فكلا المدخلين عبارة عن بحر غائر مقرنص مرتد يعلوه

9 الدركاه تجمع على دركاوات وهي لفظ فارسي مكون من مقطعين: الأول "در" بمعنى باب والثاني "كاه" بمعنى محل ويقصد بالكلمة العتبة أو الممر أو الساحة الصغيرة المربعة أو المستطيلة التي تلي الباب وتؤدي إلى داخل بناء كبير مثل القصر أو المدرسة أو المسجد أو الخانقاه أو بناء من الأبنية الصغرى مثل الزاوية أو السبيل، وعلى ذلك فالدركاه منطقة وسطى تلي باب الدخول وتتقدم التكوين الرئيسي للمبنى، وقد استخدمت في القصور والمنازل حتى لا يطلع المار بالشارع على ما بداخل القصر أو البيت. ⁝ قاموس المصطلحات، ص47.

10 سيف النصر أبو الفتوح، المرجع السابق، ص33.

طاقية،[11] وقد شغلت الطاقية بزخارف هندسية على شكل مثلثات متداخلة كما في قوصون [لوحة 31]، أو كسيت بحطات من المقرنصات الحلبية كما في طاز [لوحة 51]، ويغطي صدر الحجر حطات متراكمة من المقرنصات يبلغ عددها في مدخل قوصون ثلاث حطات وفي مدخل طاز ست حطات.

ويقع باب الدخول أسفل الحجر الغائر كالعادة حيث يعلوه في قوصون عتب يعلوه نفيس وعقد عاتق، أما في مدخل طاز فقد جاء هذا الباب معقوداً بعقد مدبب، ومن الشائع أن يوجد على جانبي باب الدخول مكسلتان يعلوهما على جانبي باب الدخول شريط كتابي.

وقام الأمير يشبك من مهدي بإضافة سقيفة حجر مرتدة ذات دلايات أمام المدخل الأصلي سابق الذكر لقصر قوصون، مما أنتج مدخلاً مركباً فريداً في العمارة المملوكية والإسلامية، حيث الجزء الخارجي منه عبارة عن سقيفة حجر مرتدة ذات دلايات وهو الجزء الأحدث، والجزء الخلفي عبارة عن حجر معقود مرتد ذي طاقية، وقد ربط الجزأين ببعضهما ربطاً معمارياً وزخرفياً متقناً، ويغطي سقف الحجر المضاف طاقية مفصصة يتدلى أسفلها خمس حطات من المقرنصات المتراكمة تشكل واجهة السقيفة، كما يغطي باقي السقف صرة مركزية يحيط بها أربعة صفوف من المقرنصات التي تتدلى أرجلها في الحطتين الأولى والثانية لتعطي لهذا التكوين زيادة في إحساس العين في العمق والتجسيم [الشكل 19]، وبهذا يعتبر هذا المدخل [الشكل 31] من أجمل وأكمل مداخل العمائر الإسلامية عامة والمدنية منها خاصة، وهو أيضاً المثال الوحيد الباقي لهذا النوع من المداخل.

ومن أنواع المداخل الهامة في القصور المملوكية، مدخل الحجر المعقود المرتد[12] الذي يمثله المدخل الحالي لقصر بشتاك [لوحة 23]، وكذلك المدخل ذو سقيفة الحجر البارز التي تسقفها قبة أو قبو[13] والتي يجسد المدخل الحالي الباقي من قصر منجك أفضل أمثلته الباقية [الشكل 45]، حيث يغطي فتحة المدخل عقد نصف دائري ضخم، بينما تغطي السقيفة قبة حجرية ضحلة، كما أن الباب الرئيسي القديم لقصر بشتاك والمتوصل إليه من حارة بشتاك أو بيت القاضي كان ينسب لهذا النوع من المداخل [الشكل 44-6]، حيث يغطي فتحة باب المدخل الكبير عقد مدبب، ويغطي سقيفته الواسعة قبو متقاطع.

وتتفق هذه المداخل التي ذكرناها باحتواء واجهاتها على رنوك[14] مؤسسيها، فحمل مدخل قصر ألناق رنك الساقي المعبر

11 مدخل الحجر المقرنص الذي تعلوه طاقية قد يكون مرتداً أي لا تبرز فجوة المدخل عن مستوى جدار الواجهة، وقد يكون بارزاً حيث تبرز كتلة المدخل عن مستوى جدار الواجهة، وفي الحالتين يتوج الحجر طاقية حجرية قطاع من قبة ترتكز على مجموعة من المقرنصات الحلبية، ولم يستعمل بالحجور النوع المعروف بالمقرنص البلدي، وتربط المقرنصات بين فتحة الحجر ونهايته في تكوين واحد، وبلغ قمة تطوره في المدخل الرئيسي بمدرسة السلطان حسن 757-764هـ/1356-1362م. ⁝ سيف النصر أبو الفتوح، المرجع نفسه، ص33-34. ⁝ للاستزادة انظر: مسرد المصطلحات الأثرية الملحق بهذا الكتاب.

12 ظهر هذا النوع من المداخل قبل ظهوره بقصر بشتاك في قبة أم الصالح (682-683هـ/1283-1284م) وفي مدخل مدرسة وقبة الناصر محمد بالنحاسين 695-703هـ/1295-1304م، وفي قبة بدر الدين القرافي (حوالي 700-710هـ/1300-1310م). ⁝ انظر: المرجع نفسه، ص35-37. ⁝ للاستزادة انظر: مسرد المصطلحات الأثرية الملحق بهذا الكتاب.

13 ظهر هذا النوع من المداخل قبل ظهوره في قصر منجك في مداخل جامع الظاهر بيبرس 665-667هـ/1266-1269م، ثم في مسجد ألطنبغا المرداني 740هـ/1340م. ⁝ انظر: المرجع نفسه، ص38-39.

14 يعتبر الرنك امتيازا خاصاً بالأمراء والقادة العسكريين خلال العصرين الأيوبي والمملوكي، وكان الرنك عبارة عن رسم لشيء معين، حيوان أو طائر أو أداة كالبقجة والدواة والسيف، وقد يتألف من منطقة واحدة أو ينقسم إلى منطقتين أو ثلاث مناطق أفقية، أكبرها عادة المنطقة الوسطى، وهي تسمى باسم شطا أو شطف أوشطب، والرنك قد يكون من لون واحد أو أكثر، وهو إما بسيط أو مركب، وكان يوضع على البيوت والأماكن المنسوبة إلى صاحبها كمطابخ السكر وشون الغلال والأملاك والمراكب وغيرها، ويوضع على قماش خيوله من جوخ ملون مقصوص وعلى قماش جماله من خيوط صوف ملونة تنقش على العبي والبلاسات (نوع من السجاد) ونحوها، وربما جعل على السيوف والأقواس

عنه بالكأس، وحمل مدخل بشتاك رنك الجمدار المعبر عنه بالبقجة، ومن المؤكد أن مدخل قصر قوصون قد حمل رنك الساقي، بينما ما زال مدخل قصر منجك يحمل رنك السلاح دار وهو السيف.

وشاعت هذه الأنواع من المداخل في العصر المملوكي البحري، وكلها أنواع ضخمة مميزة بالارتفاع الذي يصل حتى علو طابقين أو أكثر، وبالمبالغة والاعتناء الزائد بمفردات عناصرها المعمارية والزخرفية.

وقد استمرت المداخل [الشكل 18] في قصور ومنازل العصر المملوكي الجركسي وخاصة في القصور الكبيرة محافظة على قدر كبير من الضخامة والفخامة، رغم عدم بقاء أمثلة كافية تؤكد ذلك ولكن تشير وثيقة قايتباي إلى أن الباب القديم لبيت قايتباي بالمغربلين والذي كان بالواجهة البحرية "الشمالية الغربية" الزائلة كان باباً كبيراً مقنطراً مبنياً بالحجر الفص النحيت، يغلق عليه فردة باب به خوخة، وكذلك كان الباب الذي كان بالواجهة القبلية "الجنوبية الشرقية" والزائلة أيضاً، فقد كان باباً كبيراً مقنطراً مبنياً بالحجر الفص النحيت وبه مكسلتان حيث يرد بالوثيقة: (وبالدركاه المذكورة باب كبير مقنطر يخرج منه إلى الواجهة الأولى وهي بالجهة القبلية الموعود بذكرها أعلاه وهي مبنية بالحجر الفص النحيت دايرة بالباب جلستان يمنة ويسرة يعلو ذلك قنطرة).[15]

وأما الباب الأصلي الذي بناه قايتباي لبيته الذي بالتبانة [الشكل 18]، فتصفه الوثيقة[16] بأنه كان مدخلاً ضخماً يتألف

مدخل قصر آلين آق
المدخل الرئيسي القديم لقصر بشتاك
المدخل الحالي المستخدم لقصر بشتاك
مدخل قصر قوصون
مدخل قصر منجك
مدخل قصر طاز
مدخل منزل قايتباي بالمغربلين
رسم تصوري للمدخل الأصلي لمنزل قايتباي بالتبانة
المسقط الأفقي لأهم مداخل قصور ومنازل العصر المملوكي بالقاهرة، يبين التشابه بين هذه المداخل في التخطيط العام وفي طريقة الدخول.
1 –حجر المدخل
2 – دركاه المدخل
3 – دهليز الدخول المؤدي للفناء
4– المصطبة

الشكل 18 المسقط الأفقي لأهم مداخل قصور وبيوت العصر المملوكي بالقاهرة، ويبين التشابه بين هذه المداخل في التخطيط العام وفي طريقة الدخول. (من إعداد الباحث)

من دركاه أولى [الشكل 98-1] مفتوحة على الواجهة بشكل سقيفة يغطيها سقف خشبي مسطح محمول على كمرات طولية، ويوجد بهذه الدركاه مسطبتين للجلوس، كما يفتح بالجدار

والأدوات المعدنية والخشبية والزجاجية وغيرها. ⁝ أحمد عبد الرازق، الرنوك في عصر سلاطين المماليك ، (الجمعية التاريخية المصرية، مجلد 21، القاهرة، 1974)، ص67-116. ⁝ سعيد محمد مصيلحي، أدوات وأواني المطبخ المعدنية المملوكية، كلية الآثار، جامعة القاهرة، 1984، (رسالة دكتوراة غير منشورة)، ص313. ⁝ قاموس المصطلحات، ص56-57. ⁝ للاستزادة حول هذا المصطلح انظر: مسرد المصطلحات الأثرية الملحق بهذا الكتاب.

15 وثيقة قايتباي، المصدر السابق، ص228.

16 حيث يرد في الوثيقة: (... إنه يشتمل على واجهة يتطرق إليها من الشارع المسلوك تشتمل من ظاهرها على دركاه بمسطبتين يعلوهما سقف نقياً مدهون حريرياً على مربعات بها باب كبير مقنطر يغلق عليه فردة باب بخوخة يدخل منه إلى دركاه ثانية أرضية من داخل الواجهة مسقفة نقياً مدهون حريرياً بصدرها مسطبة بها كتبيات يغلق على كل منها زوجا باب سفلها خزانة بوابية عليها فردة باب وبهذه الدركاه باب مقنطر يدخل منه إلى دوار ...). ⁝ المصدر نفسه، ص 256-257.

الشمالي الغربي لهذه الدركاه باب كبير معقود تغلق عليه فردة باب خشبي بخوخة، يفضي إلى دركاه ثانية [الشكل 98–2] يغطيها سقف خشبي مسطح، ويوجد بصدرها مسطبة يعلوها كتبيات يغلق على كل منها زوجا باب، ويوجد بجدارها الجنوبي الشرقي على يسار الداخل باب كان يفضي إلى غرفة صغيرة للبواب [الشكل 98–3]، ويتوصل من الجهة الجنوبية الغربية من هذه الدركاه عبر طرقة صغيرة مباشرة لفناء البيت.

ويمكننا من خلال الوصف السابق اعتبار هذا المدخل مدخلاً ذا سقيفة حجر بارزة، ولكن يسقفها هنا سقف خشبي مسطح بدلاً من القبة التي رأيناها في مدخل قصر منجك، أو القبو المتقاطع الذي عثرنا عليه في المدخل الرئيسي القديم لقصر بشتاك.

أما مدخل قصر ماماي الباقي والواقع اليوم في شارع بيت القاضي أسفل مصلحة دمغ المصوغات والموازين فقد جاء ضخماً مميزاً بشدة يفتح على شارع بيت المال بفتحة معقودة بثلاثة عقود نصف دائرية متراكبة ربما تعرضت لبعض التجديد في العصر العثماني[لوحة 90]، ويدخل منه إلى دهليز طويل مغطى بقبوين متقاطعين [الشكل 109–1]، وقد حافظ مدخل قصر الغوري والباقي بالصليبة على هذه الفخامة النسبية، فجاء مدخلاً بشكل حجر مرتد معقود بعقد مدائني[17] [لوحة 100].

وبناء على ذلك فإن الإدعاء بأن مداخل قصور وبيوت العصر المملوكي الجركسي كان يغلب عليها البساطة وكونها أبواب عادية تحضر عناصر تجميلها في صناعة نفس الباب والعتب فوقه في إطار بسيط من الزخرفة المعمارية حوله،[18] هو كلام جانبه الصواب لعدم الأخذ بعين الاعتبار أن أغلب المداخل الباقية بقصور وبيوت العصر الجركسي هي مداخل غير أصلية يرجع أغلبها للعصر العثماني الذي شاعت فيه المداخل البسيطة.

ومن أدلتنا على ذلك المدخل أو الحجر المرتد الباقي بقصر الغوري بالصليبة، وكذلك المدخل الأصلي الذي عثرنا عليه لبيت قايتباي بالتبانة والذي صنفناه مع نوع مداخل سقيفة الحجر البارزة، وهذا نوع من المداخل مميز بضخامته، كما يمكننا القول طبقاً لما وصلنا من مداخل الواجهات الداخلية للقصور التي تؤدي لعناصر الاستقبال "المقعد والقاعة" مثل مدخل مقعد وقاعة قايتباي بالمغربلين، ومدخل مقعد ماماي بيت القاضي، أن هذه المداخل قد جاءت بالعموم عبارة عن مداخل ضخمة يظهر بها الغنى بالعناصر المعمارية والزخرفية، وهذا يجعلنا نؤكد عناية المنشئين ومعماريي العصر المملوكي الجركسي وبضخامة أبواب قصورهم وبيوتهم ومداخلها بنسبة تتناسب مع ضخامة واجهات هذا العصر والمساحة الصغيرة نسبياً التي بنيت عليها هذه العمائر.

ولا يفوتنا القول إن كل المداخل الخارجية للقصور والبيوت المملوكية كانت في تخطيطها مداخل منكسرة [الشكل 18]، حيث تفضي مداخلها مباشرة إلى دركاه يوجد بصدرها مسطبة لجلوس الحارس، بينما يفتح بأحد جداريها الجانبيان باب يدخل منه إلى دهليز يتوصل عبره لفناء القصر أو البيت.

وظاهرة المدخل المنكسر[19] في العمارة السكنية عرفت منذ صدر الإسلام في منازل الفسطاط وحافظت على أهميتها حتى العصر الفاطمي والأيوبي، كما رأينا عند دراستنا لتطور العمارة السكنية قبل العصر المملوكي.

وقد جاء المدخل المنكسر متماشياً مع الشريعة الإسلامية بضرورة الستر وغض الأبصار وحفظ الأعراض والاحتجاب، وعموماً يؤدي المدخل المنكسر عدة وظائف في العمائر السكنية أهمها:

1. عدم كشف داخل المسكن للمارة.
2. يزيد من منعة البيت ويعزز فرص الدفاع عنها عند

17 يتوج هذا النوع من المداخل عادة عقد مخموس أو مدائني. للاستزادة حول هذا المصطلح انظر: مسرد المصطلحات الأثرية الملحق بهذا الكتاب.

18 عباس كامل حلمي، المرجع السابق، ص208.

19 رغم الانتشار المبكر للمداخل المنكسرة في العمارة السكنية نلاحظ أنها لم تنتشر في العمائر الحربية (الباشورة) حتى القرن 6هـ/12م، وانتقلت من قلاع الشام لمصر على يد صلاح الدين الأيوبي الذي بنى الباب الجديد على هذا النمط وهو أحد أبواب سور القاهرة. : فريد شافعي، العمارة العربية في مصر الإسلامية، الهيئة المصرية العامة للكتاب، المجلد الأول "عصر الولاة"، ص435.

حدوث الاعتداء.

3. يخفف المدخل المنكسر من حدة الأتربة والرياح والضوضاء.

وأخيراً فقد قدمت المداخل في القصور والبيوت المملوكية سواء بتخطيطها أو في أسلوب بنائها ومواد إنشائها مثالاً رائعاً للتوافق التام بين الوظيفة والشكل، الشكل الذي قدم تناسقاً تاماً بين العناصر المعمارية والزخرفية ليصبح المدخل فعلاً أهم أجزاء الواجهة الرئيسية دون أن يخل ذلك بموقعه منها وانسجامه معها.

3 الفناء الداخلي

لقد أجمعت التعريفات اللغوية للفناء على أنه إما الباحة التي تتوسط كتلة المبنى أو المساحة التي تمتد حوله، إلا إنه بإضافة كلمة داخلي يتخذ الفناء المعنى الأول، ويعرف عندئذ الفناء الداخلي بأنه الباحة التي تتوسط كتلة المبنى.[20]

ويعتبر الفناء الداخلي هو العنصر الثابت والمتواجد باستمرار في مختلف العمائر الإسلامية سواء كانت دينية أو مدنية، فهو في المساجد والمباني الدينية عبارة عن مساحة مكشوفة محاطة بالأروقة أو الأواوين، وفي المساكن محاطاً بالحوائط أو الأسوار.[21]

يتوصل لهذه الأفنية عبر المداخل الخارجية ذات المداخل المنكسرة حيث تؤدي هذه المداخل عبر فتحات أبواب تفتح بنهاية ممراتها على الفناء مباشرة.

ولقد جاء الفناء الداخلي في العمارة السكنية المملوكية استمراراً لتقليد معماري راسخ عرفته العمائر السكنية في العصور الإسلامية السابقة، بل من المؤكد أن الفناء كعنصر معماري قد عرف في حضارات سابقة على الإسلام، ولكنه ما لبث أن صار من أهم العناصر المعمارية الإسلامية سواء من حيث تصميمه أو وظائفه وأسلوب استخدامه، وظهر ذلك جلياً في العمارة السكنية، ويقول مارسيه: (من المؤكد أن إعداد مساحة فضاء في الوسط تحيط بها غرف سكنية هو أمر لا يختص العالم العربي وحده، إن نفس هذا الوضع يميز البيت الروماني البدائي و البيت الإغريقي ولكن يبدو أن هذا الطراز السكني يقدم للحياة الإسلامية إطارها المثالي، فهو بطبيعة الحال يتوافق مع مفهوم النظام الأسري القائم على سلطة الأب ويحقق له بيئة مغلقة، وهو يساعد على تحقيق الانغلاق الذي يحيط به

الشكل 19 التشكيل المعماري والزخرفي للمقرنصات التي تشكل سقف سقيفة الحجر المرتدة التي أضافها يشبك من مهدي أمام المدخل الرئيسي للقصر قوصون. (عن: ولفرد جوزف دللي، العمارة العربية بمصر)

20 عبد المسيح عشي، المعايير التصميمية للأفنية الداخلية في العمارة العربية، قسم العمارة، كلية الهندسة، جامعة القاهرة، (رسالة دكتوراة غير منشورة)، 1999، ص11. ¦ وانظر: عبد الرحيم غالب، موسوعة العمارة الإسلامية، مطبعة جروس برس، بيروت، 1988، ص306. ¦ يحيى وزيري، المرجع السابق، ص110–111.

21 يحيى وزيري، المرجع السابق، ص111.

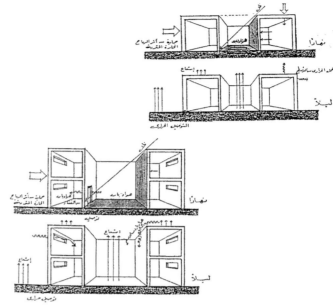

الشكل 20 يظهر آلية التنظيم الحراري للفناء الداخلي. (عن: عبد المسيح عشي، المعايير التصميمية)

الرجل المسلم حياته الخاصة، إن المسكن الإسلامي حتى وإن كان فاخراً له مظهر خارجي بسيط وجدرانه الخارجية جرداء ويعطي الاهتمام كله إلى مساحة الفراغ الداخلية، ويبدو الفناء بأنه الجزء الرئيسي للمسكن).[22]

وقد جاء الفناء في العمائر السكنية الإسلامية أو شاع استجابة لعوامل مناخية ودينية واجتماعية فعرف في القصور الأموية مثل قصر الطوبة ببادية الأردن 150هـ/743م، وقصر الأخيضر ببادية العراق 161هـ/778م، واستمر وجوده (يميز المساكن في معظم البلدان الإسلامية وفي مختلف العصور حتى وقت قريب)،[23] وقد رأينا شيوعه في كافة العمائر السكنية الإسلامية منذ بيوت الفسطاط في العصر الراشدي حتى العصر العثماني.

ويعتبر الفناء بمفهومه العام في العمارة السكنية وخاصة الواقعة منها في البلدان ذات المناخ الحار والجاف بمثابة قلب المسكن ورئته، حيث يتوسط الأضلاع الأربعة للسكن، وتشرف عليه واجهاته الداخلية بكل طوابقها وحجراتها، وما يفتح بها من شبابيك وشرفات وكذلك (أصبحت أجزاء كبيرة من الفناء مظللة أثناء ساعات النهار بسبب إحاطته بحجرات المبنى وبارتفاع عدد من الطوابق، فأدى ذلك إلى تقليل الضغوط الحرارية على هذه الحجرات أثناء الفترات الحرجة من النهار)[24] [الشكل 20].

فالفناء من أنجح أساليب معالجة ارتفاع درجة الحرارة، فهو عبارة عن منظم حراري لكل أجزاء البيت، حيث يتجمع به الهواء البارد ليلاً، ويعمل بالتالي على احتفاظ البيت على درجة حرارة منخفضة نهاراً [الشكل 21]، مما يكون له أكبر الأثر في المساهمة في تلطيف درجة الحرارة بالفراغات الداخلية المكونة للبيت أو القصر، ويساعد الفناء على أداء وظيفتة هذه وجود الحدائق والمساحات الخضراء والفساقي والنافورات وانعكاس الأشعة والهواء على سطح الماء، مما يكون له أثر واضح في زيادة نسبة الرطوبة وتلطيف درجة حرارة الهواء.

وبدقة أكثر نقول إن للفناء (دور هام في تحريك الهواء داخل المبنى، فإذا تعرض الصحن الداخلي لأشعة الشمس الحارة فإن الهواء يسخن ويقل وزنه ويرتفع إلى أعلى وبالتالي تتكون حركة شفط للهواء البارد من خلال نوافذ الحجرات ليحل محل الهواء الساخن).[25]

ولإحداث تهوية جيدة بدون تلوث، نجد أن الفناء بدرجة حرارته المنخفضة يعد بمثابة منطقة ذات ضغط مرتفع، بينما نجد الشارع بمثابة منطقة تفريغ "ضغط منخفض" وتبعاً لذلك يتكون تيار هواء مستمر بين الفناء وباتجاه الشارع، فتتم بذلك تهوية خالية من التلوث، وتلطيف للجو الداخلي.[26]

---

22 أندريه ريمون، المدن العربية الكبرى في العصر العثماني، تَرْجَمَة لطيف فرج، دار الفكر للدراسات والنشر والتوزيع، القاهرة، 1991، ص207.

23 مجدي محمد عبد الرحمن الحريري، صحن الدار والتطلع للسماء، د.م، د.ت، ص29.

24 محمد بدر الدين الخولي، المؤثرات المناخية والعمارة العربية، جامعة بيروت العربية، 1975، ص52.

25 مجدي الحريري، المرجع السابق، ص40.

26 عماد محمد عدنان تنبكجي، النظرة المعمارية لمسألتي السكن والإسكان، دار دمشق، 1991، ص121.

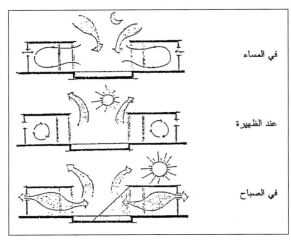

وقد أشارت الدراسات التجريبية إلى أن درجة الحرارة قد تنخفض داخل الفناء عدة درجات تتراوح بين 2-18 درجة عن سطح المسكن والمنطقة المحيطة به،[27] وإضافة لهذا فإن الفناء يؤمن نسبة جيدة من الإضاءة والتهوية الطبيعية لكافة عناصر البيت، كما يلعب الفناء دوراً في مقاومة العواصف الرملية والأتربة ومقاومة الوهج والإجهار (شدة الإضاءة) وكذلك مقاومة الضوضاء.[28]

ومن الناحية الاجتماعية والدينية فقد حقق الفناء الداخلي مبدأ الخصوصية للأسرة في ممارسة حياتها وأنشطتها اليومية، وذلك تماشياً مع الشريعة الإسلامية التي تحض على الستر والاحتجاب، وقد استخدم في الأغراض المعيشية لأفراد الأسرة، وكان فيه المتسع الكافي ليلعب فيه الأطفال تحت رعاية الأهل، ووظف الفناء بجانب كل هذه الوظائف كعنصر اتصال وحركة أساسي في المسكن، حيث تصب فيه حركة المرور من كل أجنحة المسكن ومنه إلى الخارج عبر دهليز الدخول فالمدخل والعكس، وقد ساعد توسطه للمسكن على سهولة هذا الاتصال، كما يوفر الفناء انشراحاً وارتياحاً نفسياً كبيراً نظراً لانفتاحه الواسع على السماء والأفق، وبما يحويه من أشجار وأزهار وفساقي ونافورات.

وقد قام الفناء في القصور والبيوت المملوكية بما طلب منه من وجهات النظر الانتفاعية سواء من النواحي المناخية والبيئية أو الدينية والاجتماعية، ويظهر من الأمثلة الباقية موضوع الدراسة بهذا الكتاب أنه قد روعي بهذه العمائر توجيه المحور الرئيسي للفناء الداخلي نحو الشمال والشمال الغربي بالشكل الذي يسمح للمبنى بتلقي الرياح الباردة اللطيفة التي تهب على القاهرة من هذه الاتجاهات، وفي نفس الوقت يوجه أحد الأضلاع القصيرة للفناء - الضلع الجنوبي أو الجنوبي الغربي - للاتجاه البحري، حيث يبنى به أحد أنواع المقاعد ذات الواجهة المفتوحة على الفناء[29] التي تعتبر من أهم عناصر

الشكل 21 يمثل دور الفناء في ترسيب الهواء البارد ليلاً بهدف تبريد المسكن نهاراً. (عن: عبد المسيح عشي، المعايير التصميمية)

المسكن التي جاءت استجابة لمتطلبات بيئية ومناخية،[30] والتي ما لبثت أن تحكمت بالشكل النهائي للفناء الداخلي.

ولكن تجدر الإشارة إلى أن معظم أفنية القصور والبيوت التي وصلتنا من العصر المملوكي هي أفنية قد تعرضت للكثير من التغيير والتعديل مع جملة ما تعرضت له هذه العمائر المملوكية، فالفناء الموجود اليوم في قصر آلين آق طوله 9.15م وعرضه 6.50م، يشكل جزءاً صغيراً من المساحة الحقيقية للفناء الأصلي الذي كان موجوداً وقت البناء الأول للقصر، حيث تم التعدي على هذا الفناء واجتزئت مساحة كبيرة منه سواء من ضلعه الشمالي أو الجنوبي، وأقيمت مكانها إضافات أكدنا من خلال الدراسة الميدانية والوصفية عودتها لزمن

27 عماد تنبكجي، المرجع السابق، ص121. ؛ مجدي الحريري، المرجع السابق، ص 40.

28 المرجع نفسه، ص42-44.

29 من أنواع هذه المقاعد المقعد التركي والمقعد الإيواني والديواني والمصري والمقعد ذو العقد الواحد بدون أعمدة والمقعد ذو الدرابزين بغير أعمدة أو عقود والمقعد الأرضي. ؛ انظر حول هذه الأنواع: غزوان ياغي، المقاعد في عمائر القاهرة السكنية في العصرين المملوكي والعثماني، دراسة أثرية حضارية، قسم الآثار الإسلامية، كلية الآثار، جامعة القاهرة، 1999، (رسالة ماجستير غير منشورة)، ص180-261. ؛ للاستزادة انظر: مسرد المصطلحات الأثرية الملحق بهذا الكتاب.

30 حول الخصائص البيئية والمناخية للمقاعد انظر: المرجع نفسه، ص258-259.

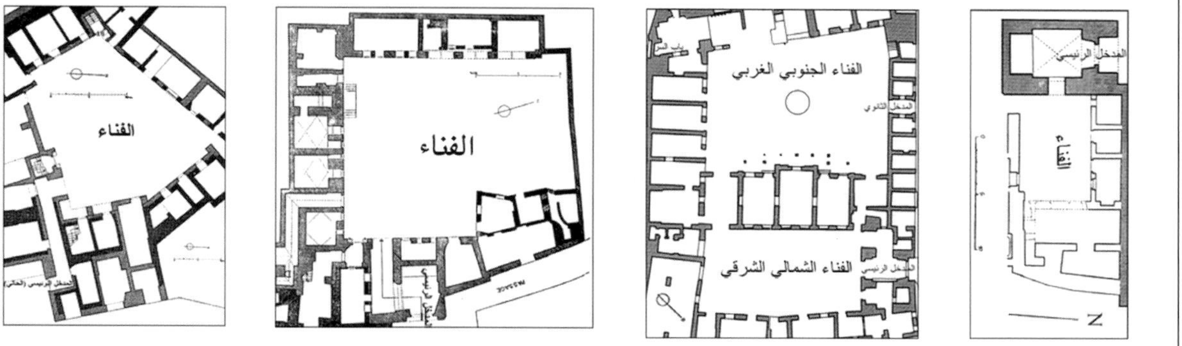

مسقط أفقي للفناء الحالي لقصر ألناق

مسقط أفقي لفناء قصر طاز بعد قسمه اليوم لفنائين

مسقط أفقي للفناء الحالي لمنزل قايتباي بالمغربلين

مسقط أفقي للفناء الحالي لمنزل قايتباي بالتبانة

الشكل 22 يبين بعض أهم الأفنية الباقية بالقصور والبيوت الباقية بمدينة القاهرة من العصر المملوكي (من إعداد الباحث)

استحواذ خاير بك على هذا القصر، وقد ساعدتنا الدراسة على وضع إعادة تصور لمساحة وشكل الفناء الأصلي لهذا القصر الذي كان يبلغ طوله الأصلي 15م وعرضه 9.15م.

أما قصر بشتاك فقد ضاع أغلب فنائه الأصلي الذي كان يمتد بالاتجاه الشمالي الغربي والجنوبي الشرقي، حتى صارت اليوم الواجهة الداخلية الشمالية الغربية لذلك الفناء الأصلي تمثل إحدى الواجهات الخارجية (الجنوبية الشرقية) للقصر، حيث صار الآن المدخل الثانوي الواقع بها والذي كان المدخل المؤدي للقاعة بمثابة المدخل الرئيسي والوحيد للقصر.

ويعد قصر الأمير قوصون القصر الوحيد الذي وصلنا وهو يتألف في الأصل من فنائين منفصلين جنوبي غربي وشمالي شرقي [الشكل 50]، كان يفصل بينهما الكتلة البنائية الباقية اليوم [لوحة 35] من هذا القصر التي كانت تمثل الضلع الشمالي الشرقي للفناء الأول "الجنوبي الغربي" والضلع الجنوبي الغربي للفناء الثاني "الشمالي الشرقي" والتي بها اليوم المدخل الرئيسي والإسطبل وصالات "قاعات" الجند بالطابق الأرضي والقاعة الرئيسية الكبرى وغيرها بالطابق الأول، وقد زال الفناء الجنوبي الغربي تماماً وحلت عليه وعلى أضلاعه الثلاثة مباني معهد عثمان ماهر الأزهري وأجزاء من شارع قراقول المنشية "محمد كريم"، وكذلك زالت الأضلاع الثلاثة للفناء الشمالي الشرقي، وبقي منه فقط الضلع الجنوبي الشرقي الممتد بواجهته الضخمة بطول 92.40م، والتي يضاف عليها 18.00م وهو طول الجزء المكتشف من هذه الواجهة والواقع تحت مباني التكية المولوية، ليصبح الطول الحقيقي والأصلي لهذا الضلع هو 110.40م، وكانت هذه الواجهة هي الضلع الطويل للفناء والممتد بالاتجاه جنوب شرق - شمال غرب، وتستطيع تقدير طول الضلع القصير بـ 55.00م تقريباً أي ما يعادل نصف طول الضلع الطويل، وتجدر الإشارة إلى اعتقادنا بأن هذا الفناء هو الفناء الرئيسي للقصر وقد كان مخصصاً للحياة الإدارية والعسكرية وللأمير ومماليكه، على اعتبار أن هذا القصر كان من أهم قصور الوظائف بالدولة المملوكية، والذي خصص كما قلنا لسكن أتابك العساكر، أما الفناء الآخر "الجنوبي الغربي" فقد كان مخصصاً لسكن الأمير وعائلته.

ولا شك أن فناء قصر منجك السلاح دار كان لا يقل سعة وامتداداً عن الفناء الرئيسي الشمالي الشرقي لقصر قوصون، حيث أثبتنا من خلال التتبع الوثائقي والأثري والامتداد الكبير لأضلاع هذه القصور في العصر المملوكي، أنه كان يشمل كامل المنطقة المحصورة اليوم بين شارع سوق السلاح من بدايته حتى مدخل حارة درب الخدام من الجهة الجنوبية الشرقية[31] وحارة درب الخدام غير النافذة من الجهتين

31 لم يكن الطول الأصلي لهذه الواجهة يقل عن 100م.

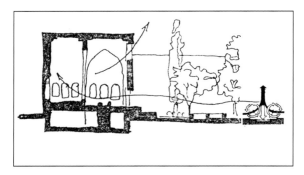

الشمالية الشرقية والشمالية الغربية [الشكل 68]، أما اليوم فإن المساحة الباقية خلف الواجهة الرئيسية لهذا القصر طولها 19.10م وعرضها 4.80م، وهي تمثل آخر انكماش وصل إليه الفناء الأصلي لهذا القصر بعد التعديات المتتالية عليه.

ويرجح أن علي أغا دار السعادة الذي ملك قصر الأمير طاز قد تأثر بمخطط قصر الأمير قوصون الملاصق له قبل فتح شارع قراقول المنشية الذي صار يفصل بينهما، وخاصة بظاهرة وجود الفنائين الذي يحقق فصلاً أفقياً أكبر بين أجزاء القصر، بحيث يقوم كل فناء بوظائف خاصة هامة، وتشير وثيقة علي أغا دار السعادة إلى أن هذا المالك هو أول من قسم الفناء الرئيسي الواحد الكبير إلى فنائين منفصلين [الشكل 22] جنوبي غربي وشمالي شرقي عام 1087هـ/1676م، حيث عمد لبناء جدار فاصل بين الجزأين، فجاء الفناء الجنوبي الغربي فناء معيشة وسكن، والفناء الشمالي فناء للمماليك والإسطبل والخدمة، وقد كان هذا القصر في الأصل من القصور الخاصة، وحافظ على صبغته هذه حتى نهاية العصر المملوكي.

ويبدو أن علي باشا مبارك قد أدرك هذا الجدار الفاصل بين جزئي الفناء وأعجبته الفكرة، وقام بتثبيتها لما تحققه من استغلال أفضل لمساحة الفناء والقصر، الذي أراد أن يحوله إلى مدرسة للبنات عام، 1874 فحول الجدار الفاصل بين الفنائين إلى كتلة بنائية تتألف من خمس غرف واسعة بطول حوالي 32.00م وعرض 10م، واليوم فإن هذا الفصل بين الفنائين قد أعجب القائمين على مشروع ترميم قصر الأمير طاز، فقرروا المحافظة عليه أيضاً برغم حداثة الأجزاء الفاصلة، وسوء حالتها الإنشائية والمعمارية [الشكل 76].

ومن الواضح أن أفنية القصور منذ العصر الجركسي قد تعرضت للكثير من التغيير والتبديل بمستوى لا يقل أبداً عن مثيلاتها في العصر البحري، فزالت كافة مباني الضلع الشمالي الشرقي لفناء بيت قايتباي بالمغربلين [الشكل 22]، هذه المباني التي كانت تشغل كافة المساحة الواقعة اليوم بين الجدار الشمالي الشرقي الحالي للفناء وحارة زقاق المسك، كما بنت إحدى الأسر التي كانت تسكن بهذا الفناء منزلاً من الإسمنت يكاد يتوسط الفناء الحالي.

وقد زال فناء قصر ماماي مع كافة أضلاعه وأغلب أجزائه

الشكل 23 يبين دور الأشجار والمزروعات والنافورة في زيادة تبريد الهواء داخل البيت الإسلامي. (عن: محمد بدر الدين الخولي، المؤثرات المناخية، بتصرف)

[الشكل 109] باستثناء المقعد الذي كان يقع بالضلع الجنوبي الغربي لهذا الفناء، وكذلك المدخل الرئيسي لهذا القصر، والذي كان يقع بالضلع الجنوبي الشرقي، وكان فناء هذا القصر يمتد بالاتجاه الجنوبي الغربي - الشمالي الشرقي.

ولا يختلف ما حل بأضلاع قصر الغوري بالصليبة [الشكل 115] عما حل بقصر ماماي، وقد بلغ التعدي على قصر الغوري مداه الأقصى بالنسبة لقصر لا هو باقٍ تماماً ولا هو زائل نهائياً، حتى يمكننا اعتبار هذا القصر من أكبر أمثلة التعدي على القصور والبيوت المملوكية.

وفي وسط كل هذا التغيير بأفنية القصور والبيوت التي وصلتنا نلاحظ أن فناء بيت قايتباي بالتبانة [الشكل 22] قد عانى أقل درجة من التغيير والتبديل [لوحة 4]، فما زال فناؤه كما وصفته الوثيقة حوله أربعة أضلاع، يؤكد وصفها الوثائقي تطابقاً بيناً مع الواقع الأثري الحالي، وخاصة من حيث الفراغات والوظيفة، كما تؤكد الوثيقة أن هذا البيت ذو فناء واحد فقط، وتؤكد أيضاً أن أضلاع هذا الفناء تمتد بشكل غير منتظم بها الكثير من الازورار والانحراف، وقد ساعدنا هذا الوصف الوثائقي مع الواقع الأثري الحالي على إعادة نسبة هذا البيت لقايتباي وفصله عن بيت أحمد كتخدا[32] الرزاز الواقع للجهة

32 الكتخدا لقب فارسي الأصل بمعنى رب البيت، وهو مؤلف من كلمتين (كدا) بمعنى بيت و(خدا) بمعنى الرب الصاحب، ويطلقها الترك على الموظف المسؤول والوكيل

اسم القصر أو المنزل		طول الضلع الجنوبي الغربي	طول الضلع الجنوبي الشرقي	طول الضلع الشمالي الشرقي	طول الضلع الشمالي الغربي	المساحة التقريبية للفناء الحالي بالمتر المربع	المساحة التقريبية للفناء الأصلي بالمتر المربع
آلين آق الحسامي		٦,٥٠	٩,١٥	٦,٥٠	٩,١٥	٥٩,٥٠	١٣٧,٣٥
بشتاك		٤,٦٥	٢٤,٠٠	١١,٣٠	٢٤,٠٠	٢٦٨,٨٠	X
قوصون	الفناء الجنوبي الغربي	X	X	X	X	X	X
	الفناء الشمالي الشرقي	٩٣,٤٠	حوالي ٣٠م	به انحراف شديد لا يمكن قياسه	أثر من ٦٠	٤٧٢٠	٥٥٢٠
منجك		٤,٨٠	١٩,١٠	٤,٨٠	١٩,١٠	٩١,٦٨	X
طاز	الفناء الجنوبي الغربي	٣١,٤٧	٤٠,٨٠	٣٣,٠٠	٢٦,٧٥	١٣٠٥,٦٠٠	١٦٠٠,٢٥٠
	الفناء الشمالي الشرقي	٣٧,٤٤	١٤,٧٩	٢٨,٧٠	١٤,٤٠	٤٣٤,٤٧٣	
قايتباي بالمغربلين		٢٢,٨٠	٢٦,٠٠	٢٢,٨٠	٢٦,٠٠	٥٩٢,٨٠	٤٥٦
قايتباي بالتبانة		١٤,٥٠	١٩,٣٠	٢٣,١٠	١٦,١٠	٣٧١,٩١	٣٧١,٩١
ماماي		X					
الغوري		X					

الشكل 24 يبين أطوال أضلاع الأفنية بالقصور والبيوت الباقية من العصر المملوكي، ويبين المساحة التقريبية للفناء الحالي وللفناء الأصلي كما كان زمن الإنشاء، وقد توصلت لهذه النتائج بناء على المعطيات الأثرية والتاريخية التي توصلنا إليها عند دراستنا لهذه القصور والمنازل، وقد أهملنا التوصل لأرقام عندما لم نملك أدلة أثرية بينة، ووضعنا علامة x في الحقل غير المؤكد. (من إعداد الباحث)

الجنوبية الغربية من بيت قايتباي.

وظلت الفساقي تلعب دوراً مهماً إضافة للمساحات الخضراء المزروعة في المساهمة في زيادة تبريد الهواء داخل أفنية القصور والبيوت [الشكل 23]، ومازال الفناء الجنوبي الغربي لقصر طاز محافظاً على فسقيته التي كشفت عنها الحفائر الأخيرة بفناء هذا القصر، وما تزال حولها أشجار النخيل والمزروعات [لوحة 63]، وكذلك ما زلنا نلاحظ نفس الأمر بالنسبة للأشجار التي تتوسط الفناء في بيت قايتباي بالتبانة الذي أشارت وثيقة قايتباي لوجود فسقية مضروبة بالخافقي، تتوسط الفناء كان يصل إليها الماء من الساقية عبر أقصاب مغيبة، ومن المؤكد أن الحفائر ستكشف عن كامل هذه الفسقية في الوقت القريب.

ومن خلال ما سبق يتبين لنا أن معظم أفنية القصور والبيوت المملوكية جاءت ذات مساحات كبيرة تزداد في القصور الأقدم زمناً وخاصة التي بني منها خارج القاهرة [الشكل 24] مثل قصر طاز الذي كانت مساحة فنائه الأصلي حوالي 1600 متر مربع، وكذلك قوصون الذي كانت مساحة فنائه الرئيسي الشمالي الشرقي 5520 متر مربع، ويغلب على الظن أن الفناء الأصلي لقصر منجك لم يكن ليقل عن هذه المساحات، أما فناء بيت قايتباي بالمغربلين فقد جاءت مساحته 456 متر مربع، ومساحة فناء بيت التبانة 372 متر مربع.

كما يلاحظ اتساع مساحة الفناء تبعاً لاتساع مساحة القصر أو البيت، وينطبق ذلك لو قارنا مساحة قصر طاز بفنائه ومساحة بيت قايتباي بالتبانة بفنائه، ويلاحظ أن أغلب أفنية

المعتمد، وفي العهد العثماني اعتمد هذا اللقب رسميا فأصبح يطلق بصفة أساسية على كل معاون أو مساعد للموظف الكبير في الدولة. أحمد السعيد سليمان، تأصيل ما ورد في تاريخ الجبرتي من الدخيل، دار المعارف، القاهرة، 1979، ص176.

هذا العصر يغلب على مسقطها الاستطالة، ومحورها الرئيسي يتجه إلى الجنوب الشرقي – الشمالي الغربي، كما هو الحال في ألناق وبشتاك والفناء الرئيسي الباقي لقصر قوصون وبيتي قايتباي بالمغربلين والتبانة، وكان اتجاه الفناء أيضاً جنوبي غربي – شمالي شرقي في قصري طاز وماماي، وكل ذلك كما قلنا بهدف توجيه محور الفناء للاتجاه البحري لتلقي النسيم البارد.

وقد جاء هذا الاختلاف في توجيه الأفنية لأسباب قوية تتعلق بشكل مباشر بالموقع المخصص للبناء وكذلك المساحة المتاحة، وتظهر المساحات الكبيرة لأفنية العصر المملوكي الدور الكبير والوظيفة الهامة التي أسندت لهذا العنصر المعماري في هذا العصر وخاصة في العصر المملوكي البحري، كما يشير ميل هذه الأفنية للضيق في العصر المملوكي الجركسي تحت تأثير ظروف المساحة المتاحة والإمكانيات إلى تراجع نسبي بأهمية ودور هذه الأفنية كمركز للحياة اليومية والنشاط الأسري، حيث قويت ملامح التخصص الوظيفي لعناصر المسكن، وذلك رغم ملاحظة استمرار تناسب مساحة هذه الأفنية مع المساحة الكلية للبيت أو القصر وهو التناسب الذي قلَّ تدريجياً في مساكن العصر العثماني.

وأخيراً لا بد من التأكيد أن كافة أفنية المباني المملوكية قد لبت ما طلب منها من وجهات النظر الانتفاعية والوظيفية سواء من النواحي المناخية والبيئية أو الدينية والاجتماعية، فلم يتخل الفناء نهائياً عن دوره الأساسي ليظل قلب البيت ورئتيه، فهو خزان هوائه، وملطف حرارته، ومنقيه، وهو نبع الحركة ومنظمها، حيث تمر كل حياة ساكني القصر أو البيت من خلاله، فيحقق الفناء عزلة القصور والبيوت عن المحيط العمراني، ويحقق بذات الوقت صلة قوية مع الطبيعة والسماء.

4 الواجهات الداخلية

هي مجمل واجهات الأضلاع التي تطل على الفناء المكشوف، بفتحات مداخل أو أبواب أو فتحات مناور وشبابيك ومشربيات بمستوى ارتفاع طوابق القصر أو البيت، حيث أكدت هذه الواجهات بما احتوته من اعتناء زائد ومراعاة كبيرة للعناصر المعمارية والزخرفية الواضحة فيها مبدأ الاتجاه للداخل في المسكن المملوكي، وحيث كانت الواجهات الخارجية قليلة الفتحات وخاصة بمستوى الدور الأرضي كرست الجهود لجعل الواجهات الداخلية بمثابة لوحات زخرفية حرص بها على مبدأ التناظر والتناغم بين الوحدات المعمارية والزخرفية.

وعلى اعتبار أن الفناء هو قلب البيت الإسلامي فقد روعي أن تتصل كافة عناصر البيت بجميع طوابقه مع هذا الفناء، عن طريق أبواب متنوعة وشبابيك متعددة تفتح كلها في الواجهات الداخلية الأربعة الملتفة حوله.

وقد تألفت القصور والبيوت المملوكية في الغالب من طابقين فوق الأرضي، ونرى ذلك مازال واضحاً في قصر بشتاك [لوحة 21] وطاز [لوحة 65] وبيت قايتباي بالمغربلين [لوحة 68] وبيت التبانة [لوحة 85] الذي يصل ارتفاع واجهته الشمالية الشرقية إلى 13.80م.

هذا وقد عكس سمك جدران كافة هذه الواجهات الداخلية بمستوى الطابق الأرضي رغبة المنشئين جعل البيت مؤلفاً من أكثر من طابق فوق الأرضي، وقد ساعد ارتفاع هذه الواجهات على تأمين أكبر حماية ممكنة لأرضية الفناء من أشعة الشمس والغبار خلال اليوم، كما تزيد من عزل الفناء عن الشوارع والأسواق المحيطة، وتؤمن خفض نسبة الضوضاء بدرجة كبيرة، مما له أثر كبير على هدوء البيت وخصوصيته.

وقد لوحظ أن أغلب هذه الواجهات الداخلية قد جاءت ذات خطوط غير مستقيمة أو منتظمة على الفناء وبها بعض انحراف وازورار، كما اختلف عرض وارتفاع هذه الواجهات المتقابلة بشكل كبير، مما غيّر كثيراً في مسقط الأفنية في القصور والبيوت المملوكية، فجاء أغلبها يحمل صفة شبه المستطيل أو شبه المربع، وربما كان شكل المسقط الناتج شبه منحرف كفناء بيت قايتباي بالتبانة.

كما لم تخلُ هذه الواجهات الداخلية في تصميمها من تراجعات أو بروزات سواء في مستوى الطابق الأرضي أو في مستوى الطوابق العلوية [لوحة 70]، وقد كان لهذا أثر في زيادة التناغم والحركة في التصميم العام لهذه الواجهات، كما أثرت في زيادة كمية الظل ومساحاته داخل المسكن، وقد لعبت المشربيات البارزة من هذه الواجهات دوراً مشابهاً

[لوحة 82].

أما الفتحات الكثيرة لهذه الواجهات والمتعددة المساحات فقد عولجت بأساليب متعددة منها الشبابيك الخشبية ذات المصبعات الخرط، ومنها ما غطي بالجص المعشق بالزجاج الملون، ومنها الأهم الذي غطي بالمشربيات التي لعبت دوراً كبيراً في تناغم وجمال الشكل العام لهذه الواجهات وإضفاء السمات المميزة والتناسق المعماري والجمالي عليها [لوحة 82].

وقد زاد في جمال هذه الواجهات احتلال عنصر المقعد غالباً الواجهة الجنوبية الغربية، كما في قصر طاز [لوحة 58] وبيت قايتباي في المغربلين [لوحة 71] وفي بيته بالتبانة، كذلك كان الحال في قصر ماماي [لوحة 91]، حيث تفتح عقود بائكة هذه المقاعد جهة الشمال الشرقي لتلقي النسيم البحري المنعش، ومن الملاحظ أن عنصر المقعد بما له من تقاليد معمارية وزخرفية مميزة ووظائف اجتماعية هامة، قد أثر ظهوره من بداية العصر المملوكي في التحكم بالشكل العام أو التصميم النهائي للواجهات الداخلية للمسكن المملوكي، وبالتالي انعكس ذلك على الشكل العام للفناء، فقد صار غالباً الضلع الجنوبي الغربي يمثل مع الضلع المقابل له "الشمالي الشرقي" الضلعان القصيران للفناء، وذلك رغبة في توجيه كامل محور الفناء لتلقي النسيم البحري، وعليه زيد في ارتفاع طوابق الواجهة الجنوبية الغربية لزيادة تلقيها لهذا النسيم أو الهواء البارد، في وقت حرص فيه على عدم المبالغة في ارتفاع الواجهة الشمالية الشرقية المقابلة كي لا تعترض تدفق هذا الهواء البحري إلى الفناء والمقعد أولاً ثم لباقي أجزاء المسكن عبر الفتحات المطلة على الفناء.

كما تحكم بالشكل النهائي لهذه الواجهات وجود مداخل هامة يتوصل منها لأماكن الاستقبال الأهم في القصور والبيوت أي المقعد والقاعة، والتي حرص المعمار أن يجعل الوصول إليها سهلاً ميسوراً ومباشراً من أقرب نقطة للمدخل الرئيسي، كونها أماكن خصصت للغرباء من الرجال، كما حرص المعمار على أن يجعل لعناصر الاستقبال هذه مداخل خاصة، حرص أن تكون مداخل تذكارية فخمة تتألف من حجر غائر يعلوه إما عقد مدائني مكسو بالمقرنصات أو صدر مقرنص، ويقع أسفل الحجر باب الدخول الذي جعل على جانبيه مكسلتان حجريتان يعلوهما شريط كتابي مذكور به غالباً اسم المنشئ وألقابه، ومن أهم أمثلتنا الباقية على المداخل الضخمة بهذه الواجهات مدخل مقعد قصر الأمير طاز [لوحة 59] والمدخل الذي يطل على دركاه باب سر قصر الأمير طاز والذي يتوصل منه للقاعة الأرضية بالقصر، والمدخل الحالي لقصر بشتاك [لوحة 31] الذي كان أصلاً مدخلاً بالواجهة الداخلية الشمالية الغربية للفناء الذي كان يوصل للقاعة الرئيسية بالطابق الأول.

وكذلك مدخل مقعد بيت السلطان قايتباي بالمغربلين [لوحة 71]، وكذلك المدخل المؤدي للقاعة الأرضية بنفس البيت[لوحة 70]، وكذلك المدخل الذي يحمل اسم السلطان قايتباي بالتبانة [لوحة 83] والذي كان يتوصل منه للقاعة الرئيسية بالطابق الأول للبيت، ولا ننسى مدخل مقعد ماماي [لوحة 92] الذي كان جزءاً من الواجهة الجنوبية الغربية للفناء الأصلي لقصر ماماي.

ويلاحظ في أواخر العصر المملوكي اتجاه الواجهات الداخلية للارتفاع مع قلة طول امتدادها على الفناء، وكان هذا نتيجة قلة المساحة المتاحة للبناء في هذه الأوقات من هذا العصر كنتيجة مباشرة للتكدس العمراني بالقاهرة، وقد رافق ذلك زيادة ملحوظة في الاعتناء بجمال وتناسب العناصر الداخلية عموماً في المسكن المملوكي.

وبشكل عام فقد ساعد انفتاح هذه الواجهات الداخلية على الفناء الداخلي المكشوف على تحقيق أكبر نسبة فائدة للمسكن من الطقس اللطيف، والخصوصية العالية، والشعور المميز، واكتساب الهدوء والإحساس العالي بالطبيعة والجمال.

5 غرف الإستقبال

أكدت الشريعة الإسلامية على ضرورة الفصل بين النساء من أفراد الأسرة والغرباء من الرجال، وهذا ما انعكس على تصميم البيت الإسلامي، حيث صارت (الفكرة الأساسية التي حرص عليها الناس في هندسة بيوتهم عندئذ، هي عدم تمكين أي فرد بالخارج أن يرى شيئاً من داخل البيت)،[33] فرغم

33 مصطفى محمد جاب الله، البيت الإسلامي في العصور الإسلامية المختلفة وأثره على العمارة المعاصرة في مصر،

حض الإسلام على إكرام الضيوف، وحسن استقبالهم لم يعن هذا السماح لهم باختراق خصوصية البيت وحرمته المقدسة، بل خصص البيت الإسلامي لاستقبال الضيوف الغرباء وإكرامهم، أماكن خاصة جعل الوصول إليها سهلاً ميسوراً ومباشراً من الفناء المتوسط، دون المرور بالأجزاء الداخلية للمسكن، كما زودت أماكن الاستقبال هذه بملحقات ومنافع خاصة، لخدمة الزائرين .

وإجمالاً فقد تطورت أماكن الاستقبال، عبر العصور الإسلامية تبعاً لتطور البيت الإسلامي، منذ عصوره الأولى حتى نهاية العصر العثماني، حيث بلغت قمة التطور عندما صارت أجنحة استقبال الرجال التي شغلت الدور الأرضي والأول غالباً من القصر أو البيت تتألف من عنصرين رئيسيين للاستقبال هما، القاعة أو المندرة،[34] ثم المقعد، الذي يمكن اعتباره أكثر عناصر الاستقبال تطوراً وأهمية، وبعد ذلك ظهر عنصر ثالث أضيف للعنصرين السابقين وهو التختبوش[35] الذي لم يعرف وينتشر إلا في قصور وبيوت العصر العثماني.

فمنذ بداية العصر المملوكي تطورت أماكن الاستقبال أي القاعة والمقعد مع جملة التطور المعماري للبيت المملوكي ككل، سواء من حيث عناصره المعمارية والفنية أو من حيث التطور الكبير في الاستخدامات الوظيفية لهذه العناصر، ويحتمل أن بداية هذا التغير قد ظهر منذ بداية العصر الفاطمي،[36] حيث صارت أغلب المساكن تقتصر على فناء واحد، (فقد ظهرت الحاجة إلى تغطية الجزء المكشوف من الفناء، بالإضافة إلى الإيوانات الجانبية، حتى يمكن الاستفادة من ذلك المسطح جميعه للسكن، واستعمل في أغراض الاستقبال، ومن هنا ظهر عنصر القاعة، ولم يكن من الممكن طبعاً الاستغناء عن الفنائين المتوسطين كليهما لداعي التهوية والإضاءة، وبذلك احتفظ بالفناء الثاني).[37]

إضافة لذلك فمن المؤكد أيضاً أنه وضمن الظروف المناخية والبيئية لمصر والقاهرة، فقد استمر الحفاظ على وجود الإيوان الرئيسي الذي رأيناه في البيت الطولوني، والذي يتجه للشمال ليتلقى الهواء والنسيم المنعش الذي يهب على القاهرة من جهة الشمال والشمال الغربي، ولكن هنا ولضيق المساحة فقد تأكد بناء هذا الإيوان "البحري" كأحد العناصر المطلة على الصحن وأطلق عليه اسم "المقعد".

قسم العمارة، كلية الهندسة، جامعة القاهرة 1976، (رسالة ماجستير غير منشورة)، ص97.

34 المندرة لا تختلف عن القاعة إطلاقاً في تخطيطها المعماري، ولكنه لفظ استخدم للإشارة إلى القاعة التي تقع في الدور الأرضي.

35 يقع التختبوش في الدور الأرضي من البيت، حيث يفتح على الفناء بكامل اتساعه من جهة، أو جهتين، أو ثلاثة، كما يرتفع عن منسوب أرضية الفناء بدرجة، أو درجتين، وهو عبارة عن دخلة عميقة يتوسط سقفه عمود واحد، أو دعامة في منتصف الحافة الخارجية المطلة على الفناء الداخلي، وأرضيته مبلطة بالرخام، ويفرش بالأرائك والدكك، وقد كان مخصصاً لاستقبال الضيوف من عامة الناس، وقد يستغنى عن وجوده في بعض البيوت قليلة المساحة، وتؤكد الدكتورة نيللي حنا أن عنصر التختبوش وتسميته أيضاً، ظهر في فترة متأخرة تعود إلى النصف الثاني للقرن 12هـ/18م، حيث أكدت دراستها أن أول ذكر لتختبوش تمَّ العثور عليه في السنوات 1151-1157هـ/1738-1744م، والآثار المعمارية التي ظلت قائمة في القاهرة تؤكد غياب التختبوشات في قصور القرن السابع عشر، ويعتقد موري أن التختبوش القائم في بيت الشبشيري يعود إلى تعديلات أدخلت في فترة لاحقة، ويدلي الكسندر ليزان برأي مشابه بخصوص بيت السحيمي الذي يرجع للقرن 12هـ/18م . ؛ نيللي حنا، بيوت القاهرة في القرنين السابع عشر والثامن عشر دراسة اجتماعية ميدانية، ترجمة حليم طوسون، القاهرة، دار العربي للنشر والتوزيع، 1993، ص108،65.

36 عند ضيق القاهرة بسكانها قام بدر الجمالي وزير الخليفة الفاطمي المستنصر بالله سنة 480 -484 هـ / 1087 - 1091م بتوسيعها، وتجديد بناء أسوارها وأبوابها.

37 عباس كامل حلمي، تطور المسكن المصري الإسلامي من الفتح العربي حتى العثماني، قسم الآثار، كلية الآداب، جامعة القاهرة، 1968، (رسالة دكتوراة غير منشورة)، ص203. ؛ محمود محمد فتحي الألفي، الدور والقصور والوكالات في العصر المملوكي في القاهرة، " دراسة لبعض الأمثلة"، قسم العمارة، كلية الهندسة، جامعة القاهرة، 1976، (رسالة ماجستير غير منشورة)، ص147-148.

فقد كان البيت المملوكي (صدى للحياة المدنية، في عصر امتاز بنهضة معمارية وفنية)،[38] فظهر ارتباط المسكن بالأحكام الدينية والأوامر الفقهية وبالحياة الاجتماعية، والاقتصادية، والسياسية، فانعكس ذلك على التخطيط، وعلى العناصر التي يحتويها، مراعاةً وتأثراً بهذه الظروف سالفة الذكر، فكثرة الفتن والاضطرابات، وتدهور الحياة السياسية والاجتماعية، وكثرة عبث فئات المماليك الأغراب، كان دافعاً للفصل بين الرجال والنساء، بشكل أكثر تشدداً عما كان عليه الحال في العصور السابقة، وبالتالي فقد كان هذا محفزاً للإلتفات عند تخطيط البيت لبعض العناصر المعمارية، وإحيائها بجدية، وتطوير استخدامها، ووظائفها، والعمل على إبداع عناصر جديدة تلائم الأغراض والمهام الجديدة المطلوبة منها، وهكذا ظهرت في تخطيط البيت عناصر جديدة ذات استخدامات محددة الخصوصية، فصار جناح الاستقبال مكوناً من القاعة والمقعد الذين يشغل كل منهما الطابق الأول غالباً، ويرتفع سقفهما لمستوى طابقين، كما روعي الفصل الأفقي بين أماكن الاستقبال هذه وبين باقي أجنحة المسكن المملوكي، وجعل الوصول إليها سهلاً ومباشراً من الفناء وعبر أقرب مكان للمدخل الرئيسي للقصر أو البيت، وقد حرص المعمار في هذا العصر أن يجعل لكل من عنصري الاستقبال مدخلا تذكارياً خاصاً فخماً جاء بشكل حجر غائر ينتهي من الأعلى بعقد مدائني أو صدر مقرنص، كما حلي حجر المدخل بأشرطة زخرفية وكتابية حملت آيات قرآنية إضافة لاسم المنشئ وتاريخ الإنشاء، كما سيظهر ذلك في دراستنا للقاعات والمقاعد المملوكية كل على حدة كما يأتي:

5.1 القاعات

القاعة هي العنصر المعماري الأوسع انتشاراً من حيث الاستخدام والمساحة والأهمية داخل العمائر السكنية المملوكية، وتؤكد العديد من الدراسات على أن القاعة تشكل الهيكل الرئيسي للقصور والبيوت المملوكية،[39] وقد نالت القاعة عناية فائقة من المعمار المملوكي لتلبي جميع احتياجات صاحب القصر أو البيت من جهات النظر الانتفاعية والجمالية، وجاءت في شكلها المملوكي متكاملة البناء وذات مميزات لبَّت ما طلب منها سواء من النواحي المعمارية والجمالية والدينية والاجتماعية والمناخية.

وجاءت القاعة المملوكية بشكلها العام والمكون من دور قاعة وسطى وإيوانين جانبيين يفتحان عليها استمراراً للقاعة المغطاة التي رأينا أقدم ظهور لها في النصف الثاني في العصر الفاطمي وطوال العصر الأيوبي.

وقد أدت العناية التي لاقاها عنصر القاعة في العصر المملوكي إلى ظهور تطورات كبيرة شملت موقعها ومسقطها ونوع تغطيتها وأشكال نوافذها وفتحاتها وكذلك طبيعة استخدامها ووظائفها.

من المؤكد أن القاعات المملوكية قد اختلفت عن بعضها من حيث الحجم والتفاصيل المعمارية والزخرفية بما يتناسب مع المكانة السياسية والاجتماعية لمنشئها وحالته الاقتصادية، وغالباً روعي قدر الإمكان أن يوجه المحور الرئيسي للقاعة بالاتجاه الشمالي والشمالي الغربي لتصبح مثل الفناء أكثر عرضة لتلقي الهواء البحري، ولذلك فقد جاءت بموقعها عمودية على محور المقعد الذي يطل بضلعه الطويل على الفناء لنفس الأسباب المناخية، وعموماً جاءت هذه القاعات السكنية مندمجة بشكل كلي داخل القصر أو البيت الواقعة به [الشكل 17].

وبشكل عام كانت القاعة المملوكية عبارة عن فراغ مستطيل في مسقطه الأفقي ترتفع جدرانها بمقدار طابقين، وتتألف من دور قاعة وسطى يفتح على جانبيها إيوانان متقابلان، الأول رئيسي كبير والآخر ثانوي صغير، وتنخفض أرضية الدور قاعة عن مستوى أرضية الإيوانين بمقدار درجة، وغالباً تتوسط أرضية الدور قاعة نافورة أو فسقية تتدفق منها المياه، وكان سقف هذه الدور قاعة يرتفع عن باقي سقفي الإيوانين، وغطي في الغالب بشخشيخة[40] خشبية.

---

38 كمال الدين سامح، العمارة الإسلامية في مصر، الهيئة المصرية العامة للكتاب، ط1991،4، ص165.

39 Behrens-Abouseif, Doris. *Islamic Architecture in Cairo: An Introduction.* Cairo: AUC Press, 1998, 35

40 الشخشيخة هي عروق من الخشب تركب أعلى وسط الدور

وقد غطي الإيوانان الجانبيان بأسقف خشبية مكونة من براطيم تحصر بينها مربعات وتماسيح مجلدة بالتذهيب والألوان، وكانت تفتح هذه الإيوانات على الدور قاعة أولاً بعقود كبيرة مدببة ثم صار كل منها يفتح بكرديين[41] ينتهي كل منهما بتاريخ وخورنق وتربط بينهما معبرة خشبية جلدت أيضاً بالتذهيب والألوان، كما زودت جدران القاعة بمستواها العلوي بشبابيك وفتحات نوافذ عديدة غشيت بالجص المعشق بالزجاج الملون، وبأحجبة من الخشب الخرط،[42] أو بمشربيات[43] يتم الوصول إليها عبر ممرات علوية من الممكن أن تؤدي أيضاً إلى مقاعد أغاني[44] خصصت لجلوس النساء لمراقبة ما يجري في قاعات الرجال من مجالس طرب واحتفالات.

ويجهز المستوى السفلي من جدران القاعة بدواليب وخزائن جدارية اتخذت لحفظ الأدوات والأثاث والمفارش والوسائد،

قاعة على شكل مثمن، ثم يسقف عليها مع جعل وسط المثمن مرتفع عن باقي جوانب السقف، بها فتحات للضوء والتهوية. ⁝ قاموس المصطلحات، ص80-81. ⁝ للاستزادة حول هذا المصطلح انظر: مصطلح القاعة والملقف في مسرد المصطلحات الأثرية الملحق بهذا الكتاب.

41 الكردي والكريدي والكرادي، هي في العمارة الإسلامية عبارة عن كابولين من الخشب، تستخدم بشكل أساسي لتزيين وزخرفة الإيوانات أعلى فتحاتها يميناً ويساراً، ويحمل كل من الكابولين بينهما معبرة، ويسمى الجزء السفلي من كل كابولي بالذيل، ويكون هذا الذيل عادة مقرنص ينتهي بتاريخ وخورنق، وأحياناً يكون الكريدي مزخرف بأشكال مختلفة، وقد يكون ساذجاً أي خال من الزخارف ومن القرنصة. ⁝ انظر: قاموس المصطلحات، ص94. ⁝ عبد اللطيف إبراهيم، المرجع السابق، ص410.

42 الخشب الخرط: هو قطع صغيرة من الخشب مستطيلة في الغالب تشبك في بعضها على هيئة أشكال هندسية مخرمة تثبت على الفتحات الخارجية لتمنع من بالخارج من رؤية تفاصيل ما بالداخل، بينما يمكن من بالداخل أن يرى من بالخارج ولا تحجب النور أو الهواء وتستعمل أيضاً داخل المباني، ولهذا الخشب الخرط أنواع وتسميات أطلقها الصناع منها "الخشب الخرط الصهريجي" الذي تكون قطع الخشب منه وكذلك الفتحات الناتجة بينها كبيرة، وكذلك نوع "الخشب الخرط الميموني" والذي يطلق عليه أيضاً "المأموني"، وهو الخرط الدقيق ذو الفتحات الدقيقة ومنه الميموني العربي أو البلدي والميموني المغربي، وكان يستعمل خاصة في الحواجز أو الأبواب أمام المزملة أو الدرابزين، وهو يصنع من الخشب الزان أو القرو. ⁝ قاموس المصطلحات، ص40. ⁝ عبد اللطيف إبراهيم، سلسلة الدراسات الوثائقية، الوثائق في خدمة الآثار " العصر المملوكي"، بحث في كتاب دراسات في الآثار الإسلامية، المنظمة العربية للتربية والثقافة والعلوم، القاهرة، 1979، ص409. ⁝ سامي أحمد عبد الحليم إمام، آثار الأمير قاني باي الرماح بالقاهرة، دراسة أثرية معمارية، كلية الآثار، جامعة القاهرة، رسالة دكتوراة غير منشورة، 1975، ص361-363.

43 يحتل فن المشربية مكان الصدارة في الفنون الحرفية التقليدية لارتباطها بالعمارة منذ بداية الحضارة الإسلامية في مصر، والمشربية معالجة معمارية مصرية إسلامية، تصنع من قطع خشبية مخروطة ومتداخلة ومجمعة ضمن أطر تجعل منها غرفة صغيرة مستطيلة أو مضلعة المسقط، وتسمح بدخول الرياح المطلقة ولا تسمح بدخول أشعة الشمس كما تعمل المشربية على تحقيق قدر كبير من الخصوصية حيث يرى من بداخل المسكن من في خارجه من دون أن يُرى بفضل خرط المشربية الضيق، وعادة توضع المشربيات لتغطي المسطح الخارجي للشبابيك والسدلات المطلة على الأفنية الداخلية أو الشوارع، وقد تباينت الآراء حول أصل كلمة "مشربية" وسبب تسميتها بهذا الاسم، فالبعض يرى أنها كلمة مشتقة من كلمة "مشربة" (أي الغرفة)، لأن المشربية هي غرفة صغيرة بارزة عن سمت الحائط وآراء أخرى ترى أن كلمة مشربية تحريف لكلمة "مشربة" وجمعها مشربيات أي الإناء الذي يشرب منه. ⁝ توفيق أحمد عبد الجواد، تاريخ العمارة، دار وهدان للطباعة والنشر، القاهرة، 1970، 4 أجزاء، ج3، "تاريخ العمارة والفنون الإسلامية"، ص153. ⁝ يحيى وزيري، العمارة الإسلامية والبيئة، سلسلة كتب عالم المعرفة، تصدر عن المجلس الوطني للثقافة والفنون والآداب، الكويت، العدد304، ص127-134.

44 حول هذا المصطلح انظر: مسرد المصطلحات الأثرية الملحق بهذا الكتاب.

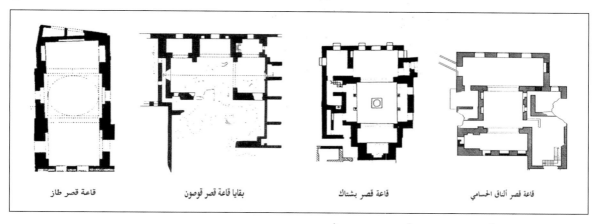

قاعة قصر ألناق الحسامي
قاعة قصر بشتاك
بقايا قاعة قصر قوصون
قاعة قصر طاز

الشكل 25 مساقط أهم قاعات النمط الأول من الطراز الأول للقاعات المملوكية. (من إعداد الباحث)

كما وجدت في الجدران سدلات ودخلات مرتفعة الأسقف جعلت أرضيتها للجلوس، وبالرغم من الارتفاع الكبير للقاعات المملوكية فقد جاء ارتفاع أبوابها التي تفتح غالباً بجانبي الدور قاعة لا يتجاوز نسب ارتفاع الإنسان العادي، فقد ظهرت جدران القاعة وكأن المعمار قد قسم سطحها إلى قسمين وخصص الجزء الأسفل إلى كل ما يرتبط بالإنسان ويتعلق بالمقياس البشري كالأبواب والدخلات التي تستعمل للجلوس، وجمع بين كل هذه العناصر في ما يسمى "وزرة" بارتفاع مناسب لارتفاع الإنسان واستخدم هذه الوزرة كقاعدة لباقي الجدران.[45]

وبدراستنا لأغلب القاعات المملوكية المتبقية والتي أهمها: أربع قاعات لقصور سكنية هي قاعات قصر الأمير ألناق الحسامي وقصر الأمير بشتاك وقصر الأمير قوصون وقصر الأمير طاز، وخمس قاعات سكنية أخرى باقية من عمائر سكنية زائلة، حيث كان لتحويل هذه القاعات الخمسة لمدراس أو مساجد أثر كبير في الحفاظ عليها ووصولها إلينا شبه سليمة تحتفظ بالكثير من معالمها الأصلية. ومن أهم هذه القاعات: قاعة أحمد كوهية، 710هـ/1310م، أثر رقم (521)، وتقع بالصليبة قريباً من جامع أحمد بن طولون. قاعة محب الدين يحيى، 717هـ/1317م، أثر رقم (176)، وتقع بمنطقة الحمزاوي بشارع الأزهر. قاعة طشتمر الدودار، 768هـ/1367م، أثر رقم (153)، وتقع بدرب الحصر. قاعة شاكر بن غنام، 774هـ/1373م، أثر رقم (96)، وتقع بعطفة الأزهري بالدويداري. قاعة محب الدين، 751هـ/1351م، أثر رقم (50)، وتقع بشارع بيت القاضي.

ويضاف لهذه القاعات قاعة دير البنات، وقاعة العرسان بالفسطاط، وبقايا قاعات مملوكية جركسية أهمها قاعة السلطان قايتباي في منزله بالمغربلين.

وقد استطعنا من خلال مراجعة التفاصيل المعمارية والزخرفية لمجموع هذه القاعات سابقة الذكر أن نقسم القاعات المملوكية إلى طرازين هما:

الطراز الأول: وقد ظهر منذ أوائل العصر المملوكي البحري 648هـ/1250م، وظل قائماً منتشراً حتى أواخر القرن 8هـ/14م.

الطراز الثاني: ظهر وعرف وانتشر منذ أواخر القرن 8هـ/14م، وظل معروفاً حتى أواخر العصر المملوكي ومطلع العصر العثماني.

كما يقسم الطراز الأول للقاعات المملوكية إلى نمطين معماريين: النمط الأول: هو النمط المعماري الذي شاع في بيوت السلاطين وكبار الأمراء (الطبقة العليا). النمط الثاني: هو النمط المعماري الذي شاع في بيوت صغار الأمراء وكبار التجار ورجال الدين (الطبقة الوسطى).

45 حسن فتحي، القاعة العربية في المنازل القاهرية تطورها وبعض الاستعمالات الجديدة لمبادئ تصميمها، أبحاث الندوة الدولية لتاريخ القاهرة مارس-ابريل 1969، ج1، مطبعة دار الكتب 1970، ص 393.

لوحة 5   القاعة الرئيسية في قصر الأمير بشتاك، ويظهر بالصورة فضاء القاعة والإيوان الجنوبي
          الشرقي والعقود التي تفتح بها.

لوحة 6 قاعة قصر ألناق من الأعلى، ويظهر في الصورة الجدران العلوية الضخمة للدور قاعة وبها النوافذ، كما يظهر فضاء الإيوان الشمالي الرئيسي للقاعة.

وقد تميز كل نمط من هذين النمطين بميزات مختلفة سنقوم بتعداد وشرح كل منها على حدة.

5.1.1 الطراز الأول

النمط الأول:

كما قلنا فإن هذا النمط قد انتشر وشاع فقط في بيوت الطبقة العليا للمجتمع التي تضم السلاطين وكبار الأمراء، وذلك بسبب عظم تكلفة بنائه نتيجة لمساحته الكبيرة وزخارفه الكثيرة ومواد بنائه المميزة ونستطيع أن نلخص مميزات هذا النمط بـ:

1. قاعات هذا النمط جاءت مبنية بمستوى الدور الأول، ومحمولة على عقود ضخمة متقاطعة من الحجر المنحوت فقد حملت قاعة ألناق، وقاعة بشتاك فوق عقود الإسطبل، بينما حملت قاعة قوصون فوق عقود سقف صالات الجند، بينما جاءت القاعة الرئيسية لقصر الأمير طاز[46] محمولة على عقود سقف قاعة أرضية ذات مدخل خاص عثرنا عليه وكان يفتح مباشرة على دركاة باب سر القصر [الشكل 17].

2. تميزت قاعات هذا النمط بضخامة المساحات والمبالغة بالأبعاد من حيث الطول والعرض والارتفاع [الشكل 25]، ويظهر ذلك جلياً بقاعة ألناق الحسامي التي تعتبر أقدم القاعات المملوكية الباقية فيبلغ طولها أكثر من 19.00م، وعرض دور قاعتها 7.45م، وارتفاع سقف دور قاعتها أكثر من 16.00م، ويبلغ طول قاعة قصر الأمير بشتاك 17.25م، وعرض دور قاعتها 7.74م، كما يستشف من الأجزاء الباقية من قاعة قصر

46 للاستزادة حول هذه القاعات انظر دراستنا لهذه القصور في الباب السابع من هذا الكتاب.

الشكل 26 مساقط أهم قاعات النمط الثاني من الطراز الأول للقاعات المملوكية. (عن: Garcin & Maury, *Palais et maisons du Caire d'époque Mamelouke*)

قوصون اتساعاً عظيماً ومبالغة كبيرة في المساحات والعناصر المعمارية والزخرفية حتى يمكن اعتبارها بحق أكبر وأضخم القاعات المملوكية بشكل مطلق.

3. تتخذ إيوانات قاعات هذا النمط في الغالب وضع الاستطالة، وتفتح على الدور قاعة بالضلع الطويل للإيوان، وتمتد استطالتها على الجانبين إلى خارج حدود الدور قاعة، ويظهر ذلك واضحاً في أواوين كل من قاعة ألناق وقاعة بشتاك حيث يبلغ طول الإيوان الرئيسي الشمالي لقاعة ألناق 15.00م ويبلغ عمقه 6.40م ويفتح ضلعه الطويل على الدور قاعة بفتحة عقد اتساعها 6.00م فقط، بينما يبلغ طول الإيوان الجنوبي 8.90م وعمقه 3.98م ويفتح على الدور قاعة بضلعه الطويل بفتحة عقد اتساعها 6.00م أيضاً، وكذلك فإن طول الإيوان الرئيسي الشمالي الغربي لقاعة بشتاك 8.70م وعمقه 6.30م ويفتح على الدور قاعة أيضاً بضلعه الطويل بفتحة عقد اتساعها 6.30م، وكذلك الإيوان الجنوبي الشرقي المقابل فطوله 7.66م وعمقه 2.80م ويفتح على الدور قاعة بفتحة عقد اتساعها 6.30م، وكذلك فإن الإيوان الجنوبي الشرقي للقاعة الرئيسية بقصر قوصون طوله 8.20م وعمقه 7.45م ويفتح على الدور قاعة بعقد حدوة فرس مدبب اتساعه 5.70م، وكذلك الحال بإيوان الشمال الغربي لنفس هذه القاعة[47] [الشكل 25].

4. ومن المميزات الهامة لقاعات هذا النمط أن أواوينها تفتح على الدور قاعة بفتحات واسعة تعلوها عقود حجرية ضخمة، حيث ترتفع قممها لمستوى سقف كل من الإيوانين الرئيسي والثانوي، وهي عقود من النوع المدبب في قاعة قصر ألناق [لوحة 20] وكذلك كانت في قصر طاز [لوحة 62]، أو من النوع المخموس كما في قاعة قصر بشتاك [لوحة 5]، أو من نوع حدوة فرس مدببة كما في قاعة قصر قوصون [لوحة 40].

5. لقد كانت الدور قاعة في قاعات هذا النمط مغطاة بقباب خشبية مخرمة تسمح بدخول الهواء والضوء للقاعة، يؤكد ذلك الجدران القوية المرتفعة التي كانت تحمل سقف الدور قاعة، وقد بقي منها نموذج واضح في قاعة قصر ألناق [لوحة 6]، حيث بنيت هذه الجدران الأربعة بالآجر الأحمر المشابه لذلك الذي بنيت به المنشآت الفاطمية، كما فتح بهذه الجدران عشرة شبابيك بواقع ستة بالضلعين الغربي والشرقي وأربعة بالضلعين الشمالي والجنوبي، وجميعها شبابيك معقودة، ويغلب أن تكون هذه الدور قاعة الكبيرة التي طولها 8.50م وعرضها 7.45م وارتفاعها حتى أعلى الجدران 16.00م قد غطي الجزء الأوسط

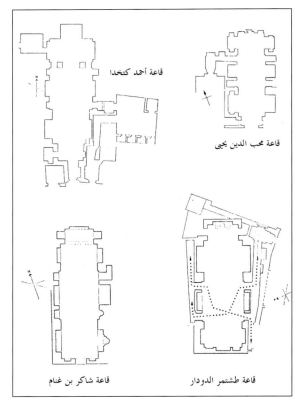

47 يشير ليزان وبعده جان كلود جارسان وجاك ريفو إلى أن هذا التخطيط لمسقط الإيوانات في هذه القاعات ربما يكون متأثراً بتخطيط الوحدة السكنية الرئيسية التي رأيناها شائعة في منازل الفسطاط. Lézine, Alexandre. *Les Salles nobles des palais mamelouks.* Cairo: I.F.A.O., 1972, 80. ⁝ Garcin, Jean-Claude, Maury, Bernard, Revault, Jacques, Zakariya, Mona. *Palais et maisons du Caire. Tome I. Époque mamelouke (XIIIe-XVIe siècles)*. Paris: Institut de recherches et d'études sur le monde arabe et musulman. Éditions du CNRS, 1982, 76–77.

منها بقبة خشبية عرفت قبل شيوع استخدام الشخشيخة،[48] وينطبق ما قلناه أيضاً على سقف دور قاعة قصر بشتاك التي ما تزال صفوف مقرنصاتها الخشبية الصاعدة موجودة، كما يحوي كل جدار من الجدران الأربعة الحاملة لهذا السقف ثلاث نوافذ معقودة مغشاة بالجص المعشق بالزجاج، ويذكر ليزان أن بعضها يحتفظ بأصله القديم،[49] وأما السقف الحالي الذي يغطي هذه الدور قاعة فهو مضاف حديثاً عام 1936م على يد لجنة حفظ الآثار العربية.

6. وجد في بعض هذه القاعات حنية تقع بصدر أحد إيوانيها يوضع بها شاذروان، وهو عبارة عن لوح رخامي مائل عليه زخارف لأشكال خطوط زكزاكية ومتعرجة يسيل عليها الماء المسكوب من الأعلى وينتهي إلى حوض تجميع يقع أسفل اللوح، وأحياناً يتصل هذا الشاذروان بقصبة مغيبة (بوري) مع الفسقية التي غالباً ما توجد في وسط الدور قاعة، حيث يعمل الشاذروان والفسقية على تلطيف جو القاعة، وأحياناً كان يعلو هذا الشاذروان ملقف تتجه فتحته للشمال والشمال الغربي يسمح بدخول الهواء اللطيف ليلامس عند دخوله الماء البارد المنهمر على لوح الشاذروان فيزداد برودة قبل أن ينتشر في أرجاء القاعة، ويلاحظ بقاء هذه الحنية مكان الشاذروان بالإيوان الجنوبي الشرقي لقاعة قصر بشتاك، وما زالت أيضاً الفسقية تتوسط الدور قاعة [لوحة 28].

7. تميزت قاعات هذا النمط بالثراء الزخرفي سواءً على الأسقف الخشبية أو على الأرضيات والوزرات الجدارية الرخامية.

النمط الثاني:

لقد انتشرت قاعات هذا النمط منذ بداية العصر المملوكي وشاعت في بيوت الطبقة الوسطى المشكلة من صغار الأمراء وكبار التجار والموظفين، فقد كانت أقل تكلفة وثراءً من قاعات النمط الأول، وحافظت قاعات هذا النمط على العديد من مميزات قاعات النمط الأول على عادة التقاليد التي اتبعها رجال هذه الطبقة من كبار الأمراء من الطبقة العليا، ومن أبرز أمثلة هذا النمط:

1. قاعة أحمد كوهية
2. قاعة محب الدين يحيى
3. قاعة طشتمر الدوادار
4. قاعة شاكر بن غنام

وتشترك جميع هذه القاعات [الشكل 26] بكونها كانت أجزاءً من منازل سكنية زالت وبقيت منها هذه القاعات التي تحولت جميعها بفترات متتابعة لمدارس ومساجد،[50] وربما كان ذلك من العوامل الهامة التي ساعدت على وصول هذه القاعات إلينا، ومن خلال دراستنا لها يمكننا القول إن قاعات هذا النمط قد تميزت بما يلي:

1. بنيت كل قاعات هذا النمط بمستوى الدور الأرضي، حيث استغني بذلك عن بناء طابق أرضي ضخم وصلب الجدران والعقود والذي كان يبنى بالعادة ليستطيع حمل قاعات النمط الأول كما ذكرنا أعلاه. وتعتبر قاعة أحمد كوهية التي بنيت سنة 710هـ/1310م من أقدم الأمثلة المملوكية للقاعات التي بنيت بمستوى الدور الأرضي، وتقع إلى الشرق من جامع أحمد بن طولون.[51]

2. تتشابه جميع قاعات هذا النمط [الشكل 26] من حيث مساقطها وتخطيطها وتوزع عناصرها المعمارية المكونة لها، ومن حيث أبعاد ومساحة هذه العناصر، وطرق تسقيفها، وكذلك تتشابه في أنواع وأشكال زخارفها، ففي الدور قاعة الوسطى المربعة صار الإيوانان الجانبيان يفتحان بكامل اتساعهما دون أن يوجد بسقطيهما أي استطالة تمتد لخارج حدود الدور قاعة

48 يلاحظ أن دور قاعة قاعة الدردير قد كانت مغطاة بمثل هذه القبة. انظر دراستنا لهذه القاعة في الفصل الأول من هذا الكتاب.

49 Garcin, *Op. cit.*, 80.
Lézine, *Op. cit.*, 100.

50 للاستزادة انظر: أمينة فاروق عبد المنعم، قاعات سكنية وقصور مملوكية تحولت لمساجد، قسم الآثار الإسلامية، كلية الآثار، جامعة القاهرة، (رسالة ماجستير غير منشورة)، 2004.

51 للاستزادة حول هذه القاعة انظر:
Garcin, *Op. cit.*, 78.
Lézine, *Op. cit.*, 86–89.

لوحة 7 صورة قديمة لقاعة محب الدين الموقع، يظهر بها الإيوان الجنوبي الصغير وجزء من الدور قاعة التي يتوسطها فسقية. (عن الهيئة العامة للآثار المصرية)

كما رأينا بقاعات النمط الأول، فقد صار عمق الإيوان متناسباً مع عرضه، وظل كل من الإيوانين الجانبيين يفتحان على الدور قاعة بعقد حجري كبير.

3. تميز قاعات هذا النمط بوجود دخلات جانبية (سدلات) تفتح في الجدران الجانبية الطويلة للقاعة، وقد ظهرت هذه الدخلات أولاً في قاعة أحمد كوهية واستمر ظهورها بعد ذلك في جميع قاعات هذا النمط سواء في قاعة محيي الدين [لوحة 7] أو قاعة طشتمر أو قاعة شاكر بن غنام.

وعلى اعتبار التشابه الكبير القائم بالفعل بين هذه القاعات فسوف نأخذ منها مثالاً نموذجياً ندرسه.

وأهم هذه القاعات الباقية التي تمثل قاعات هذا النمط هي قاعة محب الدين يحيى [الشكل 27] التي يعود تاريخ بنائها حسب ليزان إلى 717–738هـ/1317–1337م،[52] وتقع بسكة

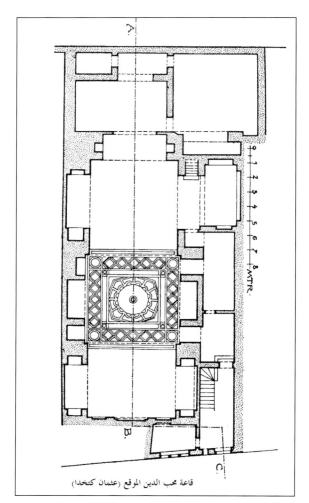

قاعة محب الدين الموقع (عثمان كتخدا)

الشكل 27 مسقط أفقي لقاعة محب الدين الموقع، أبرز أمثلة قاعات الطراز الثاني للقاعات المملوكية. (عن: الهيئة العامة للآثار المصرية)

الحمزاوي قريباً من الجامع الأزهر وتعرف اليوم باسم جامع شرف الدين وهو الذي حولها لمسجد في القرن 11هـ/17م،[53] وقد بنيت بمستوى الدور الأرضي وتتألف هذه القاعة كالعادة من دور قاعة وسطى طولها 7.00م وعرضها 6.00م، يشرف عليها إيوانان جنوبي كبير وطوله 7.00م وعرضه 6.00م، يفتح بصدره دخلة جدارية عميقة، وشمالي صغير طوله 6.00م وعرضه 5.00م ويفتح كل من الإيوانين بكامل اتساعه على

52 Lézine, *Op. cit.*, 90.

53 Ibid., 92.

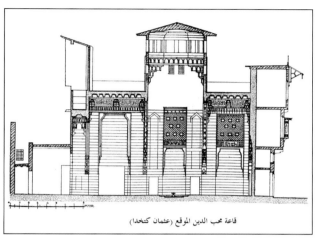

الدور قاعة بعقد حجري مدبب كان كل منهما مجلداً بتغطية من الخشب المزخرف نجدها مكررة بعد ذلك بقاعة طشتمر الدوادار وشاكر بن غنام، كما يغطي كلاً من الإيوانين سقف خشبي مسطح محمول على عروق خشبية مستديرة، فأغلب أسقف هذه القاعة مجددة بفترة غير بعيدة (باستثناء سقف الإيوان الشمالي فهو الأقدم وهو يعود للقرن 11هـ/17م أي عند تحويل القاعة لمسجد).[54]

ويحتوي كل من الجدارين الجانبيين الطويلين الشرقي والغربي لكامل أجزاء هذه القاعة على ثلاث دخلات أو سدلات يعتبر شيوعها من مميزات هذا النمط الثاني للطراز الأول من القاعات المملوكية، وقد رأينا ظهوره أولاً في قاعة أحمد كوهية ثم ظهر في هذه القاعة وانتشر بعد ذلك في قاعة طشتمر الدوادار.[55]

ثم قاعة شاكر بن غنام،[56] ليظل لاحقاً ملازماً لطراز القاعات المملوكية الذي سنراه لاحقاً، وقد استخدمت هذه الأواوين أو الدخلات في الجلوس أو عمل دواليب جدارية أو خزانات أو كتبيات، وربما استغل الجزء العلوي لهذه الدخلات بعمل مقاعد أغاني للنساء لمشاهدة حفلات الطرب في القاعة قبل أن تحول القاعة إلى مسجد،[57] وقد استغلت

قاعة محب الدين الموقع (عثمان كتخدا)

الشكل 28 منظور جانبي لقاعة محب الدين الموقع بظهر التفاصيل المعمارية لفراغاتها الداخلية. (عن: الهيئة العامة للآثار المصرية)

54 Lézine, *Op. cit.,* 92.

55 هذه القاعة جزء من قصر يعود للأمير سيف الدين طشتمر الدوادار وقد أرخ كريزويل هذه القاعة بين عامي 768–778هـ/1366–1376م، ثم آلت مع أجزاء القصر إلى الأمير خوشقدم الأحمدي الذي قام بتحويل هذه القاعة لمسجد وأضاف لها مئذنة، حيث يذكر ابن إياس أن أول خطبة أقيمت فيه كانت في رمضان سنة 891هـ/1486م، ولا تختلف هذه القاعة كثيراً عن قاعة محب الدين يحيى سواء في تخطيطها العام أو في أبعادها وزخارفها، حيث تتألف من دور قاعة وسطى وإيوانين غير متساويين يفتح كل منهما على الدور قاعة بعقد حجري، كما تفتح كل من الدخلتين الجانبيتين بعقدين مشابهين مضافين بالقرن 9هـ/15م، وقد احتفظت هذه القاعة بالكثير من تفاصيلها وزخارفها المميزة.
للاستزادة انظر: Garcin, *Op. cit.,* 86. Lézine, *Op. cit.,* 108–112

56 قاعة شاكر بن غنام وقد كانت أيضاً جزءاً من منزل كبير زائل، يحمل اسم شاكر بن غنام بقي منها هذه القاعة التي يؤكد ليزان أنها أنشئت عام 774هـ/1373م، وذلك بناءاً على نص تأسيسي موجود بالقاعة، ويفترض باتريك كولو أنها تحولت إلى مدرسة بالفترة بين 783–803هـ/1382–1399م عن طريق أحد أقارب المنشئ الأصلي، وذكرها المقريزي في خططه باسم مدرسة ابن الغنام عند حديثه عن حارة كتامة، مع تذكر أن المقريزي أنهى كتابه تقريباً في سنة 827هـ/1423م. ولا تختلف هذه القاعة عن قاعات النمط الثاني للطراز الأول للقاعات المملوكية التي ذكرناها سابقاً، فهي تتشابه كثيراً مع قاعات محيي الدين يحيى سواء في تخطيطها العام أو في أبعادها أو في عقود أواوينها، فهي عبارة عن دور قاعة وسطى يفتح عليها إيوانان جانبيان بعقدين مشابهين تماماً لعقدي إيواني قاعة محب الدين، وتفتح بصدر إيوانها الشمالي دخلة أو سدلة مضاف لها عقد يشابه عقد الإيوانين، ومجلد مثلهما بالأخشاب المزخرفة، كما كان مثبت بهذه السدلة شاذروان.
للاستزادة انظر: Garcin, *Op. cit.,* 86–87. Lézine, *Op. cit.,* 112–115
الخطط المقريزية، ج3، ص15.

57 أشار إلى ذلك جان كلود وليزان انظر:
Garcin, *Op. cit.,* 81. Lézine, *Op. cit.,* 92.

الدخلة الشرقية للإيوان الجنوبي الكبير في عمل المحراب، ولكنه نقل قبل سنة 1920 إلى الدخلة الشرقية للدور قاعة.[58] ويفتح على جانبي الدور قاعة أربع دخلات ذات أعتاب خشبية، أهمها الدخلة الشمالية للجدار الغربي والتي كان بها باب الدخول المتوصل إليه من كتلة المدخل الخارجي القديم للقاعة، الذي هو عبارة عن معبرة مقرنصة تنتهي بستة صفوف من المقرنصات الصاعدة ويفتح أسفلها باب الدخول الذي لم يعد مستعملاً اليوم.

وقد كان يحيط بجدران القاعة بمستوى أعلى الأعتاب وأسفل أرجل العقود إفريز خشبي كان عليه شريط كتابي قد ضاع أغلب هذا الإفريز الخشبي وبقيت أجزاء منه في الإيوان الشمالي الصغير وفي الدخلة الجدارية الشرقية للدور قاعة.

ويشير ليزان إلى أن قاعة محب الدين يحيى تكون نموذجاً كاملاً للقاعات المملوكية ذات الدخلات الجانبية،[59] هذا ولم تخل قاعات هذا النمط عن وجود الحنية في صدر أحد أواوينها حيث يوضع بها شاذروان قد يتصل ماؤه مع الفسقية التي وجدت أحياناً تتوسط الدور قاعة، وتعمل مع الشاذروان والملقف على تلطيف الجو الداخلي للقاعة.

5.1.2 الطراز الثاني

قلنا إن هذا الطراز قد ظهر وانتشر في أواخر القرن 8هـ/14م وظل معروفاً حتى نهاية العصر المملوكي وبداية العصر العثماني، وقد جاء هذا الطراز نتيجة التقارب الشديد بين نمطي الطراز الأول بالقاعات المملوكية، حيث قلَّ تدريجياً استعمال النمط الأول من القاعات والذي ظهر وشاع في بيوت السلاطين والأمراء، وبدأ بالزوال لعدة أسباب أهمها:

1. قلة المساحة المتاحة للمباني بشكل عام بالعصر المملوكي حيث ظلت العواصم القديمة بما فيها القاهرة في تزايد مستمر وتكدس سكاني وازدحام عمراني مما كان له السبب الأكبر في تصغير مساحات المباني المملوكية بوقت أظهر فيه المعمار براعة فنية وهندسية مذهلة، وأدت هذه المساحات الصغيرة عدداً أكبر من الوظائف الموكلة إليها، وأدمجت فيها عناصر معمارية جديدة، وقد لعبت المساحات المتفاوتة في الصغر والاتساع دوراً هاماً في إبراز عبقرية المهندسين في ذلك العصر،[60] وقد ظهر ذلك واضحاً في العمائر المدنية والدينية في العصر الجركسي خاصة.

2. التغير الكبير بالذوق الفني العام والذي ظهر واضحاً في مجال العمارة وخاصة في العناصر المعمارية التي مالت إلى الابتعاد عن مظاهر القوة والضخامة، وأخذت بالاتجاه للمبالغة بإظهار الجمال والتناسق والإبداع بإخراج هذه العناصر مهما صغر حجمها وأينما كان موقعها. ولا نستطيع فصل هذا التوجه المعماري والفني عن التوجه العام للظروف السياسية والظروف الاقتصادية.

3. تغير الظروف الاقتصادية للدولة المملوكية وميل الموارد المالية والإمكانيات المادية للدولة ثم للأمراء للقلة، وبالتالي مالوا إلى إقامة قصور ومنازل أقل من حيث تكاليفها بكثير مما كانت تحتاجه عمائر النمط الأول للطراز الأول للقاعات المملوكية، واختاروا بالتالي طرازاً أقل في التكلفة وبالتالي أقل بالحجم وأسرع في البناء ولا يحتاج لتلك المدة الزمنية الطويلة التي كان يحتاجها إنشاء القاعات المملوكية الأولى.[61]

وهكذا للأسباب السابقة دخل على النمط الأول للطراز الأول للقاعات المملوكية الكثير من التعديلات بما يتفق مع الظروف الجديدة، ليصبح في مجموعه تقريباً مماثلاً في عناصره لقاعات النمط الثاني الذي كان استخدامه شائعاً عند طبقة صغار الأمراء وكبار التجار والموظفين.

وهكذا فقد جاء الطراز الثاني للقاعات المملوكية نتيجة التقارب بين نمطي الطراز الأول لهذه القاعات، حيث أخذ

58 Lézine, *Op. cit.,* 93.

59 Ibid., 90.

60 حسني محمد نويصر، عوامل مؤثرة في تخطيط المدرسة المملوكية، مجلة جامعة المنيا، كلية الآداب، قسم التاريخ، المجلد الأول، العدد الأول، 1991، ص 229–267.

61 أشار عباس كامل حلمي مستهدياً بما كتبه المقريزي إلى أهمية قلة الإمكانيات والرغبة في السرعة بإنشاء العمائر السكنية وتأثير ذلك في ظهور قاعات الدور في النصف الثاني من العصر المملوكي. انظر: عباس كامل حلمي، المرجع السابق، ص196–197.

هذا الطراز الثاني التخطيط العام لقاعات النمط الثاني المتماشي مع الظروف المستجدة، وأضاف عليه من قاعات النمط الأول الاعتناء الكبير بالعناصر المعمارية والزخرفية حتى يصير لائقاً بكبار الأمراء والأغنياء، ومتماشياً مع رغبتهم الدائمة لإبراز العظمة والثراء والرفعة والتميز الذي جهدوا للحفاظ عليه، ثم شاع هذا الطراز وانتشر في كل القاعات المنشأة في العصر المملوكي بعد هذه الفترة خاصة، وقد تميزت قاعات هذا الطراز بما يلي:

1. صغر مساحات قاعات هذا الطراز بالنسبة لقاعات الطراز الأول، مع محافظة تخطيطها ومفردات مسقطها على الشكل الأخير للتطور الذي بلغه مسقط قاعات النمط الثاني لقاعات الطراز الأول، ولكن يلاحظ هنا ظهور جمال زائد للعناصر المعمارية التي تتألف منها القاعة، إضافة لرشاقة ملحوظة في مجموع نسب هذه العناصر.

2. فخامتها وجمالها والاعتناء الزائد بزخرفتها بالنقوش والزخارف الملونة والمذهبة.

3. استعمال الأسقف الخشبية في تغطية جميع أجزاء القاعة، والاستغناء نهائياً عن الأسقف والقبوات الحجرية التي استعملت في الفترات السابقة لتغطية بعض فراغات القاعة.

4. الاستغناء عن العقود الحجرية الكبيرة التي كانت تطل منها الإيوانات على الدور قاعة والاستعاضة عنها بالكرادي والمعابر الخشبية.

5. وإجمالاً فقد ساد بقاعات هذا الطراز استعمال مواد بناء سهلة التشكيل، والعناصر المعمارية السريعة الإنشاء، حيث تمَّ الاستغناء عن تلك العناصر التي تتطلب زمناً طويلاً ومصنعيات أشق.

ويعتبر من أكمل أمثلة هذا الطراز قاعة عثمان كتخدا التي تعرف أيضاً باسم محب الدين الموقع الشافعي [الشكل 26] وهو أحد ملاكها في القرن 12هـ/18م،[62] وتؤرخ هذه القاعة إلى سنة 751هـ/1358م.[63]

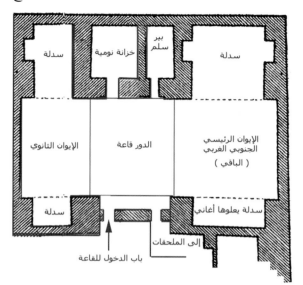

الشكل 29 مسقط تصوري لأجزاء القاعة الأرضية الكبرى الواقعة بالزاوية الجنوبية لبيت قايتباي بالمغربلين، والباقي منها اليوم إيوانها الجنوبي الغربي والسدلتين على جانبيه. (من إعداد الباحث).

ويتشابه مسقط هذه القاعة مع قاعة محب الدين يحيى [الشكل 27] وكذلك قاعة طشتمر وقاعة شاكر بن غنام المذكورين أعلاه، حيث تتألف من دور قاعة وسطى وإيوانين شمالي كبير وجنوبي صغير، وتفتح بكل من الجدارين الجانبيين الطويلين الشرقي والغربي لكامل أجزاء هذه القاعة ثلاث دخلات أو سدلات كنا قد اعتبرنا ظهورها من مميزات قاعات النمط الثاني من قاعات الطراز الأول، وظهرت أول الأمر في قاعة أحمد كوهية ثم في قاعة محب الدين يحيى ثم استمر ظهورها في جميع الأمثلة اللاحقة للقاعات حتى نهاية العصر المملوكي.

والدور قاعة عبارة عن مساحة شبه مربعة طولها 7.20م وعرضها 6.50م، وقد غطيت أرضها المنخفضة بالرخام الملون ويتوسطها فسقية جميلة تؤكد كراسات لجنة حفظ الآثار أنها

62 قام عثمان كتخدا بوقف هذه القاعة ضمن أملاكه الأخرى سنة 1148هـ/1735م.

63 كتب هذا التاريخ على إزار سقف الدور قاعة، وقد شك بوتي بهذا التاريخ وقام بمحاولة تأريخ هذه القاعة إلى القرن 10هـ/16م، ولكن يشير ليزان إلى أن الكثيرين لم يوافقوا على ذلك، وبنفس الوقت أشار ليزان إلى احتمالية تأريخها تبعاً لأشكال زخارفها إلى القرن 9هـ/15م. انظر: Lézine, *Op. cit.*, 123–127.

أضيفت بوقت لاحق،[64] كما يغطي هذه الدور قاعة شخشيخة خشبية ذات شبابيك من الخشب الصهريجي، ويبلغ ارتفاع سقف هذه الدور قاعة 19.00م ولها إزار خشبي يتوسطه شريط كتابي يقرأ عليه اسم المؤسس وتاريخ الانتهاء من بناء القاعة[65] [الشكل 27].

ويفتح بالجدارين الجانبيين الشرقي والغربي لهذه الدور قاعة سدلتان عرض كل منهما 2.37م وعمقهما 1.25م، ويغطي كلاً منهما سقف خشبي ذو براطيم تحصر بينها طبالي وتماسيح، ويرتكز كل من السقفين على إزار خشبي ذي حنايا ركنية ويعلو كلاً من السدلتين مقعد أغاني يطل على القاعة بخاركاه من الخشب الصهريجي، هذا ويوجد على جانبي السدلة الغربية خزانتان جداريتان، وعلى جانبي السدلة الشرقية يوجد بابان الأول شمالي يتوصل منه لغرفة طولها 5.40م وعرضها 2.10م مغطاة بسقف خشبي، والثاني جنوبي وهو باب الدخول للقاعة والمتوصل إليه من المدخل الخارجي الرئيسي للقاعة عبر دهليز طويل منكسر.

أما الإيوان الشمالي الكبير فطوله 6.45م وعرضه 5.78م يفتح بصدره دخله عمقها 1.93م يتوسطها باب يؤدي إلى حجرة مستطيلة طولها 5.85م وعرضها 3.45م يفتح بها فتحتا باب الأول بجداره الشمالي ويدخل منه إلى مساحة مكشوفة يتوصل منها إلى بيت راحة، والباب الثاني بالجدار الغربي ويدخل منه لغرفة واسعة طولها 6.55م وعرضها 4.90م، ويفتح بالجدار الجنوبي الغربي لهذه الغرفة سدلة عمقها 1.75م، كما يفتح بالجدارين الجانبيين لهذا الإيوان سدلتان الأولى شرقية عرضها 3.60م وعمقها 1.45م وبها فتحتا باب الأول يؤدي إلى بيت راحة والثاني يدخل منه لسلم صاعد يتوصل منه لممر يؤدي لحجرة صغير تقع بمستوى يرتفع عن أرضية القاعة بـ2.90م، وغطيت هذه الحجرة بقبة مخرمة، كما يتوصل من صدر هذه السدلة لدخلة عمقها 2.12م يفتح بجداريها الجانبيين خزانتان [الشكل 28].

أما الإيوان الجنوبي الصغير للقاعة فطوله 8.75م وعرضه 5.08م تفتح بصدره ثلاث دخلات جدارية، الجانبيتان منها كانتا خزانتين أما الوسطى فكانت دخلة الشاذروان، الذي رأينا أنه كان موجوداً بقاعات الطراز الأول للقاعات المملوكية، واستمر استخدامه لأهميته لضرورات مناخية ثابتة لا تتغير، ويوجد على جانبي هذا الإيوان أيضاً سدلتان عرض كل منهما 3.95م وعمقها 1.40م وعلى جانبي كل منهما خزانتان جداريتان، ويغطي كل منهما سقف خشبي مشابه لأسقف سدلات الدور قاعة، كما يعلو كلاً من هاتين السدلتين أيضاً مقاعد أغاني تطل على القاعة بواجهة من خشب الخرط حيث كان يتوصل للمقعد الأغاني الذي يعلو السدلة الشرقية من فتحة باب يتوصل إليها عبر السلم الصاعد من دهليز الدخول المؤدي للقاعة، كما يؤدي هذا السلم للسطح العالي للقاعة.

ويغطي كلاً من الإيوانين الكبير والصغير سقف خشبي مكون من براطيم خشبية تحصر بينها طبالي وتماسيح مجلدة كلها بالتذهيب والألوان وغنية بالزخارف الثرية بالعناصر النباتية والهندسية، ويجري أسفل كل من السقفين إزار خشبي عليه شريط كتابي لآيات قرآنية، كما يرتفع سقف كل إيوان بمقدار 11.50م ويفتح كل منهما على الدور قاعة بكردين خشبيين ينتهي كل منهما بتاريخ وخورنق ويحصران بينهما معبرة خشبية كبيرة، وقد حلت هذه المعبرة والكرديان مكان العقود الحجرية الكبيرة التي ميز وجودها الطراز الأول للقاعات المملوكية، وسنلاحظ شيوع هذا الأسلوب بإطلالة الأواوين على الدور قاعة – أي الكردين والمعبرة – في جميع نماذج قاعات هذا الطراز الثاني للقاعات المملوكية، ثم سيظل ملازماً للقاعات في العصر العثماني.

ومن الأمثلة البارزة واللاحقة لقاعة محب الدين بقايا القاعة الرئيسية لبيت قايتباي بالمغربلين [الشكل 29] والتي تذكر وثيقة قايتباي أنه كان يتوصل إليها من (باب يدخل منه إلى قاعة بإيوانين متقابلين وسدله وخزانة يعلوها أغاني مسقف ذلك نقياً وبدور القاعة خزانة يعلوها أغاني مفروش أرض

64 لقد قامت لجنة حفظ الآثار العربية بجهود كبيرة لحفظ هذه القاعة وترميمها وسجلت ذلك بنص كتابي منحوت على الحجارة داخل القاعة، انظر: كراسات لجنة حفظ الآثار العربية، كراسة رقم 30، سنة 1913، ملحق الكراسة ص 141-144. وسنرمز إليها لاحقاً بـ "الكراسات".

65 انظر النص الكامل لهذه الكتابات في: الكراسات، كراسة رقم 30، سنة 1913، ملحق الكراسة ص 142.

دور القاعة المذكورة بالرخام الملون وبدور القاعة المذكورة أربعة أبواب أحدهما باب الدخول والثاني مقابله باب الخزانة المذكورة والثالث يدخل منه إلى مطبخ وإلى كرسي مرحاض بمنافع وحقوق والرابع يدخل منه إلى سلم يصعد من عليه إلى الأسطحة العالية على ذلك والباذاهنج والمنافع والمرافق والحقوق)،[66] ويلاحظ التشابه الشديد بين هذه القاعة وقاعة محب الدين سابقة الذكر في العديد من التفاصيل المعمارية، ولم يبق اليوم من هذه القاعة سوى إيوانها الجنوبي الغربي والذي يفتح بجانبيه سدلتان، وما تزال أجزاء الكرديين والمعبرة التي كان يفتح بها هذا الإيوان على الدور قاعة واضحة.[67]

ويلاحظ أن قاعات هذا الطراز قد خصت قدر الإمكان بمدخل خاص لا يؤدي إلى مدخل القاعة مباشرة بل يؤدي إلى ممر طويل ينكسر حتى يصل إلى أحد الأبواب الجانبية للدور قاعة، ويرى ذلك واضحاً سواءً في قاعة محب الدين التي يفتح مدخلها الآن على الشارع، أو في قاعة بيت السلطان قايتباي بالمغربلين التي خصص لها أيضاً مدخلٌ خاصٌ مازال يطل على فناء البيت[لوحة 70].

5.2 المقاعد

المقعد اسم مكان من الفعل الثلاثي قعد، وقعد يقعد قعوداً ومقعداً، أي جلس، والمَقْعَدَةُ مكان القعود، والمقعد ما يجلس عليه الناس، وتجمع على مقاعد.[68]

والمقعد في العمائر السكنية في العصر المملوكي يعتبر من أهم أماكن استقبال الرجال في المسكن الإسلامي، فقد لعب عنصر المقعد بهذه العمارة دوراً بارزاً ومهماً، ذلك رغم أن لفظة مقعد في عمارة هذا العصر لا تشير في الغالب إلى شكل معماري محدد، حيث تؤكد الأمثلة الأثرية الباقية، والأمثلة الوثائقية الكثيرة أن المقعد في العمارة السكنية قد ظهر بأنماط معمارية متباينة من حيث التصميم والشكل والموقع والوظيفة، ذلك رغم توحد إطلاق لفظة مقعد عليها جميعاً باعتبارها أماكن مخصصة للقعود بها دون النظر لأي اختلافات قائمة بين هذه الأنماط، التي اتخذت أوجه الخلاف الموجودة بينها من الناحية المعمارية أو الوظيفية، أداة للتمييز بينها، وبالتالي تقسيمها إلى أنواع عديدة تبعا لتلك الاختلافات.

والواقع أن عنصر المقعد بكل تصميماته وأشكاله قد جاء استجابة لمتطلبات عديدة حيث عكس لنا موقعه، وتخطيطه، وأسلوب بنائه، طبيعة تفكير أصيلة تقوم على دعامات ثابتة قوامها الدين الإسلامي الحنيف، وعلى فهم دقيق للشروط البيئية والمناخية، والاجتماعية.

وبسبب هذه الأهمية فقد وظف لهذا العنصر المعماري الكثير من المميزات الخاصة سواء في اختيار موقعه، ومساحته، أو العناية والتأنق في شكل واجهته، وروعة زخارفه، ذلك ليحقق أقصى ما طلب منه من وجهات النظر الانتفاعية والجمالية، وليصبح أهم الواجهات الداخلية للبيت خاصة في العصر المملوكي أولاً ثم في العصر العثماني لاحقاً.

وفي الواقع إن عنصر المقعد قد مر بتطور شديد، سواء من الناحية المعمارية والفنية، أو من الناحية الوظيفية، وذلك تبعاً لتطور العمارة الإسلامية بعامة، والعمارة السكنية بخاصة، وتبعاً لتطور المفاهيم المعمارية والفنية، والدينية والاجتماعية، والبيئية والمناخية، في المجتمع المصري، منذ بداية العصر الإسلامي حتى نهاية العصر المملوكي، الذي بلغ فيه عنصر المقعد قمة اكتماله المعماري والوظيفي.

وكنا قد تتبعنا الإرهاصات المعمارية الأولى لعنصر المقعد في العمارة السكنية منذ العصر الطولوني في عمائر مدينة الفسطاط حتى قبيل العصر المملوكي[69] [الشكل 6–7].

66 وثيقة قايتباي، المصدر السابق، ص230.

67 انظر تفاصيل الوصف المعماري لهذه القاعة، عند حديثنا عن عمارة هذا البيت في الباب الثامن من هذا الكتاب.

68 ابن منظور، لسان العرب، القاهرة، دار المعارف، 6ج، ج5، ص3686، مادة قعد. ؛ محمد بن أبي بكر الرازي، مختار الصحاح، القاهرة، مكتبة الثقافة الدينية، ط1، 1986، ص570–571، مادة قعد. ؛ مجمع اللغة العربية، المعجم الوسيط، القاهرة، مطابع الأوفست بشركة الإعلانات الشرقية، ط3، 1985،2ج، ج2، ص778، مادة قعد. ؛ مجموعة مصنفين، المنجد في اللغة، بيروت، دار المشرق، ط35، 1996، ص643، مادة قعد.

69 حول هذا انظر الباب الأول ضمن هذا الكتاب. وللتوسع

وقد صار من المؤكد أن الدلائل الأثرية التي تبين تطور هذا العنصر المعماري الهام قد اختفت منذ نهاية العصر الطولوني، حتى ظهر هذا العنصر فجأة في بداية العصر المملوكي عنصراً على درجة كبيرة من الاكتمال المعماري والفني ليتبوأ مكان الصدارة في الأهمية بين العناصر المعمارية في القصور والبيوت المملوكية، ومن المؤكد أن انعدام الأدلة الأثرية التي تبين تطور عنصر المقعد لا تعني بأي حال من الأحوال عدم حدوث هذا التطور، حيث يؤكد الرقي المعماري والفني للأمثلة الأولى التي عثرنا عليها لهذا العنصر منذ بدايته أن هذا التطور كان قائماً بشكل منتظم ولا يمكن أن يظهر هذا العنصر فجأة بهذا الاكتمال المعماري والفني وبتلك التقاليد والأسس والشروط المحددة لبنائه في بداية العصر المملوكي بل من المؤكد أن هذا البلوغ المعماري والوظيفي قد كان ثمرة تطور مستمر بلغ في بداية العصر المملوكي قمة رقيه واكتماله.

وقد كان هذا التطور لعنصر المقعد جزءاً من التطور العام للعمارة السكنية التي وقعت في العصر المملوكي تحت تأثير متغيرات عامة أهمها صغر المساحة المتاحة للبناء داخل القاهرة المكتظة مما أدى لتغير التخطيط العام للمساكن، وخاصة عندما عمل على تطوير الأفنية الداخلية تبعاً للمساحة المتاحة، إعادة تخطيط وتوزيع العناصر المعمارية لتلائم الاستعمالات اليومية بما يتناسب مع الشروط المناخية والدينية والاجتماعية للقاهرة، وبما يتوافق مع الرغبات والوظائف المطلوب من هذه العناصر القيام بها وتبعاً لكل هذا ما لبث عنصر المقعد أن أخذ شكله المعماري ودوره الوظيفي في القصور والبيوت المملوكية وتأكدت تقاليد بنائه.

ولكن من الثابت لدينا أن هذا العنصر قد ظهر دائماً في العمارة الإسلامية بأنماط معمارية متباينة من حيث التصميم والشكل والموقع والوظيفة، وذلك رغم توحيد إطلاق لفظة مقعد عليها جميعاً باعتبارها أماكن مخصصة للقعود بها دون النظر لأي اختلافات قائمة بين هذه الأنماط، ومن الواضح أيضا أن أوجه الاختلاف هذه سواء من الناحية التصميمية أو المعمارية أو الوظيفية قد اتخذت أداة لتمييز هذه الأنماط، وبالتالي أدت لتقسيم المقاعد في العمارة السكنية إلى أنواع تبعاً لهذه الاختلافات، وقد فاضت الوثائق بالحديث عن هذه الأنواع مميزةً كل نوع منها أغلب الأحيان باسم خاص استمد من الشكل المعماري لهذا النوع، أو من الصفة الهامة المميزة له، مثل المقعد الإيواني، ومقعد بدرابزين خشبي، ومقعد الكشف السماوي، والمقعد الطيارة، وهناك مقاعد سميت بحسب وظيفة استخدامها، مثل المقعد الديواني، ومقعد الأغاني، وسميت مقاعد أخرى بأسماء حملتها بسبب موقعها المعماري في القصر أو البيت، مثل المقعد الأرضي، والمقعد على دركاه المدخل، وحملت مقاعد أخرى أسماء نسبة لأماكن ظهورها، أو نسبة لاسم شعب أو جنس معين، مثل المقعد المصري، والمقعد القبطي، والمقعد التركي، وهناك مقعد سمي بالمقعد القمري نسبة لوقت وطبيعة استخدامه في الليالي المقمرة.[70]

وربما يكون الدافع الحقيقي وراء تعدد هذه الأنواع من المقاعد هو بالدرجة الأولى تنوع الوظيفة والاستخدام لهذا العنصر، حيث لوئم الشكل المعماري تبعاً للاستخدام الوظيفي المطلوب، فجعل المقعد السماوي كشفاً لاستخدامه فوق السطح العالي للبناء والجلوس به في أيام الصيف الحارة، وكذلك جعل المقعد القمري غالباً، أما المقعد القبطي فقد جعل في الطابق الأول، يطل على فناء البيت بشبابيك من خشب الخرط، لأنه استخدم في الغالب لجلوس النساء، وجعل مقعد الأغاني يطل من الداخل إلى القاعة مكان الاستقبال والاجتماع ليسهل جلوس الجواري بها، والغناء للضيوف أو جلوس النساء الحرائر لمراقبة ما يدور بالقاعة دون أن تلحظهن أعين الغرباء.[71]

وقد ظهر في العصر المملوكي عدة أنواع من المقاعد أهمها المقعد التركي والمقعد القبطي والمقعد القمري مقعد الكشف السماوي والمقعد الطيارة ومقعد الأغاني.

ولكن لم يقم من هذه الأنواع بوظيفة استقبال الرجال سوى المقعد التركي الذي تكامل دوره مع الدور الذي قامت

انظر: غزوان ياغي، المرجع السابق، ص9-16.

70 غزوان ياغي، المرجع نفسه، ص180-261.

71 للاستزادة حول وظائف المقاعد انظر: المرجع نفسه، ص244-261.

به القاعة الرئيسية في المسكن، وقد بني المقعد التركي بشكل فراغ شبه متوسط يقع بين منسوب الدور الأرضي والأول، ويغلب عليه الشكل المستطيل في المسقط الأفقي، ولكنه مقعد مفتوح بكامل واجهته على الفناء الداخلي للبيت، حيث تقع هذه الواجهة في الضلع الطويل لمسقطه المستطيل، وتتألف من بائكة مكونة من عدد من العقود ترتكز على عدة أعمدة، ويوجد أسفل بائكة المقعد التركي درابزين يكون غالباً من خشب الخرط المأموني ذي الفتحات الصغيرة، كما يعلو بائكة هذا المقعد عادة رفرف خشبي محمول على كباش خشبية أو أكتاف حجرية، وكان الرفرف يدهن ويلمع بالذهب واللازورد،[72] ولهذا المقعد مدخل خاص يقع غالباً على يسار الواجهة ويسامتها ولم يشذ عن ذلك إلا لضرورات تتعلق بالمساحة.

وعلى اعتبار أن الوظيفة الأساسية لهذا النوع من المقاعد كانت استقبال الرجال الغرباء فقد زود غالباً بملحقات ومنافع تساعد على اكتمال وظيفته وقيامه بها على خير وجه، ولهذا حرص المعمار على أن يكون له مدخل خاص يستخدمه الزائرون للوصول إليه دون المرور بأجنحة البيت، ولهذا الغرض، زودت المقاعد التركية بكتبيات وخزانات جداريه لحفظ أدوات المقعد، وألحق بكل منها مبيت أو أكثر.

ومن شبه المؤكد أنه لم يخلُ قصر أو بيت كبير من وجود عنصر المقعد وذلك لأهمية هذا العنصر من وجهات النظر الانتفاعية والجمالية ونكاد نعتقد أن غياب هذا العنصر من بعض الأمثلة التي درسناها لم يكن إلا بسبب التغيرات الكبيرة التي طرأت على هذه الأمثلة عبر أزمان طويلة مرت منذ سنوات التأسيس حتى أيامنا هذه.

حيث تشير الدلائل الأثرية لوجود مقعد تركي في الضلع الشرقي من فناء قصر ألناق، وكان هذا المقعد يتألف من عقدين محمولين في الوسط على عمود رخامي، ورغم ضياع الملامح المعمارية الرئيسية لهذا المقعد فقد ظل بالجدار الجنوبي للفناء جزء من عقدي الواجهة واضحاً، حيث يستند هذا الجزء على الجدار برجل عقد مازالت شبه كاملة، ويوجد بها مكان للرباط الخشبي الذي يؤكد المساحة الكبيرة للعقود.

وكان هذا المقعد مغطى ببراطيم خشبية ما يزال مكان تثبيتها واضحا في الجدارين الشمالي والجنوبي، كما لا تزال الجدران تحتفظ بوجود الكتبيات والخزانات الجدارية والباب الذي كان يؤدي لداخل المقعد والواقع بالجدار الشمالي.

كما يغلب أن يكون المقعد التركي الذي كان بقصر بشتاك واقعاً فوق كتلة المدخل الرئيسي الأصلي للقصر، أي بالضلع الجنوبي الغربي للفناء الأصلي، حيث تفتح واجهته جهة الشمال الشرقي، وتشكل القاعة الباقية اليوم حده الشمالي الغربي، ويغلب أن هذا المقعد كان من النوع التركي، وكانت واجهته تتألف من بائكة ذات عقود محمولة على أعمدة تطل على الفناء الواسع.

أما قصر قوصون فقد عثرنا على كامل الطابق الأرضي أسفل مقعده، وتألف من خمسة حواصل يتوصل إليها من أربعة أبواب [الشكل 52–14]، ويمتد بواجهة طولها 30.00م منها 11.40 م مازالت ظاهرة بالواجهة الشمالية الشرقية للقصر و 18.00م أجزاء مختفية ضمن مباني التكية المولوية [الشكل 56]، وكانت تعلو هذه الحواصل واجهة المقعد التركي الكبير المكون من خمسة عقود مدببة محمولة على أربعة أعمدة، وتقع كتلة المدخل التذكاري المؤدي لهذا المقعد على يسار هذه الواجهة ويتقدمها بسطة بقلبتي سلم يتوصل منها لباب الدخول المؤدي عبر دهليز ثم باب يفتح على يسار الداخل مباشرة بداخل المقعد الذي طوله 20.00م وعرضه 7.00م [الشكل 30].

وقد أكدت وثيقة أحمد أغا المصاحب الشهرباري التي وصفت قصر منجك بأنه كان يحتوي على مقعد كبير تركي تتكون بائكته من خمسة عقود، وفرشت أرض المقعد بالبلاط الكدان ويوجد بصدره باب يدخل منه لمبيت ويقع هذا المقعد

---

72 اللازورد حجر طبيعي، وأصفاه لونه السماوي، فيتدرج لونه من الأزرق السماوي إلى الأزرق الغامق. ومن خصائصه أنه إذا جمع إلى الذهب إزداد كل واحد منهما حسناً في أعين الناظرين، ولذلك استخدم اللازورد المصنع من مواد مختلفة في النقوش والدهانات كخلفية للكتابة المذهبة في العمائر المملوكية، ويؤكد هذا ما ذكره القلقشندي من أن اللازورد أنواع كثيرة وأجودها المعدني، وباقي ذلك مصنوع لا يناسب الكتابة وإنما يستعمل في الدهانات ونحوها. ؛ انظر: قاموس المصطلحات، ص97.

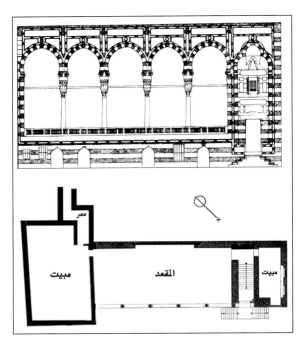

بالطابق الأرضي على عدة حواصل،[73] وقد حددنا موقع هذا المقعد بالضلع الجنوبي الغربي للفناء الأصلي للقصر.

وقد جاء المقعد الباقي بقصر الأمير طاز [الشكل 77-2] متكاملا [لوحة 54] وهو مقعد ديواني كما سمته ووصفته وثيقة علي أغا دار السعادة،[74] الذي جدد هذا القصر في سنة 1088هـ/ 1677م، ومازالت أغلب تجديداته بهذا القصر قائمة حتى الآن، ومنها هذا المقعد ويؤكد ذلك مشابهة شكل واجهته وزخارفها مع زخارف السبيل الذي أنشأه هذا الأمير بالواجهة الرئيسية للقصر، كما يؤكد ذلك عثورنا على الواجهة الرئيسية للمقعد المملوكي مختفية خلف الواجهة الحالية بعد سقوط سقف وواجهة الحاصل الذي كان ملاصقاً للمقعد، وكان يحمل المبيت الملحق به، حيث ظهرت الواجهة القديمة مبنية بالحجر الفص النحيت المائل للون الأبيض، وكل هذا يؤكد أن الأمير علي أغا قد بنى وجدد واجهة المقعد المملوكي ومدخله وسقفه واحتفظ بالأجزاء الباقية كما كانت عليه منذ تأسيسه على يد الأمير طاز، ويغلب أن المقعد الديواني الذي لا يختلف معمارياً عن المقعد التركي لم يعرف إلا في العصر العثماني وبالتحديد في القرن 11 هـ/17م.[75]

وقد شهدت المقاعد في العصر المملوكي الجركسي [الشكل 31] زيادة ملحوظة في العناية بها والتأنق في بنيانها وجمالها وزيادة زخارفها، حيث ترجع أكمل الأمثلة التي وصلتنا لأنواع المقاعد لهذا العصر، وربما تكون بداية زيادة هذا الاعتناء قد بدأت منذ عصر السلطان قايتباي (872-901 هـ/ 1467-1495) الذي خلف لنا عددا أكبر من المقاعد التي وصلتنا والتي من أهمها مقعده الذي بالجبانة،[76] والواقع إلى الجهة الشمالية الغربية من مدرسته الكبرى،[77] حيث كان هذا المقعد من

الشكل 30 شكل تصوري لمقعد قوصون. في الأعلى: واجهة المقعد وفي الأسفل: مسقط أفقي. (من إعداد الباحث)

النوع التركي ذو واجهة عبارة عن بائكة تتألف من خمسة عقود نصف دائرية من الحجر المشهر محمولة على أربعة أعمدة من الرخام تربط بينها روابط خشبية، ويتقدم هذه البائكة من الأسفل درابزين من خشب الخرط ويعلو الواجهة فوق العقود إفريز عريض ملئ بحره بنص تأسيسي للمقعد باسم السلطان قايتباي،[78] ويقع المدخل الرئيسي على يسار الواجهة كالعادة

73 وثيقة رقم 937، وزارة الأوقاف، تاريخها 10 شوال سنة 1092هـ/1681م، ص 33-39.

74 وثيقة علي أغا دار السعادة، وثيقة رقم 129، وزارة الأوقاف، تاريخها 1090هـ/1679م.

75 انظر غزوان ياغي، المرجع السابق، ص 209-211.

76 أثر رقم 101، المؤرخ إلى حوالي 865هـ/1460م.

77 أثر رقم 99، وتاريخها 877-879هـ/1472-1474م، وهي عمارة سلطانية، تتكون من مجموعة معمارية متكاملة، عبارة عن مسجد جامع، ومدرسة إيوانيه ذات مدخل ضخم، ومئذنة تعتبر من أرشق المآذن الإسلامية، وقبة ضريحيه، وطباق للصوفية، وسبيل يعلوه كتّاب، وحوض لسقاية الدواب، وربع يؤجر ويؤخذ ريعه للصرف على الصوفية ؛ للاستزادة انظر: حسني محمد نويصر، منشآت السلطان قايتباي الدينية في القاهرة، قسم الآثار الإسلامية، كلية الآثار، جامعة القاهرة، سنة 1973، (رسالة دكتوراة غير منشورة)، ص 119-314.

78 غزوان ياغي، المرجع السابق، ص 36-42.

مقعد قايتباي بالجبانة

مقعد قايتباي في بيته بالمغربلين

مقعد قايتباي في بيته بالتبانه

مقعد ماماي ببيت القاضي

الشكل 31 يبين المساقط الأفقية لأهم المقاعد التركية التي وصلتنا من العصر المملوكي. (من إعداد الباحث)

وكان يتقدمه بسطة بسلمين كما تصفه الوثيقة،[79] وقد قامت لجنة حفظ الآثار العربية بتجديد هذا ا لمقعد وسد فتحات واجهته بين العقود وتحويلها إلى مجرد فتحات شبابيك كما هو عليه الآن بقصد تحويل المقعد لمدرسة عام 1905م وكان عدم متابعة هذا التطور المحدث الذي حل بالمقعد السبب في اعتقاد بعض الباحثين الفرنسيين أن هذا المقعد هو مسدود الواجهة بالأصل على شاكلة المقعد القبطي، وشبهوه بالمقعد الملحق بقبة السلطان الغوري[80] بالغورية، بل قالوا لابد أن الغوري قد تأثر عند عمارة مقعده بما رآه في مقعد قايتباي هذا.[81]

وقد وصلنا إضافة لهذا المقعد مقعدان آخران من بناء السلطان قايتباي، الأول في بيته الواقع بالمغربلين ويعتبر من أهم الأجزاء الباقية بهذا البيت[لوحة 71] وهو مقعد تركي أيضا تتألف بائكته من ثلاثة عقود حدوة الفرس مدببة من الأعلى ترتكز في الوسط على عمودين من الرخام ويعلو واجهته كما في المقعد السابق طراز طويل من الكتابة مؤلف من ستة بحور[82] [الشكل 90].

وكذلك المقعد الذي مازالت أجزاؤه الداخلية باقية بعد ضياع واجهته والواقع في بيت قايتباي بالتبانة وهو مقعد تركي ذو واجهة كانت تتألف من بائكة ذات ثلاثة عقود قائمة في الوسط على عمودين من الرخام الأبيض، ولكن اليوم استبدلت هذه البائكة بشبابيك تفتح على الفناء [لوحة 81] بواقع شبيه بدرجة كبيرة بما حصل بمقعد قايتباي بالجبانة.

أما أكمل المقاعد المملوكية التي وصلتنا فهو المقعد الباقي من قصر ماماي [لوحة 8] الذي عمر أواخر العصر المملوكي سنة 901هـ/ 1496م، وتتألف واجهته من خمسة عقود مدببة على شكل حدوة الفرس ذات أرجل طولية محمولة على أربعة أعمدة ذات تيجان على شكل زهرة اللوتس، ويتقدم هذه الواجهة كالعادة شقة درابزين من خشب الخرط [لوحة 91].

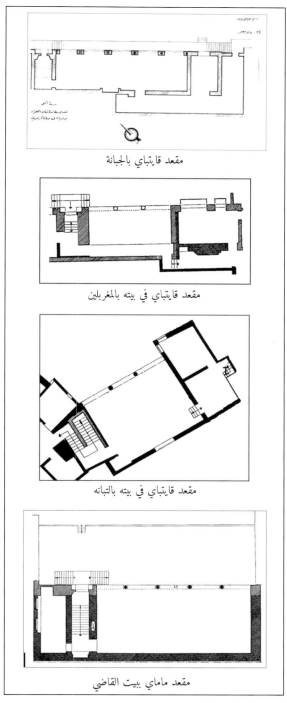

79 وثيقة قايتباي، المصدر السابق، ص 29-30.

80 أثر رقم 66، 909هـ/ 1503م، انظرالوصف المعماري لهذا المقعد في: غزوان ياغي، المرجع السابق، ص 70-76.

81 Garcin, *Op. cit.,* 132.

82 انظر الوصف المعماري الدقيق لهذا المقعد عند دراستنا لبيت قايتباي للمغربلين في الباب الثامن من هذا الكتاب.

ومن المؤكد أن المقعد التركي يعتبر أكثر أنواع المقاعد انتشار في العمائر السكنية بمدينة القاهرة، وخاصة في العصر المملوكي ولهذا السبب فهو أكثر أنواع المقاعد الباقية عدداً واكتمالاً، وعلى الأرجح أنه لم يعرف هذا النوع بالتركي قبل العصر المملوكي، وذكر بالوثائق بهذا الاسم، وجاء ذلك نسبة للأتراك وهم جنس من الناس كانوا على شكل قبائل كثيرة يعتبر وسط آسيا موطنها الأصلي، وشكل الأتراك نسبة عالية من أعداد المماليك في الدولة المملوكية وخاصة في العصر البحري حيث كان معظم ملوكه الأوائل منهم، وأغلب الظن أنه سمي هذا النوع من المقاعد بالتركي نسبة إليهم.

ويلاحظ من أمثلتنا أن هذا النوع من المقاعد قد جاء في موقعه غالباً متعامداً على القاعة الرئيسية للقصر أو البيت، وقد تبادل المقعد مع القاعة مهمة استقبال الرجال، خاصة في أيام الصيف الحارة التي يكون استخدام القاعة الرئيسية لاستقبالهم فيها صعب، لعدم توافر عنصر التهوية الكاملة المساعد على كسر حدة الحرارة كما هو الحال داخل المقعد.

وبالرغم أن عناصر الاستقبال – القاعة والمقعد – قد جهزت لتكون عناصر متكاملة بذاتها لتلبي كافة الاحتياجات المطلوبة منها من وجهات النظر الوظيفية والمعمارية، فقد كانت بتكوينها العام جزءاً لا ينفصل عن باقي أجزاء المسكن، بل كانت تتصل معها بصرياً عبر الكثير من المشربيات الموزعة بالواجهات الداخلية للبيت والمشرفة على واجهة المقعد وداخله، أو عبر مقاعد الأغاني المطلة على القاعات، وأيضاً كانت تتصل معها عبر دهليز وممرات تسهل الحركة والانتقال لرب المسكن والخدم من وإلى هذه العناصر.

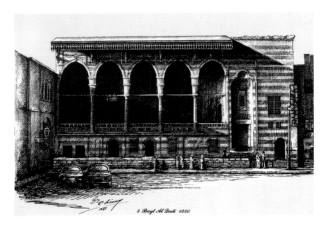

6 غرف المعيشة

لاحظنا مما سبق الدور الكبير للقيم الإسلامية في تصميم المسكن، فالمسكن في المنظور الإسلامي يعتبر وحدة اجتماعية لا ينفصل فيها البناء عن الأسرة التي تقيم فيه بل إن المضمون الإسلامي لمتطلبات الأسرة المسلمة هو الذي يحدد الفراغ

لوحة 8 لوحة حديثة رسمت عام 1981 لواجهة مقعد ماماي، ويظهر بها التفاصيل المعمارية الكاملة لهذا المقعد قبل أن تختفي خلف الجدار المرتفع الذي يتقدمها اليوم، وهو أكمل المقاعد التي وصلتنا من العصر المملوكي.

الداخلي للمسكن.[83]

وقد كان للأوامر الإسلامية بالستر والخصوصية وفرض الحجاب على النساء بأمر الله تعالى عندما قال:

وَقُل لِّلْمُؤْمِنَاتِ يَغْضُضْنَ مِنْ أَبْصَارِهِنَّ وَيَحْفَظْنَ فُرُوجَهُنَّ وَلَا يُبْدِينَ زِينَتَهُنَّ إِلَّا مَا ظَهَرَ مِنْهَا وَلْيَضْرِبْنَ بِخُمُرِهِنَّ عَلَىٰ جُيُوبِهِنَّ وَلَا يُبْدِينَ زِينَتَهُنَّ إِلَّا لِبُعُولَتِهِنَّ أَوْ آبَائِهِنَّ أَوْ آبَاءِ بُعُولَتِهِنَّ أَوْ أَبْنَائِهِنَّ أَوْ أَبْنَاءِ بُعُولَتِهِنَّ أَوْ إِخْوَانِهِنَّ أَوْ بَنِي إِخْوَانِهِنَّ أَوْ بَنِي أَخَوَاتِهِنَّ أَوْ نِسَائِهِنَّ أَوْ مَا مَلَكَتْ أَيْمَانُهُنَّ أَوِ التَّابِعِينَ غَيْرِ أُولِي الْإِرْبَةِ مِنَ الرِّجَالِ أَوِ الطِّفْلِ الَّذِينَ لَمْ يَظْهَرُوا عَلَىٰ عَوْرَاتِ النِّسَاءِ وَلَا يَضْرِبْنَ بِأَرْجُلِهِنَّ لِيُعْلَمَ مَا يُخْفِينَ مِن زِينَتِهِنَّ وَتُوبُوا إِلَى اللَّهِ جَمِيعًا أَيُّهَ الْمُؤْمِنُونَ لَعَلَّكُمْ تُفْلِحُونَ[84]

تأثير مباشر على مجمل الأسس التصميمة للمسكن الإسلامي، ويظهر ذلك بشكل خاص في تخصيص أمكان خاصة للأسرة تتيح لأهل المسكن ممارسة حياتهم اليومية بكل حرية ويسر حيث روعي في تصميم هذه الأماكن ما يتيح لها القيام

83 أسس التصميم، ص 499 – 500.

84 سورة النور، الآية 24.

بوظائفها المخصصة لها دون الإخلال بوظائف الأجزاء الأخرى المكونة للمسكن " أماكن الاستقبال وأماكن الخدمات"، وعليه فقد عمل على إيجاد فصل أفقي بين الأماكن المخصصة للأسرة وأهل المسكن وبين الأماكن المخصصة للضيوف، كما روعي الفصل الرأسي بين هذه الأماكن الخاصة بالمعيشة وبين أماكن الخدمات .

كما وضعت فراغات أغلب أماكن الأسرة بمستوى الطابق الثاني للمسكن لتكون بعيدة عن الأجزاء الأخرى، وجعل الوصول لهذه الأماكن عن طريق سلالم وممرات خاصة بعيدة قدر الإمكان عن باقي أجنحة المسكن، وبنفس الوقت عمل المعمار على إيجاد **نظام اتصال حركي** بين أماكن الأسرة وباقي أجزاء المسكن وذلك عن طريق إيجاد ممرات بديلة متوارية تسهل حركة النساء، وتسمح لهن بالتنقل بين أجزاء المسكن وطوابقه دون الاضطرار للمرور بالفناء أو أماكن الاستقبال عند وجود الضيوف وذلك ليتمكنَّ من إنجاز مسئولياتهنَّ في سهولة ويسر ومتابعة أسرهنَّ وتربية أطفالهنَّ ، وخصص أحيانا للنساء مدخل خارجي خاص ليدخلن ويخرجن منه،[85] ويظهر ذلك في قصر الأمير طاز حيث أن قرب أجنحة الأسرة بهذا القصر [الشكل 80] من موقع باب السر يؤكد استخدامه لدخول وخروج النساء [الشكل 76-8].

كما أوجد المعمار **نظام اتصال بصري** بين أماكن الأسرة وباقي أجزاء المسكن وذلك أولاً عن طريق المشربيات التي تفتح على الفناء الداخلي وتسمح للنساء بمراقبة ما يجري بالفناء والمقعد دون أن تراهن أعين الضيوف الغرباء وثانياً عن طريق مقاعد الأغاني، التي أقيمت بقاعات العصر المملوكي والتي تسمح للنساء بمتابعة ما يجري بقاعات الاستقبال دون أن يلاحظن، وأحيانا تسمح لهن لو كن من الجواري وملك اليمين بالمشاركة بالغناء والعزف دون أن يرين أو يشاهدن [لوحة 29].

85 حول المرأة في المجتمع المملوكي انظر:

Abd ar-Raziq, Aḥmad. *La femme au temps des Mamelouks en Egypte.* Cairo: I.F.A.O, 1973.

وقد ترجم هذا الكتاب للعربية ونشر بعنوان " المرأة في مصر المملوكية"، وصدر عن الهيئة المصرية العامة للكتاب، سلسلة تاريخ المصريين عدد 146، 1999.

وعموما فقد صممت كل الأماكن المخصصة للأسرة متجهة للداخل بكليتها قليلة الفتحات على الخارج، وتطل بطريقة غير مباشرة على الفناء الداخلي الذي تستمد منه إضاءتها وتهويتها وغطيت كل الفتحات الموجودة بها بشبابيك أو مشربيات من خشب الخرط التي تقوم بوظيفة حجب الرؤية من الخارج للداخل وتوفر الهواء والضوء والظل.

وربما خصص لأماكن الأسرة في بعض القصور فناء خاص تطل عليه وقد أثبتنا وجود ذلك في قصر قوصون حيث كان الفناء الجنوبي الغربي الزائل منه مخصصاً لهذه الأماكن.[86]

ومعمارياً لم يكن لأماكن الأسرة والحياة اليومية شكل معماري ثابت، ويحدد نوعية فراغات هذه الأماكن طبيعة الاحتياج والوظائف المطلوبة منها، وربما عدد أفراد الأسرة نفسها، ومن خلال دراستنا الوصفية للنماذج الباقية بالقصور والمنازل المملوكية لاحظنا أن هذه الأماكن قد احتوت على **قاعات صغيرة** قريبة الشبه من حيث تصميمها من الشكل المملوكي المعروف للقاعات حيث تتوسط الدور قاعة التي تعلوها شخشيخة الإيوانين الجانبيين مثل القاعة الباقية بالطابق الثاني لبيت قايتباي بالمغربلين [الشكل 91-18]، وأحيانا اكتفي بوجود إيوان واحد فقط مثل القاعة الباقية بالطابق الثاني لقصر الأمير طاز [الشكل 80-15].

وقد كانت هذه القاعات صغيرة جدا بالقياس مع القاعات المخصصة للرجال ولذلك أطلقت عليها الوثائق اسم "الأروقة"،[87]

86 انظر دراستنا لعمارة هذا القصر في الباب السابع من هذا الكتاب.

87 الرواق من الأجزاء الهامة في عمارة البيت الإسلامي، ويتكون عادة من إيوانين متقابلين بينهما دور قاعة - مسقفة غالباً وقد تكون سماوية - ويلحق بذلك منافع ومرافق كالخزانات النومية وخزانة الكسوة والمطبخ والمرحاض، وكان الرواق يسقف بالخشب النقي المدهون على مربعات ويوجد على كل إيوان زوج كرادي ومعبرة، أما الدور قاعة فقد كان يوجد أعلاها عراقية وسطها منور سماوي وأحياناً بوسط أرضيتها فسقية من الرخام الخردة، أما بقية الأرضية في الإيوانين والدور قاعة فمن الرخام الملون المختلف الأشكال، أو البلاط وكانت الجدر تسبل بالبياض. ⁝ عبد

وقد استخدمت هنا لإقامة الأسرة واستقبال الزائرات من النساء، ولذلك عني بزخرفتها وفرشها، وقد تطورت التفاصيل المعمارية والزخرفية لهذه القاعات مع المسار التطوري لقاعات هذا العصر كما بيناها في موضعه.

كما اشتملت هذه الأماكن الخاصة على العديد من الغرف الواسعة والمبيتات والممرات التي غطيت بأسقف خشبية من براطيم ملونة، وفرشت أرضيتها بالبلاط الكدان،[88] واحتوت جدرانها على العديد من الدخلات والخزانات الجدارية التي استخدمت لحفظ الأمتعة ومستلزمات الأسرة وحاجياتها، وربما ألحقت بهذه الأماكن **دورات مياه وحمامات صغيرة** للاستخدام الخاص، وطبعاً كل هذه الفراغات المعمارية لجناح الأسرة مرتبطة ببعضها البعض بشكل كامل عبر ممرات وأبواب عديدة تحقق لأفراد الأسرة سهولة التنقل والاتصال وممارسة الأنشطة اليومية، وقد أعطي وقوع الأماكن المخصصة للأسرة بالطابق الثاني المرتفع إمكانية أكبر للتهوية والإضاءة، وهذا يتناسب أيضاً مع الاحتياجات الصحية للأسرة .

7 غرف الخدمات

احتلت الخدمات كما بينا سابقاً أغلب مساحة الطابق الأرضي في القصور والبيوت المملوكية، وقد حددت نوعية هذه الأماكن رغبة وإمكانيات أصحاب هذه المساكن، فاحتوت قصور وبيوت الأغنياء إضافة للحواصل على مطبخ وحمام وحواصل وإسطبل وساقية.

واختلفت مساحة هذه الأماكن بحسب مساحة القصر والبيت وغنى صاحبه، فمثلاً وجد في بعض القصور والبيوت أكثر من إسطبل وأكثر من ساقية، وقد روعي في تصميم هذه الأماكن الخدمية بعامة حسن اختيار موقعها وتخطيطها بحسب الوظيفة المطلوبة من كلٍ منها بما يضمن الانتفاع منها على خير وجه دون أن يؤثر ذلك على خصوصية باقي أجزاء القصر أو البيت، فروعي مثلاً وجود نوع من الفصل الأفقي بين أماكن الخدمات هذه وبين أماكن المعيشة، كما بنيت أماكن الخدمات غالباً بالأضلاع الجنوبية الغربية كي لا تكون تلقاء الرياح القادمة من الجهة الشمالية والشمالية الغربية فتلوث هذه الرياح بما يصدر عن هذه الأماكن من روائح وتساعد على انتشارها في باقي أجزاء البيت أو القصر، وجاءت مواد بناء هذه الأماكن غالباً من الأحجار المنحوتة أو من الآجر الذي استخدم خاصة في بناء الأماكن الرطبة مثل المطابخ وأحواض السواقي والحمامات وبيوت الخلاء التي بنيت ببعض فراغات الطوابق العليا ملحقة بأجنحة الاستقبال والضيوف أو أجنحة الأسرة والحياة اليومية، وقد وجهت كافة فتحات هذه الأماكن لتفتح على الفناء الداخلي وتستمد منه الإضاءة والتهوية، ونستعرض غرف الخدمات كالآتي:

7.1 الحمام

لقد زادت تعاليم الإسلام بالدعوة للنظافة وللطهر قبل كل صلاة من حض المسلمين على بناء الحمامات حتى صارت مع الجامع والسوق من أهم مقومات المدينة الإسلامية، ولعبت دوراً هاماً في حياة المجتمع، وقد أنشأت الحمامات في العصر الإسلامي في مصر منذ الفتح العربي لها،[89] وقد تطورت عمارة الحمامات مع تطور عمارة المجتمع الإسلامي ونستطيع تقسيم هذه الحمامات الإسلامية عموماً الى نوعين هما:

اللطيف إبراهيم، دراسات تاريخية وأثرية، المرجع السابق، ج2، تحقيق رقم131.

88 البلاط الكدان هو نوع من الحجر الجيري شاع استعماله في البناء في مصر، ويختلف لونه باختلاف المحاجر المستخرج منها من اللون الأبيض إلى الأصفر إلى الأحمر حسب الأكاسيد المعدنية التي يحتوي عليها الكلس، وأجوده المستخرج من محجر بطن البقرة جنوب القاهرة، وقد عرف بأسماء عديدة نسبة إلى مكان استخراجه فيقال قرافي ومعصراني ...، وإجمالاً فإن المصطلح يعني نوعاً من البلاطات الحجرية التي كانت تغطي بعض أرضيات العمائر الدينية والمدنية، وقد كانت تصقل بحيث تبدو ناعمة الملمس، وهي إما مستطيلة أو مربعة. ⁝ قاموس المصطلحات، ص94.

89 ذكر ابن دقماق أن عمرو بن العاص أنشأ أول حمام بني بمصر الإسلامية وسمي حمام " الفار" لصغر حجمه بالنسبة للحمامات التي شيدها البيزنطيون من قبل. ⁝ أسس التصميم، ص17.

أولا- الحمامات العامة: وهي الحمامات التي أقيمت بشكل عمائر مستقلة بهدف الكسب والربح، ويدخل إليها كل قادر على دفع مصاريفها التي اختلفت بحسب سوية الحمام وخدماته، وقد وجد من هذه الحمامات ما خصص للرجال فقط أو للنساء، كما كان بعضها يفتح للرجال قبل الظهر وللنساء بعد ذلك.

ثانياً- الحمامات الخاصة: وهي الحمامات التي أقيمت ملحقة بقصور وبيوت الأمراء والأغنياء، أو ألحقت بالبيمارستانات وغيرها من دور العلاج.

وبلغ بناء الحمامات قمة تطوره بالقاهرة في العصر الفاطمي، وقد عدد المقريزي بالقاهرة أكثر من أربعين حماماً[90] أرجع أصول خمسة وعشرين حماماً منها للعصر الفاطمي.[91]

وفي الواقع إن الناس طوال العصور الوسطى (لم يألفوا الاستحمام في منازلهم، ولم توجد الحمامات إلا في قصور الأمراء، ويروي ابن الحاج في عصر سلاطين المماليك أن الواحد يشتري الدار أو يبنيها بنحو الألف، ولا يعمل بها موضعاً للوضوء أو الغسل، ولذلك طالب بعض الكتّاب المعاصرين المحتسب بأن يأمر بفتح الحمامات العامة وقت السحر لحاجة الناس إليها للتطهر فيها قبل وقت الصلاة).[92]

وتؤكد الدراسات إلى أن القصور والبيوت المملوكية التي احتوت على حمامات خاصة كانت قليلة، كما أن إشارة المقريزي لأن الحمامات العامة الكبيرة كانت تتوزع بالقرب من قصور الأمراء تقدم إشارة إلى أن هؤلاء الأمراء كانوا يستخدمون الحمامات العامة أيضاً.[93]

ورغم استمرار الحمامات المملوكية على نفس تخطيطاتها الفاطمية إلا أنها صارت أكثر فخامةً وثراءً زخرفيا وخاصة في أعمال الرخام، كما أُدخِلَت على عناصرها بعض التطورات الطفيفة غير الجوهرية،[94] وعموماً فقد تألف الحمام في العصر المملوكي من أربعة أقسام رئيسية هي:

أولا- المسلخ أو الحجرة الباردة أو البراني: يكون بالعادة عبارة عن قاعة متسعة مرتفعة السقف تدور المساطب بجوانبها، وقد يوجد بها أربعة إيوانات أو أقل، ووجد ببعضها مقصورات، وقد تتوسطها فسقية أو نافورة، ويفتح بها باب يؤدي إلى القسم الثاني للحمام، وربما آخر إلى سطح الحمام، حيث الموقد "الدبكونية"، وغطيت المسالخ إما بأسقف خشبية مسطحة عملت بها ملاقف أو بأسقف جمالونية تتوسطها شخشيخة، وقد عني بهذا الجزء عناية كبيرة في هذا العصر حتى صار يشبه قاعة الاستقبال.

ثانياً- بيت أول أو الوسطاني: يتوصل إليه عبر باب المسلخ الذي يفضي مباشرة لدهليزه، ويكون عبارة عن إيوان واحد تغطيه قبة ضحلة أو قبو مثقب بجامات يغشيها الزجاج الملون "مضاوي"،[95] وتفرش أرضه بالرخام.

ثالثاً- بيت الحرارة أو الجواني: وهو أهم أقسام الحمام، وكان يتألف من ثلاثة إيوانات على شكل صليب ناقص أو من أربعة إيوانات ذات تخطيط متعامد، وكان هذا الطراز أوسع انتشاراً وأكثر شيوعاً واستمراراً، وكان بكل إيوان منها حوض أو حوضين للماء، كما كان يوجد في بيت الحرارة أحواض أخرى مرتفعة كي يظل ماؤها نظيفاً صالحاً للطهارة والوضوء،[96]

---

90 الخطط المقريزية، ج3، ص129 – 138.

91 محمد سيف النصر أبو الفتوح، الحمامات بمنطقة بين القصرين وخان الخليلي من العصر الفاطمي حتى نهاية العصر المملوكي، بحث بكتاب، (خان الخليلي وما حوله ومركز تجاري وحرفي للقاهرة من القرن الثالث عشر إلى القرن العشرين)، تحت إشراف سيلفي دونوا وجان شارل ديبول وميشيل توشيرير، المعهد العلمي الفرنسي للآثار الشرقية بالقاهرة، 2ج، 1999، ج2، ص75-97، ص82.

92 المجتمع المصري، ص 93.

93 Behrens-Abouseif, Doris. *Islamic Architecture in Cairo: An Introduction*. Cairo: AUC Press, 1998, 42.

94 سيف النصر أبو الفتوح، المرجع السابق، ص85.

95 المضاوي: هي فتحات صغيرة بسقوف أو قباب الحمامات مغطاة بالزجاج السميك أو بصفائح حجر الطلق الشفاف وتسميها العامة قمرية الحمام. ؛ محمد أمين، ليلى إبراهيم، قاموس المصطلحات الأثرية والوثائقية، مطبعة الجامعة الأمريكية، القاهرة، 1990، ص 108. وسنرمز إليه لاحقاً بـ"قاموس المصطلحات".

96 محمد سيف النصر أبو الفتوح، المرجع السابق، ص 82-88. ؛ قاموس المصطلحات، ص 37.

الشكل 32 مسقط أفقي لجزء من الطابق الأرضي لقصر الأمير طاز يبين مسقط كل من الحمام والساقية الواقعين بالضلع الجنوبي الغربي للفناء الأول. 30-الساقية 31-الممر المؤدي للحمام 32-القسم الأول للحمام (المسلخ) 33-34-القسم الثاني للحمام (بيت أول) 35-الممر المؤدي للقسم الثالث للحمام (بيت الحرارة) 36-غرفة ملحقة بالقسم الثاني للحمام 37-دورتي مياه 38-دور قاعة القسم الثالث للحمام (بيت الحرارة) 39-الإيوان الشمالي الشرقي للقسم الثالث للحمام 40-الإيوان الشمالي الغربي للقسم الثالث للحمام.

وأضيف بهذا الجزء في حمامات القرن 9هـ/15م عنصر جديد هو المغطس الذي صار ظاهرة عامة يقام بكل الحمامات الجديدة، كما أضيف إلى جميع الحمامات القديمة، وصار يصعد للمغطس ببعض درجات.

رابعا- المستوقد أو غرفة القميم: وهو مكان التسخين والإمداد بالمياه، وكان يبنى مفصولا عن وحدات الحمام وأقسامه، ولا يرتبط معه سوى بالأنابيب التي تنقل الماء البارد والساخن عبر الجدران بداخل الحمام والشائع أنه كان يبنى ملاصقاً لبيت الحرارة "الجزء الثالث للحمام" حتى يستفاد من حرارته برفع حرارة هذا الجزء الهام، ولكن يكون له مدخل خاص.

وقد جعل للحمامات مداخل منكسرة وأبواب سر، وقد استخدم في بنائها الحجر والآجر وخاصة في بناء المناطق الرطبة والأماكن الساخنة "المستوقد وبيت الحرارة (الجواني)".

ومن أشهر الحمامات بهذا العصر الحمام المستجد للبيمارستان المنصوري الذي أنشأه السلطان قلاوون عام 683هـ /1284م، وأوقفه لصالح البيمارستان[97] وحمام إينال[98] الملاصق للمدرسة الكاملية وحمام المؤيد شيخ[99] وحمام بشتاك.[100]

وقد عثرنا عند دراستنا للقصور والبيوت الباقية على الكثير من الدلائل الأثرية التي تشير لاحتواء أغلبها على حمامات، ولكن لم يكتب لأغلبها البقاء، سواء في قصر بشتاك أو قصر قوصون أو بيت قايتباي بالمغربلين، وعليه فلم يتخلف لنا من الحمامات الخاصة التي وجدت بقصور ومنازل السلاطين والأمراء والأغنياء في الأمثلة الباقية اليوم من العصر المملوكي سوى حمام واحد شبه متكامل تشير الدلائل الأثرية إلى أنه تعرض للكثير من التغييرات في العصر العثماني، ويقع هذا الحمام الذي قمنا بدراسته في قصر الأمير طاز في الضلع الجنوبي الغربي للفناء الأول [الشكل 32]، وأتضح لنا من دراستنا هذه التطابق الشديد بين الأجزاء الباقية من هذا الحمام مع الأجزاء الرئيسية التي شاعت في حمامات العصر المملوكي [لوحة 56] حيث يتألف المسلخ [الشكل 32-32] بهذا الحمام من مساحة مستطيلة طولها 6.60م وعرضها 3.20م، يفتح عليها إيوان كبير طوله 5.20م وعرضه 3.50م ويشرف عليها بعقد ضخم مدبب، ويغطي هذا المسلخ سقف خشبي مسطح يفتح به ملقف، ويفتح بجداره الجنوب الغربي باب يتوصل منه لبيت أول [الشكل 32-33] غطيت بعض أجزائه بقباب ضحلة أو مخروطية ذات مضاوي أو جامات يغشيها الزجاج الملون وملحق به دورتا مياه [الشكل 32-37] ويتوصل منه لبيت الحرارة [الشكل 32-38] الذي يتألف من مساحة وسطى شبه مربعة طول ضلعها 3.50م، ويفتح عليها إيوانان مازال واضحاً بإحداهما مكان الوزارات الرخامية التي كان بها بزابيز أو حنفيات توصل الماء الساخن من المستوقد ليصب في الأحواض المثبتة أسفلها، بينما يشغل أرض الإيوان الثاني

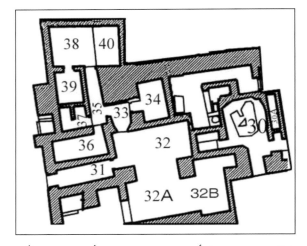

97 أثر رقم 47، مدرسة وقبة وبيمارستان.
98 أثر رقم 562، تاريخ 861هـ-1456م.
99 أثر رقم 410، تاريخ 823هـ-1420م.
100 أثر رقم 244، انظر ذكر هذا الحمام عند دراستنا لقصر الأمير بشتاك في الباب السابع من هذا الكتاب.

مغطس بيضوي يرتفع عن أرض هذا الجزء من الحمام بمقدار 0.20م.

ويتبين من هذا المثال الباقي أن الحمامات لم تختلف في تخطيطها وأقسامها سواء كانت حمامات عامة أو حمامات خاصة عن بعضها سوى في مقياس الرسم وحجم العناصر والملحقات، وربما يكون هذا وراء سهولة تحويل بعض حمامات القصور الخاصة لحمامات عامة مثل تحويل حمام قصر بيسرى الخاص الذي بني سنة 659هـ/1260م لحمام عام استمر قائماً طوال العصر المملوكي وحتى سنة 1024هـ/1615م.

7.2 المطبخ

في الواقع إن المطابخ شأنها شأن الحمامات والسواقي لم تكن من العناصر التي شاعت داخل مساكن كل الطبقات في العصر المملوكي بل اقتصر وجودها أيضاً على قصور وبيوت السلاطين والأمراء والأغنياء، وحتى إن وجدت في بيوت هؤلاء لم يكن من الواجب استخدامها بشكل يومي، وربما اقتصر تشغيلها في أيام الحفلات والولائم (فقد اعتادت الغالبية العظمى من الناس مهما بلغ ثراؤهم شراء ما يحتاجون إليه من الأطعمة المطهية التي تفيض بها الأسواق والطرقات)[101] وقد قدر أحد الرحالة عدد المطاعم والمطابخ العامة في القاهرة بهذا العصر بما يزيد عن اثني عشر ألف مطعم هذا عدا باعة الطعام الذين يقطعون الشوارع جيئة وذهابا ومعهم الطعام المطهي وتحته المواقد مشتعلة ليبيعونه ساخنا للمشترين،[102] (وقد اعتاد بعض الأثرياء وميسوري الحال إرسال ما يريدون طهيه من طعام إلى مطابخ تخصصت في ذلك، وقد عرفت هذه الطائفة بالشرائحية في هذا العصر، وكانوا يطهون الأطعمة ويرسلونها إلى المنازل مع صبيانهم في قدور مغطاة حتى لا تتلوث من غبار الطريق وكي لا يعلم الناس ما بداخله)،[103] ولم يكن للمسكن في العصر المملوكي حجرة للطعام، وكان الطعام يقدم في القاعة على صواني كانت توضع على حوامل ترفع جانباً حينما لا تستخدم،[104] ومع ذلك فقد ورد ذكر للمطابخ في العديد من الوثائق، وما يزال إحداها قائما في بيت قايتباي بالتبانة ملاصقا للساقية فورد بالوثيقة ما نصه (بهذه البائكة باب مقنطر يغلق عليه فردة باب يدخل منه إلى مكان يشتمل على مطبخ مسقف جملوناً بنصبة كوانين وبه البئر الماء المعين المذكورة أعلاه وساقية خشب يجاورها حاصل للماء مضروب بالخافقي)،[105] وإن بقي ذكر أغلب هذه المطابخ شائعا بالوثائق وإن بقي مكان بعضها موجوداً حتى الآن، فإن التفاصيل الأثرية الهامة لمطابخ هذا العصر قد ضاعت ونستطيع القول إن هذه المطابخ كانت (عبارة عن حجرة كبيرة ذات سقف عال معقود بقبو نصف دائري " جملوني" أو مدبب تفرش أرضيتها ببلاطات حجرية ويعمل فيها حوض كبير به مواسير للصرف داخل الجدران)،[106] وكانت تزود بنصبة كوانين أي عدة مواقد تركب عليها أدوات الطهي،[107] وكانت تخضع المطابخ في أماكن إقامتها للشروط التي خضعت لها أغلب أماكن الخدمات والتي ذكرناها أعلاه.

7.3 المخازن والحواصل

ومن أماكن الخدمات الباقية في القصور والبيوت المملوكية الحواصل والمخازن التي انتشرت في أغلبها، ورغم أنها استخدمت بشكل عام لخزن الاحتياجات العامة للمسكن، فقد حددت لبعض منها في قصور وبيوت الأمراء والأغنياء مهام خاصة، فخصص بعضها لحفظ سروج الخيل ولوازمها وأطلق عليها اسم

101 المجتمع المصري، ص 116.

102 المرجع نفسه، ص87.

103 قاسم عبده قاسم، عصر سلاطين المماليك، القاهرة، دار الشروق، ط1، 1994، ص137.

Behrens-Abouseif, Doris. Islamic Architecture in Cairo: An Introduction. Cairo: AUC Press, 1998, 40–41.

104 Ali Ibrahim, Laila. "Residential Architecture in Mamluk Cairo." *Muqarnas* 2 (1984): 47–59, 49.

105 وثيقة قايتباي، المصدر السابق، ص 257.

106 عاصم محمد رزق، معجم مصطلحات العمارة والفنون الإسلامية، مكتبة مدبولي، القاهرة، ط1، 2000، ص 289.

107 سعيد محمد مصيلحي، أدوات وأواني المطبخ المعدنية المملوكية، قسم الآثار الإسلامية، كلية الآثار، جامعة القاهرة، (رسالة دكتوراة غير منشورة)، 1984.

ركاب خاناه،[108] أو لحفظ الطشوت والأواني والأكواب اللازمة لاستخدام أهل المسكن وسمي الطشت خاناه،[109] أو لحفظ أنواع الشراب والأدوية وغيرها وسمي شراب خاناه،[110] أو لحفظ أنواع الفرش والوسائد وما في نوعها وسمي فراش خاناه، وقد جعل بناء كل حاصل من هذه ملائم في تفاصيله الداخلية لنوعية استخدامه فزودت الشراب خاناه مثلا بعدد كبير من الرفوف الجدارية لحمل أدوات حفظ الشراب والدواء وغيرها، كما زودت أرضها ببالوعة لصرف الشراب المراق منها، كما زودت الطشت خاناه مثلها برفوف وبالوعة إضافة لبيت أزيار يحفظ فيه الماء اللازم لتنظيف الأواني والأدوات قبل حفظها به، وقد ورد في وصف بيت قايتباي بالتبانة وصف جيد لمثل هذه الحواصل التي مازالت موجودة حتى الآن وسوف ندرسها في موضعها، ويرد وصفها بالوثيقة كالتالي: (يجاور سلم المقعد باب مقنطر يغلق عليه فردة باب يدخل منه إلى ركاب خانه معلقة لطيفة مسقف نقياً لوحاً وفسقية بها شباك منور على الدوار بصفة حجراً يليه باب مقنطر عليه فردة باب يدخل منه إلى طشت خاناه باسقالة خرطاً خشباً به بيت أزيار مبلط به بالوعة في تخوم الأرض مسقفة نقياً لوحاً وفسقية يجاوره باب مقنطر عليه فردة باب يدخل منه إلى شراب خاناه مبلطة مسقفة نقياً لوحاً وفسقية بشباك على الدوار حديداً باسقالة وبالوعة يجاوره باب مقنطر عليه فردة باب يدخل منه إلى فراش خاناه أرضية مسقفة غشيماً مبيضة على عمود فلكاً حجراً وهذه البيوت الأربعة تحت المقعد والمبيت المذكورين فيه...)[111] [الشكل 100-19-20-21].

ومن الناحية المعمارية لم يكن لهذه الحواصل شكل معماري محدد، حيث تأخذ مساقطها أشكالاً متعددة بحسب المساحة المخصصة لبنائها، كما اختلفت أساليب تغطيتها في البيت الواحد وذلك بحسب المبنى المقام فوقها، ففي بيت قايتباي بالتبانة مثلاً حواصل غطيت بأقبية حجرية، أو غطيت بسقوف خشبية.

هذا وقد اتخذ من بعض هذه الحواصل مكاناً لإقامة العبيد والجواري الموكل إليهم أمر الخدمة والإشراف على الحواصل كل حسب مهمته.

7.4 الساقية

كان ومازال للماء في مسكن المسلم أهمية خاصة فإضافة لكونه مصدراً لضمان استمرار الحياة لا يقل أهمية عن الغذاء والهواء، فقد حمل الماء عند المسلم معنى تطهيرياً نابعـاً من صميم الشريعة الإسلامية المتمثلة بالأمر بالوضوء قبل كل صلاة أو التطهر من الجنابة.

ولذلك فقد عمل المسلم على إمداد عمائره الدينية والمدنية بالماء، وكان للمساكن بالماء احتياجات متعددة ارتبطت بالنظافة الشخصية والأسرية إضافة للاحتياجات اليومية وقد كانت المياه تجلب من مصدرين **أولهما:** النيل الذي كانت تجلب مياهه إلى مدينة القاهرة فتملأ بها الصهاريج والمزملات في العمائر التي تخلو من الصهاريج مثل المساكن وغيرها وكانت هذه المياه حلوة ونقية خصصت للشرب وإعداد الأطعمة، **ثانيهما:** من الآبار التي كانت تحفر ضمن المنشآت، وترفع منها

108 الركاب خاناه: ومعناها بيت الركاب، وكانت تشتمل على عدد من الخيل والسروج المتنوعة الساذجة والمطلية والمغشاة بالذهب والفضة، واللجم، والعبي المتخذة من الحرير والصوف، وغير ذلك من نفائس العدد والمراكيب. القلقشندي، صبح الأعشى في صناعة الإنشا، المطبعة الأميرية، القاهرة، 1915م، 14ج، ج4، ص12. وسنرمز إليه لاحقاً بـ"صبح الأعشى".

109 الطشت خاناه: ومعناها بيت الطشت، والطشت صحن كبير لحمل الطعام أو الماء، والطشتخاناه هو المكان المخصص لوضع الطشوت اللازمة لغسل الأيدي والقماش وغيرها، فضلاً عما يلبسه السلطان من الثياب والسيف والخف ...، وما يجلس عليه من المقاعد والوسائد والسجادات كالتي يصلي عليها. ⁝ صبح الأعشى، ج4، ص10-11. ⁝ محمد أحمد محمد دهمان، معجم الألفاظ التاريخية في العصر المملوكي، دار الفكر، دمشق، سوريا، ص108.

110 الشراب خاناه ومعناه بيت الشراب، وتشتمل على أنواع الأشربة المرصدة لخاص السلطان، وبها الأواني النفيسة من الصيني الفاخر من اللازوردي وغيره... ⁝ صبح الأعشى، ج4، ص10.

111 وثيقة قايتباي، المصدر السابق، ص258-259.

لوحة 9 ساقية قصر الأمير طاز، ويظهر بها العامود الرأسي (الهرمس) والدولاب الكبير الأفقي (الترس) والعامود الأفقي (الناف) وجزء من الدولاب الصغير الرأسي (الطارة).

المياه إما بطريقة الدلاء أو عن طريق السواقي، وكانت هذه المياه بالقاهرة مالحة غير صالحة للشرب تخصص للاستعمال اليومي في الوضوء والاغتسال وقضاء الحاجة وسقاية الحيوانات والمزروعات.[112]

وتعتبر الساقية الباقية بقصر الأمير طاز [الشكل 32-30] من أهم وأكمل السواقي الباقية في قصور ومنازل القاهرة المملوكية[لوحة 9]، وقد وصلت إلينا اليوم متكاملة العدة والآلة صالحة للإدارة وبجانبها بئر ماء [الشكل 32-30، A] وتقع في الضلع الجنوبي الشرقي في الفناء الأول للقصر، وتتشابه آلية عمل هذه الساقية مع كل السواقي التي انتشرت في مصر حتى بداية أواسط القرن الماضي.

وتقع هذه الساقية ضمن مساحة مستطيلة يتوسطها عامود خشبي ضخم مثبت بالأرض بشكل رأسي، ومثبت من الأعلى بعارضة خشبية تمتد بشكل أفقي بين جداري المكان، وتطلق الوثائق على هذه العارضة الأفقية اسم "الجازية"، وتسمي العامود الضخم الرأسي مصطلح "الهرمس"، ويثبت بوسط هذا العامود الرأسي للأعلى دولاب كبير أفقي مسنن يسمى "الترس"، كما يتصل مع هذا العامود الرأسي عامود أفقي طويل أطلقت عليه الوثائق اسم مصطلح " الناف"، وكان يثبت بجذع الحيوان الذي يسير بمدار دائري ليحرك العمود الرأسي "الهرمس" فيدور الدولاب الأفقي "الترس" ليحرك دولاب أخر صغير مسنن متشابك معه مثبت بشكل رأسي أسمته الوثائق "الطارة" [لوحة 9]، ومرتبط بواسطة عمود خشبي أفقي يسمى "السهم" بدولاب ثالث رأسي يسمى "التصلية" يثبت فوق الفوهة المستطيلة للبئر [لوحة 10]، وقد جعلت فيه تجاويف تحمل الماء عند دورانه من البئر، وتصبه عند خروجها بالمجرى الحجري، الذي يقود الماء بدوره للحوض الذي يتجمع فيه الماء الناتج عن عمل الساقية ليأخذ بعدها للاستخدام، وقد ورد وصف السواقي في الوثائق مختصراً فيرد مثلا: (ساقية تشتمل على ترسين كبير وصغير وطارة وسهم مركبة على فوهة البئر).[113]

كما عثرنا في بيت قايتباي بالتبانة على بقايا الساقية التي تحدثت عنها وثيقة هذا البيت، حيث مازال بئرها موجوداً وبجانبه حوض تجميع المياه.[114]

وقد كانت المياه المتجمعة بالحوض توزع لأجزاء القصر أو البيت عن طريق احدى وسيلتين: إما أنابيب فخارية مغيبة، وأما عن طريق مجاري أو قنوات صغيرة منحوتة بالحجر بشكل حرف U اللاتيني، وكانت هذه الأنابيب أو القنوات كفيلة بإيصال المياه لاستخدامها في الحمام والمطبخ وبيوت الخلاء والشاذروانات والفساقي.

112 أمال العمري، موارد المياه وتوزيعها في بعض المنشآت السلطانية بمدينة القاهرة، مجلة كلية الأداب، سوهاج، 1988، العدد السابع، ص282.

113 قاموس المصطلحات، ص 61-62.

114 انظر دراستنا لبيت قايتباي في التبانة في الباب الثامن من هذا الكتاب.

ومن المؤكد أن إنشاء السواقي في العمائر السكنية المملوكية ارتبط مثل الحمامات بقصور وبيوت الطبقة العليا في مجتمع هذا العصر وذلك لارتفاع تكلفة إقامتها وتشغيلها، وقد اعتمدت باقي الطبقات في تأمين احتياجها للماء المعد للاستخدام على آبار يرفع منها الماء بالدلاء، وربما وجد بالحي بكامله بضع منها، وربما كان أصحاب الخير من الأغنياء يسبلون مياه سواقيهم للناس ليأخذوا ما يحتاجونه منها لاستخدامهم اليومي كما يسبلون أسبلتهم للشرب.

لوحة 10   ساقية قصر الأمير طاز، ويظهر بها الدولاب الثالث (التصلية) من أجزاء الساقية وهو الذي كان يرفع الماء من البئر بواسطة تجاويف خشبية أو قوادس نخارية.

7.5   الإسطبل

أتت أهميته في العصر المملوكي من الصبغة العسكرية التي هيمنت على كامل الدولة منذ قيامها وحتى سقوطها، هذه الصبغة التي استمدتها الدولة من المماليك أنفسهم الذين هم بالأصل جنود عسكريون محترفون، ولذلك فقد كانت الخيول ذات فائدة كبرى في أسلوب حياتهم هذا (بالإضافة إلى فوائدها الكبرى في استخدامها للمواصلات وركوبها للصيد، ولعب الكرة "البولو" من فوقها والمسابقات الرياضية بواسطتها وغير ذلك).[115]

وبسبب عناية المماليك الكبيرة بالخيول توسعوا في بناء أماكن خاصة لها أطلق عليها اسم الإسطبل والتي هي (كلمة أعجمية لاتينية الأصل stabulum وتكتب بالسين وأحيانا بالصاد، وتعني حواصل الخيول والبغال وما في معناها)،[116] وقد توسع مفهوم هذه الكلمة أحيانا حتى صار يشير (إلى مجموعة من مبانٍ كان يقيمها بعض التجار أو أمراء دولتي المماليك لأجل سكنى الأمير هو وأسرته ومماليكه وخيوله ، فكان الإسطبل يشمل قصره السكني وبيوتا لمماليكه وإسطبلات لخيوله ومخازن لمؤنها وحفظ سروجها)،[117] وقد ورد في الكثير من المصادر

المملوكية بهذا المعنى .

وعموما فإن الإسطبل بما يعنيه من مكان للخيول ومستلزماتها يعتبر من أهم أماكن الخدمات والملحقات في قصور وبيوت الأمراء المماليك، وتقسم الإسطبلات في العصر المملوكي لنوعين:

1. **الإسطبلات السلطانية**: ويعبر عنها بالإسطبلات الشريفة، وكانت من حقوق القلعة، ويقع أهمها قريباً من باب العزب الذي كان يعرف في العصر المملوكي بباب السلسلة أو الإسطبل، كما وجدت إسطبلات أخرى تابعة لها موزعة في أماكن عديدة من القاهرة، وقد خصصت هذه الإسطبلات لخيول السلطان والدولة، وكان لهذه الإسطبلات ديوان له ناظر "أمير آخور" ومباشرون.

2. **إسطبلات الأمراء**: وكان يعبر عنها بالإسطبلات السعيدة.[118] وقد اختلف تخطيط هذه الإسطبلات في الدولة المملوكية البحرية عنه في الدولة الجركسية، [الشكل 33] حيث جاء الإسطبل في قصور الدولة البحرية عبارة عن

115   محمد الششتاوي، منشآت رعاية الحيوان بالقاهرة في العصرين المملوكي والعثماني، قسم الآثار الإسلامية، كلية الآثار، جامعة القاهرة، 2001، (رسالة دكتوراة غير منشورة). ص222.

116   المرجع نفسه، ص222.

117   ابن تغري بردي (أبو المحاسن جمال الدين يوسف ت874هـ/1469م)، النجوم الزاهرة في ملوك مصر

والقاهرة، تحقيق محمد رمزي، الهيئة العامة للكتّاب، القاهرة، 1972، 16ج، ج9، ص11، حاشية 4 تعليق محمد رمزي.

118   محمد الششتاوي، المرجع السابق، ص 228 -249.

مساحة مستطيلة ذات أربعة جدران مبنية بالأحجار الكبيرة، ومسقفة بأقبية حجرية ضخمة متقاطعة أو برميلية، ويدخل إليها عبر فتحات أبواب مرتفعة، ربما وضعت أسفل عقود واسعة، أما الإسطبل من الداخل فقد قسم لعرضه الواسع بواسطة دعامات ضخمة لقسمين أو أكثر، كما تساعد هذه الدعامات في حمل الأسقف الحجرية، وأحيانا كانت تشكل إسطبلات هذا العصر لضخامتها وقوة جدرانها وأسقفها أساساً جيداً لبناء القاعات الرئيسية بالطابق الأول لهذه القصور.

فإسطبل قصر ألناق [لوحة 18] عبارة عن بلاطة وسطى مغطاة بثلاثة أقبية متقاطعة تفتح عليها بائكتان بكل منهما ثلاث دخلات أو أواوين متقابلة ومتساوية في العرض مختلفة عن بعضها قليلا في العمق مغطاة بأقبية برميلية وطول هذا الإسطبل 20.00م، بينما يبلغ متوسط عرضه حوالي 10.00م وذلك بحسب عمق الإيوانات والدخلات المكونة له، أما الإسطبل الباقي بقصر بشتاك [لوحة 24] فكان يمثل إسطبلاً خاصاً بالخيل التي يستعملها الأمير ومساحته مستطيلة طوله 15.35م وعرضه 5.75م، مغطى الجزء الأوسط منه بقبو حجري متقاطع، بينما يغطي باقي أجزائه قبو اسطواني.

ويقدم الإسطبل الباقي بقصر قوصون [لوحة 38] مثلاً جيداً لضخامة إسطبلات هذا العصر، فطوله 22.60م وعرضه 18.50م، ويغطيه بلاطتين تتألف كل منهما من ثلاثة أقبية حجرية تستند أرجلها على ست دعامات مستطيلة، وغطيت المساحة الحاصلة بين هذه الدعامات بأقبية برميلية مدببة.

ويعتبر إسطبل قصر طاز [لوحة 67] من أكمل الأمثلة الباقية لأضخم إسطبلات العصر المملوكي بشكل عام، فطوله 45.00م وعرضه 9.00م، كان مغطى بأقبية متقاطعة زالت جميعها باستثناء قبوان أصليان مازالا ملصقان بجداره الشمال الشرقي، بينما غطي باقي الإسطبل اليوم بسقف حديث، ومازال سقف هذا الإسطبل محمولاً على ثماني دعامات مستطيلة ضخمة طول كل منها 1.58م وعرضها 0.75م، تتوسط مساحته بشكل بائكة طولية مكونة من تسع عقود مدببة ترتكز على هذه الدعامات.

وقد روعي في إسطبلات هذه القصور عمل فتحات عديدة واسعة للمساعدة في زيادة التهوية والإضاءة داخل الإسطبل.

أما إسطبلات العصر الجركسي فقد مالت مساحاتها للاستطالة بشكل كبير، وصارت تفتح على الفناء الداخلي ببائكة كبيرة تتألف من عدة عقود حجرية تشرف على الفناء، وربما كان يسد الجزء السفلي من بعضها بينما تخصص واحدة أو اثنتين منها لعمل أبواب بها للدخول، وتحصر هذه البائكة خلفها كامل مساحة الإسطبل وتمده بالهواء والضوء، وصار الإسطبل بهذا العصر يشغل أحد الأضلاع الجانبية للفناء بعيدا عن القاعة، ويعلوه في الغالب طباقات وغرف خصصت لسكن المماليك ومعيشتهم، فيرد بوثيقة قايتباي عند وصفها لبيته بالمغربلين : (وتجاه ذلك ساحة كبرى كشفاً دوار بها من الجهة الشرقية بائكة دايرة برسم الخيول بها طوالة دايرة يعلو ذلك سقف غشيم محمول على بساتل بقيته مركبة على أكتاف وقناطر حجرا وروشن داير يعلوا ذلك طباق برسم المماليك عدتها أربع عشر طبقة).[119]

وغطيت إسطبلات هذه العصر كما يظهر من الوثائق والأمثلة الأثرية العائدة لهذه الفترة بأسقف غشيمة من الخشب المسطح المحمول على عروق، ففي بيت قايتباي بالمغربلين يحتل الإسطبل كامل الضلع الشمالي الغربي للفناء الداخلي [لوحة 72]، وكان يشرف على الفناء ببائكة من ستة عقود حجرية اتساع كل منها 2.90م، كما يحتل الإسطبل الكبير في بيت قايتباي بالتبانة أغلب أجزاء الطابق الأرضي للضلع الشمالي الغربي [لوحة 78]، وكان يشرف على الفناء ببائكة من سبعة عقود مازالت قائمة ، وأشارت إليها الوثيقة بما نصه: (يتوصل من الدوار المذكور إلى بابين مقنطرين متنافذين يدخل منهما إلى بائكة مقام خمسة عشر رأسا خيلا مسقفة غشيما على سبعة قناطر حجراً دالة).[120]

وقد وجد في بيت قايتباي بالتبانة إسطبل آخر صغير مازال يقع بالضلع الجنوبي الغربي [الشكل 100–24] أشارت إليه الوثيقة بما نصه: (يجاور ذلك باب مقنطر يدخل منه إلى بائكة على يسار الداخل من الدوار مقام سبعة أرؤس خيلا مسقفة غشيما).[121]

119 وثيقة قايتباي، المصدر السابق، ص 228–229.

120 المصدر نفسه، ص 257.

121 المصدر نفسه، ص 260.

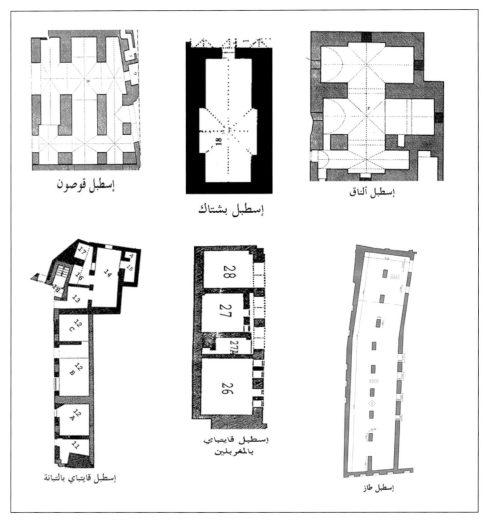

الشكل 33 المساقط الأفقية لأهم الإسطبلات في العمائر السكنية الباقية من العصر المملوكي. (من إعداد الباحث)

وعموما يلاحظ أن ملحقات الإسطبلات بشكل عام لم تتغير في كلا عصري الدولة المملوكية، وهي تتألف من ركاب خاناه لحفظ السروج وأدوات الخيل مثل الموجود في بيت قايتباي بالتبانة [الشكل 100–24] وطوالة[122] ومازال لدينا جزء من إحداها باقي بالإسطبل الكبير الموجود في بيت قايتباي بالتبانة [الشكل 100–12، A] ومتبن وبئر ماء ومرحاض وحاصل أو حجرة لسكن المشرف على الإسطبل، وكان يسمى من يقوم بخدمة الإسطبل بـ"الكلاف"، وقد بقي جل هذه الملحقات بالإسطبل الكبير الملحق في بيت قايتباي بالتبانة.

122 الطوالة هي حوض مستطيل بالإسطبل أو بدار الدواب يوضع فيه العلف للخيل أو غيرها من الدواب. ؛ قاموس المصطلحات، ص77–78. ؛ للاستزادة حول هذا المصطلح انظر: مسرد المصطلحات الأثرية الملحق بهذا الكتاب.

الباب الخامس

مواد البناء والإكساء المستخدمة في عمارة القصور والبيوت المملوكية

لقد جاء التصميم المعماري للبيت المملوكي القاهري متلائماً مع طبيعة مواد البناء المتوفرة في البيئة المحيطة، وقد جاءت هذه المواد بدورها ملائمة للظروف المناخية السائدة بهذه البيئة ومعبّرة عنها.

وقد عكست المواد التي استخدمت في بناء القصور والبيوت المملوكية وخاصة الأحجار الضخمة والمتوسطة متانة وقوة تركت أثرها في النفوس، كما أكدت الفهم الدقيق لإنسان ذلك العصر لبيئته وشروطها، فساعدت على توفير العزل الحراري المطلوب، كما أكدت على خصوصية المسكن وحافظت على الهدوء فيه، خصوصاً أن معظم هذه القصور والبيوت وخاصة الباقي منها قد بنيت داخل مناطق رئيسية هامة ومزدحمة بالأسواق وضجيج الناس، بل إن أغلب هذه القصور والبيوت قد احتوت على حوانيت تفتح بواجهاتها كما رأينا في قصر بشتاك ومنجك وطاز وبيت قايتباي بالمغربلين.

ونلاحظ أن حسن اختيار هذه المواد الخام وحسن صنعة بنائها قد أعطى القصور والبيوت المملوكية صفة المتانة في الإنشاء التي تناسبت عكساً مع كل أنواع العوامل المؤثرة سلباً على هذه العمائر السكنية، فعملت كل العناصر المعمارية والإنشائية مع بعضها في اتزان سمح بإطالة عمر هذه القصور والبيوت حتى وصلت إلينا.

ويلاحظ أن مواد البناء والإكساء المستخدمة قد خضعت لرقابة المحتسب، حيث فاضت كتب الحسبة بالحديث عن شروط تركيب هذه المواد، وكذلك عن العناية والمهارة في استخدامها وتحديد فترات الاختبار لمدى جودتها وحسن استخدامها.[1] وأهم هذه المواد:

1 حول ذلك انظر: وليد عبد الله عبد العزيز المنيس، الحسبة على المدن والعمران، حوليات كلية الآداب، جامعة الكويت، الحولية 16، لعام 1996، ص101.

1 الحجر النحيت

لقد استخدم الحجر النحيت الجيد[2] في بناء الواجهات الخارجية المطلة على الطرق وفي كل المداخل التي احتوتها هذه الواجهات، وكذلك في الواجهات الداخلية المطلة على الفناء، وكذلك في بناء القبوات والسلالم والعقود والدعامات الحاملة لهذه العقود والكوابيل، وكذلك كسيت به معظم أرضيات أجنحة المسكن، وقد استخدم الحجر في البناء من مستوى أساسات المبنى والطابق الأرضي حتى مستوى أعتاب فتحات أبواب الطابق الثاني، وجاءت هذه الجدران المبنية بالأحجار الضخمة يتراوح سمكها بين 1.00–1.50م، وقد استخدمت منذ بداية العصر البحري أحجار ضخمة تبلغ مقاساتها 1.00 x0.50 م بنيت بها أضخم الأمثلة الباقية من هذا العصر، كما في قصر ألناق وقوصون [لوحة 18–35].

وقد أطلق على هذه الأحجار الضخمة اسم الأحجار العجالي[3]

2 كانت هذه الأحجار تأتي من محاجر في القاهرة وحلون وأطلقت عليها تسميات من أسماء الأمكنة والمحاجر ولون الحجارة المستخرجة والحبيبات المكونة لها، وتكون المحاجر بالجبال بطبقات سماكتها 1.50م حيث تقطع وتستخرج بنفس الطرق القديمة وتنقل على الجمال والحمير. ⁝ Garcin, Jean-Claude, Maury, Bernard, Revault, Jacques, Zakariya, Mona. *Palais et maisons du Caire. Tome I. Époque mamelouke (XIIIe-XVIe siècles)*. Paris: Institut de recherches et d'études sur le monde arabe et musulman. Éditions du CNRS, 1982, p. 225.

3 الحجر العجالي: هو في العمارة المملوكية صفة للحجر الضخم، وربما شُبِّهَ بالعجل ولد البقر، ولكن غالباً ينسب إلى العجلة، لأن هذه الحجارة الضخمة كانت تسحب على عجل أي العجلة وهي الآلة الخشبية التي كان يجرها الثور. ⁝ قاموس المصطلحات، ص33. ⁝ للاستزادة حول هذا المصطلح انظر: مسرد المصطلحات الأثرية الملحق بهذا الكتاب.

 | DOI: 10.1163/9789004441408_007

الشكل 34 مقطع عرضي يبين طريقة بناء جدران المستوى العلوي للطابق الأول في العمائر السكنية المملوكية. (من إعداد الباحث)

كون العجول كانت تستخدم لجرها لعظيم ثقلها وضخامتها، وقد تُرك الوجه الخارجي لهذه الأحجار غشيماً، كما يلاحظ أن البيوت التي بنيت بهذه الأحجار الضخمة هي التي بنيت خارج القاهرة الفاطمية القديمة مثل الأمثلة التي ذكرناها، بوقت بنيت المساكن الأخرى بأحجار أقل حجما أو متوسطة مقاساتها 0.66x 0.31م كما في قصر بشتاك [لوحة 21–24] وقد استمر استخدام هذه الأحجار المتوسطة في جميع عمائر العصر الجركسي [لوحة 68–78] وصارت من مميزات عمارته بعامة.

وقد بنيت هذه الأحجار المنحوتة في مداميك متناوبة حسب نظام الأبلق والمشهر،[4] وكان يستخدم في ربط الأحجار ببعضها مونه جيرية قوية.

أما الجزء العلوي من البيت أي من مستوى أعتاب فتحات أبواب الطابق الأول فما فوق فقد بنيت في العصر المملوكي البحري بأحجار بمقاسات أصغر، حيث يُبنى وجهي الجدار من هذه الأحجار وتملأ المسافة بينهما بالحجر الدبش والتراب لينتج جدار كبير محمول على الجدران السفلية [الشكل 34]، كما في بناء الجدران العلوية لقصر قوصون [لوحة 41] وبشتاك [لوحة 21] وألناق [لوحة 19].

2 الآجر

لقد استبدلت الأحجار الصغيرة في نهاية هذا العصر المملوكي بالأجرّ الذي شاع استخدامه في جدران الطوابق العليا، كما استخدم في الطوابق الأرضية لبناء الجدران الداخلية وجدران المناطق الرطبة وخاصة في الحمامات وقبابها والسواقي وبيوت الخلاء كما بُنيت منه الكثير من العقود المتقاطعة داخل البيت الجركسي، مثل العقود التي تغطي الحواصل الواقعة أسفل مقعد قايتباي بالمغربلين.

وقد كان يراعى عند بناء جدران هذه العمائر تقليل سماكتها تدريجيا كلما ارتفع البناء حيث كانت سماكتها بالطابق الأرضي حوالي 1.00م بينما تصل سماكتها بالطوابق العليا إلى 0.60م، وكذلك مراعاة ارتكاز الحوائط على بعضها البعض وخاصة في المساكن المؤلفة من عدة أدوار وذلك بهدف تحويل جميع الأثقال على الأساسات القوية بالطابق الأرضي، وقد صار هذا الأسلوب في البناء من أهم قواعد العمارة المعاصرة التي اثبتت صحتها النظريات الإنشائية الحديثة.

3 الأخشاب

استخدمت الأخشاب أحياناً في عمارة الجدران، فظهرت في بناء بعض الجدران بشكل دعامات أفقية تفصل بشكل أفقي بين كل مجموعة من المداميك بهدف تقويتها وزيادة ترابطها، وظهر هذا الأسلوب جليا في جدران قاعة ألناق الحسامي بعد أن سقطت تكسياتها [لوحة 19]، كما استخدمت الأخشاب في عمل إزارات عرضية تلتف حول جدران القاعات بمستوى أعلى أعتاب الأبواب والشبابيك حيث كانت تحمل أشرطة كتابية

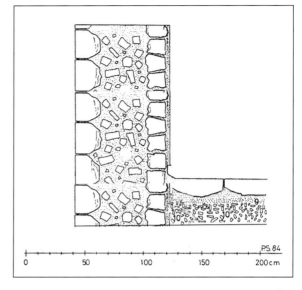

4 هو طريقة في بناء جدران العمائر تعتمد على التبادل اللوني لأحجار المداميك بين اللونين الأبيض والأسود فتسمى نظام الحجر الأبلق، أو بين الأبيض والأحمر أو المائل للصفرة وتسمى نظام الحجر المشهّر. ؛ للاستزادة حول الأبلق والمشهر انظر: مسرد المصطلحات الأثرية الملحق بهذا الكتاب.

وتكوينات زخرفية مازال مكانها موجودا في القاعة الرئيسة لقصر ألناق بعرض يتجاوز المتر، ومازالت جدران القاعة الرئيسة لقصر طاز أيضاً تحتفظ بأجزاء من إزارها [لوحة 61].

أما الاستخدام الأمثل والأوسع للأخشاب فقد كان في بناء الأسقف التي غطيت بها معظم فراغات البيت المملوكي، وقد لاقى بناء هذه الأسقف بكل العمارات المملوكية عناية فائقة ظهرت في الأنواع الكثيرة من الأسقف التي بقيت من هذا العصر أو من الأوصاف العديدة لها في الوثائق،[5] وقد برع صناع القاهرة بصناعة هذه الأسقف وزخرفتها.

وإن هذه الأخشاب كانت تُستورد من بلاد الشام بشكل جذوع لا يزيد طولها عن 11م،[6] وقد استخدمت الأخشاب في تغطية فتحات الشبابيك بخركاوات[7] أو أحجبة من خشب الخرط،[8] لم تلبث أن تطورت منذ أواخر القرن 8هـ/14م لتأخذ شكلاً متقدماً عرف بالمشربيات التي قامت بوظائف عديدة دينية واجتماعية ومناخية، ومن الخشب أيضاً صنعت الملاقف التي ساهمت بدور فعال في تلطيف حرارة البيت المملوكي، وظهر حسن استخدام الخشب كمادة خام في العصر المملوكي عند استخدامه لصناعة الكوابيل والكباش الحامل للرواشن،[9] كما شاع في العصر الشركسي استخدامه في الكرادي،[10] التي حلت محل عقود الإيوانات التي شاعت بالنموذج الأول لقاعات العصر المملوكي.

4 الرخام

أما الرخام الذي تعتبر مقالعه قليلة في البلاد المصرية، فقد اقتُصر استعماله كوزرات لجدران القاعات الضخمة وفي تكسيات

5 للاستزادة انظر: رامز أرميا جندي، دراسة فنية أثرية للأسقف الخشبية في العصر المملوكي بمدينة القاهرة من خلال الوثائق والمنشآت القائمة، قسم الآثار الإسلامية، كلية الآثار، جامعة القاهرة، (رسالة ماجستير غير منشورة)، 2003.

6 هذا هو السبب في عدم وجود مساحات غطيت بدعامات تزيد عن هذا الطول، وتقول الدكتورة ليلي إبراهيم أن هذا كان السبب وراء عدم إمكانية تغطية الإيوان الرئيسي لمدرسة السلطان حسن الذي طوله 25.00م وعرضه 20.00م بسقف خشبي مسطح. Ali Ibrahim, Laila. "Residential Architecture in Mamluk Cairo." *Muqarnas* 2 (1984): 47–59, 52.

7 الخركاه في العمارة المملوكية تعني الهيكل الخشبي الذي يركب أو يثبت عليه الخشب الخرط، وذلك تشبيهاً بالخيمة ثم أصبح يقصد بها ما يسمى مشربية الآن، أي الهيكل الخشبي وقطع الخشب الخرط التي تكون في مجموعها المشربية التي تغشي فتحات الشبابيك. ⁝ للاستزادة حول هذا المصطلح انظر: مصطلحي الخركاه والمشربية في مسرد المصطلحات الأثرية الملحق بهذا الكتاب.

8 الخشب الخرط: هو قطع صغيرة من الخشب مستطيلة في الغالب تشبك في بعضها على هيئة أشكال هندسية مخرمة تثبت على الفتحات الخارجية لتمنع من بالخارج من رؤية تفاصيل ما بالداخل، بينما يمكن من بالداخل أن يرى من بالخارج ولا تحجب النور أو الهواء وتستعمل أيضاً داخل المباني، ولهذا الخشب الخرط أنواع وتسميات أطلقها الصناع منها "الخشب الخرط الصهريجي" الذي تكون قطع الخشب به وكذلك الفتحات الناتجة بينها كبيرة، وكذلك نوع "الخشب الخرط الميموني" والذي يطلق عليه أيضاً "المأموني"، وهو الخرط الدقيق ذو الفتحات الدقيقة ومنه الميموني العربي أو البلدي والميموني المغربي، وكان يستعمل خاصة في الحواجز أو الأبواب أمام المزملة أو الدرابزين، وهو يصنع من الخشب الزان أو القرو. ⁝ قاموس المصطلحات، ص40. ⁝ عبد اللطيف إبراهيم، سلسلة الدراسات الوثائقية، المرجع السابق، 1979، ص409. ⁝ سامي أحمد عبد الحليم إمام، آثار الأمير قاني باي الرماح بالقاهرة، دراسة أثرية معمارية، كلية الآثار، جامعة القاهرة، رسالة دكتوراة غير منشورة، 1975، ص361–363.

9 الروشن: بمعنى الكوة أو النافذة أو الشرفة وهي من الفارسية: رون، ويقصد بها في العصر المملوكي الخرجات التي تستخدم للبروز بالعمارة وزيادة سطح الأدوار العليا، وتطل على الشارع وواجهة الدخول. فالروشن يتكون من كباش أو كوابيل ثم مدادات أو كباسات سواء من الحجر أم من الخشب وهي التي تربط الجزء البارز بالمبنى، ثم يعلوها الحرمدانات والمواردديات سواء من خشب أو حجر أيضاً وهي التي تكون أرضية الجزء البارز، وقد يكون لهذا الجزء البارز درابزين خشب خرط. ⁝ قاموس المصطلحات، ص58.

10 حول هذا المصطلح انظر: مسرد المصطلحات الأثرية الملحق بهذا الكتاب.

الأرضيات، وفي عمل الفساقي التي كانت تتوسط الأفنية الداخلية ودور قاعات القاعات، وكذلك في الشاذروانات التي شاعت في قاعات القصور مثل قصر بشتاك. من أهم أنواع الرخام التي عرفت في هذا العصر الرخام الصعيدي ولونه أبيض، والرخام السويسي ولونه أسود، والرخام الحلبي وهو أصفر اللون أو أحمر فاتح ومثله الرخام الخليلي، وقد يطلق على هذين النوعين اسم الرخام الشامي، وكذلك الرخام السماقي ومنه الأحمر والأخضر الزيتي والأزرق الداكن، والزرزوري الذي شبه لونه بلون ريش الزرزور، والياسميني الذي يشبه زهرة الياسمين بلونه.[11]

11 للاستزادة حول أنواع الرخام ⁝ انظر: قاموس المصطلحات، ص53. ⁝ عبد اللطيف إبراهيم، دراسات تاريخية وأثرية، المرجع السابق، ج2، تحقيق رقم 70.

5 الجبس

استخدم الجبس في تكسية أو لياسة الجدران الداخلية، حيث كانت تغطى الجدران بطبقة ملساء من الجبس تؤهلها للزخرفة، كما استخدم في عمل شبابيك الجبس المعشق بالزجاج الملون، وقد عرف في هذا العصر نوعين من الجبس الأول نوع خشن غير نقي من المصيص المطحون سريع الشك أو التجمد، عظيم القوة، والنوع الثاني يسمى الجبس الزجاجي وهو نوع نقي وأسرع بالشك من النوع الأول وأقوى، والذي قد يستخدم كمونة لربط أحجار البناء أو للصق بلاطات القاشاني.[12]

12 انظر: قاموس المصطلحات، ص 28. ⁝ عبد اللطيف إبراهيم، المرجع السابق، ج2، تحقيق رقم 116.

الباب السادس

العناصر الزخرفية المستخدمة في القصور والبيوت المملوكية

إن العناصر الزخرفية قد لعبت دوراً هاماً في إظهار جمال العمائر السكنية المملوكية، وإبراز الإيقاع والتناسق والانسجام اللوني والتناسب في كافة العناصر المعمارية المكونة للقصور والبيوت المملوكية، حيث أنه بالرغم من (أن تحقيق الوظيفة في هذا النوع من العمائر هو الشق الأساسي لتحقيق المتطلبات المادية والفسيولوجية للإنسان فإن القيم الجمالية هي الشق الثاني الذي يلبي الاحتياجات النفسية للإنسان، والتي لا تقل بأي حال من الأحوال عن احتياجاتها المادية)[1].

إن البيت في المفهوم الإسلامي ليس الآلة التي يقتصر أداؤها على الاحتياجات الوظيفية للأسرة، بل توفر الراحة والسكينة لأصحابها، وهنا يدخل الجانب التشكيلي والجمالي لاستكمال المضمون الإسلامي من واقع القيم التراثية والثقافية للمكان.[2]

إن المضمون الإسلامي للعمارة يتحدد بجملة من الأحكام الشرعية المستمدة مباشرة من القرآن الكريم والسنة النبوية، وكما انعكس ذلك بقوة على تصميم الفراغات المعمارية والوظيفية للقصور والبيوت التي تشكل الشق الأساسي في العمارة، فقد انعكس هذا المضمون الإسلامي أيضاً على القيم الجمالية التي ظهرت في هذه الفراغات لتلبي الاحتياجات النفسية للإنسان، والتي تمثلت بجملة من الزخارف المتنوعة، فبسبب كره الإسلام للتصوير فُضّلت الزخارف الهندسية والنباتية والكتابية بل جاءت الزخارف النباتية منها رمزية مجردة.

وبالرغم مما عرف عن العمائر المملوكية بشكل عام من غنى وثراء زخرفي فإن الزخارف في القصور والبيوت المملوكية قد شكلت أكثر العناصر عرضة للضياع والفناء، لأن طبيعة هذه العناصر الزخرفية مشكلة من مواد سريعة التأثر بالعوامل الطبيعية من حرارة وبرودة ورطوبة وجفاف، ولأن هذه العناصر الزخرفية السهلة التغيير كانت أكثر تأثراً بالأذواق والأمزجة البشرية، التي تبدلت بشدة عبر العمر الطويل لهذه االقصور والبيوت.

ويجب ألا يفوتنا إعادة التذكير بأن المسكن الإسلامي عموما والمملوكي خصوصاً قد اتسم بقلة استخدام الزخارف بالواجهات الخارجية وانحصر ظهورها في المداخل الرئيسية فقط.

1 الزخارف النباتية

وصلت الزخارف النباتية إلى قمة تطورها في العصر المملوكي بعد أن كانت هذه النوعية من الزخارف قد تأخرت بسبب (انصراف المسلمين عن استحياء الطبيعة وتقليدها تقليداً صادقاً أميناً فكانوا يستخدمون الجذع والورقة لتكوين زخارف تمتاز بما فيها من تكرار وتقابل وتناظر وتبدو عليها مسحة هندسية تدل على سيادة مبدأ التجريد والرمز في الفنون الإسلامية)[3].

وقد تميزت هذه الزخارف في هذا العصر بالثراء والغنى ودقة التنفيذ والحيوية (فالزخرفة النباتية المتشابكة ليس فيها تعبير ديناميكي وتعتمد على التكرار بإيقاع منتظم، وتحصل على التباين بواسطة تغير النور والظل وباختلاف الكثافة في الزخرفة)[4].

ومثلت في هذه الزخارف الأوراق النباتية والوريدات

1 منى السيد محمد بسيوني، الزخارف الإسلامية وعلاقتها بالعمارة، دراسة تفصيلية لزخارف مباني العصر المملوكي، كلية العمارة، جامعة القاهرة، (رسالة ماجستير غير منشورة)، 1999، ص29.

2 مجموعة مؤلفين، أسس التصميم والتخطيط الحضري في العصور الإسلامية المختلفة بالعاصمة القاهرة، جدة، منظمة العواصم والمدن الإسلامية، 1990، ص501. وسوف نرمز له لاحقاً بـ"أسس التصميم".

3 زكي محمد حسن، فنون الإسلام، مكتبة النهضة المصرية، القاهرة، الطبعة الأولى، 1948، ص249.

4 أسس التصميم، ص 424.

© KONINKLIJKE BRILL NV, LEIDEN, 2021

 | DOI: 10.1163/9789004441408_008

وسيقان الكرمة وأشجار النخيل وسعفها وغيرها وظل التعبير عنها يتسم غالباً بالتجريد والتحوير.

وظهرت هذه الزخارف النباتية في الأمثلة الباقية للقصور والبيوت المملوكية موضوع الدراسة على بعض المداخل الباقية مثل المدخل الرئيسي لقصر ألناق حيث ظهرت بشكل أوراق ثلاثية كانت منفذة بالرخام المنزل بالمعجون [لوحة 14]، وأيضاً في المداخل التي تؤدى لأماكن الاستقبال، والتي تفتح على الأفنية الداخلية مثل التي توجد على العقد العاتق الذي يعلو باب المدخل المؤدي للقاعة الرئيسية لبيت قايتباي بالمغربلين والتي تكررت بنفس هذا المدخل لتغطي كامل المساحة الواقعة بين الشباك وبداية الصدر المقرنص أعلى حنية المدخل وهي زخارف أفرع نباتية بارزة، وكذلك على الباب الواقع بالضلع الجنوبي الشرقي لفناء بيت قايتباي بالتبانة حيث غطي العتب الذي يعلو باب دخول هذا المدخل بزخارف بارزة لأوراق ثلاثية كانت منفذة بالرخام المنزل بالمعجون، ويوجد على جانبي هذا العتب حشوتان مستطيلتان تحملان زخارف نباتية مشابهة لزخارف العتب، كما يحمل النفيس الذي يعلو هذا العتب زخارف لعروق وفروع نباتية ممتدة [لوحة 70]، كما ظهرت أيضاً على النفيس الذي يعلو فتحة باب مدخل مقعد ماماي وهي زخارف نباتية محورة.

وظهرت الزخارف النباتية بكثرة على الأسقف الخشبية التي غطت الفراغات المعمارية بهذه المساكن، فنراها في الأسقف التي تغطي دركاوات المداخل كما في قصر ألناق [لوحة 15–11]، ودركاه المدخل الحالي لقصر بشتاك وسقف دركاه المدخل الفرعي "باب السر" لقصر الأمير طاز حيث يغطي سقف هذه الدركاة زخارف نباتية منفذة باللون الأزرق الفيروزي على أرضية بنية.

ونرى هذه الزخارف في أسقف الدهاليز المؤدية للمقاعد كما في الدهليز المؤدي لمقعد بيت قايتباي بالمغربلين حيث يحمل هذا السقف مجموعة من الزخارف النباتية تعتبر أجمل ما بقي من زخارف هذا البيت، وهي عبارة عن مجموعة كبيرة من الزهور والوريدات ذات الأحجام المتعددة والألوان الزاهية المختلفة التي لا تزال محتفظة بجمالها [لوحة 73].

وكذلك وجدت على سقف الدهليز المؤدي لمقعد قصر ماماي، وشملت مجموعة كبيرة من الزهور والأوراق والعروق الملتفة والمختلطة بمجموعة من الزخارف الهندسية. والتي نفذت جميعها بلون ذهبي قاتم على أرضية من اللون الأزرق الغامق [لوحة 95].

ومثل ذلك أسقف المقاعد والقاعات حيث تشكل هذه الزخارف النسبة العظمى من تلك الزخارف التي تغطي سقف مقعد بيت قايتباي بالمغربلين وتمثلت بأشكال ورود وأزهار متنوعة، وكذلك سقف مقعد قصر ماماي، الذي اختلطت فيه الزخارف النباتية والهندسية لتخرج لوحة فنية غاية في الدقة والإبـــداع سواء في أشكالها وزخارفها أو في ألوانها وتذهيبها حيث ذُهِّبت جميع هذه الزخارف رغم كثرتها ورسمت على أرضية زرقاء غامقة تعطي الشاهد بغزارتها وباتساع السقف المنفذة عليه شعوراً بالجمال والجلال.[5]

وظهرت هذه الزخارف النباتية على مساحة كبيرة تشمل كامل المساحة المحيطة بالرنوك التي تتوسط كوشات عقود واجهة مقعد ماماي وهي زخارف لفروع بارزة، كما حددت بعض الأشرطة الكتابية التي ظهرت بجدران بعض القاعات بأشرطة من الزخارف النباتية المتشابكة ومن أفضل أمثلتها الأجزاء الأصلية الباقية من الإزار بالجدار الجنوبي الشرقي للقاعة الرئيسية لقصر الأمير طاز [لوحة 60].

2 الزخارف الهندسية

أما الزخارف الهندسية التي تشكلت من خطوط صُمّمت لتكون أشكالاً هندسية مختلفة ومتداخلة، فقد ازدادت تطوراً في العصر المملوكي وتمثلت في أشكال الخطوط والدوائر والمثلثات والمعينات والنجوم والأطباق النجمية وأشكال

5 يلاحظ أن لجنة حفظ الآثار العربية قد عثرت على هذا السقف سنة 1901 محجوباً أسفل سقف آخر حديث مضاف، فقامت بإزالة السقف المضاف وخصصت لترميمه مبلغ 500 جنيه من ميزانية عام 1906، ومبلغ 650 جنيه من ميزانية عام 1907، وانتهت عملية ترميمه سنة 1908 ولذلك فهو سقف أصلي. ؛ انظر حول ذلك: دراستنا لقصر الأمير ماماي ضمن الباب الثامن من هذا الكتاب.

أخرى لأقواس متصلة وجامات،[6] وشاعت في العمائر الدينية خاصة في الواجهات الخارجية أو الداخلية على السواء، وفي تشكيل الفراغ الداخلي سواء بالمحاريب أو في الأسقف أو في تشكيل السطح الخارجي أو الداخلي للقباب أو السطحين معاً، وفي تشكيل أسطح العناصر الداخلية الأخرى كالمنابر ودكك المبلغين وكراسي المصاحف وغيرها.[7]

وفي القصور والبيوت المملوكية وجدت هذه الزخارف غالباً مترافقة مع الزخارف النباتية فظهرت على بعض المداخل مثل المدخل الأصلي لقصر قوصون الذي شغلت الطاقية التي تعلو حنيته بزخارف هندسية لمثلثات متداخلة [لوحة 32]، كما ظهرت بشكل طبق نجمي غير مكتمل في صدر المدخل المؤدي للقاعة الرئيسة الأرضية في بيت قايتباي بالمغربلين، وظهرت على الحشوتين المستطيلتين الواقعتين علي جانبي الشباك الواقع بصدر حنية مدخل مقعد ماماي، كما ظهرت على كوشتي عقد المدخل الباقي لقصر الغوري [لوحة 102]، واشتركت مع الزخارف النباتية في التشكيلات الزخرفية لمدخل مقعد قايتباي بالمغربلين، وغطت الزخارف الهندسية أجزاء من الأسقف الخشبية المتشابكة مع الزخارف النباتية كما في سقف دركاه مدخل قصر ألناق وسقف دركاه المدخل الحالي لقصر بشتاك، وسقف دركاه باب سر قصر الأمير طاز، كما ظهرت على سقف مقعد هذا القصر وجاءت مكونة من أشكال مفصصة بها دوائر وأشكال أطباق نجمية ومعينات ومثلثات ومستطيلات، ونفذت هذه الزخارف الهندسية بألوان زاهية حمراء وزرقاء وصفراء وسوداء، وكذلك غطت الزخارف الهندسية سقف السدلة التي تتوسط الضلع الجنوبي الغربي لمقعد قصر الأمير طاز وظهرت بشكل طبق نجمي، وكذلك ظهرت على كافة أسقف السدلات والدخلات الجدارية بالقاعة الرئيسة لقصر الأمير طاز، كما ظهرت في الأجزاء الباقية منها، وهي أشكال حقاق مرسومة يوجد بداخلها جامات صغيرة، وحمل إزار وكان سقف هذه الدخلات زخارف هندسية ونباتية.

ويظهر من الصور القديمة وبعض الشواهد الأثرية أن الزخارف الهندسية كانت تغطي كامل جدران الضلع الجنوبي الغربي لفناء بيت قايتباي بالمغربلين، وكانت بأشكال أطباق نجمية ملونة تشغل كامل المساحة الصماء من جدران هذا الضلع [لوحة 71].

ونفذت أغلب الزخارف الهندسية والنباتية في هذا العصر على أرضية بنية أو زرقاء غامقة، وقد جاءت متشابكة مع بعضها البعض بنسيج زخرفي واحد منسجم ومتناسق ومتناغم بشكل لا يتعب العين ولا يثقل على النفس.

3 الزخارف الكتابية

تشير الدلائل التاريخية إلى أنه (كان من أسباب العناية بالخط وتطويره هو ما شاع عند المسلمين في العصور الوسطى من تحريم الإسلام لتصوير الكائنات الحية، ومن هنا وجد المسلمون في الخط العربي متسعاً لمواهبهم الفنية يعوضهم عن تصوير الكائنات الحية لما فيها من مضاهاة خلق الله وشيوع كراهيتها).[8]

والخط العربي من أهم العناصر الزخرفية التي استعملها الفنان المسلم في إثراء الواجهات الخارجية والداخلية، وقد كان التبرك بكتابات الآيات القرآنية أمراً لا يكاد يخلو منه عمل فني أو مسجد أو مئذنة في الأقطار الإسلامية في جميع أرجاء المعمورة، نظراً لخصائصه التي تتيح له التعبير عن قيم جمالية ترتبط بقيم عقائدية تجعله متميزاً عن أي غرض إنتاجي آخر من حيث هو عنصر تشكيلي يعين الخطاط على تصميم موضوعاته بشكل أقرب إلى الكمال.[9]

وقد تطور الخط العربي من الكوفي الذي ساد استخدامه في القرون الخمسة الأولى للإسلام إلى خط النسخ الذي ما لبث أن جوِّد واشتقت منه خطوط عديدة أخرى، وفي العصر المملوكي البحري استعمل خط النسخ والثلث قريبي الشبه من بعضهما، إلا أن حروف النسخ تميز بالزوايا الحادة على

6 أسس التصميم، ص 424.

7 أسس التصميم، ص 424–428

8 مايسة محمد داود، الكتابات العربية على الآثار الإسلامية من القرن الأول حتى أواخر القرن الثاني عشر للهجرة "7–18م"، مكتبة النهضة المصرية، القاهرة، ط1، 1991، ص38.

9 منى بسيوني، المرجع السابق، ص 29.

عكس الحروف المرنة لخط الثلث الذي يتميز أيضاً بكثرة تشكيل الحروف وتداخل الكلمات في بعضها البعض في تكوينات تدل نوعياتها علي قدرة الخطاط، ولم يختف الخط الكوفي كلية بهذا العصر بل ظهر ببعض النصوص التاريخية في مدرسة السلطان حسن 757–764هـ/1362م).

وفي العصر المملوكي الجركسي شاع استعمال الخط الثلث في لوحات النصوص التاريخية، واستخدم خط النسخ في لوحات الآيات القرآنية، وندر استعمال الخط الكوفي فظهر مثلاً في مدفن السلطان برقوق.[10]

وقد انعكس ذلك على الزخارف الكتابية التي وصلت إلينا في القصور والبيوت الباقية من العصر المملوكي، وفي الواقع فإن كل الأمثلة الكتابية بهذه العمائر قد جاءت مكتوبة بخط الثلث سواء المكتوب منها على المداخل الخارجية أو على الواجهات الداخلية وأبوابها أو على إزارات الأسقف، ورغم زوال أشرطة كثيرة بفعل التقادم وغيره من العوامل التي ذكرناها فإنه يلاحظ تعرض أجزاء كثيرة من بحور هذه الكتابات الباقية بهذه العمائر لتعدٍ واضح بقصد مسح أو إلغاء بعض الكلمات أو الجمل بهذه البحور وخاصة الأسماء الواردة فيها، وقد قام بذلك من ملك أو سكن هذه العمائر بعد تأسيسها أو توسعتها وإضافة هذه الكتابات عليها.

قدمت لنا الزخارف الكتابية أكثر من الزخارف النباتية والهندسية العديد من المعلومات التاريخية والأثرية الهامة والتي أثبتت أو أضافت حقائق زادت في فهمنا لتاريخ عمارة الأثر الموجودة فيه، وكشفت الغموض عن بعض صفحاته المنطوية وأصلحت بعض الأسماء والتواريخ المرتبطة به.

وقد وردت هذه الزخارف الكتابية ضمن أفاريز أو أشرطة مقسمة لبحور عديدة يفصل بينها أشكال رنوك أو وحدات زخرفية، وقد حملت هذه البحور في مضمونها عموماً آيات قرآنية ونصوصاً تأسيسية تضمنت أسماء المنشئين وألقابهم وتاريخ الإنشاء.

ويلاحظ خلو الواجهات الخارجية لهذه العمائر الباقية من الأشرطة الكتابية على عادة ما وجدنا في العمائر الدينية لهذا العصر، وانحصر وجودها بهذه العمائر على كتل المداخل، حيث يبدأ الشريط الكتابي من الطرف الخارجي الأيسر لكتلة المدخل ويسير عبر الحجر الغائر لحنية المدخل ثم يعود لينتهي في الطرف الخارجي الأيمن لكتلة هذا المدخل، ومن أبرز الأمثلة الباقية لمثل هذه الأشرطة أو الطرز ذلك الباقي بالمدخل الحالي المتوصل منه لقصر بشتاك والذي يتضمن البسملة ونص تأسيس القصر واسم المنشىء وألقابه.[11]

وذلك الشريط الباقي بالمدخل الرئيسي لقصر قوصون الذي لا تختلف كتابته في شكلها ومضمونها كثيراً عن التي ذكرنا في مدخل قصر بشتاك أي البسملة ونص التأسيس وإسم المنشىء وألقابه وتاريخ الإنشاء [لوحة 33، 34]. وكذلك الشريط الباقية أجزاء منه بالمدخل الرئيس بقصر منجك.

وقد تكررت بعض عبارات نصوص التأسيس أو بعض الآيات القرآنية ذات الدلالات المحددة في حجور مداخل أماكن الاستقبال المطلة عن الفناء الداخلي وتأتي بشكل أشرطة تمتد على دعامتي باب الدخول أو فوق الأعتاب أو أسفل قمة الحنية، ومن أبرز الأمثلة الباقية لذلك وأقدمها الإفريز الكتابي الوارد على دعامتي المدخل المؤدي للقاعة الأرضية بقصر الأمير طاز وقرأنا بعض ما تبقى من كتابته.

وكذلك الإفريز الكتابي الباقي على دعامتي مدخل مقعد بيت قايتباي بالمغربلين والذي حمل النص التأسيسي للمقعد خالياً من تاريخ التأسيس، وكما يعلو عتب باب هذا المدخل شريط آخر به بسملة ودعاء.

وتكرر ذلك على حنية المدخل المؤدى للقاعة الأرضية بنفس هذا البيت حيث يحوي إفريز العضادتين (الدعامتين) نصاً تأسيسياً خالياً من التاريخ، ويحمل الإفريز الثاني الذي يعلو عتب باب الدخول بسملة وآية قرآنية ضاعت كلماتها، وكذلك حمل كل من كتلة مدخل قايتباي الواقع بالضلع الجنوبي الشرقي لفناء بيته بالتبانة نصاً تأسيسياً، وكذلك كتلة مقعد ماماي حملت نصاً تأسيسياً يبدأ من الواجهة الخارجية للمدخل ويلتف على

10 في مجمع ابنه الناصر فرج أثر رقم 149، تاريخ 803–813هـ /1400–1411م.

11 حول قصر الأمير بشتاك وباقي القصور المذكورة هنا راجع البابين السابع والثامن من هذا الكتاب.

عضادتي الباب لينتهي بالطرف الثاني لكتلة المدخل وقد حمل كل منها نص تأسيس.

كما ظهرت هذه الأشرطة الكتابية في الواجهات الداخلية لبعض المنازل وبالتحديد فوق واجهات المقاعد حيث تبدأ بحور هذه الأشرطة من أعلى كتلة باب الدخول الواقعة على يسار واجهة المقعد، كما في بيت قايتباي في المغربلين حيث تألف الشريط من ستة بحور كتابية عليها نص تأسيس تضمن البسملة واسم المنشيء وألقابه وتاريخ الفراغ من بناء المقعد.

ويظهر أن واجهة مقعد ماماي قد احتوت شريطاً كتابياً مشابهاً حيث يبدأ بحره الأول الواقع فوق كتلة المدخل ببسملة متبوعة بالآية رقم1 وجزء من الآية رقم 2 من سورة الفتح (إنا فتحنا لك فتحاً مبيناً ليغفر لك الله) ولكن ضاعت كتابات البحور الخمسة التي مازالت بحورها باقية تعلو كوشات عقود واجهة المقعد والتي يظهر أنها كانت امتداداً لآيات قرآنية أيضاً.

وقد احتوت دركاه مدخل قوصون على شريط كتابي يسير على جدرانها يبدأ من يمين الداخل ويسير على ارتفاع فتحات الأبواب، وهو عبارة عن نص تأسيسي عليه اسم المنشيء وألقابه.

وكل هذه النصوص التأسيسية المذكورة جاءت محفورة بالحجر بشكل بارز ووضعت في أماكن تسهل رؤيتها، وكتبت بخط كبير يسهل قراءتها.

أما الزخارف الكتابية الأخرى الباقية بهذه العمائر فهي زخارف منفذة على الأخشاب وبشكل خاص فوق إزارات الأسقف، وجاءت هذه الزخارف الكتابية من حيث المضمون لا تختلف عن الزخارف التي ذكرناها أعلاه، ولكن اختلفت في شكلها حيث نفذت هنا على الخشب، فجاءت حروفها ملونة بألوان بنية مذهبة على أرضية زرقاء مثل الكتابات الواقعة على إزار سقف مقعد ماماي [لوحة 95–96]، أو جاءت الحروف زرقاء على أرضية مذهبة أو بنية مثل باقي الكتابات غير المقروءة الواقعة على إزار سقف دركاة باب سر قصر طاز، وبسبب ضعف مادة الأخشاب فقد ضاع الكثير جداً من هذه الزخارف الكتابية المنفذة عليها، أما ما بقي منها فقد ضاعت معالم حروفها حتى صار من الصعب قراءة العديد منها سواء منها الموجود على الأسقف أو علي الإزارات التي تلتف حول جدران القاعات.

فقد قدمت لنا البحور الموجودة على إزار سقف دركاة مدخل ألناق والتي قرأناها كاملة لأول مرة قراءة جديدة لاسم المنشيء فوجدناه مكتوباً "ألناق" [لوحة 16] وكان الشائع أن يكتب "آلين آق"، كما حملت هذه الكتابات إضافة لكل ألقاب المنشيء لقباً جديداً لم يعرف قبلاً أن ألناق قد حصل عليه وهو لقب الجمدار مما زاد من معرفتنا بهذا الأمير ودوره السياسي ومكانته في عصره.

كما ساعدتنا البحور الكتابية التي قرأناها على إزار أحد الأسقف بالجناح السكني المكتشف [لوحة 43] والواقع ضمن مباني التكية المولوية على تأكيد نسبة هذا الجناح في الأصل إلى جملة مباني قصر قوصون، حيث عثرنا على خمسة بحور مكتوبة بخط الثلث المملوكي عليها كتابات وألقاب لم يحملها سوى أمراء مماليك، ويفصل بين هذه البحور أشكال مكررة لرنك الساقي الذي يعتبر قوصون أشهر من حمله من الأمراء الذين سكنوا هذا القصر، وبالتالي سهل علينا نسبة هذا الجناح لقوصون وإعادة تأريخه بتاريخ المرحلة الثانية من بناء الأمير قوصون لقصره والتي أرخناها إلى 738هـ/1338م.

وفي هذا دليل على الفائدة الكبيرة التي تقدمها هذه النصوص والزخارف الكتابية في حال وصولها إلينا سليمة، ومن الغريب أن هذه الزخارف حملت إلينا اسم باني قصر قوصون بشكل خرطوشين كتابيين يقعان أسفل العتب بأعلى زاويتي باب الدخول الرئيسي، ونص كل منهما: (عمل محمد بن أحمد) – (زغلش الشامي)، وهذه معلومة نادرة تؤكد مدى مكانة هذا المعمار أو المهندس الذي يسمح له بتوقيع اسمه على عمارة أميرية ضخمة مثل قصر قوصون.

وظلت إزارات أسقف القاعات والمقاعد تحمل نصوصاً قرآنية مسبوقة بالبسملة كاملة، وتنتهي بالتصديق، ثم يلحق بها النص التأسيسي حتى نهاية العصر المملوكي، وقد اختيرت الآيات الواردة بهذه الزخارف بعناية جيدة بهدف التبرك بها وطرد الحسد والهم واستجلاب الخير في الدنيا والآخرة، مثل الآيات الأولى من سورة الفتح التي ظهرت على إزار سقف مقعد الأمير طاز وعلى واجهة مقعد ماماي، وكذلك آية الكرسي (الآية 255 من سورة البقرة) التي ظهرت على إزار سقف مقعد ماماي، كما يلاحظ استخدام الآيات القرآنية

التي لها علاقة بطبيعة ووظيفة المكان فظهرت مثلاً الآية رقم 10 من سورة الفرقان (تبارك الذي إن شاء جعل لك خيراً من ذلك جنات تجري من تحتها الأنهار ويجعل لك قصورا)، والتي وردت على سقف مقعد بيت قايتباي بالمغربلين.

ويلاحظ أنه بدءاً من العصر العثماني قد استبدلت هذه الآيات التي وردت على الأشرطة الخشبية داخل القاعات والمقاعد بأبيات من قصيدة البردة للإمام البوصيري وشاعت بكثرة، حتى يمكننا إرجاع كل ما هو موجود منها في العمائر السكنية الباقية من العصر المملوكي إلى ذلك العصر، وأما ما وجدناه في بعض عناصر هذه العمائر من تصاوير مرسومة على الفريسكو فهي إضافات لاحقة ترجع للقرن 12هـ/18م،[12] وقد ظهرت لدينا في المستوى العلوي من جدران مقعد بيت قايتباي بالمغربلين [لوحة 162].

4 الحليات الزخرفية

ظهرت على العمائر السكنية المملوكية زخارف معمارية تمثلت بالعقود والأعتاب المزررة أو المعشقة التي علت أغلب أبواب مداخل هذه العمائر [لوحة 14، 32، 51]، وفي بعض الكوابيل الحجرية أو الخشبية التي ظهرت في الواجهات الرئيسية للقصور والمنازل حاملة لرواشن تبرز بالطوابق العلوية [لوحة 75، 101]، وفي بعض الشطفات التي وضعت فيها شبابيك تتوسط جحور المداخل والتي ألحق بها أحياناً عامودان مدمجان كما يظهر في مدخل مقعد بيت قايتباي بالمغربلين، وقد لعب استخدام الحجر الأبلق والمشهر في بناء بعض الواجهات الخارجية والداخلية لهذه العمائر دوراً في إبراز الناحية الجمالية والزخرفية.

كما استخدمت الحليات الزخرفية المطلقة التي لا يحمل وجودها أي فائدة إنشائية، ولكنها أضيفت فقط لتؤدي تأثيراً نفسياً حيث تحقق الاتزان المطلوب للواجهة وتزيد من فخامتها،[13] وظهرت هذه الحليات بشكل أطر أو بروزات وأفاريز ذكرتها الوثائق باسم الجفت، وتؤطر حليات الجفوت كل المداخل الخارجية لكل من قصر ألناق [لوحة 14] وبشتاك [لوحة 23] وقوصون [لوحة 32] ومنجك [لوحة 45] وطاز [لوحة 51]. وكذلك جحور المداخل التي تفتح بالواجهات الداخلية لبيت قايتباي بالمغربلين [لوحة 70] وقايتباي بالتبانة [لوحة 83] وماماي [لوحة 92] وقد يمتد الجفت ليؤطر كافة تكوين واجهات المقاعد مثل مقعد قايتباي بالمغربلين[لوحة 71] ومقعد ماماي [لوحة 91].

5 الرنوك

ظهرت الرنوك[14] بأنواعها في القصور والبيوت المملوكية

12 ربيع حامد خليفة، جوانب من الحياة الفنية في القاهرة العثمانية، دراسة حول التيارات الفنية وأثرها في فنون الزخرفة المعمارية، (أبحاث ندوة تاريخ مصر الاقتصادي والاجتماعي في العصر العثماني المنعقدة بالقاهرة في1-1992/9/3)، مجلة كلية الآداب، جامعة القاهرة، عدد 57، مركز النشر الجامعي، 1992، ص306-310.

13 منى بسيوني، المرجع السابق، ص48.

14 الرنك كلمة فارسية بكاف معقودة كالجيم المصرية، وتنطق رنج وتعني بالعربية لون، وقد عربت هذه الكلمة وأصبح حرف ك الجاف ينطق كافاً ولما كان اللون يلعب دوراً رئيسياً في رسوم هذه الشارات ويستخدم للتمييز بين الشارات المتشابهة من حيث الشكل ولاسيما الخاص منها بوظائف الأمراء فقد اصطلح على تسميتها بالرنوك، ويعتبر الرنك امتيازا خاصاً بالأمراء والقادة العسكريين في خلال العصرين الأيوبي والمملوكي، وكان الرنك عبارة عن رسم لشيء معين، حيوان أو طائر أو أداة كالبقجة والدواة والسيف، وقد يتألف من منطقة واحدة أو ينقسم إلى منطقتين أو ثلاث مناطق أفقية، أكبرها عادة المنطقة الوسطى، وهي تسمى باسم شطا أو شطف أوشطب، والرنك قد يكون من لون واحد أو أكثر، وهو إما بسيط أو مركب، وكان يوضع على البيوت والأماكن المنسوبة إلى صاحبها كمطابخ السكر وشون الغلال والأملاك والمراكب وغيرها، ويوضع على قماش خيوله من جوخ ملون مقصوص وعلى قماش جماله من خيوط صوف ملونة تنقش على العبي والبلاسات (نوع من السجاد) ونحوها، وربما جعل على السيوف والأقواس والأدوات المعدنية والخشبية والزجاجية وغيرها. : أحمد عبد الرازق، الرنوك في عصر سلاطين المماليك، (الجمعية التاريخية

[الشكل 35]، ومنها الرنوك المصورة البسيطة، المكونة من دوائر تتوسطها صورة الرنك، وظهرت منذ أوائل العصر البحري على كل المداخل الخارجية والداخلية أو على إزارات الأسقف لتشكل حليات تفصل بين بحور الزخارف الكتابية، ومن هذه الرنوك البسيطة **رنك الساقي** المعبر عنه بالكأس الذي ظهر على مدخل قصر ألناق [لوحة 14]، وعلى إزار سقف دركاته [لوحة 16]، وعلى المدخل المطل على دركاه باب سر قصر طاز، وكذلك على إزار سقف دركاته، **ورنك الجمدار** المعبر عنه بالبقجة والذي ظهر على المدخل الحالي لقصر بشتاك [لوحة 32]، **ورنك السلاح دار** المعبر عنه بالسيف والذي ظهر على المدخل الرئيس لقصره [لوحة 46].

أما **الرنوك المركبة** التي ظهرت أواخر العصر البحري وبداية العصر الجركسي وشاعت وازدهرت في أيام السلطان قايتباي، فظهر إحداها على كوشات عقدي مدخل مقعد ماماي وكرر في كوشات كل عقود واجهة المقعد، وهو عبارة عن دائرة كبيرة مقسومة لثلاثة أقسام عرضيه، يفصل بين كل منها خط، القسم العلوي وعليه شكل معين يشير لشكل البقجة التي هي رمز الجمدار، والقسم الأوسط به شكل دواة التي هي رمز للدوادار، ويوجد على جانبي هذه الدواة شكلا قرنين اتخذا رمزاً للفرقة الخاصة التي ترمي بالأسلحة النارية التي بدأ استعمالها في الدولة المملوكية منذ الثلث الأخير من القرن 9هـ/15م، أما الشطب السفلي من هذا الرنك فعليه صورة الكأس التي تشير لوظيفة الساقي [الشكل 35]، ويبدو أن هذه الرنوك المركبة قد انتشرت بسهولة للاستدلال على أصحابها من الأمراء الذين ازداد عددهم وتنوعت وظائفهم.

أما **الرنوك الكتابية** [الشكل 35] التي اختص بها السلاطين فقط، فقد ظهرت منذ العصر البحري، فظهر الرنك الكتابي للسلطان الناصر محمد بن قلاوون على المدخل الرئيسي لقصر قوصون، وظهر الرنك الكتابي للسلطان قايتباي على كوشتي عقد مدخل مقعد قايتباي بالمغربلين، وكذلك ظهر نفس هذا الرنك داخل حجر مدخل قايتباي الواقع بالضلع الجنوبي الشرقي لفناء بيت قايتباي بالتبانة، كما ظهر الرنك الكتابي للسلطان الغوري على كوشتي مدخل قصره الباقي بالصليبة.

ويؤكد تنوع هذه الرنوك التي ظهرت على العمائر السكنية الباقية ما بين بسيطة ومركبة وكتابية تنوع المنشئين لهذه العمارات مابين أمراء صغار أو كبار أو سلاطين.

6 المقرنصات

وقد ظهرت المقرنصات[15] بأشكال زخرفية وكعناصر انتقالية في نهايات حجور المداخل مثل مدخل قصر ألناق ذي المعبرة المقرنصة الذي ينتهي من الأعلى بثلاث حطات من المقرنصات الحلبية ذات الدلايات [لوحة 14]، ومثله المدخل المؤدي للقاعة الأرضية في بيت قايتباي بالمغربلين حيث حليت كوشتا عقد المدخل بصفوف من المقرنصات [لوحة 70]، كما في المدخل الأصلي لقصر قوصون [لوحة 31]، والمدخل الأصلي الرئيسي لقصر طاز [لوحة 51]، ومدخل مقعد قايتباي بالمغربلين [لوحة 71]، ومدخل مقعد ماماي [لوحة 93]، وقد استخدمت المقرنصات كعناصر زخرفية صرفة كما في السقيفة التي أضافها يشبك من مهدي والتي تتقدم المدخل الأصلي

المصرية، مجلد 21، القاهرة، 1974)، ص 67-116. ؛ سعيد محمد مصيلحي، أدوات وأواني المطبخ المعدنية المملوكية، كلية الآثار، جامعة القاهرة، 1984، (رسالة دكتوراة غير منشورة)، ص313. ؛ محمد أمين، ليلى إبراهيم، قاموس المصطلحات الأثرية والوثائقية، مطبعة الجامعة الأمريكية، القاهرة، 1990، ص56-57.

15 اسم لعنصر معماري وزخرفي صار استخدامه من السمات الهامة للعمارة الإسلامية وتتكون المقرنصات من أشكال عقود صغيرة، الجزء العلوي منها بارز عن الجزء الأسفل، مرتبة داخل صفوف متدرجة من الأسفل للأعلى ومن الداخل للخارج وتأتي متراصة داخل تكوينات تشبه خلايا النحل. ؛ انظر: عبد اللطيف إبراهيم، دراسات تاريخية وأثرية في وثائق من عصر الغوري، قسم الآثار الإسلامية، كلية الآداب، جامعة القاهرة، 1956، 3 أجزاء، (رسالة دكتوراة غير منشورة)، ج2، تحقيق رقم 61. ؛ للاستزادة حول هذا المصطلح انظر: مسرد المصطلحات الأثرية الملحق بهذا الكتاب.

الشكل 35   أشكال الرنوك التي ظهرت على العمائر السكنية المملوكية. (من إعداد الباحث)

لقصر قوصون حيث يعلو حجر السقيفة طاقية مفصصة يتدلى أسفلها خمس حطات من المقرنصات المتراكمة [لوحة 31]، كما تغطي باقي السقيفة للداخل صرة مركزية مفصصة تحيط بها أربعة صفوف من المقرنصات التي تتدلى أرجلها في الحطتين الأولى والثانية لتعطي لهذا التكوين الزخرفي زيادة كبيرة في إحساس العين بالعمق والتجسيم [الشكل 19].

الباب السابع

القصور والبيوت الباقية في القاهرة من العصر المملوكي البحري، 648–784هـ/1250–1382م

1 قصر الأمير أَلِناق الحسامي (المعروف بقصر آلين آق)، 693هـ/1293م

يقع هذا القصر بشارع باب الوزير[1] [الشكل 36]، على يسرة السالك فيه باتجاه قلعة الجبل، ملاصقاً لمدرسة الأمير خاير بك[2] [الشكل 37]، [لوحة 11].

منشيء هذا القصر هو الأمير ألناق الجمدار[3] سنة 693هـ/1293م، وقال المقريزي[4] هو الأمير سيف الدين

1 يتحدث علي باشا مبارك عن شارع باب الوزير بالقول: أن أوله من نهاية شارع التبانة من عند جامع إبراهيم آغا، وآخره قبلي جامع أيتمش من تجاه حارة درب كحيل. ⁝ علي باشا مبارك، الخطط التوفيقية الجديدة في مصر والقاهرة، الهيئة العامة للكتاب، 20ج، 1983. ج2، ص283، وسوف نرمز إليه بـ"الخطط التوفيقية". ⁝ وقد سمي الشارع بهذا الاسم نسبة لباب الوزير، وهو أحد أبواب القاهرة الخارجة من سورها الشرقي الذي أنشأه صلاح الدين في المسافة الواقعة بين الباب المحروق وبين قلعة الجبل، وقد فتح هذا الباب في السور المذكور الوزير نجم الدين محمود بن علي بن شروين المعروف بوزير بغداد وقت أن كان وزيراً للملك الأشرف كجك بن الناصر بن محمد بن قلاوون سنة 742هـ/1341م لمرور الناس من بين المدينة وبين الجبانة الواقعة خارج السور على الأخص بعد سد الباب المحروق ولهذا عرف من ذلك الوقت إلى اليوم باسم باب الوزير وإليه ينسب باب الوزير وقرافة باب الوزير بالقاهرة، وموقع هذا الباب لا يزال قائماً إلى اليوم على رأس شارع التربة الموصل بينه وبين شارع باب الوزير بالقرب من جامع أيتمش البجاسي، والباب الحالي جدده الأمير طرباي الأشرفي صاحب القبة المجاورة لهذا الباب في سنة 909هـ/1503م. ويقع هذا القصر بخريطة الحملة الفرنسية في القسم الأول المربع 6-Q ولكن لم يشر إليه برقم. ⁝ ابن تغري بردي (أبو المحاسن جمال الدين يوسف ت874هـ/1469م)، النجوم الزاهرة في ملوك مصر والقاهرة، تحقيق محمد رمزي، الهيئة العامة للكتاب، القاهرة، 1972، 16ج، ج10، ص180. وسوف نرمز إليه ب "النجوم الزاهرة".

2 تقع هذه المدرسة بشارع باب الوزير ملاصقة للواجهة الشمالية لقصر أَلِناق، وتتكون من مدرسة وقبة ضريحية وسبيل بالإضافة لبعض الملحقات الخلفية منها زاوية صغيرة. ⁝ مصطفى نجيب، مدرسة خاير بك بباب الوزير دراسة معمارية وأثرية، كلية الآداب، جامعة القاهرة، 1968، (رسالة ماجستير غير منشورة)، ص5–7، 44–45.

3 الأمير في اللغة هو ذو الأمر والتسلط، وهو لقب من ألقاب الوظائف التي استخدمت كلقب فخري، وهو بمعنى الوالي، وأطلق على أولياء العهد بالخلافة في العصرين الأموي والعباسي، أما في الفاطمي فقد أطلق على أبناء الخليفة، ثم شاع استخدامه في عصر السلاجقة، وانتقل إلى الأتابكة، ومنهم إلى الأيوبيين، فالمماليك، واستخدم كلقب فخري بإضافة ياء النسبة إليه. ⁝ انظر: القلقشندي (أبو العباس أحمد بن علي بن أحمد ت811هـ/1418م)، صبح الأعشى في صناعة الإنشا، المطبعة الأميرية، القاهرة، 1915م، 14ج، ج9، ص 399–402. وسوف نرمز إليه لاحقاً ب "صبح الأعشى". ⁝ حسن الباشا، الألقاب الإسلامية في التاريخ والوثائق والآثار، دار النهضة العربية، القاهرة، 1958، ص179–186. وسوف نرمز إليه ب "الألقاب الإسلامية". وقد ورد اسم المنشئ بهذه الصيغة بكتابات الضلع الغربي لإزار دركاه المدخل الرئيسي، وهذا تصحيح لكتابة الاسم الشائع للمنشئ والمعروف ب "ألين آق". الجمدار هو لقب وظيفي، مكون من جزأين فارسيين، جما أو جمة ومعناها الثوب، ودار بمعنى ممسك، والمعنى العام هو ممسك الثوب، وهو الذي يتصدى لإلباس السلطان أو الأمير ثيابه. ⁝ انظر: صبح الأعشى، ج5، ص59. ⁝ الألقاب الإسلامية، ج1، ص356–360.

4 المقريزي (تقي الدين أحمد بن علي بن عبد القادر 845هـ/1442م)، السلوك لمعرفة دول الملوك، 4 أجزاء، 12 قسم، ج1،2(ستة أقسام)، تحقيق محمد مصطفى زيادة، ج3،4، تحقيق سعيد عبد الفتاح عاشور، مطبعة دار الكتب، القاهرة 1957–1973، ج1،

© KONINKLIJKE BRILL NV, LEIDEN, 2021

 | DOI: 10.1163/9789004441408_009

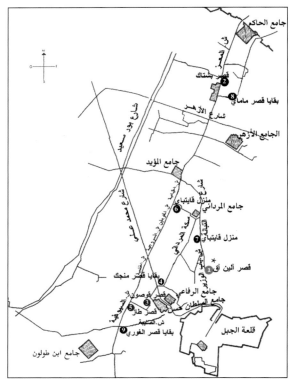

ألناق الساقي[5] السلاح دار،[6] وذُكر عند ابن تغري بردي باسم سيف الدين أَلِناق بفتح الألف وكسر اللام، بينما ورد عند ابن دقماق[7] باسم عناق الساقي.

ويتضح من استقراء النصوص الأثرية والكتابات التاريخية أن سيف الدين أَلِناق كان من مماليك الأمير حسام الدين لاجين[8] ولهذا لقب الأمير أَلِناق بالحسامي على سبيل ألقاب

الشكل 36 خريطة حديثة تبين مواقع القصور والمنازل الباقية بمدينة القاهرة التاريخية. (من إعداد الباحث على خلفية خريطة منقولة عن: Revault & Maury, *Palais et Maisons du Caire*)

النسبة ثم أضيفت إليه عدة ألقاب وظيفية منها الساقي ثم الجمدار ثم السلاح دار وهي أعلى رتبة وظيفية حصل عليها.

1.1 عمارة القصر

عمر هذا القصر الأمير سيف الدين أَلِناق وابتدأ بعمارته عندما كان ساقياً وثبت رنكه[9] ورمزه الكأس على أربعة خراطيش

القسم3، ص 795. وسوف نرمز إليه ب "السلوك".

5 وظيفة الساقي من الوظائف التي عرفت بمصر في العصر المملوكي، وكانت مهمة من يتولاها الإشراف على مد الأسمطة، وتقطيع اللحم، وسقي المشروب بعد رفع السماط، وكان رنكه على شكل الكأس، ويلاحظ أن رنك الكأس من أكثر الشعارات ظهوراً على الآثار والتحف العربية، سواءً أكان مشتملاً على مجرد كأس فقط أو مركباً من كأس ورموز أخرى، وربما يرجع ذلك إلى أن الصناع كانوا يهتمون بإثبات رنك الكأس على ما يُصنع لأصحابه من أدوات، وما يبنى لهم من عمائر، وربما يرجع أيضاً إلى كثرة عدد السقاة من الخاصكية وتفوقهم عن غيرهم من ذوي الوظائف الأخرى. ؛ صبح الأعشى، ج5، ص454. ؛ حسن الباشا، الفنون الإسلامية والوظائف على الآثار العربية، القاهرة، دار النهضة العربية، 1966، ج2، ص577–586. وسوف نرمز إليه ب "الفنون الإسلامية والوظائف". ؛ زكي حسن، فنون الإسلام، القاهرة، 1940، ص 326. ؛ أحمد عبد الرزاق، الرنوك في عصر سلاطين المماليك، مجلة الجمعية المصرية للدراسات التاريخية، مج 21، 1974، ص 79.

6 السلاح دار اسم وظيفة اشتهرت في العصر المملوكي وتتألف من لفظين عربي وفارسي هما سلاح بمعناها العربي ودار الفارسية التي تعني ممسك فيكون المعنى الكامل ممسك السلاح، وهو يطلق على من تكون وظيفته حمل سلاح السلطان أو الأمير كما يتولى أمر السلاح خانه، وكان السلاحدارية يختارون من المماليك السلطانية ويقومون بحراسة السلطان. ؛ صبح الأعشى، ج5، ص462. ؛ الفنون الإسلامية والوظائف، ج2، ص597.

7 ابن دقماق (إبراهيم بن محمد بن أيدمر العلائي 750–809هـ/1349–1406م)، الجوهر الثمين في سير الخلفاء والملوك والسلاطين، تحقيق الدكتور سعيد عبد الفتاح عاشور، طبع جامعة أم القرى، المملكة العربية السعودية، د.ت، ص 318. وسوف نرمز إليه ب "الجوهر الثمين".

8 هو الملك المنصور لاجين المنصوري السلطان الحادي عشر من سلاطين المماليك البحرية (696–698هـ/1297–1299م). ؛ ابن دقماق (إبراهيم بن محمد بن أيدمر العلائي 750–809هـ/1349–1406م)، الجوهر الثمين في سير الخلفاء والملوك والسلاطين، تحقيق الدكتور سعيد عبد الفتاح عاشور، طبع جامعة أم القرى، المملكة العربية السعودية، د.ت، ص323–329. وسوف نرمز إليه ب "الجوهر الثمين".

9 يعتبر الرنك امتيازا خاصاً بالأمراء والقادة العسكريين خلال

لوحة 11 منظر جوي يظهر كامل منطقة شارع باب الوزير، ويبين موقع قصر ألناق بالنسبة للشارع. (عن منشورات مؤسسة الآغا خان)

بواجهة المدخل الرئيسي للقصر، وعندما كاد الأمير أَلِناق ينهي عمارة قصره هذا حصل على لقب الجمدار فأثبته ضمن ألقابه التي أوردها ضمن النص التأسيسي للقصر والمسجل على إزار سقف دركاة المدخل الرئيسي، وجعل رنك الساقي ورمزه الكأس[10] يفصل بين جميع بحور كتابات النص التأسيسي.

العصرين الأيوبي والمملوكي، وهو إما بسيط أو مركب، وكان يوضع على كل الأشياء والأماكن الثابته والمنقولة المنسوبة إلى صاحبها كالبيوت والمراكب وقماش خيوله وجماله وعلى العبي والسجاد وعلى السيوف والأقواس والأدوات المعدنية والخشبية والزجاجية وغيرها. ؛ للاستزادة حول هذا المصطلح انظر: مسرد المصطلحات الأثرية الملحق بهذا الكتاب.

10 يعتبر رنك الساقي من الرنوك التي يحتفظ بها حاملها حتى لو ترقى لوظيفة أعلى، كما يرجح الباحثون أن ابن الساقي كان يرث أحياناً عند تأميره رنك الساقي عن أبيه ولو لم يكن هو نفسه ساقياً. ؛ أحمد عبد الرازق، المرجع السابق، ص70.

وسكن هذا القصر بعد الأمير أَلِناق الأمير أيتمش البجاسي[11] الذي عمر العديد من المنشآت السكنية من بيوت وقاعات ورباع،[12] وسكن أيتمش في هذا القصر لاعتبارات عديدة أهمها ضخامة هذا القصر، وموقعه المميز جداً، بشارع باب الوزير قريباً من مقر الحكم بقلعة الجبل وقريباً من مجموعته الكبيرة[13] التي أنشأها سنة 785هـ/1383م. (وقد كان لهذا القصر تأثير كبير في زخارف بعض منشآت الأمير أيتمش).[14]

11 كان مملوكاً انتقل لخدمة السلطان الظاهر برقوق الذي أعتقه سنة785هـ/1384م ودرجه في المناصب العسكرية، حتى وصل لمنصب أتابك العسكر، ثم هرب لدمشق بعد نزاع له مع السلطان فرج بن برقوق حيث قبض عليه في 27رجب سنة 802هـ الموافق 25 مارس 1400م ثم قتل بعد مرور أقل من شهر في قلعة دمشق، وقد ترك لنا هذا الأمير العديد من الآثار أهمها مدرسته القائمة في باب الوزير. ؛ للاستزادة انظر: أحمد محمد أحمد، منشآت الأمير أيتمش البجاسي بباب الوزير دراسة معمارية أثريه، قسم الآثار الإسلامية، كلية الآثار، جامعة القاهرة، (رسالة دكتوراة غير منشورة)، 1994، ج2، ج1، ص23–42.

12 شكلت المنشآت السكنية من دور بيوت وقصور وطباق ورباع وقاعات جزء كبير من منشآت أيتمش التي شيدها وإن كان بعضها قد آل إليه عن طريق الاستبدال، ومن الجدير بالذكر أن هذه المنشآت السكنية جميعها قد اندثرت نتيجة لعوامل متعددة منها الأحداث السياسية التي قامت بين أيتمش والناصر فرج بن برقوق ولكن لحسن الحظ فقد حفظت لنا الوثيقة وصفاً معمارياً مفصلاً لهذه المنشآت وتحديد مواقعها. ؛ المرجع نفسه، ج1، ص276.

13 تضم هذه المجموعة مدرسة وتربة وحوش لسقي الدواب وإسطبلاً. ؛ انظر: أحمد محمد أحمد، المرجع نفسه، ج1، ص276. ؛ حسني محمد نويصر، العمارة الإسلامية في مصر عصر الأيوبيين والمماليك، مكتبة زهراء الشرق، القاهرة، 1996، ص253–262.

14 أحمد محمد أحمد، المرجع السابق، ص90. ولم يتعرض أحمد محمد لدراسة هذا القصر مبرراً ذلك بقوله (بسبب أنه ليس من ملكه إنما هو بيت سكنه، وكان ملك الأمير أَلِين آق الحسامي)، انظر: المرجع نفسه، ص277.

وسكن بهذا القصر بعد الأمير أيتمش الأمير مقبل الحسامي[15] الدودار[16] بحدود سنوات 820–827هـ/1417–1423م، ثم آل هذا القصر إلى السلطان برسباي[17] (825–841هـ/1422–1438م)، ثم انتقلت ملكية القصر إلى الأمير الكبير خاير بك،[18] الذي أجرى فيه عمارة واسعة شملت أغلب أجزائه، كما غير في التخطيط الأصلي لبعض عناصر القصر[19] مثل فناء القصر، حيث قلل مساحته ببناء ثلاث غرف إضافية بالضلع الشمالي للفناء. كما فتح باباً بالجدار الغربي للإيوان الشمالي للقاعة الكبرى بالطابق الأول من القصر، وجعل خلفه سلماً هابط يصل إلى القبة الملحقة بمدرسته التي ابتناها ملاصقة للقصر القديم.

---

15 هو مقبل بن عبد الله الحسامي الرومي عند ابن حجر العسقلاني، وهو مقبل الزيني الحسامي عند السخاوي، وكان خاصيكاً للملك المؤيد شيخ الذي رقاه حتى صار دوداراً كبيراً بعد سنة 820هـ/1417م، ثم صار مقدم ألف وهو في الشام، وظل هناك حتى أعطاه الأشرف برسباي نيابة صفد 827هـ/1423م، وظل فيها حتى مات سنة 837هـ/1433م، وقد حسنت سيرته فيها. ؛ انظر: ابن حجر العسقلاني (أبو الفضل أحمد بن علي ت 852هـ/1448م)، إنباء الغمر بأبناء العمر، طبع المجلس الأعلى للشؤون الإسلامية، 4ج، ج3، تحقيق حسن حبشي، القاهرة، 1994–1998، ص533. ؛ السخاوي (شمس الدين محمد بن عبد الرحمن ت 902هـ/1497م)، الضوء اللامع في أعيان القرن التاسع، مكتبة الحياة، بيروت، د.ت، 10 أجزاء في 5 مجلدات، ج1، ص197–198.

16 الدودار وهو أيضاً لقب وظيفي، مكون من جزئين فارسيين، دواه أي دواية الحبر التي يكتب منها، ودار بمعنى ممسك، أي ممسك الدواة، وكانت وظيفة يشغلها عسكريين يختارون من بين فرقة الخاصيكية، وقد كان للسلطان الواحد أكثر من دودار، ولم يكن يشترط بهؤلاء وفرة العلم، حيث كانت وظيفة الدودار الأساسية هي حمل دواة السلطان مع ما ينضم لذلك من الأمور اللازمة لهذا المعنى، من حكم وتنفيذ أمور وتقديم البريد، وكان له رنك خاص به على هيئة دواة تشبه الكأس. ؛ صبح الأعشى، ج4، ص19. ؛ الألقاب الإسلامية، ج2، ص519، 535.

17 من أشهر السلاطين الجراكسة وتولى بعد أن خلع الملك الصالح محمد بن ططر، حيث كان نائباً للسلطنة، وكانت أيامه في غاية الأمن والرخاء، وقد ترك السلطان برسباي العديد من المنشآت المدنية والدينية بقي منها ثلاثة آثار مهمة هي مدرسته بحي الأشرفية بالقاهرة والخانقاه بجبانة المماليك وبها قبته الضريحية والجامع بالخانكة: ؛ انظر: المنهل الصافي، ابن تغري بردي (أبو المحاسن جمال الدين يوسف ت874هـ/1469م)، المنهل الصافي والمستوفي بعد الوافي، تحقيق الدكتور محمد محمد أمين والدكتور نبيل محمد عبد العزيز، طبع الهيئة العامة للكتاب، 1985–1994، صدر منه 9 أجزاء، ج3، ص255–276. وسوف نرمز إليه لاحقاً ب "المنهل الصافي". ؛ حسني نويصر، مضامين شريفة بنصوص تأسيس المدرسة الأشرفية برسباي بالقاهرة "دراسة أثرية حضارية"، مجلة المؤرخ المصري، كلية الآداب، جامعة القاهرة، يناير 1990، ص217–272. ؛ محمد عبد الستار، الآثار المعمارية للسلطان برسباي بمدينة القاهرة، (رسالة ماجستير غير منشورة)، كلية الآثار، القاهرة، 1977.

18 هو خاير بك بن بلباي وأصله من مماليك السلطان الأشرف قايتباي وترقى في المناصب حتى جعله السلطان الغوري حاجباً للحجاب بالديار المصرية، وظل بهذا المنصب حتى سنة 910هـ/1504م، وتولى خاير بك بعد ذلك نيابة حلب حتى توجه العثمانيون لاحتلال الشام ومصر 922هـ/1516م، فتعاون مع السلطان سليم ضد السلطان الغوري مما كان له أعظم الأثر في هزيمة المماليك بعد مقتل سلطانهم، وكافأه السلطان سليم بأن لقبه بملك الأمراء وعينه والياً على مصر (923-928هـ/-1517 1521م) فكان أول والي عثماني بمصر، وظل بعمله حتى توفي. ؛ انظر: د. مصطفى نجيب، مدرسة خاير بك بباب الوزير دراسة معمارية وأثرية، رسالة ماجستير غير منشورة، كلية الآداب، جامعة القاهرة، 1968، ص-1 4. ؛ وانظر تفاصيل أكثر في: ابن زنبل (الشيخ أحمد الرمال ت960هـ/1552م)، آخرة المماليك، تحقيق عبد المنعم عامر، الهيئة المصرية العامة للكتاب، ط2، 1998.

19 ونستطيع تمييز عمارة الأمير خاير بك عن عمارة الأمير ألناق الحسامي بسهولة، لو نظرنا لنوعية خامة البناء وهي الأحجار، حيث تظهر تجديدات خاير بك، وقد تمت باستخدام أحجار من الحجر النحيت صغيرة الحجم جداً لو قورنت بالأحجار العجالي الضخمة التي بنيت بها قصور العصر المملوكي البحري، كما سوف نرى لاحقاً.

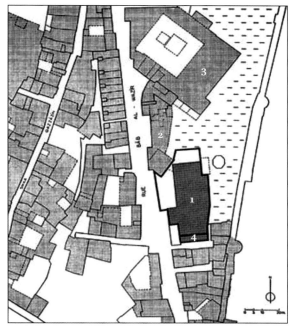

لوحة 12 صورة أرشيفية للإضافات التي أزالتها لجنة حفظ الآثار العربية عن واجهة قصر ألناق الحسامي وهي من إضافات إبراهيم آغا مستحفظان. (عن أرشيف الهيئة العامة للآثار المصرية)

ومن الغريب أن علماء الآثار قد ظلوا يعتقدون أن هذا القصر من بناء خاير بك[20] حتى عام 1926 عند إجراء لجنة حفظ الآثار العربية لبعض الترميمات ورفع الأتربة من المدخل الأصلي للقصر، حيث تمكنوا من قراءة اسم الأمير ألناق الجمدار الناصري على إزار سقف دركاه[21] المدخل فتأكدوا من خطأ نسبة القصر لخاير بك، وطلبوا إطلاق اسم أَلِناق عليه[22] ومعاملته على أنه أثر مستقل عن المسجد وإعطائه نمرة خاصة نظراً لاختلاف المنشئ.

وبعد خاير بك وذريته تمكن إبراهيم آغا مسحفظان[23] من

20 ورد في كراسات اللجنة (أن سراي خاير بك القديمة حصل بناؤها في العصر الأول من استيلاء الأتراك على مصر) كراسات لجنة حفظ الآثار العربية، الكراسة رقم 4، تقارير سنة 1886، تقرير رقم 9، ص33. وسنرمز إليها لاحقاً بـ"الكراسات".

21 انظر: مسرد المصطلحات الأثرية الملحق بهذا الكتاب.

22 الكراسات، الكراسة رقم 34، تقارير الأعوام 1925–1926، تقرير رقم 620، ص117–118. ؛ الكراسات، الكراسة رقم 37، تقارير اللجنة للأعوام 1933–1935، تقرير 706، ص314–15.

23 هو أحد كبار أمراء العصر العثماني ورئيس طائفة مستحفظان

الشكل 37 الموقع العام لقصر ألناق الحسامي بشارع باب الوزير. 1–قصر ألناق الحسامي 2–مسجد خاير بك 3–الجامع الأزرق 4–حوض إبراهيم أغا مستحفظان (عن: Revault & Maury, *Palais et Maisons du Caire* بتصرف)

استئجار هذا القصر من ناظر وقف الأمير خاير بك لمدة خمسة عشر عقداً تبدأ من سنة 1069هـ/1658م،[24] فجدد عمارته

بقلعة القاهرة، وكان كثير الخيرات وله مآثر كثيرة مثل تعمير مساجد كانت خربة أيامه مثل مساجد آقسنقر ومسجد المرداني الواقع بشارع التبانة ومسجد أثر النبي بمنطقة أثر النبي، كما أنشأ الكثير من العمائر في القاهرة رباع وأسبلة وأحواض سقي الدواب. ؛ للاستزادة انظر: سامي عبد الحليم، مسجد الأمير آقسنقر الناصري، بحث في مجلة كلية الآداب، جامعة المنصورة، العدد 3–4، 1982، ص276–277.

24 حيث ورد ما نصه: ص116... جميع/ منفعة الخلو والسكنى والانتفاع بجميع المكان/ ص117 الكاين بظاهر القاهرة المحروسة خارج باب زويلة/ والدرب الأحمر بخط التبانة بالقرب من باب الوزير/ المجاور لقبة المرحوم خاير بك ملك الأمراء طاب ثراه/ وللحوض الكبير ولحوش مدفنه وللطريق المعروف المكان/ المذكور بالقصر المشتمل بدلالة

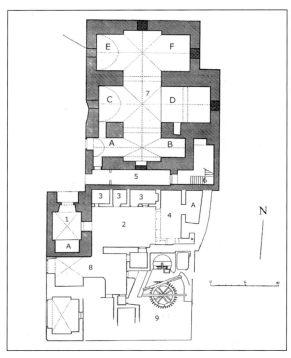

وعمارة حوض سقي الدواب [لوحة 12] الملاصق للواجهة الخارجية الجنوبية لقصر ألِناق سنة 1070هـ/1659م، وثبت ذلك بنص تأسيسي مازال موجوداً على مدخل الحوض المذكور.[25]

1.2 الوصف المعماري للقصر

الواجهة الغربية

هي الواجهة الرئيسية للقصر وتمتد بطول 49.68م، وتقع بين مجموعة [الشكل 37–2] خاير بك شمالاً وحوض إبراهيم أغا مستحفظان جنوباً [الشكل 37–4]، حيث لا يفصل بين قصر ألِناق وهذا الحوض سوى جدار تبدأ واجهة القصر بعده بباب ارتفاعه 3.40م وعرضه 1.75م، يعلوه عقد موتور تغلق عليه درفتا باب خشبي يتوصل منه لحجرة أرضية كبيرة، ويتابع **هذا الجزء الأول** من الواجهة امتداده للشمال بطول 16.56م مشكلاً واجهة مصمتة ليس بها فتحات سوى فتحة هذا الباب

الشكل 38 مسقط أفقي للطابق الأرضي لقصر ألناق الحسامي. 1–دركاة المدخل الرئيسي 2–الفناء 3–غرف 4–التختبوش A–حاصل 5–دهليز أو ممر طويل 6–بير السلم المؤدي للطابق الأول 7–الإسطبل A,B,C,D,E,F أواوين 8–حجرة أرضية واسعة 9–حوض إبراهيم أغا مستحفظان (عن: Revault & Maury, *Palais et Maisons du Caire*)

سابق الذكر، حيث تتكسر الواجهة إلى الشرق ليظهر **الجزء الثاني** منها بطول 5.97م مُشَكِلاً زاوية قائمة، ويحتل هذا الجزء المنكسر كتلة المدخل الرئيسي للقصر، حيث يتوسط هذه الكتلة حجر غائر يعلوه معبرة مقرنصة، ويتوسط هذا الحجر من الأسفل باب الدخول للقصر، وفي الطرف الشرقي لكتلة المدخل تعود هذه الواجهة للانكسار ثانية جهة الشمال لتمتد حتى تلاصق قبة مجموعة خاير بك، وطول هذا الجزء الثالث من الواجهة 27.15م، حيث تشكل مع هذه القبة زاوية حادة بها ثلاثة عقود متراكبة حاملة يعلو بعضها البعض، الأول منها للأسفل موتور، والثاني مدبب، والثالث نصف دائري وهو أكبرها وأعلاها، وتقوم هذه العقود بحمل المعبرة التي أضافها خاير بك لتصل بين القاعة الرئيسية للقصر ومسجد خاير بك.

مستند التواجر والخلو/ الآتي ذكره فيه على حوش وجنينة صغيرة ومقعد صغر (صغير)/ وقاعة جلوس صغيرة وقصر كبير ومنافع ومرافق/ وحقوق محتاجة إلى العمارة المعلوم ذلك عند/ الواقف المشار إليه العلم الشرعي النافي للجهالة شرعاً/ والجاري المكان المذكور في وقف المرحوم خاير بك/ المذكور وفي خلو الأمير إبراهيم أغا المرقوم وانتفاعها/ ص118 وفي نظير مبلغ قدره خمسة آلاف نصف فضة عددية/ وفي تواجره أيضاً مدة خمسة عشر عقداً كاملاً تمضي/ من تاريخ المستند الآتي ذكره فيه آل ذلك إليه بالتواجر/ الشرعي من قبل الواقف المشار إليه وهو الأمير عبد/ القادر ابن المرحوم محمد بلوك طايفة الينكجرية/ بدمشق الشام كما ذلك معين ومشروح بمستند التواجر/ والخلو الموعود بذكره أعلاه المسطر من محكمة جامع الصالح/ بمصر المحروسة المؤرخ في سادس عشري القعدة الحرام/ سنة تاريخه أدناه الثابت والمحكوم بموجب ما فيه من التواجر/ بالشرع الشريف). ⁝ حجة وقف إبراهيم آغا مستحفظان، وزارة الأوقاف، رقم 952، مؤرخ 1070هـ/ 1659م، ص116 سطر10–11، ص117 سطر1–11، ص118 سطر 1–10.

25 محمد الششتاوي، منشآت رعاية الحيوان بالقاهرة في العصرين المملوكي والعثماني، قسم الآثار الإسلامية، كلية الآثار، جامعة القاهرة، 2001، (رسالة دكتوراة غير منشورة)، ص 68–70.

لوحة 13   منظر عام للواجهة الشرقية والشمالية لقصر ألناق الحسامي بعد الترميم الأخير.

ويوجد بهذا الجزء الثالث من الواجهة مستويان سفلي وبه واجهة الطابق الأرضي وعلوي وبه واجهة القاعة بالطابق الأول وفي [الشكل 38] المستوى السفلي يوجد بابان، الأول للجنوب وهو باب مسدود الآن، وكان عبارة عن فتحة مربعة تعلوها عتب خشبي يؤكد شكله أنه مستحدث بجدار هذه الواجهة، وكان يتوصل منه مباشرة إلى ممر طويل [الشكل 38-5] ينتهي بسلم صاعد يوصل مباشرة للقاعة العلوية للقصر، والباب الثاني عبارة عن فتحة جدارية مهدمة بأجزائها الخارجية يتوسطها اليوم فتحة باب ارتفاعها 2.00م وعرضها 1.60م كان يعلوها

عقد مدبب يتوصل منها اليوم مباشرة لداخل الإسطبل الكبير [الشكل 38-7] الذي يحتل جزء كبير من الطابق الأرضي لهذا القصر، والذي يفتح في جداره الغربي بهذه الواجهة ثلاثة شبابيك تسمح بإدخال الهواء والضوء للإسطبل.

أما المستوى العلوي لهذا الجزء من الواجهة فتظهر به الواجهة الخارجية لجدران القاعة الرئيسية في الدور الأول للقصر، والتي ترتفع شاهقة وتتكون من ثلاثة أجزاء، أولها

لوحة 14 المدخل الرئيسي لقصر ألناق الحسامي بعد الترميم الأخير.

واجهة الإيوان الجنوبي وبها قمرية[26] كبيرة، يستدل من شكلها أنه كان يغشيها شبابيك من الزجاج المعشق، والجزء الثاني واجهة الإيوان الشمالي الرئيسي للقاعة، حيث تفتح بجداره الغربي قنديليه عبارة عن شباكين مستطيلين معقودين يعلوهما قمرية دائرية، وأيضاً يستدل من الشكل العام لهذه القنديليه أنه كان يغشيها شبابيك من الزجاج المعشق.

وينحصر بين واجهتي كل من هذين الإيوانين جزء أوسط كان يشكل الواجهة الخارجية للغرف، التي كانت ملحقة بالقاعة والواقعة خلف الضلع الغربي للدور قاعة، والتي كانت عبارة عن ثلاث غرف أهمها الغرفة الشمالية والتي تبرز عن سمت الواجهة الغربية للقصر بشرفة طولها 4.14م وعرضها 1.39م محمولة على أربعة كوابيل حجرية وكان يستند على هذه الشرفة غرفة ثانية بالدور الثاني مشابهة لها، ولكن للأسف فقد زالت واجهتا هاتين الغرفتين، ويغلب أن كلاً منهما كانت تفتح على هذه الواجهة الغربية بمشربيات كبيرة من خشب الخرط، وظهر اليوم بعد هذا التهدم الجدار الغربي للدور قاعة والذي يقف مصمتاً حتى أعلاه، حيث يوجد بعد ذلك ثلاثة شبابيك

لوحة 15 سقف دركاه المدخل الرئيسي لقصر ألناق الحسامي.

معقودة كانت تمثل الضلع الغربي للشخشيخة التي كانت تعلو دور قاعة القاعة بالطابق الأول والتي زالت قبتها الخشبية أيضاً.

ويلاحظ أن كافة أجزاء هذه الواجهة الغربية قد بنيت بالحجر الكبير العجالي حتى مستوى أعتاب فتحات الدور الأول، ثم أكمل البناء كما في كافة أجزاء هذا القصر بحجر نحيت صغير.

الواجهة الشرقية: [لوحة 13]

تمتد هذه الواجهة محاذية للسور الشرقي للقاهرة الأيوبية، حيث لا يفصل بين هذه الواجهة والسور إلا حوالي عشرة أمتار هي اليوم عبارة عن مساحة فضاء، ترتفع عن مستوى شارع باب الوزير لمستوى متوسط بين الدور الأرضي والأول، ويغلب على الظن أنه كان يمتد بهذه المساحة أجزاء زائلة لقصر أَلِناق، ويؤكد ذلك اليوم العثور على بعض القبوات والممرات بمستوى أسفل الأرضية الحالية لهذه المساحة، كما أن الشكل العام للأجزاء الباقية بهذه الواجهة الشرقية، يشير لامتداد مؤكد لهذه الأجزاء جهة الشرق.

ولا يشغل هذه المساحة اليوم سوى قبة بسيطة غير مرتفعة أقامها الأمير خاير بك لأحد الشيوخ ويدعى الباز الأشهب، كما تذكر وثيقة خاير بك.[27]

أما الواجهة الشرقية للقصر فهي تبدأ من الجهة الجنوبية بانهدام ظاهر بالواجهة كان به بئر السلم [الشكل 38-6] الواقع

26 انظر: مسرد المصطلحات الأثرية الملحق بهذا الكتاب.

27 وثيقة خاير بك، وثيقة رقم 292/44، المصدر السابق، ص 8، سطر 11.

لوحة 16 البحر السابع من كتابات الضلع الغربي لإزار سقف دركاه المدخل الرئيسي للقصر، ويظهر به اسم الأمير ألناق ووظيفته.

بنهاية الممر والباب المسدود سابق الذكر بالواجهة الغربية.

ويلاحظ أيضاً هنا الانهيار الكبير الذي حصل بجدران هذه الواجهة حيث سقطت كافة الأجزاء العليا من جدران الإيوان الجنوبي للقاعة الكبيرة بالطابق الأول، وكذلك كامل سقف الإيوان، وتنتهي هذه الواجهة جهة الشمال بجدار ضخم يرتفع من مستوى الطابق الأرضي حتى نهاية مستوى الطابق الأول، وحيث كانت توجد به ثلاث نوافذ تعلو بعضها البعض الأولى من الأسفل شباك مربع كان يسمح بدخول الهواء والضوء لأحد بوائك الإسطبل بالطابق الأرضي، ويعلو ذلك شباك ثان أكبر مساحة وهو مسدود الآن وكان يفتح مباشرة في الجدار الشرقي للإيوان الرئيسي للقاعة بالطابق الأول ويغلب أن هذا الشباك كان مغشى بمصبعات من الخشب الخرط.

ويعلو هذا الشباك قندليه بسيطة عبارة عن شباكين مستطيلين معقودين يعلوهما قمرية دائرية ويظهر من الشكل العام لهذه القمرية أنها كانت مغشاة بالزجاج المعشق بالجص والألوان.

أما المستوى العلوي لهذه الواجهة فهو الجدار الشرقي للشخشيخة التي كانت تعلو دورقاعة القاعة الرئيسية، حيث كان يفتح بجدارها هذا ثلاثة شبابيك معقودة سدت اليوم.

ولا يفوتنا أن نذكر أن هذه الواجهة مثل الواجهة الغربية السابق ذكرها كانت قد بنيت حتى مستوى فتحات الشبابيك والأبواب بالأحجار الضخمة، بينما أكمل البناء بعد ذلك بأحجار صغيرة.

الواجهة الشمالية: [لوحة 13]

هي الواجهة الملاصقة لمجموعة خاير بك حيث يشغل جزءها السفلي بيت صلاة حديث تابع لمجموعة خاير بك، وأما الجزء العلوي لهذه الواجهة فيشكل الواجهة الخارجية للإيوان الرئيسي للقاعة وبه مستويان من الشبابيك سفلي عبارة عن ثلاثة شبابيك مستطيلة، وعلوي به ثلاثة أخرى أوسطها عبارة عن قندلية بسيطة مكونة من شباكين مستطيلين معقودين يعلوهما قمرية مدورة، وعلى جانبي هذا الشباك شباكان مستطيلان معقود كل منهما بعقد نصف دائري محمول بالخارج على عمودين مدمجين، ويلاحظ أن هذين الشباكين مسدودان من الداخل، وتنتهي هذه الواجهة الشمالية من الأعلى بتهدم واضح ظهر غالباً بعد نزع البراطيم التي كانت تشكل جزءاً هاماً من سقف الأيوان الرئيسي للقاعة.

المدخل الرئيسي: [لوحة 14]

يقع بالطرف الجنوبي للواجهة الرئيسية مطلاً على شارع باب الوزير، حيث تتكسر الواجهة بشكل زاوية قائمة لتكون كتلة هذا المدخل الذي صار متعامداً على الواجهة يتجه بابه للشمال، وقد كان هذا المدخل حتى سنة 1344هـ/ 1925م مغيباً وسط إضافات معمارية أقامها إبراهيم آغا مستحفظان على واجهة هذا القصر، وقامت لجنة حفظ الآثار العربية بإزالة هذه الإضافات لقيمتها الفنية والأثرية المتدنية، وكشف عن هذا المدخل الأصلي للقصر.[28]

28 الكراسات، كراسة 34، للأعوام 1925-1926، تقرير رقم 620، ص92.

والشكل العام لهذا المدخل هو عبارة عن حجر غائر يغطيه من الأعلى ثلاث حطات من مقرنص حلبي[29] ذي دلايات، ويسمى هذا النوع من المداخل بالمدخل ذي المعبرة المقرنصة،[30] ويوجد على جانبي المقرنصات بوجه كتلة المدخل دائرتان غائرتان كانتا مكانين لرنكين لم يعد لهما وجود، كما يحدد كامل وجه كتلة المدخل إطار قالبي بارز، أما عرض حجر المدخل فهو 3.25م وعمقه 1.55، يتوسطه من الأسفل باب الدخول ارتفاعه 3.10م وعرضه 1.70م يكتنفه مكسلتان حجريتان تمتدان بعمق المعبرة وبعرض 55سم، بينما ارتفاع كل منهما 75سم، كان يعلو المكسلتين شريط كتابي تآكلت اليوم حروفه بينما ظل مكانها الغائر دلالة عليها.

ويعلو باب الدخول عقد مستقيم من صنج حجرية معشقة ملبس وجهها بالرخام المنزل بالمعجون بشكل ورقة ثلاثية خضراء، ويعلو العتب عقد عاتق من صنج حجرية مستطيلة خالية من الزخارف بينما يكتنف جانبي هذا العقد العاتق رنك الساقي (الكأس) محفور بالحجر،[31] ويعلو العقد العاتق نافذة مستطيلة تتوسط صدر الحجر أسفل صفوف المقرنصات تسمح بدخول الإضاءة إلى الدركاه الواقعة خلف باب الدخول.

الطابق الأرضي: [الشكل 38]

دركاه المدخل الرئيسي: [الشكل 38–1]

يتوصل إليها مباشرة من باب المدخل الرئيسي، وهي دركاه شبه مربعة طولها 4.40م وعرضها 4.20م بصدرها مصطبة لجلوس الحارس [الشكل 38–1، A] ترتفع عن أرض الدركاه بحوالي 1.00م وعمقها 1.80م بينما عرضها 3.70م عليها سقف خشبي مستوي، بينما يغطي الدركاه سقف مكون من سبعة عوارض خشبية مستطيلة كانت مجلدة بالتذهيب والألوان وعليها زخارف نباتية وهندسية [لوحة 15] وهي تحمل سقفاً مستوياً ملئت أرضيته بزخارف مكررة لطبق نجمي ملون بخطوط خضراء ونقط بيضاء على أرضية قرمزية، ويرتكز هذا السقف على إزار[32] خشبي عليه شريط كتابي تآكل قسم كبير منه مع تآكل أغلب أجزاء السقف، وهذه الكتابات موزعة على السقف كالتالي:[33]

29 المقرنص الحلبي: ويسمى أيضاً المقرنص الشامي، وتكون رؤوس طاقاته مقوسة ومساقطها الأفقية منحنية على شكل عقد مدبب ويعرف نوع آخر من المقرنصات أهمها المقرنص البلدي أو العربي وطاقاته مضلعة ذات زوايا حادة تشبه العقد المنكسر، منها المقرنص المصري والمقرنص المخرم... إلخ. انظر: مسرد المصطلحات الأثرية الملحق بهذا الكتاب. ؛ عبد اللطيف إبراهيم، دراسات تاريخية وأثرية في وثائق من عصر الغوري، قسم الآثار الإسلامية، كلية الآداب، جامعة القاهرة، 1956، 3 أجزاء، (رسالة دكتوراة غير منشورة)، ج2، تحقيق رقم 61. ؛ سيف النصر أبو الفتوح، مداخل العمائر المملوكية بالقاهرة الدينية والمدنية بين سنة 648هـ/1250م، 784هـ/1382م، قسم الآثار الإسلامية، كلية الآثار، جامعة القاهرة، (رسالة ماجستير غير منشورة)، 1975، ص104.

30 يعتبر مدخل ألناق هذا أقدم مثل لهذه المداخل مازال قائماً بمصر وأغلب هذه المعابر قد استخدم بها المقرنص الحلبي، رغم ظهور حالات لاستخدام المقرنص البلدي كما في جامع شرف الدين الذي يتوج معبرته ستة حطات 717/ 837 هـ/ 1317–1337م والذي كان أصله قاعة حولت لمسجد. للاستزادة انظر: مسرد المصطلحات الأثرية الملحق بهذا الكتاب. ؛ سيف النصر أبو الفتوح، المرجع السابق، ص 39–111.

31 ضاع الرنك الواقع على الجانب الأيسر للعقد، بينما بقي الرنك الأيمن بحالة جيدة.

32 الإزار من الخشب ويقع أسفل السقف مباشرة وهو يتكون من الفروخ الشامي من الخشب الرقيق (الحور) الذي يبلغ سمكه نصف سنتمتر، وتركب على دعائم خشبية ثابته تعرف بالجمال عند أهل الصنعة، وتوجد على الإزار عادة كتابة خط عربي طومار كبير (من الجبس والمشاق) ناتئة على أرضية الإزار، وقد تحاط بزخرفة سلسلية متشابكة، وينتهي الإزار بمقرنصات من حطتين من النوع البلدي غالباً، وقد توجد في وسط الإزار بين الكتابة مقرنصات (فواصل) تعرف باسم المقرنصات الوسطانية مكونة من عدة حطات أو نهضات، وكذلك توجد في زوايا إزار السقف مقرنصات ركنية بذيول (رجل) مقرنصة، وكانت أرضية الإزار تدهن غالباً باللازورد وتلمع الكتابة التي عليه وغيرها من الزخارف النباتية بالذهب وقد توجد رنوك على الإزار أيضاً. ؛ عبد اللطيف إبراهيم، المرجع السابق، ج2، تحقيق رقم 308.

33 ساهم اكتشاف لجنة حفظ الآثار العربية لكتابات إزار هذا السقف سنة 1925–1926 في تصحيح نسبة هذا القصر للأمير

كتابات الضلع الجنوبي

البحر الأول: بسم الله الرحمن الرحيم أمر بإنشاء هذا [المكان]

البحر الثاني: المبارك المقر الكريم العالي الكبيري

كتابات الضلع الشرقي

البحر الثالث: الأميري الكبيري الأجلي المخدومي المجاهدي

البحر الرابع: المرابطي المثاغري[...]

كتابات الضلع الشمالي

البحر الخامس: المؤيدي المنصوري العضدي النصري

البحر السادس: الحسامي القوامي النظامي الكفيلي

كتابات الضلع الغربي

البحر السابع: السيفي سيف الدنيا والدين ألناق الجمدار [لوحة 16]

البحر الثامن: الملكي الناصري أدام الله أيام سعادته بمحمد وآله.[34]

وفتح بالجدار الشرقي لهذه الدركاه على يسار الداخل باب معقود بعقد مدبب، ارتفاع الباب حتى رجل العقد 2.30م وعرضه 1.45م ويفضي هذا الباب مباشرة لفناء القصر.

الفناء: [الشكل 38–2]

ويتوصل إليه مباشرة من باب الدركاه الواقع على يسار الداخل، وهو عبارة عن فناء مكشوف مستطيل طوله 9.15م وعرضه 6.50م، حيث تشكل هذه المساحة جزء صغير من المساحة الحقيقية لهذا الفناء في الأصل، أما فتحة باب الدخول لهذا الفناء من الدركاه، فما زالت تتوسط ضلعه الغربي، حيث يقع هذا الباب من داخل الفناء بوسط حجر غائر [لوحة 17]

لوحة 17 صورة من داخل الفناء للباب المتوصل منه لفناء قصر ألناق الحسامي.

ينتهي من الأعلى بعقد مدبب وارتفاع هذا الحجر حتى رجل العقد 2.40 وعرضه 1.65م ويعلو عقد هذا الحجر الغائر شباك مستطيل آخر يسمح بدخول الضوء لدركاه الدخول.

يعلو الشباك كابولي مزدوج يمتد من طرف خشبي يؤكد أن هذا الكابولي كان يحمل بروزاً لملحقات زائلة بالطابق الأول كانت تشغل كامل أعلى واجهة الضلع الغربي لهذا الفناء، كما يؤكد السلم الحجري الذي كان يصعد من هذا الطابق الأول إلى الطابق الثاني وجود ملحقات أخرى زائلة بالطابق الثاني.

ويشغل الضلع الجنوبي للفناء شباك مسدود وباب واحد ارتفاعه 3.21م وعرضه 1.70م، يدخل منه لحجرة أرضية مستطيلة [الشكل 38–8] طولها 12.00م وعرضها 3.00م، يفتح بجدارها الغربي باب كبير يفتح للخارج بالواجهة الغربية للقصر سبق ذكره أعلاه ارتفاعه 3.40م وعرضه 1.75م، تغلق عليه درفتا

ألناق، وقد كان يظن حتى ذلك الوقت أن هذا القصر يعود للأمير خاير بك، وتحدثت عنه اللجنة قبل ذلك تحت هذا الاسم. ⁝ الكراسات، كراسة 34، تقارير الأعوام 1925–1926، تقرير رقم 620، ص117–118.

34 أشار جاك ريفو وبرنار موري إلى أن الكتابات الموجودة على إزار سقف هذه الدركاه يحمل تاريخ إنشاء هذا القصر، هذا وكما يظهر خطأ بيّن تبعهم فيه العديد من الباحثين. انظر: Revault, Jacques, Maury, Bernard. *Palais et maisons du Caire (du XIVe au XVIIIe siècle)*, Cairo: I.F.A.O., 1975. Part II, 64.

باب خشب، أما الجدار الشرقي لهذه الحجرة فقد كان يفتح به شباكان مستطيلان تمّ سدهما ويغطي هذه الحجرة سقف حجري مكون من ثلاثة عقود متقاطعة. كما يوجد بجدارها الجنوبي دخلتان جداريتان أو سدلتان الأولى بطول 3.90م وعرض 2.40م كان يوجد بصدرها شباك معقود يطل على الساقية المجاورة ولكن هذا الشباك سد اليوم، والسدلة الثانية طولها 4.30م وعرضها 1.45م تفتح من الأعلى على باقي الحجرة بعقد كبير مدبب.

والشكل الأثري العام لهذه الحجرة يؤكد أنها ليست جزء من البناء الأصلي، وهي مضافة على جزء هام من الفناء الذي كان يمتد مكانها، حيث يؤكد موري وجاك ريفو التغيرات الكبيرة التي تمت على هذا الفناء، فيقولا: (إن المساحة الحالية لهذا الفناء هي أقل مما كانت عليه بالأصل، حيث كان يتميز هذا الفناء المخصص للاستقبال بمساحة كبيرة كانت تضم بالأصل إسطبلات ويحيط بها حديقة أمام القصر، والتقسيم الإجباري للمساحة الأصلية عبر العصور يظهر هنا من خلال المواد المختلفة المستعملة؛ وبالفعل إذا كان الحجر ذو الأحجام الكبيرة هو ما يميز جدران القصر القديم فنحن لا نجده إلا في نهايتي الصحن واختفى أو حجب خلف أسوار بنيت بأحجار ذات أحجام متوسطة أضيفت بعد ذلك، وهذه هي التي نقابلها لليسار عند الدخول للفناء)[35]

أما الضلع الشمالي لهذا الفناء فيوجد به ثلاثة غرف [الشكل 38–3] الأولى للغرب عبارة عن مساحة مقفلة، يعلوها سقيفة ترتفع أرضيتها عن مستوى الفناء 2.50م ويدخل إليها من فتحة علوية مرتفعة كان يقفل عليها باب خشبي، ويبدو أن هذه السقيفة استخدمت لخزن المواد الغذائية وتخزين أنواع الأطعمة الموسمية، حيث ألغيت منها كافة الفتحات وجُعلت فتحة الدخول صغيرة قدر الإمكان، وإضافة لجعل أرضية هذه الغرفة مرتفعة عن أرضية الفناء بدرجة كبيرة فإن هذه الأرضية جعلت ذات مستويين، مستوى مرتفع ملاصق للجدران ومستوى منخفض في وسط الغرفة.

أما الغرفة الثانية فهي مربعة طول ضلعها 2.30م ولها باب يعلوه عتب مستقيم ارتفاعه 2.20م وعرضه 1.00م كان يدخل منه لبئر سلم صاعد للطابق الثاني من البيت.

والغرفة الثالثة لها باب يعلوه عقد مدبب وارتفاعه حتى قمة العقد 2.10م وعرضه 1.00م، ويدخل منه لحجرة أرضية ثانية مستطيلة طولها 3.90م وعرضها 2.20م يفتح بجدارها الجنوبي إضافة لباب الدخول شباك صغير مربع، كما تفتح بجدارها الشرقي خزانة جدارية ارتفاعها 2.30م وعرضها 1.20م ويغطي هذه الحجرة أيضاً سقف مسطح. ودون عناء يظهر للمشاهد من خلال شكل الحجارة الصغيرة المستخدمة في بنائه وأشكال العقود البسيطة من حيث المساحة والتكوين المعماري حداثة هذا الضلع الذي يرجع لإضافات خاير بك، حيث كان الضلع الشمالي للفناء الأصلي هو الجدار الجنوبي للإسطبل الذي كان به بابان يسمحان بالاتصال المباشر بين الفناء والإسطبل، وعليه فإن الدهليز [الشكل 38–8] الذي يؤدي إلى السلم الصاعد الموصل للطابق الأول للقصر والواقع اليوم بين الفناء والإسطبل إضافة للحجرات الواقعة اليوم بالضلع الشمالي للصحن سابق الوصف هي أجزاء مضافة على الفناء الأصلي اجتزأت من الفناء حوالي 5.45م، كما اجتزأت الحجرة الأرضية المضافة بالضلع الجنوبي للفناء [الشكل 38–8] حوالي الثلاثة أمتار أيضاً من مساحته الأصلية التي تستطيع تحديدها ب 15م طول و9.15م عرض على أقل تقدير.

تعرضت عمارة الضلع الشرقي لهذا الفناء لتدمير كامل اليوم ونستنتج من الدلائل الأثرية أنه كان يشغل مساحة هذا الضلع حاصلان كبيران حولا في العصر العثماني إلى تختبوش[36] يفتح

35 Revault & Maury, Part II, 64.

36 يقع التختبوش في الدور الأرضي من البيت، حيث يفتح على الفناء بكامل اتساعه من جهة، أو جهتين، أو ثلاثة، كما يرتفع عن منسوب أرضية الفناء بدرجة، أو درجتين، وهو عبارة عن دخلة عميقة يتوسط سقفها عمود واحد، أو دعامة في منتصف الحافة الخارجية المطلة على الفناء الداخلي، وأرضيته مبلطة بالرخام، وتفرش بالأرائك والدكك، وقد كان مخصصاً لاستقبال الضيوف من عامة الناس، وقد يستغنى عن وجوده في بعض البيوت قليلة المساحة، وتؤكد الدكتورة نيلي حنا أن عنصر التختبوش وتسميته أيضاً، ظهر في فترة متأخرة تعود إلى النصف الثاني للقرن 12هـ/18م، حيث أكدت دراستها

لوحة 18 إسطبل قصر ألناق الحسامي، وتظهر بالصورة البلاطة الوسطى للإسطبل والبائكتان ذاتا الأواوين على جانبيها.

على الصحن بطول 7.60م وعرضه 4.00م، يرتفع عن أرضية الفناء بمقدار 0.50م، وكان يعلو هذا التختبوش مقعد تركي[37] [الشكل 38-4]، يفتح على الصحن ببائكة ذات عقدين محمولين في الوسط على عمود رخامي يمتد بين قمته ورجلي العقد رباط خشبي لمنع الرفس الطارد، يمتد أسفل هذه البائكة شقة درابزين خشبي، وكان الصعود لهذا المقعد يتم عبر المدخل الباقي اليوم بنهاية الممر الذي يتوصل منه للسلم الصاعد للطابق الأول،

أن أول ذكر لتختبوش تمَّ العثور عليه في السنوات 1151-1157هـ/1738-1744م، والآثار المعمارية التي ظلت قائمة في القاهرة تؤكد غياب التختبوشات في قصور القرن السابع عشر، ويعتقد موري أن التختبوش القائم في بيت الشبشيري يعود إلى تعديلات أدخلت في فترة لاحقة، ويدلي الكسندر ليزان برأي مشابه بخصوص بيت السحيمي الذي يرجع للقرن 12هـ/18م. ⁝ نيللي حنا، بيوت القاهرة في القرنين السابع عشر والثامن عشر دراسة اجتماعية ميدانية، ترجمة حليم طوسون، القاهرة، دار العربي للنشر والتوزيع، 1993، ص65، 108.

37 المقعد التركي: يعتبر هذا المقعد أكثر أنواع المقاعد انتشاراً في العمائر السكنية في مدينة القاهرة في العصرين المملوكي والعثماني، ولهذا السبب فهو أكثر أنواع المقاعد الباقية عدداً واكتمالاً، وربما يكون من أقدم أنواع المقاعد ظهوراً، حيث أثبتنا ظهور أول أمثلته في مدينة الفسطاط، وبالتحديد في الدار التي يسميها علي بهجت بالدار الثانية، حيث كان مبنياً في جناح مستقل في الجهة الجنوبية الشرقية من الدار، مستقلاً عن باقي الأجزاء، يتوصل إليه من مدخل خاص على يسار الداخل من الباب الرئيسي للدار. ⁝ للاستزادة انظر: مسرد المصطلحات الأثرية الملحق بهذا الكتاب. ⁝ غزوان مصطفى ياغي، المقاعد في عمائر القاهرة السكنية في العصرين المملوكي والعثماني، دراسة أثرية حضارية، قسم الآثار الإسلامية، كلية الآثار، جامعة القاهرة، 1999، (رسالة ماجستير غير منشورة)، ص196-204.

حيث كان يتوصل عبر هذا السلم إلى المقعد مباشرة عبر فتحة باب مازالت موجودة بالجدار الشمالي للمقعد.[38]

ويؤكد ما توصلنا إليه أن الجدار الجنوبي مازال يحتفظ لنا بجزء من عقدي هذه الواجهة، حيث يستند هذا الجزء على الجدار الجنوبي برجل عقد يوجد بها مكان للرباط الخشبي الذي يؤكد المساحة الكبيرة للعقود.

ويبدو أن واجهة هذا المقعد قد تأثرت بشدة عند بناء خاير بك لحجراته السابقة في الضلع الشمالي للفناء، حيث اجتزئ أكثر من 2.50م من هذه الواجهة وسد قسم غير قليل منها، وربما كان سقوط باقي هذه الواجهة لاحقاً على هذا التاريخ.

ويظهر أن هذا المقعد كان مسقفاً كالعادة ببراطيم خشبية تحصر بينها طبالي وتماسيح مزخرفة بالتذهيب والأوان، وما يزال مكان ترتيب هذه البراطيم قائماً في الجدارين الجنوبي والشمالي، وقد زال اليوم كامل التختبوش والمقعد، وظلت هذه المساحة خالية تشرف على الفناء بواجهة ارتفاعها 5.30م وعرضها 4.00م وهو العرض الأصلي للتختبوش الذي كان يفتح بجداره الشرقي فتحة باب ارتفاعه 2.10م وعرضه 1.50م، يدخل منه الآن لحاصل شبه منحرف التخطيط [الشكل 38–4،A] طوله 4.80م يغطيه قبو برميلي، وما زالت جدران التختبوش والمقعد تحتفظ بمكان وجود الكتبيات والخزانات الجدارية والباب الموصل للمقعد المذكور أعلاه .

الإسطبل: [الشكل 38–7]، [لوحة 18]

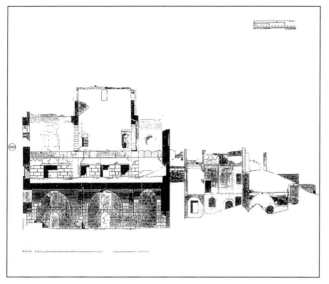

ويقع هذا إسطبل[39] في الجهة الشمالية من الفناء والمدخل الرئيسي للقصر، ويتم الدخول إليه من فتحة الباب المحدث بالجزء الثالث من الواجهة الرئيسية للقصر، وهي فتحة باب معقودة ارتفاعها 2.00م وعرضها 1.60م يظهر بها اليوم انهيار كبير.

والإسطبل من الداخل [لوحة 18] عبارة عن بلاطة وسطى عرضها 5.80م وطولها 20.00م، وهي تمثل طول الإسطبل من الجدار الشمالي للجدار الجنوبي، ويغطي هذه البلاطة ثلاثة أقبية متقاطعة مبنية بالحجر، وفتحت في بداية هذه البلاطة ونهايتها في الجدارين الشمالي والجنوبي دخلتان جداريتان معقودتان بعمق 0.70م، كما فتحت بأسفل كل منهما بوسط العقد فتحة باب ارتفاعها 2.60م وعرضها 1.50م وقد سد اليوم كل من البابين، حيث كان الباب الأول الواقع بالجدار الجنوبي يشكل فتحة الاتصال الرئيسية بين الإسطبل وباقي أجزاء القصر الواقعة للجنوب من الإسطبل قبل أن يصير الدخول لهذا الإسطبل عبر فتحة الباب الحالية المستحدثة والتي تفتح على الشارع مباشرة،

الشكل 39 قطاع رأسي بقصر ألناق الحسامي، يُظهر تفاصيل الفراغات المعمارية المكونة للقصر بطابقيه الأرضي والأول ومن جهة الشمال إلى الجنوب. (عن: الهيئة العامة للآثار)

---

38 ذكرت وثيقة إبراهيم آغا مستحفظان وجود هذا المقعد ووصفته بالصغير. وثيقة إبراهيم آغا مستحفظان، المصدر السابق، ص117، سطر6.

39 الإسطبل أو الإصطبل: هو في الأصل مجموعة من مبان كان يقيمها بعض تجار أو أمراء دولتي المماليك لأجل سكنى الأمير هو وأسرته ومماليكه وخيوله، فكان الإسطبل يشمل قصر السكنى وبيوتاً لمماليكه وإسطبلات لخيوله ومخازن لمؤنها وحفظ سروجها، ويعتبر الإسطبل وملحقاته من العناصر الأساسية لقصور سلاطين المماليك وبيوت الأمراء وأجناد المماليك. ⁝ للاستزادة انظر دراستنا حول العناصر المعمارية في الفصل الثالث من هذا الكتاب. ⁝ محمد الششتاوي سند الرفاعى، المرجع السابق، ⁝ النجوم الزاهرة، ج9، ص110، حاشية4، تعليق محمد رمزي.

لوحة 19 صورة علوية لقاعة قصر ألناق الحسامي يظهر بها الإيوانين والدور قاعة. (عن منشورات مؤسسة الآغا خان)

أما الباب الثاني الذي بالجدار الشمالي فكان يتوصل منه لزاوية صغيرة تقع مباشرة خلف هذا الجدار، ويرجع بناؤها لزمن بناء خاير بك لمجموعته الملاصقة للقصر.

ويفتح على هذه البلاطة الوسطى ذات الاتجاه الشمالي الجنوبي بائكتان[40] [الشكل 39]، الأولى في الجهة الغربية والثانية مقابلة لها في الجهة الشرقية وكل بائكة عبارة عن ثلاث دخلات أو أواوين[41] متقابلة مع بعضها البعض ومتساوية في العرض مختلفة عن بعضها قليلاً في الطول، يغطيها أقبية برميلية، الإيوان الأول بالزاوية الجنوبية الغربية يقع مباشرة خلف باب الدخول الحالي [الشكل 38–7،A] وطوله 4.50م وعمقه 2.80م، فتح بجداره الغربي اليوم باب الدخول الحالي للإسطبل، ويوجد بجداره الجنوبي وبالتحديد خلف الباب الذي يغلق على باب الدخول الحالي فتحة باب سدت اليوم وحولت لشباك غير منتظم بعرض 1.35م، وكان هذا الباب قديماً يوصل بين الإسطبل وفناء القصر، حيث يشكل مع الباب المذكور أعلاه والواقع بوسط هذا الجدار بابي الاتصال الوحيدين بين الأجزاء السكنية للقصر والإسطبل، كما توجد بالجدار الشمالي لهذا الإيوان على يسار الداخل أيضاً فتحة اتصال كانت مواجهة تماماً للباب سابق الذكر وعرضها 1.15م أما ارتفاعها 1.80م.

ويقابل هذا الإيوان إيوان آخر [الشكل 38–7،B] طوله 3.60م وعرضه 2.80م، ويقع للشمال من هذين الإيوانين إيوانان آخران أوسطان، الأول جهة الغرب وعرضه 5.60م وعمقه 4.50م فتحت بجداره الغربي أسفل القبو فتحة شباك مستطيل يفتح بالواجهة الرئيسية للقصر المطلة على شارع باب الوزير، كما توجد بجداره الجنوبي فتحة نهاية الممر المقبي الذي يؤمن الاتصال المباشر بين هذا الإيوان والإيوان الأول الواقع بالزاوية الجنوبية الغربية [الشكل 38–7،A]، ويقابل هذا الإيوان إيوان آخر [الشكل 38–7،D] بنفس العرض ولكن عمقه 7.35م، حيث قسم لجزئين بواسطة عقد كبير مدبب، كما فتح بجداره الجنوبي خزانة جدارية عميقة مخصصة لحفظ بعض أدوات الإسطبل، وفتحت بجداره الشرقي للأعلى فتحة شباك توجد أسفلها فتحة باب كانت تؤمن اتصال الإسطبل مع الأجزاء الخلفية من القصر قبل سدها بأحجار مبنية، ويعتبر هذا

40 بايكة، بوايك: بائكة أو بايكه كلمة عامية يراد بها قنطرة أو عقد ويقصد بها في العمارة المملوكية مكان مسقف محمول من جهة على بواكي أي عقود أو قناطر وتكون في الغالب داخل الإسطبل، أو مطلة على حوش. ويرد في الوثائق عنها: "بوايك مبنية بالحجر الفص" أو "بايكة برسم الخيل مسقفة غشيماً محمول سقفها على أعمدة من الصوان والحجر النحيت" أو "بايكة بها قناطر على أكتاف" أو "بايكتان أحدهما مقام أربعة أروس خيل وبها بئر ماء معين ومغسل للخيل وبالثانية مقام ستة أروس خيل ومتبن وسلم لطابق علو البايكة كامل المنافع والحقوق وسطح برسم الدريس". ؛ قاموس المصطلحات، ص20.

41 الإيوان: كلمة فارسية معربة مأخوذة من "إيفان" وتعني لغوياً قاعة العرش ومنه إيوان كسرى، أما في العمارة المملوكية فالإيوان يمثل وحدة معمارية مربعة أو مستطيلة الشكل لها ثلاثة حوائط أي من ثلاث جهات فقط والجهة الرابعة مفتوحة، وإذا سد الإيوان بحائط من الجهة الرابعة فلا يقال له إيوان بل مجلس، والإيوان يعلو دائما بمقدار درجة أو سلمة أو أكثر عن باقي مسطحات المكان، وسقف الإيوان إما معقود أو مسطح، وعلى واجهة الإيوان عقد أو قوصرة أو كريدي عدا في الوحدات السكنية الصغيرة فتعلوه فتحة عادية. ؛ قاموس المصطلحات، ص17.

الشكل 40 مسقط أفقي للطابق الأول لقصر ألناق الحسامي. 1–ملحقات زائلة فوق كتلة المدخل الرئيسي 2–الفناء 5–ملحقات مهدمة بمستوى الطابق الأول فوق الضلع الشمالي للفناء 6–رحبة 7–دهليز 8–فضاء غرفة أو مبيت 9–دور قاعة القاعة الرئيسية 10–الإيوان الشمالي الرئيسي للقاعة A–معبرة تصل القاعة بمجموعة خاير بك 11–الإيوان الجنوبي للقاعة A–صُفة جانبية 12–مبيت 13–غرفة صغيرة 14–غرفة صغيرة كان بها بير سلم كان يوصل لملحقات زائلة وإلى السطح. (عن: Revault & Maury, *Palais et Maisons du Caire* بتصرف)

الإيوان أكبر عناصر هذا الإسطبل، أما الإيوان الثالث بالبائكة الغربية والواقع بالزاوية الشمالية الغربية [الشكل 38–7،E] فهو أيضاً بعرض 5.60م وعمق 4.50م، وفتحت بجداره الغربي أيضاً للأعلى فتحة شباك مستطيل يفتح بالواجهة الرئيسية المطلة على شارع باب الوزير، ويقابله إيوان مشابه [الشكل 38–7،F] له نفس الأطوال ولكن فتح بجداره الشرقي شباك مستطيل أسفله فتحة باب مسدودة الآن كانت تؤمن اتصال الإسطبل مع الأجزاء الخلفية للقصر.

ويغطي كافة هذه الإيوانات أقبية برميلية تفتح بكامل اتساعها على البلاطة الوسطى المغطاة بثلاثة أقبية متقاطعة بواقع قبو متقاطع بين كل إيوانين، وقد بنيت جدران هذا الإسطبل بأحجار عجالي[42] ضخمة تؤكد أثرية هذا الجزء من القصر ورجوعه لفترة البناء الأولى، وأن سمك الجدران الذي يصل متوسطه إلى 1.50م يساعد على حمل الأقبية المبنية بالأحجار الأقل حجماً والتي تغطي فراغات الإسطبل، وكل هذا يهيئ أساساً جيداً لبناء القاعة الضخمة بالطابق الأول كما سوف نرى.

الممر بين الفناء والإسطبل: [الشكل 38–5]

وهذا الممر عبارة عن دهليز يمتد بطول 15.00م وبعرض 2.15م، وقد أحدث لهذا الممر باب مستقل كان يفضي إليه مباشرة من الواجهة الغربية للقصر، ولكن سد هذا الباب اليوم وصار الطريق الوحيد للوصول لهذا الممر هو بئر السلم المتهدم والظاهر بوسط الواجهة الشرقية للقصر، حيث كان الممر ينتهي بسلم صاعد ذي قلبتين يوصل للقاعة بالطابق الأول.

كما كان يتقدم السلم الصاعد إضافة لباب الدخول الذي سدَّ بابان آخران الأول في وسط الممر تقريباً لم يتبق منه سوى جزء من العقد الذي كان يعلوه، والباب الثاني في النهاية الشرقية للممر وأيضاً لم يتبق منه سوى عقده المنكسر، وكان يدخل من هذا الباب مباشرة إلى بئر السلم الصاعد الذي كان يغطي قسم منه قبو حجري مازال باق يوجد قسم صغير منه ويوجد بجداره الشمالي دخلة جدارية يعلوها عقد عاتق، ربما

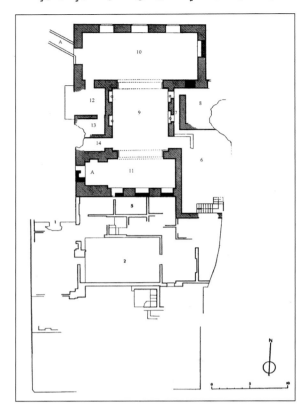

42 الحجر العجالي: هو في العمارة المملوكية صفة للحجر الضخم، وذكره ابن إياس في أحداث سنة 786هـ/1384م وفيها تزايدت همة السلطان (برقوق) في عمارة مدرسته التي أنشأها مكان خان الزكاة وصار الأمير جركس الخليلي أمير آخور كبير والشهابي أحمد بن طولون معلم المعلمين يجلسان على دكة في وسط السـوق فكانا يرسلان الحَّجارة يقطعون الحجارة من الجبل الأحمر إلى بين القصرين ويجعلونها على عَجَل تسحبها الأبقار من الجبل إلى مكان العمارة، وهي التي تسمى الحجارة العجالية. ؛ قاموس المصطلحات، ص33. ؛ بدائع الزهور، الجزء الأول، القسم الثاني، ص350.

كان يوجد أسفلها مسطبة لجلوس البواب أو الحارس.

الطابق الأول: [الشكل 40]

يتألف هذا الطابق اليوم من القاعة الرئيسية للقصر وملحقاتها، ونتوصل إليه عبر بئر السلم المتهدم [لوحة 13] لنصل إلى فضاء رحبة متهدمة الجدران [الشكل 40-6] أضيف بها مبنى من الآجر الحديث بزاويتها الشمالية الغربية، وفتح بهذا المبنى المضاف باب صغير يدخل منه إلى دهليز [الشكل 40-7] مغطى بسقف حجري مستوي، ويبلغ عرض الدهليز 0.90م وطوله 6.50م، ويمتد شمالاً ليوصل في نهايته يميناً لباب مسدود كان يدخل [الشكل 40-8] منه لغرفة مهدمة كانت ملحقة بالإيوان الرئيسي للقاعة، ويساراً يوصل اليوم لباب بالجدار الشرقي للدور قاعة يدخل منه للقاعة الرئيسية [الشكل 40-9].

القاعة الكبرى وملحقاتها: [الشكل 40]

وهي أقدم القاعات المملوكية البحرية التي بقيت،[43] وتشكل هذه القاعة وملحقاتها كافة الأجزاء الباقية من الطابق الأول لقصر الأمير ألناق[44] [الشكل 39]، وهي عبارة عن دور قاعة كبرى وإيوانين شمالي رئيسي وآخر جنوبي مقابل له [لوحة 19]، يدخل لهذه القاعة مباشرة من الباب الواقع بنهاية الدهليز المذكور أعلاه إلى الدور قاعة [الشكل 40-9] وهذا الباب ارتفاعه 1.85م وعرضه 1.00م.

الإيوان الشمالي: [الشكل 40-10]

وهو الإيوان الرئيسي الكبير [لوحة 20] لهذه القاعة طوله 15.00م وعمقه 6.40م، يوجد بجداره الشمالي ثلاث نوافذ كبيرة ارتفاع كل منها 2.40م، وبينما عرض الشباكين الجانبيين 1.90م فإن عرض الشباك الأوسط 2.15م، ويغشي كلاً من هذه الشبابيك الثلاثة مصبعات من الخشب الخرط، تذكر الوثيقة أنهما روحان في جسد،[45] ويعلو الشباك الأوسط منها قندلية بسيطة مسدودة كانت تتألف من شباكين مستطيلين معقودين يعلوهما قمرية مدورة،[46] كما كان يوجد على جانبي هذه القندلية فوق كل من الشباكين الجانبيين السفليين شباكان مستطيلان معقودان ومسدودان، ويوجد بوسط كل من الجدارين الشرقي والغربي شباك ارتفاعه 2.40م وعرضه 2.15م، حيث يغشي شباك الجدار الشرقي مصبعات خشبية، كما يعلو هذا الشباك قندلية بسيطة مكونة من شباكين مستطيلين معقودين يعلوهما قمرية مدورة، وكانت هذه القندلية التي تطل في الواجهة الشرقية للقصر مغشاة بالزجاج المعشق بالجص الملون، أما الشباك الذي بوسط الجدار الغربي فقد حُول على يد الأمير خاير بك إلى دخلة جدارية بنفس مقاسات الشباك الأصلي وجعل بصدره باباً ارتفاعه 2.34م وعرضه 0.93م يدخل منه لمعبرة [الشكل 40-10، A] تؤدي إلى درجات سلم هابط يوصل للقبة الملحقة بمسجد خاير بك،[47] كما كان يعلو هذا الشباك قمرية مشابهة لتلك التي تعلو شباك الجدار الشرقي.

أما الجدار الجنوبي لهذا الإيوان فإن وسطه يفتح على الدور قاعة بمسافة عرضها 6.00م ويعلوها، وفتح على جانبي هذا العقد بابان ارتفاع كل منهما 2.40م وعرضه 1.20م، الأول جهة الشرق وهو مسدود الآن وكان يوصل لمبيت متهدم ملحق بالإيوان [الشكل 40-8] طوله 5.30م وعرضه 4.75، كان له باب آخر على الدهليز الموصل للقاعة، وشباكان واحد

---

43 Lézine, Alexandre. *Les Salles nobles des palais mamelouks.* Cairo: I.F.A.O., 1972, P80.

44 تقدم لنا وثيقة خاير بك وصفاً دقيقاً لهذه القاعة، وتطلق عليها اسم القصر، حيث يرد بها الوصف التالي: (ص9... ويتوصل من الدهليز المذكور إلى باب مربع يدخل منه إلى القصر الموعود به أعلاه وهو قديم البناء يشتمل على إيوان كبير مفروش بالبلاط مسقف نقياً مدهون حريرياً به أربعة شبابيك ص 10 خشباً خرطاً كل منها روحان في جسد مطلة ... الأسطحة العالية). ⁝ وثيقة خاير بك، وثيقة رقم 44/292، المصدر السابق، ص9-10.

45 روحان في جسد مصطلح لدى الصناع يدل على شباكين صغيرين يتوسطهما عمودين صغيرين يلتفا على بعض. ⁝ قاموس المصطلحات، ص58.

46 يشير ليزن لأن كافة الشبابيك المستطيلة بهذه القندليات كانت بارتفاع 1.90م وعرض 0.80م. ⁝ انظر: Lézine, *Op. cit.,* 82.

47 كان الأمير يستعمل هذه المعبرة للانتقال لمسجده لحضور الصلوات الخمسة، وتظهر هذه المعبرة بالطرف الشمالي للواجهة الغربية محمولة على ثلاثة عقود متراكبة فوق بعضها البعض. ⁝ وثيقة خاير بك، وثيقة رقم 292/44، المصدر السابق، ص8، سطر2-3، ص10، سطر2-3.

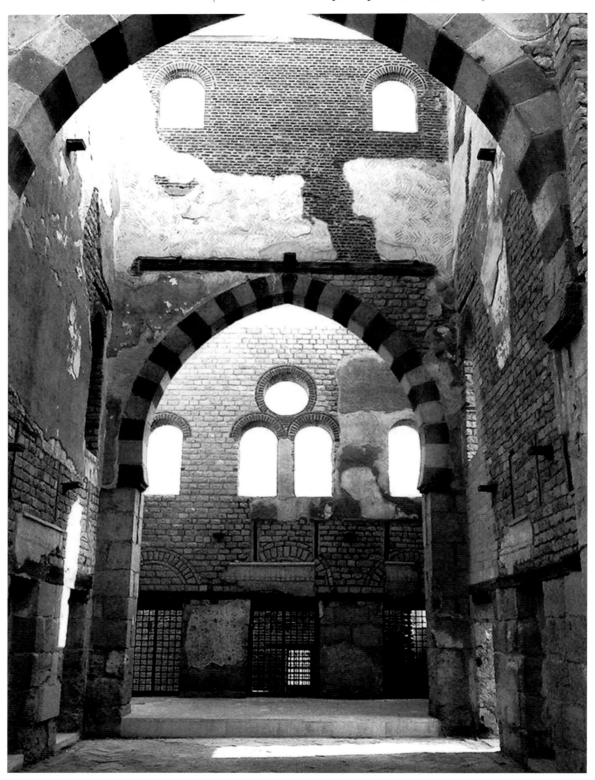

لوحة 20   الإيوان الرئيسي لقاعة قصر ألناق الحسامين.

يطل للشرق وآخر للشمال.

والباب الثاني جهة الغرب يدخل منه لمبيت ثان [الشكل 40–12] مطل على شارع باب الوزير طوله 4.17م وعرضه 3.63م له شرفة تبرز بوسط الواجهة الغربية للقصر طولها 4.14م وعرضها 1.30م محمولة على أربعة كوابيل حجرية تحمل الواجهة الغربية لهذا المبيت الذي كانت بأغلب الظن عبارة عن مشربية كبيرة من خشب الخرط، وتظهر الدلائل الأثرية الباقية بالواجهة الغربية أنه كان يعلو هذا المبيت مبيت آخر كان يشرف على الشارع بمشربية أخرى مشابهة لتلك التي كانت موجودة بالمبيت السفلي، وفتح بالجدار الجنوبي لهذا المبيت باب ارتفاعه 1.88م وعرضه 0.96م، يدخل منه لغرفة صغيرة [الشكل 40–13] ملحقة بالمبيت طولها 3.73م، وعرضها 2.15م، وقد زالت اليوم كافة أسقف الإيوان[48] والغرف الملحقة به .

الإيوان الجنوبي: [الشكل 40–11]

هو مقابل للإيوان الرئيسي طوله 8.90م وعمقه 3.98م فتحت بصدره الجنوبي ثلاثة شبابيك مرتفعة عن أرض الإيوان أولها من الشرق ارتفاعه 2.34 وعرضه 1.56 والثاني ارتفاعه 2.33م وعرضه 1.85م والثالث للغرب ارتفاعه 2.04م وعرضه 1.55م، وكافة هذه الشبابيك مسدودة الآن وحولت إلى خزانات جدارية باستثناء الأخير منها، وبه اليوم فتحة تسمح بالمرور منها لبقايا الطابق الأول بالضلع الشمالي للفناء وكان يتم الصعود لهذا الضلع عن طريق بير السلم الصاعد الذي كان موجوداً بالضلع الشمالي للفناء.[49]

أما الجدار الغربي لهذا الإيوان الجنوبي فقد فتح به سدلة أو صُفة[50] [الشكل 40–11،A] طولها 3.24 وعرضها 2.74م، فتحت بجدارها الغربي دخلة جدارية ارتفاعها 2.40م وعرضها 1.70م، خلق بداخلها شباك قليل العرض ارتفاعه 2.13م وعرضه 0.67م يفتح في الواجهة الغربية للقصر. أما الجدار الشمالي لهذا الإيوان فإنه يفتح على الدور قاعة أيضاً بمساحة عرضها 6.00م يعلوها عقد كبير مدبب.[51]

الدور قاعة: [الشكل 40–9]

كلٌ من الإيوانين الشمالي والجنوبي يفتح على الدور قاعة بعقد كبير مدبب[52] عرضه من الأسفل 6.00م، وأرض هذه الدور قاعة لا تنخفض اليوم عن مستوى أرضية الإيوانين،[53] وهي

48 أشارت الوثيقة إلى أن هذا الإيوان كان مسقف نقياً مدهون حريرياً. انظر، الصفحة رقم38، الحاشية رقم4.

49 وتشير الوثيقة لأنه كان يتوصل من هذا الإيوان الصغير إلى سطح كشف سماوي وباب آخر يتوصل من المطبخ به خزانة ومنافع ومرافق، ويبدو أن هذه العناصر المعمارية هي تلك التي كانت تعلو واجهة الضلع الشمالي للفناء الحالي قبل تهدمه. ⁝ وثيقة خاير بك، وثيقة رقم 44/292، المصدر السابق، ص10، سطر 4-6.

50 يشير ليزن لهذا الإيوان باسم رواق لاعتبار وجود المحراب به، ولكن اليوم ضاع هذا المحراب ولم يعد له أثر. Lézine, 80. وفي اعتقادي أن هذا الإيوان الجانبي أو الصفة ليس هو في الأصل سوى المبيت الملحق بهذا الإيوان والذي ورد ذكره في الوثيقة. انظر: وثيقة خاير بك، وثيقة رقم 44/292، ص10، سطر4. والصفة من البنيان شبه البهو الواسع الطويل، وكان بمسجد الرسول (ص) صفة، وهي موضع مظلل في الجزء الخلفي من المسجد، والصفة تشبه المصطبة ولكنها أقل ارتفاعاً وتكون دائماً مبنية، كما أن الصفة تكون دائماً بالداخل أي داخل القاعات والوحدات السكنية بينما تكون المصطبة بمدخل البناء أو خارجه أو بملحقات المبنى. ⁝ قاموس المصطلحات، ص73. عبد اللطيف إبراهيم، المرجع السابق، ج2، تحقيق رقم 209.

51 تشير الوثيقة إلى أن هذا الإيوان مسقف أيضاً نقياً مدهون حريرياً، ويعلو أطروفية كل إيوان قنطرة حجراً. ⁝ وثيقة خاير بك، وثيقة رقم 44/292، المصدر السابق، ص10، سطر 7-8.

52 يشير ليزن ومن بعده جاك ريفو وبرنار موري إلى أن صورة التخطيط العام لهذه القاعة قريب من تخطيط حرف T في بيوت الفسطاط، حيث استبدلت هنا الأبواب الثلاثة المستعرضة للحرف T عن طريق ثلاثة نوافذ، بما أن القاعة واقعة بالدور العلوي، رغم اعتراف ليزن بأن سمك الجدران هنا هو سمك قاعة لأن الارتفاعات في العناصر الثلاثة المكونة للقاعة مختلفة. انظر: Lézine, *Op. cit.,* 81. Revault & Maury, *Op. cit.,* Part II, 69.

53 إن الطبيعي فيما وصلنا من قاعات مملوكية الطراز أن تكون أرضية الدور قاعة منخفضة عن أرضية الإيوانين الذين يفتحان

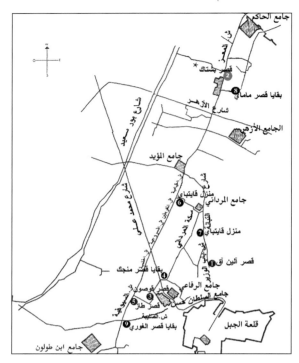

مستطيلة المسقط طولها 8.50م وعرضها 7.45م، فتحت بكل من ضلعيها الشرقي والغربي ثلاث دخلات جدارية سدت الدخلة الأولى للجنوب بالجدار الشرقي، والتي كانت تشكل الباب الرئيسي الذي يصل بين الرحبة التي بنهاية السلم الصاعد من الطابق الأرضي [الشكل 40–6] والقاعة.

أما الدخلة الثانية بهذا الجدار فارتفاعها 2.56م وعرضها 1.42م ويفتح بها اليوم شباك ارتفاعه 2.05م وعرضه 0.75م وأما الدخلة الثالثة فارتفاعها 2.44م وعرضها 1.50م فتح بداخلها اليوم باب الدخول الحالي لهذه القاعة وارتفاعه 1.85م وعرضه 1.00م.

أما الدخلات الثلاثة بالجدار الغربي فأولها جهة الجنوب عبارة عن باب ارتفاعه 2.25م وعرضه 1.68م يدخل منه لغرفة [الشكل 40–14] طولها 3.07 وعرضها 1.68م سقط اليوم جدارها الشمالي الذي كان يفصل بينها وبين الغرفة المجاورة لها والملحقة بالمبيت الثاني الملحق بالإيوان الرئيسي، كما نقب الجدار الجنوبي لهذه الغرفة من الأسفل ليصلها مع الإيوان الجانبي الملحق بالإيوان الجنوبي للقاعة، وتشير الوثيقة إلى أنه كان يوجد بهذه الغرفة سلم صاعد يتوصل منه إلى سطح القاعة. وتشير الوثيقة لذلك بالقول: وبدور القاعة المذكورة باب يقابل باب الدخول يدخل منه إلى سلم يتوصل إلى الأسطحة العالية،[54] وغالباً كان يتوصل عبر هذا السلم أيضاً إلى الطابق الثاني الذي كان يعلو كل من المبيت الثاني الملحق بالإيوان الرئيسي للقاعة وكذلك الغرفة الملحقة به وكانت واجهتاهما الخارجيتان تطلان بالواجهة الرئيسية للقصر على شارع باب الوزير، بينما تفتح كل منهما للداخل على الدور قاعة بشباك معقود مازال موجوداً فوق الدخلات الثلاث لكل من

الشكل 41 خريطة حديثة تبين موقع القصور والمنازل الباقية بمدينة القاهرة من العصر المملوكي. (من إعداد الباحث على خلفية خريطة منقولة عن: Revault & Maury, *Palais et Maisons du Caire*)

الجدارين الشرقي والغربي.[55]

وتجدر الإشارة إلى أن كافة جدران هذه القاعة مبنية بالحجر الكبير العجالي حتى مستوى الأعتاب الخشبية للشبابيك والأبواب والدخلات أي بارتفاع 2.40م باستثناء عقدي إيواني القاعة والأجزاء الساندة لهما الذين بنيا بالأحجار المنحوتة، وأكمل بعد ذلك بناء باقي الجدار بأحجار صغيرة منحوتة لتخفيف الثقل على الجدران التي كشف تساقط ملاطها أنه كان يتخللها دعامات خشبية طولية متباعدة بشكل متناسق لتزيد من متانة الجدران وتحملها.

ويلاحظ أنه كان يجري بالمساحة فوق الأعتاب مباشرة إفريز

عليها بمقدار درجة سلم، ويغلب أن تكون هذه الدور قاعة في الأصل كذلك وأضاعت الإضافات اللاحقة الأرضية الأصلية، كما يشير جاك ريفو لوجود أرضية حديثة بها فوارة فوق الأرضية القديمة. ؛ انظر: Revault & Maury, *Op. cit.*, Part II, 76.

54 وثيقة خاير بك، وثيقة رقم 44/292، المصدر السابق، ص 10، سطر 1–11.

55 ربما استخدمت هذه النوافذ من قبل النساء من أجل مراقبتهن لما يجري في القاعة الكبرى، ولو صح ذلك كانت هذه النوافذ من أقدم الأشكال التي وصلتنا لمقاعد الأغاني التي تطورت بعد ذلك في القاعات المملوكية رغم محافظتها على مكانها هذا بالنسبة للقاعة.

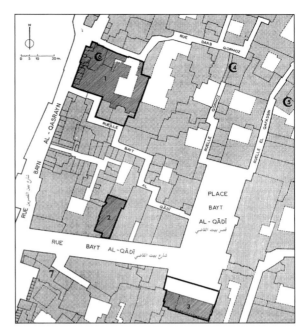

الشكل 42 الموقع العام لقصر بشتاك، ويظهر بالشكل الامتداد الأصلي للقصر بين شارع بين القصرين وحارة بيت القاضي ودرب قرمز. 1-قصر بشتاك 2 -قاعة محب الدين 3 -مقعد ماماي 4-مدرسة سابق الدين مثقال (السابقية) 5-المدرسة تتر الحجازية 6-مسجد الفجل 7-بقايا المدرسة الظاهرية (عن: Revault & Maury, *Palais et Maisons du Caire*)

خشبي يلتف حول كافة جدران القاعة بعرض 0.75م، كان يحمل غالباً زخارف كتابية كبيرة بالخط الثلث المملوكي على أرضية ملونة تحمل زخارف نباتية.

ويستدل أنه كان يغطي كلاً من الإيوانين سقف خشبي ارتفاعه 11م أسمته الوثيقة سقف نقياً مدهون حريرياً[56] محمول على براطيم مازال مكان تثبيتها بالجدران ظاهراً، وكانت هذه البراطيم تحصر بينها طبالي وتماسيح مجلدة بالتذهيب والألوان، وكان يجري أسفل سقف هذين الإيوانين إفريز خشبي يحمل شريط كتابي وزخارف.

أما الدور قاعة فيعتقد أنها كانت في الأصل مغطاة بقبة خشبية مخرمة على شاكلة ما كان شائعاً في العصر الفاطمي والأيوبي، ثم غطيت بعد ذلك بشخشيخة مرتفعة يصل ارتفاع سقفها إلى 16.00م وأشارت إليها الوثيقة باسم عراقية مثمنة،[57] بنيت جدرانها الأربعة بالآجر الأحمر[58] المشابه لذلك الذي بنيت به المنشآت الفاطمية سابقاً، وفتح بجدران هذه الشخشيخة عشرة شبابيك بواقع ستة بالضلع الغربي والشرقي وأربعة بالضلعين الشمالي والجنوبي وجميع هذه الشبابيك معقودة بعقود نصف دائرية تسمح بدخول الهواء والضوء لكافة أجزاء القاعة.

وأخيراً تجدر الإشارة لأن هذا الثراء المؤكد لهذه القاعة في الأسقف الخشبية والأفاريز الكتابية والنوافذ والأبواب كان يقابله ثراء في الأرضيات وأسفل الجدران التي كانت كلها من الرخام الملون الذي استبدل في أوائل هذا القرن بأرضيات من الحجر الجيري وجدران من الملاط.

كما كانت النافورة الرخامية التي تتوسط الدور قاعة تضفي على القاعة رطوبة وتشترك مع الهواء والضوء الداخل عبر الشخشيخة والنوافذ الأخرى للقاعة في إضفاء جو غاية في الحيوية والجمال.

2 قصر الأمير بشتاك، 735-740هـ/1334-1339م

يقع هذا القصر في منطقة النحاسين بشارع المعز لدين الله والمعروف سابقاً بخط بين القصرين،[59] [الشكل 41] حيث تشرف

56 عبد اللطيف إبراهيم، المرجع السابق، ج2، تحقيق رقم 3.9.

57 العراقية هي عروق من الخشب تركب أعلى وسط الدور قاعة على شكل مثمن، ثم يسقف عليها مع جعل وسط المثمن مرتفع عن باقي جوانب السقف، وذلك بواسطة شقق إما خرط أو بها فتحات للضوء والتهوية، وهي ما يسميها أهل القاهرة الآن شخشيخة وتسمى عند أهل الشام قفاعة. ⁝ قاموس المصطلحات، ص80-81. ⁝ وثيقة خاير بك، وثيقة رقم 44/292، المصدر السابق، ص10، سطر 8.

58 تشير هذه الجدران القوية لإمكانية أن تكون حاملة في الأصل لقبة خشبية بدلاً من الشخشيخة التي من المؤكد أنها أضيفت في وقت لاحق على زمن الإنشاء، وقد رأينا شيوع تغطية الدور قاعات بقباب منذ العصر الفاطمي والأيوبي.

59 شارع بين القصرين: سمي بذلك لوقوعه بين القصر الفاطمي الشرقي الكبير والقصر الغربي الصغير، وكان هذا الشارع من أعمر أخطاط القاهرة وأنزهها، وكان به زمن الدولة الفاطمية

الواجهة الرئيسية الشمالية الغربية لهذا القصر على هذا الشارع، بينما تقع واجهته الجنوبية الغربية على حارة بيت القاضي،[60] وكان بها المدخل الرئيسي للقصر[61][الشكل 42]. وتمتد الواجهة الشمالية الشرقية لهذا القصر على درب قرمز[62] وبها المدخل الثانوي المستخدم حالياً للدخول للقصر.

أنشأه الأمير سيف الدين بشتاك[63] بن عبد الله الناصري

ميداناً كبيراً وبراحاً واسعاً يقف فيه عشرة آلاف من العسكر ما بين فارس وراجل ويكون به طرادهم ووقوفهم للخدمة. وبعد زوال الدولة الفاطمية اعتدى على هذا الميدان، وبنى السلطان قلاوون مدرسته وقبته وبيمارستانه على جزء منه ثم تلاه ابنه الناصر محمد وغيره حتى أعيد تنظيم كامل الجهة الشمالية الغربية من هذا الشارع وأخذ شكله الحالي قبل نهاية العصر المملوكي. ⁝ انظر: المقريزي (تقي الدين أحمد بن علي بن عبد القادر 845هـ/1442م)، المواعظ والاعتبار بذكر الخطط والآثار، مكتبة الآداب، القاهرة، 4ج، 1996، ج3، ص44، وسوف نرمز إليه لاحقاً ب "الخطط المقريزية". ⁝ علي باشا مبارك، الخطط التوفيقية الجديدة في مصر والقاهرة، الهيئة العامة للكتاب، 20ج، 1983، ج2، ص 93، وسوف نرمز إليه ب "الخطط التوفيقية".

60 حارة بيت القاضي: سماها المقريزي خط قصر بشتاك وقال هو من جملة القصر الكبير، ويتوصل إليه من تجاه المدرسة الكاملية، حيث كان باب القصر المعروف بباب البحر وهدمه الملك الظاهر بيبرس، وعندما بنى الأمير بشتاك قصره بهذا الموضع جعل الباب الرئيسي لقصره على هذه الجهة، وجعل الوصول إليه عبر هذه الحارة التي جعل عليها باباً كبيراً مكان باب القصر الفاطمي المسمى بباب البحر، تسمى بباب حارة بشتاك، ويذكر علي باشا مبارك أنه سمي باب العسكرة في العصر الحديث ويطلق هو عليه أحياناً باب القبو، وقال: وسمته العامة باب بيت القاضي لأنه يتوصل منه إلى المحكمة الكبرى بميدان بيت القاضي. انظر: الخطط المقريزية، ج3، ص 54. الخطط التوفيقية، ج2، ص102–103. وقد لاحظت أن خريطة الحملة الفرنسية قد أشارت لوقوع بيت قاضي الإسلام (كما وردت التسمية بالخريطة) بهذه الحارة، وقد أشارت إليه برقم 265 بالمربع H-5 من القسم السابع وعليه أرجح أن تكون هذه الحارة قد حملت اسم بيت القاضي لوقوع بيت القاضي بها وليس لمجرد أنه يتوصل منها للمحكمة الكبرى بميدان بيت القاضي.

61 يقع قصر بشتاك بخريطة الحملة الفرنسية بالقسم السابع بالمربع H-6، ولكن لم يشر إليه برقم، بينما أشار الرقم 285 إلى زاوية عبد الرحمن كتخدا (الكخيا) أو مسجد الفجل الواقع تحت قصر بشتاك مباشرة.

62 درب قرمز: وقد أورده المقريزي تحت اسم خط قصر أمير سلاح، وقال هو تجاه حمام البيسرى بين القصرين، ويسلك منه إلى مدرسة الطواشي سابق الدين المعروفة بالسابقية، وكان يخرج منه لرحبة باب العيد من باب القصر (باب العيد) إلى أن هدمه الأمير جمال الدين الاستدار، وبنى مكانه القيسارية المستجدة بجوار مدرسته من رحبة باب العيد فصار هذا الخط غير نافذ...، وعرف بعد زوال الدولة الفاطمية بخط قصر شيخ الشيوخ ابن حموي لسكنه فيه، ثم عرف بعد ذلك بقصر أمير سلاح وبقصر سابق الدين، ويذكره علي باشا مبارك باسم درب قرمز دون أن يبين سبب ذلك. ⁝ انظر: الخطط المقريزية، ج3، ص52. الخطط التوفيقية، ج2، ص90.

63 كذلك ورد في بدائع الزهور والسلوك، وأصل التسمية كما أوردها صاحب النجوم الزاهرة هو بشتك وفي المنهل الصافي بش تك أو بَشْتك بفتح الباء الموحدة من تحت وترقيقها وسكون الشين المفخمة، وبعد تاء مثناة من فوق مفتوحة وكاف، ومعناه بالتركية خمسة لا غير، وقيل معناه رأس لا غير حيث أن بش تعني رأس، وقد أثبت ابن تغري بردي هذا المعنى لكلمة بش عند ترجمته للأمير بشباي من باكي، وورد كذلك في الكثير من المصادر، وفضلنا لفظ بشتاك لشيوعه وتجنباً للالتباس. ⁝ انظر: ابن إياس (محمد بن أحمد ت930هـ/1524م)، بدائع الزهور في وقائع الدهور، تحقيق محمد مصطفى، الهيئة العامة للكتاب، القاهرة،1984، 5ج، ج1، ق1، ص476–478–489. وسوف نرمز للكتاب ب "بدائع الزهور". ⁝ ابن تغري بردي (أبو المحاسن جمال الدين يوسف ت874هـ/1469م)، النجوم الزاهرة في ملوك مصر والقاهرة، تحقيق محمد رمزي، الهيئة العامة للكتاب، القاهرة، 1972، 16ج، ج10، ص18–20. وسوف نرمز إليه ب "النجوم الزاهرة". ⁝ ابن تغري بردي (أبو المحاسن جمال الدين يوسف ت874هـ/1469م)، المنهل الصافي والمستوفي بعد الوافي، تحقيق الدكتور محمد أمين والدكتور نبيل محمد عبد العزيز، طبع الهيئة العامة للكتاب، 1985–1994، صدر منه

سنة 735–740هـ/1334–1339م.

والأمير بشتاك هو من أهم مماليك السلطان الناصر محمد بن قلاوون،[64] ولما طلب الأمير بشتاك نيابة الشام من السلطان الملك المنصور أبي بكر (741–742هـ/ 1341م) فوافقه وكتب تقليده (وطلب السلطان الأمير قوصون وأعلمه بذلك فلم يوافقه وغصَّ من بشتاك)،[65] وقرر الأمير قوصون الإيقاع بالأمير بشتاك، ومازال بالسلطان حتى وافق على القبض عليه، فأمسكوه ومن معه وسُفروا إلى الإسكندرية في الليل، وقبض على جميع مماليكه، وأوقعت الحوطة على دوره وإسطبلاته، وتتبعت غلمانه وحاشيته.[66]

ثم قتل الأمير بشتاك في محبسه بالإسكندرية في الخامس من ربيع الأول سنة 742هـ/1341م، لأول سلطنة الأشرف كجك بن الملك الناصر[67] (742هـ/1341م)، فكان الأمير بشتاك أول من أمسك من أمراء الدولة بعد الناصر محمد بن قلاوون، وفتك به وقتل.[68]

وترك الأمير بشتاك في القاهرة العديد من العمائر منها جامعه الذي كان على بركة الفيل،[69] والحمام الواقع اليوم بشارع سوق السلاح.[70]

عمارة القصر:

كان موضع هذا القصر الركن الشمالي من القصر الفاطمي الكبير الشرقي[71] والذي كان به باب البحر الذي هو أحد أهم أبواب هذا القصر والذي صار يقع تجاه المدرسة الكاملية حتى هدمه الملك الظاهر بيبرس،[72] وبنى الأمير بدر الدين بيسرى بالجهة المقابلة لهذا الموضع من الشارع دار عظيمة لنفسه سميت

9 أجزاء، ج3، ص367–372. وسوف نرمز إليه لاحقاً ب "المنهل الصافي". ⁝ المقريزي (تقي الدين أحمد بن علي بن عبد القادر 845هـ/1442م)، السلوك لمعرفة دول الملوك، 4 أجزاء،12 قسم، مطبعة دار الكتب، القاهرة 1957–1973. ج2، ق3، ص560–563. وسوف نرمز إليه لاحقاً ب "السلوك".

64 الناصر محمد بن قلاوون من أشهر السلاطين المماليك عامة، نول السلطنة ثلاث مرات، الأولى 693–694هـ/1293–1294م، والثانية 698–807هـ/1298–1308م، والثالثة 709–741هـ/13.9–1340م، يقول عنه ابن إياس: لا يعلم لأحد من الملوك آثار مثله ولا مثل مماليكه، حتى قيل قد تزايدت في أيامه بالديار المصرية والبلاد الشامية من العمائر مقدار النصف من جوامع وخوانق وقناطر وجسور وخلجان وغيرها من العمائر بالقلعة وغيرها. ⁝ بدائع الزهور، ج1، ق1، ص481. ⁝ الخطط المقريزية، ج4، ص 98–102. ⁝ النجوم الزاهرة، ج9، ص164–212. ⁝ بدائع الزهور، ج1، ق1، ص481–486.

65 السلوك، ج2، قسم2 ص560.

66 السلوك، ج2، ق2، ص562.

67 الخطط المقريزية، ج3، ص55. ⁝ المنهل الصافي، ج3، ص 371.

68 المنهل الصافي، ج3، ص371.

69 يقع هذا الجامع بشارع بور سعيد، ويسمى حالياً جامع فاضل باشا، وفرغ بشتاك من إنشائه في شعبان 736هـ/1335م، وكان قد أنشأ أمامه على جانب الخليج من البر الشرقي خانقاه، وربطها مع الجامع بساباط، ولكن هذه الخانقاه اندثرت اليوم. ⁝ للاستزادة انظر: الخطط المقريزية، ج4، ص106، 279. ⁝ سعاد ماهر، مساجد مصر وأولياؤها الصالحين، مطبعة المجلس الأعلى للشؤون الإسلامية، ط1، 1978، ج3، ص206–213.

70 وهو حمام كبير ذو واجهة مكسوة من الرخام مازال قائماً وعليه اسم الأمير بشتاك ورنكه، ويلاحظ أن المقريزي لم يذكر هذا الحمام، وقال علي باشا مبارك أنه جاري في ملك ورثة محمد كتخدا الدرويش. ⁝ انظر: الخطط التوفيقية، ج2، ص289.

71 القصر الكبير الشرقي: عمر هذا القصر القائد جوهر لسيده المعز لدين الله عندما وضع أساس القاهرة سنة 358هـ/968م، وهو الذي في مساحته الآن المشهد الحسيني وبيت القاضي والمدارس الصالحية وغيرها، فقد كان قصراً عظيم السعة، وكان في الجهة الشرقية من القاهرة، ولهذا عرف بالقصر الكبير الشرقي، وكان يسمى أيضاً بالقصر المعزي، وبني حول هذا القصر عام 360هـ/970م سوراً كبيراً، وكان سكناً للخلفاء الفاطمين وأولادهم. ⁝ الخطط التوفيقية، ج2، ص52. ⁝ وللاستزادة انظر: الحديث عن القصور الفاطمية في الباب الأول من هذا الكتاب. ⁝ الخطط المقريزية، ج2، ص215–219.

72 الخطط المقريزية، ج3، ص54، 113.

بالدار البيسرية،[73] وظل هذا الموضع هكذا حتى اشتراه الأمير بكتاش الفخري حيث يذكر المقريزي أن هذا الأمير (اشتراه وأنشأ فيه دوراً وإسطبلات ومساكن له ولحواشيه، وصار ينزل إليه هو والأمير بدر الدين بيسرى عند انصرافهما من الخدمة السلطانية بقلعة الجبل في موكب عظيم زائد الحشمة، ويدخل كل منهما إلى داره، وكان موضع هذا القصر عدة مساجد لم يتعرض لهدمها وأبقاها على ما هي عليه فلما مات أمير سلاح وأخذ قوصون الدار البيسرية أحب الأمير بشتاك أن يكون له أيضاً داراً بالقاهرة، وذلك أن قوصون وبشتاك كانا يتناظران في الأمور ويتضادان في سائر الأحوال ويقصد كل منهما أن يسامي الآخر ويزيد عليه في التجمل، فأخذ بشتاك يعمل على الاستيلاء على قصر أمير سلاح حتى اشتراه من ورثته، وأخذ من السلطان الملك الناصر محمد بن قلاوون قطعة أرض كانت داخل هذا القصر من حقوق بيت المال، وهدم داراً كانت قد أنشأت هناك عرفت بدار قطوان الساقي، وهدم أحد عشر مسجداً وأربعة معابد، كانت من آثار الخلفاء يسكنها جماعة الفقراء وأدخل ذلك في البناء إلا مسجداً منها فإنه عمره ويعرف اليوم بمسجد الفجل،[74] فجاء هذا القصر من أعظم مباني القاهرة، فإن ارتفاعه في الهواء أربعون ذراعاً، ونزول

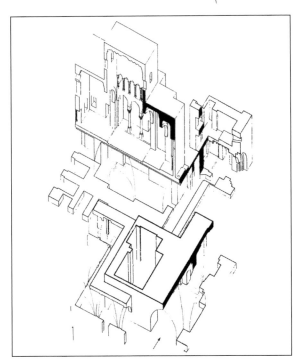

الشكل 43 أكسونومتري لقصر بشتاك، يظهر به الفراغات المعمارية للقصر بطابقيه الأرضي والأول. (عن: Garcin & Maury, *Palais et maisons du Caire d'époque Mamelouke*)

أساساته في الأرض مثل ذلك،[75] والماء يجري بأعلاه وله شبابيك من حديد تشرف على شوارع القاهرة، وينظر من أعلاه عامة القاهرة والقلعة والنيل والبساتين، وهو مشرق جميل مع حسن بناء وتأنق زخرفته والمبالغة في تزويقه وترخيمه، وأنشأ أيضاً في أسفله حوانيت كانت تباع فيها الحلوى وغيرها، فصار الأمر أخيراً كما أولاً بتسمية الشارع بين القصرين، ولما أكمل بشتاك بناء هذا القصر والحوانيت التي في أسفله والخان[76]

73 دار بيسرى: بناه الأمير بدر الدين بيسرى الشمسي الصالحي النجمي، وشرع في عمارتها سنة 659هـ/1260م، وتأنق في عمارتها وبالغ كثرة الصرف عليها، فجاءت سعة هذه الدار بإسطبلها وبستانها والحمام بجانبها نحو فدانين ورخامها من أبهج رخام عمل في القاهرة وأحسنه صنعة، ومازالت بيد ورثة بيسرى إلى سنة ثلاث وثلاثين وسبعمائة (1332م)، حين اشتراها منهم الأمير قوصون بمائتي ألف درهم نقرة، ثم آلت للسلطان الظاهر برقوق، وصارت من جملة أوقافه ثم ظلت بيد ابنه بيرم وورثته، وكان لها باب وبوابته من أعظم ما عمل من البوابات بالقاهرة. ⁝ الخطط المقريزية، ج3، ص 111-112. ⁝ وذلك حتى سنة 835هـ قام السلطان برسباي بهدم هذه الدار. ⁝ بدائع الزهور، ج2، ص140.

74 سنتعرض لدراسة هذا المسجد عند دراستنا الوصفية لهذا القصر.

75 يلاحظ أن هذه العبارة مبالغ فيها فمن غير الممكن أن تبلغ عمق أساسات هذا القصر مثل هذا العمق، خاصة لو علمنا أن الأربعين ذراعاً تساوي أكثر من عشرين متراً.

76 خان بشتاك شيده الأمير سيف الدين بشتاك سنة 738هـ/1337م، ومنذ هذا التاريخ لا نعلم شيئاً عن هذا الخان سواء في ما يتعلق بأمر ملكيته أم بصفاته المعمارية وما طرأ عليها من تغيير أو تجديد، وتظل معلوماتنا متوقفة عند هذا الحد إلى أن أخبرتنا وثيقة مؤرخة في سنة 912هـ/1506م، بأنه

المجاور له، في سنة 738هـ/1337م)، ولم يبارك له فيه، ولم يمتع فيه، فكرهه وباعه لزوجة بكتمر الساقي، وتداوله ورثتها إلى أن أخذه السلطان الناصر حسن بن محمد بن قلاوون[77] فاستقر بيد أولاده إلى أن تحكم الأمير الوزير المشير جمال الدين الأستادار[78] في مصر فصار من جملة أملاكه، وأولاده من بعده).[79]

الوصف المعماري للقصر: [الشكل 43]

ويبدو أن حدود هذا القصر عند إنشاء الأمير بشتاك له كانت تمتد ضعف مساحته الحالية بمرات، فمن المؤكد أنه قد ضاع الجزء الأكبر منه، ولم يبق منه سوى أجزاء من الضلع الشمالي الغربي وجزء من الضلع الجنوبي الغربي، والتي تعكس لنا الضخامة والامتداد التي كان عليها القصر عند بنائه، وتلك الفخامة المعمارية الفنية التي وجدت بقصور هذه الفترة الهامة. ويمكننا اليوم القول أن الجزء الباقي من هذا القصر يتألف من أربع واجهات خارجية، تطل الواجهة الجنوبية الشرقية منها على فناء صغير نسبياً، كان جزءاً من الفناء الأصلي الواسع، وبهذه الواجهة المدخل الحالي للقصر والمتوصل إليه من درب قرمز، كما يتألف القصر من طابقين الأرضي والأول وكل هذه الأجزاء الباقية تعتبر أصلية ترجع نواتها إلى عصر الإنشاء، وكذلك كامل الضلع الجنوبي الشرقي لهذا الفناء، هذه الأجزاء التي تعود للعصر العثماني المتأخر.

الواجهات الخارجية:

الواجهة الشمالية الغربية: [لوحة 21]

يمكننا اعتبار هذه الواجهة الرئيسة لهذا القصر رغم أن المدخل الرئيسي للقصر لا يقع بها وذلك لأهمية موقعها على امتداد شارع بين القصرين بطول 32.50م وبارتفاع ثلاثة طوابق تقريباً،[80] وتنقسم هذه الواجهة لكتلتين بنائيتين، تبرز إحداهما عن الأخرى بحوالي 2.30م، وتتكون كل منهما من ثلاثة مستويات من الدخلات أولها في الطابق الأرضي، وهي عبارة عن سبعة حوانيت تفتح أبوابها على الشارع [الشكل

كان ضمن أوقاف المرحومة خوند قراجة البكتمرية، ولم تحدد لنا الوثيقة كيف آلت ملكية الخان إليها ولا متى وقفته، أو على من وقفته، وعلى أي حال فقد استبدل محمد بن عبد القادر بن محمد الشهير بابن الموقع هذا الخان من الزيني عبد المنعم شاد وقف خوند قراجة البكتمرية نظير ألفان وخمسمائة دينار وذلك بتاريخ 17 صفر سنة 912هـ/9-7-1506م. وحدث بعد ذلك أن اشترى عبد القادر القصروي وكيل السلطان الغوري هذا الخان من ابن الموقع نظير 2520 دينار بتاريخ 27 شوال سنة 914هـ/ 18-2-1509م، وما أن امتلكه الغوري حتى وقفه على مصالح عمائره بتاريخ 18 ربيع الآخر سنة 922هـ/ 22-5-1516م، وبالفعل ورد هذا الخان ضمن كتاب وقف الغوري الجامع. وقد حمل هذا الخان اسم خان المستخرج منذ أواخر العصر المملوكي، واسم خان ووكالة اللاوند في العصر العثماني. ⁝ انظر: عوض الإمام، أوقاف السلطان الغوري بحث ضمن كتاب "خان الخليلي وما حوله مركز تجاري وحرفي للقاهرة من القرن الثالث عشر إلى القرن العشرين" إعداد سيلفي كونوا، جان شارل ديبول، ميشيل توشيرير، جان لوك آرنو، محمد حسام الدين إسماعيل، المعهد العلمي الفرنسي للآثار الشرقية بالقاهرة، 1999، جزآن، ج2، ص38.

77 الناصر حسن هو من سلاطين العصر المملوكي البحري، تسلطن مرتين الأولى 748-752هـ/ 1347-1351م والثانية 755-762هـ/1354-1361م، من أهم أعماله إنشاء مدرسته بميدان القلعة سنة 757-764هـ/1356-1362م. ⁝ حول هذه المدرسة انظر: حسني محمد نويصر، العمارة الإسلامية في مصر عصر الأيوبيين والمماليك، مكتبة زهراء الشرق، القاهرة، 1996، ص339-353.

78 هو جمال الدين يوسف بن أحمد بن جعفر ولد بمدينة البيرة بفلسطين عام 752هـ/1351م ثم جاء للقاهرة بين 770هـ/1368م، وترقى بها لدى الأمراء والسلاطين حتى صار يلقب بعزيز مصر لشدة قوته وتحكمه وعظيم جاهه، حتى قتله السلطان الناصر فرج بن برقوق، وترك جملة آثار أهمها مدرسته بشارع الجمالية. ⁝ انظر حول ترجمته ومدرسته هذه: الخطط المقريزية ج4، ص252-256. ⁝ حسني نويصر، المرجع السابق، ص339-353.

79 الخطط المقريزية، ج3، ص113-114.

80 ذكر المقريزي أن ارتفاع هذا القصر كان عند بنائه أربعين ذراعاً، ونزول أساسه في الأرض مثل ذلك ولو صح قوله عن الارتفاع فإننا نشك بشدة بمقدار عمق الأساسات كما ذكرها، وما هي في ظني إلا مبالغة القصد منها الإشارة لمدى عظمة هذا القصر وحسن بنائه. ⁝ انظر: الخطط المقريزية، ج3، ص113.

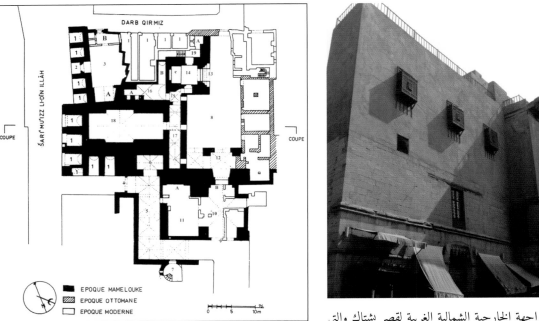

لوحة 21 الواجهة الخارجية الشمالية الغربية لقصر بشتاك والتي تطل على شارع بين القصرين.

الشكل 44 مسقط أفقي للطابق الأرضي لقصر بشتاك. 1–حوانيت 2–كتلة مدخل مسجد الفجل 3–مسجد الفجل A–إيوان B–ميضأة 4–باب حارة بشتاك (بيت القاضي) 5– الجزء المقبي من حارة بشتاك 6–غرفة حراسة 7–برج حراسة 8–فناء 9–باب المدخل الأصلي للقصر 10–دركاه المدخل الأصلي للقصر B–سدلة 11–مكان لإقامة الحراس ومراقبة باب الدخول A–غرفة 12–مساحة مقبية تشرف على الفناء بائكة من عقدين مدببين 13–باب المدخل الحالي للقصر 14–دركاه المدخل الحالي للقصر C–سدلة 15–دركاه صغيرة 16–حاصل ملحق بالإسطبل 17–الدهليز المؤدي للإسطبل 18–الإسطبل 19–ممر A–بيوت خلاء مستجدة. (عن: Speiser, *La restauration du palais Baštak*)

44–1]، يغطي كل منها قبو نصف دائري، تقع أربعة حوانيت منها بالجزء المرتد من الواجهة، عرض كل منها 2.10م وعمق 2.80م، يفتح كل منها على الشارع بباب مربع يعلوه عتب وعقد عاتق يحصران بينهما نفيس ويجري أعلى مستوى العقود العاتقة لهذه الحوانيت طنف[81] حجري بارز.

كما يتوسط هذه الحوانيت الأربعة كتلة المدخل الرئيسي لمسجد الفجل[82] الذي يمكننا اعتباره **مسجد القصر** ومدخل هذا

81 الطنف في المصطلح الأثري المعماري هو بروز أفقي يعمل عادة بالقالب إما ليتوج الواجهات الخارجية للأبنية الأثرية ليحول دون تسرب الماء إليها، أو ليحدد المنطقة الواقعة بين التقاء جدار الأثر وسقفه إذا كان في الداخل، وقد سمي الطنف أيضاً بالكورنيش أحياناً وبالإفريز أحياناً، ومن المعروف أن القباب البيزنطية نصف الدائرية كانت ترتكز على حائط دائري غير مرتفع ينتهي من أعلاه بطنف بارز، ثم انتقلت هذه الطنوف من العمارة البيزنطية إلى العمائر التالية ومنها العمارة الإسلامية التي لعبت فيها دوراً معمارياً وزخرفياً غير قليل. ⁝ عاصم محمد رزق، معجم مصطلحات العمارة والفنون الإسلامية، مكتبة مدبولي، القاهرة، ط1، 2000، ص184.

82 مسجد الفجل: قال المقريزي هو بخط بين القصرين تجاه بيت بيسرى أصله من مساجد الخلفاء الفاطميين أنشأه على ما هو عليه الأمير بشتاك وتسميته العامة مسجد الفجل، وتزعم أن النيل الأعظم كان يمر بهذا المكان وأن الفجل كان يغسل بموضع هذا المسجد، فعرف بذلك، وهذا القول كذب بلا أصل، وعرف بمسجد الفجل من أجل أن الذي كان يقوم

المسجد [الشكل 44–2] عبارة عن سقيفة حجر مرتدة ذات دلايات،[83] وعمق هذا الحجر 1.95م، وعرضه 2.20م، ويجري على جانبيه إفريز كتابي عليه نص التأسيس واسم الأمير بشتاك وألقابه، ويفتح بصدره باب الدخول المتوصل منه لمسجد الفجل،[84] هذا المسجد الذي يعتبر أقدم أساساً من القصر، فقد قام الأمير بشتاك بتجديده، ثم بنى قصره، فصار هذا المسجد من جملة القصر، ويحتل الزاوية الشمالية منه.

والمسجد من الداخل هو عبارة عن مساحة مستطيلة طوله 8.90م، وعرضه في أقصى حالاته 7.00م، حيث أن جدار القبلة منحرف بشدة كما يوجد بمحرابه انحراف واضح أيضاً، ويشغل جداره الجنوبي الغربي إيوان عليه قبو مدبب [الشكل 44–3، A] عمقه 3.15م، كما فتحت بجداره الشمالي الشرقي فتحة باب حديثة يتوصل منها لميضأة حديثة [الشكل 44–3، B] يوجد بجدارها الشمالي الشرقي باب ثان فتح في فترة متأخرة يطل على درب قرمز، ويغطي هذا المسجد اليوم سقف خشبي حديث تتوسطه شخشيخة من تجديدات المعهد الألماني سنة 1404هـ/1983م، والذي ترك هذا التاريخ على إحدى عضادتي الباب الثاني للمسجد والمفتوح على درب قرمز، كما كانت لجنة حفظ الآثار العربية قد جددته مع باقي القصر في السنوات 1355–1362هـ/1936–1943م.

وأما الثلاثة حوانيت الأخرى بالجزء السفلي لهذه الواجهة الرئيسية للقصر فتفتح بالجزء البارز منها، وهي أكثر اتساعاً من الحوانيت الأربعة السابقة، حيث عمق كل منها 4.30م وعرضه 2.30م ويفتح كل منها على الشارع بعقد مدبب مرتفع يحده من الخارج طنف حجري بارز.[85]

كما يجري أعلى مستوى هذا الجزء السفلي من هذه الواجهة طنف حجري بارز يفصله عن الجزء العلوي، حيث يوجد فوق الحوانيت الأربعة بالجزء المتراجع من الواجهة شباك مستطيل مغشى بمصبعات حديدية يعلوه شباك صغير ثم يعلو ذلك ثلاث مشربيات[86] من خشب الخرط[87] من إضافات لجنة حفظ

به كان يعرف بالفجل. ومال علي باشا مبارك للرأي الأول بالتسمية مؤكداً أن النيل كان يمر بهذا المكان وإنه عثر بالقرب منه عند الحفر على نصف مركب كبير من المراكب التي كانت تحمل الغلال في النيل. ⁝ الخطط المقريزية، ج4، ص270. ⁝ الخطط التوفيقية، ج2، ص104.

83 هو نوع من المداخل بشكل سقيفة لا تبرز عن مستوى جدار الواجهة وإنما ترتد داخل المبنى وتتدلى من سقفها صفوف من الدلايات، يفصل كل صف عن التالي صف من بقعة تزخرفها زهور مفصصة غائرة، وهذا النوع ابتكار مصري، حيث ظهر في جامع الماس أولاً ثم في مدخل مسجد الفجل وهو مدخلنا هذا. ⁝ انظر: محمد سيف النصر أبو الفتوح، مداخل العمائر المملوكية بالقاهرة الدينية المدنية، قسم الآثار الإسلامية، جامعة القاهرة، 1975، (رسالة ماجستير غير منشورة)، ص37. ⁝ للاستزادة حول هذا المصطلح انظر: مسرد المصطلحات الأثرية الملحق بهذا الكتاب.

84 كان هذا المدخل مسدوداً ومحولاً حجرة لحانوت، حتى قامت لجنة حفظ الآثار العربية بالكشف عنه وإظهار تفاصيله الحالية. ⁝ الكراسات، كراسة رقم 37، لسنوات 1933–1935، تقرير رقم 713، ص 398–399. ⁝ الكراسات، كراسة رقم 38، لسنوات 1936–1940، تقرير رقم 762، ص 288.

85 قامت لجنة حفظ الآثار العربية عند بداية عملها في هذا القصر بإخلاء كافة حوانيت هذه الواجهة حتى يتسنى لها إعادة ترميم القصر. ⁝ الكراسات، كراسة رقم 38، لسنوات 1936–1940، تقرير رقم 705، ص310.

86 عادة توضع المشربيات لتغطي المسطح الخارجي للشبابيك والسدلات المطلة على الأفنية الداخلية أو الشوارع، وهي معالجة معمارية مصرية إسلامية. ⁝ انظر: مسرد المصطلحات الأثرية الملحق بهذا الكتاب.

87 الخشب الخرط: هو قطع صغيرة من الخشب مستطيلة في الغالب تشبك في بعضها على هيئة أشكال هندسية مخرمة تثبت على الفتحات الخارجية لتمنع من بالخارج من رؤية تفاصيل ما بالداخل، بينما يمكن من بالداخل أن يرى من بالخارج ولا تحجب النور أو الهواء وتستعمل أيضاً داخل المباني، ولهذا الخشب الخرط أنواع وتسميات أطلقها الصناع منها "الخشب الخرط الصهريجي" الذي تكون قطع الخشب به وكذلك الفتحات الناتجة بينها كبيرة، وكذلك نوع "الخشب الخرط الميموني" والذي يطلق عليه أيضاً "المأموني"، وهو الخرط الدقيق ذو الفتحات الدقيقة ومنه الميموني العربي أو البلدي والميموني المغربي، وكان يستعمل خاصة في الحواجز أو الأبواب أمام المزملة أو الدرابزين، وهو يصنع من

الآثار العربية.

ويعلو الحوانيت الثلاثة بالجزء المتراجع من الواجهة أربع مشربيات متشابهة من خشب الخرط، ويتوسط مشربيتين منها شباك مستطيل يمتد بحجم المشربيات مغشى بمصبعات حديدية، ويفتح هذا الشباك والمشربيتان اللتان على جانبيه بصدر الإيوان الشمالي الغربي للقاعة الكبرى بالطابق الأول، ويعلو ذلك ثلاثة شبابيك معقودة ومغشاة من الداخل بالجص المعشق بالزجاج، وعلى سويتها يوجد مشربية أخرى من خشب الخرط تعود للغرفة المتوصل إليها من سلم أغاني القاعة بالطابق الأول، هذا ويعلو هذا الجزء من الواجهة طنف حجري بارز بشدة عن مستوى الواجهة، ربما كان يحمل جزءاً بارز من الطابق الثاني الزائل.[88]

الواجهة الجنوبية الغربية:

وتمتد هذه الواجهة على حارة بشتاك، وهي واجهة كبيرة شديدة الاختلاف في أجزائها عن بعضها البعض ويمكن تقسيمها إلى ثلاثة أقسام: **القسم الأول** عبارة عن واجهة عادية تمتد بطول 13م على الجزء المكشوف الذي يتقدم باب حارة بشتاك، وكأنه امتداد للواجهة الشمالية الغربية سابقة الوصف، حيث يوجد بالجزء السفلي منه ثلاثة أبواب لدكاكين [الشكل 44–1] تشبه التي رأيناها في الجزء الأول من الواجهة الشمالية الغربية، يتوصل من الأول لدكان صغير قليل العمق عرضه 2.00م، بينما يدخل من البابين الثاني والثالث لحانوتين عمق كل منهما 4.55م وعرضه 2.00م، ويغطي هذه الدكاكين الثلاثة أقبية اسطوانية ويغلق على كل منها باب خشبي بدرفتين، كما يجري أعلى هذا الجزء من هذه الواجهة باقي الطنف الحجري البارز الذي يفصلها عن جزئها العلوي، الذي تعتبر مشربيتانه الواقعتان مباشرة فوق فتحة باب الدكان الأول أهم الفتحات الموجودة فيه، حيث تعلو إحداهما الأخرى وتحصران بينهما فتحة شباك، وتفتح المشربية السفلى على الغرفة الملحقة بالإيوان الشمالي الغربي للقاعة الرئيسية، وكذلك الشباك الذي يعلوها، بينما تفتح المشربية العليا على الغرفة الملحقة بأغاني القاعة الرئيسية.

أما **القسم الثاني** من هذه الواجهة فيبدأ من واجهة باب حارة بشتاك، ويشمل كل الجزء المقبي من الحارة، حيث تتجه فتحة الباب إلى الشمال الغربي [الشكل 44–4]، وهو عبارة عن دخلة جدارية يغطيها عقد نصف دائري وفتح بصدرها فتحة باب معقود ارتفاعها حتى رجل العقد 2.60م وعرضها 2.90م ويغلق على فتحة الباب مصراعان لباب خشبي مصفح بالحديد،[89] ويعلو دخلة هذا الباب فتحة شباك بعتب خشبي يعود لإحدى ملحقات القاعة الرئيسية بالدور الأول.

ونتكون الحارة من أقبية متقاطعة متصلة [الشكل 44–5] أربعة منها بالجزء الذي يلي باب الحارة والقبو الخامس بالجزء المنكسر

الخشب الزان أو القرو. ؛ قاموس المصطلحات، ص40. ؛ عبد اللطيف إبراهيم، سلسلة الدراسات الوثائقية، الوثائق في خدمة الآثار "العصر المملوكي"، بحث في كتاب دراسات في الآثار الإسلامية، المنظمة العربية للتربية والثقافة والعلوم، القاهرة، 1979، ص409. ؛ سامي أحمد عبد الحليم إمام، آثار الأمير قاني باي الرماح بالقاهرة، دراسة أثرية معمارية، كلية الآثار، جامعة القاهرة، رسالة دكتوراة غير منشورة، 1975، ص361–363.

88 قامت لجنة حفظ الآثار العربية بتجديد هذه الواجهة بشكل كلي بما فيها اليوم من نوافذ ومشربيات، كما نقلت بعض هذه المشربيات والقمريات من منازل وقصور قديمة، وذلك بناءاً على اقتراح تقدم به السيد محمود أحمد. ؛ الكراسات، كراسة رقم 38، الأعوام 1936–1940، تقرير رقم 748، ص 218–219. تقرير رقم 759، ص278. تقرير رقم 762، ص 288.

89 كان أهالي المنطقة قد طلبوا من المحافظة هدم هذا الباب لتقادم عهده وخطورته وقلة سعته، ولما خاطبت المحافظة لجنة حفظ الآثار، رفضت اللجنة ذلك لإدراكها لأهمية هذا النوع من أبواب الحارات لقلة أمثلته الباقية ووضعت خطة لترميمه، وبعد ذلك بحوالي عشرين عاماً قررت نزع الباب حجراً حجراً وإعادة تركيبه في حوش جامع الحاكم الذي كان قد أعد لأن تعرض به قطع الأحجار الكبيرة التي أصلها من المباني الأثرية، ووضعت مقايسة لذلك بمبلغ عشرين جنيهاً، ولكن يبدو أنها قررت لاحقاً إبقاءه في مكانه وترميمه. ؛ انظر: الكراسات، كراسة رقم 3، لسنة 1885، تقرير رقم 23، ص 51–52. ؛ الكراسات، كراسة رقم 22، لسنة 1905، التقرير341، ص 64. ؛ الكراسات، كراسة رقم 23، لسنة 1906، تقرير رقم 352، ص31.

منها، وهو نهاية الجزء المقبي والذي ينتهي بفتحة عرضها 4.90م
يعلوها عقد مدبب، ويفتح على هذا الجزء المقبي بواجهة القصر
باب وشباك، يفتح الباب على يسار الداخل من باب الحارة
وهو باب كبير تغلق عليه درفتان خشبيتان، يدخل منه لغرفة
مستطيلة [الشكل 44-6] المسقط طولها 5.30م وعرضها
3.20م، ويغطيها قبو متقاطع ويغلب أن تكون هذه الغرفة
مخصصة لجلوس الحراس القائمين على باب الحارة.

أما الشباك فيفتح أسفل القبو الثاني، وكان يشرف على
ملحقات المدخل الرئيسي للقصر، هذا ويفتح أسفل القبو
الخامس باب غريب في موقعه على يمين السالك من الحارة
أي في مواجهة هذه الواجهة ويتجه هذا الباب للشمال الشرقي،
وهو عبارة عن باب منغرس جزء كبير منه اليوم بالأرض
ويعلوه فتحة عقد موتور مكون من خمس صنجات معشقة،
كان يدخل منه لبرج دائري قطره حوالي أربعة أمتار [الشكل
44-7]، وربما كان به طابقان أو أكثر، فتح بها مزاغل[90]
لرمي السهام، ويوجد بداخل البرج بقايا سلم حجري صاعد
يلتف مع الجدار، كان هذا البرج مخصصاً لمراقبة وحماية المدخل
الرئيسي للقصر، أما اليوم فقد تهدمت أغلب أجزاء هذا البرج
واحتلته ورش صناعية .

ويمتد القسم الثالث من هذه الواجهة الجنوبية الغربية من
عند نهاية الجزء المقبي، وبهذا القسم أهم عناصر هذه الواجهة،
وهو فتحة المدخل الرئيسي للقصر وهو عبارة عن فتحة باب
ضخم عرضه 6.72م، يعلوه عقد كبير مدبب، وكان يغلق عليه
مصراعان لباب ضخم لم يعد لهما وجود بل يحتل المساحة
أسفل العقد اليوم باب دخول حديث وفتحة باب دكان يغلق
عليه باب حديث.

لوحة 22   صورة قديمة للفناء الذي يتقدم الواجهة الجنوبية
الشرقية لقصر بشتاك، وتظهر بعمق الصورة الجهة
الجنوبية الشرقية لهذا الفناء.

وتشير الدلائل الأثرية إلى أن هذا القسم من الواجهة
الجنوبية الغربية، كان يمتد أكثر من ذلك بكثير مشكلاً الجدار
الشمالي الشرقي لجزء كبير من حارة بيت القاضي أو كما
عرفت سابقاً بحارة بشتاك، والباقي اليوم من هذه الواجهة
مهدم بشكل شبه كامل، كما يظهر به الكثير من التجديد الذي
تم عليه في عصور مختلفة سابقة.

الواجهة الشمالية الشرقية:

وتطل هذه الواجهة على درب قرمز، وتمتد بطول 41.50م،
ويظهر من الجزء الباقي منها أنها قد تعرضت للكثير من
التغييرات الكبيرة عبر القرون الماضية، حتى يمكننا القول أنه لم
يعد باقي بها من العصر المملوكي إلا الجزء الذي يشكل الواجهة
الخارجية الشمالية الشرقية لمسجد الفجل، بينما تعود أغلب

---

90   هي في المصطلح الأثري المعماري فتحة ضيقة في سور المدينة
أو القلعة أو الحصن أو البرج أو البوابة، تطلق منها الرماح
والسهام وغيرها من المقذوفات على المهاجمين، كما تستخدم
في نفس الوقت منفذاً للتهوية والإضاءة والمراقبة، وقد
اعتاد المعمار المسلم أن يجعلها ضيقة من الخارج ومتسعة من
الداخل لتمكين المكلف بالحراسة من قذف رماحه وسهامه
على المهاجمين لها في سهولة ويسر. :: عاصم محمد رزق، المرجع
السابق، ص277.

الأجزاء الباقية بهذه الواجهة للقرن 19م،[91] وهذه الواجهة تمتد بارتفاع الطابق الأرضي وتبدأ بجزء مصمت بارز يتلوه الجزء الذي يشكل الواجهة الشمالية الشرقية لمسجد الفجل والتي يبلغ طولها 7.80، وتتوسطها فتحة باب حديثة عرضها 1.78م،[92] ويتلو ذلك أربعة أبواب حديثة يدخل من كل منها لدكان حديث [الشكل 44-1]، وبالنهاية الجنوبية الشرقية لهذه الواجهة توجد فتحة باب حديثة أيضاً يدخل منها مباشرة لفسحة سماوية واسعة، يمكن أن نطلق عليها اليوم مصطلح فناء القصر أو ما بقي منه، كما أشرنا لذلك في دراستنا لتاريخ عمارة هذا القصر.

ويغلب على الظن أن هذه الواجهة كانت تمتد أكثر بكثير تجاه الجنوب الشرقي لتنعطف مع درب قرمز، وربما هنا وبالجدار الموازي لواجهة المدرسة السابقية كان يقع باب سر قصر بشتاك، الذي لم يعد الحديث عنه إلا افتراضاً، أفقده الزمن كافة أدلته الأثرية، كما خلت من الإشارة إليه المصادر التاريخية.

الواجهة الجنوبية الشرقية:

يتقدم هذه الواجهة جزء من الفناء الأصلي للقصر، حيث كان هذا الفناء يمتد بشكل كبير تجاه الجنوب الشرقي، ولم تكن هذه الواجهة سوى الواجهة الداخلية الشمالية الغربية لفناء قصر بشتاك، ولكن ضياع تلك الأجزاء والتعدي بالبناء الحديث على الأجزاء الجنوبية الغربية والجنوبية الشرقية والشمالية الشرقية لهذا الفناء كما يظهر حالياً بشكل جلي، هو الذي غير المفردات المعمارية لهذا القصر، فصارت هذه الواجهة من الواجهات الخارجية للقصر، وصار المدخل الثانوي الواقع بها والذي كان بمثابة مدخل القاعة الرئيسية فقط هو المدخل الرئيسي والوحيد لهذا القصر الآن.

وتمتد هذه الواجهة بطول 24.50م، وهو طول الجزء الباقي

لوحة 23 المدخل الثانوي الواقع بالواجهة الجنوبية الشرقية لقصر بشتاك، والمدخل الوحيد المستخدم حالياً للوصول لأجزاء القصر.

من الفناء، وهي تتكون من قسمين، قسم بارز يشكل كتلة المدخل، يعلوه جدار مصمت لإحدى غرف الطابق الأول، كما يحدد كتلة المدخل طنف حجري بارز، والقسم الثاني من هذه الواجهة مرتد وبأعلى جزئه السفلي ثلاث نوافذ مربعة تسمح بإدخال الهواء والضوء للدهليز الذي يتقدم الإسطبل بالطابق الأرضي، وفي الجزء العلوي من هذه الواجهة يوجد شباكان مستطيلان، يعلو أحدهما الآخر، وتغشي كلاً منهما مصبعات من الحديد.

الفناء: [الشكل 44-8]

يتقدم هذه الواجهة الجنوبية الشرقية جزء من الفناء الأصلي لقصر الأمير بشتاك [لوحة 22]، حيث يمتد هذا الجزء من الفناء بطول 24.50م،وعرضه بالجزء الضيق الواقع أمام كتلة المدخل 4.65م، بينما يصل عرضه بالجزء الواسع إلى 11.20م، وتشرف على هذا الفناء من الجهة الجنوبية الشرقية بائكة

---

91 Speiser, Philipp. "La restauration du palais Baštak." In GARCIN, Cairo: I.F.A.O., 1991, 809–826, 816.

92 مكتوب على كتلة هذا الباب تاريخ 1440هـ، وهذه كتابة مضافة حديثاً تشير لتاريخ تجديد المعهد الألماني لقصر بشتاك ومسجد الفجل وهي تساوي سنة 1983م.

تتألف من عقدين مدببين عرض كل منهما 3.35م ومحمولين في الوسط على دعامة مستطيلة، ويمتد طول هذه البائكة على كامل عرض الفناء أي 11.20م، وتعتبر هذه البائكة الواجهة الداخلية لكتلة المدخل الرئيسي للقصر، الذي كان يفتح على حارة بشتاك، كما تشير الدلائل الأثرية إلى أنه كانت تعلو هذه البائكة بائكة ثانية أكبر حجماً كانت تشكل واجهة المقعد الذي لم يبق من آثاره بالطابق الأول فوق هذه البائكة أي شيء يذكر فقد حلت محله جملة من المساكن الحديثة التي تعود في أغلبها إلى القرن التاسع عشر.[93]

ويحتل اليوم كامل الضلع الجنوبي الشرقي عمائر حديثة قطعت امتداد الفناء بالاتجاه الجنوبي الشرقي، وهي عمائر حديثة تعود للقرن 11–12هـ/17–18م، كما يشير بذلك أسلوب بنائها وأشكال فتحات عقودها المنخفضة.[94]

المداخل الخارجية:

لقد بقي لهذا القصر مدخلان الأول هو المدخل الرئيسي الأصلي لهذا القصر، والثاني هو المدخل الثانوي والمستعمل اليوم للدخول لهذا القصر.

المدخل الرئيسي:

وهو المدخل الأصلي لقصر الأمير بشتاك، ويقع بالواجهة الجنوبية الغربية الخارجية للقصر مطلاً على حارة بشتاك، أو كما تسمى اليوم بحارة بيت القاضي، وقد صمم هذا المدخل ليكون محمياً آمنا من أي محاولة لاختراقه بغير إذن، فعمل لحارة بشتاك باب خاص [الشكل 44–4] يقفل عليها ليلاً أو في وقت الأزمات والاضطرابات، وزود هذا الباب من الداخل بغرفة كبيرة لجلوس حراس الباب [الشكل 44–6]، كما بني بمواجهة باب المدخل برج دفاعي [الشكل 44–7] مسئول عن مراقبة الباب والدفاع عنه ضد أي معتدي.

والمدخل عبارة عن فتحة باب ضخم عرضه 5.00م، يعلوه عقد كبير مدبب يحدده من الخارج طنف حجري بارز، وكان يغلق على هذا الباب مصراعان من الخشب المصفح، وكان يدخل من هذا الباب مباشرة لدركاه ضخمة [الشكل 44–10] طولها 6.70م وعرضها 5.75م، يغطيها قبو متقاطع، ويدخل من باب على يسار الداخل بالجدار الشمالي الغربي لهذه الدركاه لمساحة شبه مستطيلة [الشكل 44–11] طولها 10.80م، وعرضها 6.50م، ما زلنا نستطيع التأكيد على أن هذه المساحة استغلت كمكان لإقامة الحرس بجزئها الشمالي الشرقي [الشكل 44–11،A]، بينما تقدم ذلك مكان كشف سماوي يمثل حوشاً مكشوفاً لمكان الإقامة هذا. ويمكننا بناء على هذا الوصف القول بأن هذا المدخل من نوع مدخل الحِجر المعقود المرتد[95] الذي نرى أن بشتاك استخدمه أيضاً في المدخل الرئيسي لحمامه الواقع بشارع سوق السلاح.

واليوم فإن كتلة هذا المدخل الرئيسي قد تعرضت لتغييرات كبيرة جداً، بدأت كما أثبتنا منذ آواخر العصر المملوكي، حيث

---

93 أشار فيليب سبيزر لذلك، وأرخ هذه العمائر الحديثة بالقرن 19، كما كان برنار موري وجاك ريفو أعاداها لنفس التاريخ، وأشارا إلى أنه كان قد أقيم مكانها بالقرن 19 فندق حول صحن الاستقبال يشبه النماذج الأوربية المقلدة بالقاهرة بتلك الفترة. وكنا قد أثبتنا بالدليل الوثائقي أن الاعتداء على هذا الجزء من القصر قد بدأ منذ نهاية العصر المملوكي عندما ذكرت وثيقة السلطان الغوري، أنه أقام ربعاً سكنياً فوق الجزء المطل على حارة بشتاك من هذا القصر، وجعل الوصول إليه من باب فتح بالمدخل القديم للقصر. ⋮ انظر: Revault & Maury, *Op. cit.*, part II, 10. ⋮ Speiser, *Op. cit.*, p. 816. ⋮ وثيقة الغوري، المرجع السابق، ص343–344.

94 Revault & Maury, *Op. cit.*, part II, 10.

95 لا تبرز في هذا النوع من المداخل كتلة المدخل عن مستوى جدار الواجهة وإنما تكون فجوة الحجر مرتدة إلى الداخل ويتوجها عقد مخموس أو مدائني ويفتح بنهاية الحجر باب الدخول وكان غالباً باب مربع كما وجد الباب المعقود أيضاً. وقد ظهر هذا النوع من المداخل قبل ظهورها بقصر بشتاك في قبة أم الصالح (682–683هـ/1283–1284م) وفي مدخل مدرسة وقبة الناصر محمد بالنحاسين 695–703هـ/1295–1304م، وفي قبة بدر الدين القرافي (حوالي 700–710هـ/1300–1310م). ⋮ انظر: سيف النصر أبو الفتوح، مداخل العمائر المملوكية بالقاهرة الدينية والمدنية بين سنة 648هـ/1250م–784هـ/1382م، قسم الآثار الإسلامية، كلية الآثار، جامعة القاهرة، (رسالة ماجستير غير منشورة)، 1975، ص35–36. ولم يذكر سيف النصر أبو الفتوح هذا المدخل.

قسمت فتحة باب الدخول الضخمة إلى أكثر من فتحة باب يؤدي كل منها لمكان مختلف، فصارت بالجزء الشمالي الغربي لهذا المدخل فتحة دكان يغلق عليها باب غلق حديث، بينما جعل بباقي المدخل فتحة باب بعرض 1.50م، يدخل منه اليوم للوحدات السكنية الحديثة التي تعلو كتلة المدخل بالطابق الأول.

وكان يفتح بالجدار الشمالي الشرقي لدركاه الدخول سدلة [الشكل 44–10، B] بعرض الدركاه يوجد بصدرها فتحة عرضها 3.67م، يعلوها عقد مدبب، تفضي بالداخل لمساحة مستطيلة طولها 10.20م وعرضها 3.57م، يغطيها قبوين متقاطعين، وتشرف هذه المساحة على الجزء الباقي من الفناء ببائكة ذات عقدين مدببين محمولين بالوسط على دعامة، حيث يصبح الداخل بعد تجاوزها بوسط فناء القصر [لوحة 22].

المدخل الثانوي: [لوحة 23]

يقع هذا المدخل اليوم بالواجهة الجنوبية الشرقية للقصر، ويتوصل إليه عبر باب حديث بدرب قرمز، وهو المدخل الوحيد المستخدم حالياً للوصول لأجزاء القصر بطابقيه الأرضي والأول، وتحتل كتلة هذا المدخل مساحة عرضها 8.64م، ويؤطرها طنف حجري بارز، وتتوسط هذه الكتلة حنية الدخول وعرضها 4.90م، يعلوها عقد مدبب، يليه عقد آخر أصغر حجماً تتوسطه فتحة باب الدخول التي يتوجها عقد ثالث مشابه للعقدين السابقين كان محمولاً على عمودين بقي التجويف الخاص بهما ظاهراً للعيان وارتفاع هذا الباب 3.15م وعرضه 1.98م.

وعلى جانبي حنية الدخول هذه توجد مكسلتان طول كل منهما 1.60م وعرضها 1.45م، بينما ترتفعان عن أرض المدخل 0.82م، ويعلو ذلك على عضادتي المدخل إفريز غائر طوله 1.60م وعرضه 0.30م به شريط كتابي بارز بخط الثلث المملوكي به بعض التآكل والنقص، ولكنه يتضمن البسملة واسم منشئ القصر وألقابه، ونصه كالتالي:

النص على العضادة اليسرى للمدخل: بسم الله الرحمن الرحيم أمر بإنشاء هذا المكان...

النص على العضادة اليمنى للمدخل: المولوي الاسفلاري بشتاك الملكي الناصري

كما يوجد بواجهة كتلة المدخل على مستوى نهاية العقد الخارجي لحنية الدخول رنك[96] الأمير بشتاك وهو الرنك المعبر عنه بالبقجة،[97] وكان يوجد رنك آخر مشابه في الجهة الأخرى على يسار عقد المدخل، ولكنه اختفى الآن.

وتجدر الإشارة إلى أننا نحتاج اليوم للوصول لهذا المدخل أن نهبط خمس درجات عن مستوى الأرضية أمام المدخل وذلك بسبب ارتفاع هذه الأرضية عبر الزمن.[98]

الطابق الأرضي: [الشكل 44]

يفضي باب الدخول السابق مباشرة إلى دركاه واسعة [الشكل 44–14] طولها 3.95م وعرضها 3.40م، وفتح بصدرها سدلة [الشكل 44–14، C] عرضها 3.47م، وعمقها 2.00م وترتفع أرضها عن الدركاه 0.20م، كما فتحت بصدر هذه السدلة حنية بعرض 2.23م وعمقها 0.40م.

ويغطي كل من الدركاه والسدلة سقف خشبي مكون من

---

96 انظر: مسرد المصطلحات الأثرية الملحق بهذا الكتاب.

97 البقجة هي رمز لرنك الجمدار الذي يتولى وظيفة إلباس السلطان ثيابه، والبقجة غالباً ما ترسم على هيئة مربع ذي أركان مرتفعة أو معين يمثل قطعة النسيج المربعة التي تطوي أطرافها تجاه الوسط والتي كانت توضع فيها الملابس المعدة للارتداء، وقد يرسم فوق الوسط هذا دائرة صغيرة، وهي إما ترسم مفردة أو ترسم مشتركة مع رموز أخرى كأن تكون محصورة بين سيفين أو يتضمن الرنك بقجتين أحدهما تعلو الأخرى، وهي في الحالة الأخيرة تمثل رنوكاً مركبة، ولقد وجد هذا الرنك أيضاً مكرراً على مدخل حمام الأمير بشتاك بشارع سوق السلاح. ⁝ أحمد عبد الرزاق، الرنوك في عصر سلاطين المماليك، مجلة الجمعية المصرية للدراسات التاريخية، مج 21، 1974، ص70.

98 يشير جاك ريفو وبرنار موري إلى اختلاف شكل هذا المدخل اليوم كثيراً عما كان عليه بالأصل، وكان مكس هرتس بك قد أشار للكثير من التعديلات التي طالت هذا المدخل ودركاته، حيث كان قبل مباشرة اللجنة لأعمالها به مسدوداً، يتوسطه للأسفل باب صغير جداً، بينما قسمت دركاته لطابقين يتوصل للعلوي منهما عبر سلم خشبي كان بواجهة كتلة المدخل. ⁝ انظر: الكراسات، كراسة رقم 26، لسنة 1909، ملحق الكراسة، ص166. ⁝ Revault & Maury, *Op. cit.*, Part II, 10.

لوحة 24 الإسطبل الوحيد الباقي في قصر بشتاك.

براطيم تحصر بينها طبالي وتماسيح مجلدة بالتذهيب والألوان عليها زخارف هندسية ونباتية.[99]

ويوجد على جانبي هذه الدركاه بابان: الأول على يمين الداخل، وهو عبارة عن فتحة باب ارتفاعها 2.17م، وعرضها 1.30م عليها عقد منكسر، ويتوصل من هذا الباب للطابق الأول للقصر، والباب الثاني يقع على يسار الداخل وهو يشبه الباب السابق تماماً من حيث الشكل والأطوال، ولكن يبدو أن كلاً من هذين البابين قد كان يرتفع حتى سقف الدركاه، وقد أضيفت هذه العقود المنكسرة حديثاً.

ويدخل من هذا الباب مباشرة لممر صغير طوله 2.20م وعرضه 1.73م يغطيه قبو اسطواني صغير، وفتح بجداره الشمالي الشرقي باب بارتفاع 2.80م وعرض 1.30م، يفضي لدركاه ثانية صغيرة مربعة [الشكل 44-15] طول ضلعها 2.20م، يغطيها قبو متقاطع، وفتح بأعلى جدارها الجنوبي الشرقي شباك يرتفع عن أرض الدركاه بمقدار 2.53م، يسمح بإدخال الهواء والضوء للدركاه وللحاصل [الشكل 44-16] الذي يفتح بابه بالجدار الشمالي الغربي لهذه الدركاه ويرتفع حتى السقف ليزيد من فرصة تلقي الحاصل للهواء والضوء، بينما ظل عرض هذا الباب قليلاً 1.37م لضيق المكان هنا، حيث رغب المعمار في عمل هذا المخزن لحفظ أدوات الإسطبل الواقع بهذا المكان ولسكن القائمين عليه، وقد جاء هذا الحاصل خالياً من النوافذ وذا تخطيط غير منتظم، مساحته مستطيلة طولها 6.10م وعرضها 3.27م، يغطيها قبو متقاطع، ويفتح بجداره الشمالي الغربي دهليز [الشكل 44-16، A] بطول 2.60م وعرض 1.28م، ويغطيه قبو صغير، بينما توجد بالجدار الجنوبي الغربي لهذا الدهليز خزانتان جداريتان ارتفاع كل منهما 2.37م وعرضها 1.87م وعمقها 1.00م وتغلق على كل منهما أيضاً درفتان خشبيتان، كما يفتح بالجدار الشمالي الشرقي لهذا الحاصل دهليز مشابه للسابق [الشكل 44-16، B] طوله 5.00م وعرضه 1.53م عليه سقف مائل بشدة لكونه يقع أسفل السلم الصاعد للطابق الأول من القصر.

هذا ويفتح بالجدار الجنوبي الغربي للدركاه الصغيرة السابقة [الشكل 44-15] باب إرتفاعه 2.65م وعرضه 1.50م يتوجه عقد نصف دائري مضاف في فترة لاحقة يفضي مباشرة لممر طويل [الشكل 44-17]، يتقدم الإسطبل الوحيد الباقي من هذا القصر الضخم، ويمتد هذا الممر بطول 12.00م، بينما

99 أشار مكس هرتز بأن هذا السقف رغم قدمه من المحتمل ألا يكون هو السقف الأصلي الذي يرجع لزمن بناء القصر لهذه الدركاه التي يعتقد أن سقفها الأصلي كان على هيئة القباب أو القصع، التي شاع استخدامها في القرن الرابع عشر الميلادي. ⁝ الكراسات، كراسة رقم 26، لسنة 1909، ملحق الكراسة، ص167.

عرضه 2.20م، وهو مغطى بأربعة عقود متقاطعة، ويعلو جداره الجنوبي الشرقي أسفل السقف شباكان مشابهان للشباك الذي رأيناه بالدركاه الصغيرة السابقة، و يفتحان مثله على الفناء الداخلي الذي يتقدم بالواجهة الجنوبية الشرقية للقصر، ويقومان أيضاً بوظيفة إدخال الهواء والضوء للممر وللإسطبل نفسه، كما يوجد بوسط هذا الممر بئر دائرية كانت تسد احتياجات الإسطبل من الماء لسقاية الخيل وتنظيفها.

الإسطبل: [لوحة 24]-[الشكل 44-18]

يفتح باب هذا الإسطبل مباشرة على الممر الطويل الذي يتقدمه [الشكل 44-17]، ويبدو أن هذا الإسطبل قد بني ليكون إسطبلاً خاصاً بالخيل التي يستعملها الأمير، وباب هذا الإسطبل يرتفع حتى سقف المكان ليسهل إدخال الخيول وراكبيها معا إليه، ومن هنا فإن كل العقود المضافة لفتحات الأبواب المتوصل منها لهذا الإسطبل هي عقود مضافة لاحقاً بفترة فَقَدَ بها الإسطبل دوره الأصلي الذي أقيم من أجله.

وعرض باب هذا الإسطبل 1.60م ويفضي منه مباشرة لداخل الإسطبل الذي هو عبارة عن مساحة كبيرة مستطيلة طوله 15.35م وعرضه 5.75م، يوجد بوسط كل من جداريه الجانبيين دخلتان عمق كل منهما 0.75م وعرضها 5.72م حيث يغطي الجزء الأوسط من سقف هذا الإسطبل وبعرض كلا الدخلتين قبو حجري متقاطع بينما يغطي باقي أجزاء الإسطبل قبو أسطواني حجري أيضاً وغطي كل السقف بالملاط الحديث.

ولا يفوتنا أن نذكر أن كامل الطابق الأرضي بكل أجزائه ومداخله قد بني بالحجر النحيت ذي الأحجام المتوسطة بمقاسات 0.66×0.31م وهي تعتبر من الأحجار الجيدة في نوعيتها ودقة أحجامها.

الطابق الأول:

كما قلنا فإن الدخول لهذا الطابق يتم عبر الباب الواقع على يمين الداخل بدركاة المدخل الحالي للقصر [الشكل 44-14]، حيث يتوصل من هذا الباب مباشرة لممر أول [الشكل 44-19] طوله 8.70م وعرضه 1.50م، يفتح اليوم بجداره الشمالي الشرقي باب يتوصل منه لبيوت خلاء مستحدثة.

ويتعامد على هذا الممر بنهايته الشمالية الغربية ممر آخر أكثر طولاً [الشكل 45-19]، حيث يبلغ طوله 7.30م وعرضه

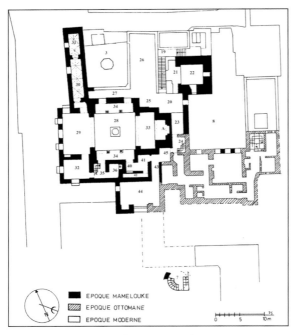

الشكل 45 مسقط أفقي للطابق الأول لقصر بشتاك. 3-فضاء مسجد الفجل 7-برج الحراسة 8-الفناء الداخلي للقصر 19-السلم المؤدي للطابق الأول 20-مساحة مستطيلة مكشوفة 21-ردهة كشف 22-غرفة 23-مساحة مستطيلة ثانية مكشوفة 24-بير السلم المؤدي للطابق الثاني للقصر 25-مساحة كشف 26-مساحة كبيرة فضاء 27-ممر مؤدي للقاعة الرئيسية 28-دور قاعة القاعة الرئيسية 29-الإيوان الشمالي الغربي (الرئيسي) للقاعة 30-ممر 31-غرفة 32-مبيت أو غرفة ملحقة بالقاعة 33-الإيوان الجنوبي الشرقي (الثانوي) للقاعة A-سدلة 34-الإيوانان الجانبيان للقاعة 35-رحبة بها بير السلم المؤدي لمقعد الأغاني الجنوبي الغربي وإلى الغرفة الملحقة به 36-رحبة سماوية ثانية A-بيت راحة 40-رحبة مغطاة بسقف خشبي 41-ممر 42-دهليز كشف سماوي 43-ممر طويل 44-غرفة كبيرة. (عن: Speiser, *La restauration du palais Baštak*)

1.50م، وبينما يتوسط الممر الأول خمس درجات سلم صاعدة، فإنه يوجد بهذا الممر سلم مستقيم صاعد يتألف من اثنتين وعشرين درجة، توصل مباشرة لأجزاء الطابق الأول من القصر.

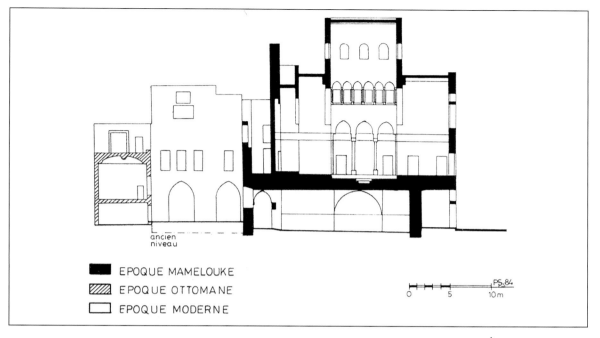

ancien
niveau
EPOQUE MAMELOUKE
EPOQUE OTTOMANE
EPOQUE MODERNE

الشكل 46 مقطع رأسي لقصر بشتاك، يظهر به تفاصيل هامة بالإيوان الجنوبي الغربي للقاعة. (عن: الهيئة العامة للآثار)

ويوصل السلم مباشرة **لمساحة مستطيلة** [الشكل 45–20] طولها 4.60م وعرضها 3.90م سقفها كشف الآن، ويبدو أنها كانت مغطاة قديماً بسقف كان محمولاً على براطيم ما يزال واحداً منها قائماً، وتفتح بالجدار الشمالي الشرقي لهذه المساحة بجانب مطلع السلم فتحة باب ارتفاعها 2.10م وعرضها 1.00م، يدخل منها لممر صغير طوله 1.70م وعرضه 1.40م، مغطى سقفه بعروق خشبية صغيرة، يتوصل منه لردهة كشف [الشكل 45–21] طولها 4.92م وعرضها 1.40م، تفتح بجدارها الشمالي الغربي فتحة شباك ارتفاعه 2.70م وعرضه 1.60م، يطل مباشرة على بير السلم الصاعد من الطابق الأرضي، بينما يفتح على هذه الردهة بالجهة المقابلة للشباك مساحة بعرض 3.55م، يدخل منها عبر درجتين صاعدتين لغرفة واسعة [الشكل 45–22] تعلو كتلة المدخل الثانوي بالطابق الأرضي للقصر طولها 4.45م، وعرضها 4.00م، الآن هي كشف بغير سقف، وبينما تشير الدلائل الأثرية إلى أنها كانت ذات سقف مغطى بأنابيب فخارية مازال بعضها موجوداً، وربما استخدمت هذه الطريقة لزيادة تبريد جو الغرفة من خلال دخول الهواء بالفتحات الخارجية لهذه الأنابيب الموجهة للخارج.

كما يفتح بالجدار الجنوبي الغربي لهذه الغرفة شباك غريب، حيث يفتح على الغرفة بفتحة عرضها 1.50م وارتفاعها 2.60م، من ثم يضيق عرض الفتحة بشكل تدريجي كلما امتدت داخل عرض الجدار لتنتهي بفتحة شباك ارتفاعها 2.08م وعرضها 0.80م فقط،[100] ويطل هذا الشباك على الجزء الباقي من الفناء الداخلي للقصر، وهو مغشى بخركاه من الخشب الخرط، كما يلاحظ وجود فتحة جانبية دائرية الشكل يبلغ قطرها 0.25م، تقع بالجدار الجنوبي الشرقي لفتحة هذا الشباك، وتمتد هذه الفتحة داخل جدار الغرفة لمسافة أكثر من 1.00م، هذا ولم أستطع تحديد وظيفة هذه الفتحة الاسطوانية، خاصة وأنها ضيقة، وكذلك كان الأمر أيضاً بالنسبة لطريقة تغطية هذه الغرفة، وكل ما أستطيع قوله أن هذا يبعث فينا شكوكاً كبيرة بأن تكون هذه الغرفة بكاملها هي جزء من حمام أصلي كان

100 يذكرنا شكل هذا الشباك بتخطيط المزاغل في العمارة الحربية، حيث تكون واسعة من داخل البناء وضيقة من الخارج.

بهذا الجزء من القصر وقت البناء.

هذا ويوجد بأعلى الجدار الجنوبي الشرقي لهذه الغرفة أيضاً دخلة جدارية مسدودة، ترتفع عن أرض الغرفة بمقدار 1.50م، وهي بارتفاع 0.83م وعرض 0.70م.

ويفتح بالجدار الجنوبي الشرقي لهذه **المساحة المستطيلة** [الشكل 45–20] التي تتقدم بير السلم شباك مغشى بمصبعات خشبية ارتفاعه 1.74م وعرضه 1.00م، بينما يتصل بهذه المساحة من الجهة الجنوبية الغربية مساحة أخرى مستطيلة [الشكل 45–23] ترتفع أرضها بمقدار درجتين، وهي مكشوفة أيضاً طولها 4.20م وعرضها 2.20م، ويفتح بجدارها الجنوبي الغربي باب ارتفاعه 2.15م وعرضه 0.95م، يعلوه شراعة ارتفاعها 0.65م، ويدخل من هذا الباب لبير سلم [الشكل 45–24] طوله 3.28م وعرضه 2.58م به سلم باب مسدود كان يتوصل منه للملحقات الحديثة فوق الضلع الجنوبي الغربي للقصر، أما السلم الصاعد فيتوصل منه للأجزاء الباقية من الطابق الثاني للقصر.

أما الجهة الشمالية الغربية لهذه **المساحة المستطيلة** [الشكل 45–20] التي تتقدم بير السلم الرئيسي الواصل للطابق الأول وعلى يمين الصاعد منه فإنه يتصل بها مساحة أخرى كشف [الشكل 45–25] بطول 3.40م وعرض 1.88م، يتوصل منها لمساحة كبيرة فضاء [الشكل 45–26] خالية اليوم من العمارة محصورة أبعادها من الجانبين بين السلم الصاعد وسقف مسجد الفجل [الشكل 45–3] الذي يظهر محصوراً بوسط هذا الجزء من القصر،[101] وطول هذه المساحة الكبيرة 13.30م وعرضها 5.40م، وتشرف بجهتها الشمالية الشرقية على الواجهة الخارجية المطلة على درب قرمز،[102] بينما يحدها من الجهة الجنوبية الغربية الجدار الخارجي للقاعة الرئيسية للقصر ومن خلفها كل الملحقات التابعة لها.

القاعة الرئيسية:

تعتبر هذه القاعة من أكمل القاعات المملوكية التي وصلتنا ومن أكثرها فخامة واتساعاً، ويتوصل لهذه القاعة اليوم عن طريق ممر [الشكل 45–34] طوله 7.55م وعرضه 1.56م يتصل بالجهة الشمالية الغربية للمساحة الكشف الكبيرة [الشكل 45–26].

حيث يفتح بالجدار الجنوبي الغربي لهذا الممر بابان ارتفاع كل منهما 2.60م وعرضه 1.40م، ويغلق على كل منهما اليوم مصراعان خشبيان مجددان، ويدخل منهما مباشرة للإيوان الشمالي الشرقي الجانبي للقاعة ومنه لباقي الأجزاء.

الدور قاعة: [الشكل 45–28]

كالعادة تتوسط الدور قاعة أجزاء القاعة بكل ما فيها من أواوين وغرف وممرات ملحقة [الشكل 46]، طولها 8.15م وعرضها 7.74م، تتوسطها فسقية مربعة من الرخام الملون، ويحد هذه الدور قاعة أربعة أواوين، اثنان كبيران يفتح كل منهما على القاعة بعقد كبير مخموس[103] والآخران صغيران يفتح كل منهما على القاعة ببائكة من ثلاثة عقود مدببة محمولة على عامودين،[104] وترتفع أرضية هذه الإيونات عن الدور قاعة بمقدار 0.25م، ويغطي هذه الدور قاعة اليوم سقف خشبي من قصع مقلوبة أو كما يرد بالوثائق مسقف قصعات[105] وهذا

---

101 يلاحظ أن الأمير بشتاك لم يَقُم بالعمارة فوق هذا المسجد، وتؤكد هذه الفكرة أن الأمير بشتاك اضطر وبسبب عدم رغبته بالعمارة فوق المسجد إلى تخليق عنصر معماري ضيق يشكل ممراً طويلاً ضيقاً، تمتد واجهته لتشكل جزءاً من الواجهة الشمالية الغربية للقصر ودون أن يكون لوجوده بهذا الجزء مبرر معماري سوى الابتعاد عن البناء فوق حرم المسجد، وبالتالي تم إيجاد هذا العنصر المعماري الغريب بشكله وموقعه لتنفيذ هذه الرغبة وخصوصاً أن القاعدة الفقهية لا تحبذ البناء السكني فوق الحرم مخافة تعرضه للتلوث والنجاسة.

102 يشير فيليب سبيزر إلى أنه كان يحتل هذه المساحة الكبيرة بعد تهدمها منزل أنشئ بالقرن التاسع عشر لكنه تهدم أيضاً. ⁝ Speiser, *Op. cit.,* 813–814.

103 من أنواع العقود التي عرفت في العمارة الإسلامية، وهو مصطلح صناع نسبة إلى الطريقة التي ينفذ بها، حيث يتألف من قوس ودائرتين وهو مدبب الشكل. ⁝ انظر: قاموس المصطلحات، ص81. ⁝ توفيق أحمد عبد الجواد، المرجع السابق، ص56.

104 أشرنا عند دراستنا لتاريخ عمارة القصر إلى الاهتمام الكبير للجنة حفظ الآثار العربية بهذه القاعة وتجديدها الكامل بعد أن كانت بحالة سيئة جداً.

105 مسقف قصعات: وهو سقف مجلد بخشب على شكل قباب

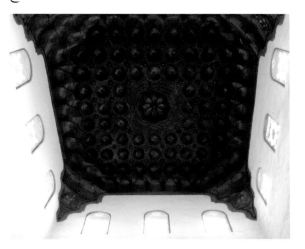

لوحة 25 الإيوان الشمالي الغربي الرئيسي بقصر بشتاك، وتظهر فيه النوافذ الثلاث السفلية والعلوية والقمرية الواقعة بصدر الإيوان، والتي تطل على شارع بين القصرين.

لوحة 26 الحقاق المقلوبة (القصع) التي تتكون منها القاعة والغرفة الملحقة بالإيوان الشمالي الغربي بقصر الأمير بشتاك.

السقف حديث من إضافات لجنة حفظ الآثار العربية، ويحدد ألكسندر ليزين تاريخ تجديده في 1355هـ/1936م،[106] وجعل كذلك ليكون مشابهاً للسقف الأصلي الذي يغطي الإيوان الشمالي الغربي، وكذلك السقف الذي يغطي الحجرة الصغيرة الملحقة بهذا الإيوان[107] ومن المؤكد أنه كان يعلو هذه الدور قاعة قبة خشبية أو شخشيخة تساعد على إدخال الهواء والضوء لهذه القاعة الكبيرة، وما يزال يوجد بكل من الجدران الأربعة المرتفعة والحاملة لهذا السقف ثلاث نوافذ معقودة مغشاة بالجص المعشق بالزجاج الملون التي يذكر العالم ليزين أن بعضها يحتفظ بأصله القديم.[108]

الأيوان الشمالي الغربي "الرئيسي": [لوحة 25]–[الشكل 45–29]

هو الإيوان الأكبر لهذه القاعة عرضه 8.70م وعمقه 6.30م حيث (يلاحظ أن عرض هذا الإيوان أكثر من عمقه، وهذا يذكرنا بقاعة ألِناق الحسامي، وهذه الخاصية سوف تكون سمة مميزة لكل القاعات بعد هذه الفترة).[109]

ويفتح هذا الإيوان على الدور قاعة بمساحة 6.30م، يعلوها عقد مخموس كبير، ويوجد بالجدار الشمالي الغربي لهذا الإيوان ثلاث فتحات لنوافذ تطل مباشرة بالواجهة الخارجية الشمالية الغربية للقصر، المطلة على شارع المعز لدين الله، والشباك الأوسط منها هو الأكبر وارتفاعه 3.00م وعرضه 1.77م وهو مغشى بمصبعات خشبية من خشب الخرط، أما الشباكان الآخران على جانبيه فارتفاع كل منهما 2.45م وعرضه 1.15م وترتفع أرض كل منهما عن الإيوان بمقدار 0.60م وبصدر كل منهما توجد مشربية حديثة من خشب الخرط عمقها 0.50م وهو مقدار بروزها عن سمت الواجهة الخارجية للقصر، كما جلدت أسقف هذه الفتحات بالخشب المستوي.

ويعلو هذه الفتحات الثلاث ثلاث فتحات أخرى معقودة

صغيرة متجاورة تشبه القصعات المقلوبة وهذا النوع من السقوف كان منتشراً خاصة في عصر المماليك البحرية ولا تستخدم كلمة قصعات في الوثائق بغير ذلك. قاموس المصطلحات، ص64.

106 Lézine, Alexandre. *Les Salles nobles des palais mamelouks.* Cairo: I.F.A.O., 1972, 103.

107 الكراسات، كراسة رقم 38، الأعوام 1936–1940، تقرير رقم 722، ص 42.

108 Lézine, *Op. cit.*, 103.

109 Ibid, 100.

لوحة 27 صورة توضح داخل إحدى الحقاق المقلوبة (القصع) الأصلية التي تتشكل منها أسقف القاعة الرئيسية بقصر بشتاك، ويظهر بالصورة مكتوباً مانصه: (مما عمل برسم المقر الأشرف العالي المولوي الأميري السيفي بشتاك الناصري). (عن أرشيف الهيئة العامة للآثار المصرية)

لوحة 28 الإيوان الجنوبي الشرقي لقاعة قصر بشتاك، وتظهر بالصورة السدلة والدخلات الواقعة بصدر هذا الإيوان بعد الترميم الأخير.

لشبابيك مستطيلة مغشاة من الداخل بالجص المعشق بالزجاج الملون، ويعلو الشباك الأوسط منها قمرية[110] مغشاة بالجص المعشق بالزجاج الملون.

ويفتح بالجدار الشمالي الشرقي لهذا الإيوان شباك رابع ارتفاعه 2.00م وعرضه 1.50م، يوجد بصدره مشربية من خشب الخرط تطل أيضاً على شارع المعز لدين الله، وإلى جانب هذا الشباك بنفس الجدار يوجد باب بارتفاع 2.60م وعرض 1.40م، يغلق عليه باب خشبي، ويدخل منه إلى ممر صغير طوله 2.60م وعرضه 1.12م، تفتح بجداره الشمالي الشرقي فتحة باب ارتفاعها 1.98م وعرضها 1.21م، تؤدي مباشرة إلى عنصر معماري غريب في شكله، نادر الورود في العمارة الإسلامية، ويبدو أنه قد فرضته طبيعة المساحة المتاحة، حيث كره المعمار أن يبني فوق مسجد الفجل، واضطر لحصر البناء فوق حوانيت الطابق الأرضي بالجزء المتراجع من الواجهة الخارجية الشمالية الغربية، وهي مساحة قليلة العرض، فجاء الشكل المعماري لهذا

الجزء من القصر غريباً، وهو عبارة عن ممر طويل [الشكل 45–30] وطوله 8.62م وعرضه 2.22م، تغطيه ثلاثة أقبية متقاطعة، ويفتح بجداره الشمالي الغربي شباك يطل بالواجهة على شارع المعز لدين الله ارتفاعه 2.80م وعرضه 1.40م، مغشى بمصبعات من النحاس، ويفتح بالجدار الشمالي الشرقي للممر باب معقود بعقد مدبب ارتفاعه 1.72م وعرضه 0.97م،يدخل منه لغرفة مستطيلة [الشكل 45–31] طولها 4.40م وعرضها 2.05م، يغطيها سقف من قبوين متقاطعين، ويفتح بجدارها الشمالي الغربي أسفل السقف مباشرة شباك صغير.

أما الجدار الجنوبي الغربي لهذا الإيوان الرئيسي فتفتح به خزانة جدارية ارتفاعها 2.00م وعرضها 1.40م وعمقها 0.60م يوجد إلى جانبها باب مشابه تماماً للباب المذكور بالجدار الشمالي الشرقي المقابل، يدخل منه لغرفة[الشكل 45–32] طولها 4.95م وعرضها 3.95م، يفتح بجدارها الشمالي الغربي شباك ارتفاعه 2.45م وعرضه 1.40م، توجد بصدرها مشربية

110 انظر: مسرد المصطلحات الأثرية الملحق بهذا الكتاب.

من خشب الخرط تطل من الواجهة على شارع بين القصرين تشبه تماماً المشربيات المذكورة بهذه الواجهة، وكذلك يوجد بالجدار الجنوبي الغربي لهذه الغرفة شباك آخر بصدره مشربية تطل على حارة بشتاك تشبه المشربيات الأخريات المذكورة من حيث الشكل والاتساع، وتجدر الإشارة إلى أن كل هذه المشربيات الموجودة قد جددت بالكامل من قبل لجنة حفظ الآثار العربية، كما ترك المعهد الألماني عليها بصمات غير قليلة، وقد أثبتنا ذلك بمكانه عند حديثنا عن تاريخ عمارة القصر.

ويفتح بالجدار الجنوبي الشرقي لهذه الغرفة باب ارتفاعه 2.45م وعرضه 0.98م، يتوصل منه إلى بير السلم الصاعد للأغاني الجنوبية الغربية المطلة على القاعة.

هذا ويغطي هذه الغرفة وكذلك كامل الإيوان الرئيسي سقف خشبي بديع لقصعات أو حقاق مقلوبة مجلدة بالتذهيب والألوان[لوحة 26]، ويذكر مكس هرتز بك أن سقف هذا الإيوان والغرفة المتصلة به، وكذلك سقف الإيوان الجنوبي الشرقي المقابل للإيوان الرئيسي هي أسقف أصلية، وتكاد تكون تامة، ولا يزال يرى بها الرنك المذهب، وفي بعضها مكتوب بخط رفيع في الجزء الدائري منها ما صورته "مما عمل برسم المقر الأشرف العالي المولوي الأميري السيفي بشتاك الملكي الناصري"[111] [لوحة 27].

الإيوان الجنوبي الشرقي: [لوحة 28]–[الشكل 45–33]

هو الإيوان المقابل للإيوان الرئيسي، وهو مثله مفتوح على الدور قاعة عبر عقد مخموس كبير اتساعه 6.30م، وطول هذا الإيوان 7.66م وعمقه 2.80م، ويوجد بصدره سدلة [الشكل 45–33، A] ترتفع عن أرضه بمقدار 0.25م وعرضها 4.20م وعمقها 2.15م، تفتح بصدرها دخلة عرضها 2.32م وعمقها 0.30م، يوجد على جانبيها عامودان مثمنان، يعلوهما تاجان بسيطان، وتوجد بصدر هذه الدخلة فتحة جدارية عرضها 1.62م وعمقها 0.37م، كان مثبتاً بها شاذروان.[112]

ولا يختلف سقف هذا الإيوان الجنوبي الشرقي عن سقف الإيوان الرئيسي، فهو مثله خشبي على نمط القصع أو نمط الحقاق المقلوبة كما أشرنا أعلاه. وكذلك سقف السدلة والدخلة التي بصدرها،[113] أما دخلة الشاذروان، فقد غطيت اليوم بسقف خشبي مكون من عروق حديثة.

الإيوانان الجانبيان: [الشكل 45–34]

هما الإيوانان الشمالي الشرقي والجنوبي الغربي، ويبلغ طول كل منهما 7.45م وعمقه 1.98م، ويفتح كل منهما على الدور قاعة ببائكة مكونة من ثلاثة عقود مدببة محمولة اليوم على عامودين رخاميين لكل منهما قاعدة مرتفعة وتاج بزخارف نباتية [لوحة 29] والعامودان من إضافات لجنة حفظ الآثار العربية، حيث كانت ترتكز العقود على دعامتين من الحجر،[114] ويعلو كل من

---

111 الكراسات، كراسة رقم 26، سنة 1909، ملحق الكراسة، ص 167.

112 شاذروان والجمع شاذروانات وهو لفظ فارسي ورد بالدال والذال، ويطلق على لوح الرخام المائل (السلسبيل) المموج أو المنقوش - دالات أو عروق لاعبه - المعرق بالذهب أحياناً والذي يكتنفه عامودان من الرخام الأبيض غالباً المطعمين بالذهب، ويسمى "صدر سفلي"، ويعلو ذلك صدر علوي أو قبلة الشاذروان، وهي من المقرنصات الخشب تعلوها طاقية مجوفة مخوصة، وكان ذلك كله يغرق بالذهب، وقد تكون القبلة (لمشابهتها لقبلة المحراب) من الحجر، وكانت تلك المجموعة توضع في تجويف مستطيل في حائط المبنى بالسبيل، ويوجد أسفل الشاذروان عادة صحن رخام ملون أو فسقية رخام خردة وسطها فوار ينزل إليها الماء منه، وإلى جانب ذلك عرف اتخاذ الشاذروان كحلية فنية في القاعات الإسلامية والأسبلة فقد كانت مهمته الأصلية تلطيف الجو وتخفيض درجة الحرارة في مصر داخل البيت الإسلامي المملوكي ولتبريد الماء الذي يسبل في الأسبلة في ذلك العصر. : عبد اللطيف إبراهيم، دراسات تاريخية وأثرية في وثائق من عصر الغوري، قسم الآثار الإسلامية، كلية الآداب، جامعة القاهرة، 1956، 3 أجزاء، (رسالة دكتوراة غير منشورة)، ج2، تحقيق رقم 129.

113 يشير ليزين لأن سقف هذه الدخلة ربما كان في الأصل مفتوحاً ليشكل ملقفاً بطول 1.68م، وعرض0.40م. Lézine, *Op. cit.*, 102.

114 كان محمود أحمد قد اقترح على لجنة حفظ الآثار العربية فكرة استبدال هذه الدعامات بأعمدة مؤكداً أن عثوره على وسائد

البائكتين وواجهتي مقعدي الأغاني الملحقين بهذه القاعة ثلاثة نوافذ تفتح أسفل السقف الحالي للدور قاعة [الشكل 46].

ويغطي كلاً من الإيوانين سقف خشبي أصلي، عبارة عن حنايا كبيرة، يتدلى منها مقرنصات ودلايات مميزة، اعتبرها مكس هرتس بك من أجمل أنواع النجارة العربية، وأسف لضياع أصباغها الأصلية لقربها النسبي من أرضية القاعة،[115] ويفتح بصدر كل إيوان بابان ارتفاع كل منهما 2.60م وعرضه 1.40م، وتغلق على كل منهما درفتان خشبيتان حديثتان، يستخدم اليوم البابان الواقعان بالإيوان الشمالي الشرقي للدخول إلى القاعة،[116] كما اشرنا عند بداية حديثنا عنهما، أما البابان الآخران بصدر الإيوان الجنوبي الغربي، فيدخل من الأول منهما إلى رحبة مستطيلة [الشكل 45-35] طولها 2.88م وعرضها 2.43م بها بئر سلم صاعد يتوصل منه لمقعد الأغاني[117] الجنوبي الغربي والغرفة الملحقة به.

ويفتح بالجدار الشمالي الغربي لهذه الرحبة باب يدخل منه للغرفة الملحقة بالإيوان الرئيسي للقاعة [الشكل 45-32] ويقابله باب ثان مرتفع عرضه 1.00م يدخل منه لرحبة ثانية كشف طول [الشكل 45-36] ضلعها 2.77م وعرضها 1.60م، تفتح بجدارها الجنوبي الشرقي دخلة جدارية [الشكل 45-36،A] بعرض 0.82م وعمق 0.88م، يرتفع سقفها بارتفاع

خشبية أعلى الدعامات يشير لوجود أعمدة أصلية استبدلت بهذه الدعامات بفترة لاحقة، وقد وافقت اللجنة على اقتراحه مشترطة أن تكون هذه الأعمدة قديمة وبحجم مناسب للمكان وللشكل الذي كانت عليه بالأصل. ⋮ الكراسات، كراسة رقم238، لأعوام 1936-1940، تقرير رقم 722، ص 42.

115 الكراسات، لعام 1909، الكراسة رقم 26، ملحق الكراسة، ص 168.

116 يشير ليزن أن الدخول لهذه القاعة كان يتم عند إعداد بحثه في مطلع السبعينيات عبر باب يقع بصدر الإيوان الجنوبي الشرقي أي أسفل الدخلة التي يكتنفها العامودان، حيث كان كل من بابي الإيوان الشمالي الشرقي مسدودين بالبناء، بينما سد بابا الإيوان الجنوبي الغربي بألواح خشبية، ويشير إلى أن المدخل الأصلي لهذه القاعة كان عبر أحد هذين البابين الأخيرين، واعتقد أنه الباب الثاني. Lézine, *Op. cit.*, 102-103.

117 مقعد الأغاني: وهو من أنواع المقاعد المميزة عن غيرها في موقعها وشكلها ووظيفتها أيضاً، واسم هذا المقعد المشهور أي الأغاني مشتق من إحدى أهم الوظائف التي قام بها هذا النوع من المقاعد كمكان لجلوس القيان للغناء فيه، والغناء من الصوت ما طُرِّب به،وورد في الوثائق بهذا اللفظ أي أغاني، كما عرف هذا النوع بالمغاني، وهو مشتق غالباً من كلمة المَغْنَى جمع مَغَانٍ بمعنى المنزل أو المكان، وربما يكون لفظ مغاني هنا محوراً من كلمة غانية وهي المرأة الشابة المتزوجة وجمعها غوان، وسميت بذلك لأنها غَنِيت بحسنها عن الزينة، حيث كان هذا النوع من المقاعد مخصصاً لجلوس النساء. ومن الملاحظ أن هذا العنصر قد أملت وجوده ضرورات دينية واجتماعية، قوامها التقاليد التي تحض على فصل الرجال عن النساء، وذلك مع مراعاة إعطاء النساء فرص الاتصال البصري بالأماكن المخصصة للرجال والتي كان محرماً عليهن غالباً التواجد فيها، ولهذا خصص المعمار المسلم لهن عناصر تتيح لهن فرصة متابعة ما يدور بين الرجال، بوقت لا يتمكن الرجال من رؤيتهن، فجاء بالدرجة الأولى عنصر المشربيات ليقوم بهذه الوظيفة خير قيام، كما جاء مقعد الأغاني ليقوم بهذه الوظيفة الاجتماعية إضافة إلى عدة وظائف أخرى أعطته شكله المعماري، وموقعه المميز عن كافة عناصر البيت الإسلامي. وقد جاء مقعد الأغاني في كلا العصرين المملوكي والعثماني بغير كثير من الاختلاف في موقعه وشكله أو طريقة الوصول إليه، فهو عبارة عن غرف أو ممرات علوية تشرف على المكان بواجهة خركاه من الخشب الخرط، مفتوح بها شبابيك أو نوافذ صغيرة أو طاقات، يغلق عليها درف مصنوعة أيضاً من الخشب الخرط تفتح للأعلى وتثبت بحوامل من الحديد، فيرد (أغاني عليه خركاه مطلة على الإيوان المذكور)، أو (أغانيان متقابلان كل منهما بواجهة خركاه مطلة على القاعة)، أو (أغانيان مسدودان بكل منهما شباك خرطاً مطل على القاعة المذكورة). v وغالباً توجد هذه الأغاني في القاعات الكبيرة المزدوجة، فتقع متقابلة على جانبي الدور قاعة، وتوجد أسفلها سدلتان أو صفتان، ومن المؤكد أن هذا النوع من المقاعد قد شاع منذ بداية العصر المملوكي، وزاد انتشاراً في العصر العثماني. ⋮ للاستزادة انظر: غزوان ياغي، المقاعد في عمائر القاهرة السكنية في العصرين المملوكي والعثماني، دراسة أثرية حضارية، كلية الآثار، جامعة القاهرة، 1999، (رسالة ماجستير غير منشورة)، ص225-231.

الطابق، ويوجد أسفلها كرسي خلاء .

وأما الباب الثاني بهذا الإيوان الجنوبي الغربي فيغلب أنه كان باب الدخول الرئيسي لهذه القاعة ويتوصل منه لمجموعة من الملحقات التي تتبع القاعة [الشكل 45-40]، وبقي أن نذكر أنه كان يؤطر كافة أواوين هذه القاعة وتحت مستوى أرجل العقود الكبيرة إفريز خشبي عريض كان يحمل كتابات بها أدعية وآيات قرآنية ونصاً تأسيسياً، كان يحمل اسم المنشئ وألقابه، ولكن كل هذا ضاع من زمن بعيد، ورغم تجديد هذا الإفريز اليوم بنفس مكانه القديم فلا أحد يستطيع أن يعلم النص الحرفي لهذه الكتابات مع العلم أننا رأينا وجود مثل هذا الإفريز بالقاعة الرئيسية لقصر ألين آق الحسامي، ولم يكن بأفضل حالاً.

مقعدا الأغاني والغرفة الملحقة بهما:
[الشكل 47-37]

في الواقع يوجد بهذه القاعة مقعدا أغاني، حيث يعلو كل منهما أحد الإيوانين الجانبيين، ويطل كل منهما على الدور قاعة فوق واجهة كل من الإيوانين المذكورين بواجهة عبارة عن بائكة صغيرة من ستة عقود نصف دائرية محمولة على خمسة أعمدة صغيرة من الرخام، ويغشي المساحة بين هذه الأعمدة ستة أحجية من خشب الخرط [لوحة 29].

وجاء هذان المقعدان مختلفين قليلاً عن مقاعد الأغاني التي انتشرت بقاعات منازل القاهرة بعد ذلك، والاختلاف هنا جاء مميزاً من حيث التخطيط والشكل فتظهر واجهة كل من هذين المقعدين مؤلفة من خركاوات أو أحجية خشبية لها شبابيك صغيرة.

وكان يتوصل لكل من هذين المقعدين عبر سلمين منفصلين، ولكن ضاع السلم المؤدي لمقعد الأغاني الذي يعلو الإيوان الشمالي الشرقي وصار اليوم معزولاً لا يمكن الوصول إليه، بينما ظل يتوصل لمقعد الأغاني الذي يعلو الإيوان الجنوبي الغربي عبر بير السلم المتوصل إليه من الباب الأول بالإيوان المذكور[الشكل 45-35]، حيث يتوصل من السلم الصاعد إلى بسطة يفتح عليها بابان [الشكل 47-35]، الأول يتوصل منه مباشرة للأغاني، والثاني يدخل منه للغرفة الملحقة بها.

ومقعد الأغاني هذا جاء تخطيطه [الشكل 47-37] بشكل

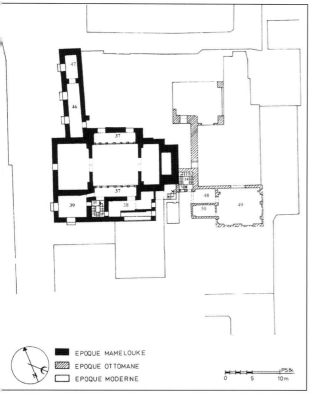

الشكل 47 مسقط أفقي للأجزاء العليا بقصر بشتاك، والواقعة بمستوى الطابق الثاني. 35-بير السلم المؤدي لمقعد الأغاني الجنوبي الغربي وإلى الغرفة الملحقة به 37-مقعد الأغاني 38-مساحة كشف 39-الغرفة الملحقة بمقعد الأغاني 46-ممر طويل 47-غرفة 48-رحبة كشف 49-غرفة 50-مبيت. (عن: Speiser, *La restauration du palais Baštak*)

ممر كبير طوله 7.45م وعرضه 1.90م،[118] وتمتد واجهته بطول الممر، بينما ارتفاع كل من الأحجية الخشبية التي تسد الفراغ بين عقود هذه الواجهة 2.00م وعرض كل منهما 1.00م، كما يتوسط ارتفاع كل منها شباك ارتفاعه 0.44م وعرضه 0.35م، ويغطي مقعد الأغاني هذا سقف خشبي بسيط، ويفتح بجداره الجنوبي الغربي لجانب باب الدخول إليه شباك إرتفاعة 2.43م وعرضه 1.30م كان يطل على مساحة مستطيلة كشف [الشكل47-38] ربما كان يعلوها ملقف، بينما يوجد

118 انظر: غزوان ياغي، المرجع السابق، ص230.

لوحة 29 الإيوان الجنوبي الغربي أحد الإيوانين الجانبيين لقاعة قصر بشتاك، وتظهر بالصورة واجهة الأغاني التي تعلو كل من هذا الإيوان والإيوان الشمالي الشرقي أيضاً.

بجداره الجنوبي الشرقي دخلة جدارية ارتفاعها 1.26م وعرضها 0.84م وعمقها 0.32م، ويوجد بجداره الشمالي الغربي ممر صغير فتح بصدره باب ارتفاعه 1.74م وعرضه 0.78م، يدخل منه مباشرة للغرفة الملحقة بمقعد الأغاني هذا.

وهذه الغرفة ترجع للعصر العثماني[119] [الشكل 47–39]، أقيمت فوق الغرفة الملحقة بالإيوان الرئيسي للقاعة، وجاءت قريبة من مقاساتها فطولها 4.82م وعرضها 3.85م، وهي مثلها حيث يوجد بكل من جداريها الشمالي الغربي والجنوبي الغربي شباك بصدره مشربية ارتفاعها 2.24م وعرضها 1.34م، وبينما عمق الشباك 0.82م، فإن عمق المشربية التي بصدره 0.75م.

وكذلك يوجد بالجدار الجنوبي الشرقي لهذه الغرفة دخلة جدارية ترتفع عن أرض الغرفة بمقدار 0.22م، وهي بعرض 1.28م وعمق 0.54م، يفتح بصدرها باب معقود ارتفاعه حتى قمة العقد 1.67م وعرضه 0.64م، يفضي مباشرة للبسطة بنهاية السلم الصاعد سابقة الذكر.

ولهذه الغرفة سقف خشبي مسطح محمول على عروق خشبية مستطيلة القطع عليها رسوم لزخارف هندسية ونباتية محورة ذات ألوان متعددة، وكذلك يجري أسفل هذا السقف إزار خشبي عريض خال من الزخارف. وتحمل جدران هذه الغرفة أيضاً زخارف نباتية مرسومة وهندسية غزيرة ومتنوعة قريبة الشبه بالزخارف التي نراها على الخزف العثماني.

الملحقات الجنوبية الغربية للقاعة:

يتوصل لهذه الملحقات من الباب الثاني بالإيوان الجانبي الجنوبي الغربي للقاعة، حيث يدخل منه للقاعة، ويتوصل منه لرحبة [الشكل 45–40] طولها 2.35م وعرضها 1.50م، يفتح بجدارها الجنوبي الغربي دخلة جدارية ارتفاعها 2.95م وعرضها 1.40م وعمقها 0.42م، بينما يفتح بجدارها الجنوبي الشرقي فتحة بارتفاع السقف بعرض 1.48م، يتوصل منها لممر [الشكل 45–41] طوله 3.08م وعرضه 2.00م، يفتح بجداره الجنوبي الغربي باب ارتفاعه 3.35م وعرضه 0.98م، يفضي لدهليز كشف سماوي [الشكل 45–42] طوله 4.90م وعرضه 0.90م، ربما كان يعلوه ملقف لإدخال الهواء والضوء لهذه الأجزاء الضيقة السابقة، واليوم تغطي هذه الأجزاء بقايا أسقف خشبية.

كما يفتح بالجدار الجنوبي الشرقي للممر [الشكل 45–41] فتحة باب معقود بعقد مدبب ارتفاعه حتى قمة العقد 2.10م وعرضه 1.08م، يؤدي لممر طويل مكشوف [الشكل 45–43] طوله 10.72م وعرضه 1.53م، يفتح بنهاية جداره الشمالي الغربي بعرض 4.55م على غرفة كبيرة [الشكل 45–44] يغلب أنها كانت تشكل جزءاً من غرف الحريم، تنخفض أرضها عن الممر مقدار 0.20م طولها 4.95م وعرضها 2.70م، يفتح

119 يؤكد جاك ريفو وبرنار موري ذلك ويقولان إنها بنيت بفترة متأخرة. Revault & Maury, *Op. cit.,* Part II. 18.

بجدارها الشمالي الغربي الشباك الذي يطل حتى اليوم على حارة بشتاك مباشرة فوق باب الحارة وارتفاع الشباك 2.60م وعرضه 1.44م، ويعلوه عتب من عروق خشبية عريضة، أما الجدار الجنوبي الغربي لهذه الغرفة فقد كان يتوسطه شباك كبير يرتفع حتى السقف وعرضه 3.00م، ولكنه مسدود اليوم بالآجر، وإلى جانبه مازالت توجد دخلة جدارية يرتفع سقفها أيضاً لمستوى أسقف الطابق الأول وعرضها 1.80م وعمقها 1.10م، هذا وقد ضاع سقف هذه الغرفة ولم يبق منه ما يشير لشكله، ويغلب أنه كان يعلو هذه الغرفة غرفة أخرى مماثلة لها، حيث يتجاوز سمك جدرانها 1.00م.

ويذكر أنه يفتح بالجدار الجنوبي الشرقي للممر الطويل المكشوف [الشكل 45–43] فتحة جدارية ترتفع حتى السقف وهي بعرض 1.52م، يتوصل منها لرحبة كشف سماوية [الشكل 45–45] طولها 2.80م وعرضها 2.10م، يوجد بجدارها الجنوبي الشرقي باب يدخل منه مباشرة لبير السلم [الشكل 45–24] الصاعد للطابق الثاني من البيت.

الطابق الثاني:

في الواقع لا يمكننا اليوم الحديث بهذا القصر عن وجود طابق ثان بالمعنى الدقيق للكلمة، فقد زال أغلب ما يشير لوجود ذلك من فوق الأجزاء الباقية من الطابق الأول، مع ملاحظة أن سمك الجدران بهذا الطابق التي تصل بأقل أماكنها إلى 0.90م، وقد تتجاوز المترين، كما في جداري الغرفة التي تعلو المدخل الثانوي المستخدم حالياً للوصول لأجزاء القصر، تؤكد وجود هذا الطابق الثاني بالأصل، كما يعلو بعض جدران الطابق الأول بعض الأبواب وبقايا الجدران التي تعود لأجزاء زالت من الطابق الثاني، حيث تعلو جدران هذه الغرفة الكبيرة سابقة الذكر [الشكل 45–44] بعض الأبواب وبقايا الجدران التي تعود لأجزاء زالت من الطابق الثاني هذا .

وبالرغم من ذلك فإن الدلائل الأثرية جميعها تشير إلى أن هذه البقايا الواضحة لنا الآن لا ترجع للفترة المملوكية بل هي متأخرة، وربما تعود للقرن 11–12هـ/17–18، كما هو الحال في أجزاء الضلع الجنوبي الغربي فوق الباب الرئيسي بالطابق الأول للقصر.

والعنصر المعماري الوحيد الأصلي والذي يمكن نسبته لزمن إنشاء القصر هو الممر الطويل [الشكل 47–46] والغرفة الملحقة به [الشكل 47–47] واللذان يعلوان الممر والغرفة المتوصل إليهما من الجدار الشمالي الشرقي للإيوان الرئيسي للقاعة بالطابق الأول [الشكل 45–30، 31]، وهذا الممر والغرفة بهذا الطابق الثاني يماثلان الممر والغرفة الواقعين أسفلهما بالطابق الأول من حيث المساحة مع ملاحظة أنهما يطلان على شارع المعز بالواجهة الشمالية الغربية الخارجية للقصر بثلاث مشربيات من خشب الخرط، بينما يغطيهما هنا سقف خشبي بسيط بدلاً من العقود المتقاطعة، ويطل هذا الممر العلوي على داخل القصر بشباكين وباب بالجدار الجنوبي الشرقي كان يشغل المدخل الوحيد لهذا الممر، ولكن زال السلم الموصل إليه فصار كل من هذا الممر والغرفة معزولين يستحيل الوصول إليهما بالوسائل العادية [لوحة 51]، وربما كانت هذه الأجزاء ترتبط مع مقعد الأغاني الذي يعلو الإيوان الجانبي الشمالي الشرقي والذي صار اليوم معزولاً أيضاً.

وكل ما تبقى بمستوى هذا الطابق من أجزاء فيعود بناؤها لأواخر القرن 12هـ/ 18م، ومن أهمها غرفة كبيرة وملحقات يتوصل إليها عبر بير السلم الصاعد من الطابق الأول [الشكل 45–24]، والذي يرجع بدوره للعصر العثماني، حيث يتوصل منه لرحبة مكشوفة [الشكل 47–48] طولها 3.90م وعرضها 2.60م، يفتح بجدارها الجنوبي الشرقي باب ارتفاعه 1.92م وعرضه 1.00م، يدخل منه لغرفة شبه مربعة [الشكل47–49] طولها 5.90م وعرضها 5.70م، يتوسط جدارها الشمالي الشرقي سدلة طولها 5.40م وعرضها 1.20م تفتح على الغرفة بكرديين ينتهي كل منهما بتاريخ وخورنق، ويحصران بينهما معبرة ضاعت زخارفها، كما يوجد على جانبيها خزانتان جداريتان ارتفاع كل منهما 1.85م وعرضها 1.20م وعمقها 0.40م، وتفتح بصدرها مشربية حديثة من خشب الخرط ارتفاعها 1.72م وعرضها 2.42م وعمقها 0.70م، ويعلو المشربية شباك مستطيل مغشى بخركاه من خشب الخرط والمشربية والشباك يطلان على الجزء الباقي من الفناء أمام المدخل الحالي للقصر، وباقي الجدران الثلاثة الأخرى للغرفة مقسمه بكاملها لدخلات متلاصقة ترتفع حتى مستوى السقف، وهي بعمق 0.20سم، استغل القسم السفلي من هذه الدخلات ككتبيات أو خزانات جدارية، كما يفتح بجانب باب الدخول للغرفة باب آخر ارتفاعه

1.72م وعرضه 0.90م، يدخل منه لمبيت[الشكل47–50] أو خزانة نومية طولها 4.00م وعرضها 2.00م، تفتح بصدرها دخلة جدارية، وجدير بالذكر أن أرضية هذا المبيت شبه منهارة، أما سقفه فقد ضاع منذ فترة غير قريبة.

وليست أرضية الغرفة نفسها بأفضل حالاً، حيث يوجد بها الكثير من التصدعات الخطيرة والمهددة بالانهيار في أي وقت، أما سقفها فيبدو بحالة جيدة، وهو خشبي مسطح محمول على عروق خالية من الزخارف والألوان، وسقف السدلة خشبي مسطح بدون عروق، ويؤكد الطراز المعماري لهذه الغرفة وخامات بنائها عودتها للعصر العثماني، كما أشار لذلك فيليب سبنسر في مقالة عن تجديد وترميم قصر بشتاك.[120]

3   قصر الأمير قوصون، 738هـ/1338م

يقع هذا القصر بالقرب من مدرسة السلطان حسن[121] بميدان

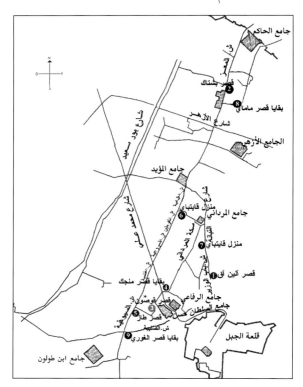

الشكل 48   خريطة حديثة تبين موقع القصور والمنازل الباقية بمدينة القاهرة من العصر المملوكي. (من إعداد الباحث على خلفية خريطة منقولة عن: Revault & Maury, Palais (et Maisons du Caire

القلعة [الشكل 48]، ولا يفصل بينه وبين قصر الأمير طاز سوى شارع قراقول المنشية، بينما يفتح المدخل الرئيسي لهذا القصر على شارع مناخ الوقف[122] [الشكل 49].

أنشأه الأمير الكبير قوصون سنة 738هـ/1338م الذي دخل

120   Speiser, Op. cit., 816.

121   مدرسة السلطان حسن، أثر رقم 133، 757–764هـ/1356–1362م، وتقع هذه المدرسة حالياً بميدان صلاح الدين "ميدان القلعة"، وتطل بواجهتها الشمالية الشرقية على شارع محمد علي تقابله مع شارع سوق السلاح وبواجهتها الجنوبية الغربية على شارع المظفر، أما الواجهة الرابعة وهي الشمالية الغربية فتطل حالياً على مخازن هيئة الآثار التي بنيت على ملحقات خاصة بهذه المدرسة. ويذكر المؤرخ المقريزي أن موقع هذه المدرسة كان في الماضي عبارة عن دارين للأمير يلبغا اليحياوي والأمير الطنبغا المرداني فهدمهما السلطان حسن، وأضاف إليهما عدة دور وشرع في بناء مدرسته تجاه قلعة الجبل وذلك سنة 758هـ/1356م، وأن العمارة فيه ظلت قائمة لمدة ثلاث سنين لم تعطل يوماً واحداً، وأرصد لمصروفها كل يوم عشرين ألف درهم، وتعتبر مدرسة السلطان حسن تتويجاً للنظام الإيواني الذي بدأت أولى مراحله في المدرسة الأيوبية البسيطة التي كانت تتكون من صحن وإيوانين، فتصميم مدرسة السلطان حسن عبارة عن صحن أوسط مكشوف تحيط بهذا أربعة إيوانات، بالإضافة إلى قبة ضريحيه. : حسني نويصر، العمارة الإسلامية في مصر عصر الأيوبيين والمماليك، مكتبة زهراء الشرق، القاهرة، 1996، ص203–

205. : المقريزي، المواعظ والاعتبار بذكر الخطط والآثار، مكتبة الآداب، ج4، القاهرة، 1996، ج4، ص117–120. وسوف نرمز إليه لاحقاً بـ"الخطط المقريزية".

122   يقع هذا القصر بخريطة الحملة الفرنسية بالقسم الأول بالمربع S–6 وأشير إليه بالأرقام 8-9 وباسم حوش بردق، ويلاحظ في خريطة الحملة الفرنسية أن شارع قراقول المنشية الموجود اليوم والمعروف باسم محمد كريم والذي يربط بين ميدان القلعة وشارع السيوفيه لم يكن له وجود آنذاك بل فتح في منتصف القرن التاسع عشر.

مصر سنة 720هـ/1319م، ثم جعله الناصر محمد بن قلاوون من جملة مماليكه السلطانية فجعله بداية من جملة السقاة[123] وأحبه وقربه ثم رقاه إلى أمير عشرة ثم أمير أربعين ثم أمير مائة مقدم ألف،[124] ووصل تعلق السلطان الناصر محمد به حتى زوّجه ابنته، كما تزوج السلطان بأخت قوصون، وبلغ من ثقته به أن جعله وصياً على أولاده وولاية عهده لابنه المنصور أبو بكر،[125] ولكنه بعد وفاة الناصر محمد سنة 741هـ/1340م بشهرين لم يلبث أن خلع الملك المنصور أبو بكر 741-742هـ/1341م وعين أخوه الملك الأشرف علاء الدين كجك 742هـ/1341م بن ناصر محمد بن قلاوون وعمره آنذاك سبع سنين،[126] فلما استقر في السلطنة أخلع على المقر السيفي قوصون وقرره نائب السلطنة[127] بمصر، وأتابك[128] العسكر،[129] وبهذا تضاعفت قوة قوصون

123 كانت مهمة من يتولى هذه الوظيفة الإشراف على مد الأسمطة، وتقطيع اللحم، وسقي المشروب بعد رفع السماط. ⁝ للاستزادة انظر: قصر ألناق الحسامي ص89، حاشية رقم5.

124 لقب بذلك كونه يقوم على خدمتهِ مئة مملوك ورب وظيفة، وهو مقدم على ألف جندي، وكان عدد مقدمي الألوف أربعة وعشرين أميراً، وقد حمل هذا اللقب قواد الجيوش وبعض قواد السفن، ورؤساء طوائف الجند، ومن مظاهر حياة كل منهم أن تدق على بابه مرتين يومياً ثمانية أحمال طبلخاناه وطبلان رصل وزمران وأربعة أنفرة، أما أمراء الأربعين فكان عددهم أربعين أميراً وكان يقوم بخدمة كل واحد منهم أربعون مملوكاً وتدق على باب كل منهم ثلاثة أحمال طبلخاناه ونفيران، وأما أمراء العشرينات فكان عددهم عشرين أميراً ويقوم بخدمة كل واحد منهم عشرون مملوكاً، وأما أمراء العشروات فقد كان عددهم خمسين أميراً و يقوم بخدمة كل واحد منهم عشرة مماليك. ⁝ للاستزادة انظر: حسن الباشا، الفنون الإسلامية والوظائف على الآثار العربية، دار النهضة العربية،1966، 3ج، ج3، ص1120-1127. ⁝ القلقشندي (أبو العباس أحمد بن علي بن أحمد ت811هـ/1418م)، صبح الأعشى في صناعة الإنشا، المطبعة الأميرية، القاهرة، 1915م، 14ج، ج9، ص 399-402. وسوف نرمز إليه لاحقاً ب "صبح الأعشى".

125 الخطط المقريزية، ج3، ص 104.

126 ابن دقماق (إبراهيم بن محمد بن أيدمر العلائي ت809هـ/1406م) الجوهر الثمين في سير الخلفاء والملوك والسلاطين، تحقيق الدكتور سعيد عبد الفتاح عاشور، طبع مركز البحث العلمي وإحياء التراث الإسلامي كلية الشريعة والدراسات الإسلامية، جامعة أم القرى، المملكة العربية السعودية، د.ت، ص367-368. وسوف نرمز إليه لاحقاً بـ"الجوهر الثمين".

127 نائب السلطنة هو من ينوب عن السلطان بحضرته أو خارجاً عنها في قرب أو بعد حسبما ذكر القلقشندي الذي يصنف النيابة في المرتبة الأولى ضمن أرباب السيوف، وقال إن نائب الشام هو القائم مقام السلطان في عامة أموره وفي أغلبها، وبذلك كان منصب النيابة من أرقى مناصب الدولة لأن نائب السلطنة كان يعد في المرتبة الثانية بعد السلطان، كما كان أكثر الأمراء نفوذاً وأكثرهم اختصاصاً وذلك بحكم منصبه أي كما يقول عنه القلقشندي:(كان سلطاناً مختصراً بل هو السلطان الثاني). ⁝ صبح الأعشى، ج4، ص16-18. ج5، ص453. ⁝ محمد عبد الغني الأشقر، نائب السلطنة المملوكية في مصر، الهيئة المصرية العامة للكتّاب، سلسلة تاريخ المصريين158، القاهرة، 1999، ص67.

128 الأتابك لقب من ألقاب الصفات، وأصله أطابك، وهو يتألف من جزئين فارسيين، أطا بمعنى أب، وبك بمعنى أمير، أي الأمير الأب، ثم تحول بعد ذلك إلى لقب وظيفي بمعنى الرئيس الكبير، وكان يتولى رعاية أولاد السلطان وتربيتهم، وقد عرف التركمان هذا اللقب منذ القديم، ثم تطورت مهمة الأتابك على مر العصور، حتى كان سبباً في انقسام الدولة العباسية إلى ولايات مستقلة يحكمها الأتابك، كما أضيف عليه في العصر المملوكي بعض الألفاظ مثل الجيوش والعسكر، فيقال أتابك العسكر أي كبير الجيش وكانت هذه الوظيفة من أرقى الوظائف العسكرية بحضرة السلطان في عصر المماليك، ومتوليها أكبر الأمراء المقدمين بعد النائب الكافل. ⁝ انظر: صبح الأعشى، ج4، ص18. ⁝ حسن الباشا، الألقاب الإسلامية في التاريخ والوثائق والآثار، دار النهضة العربية، القاهرة، 1958، ج1، ص2-3.

129 ابن إياس، بدائع الزهور في وقائع الدهور، تحقيق محمد مصطفى، الهيئة العامة للكتّاب، 5ج، القاهرة، 198، ج1، القسم الأول، ص 491. وسوف نرمز إليه لاحقاً بـ"بدائع الزهور". ⁝ ابن حجر العسقلاني (أبي الفصل أحمد بن علي

وصار المتحكم المطلق في شؤون السلطنة وصار يأمر وينهي ويعزل ويولي حتى أثار بأذاه وبطشه المماليك السلطانية في الشام ومصر، الذين لم يلبثوا حتى حاصروا القلعة التي تحصن بها قوصون، ونهبوا قصره وقتلوا من لاح لهم من مماليكه حتى استسلم قوصون وأرسل لسجن الإسكندرية حيث قتل سنة742هـ/1341م.[130]

تاريخ عمارة القصر:

كان أصله إسطبل[131] الأمير علم الدين سنجر الجمقدار[132] فأخذه منه الأمير سيف الدين قوصون، وصرف له ثمنه من بيت المال فزاد فيه قوصون إسطبل الأمير سنقر الطويل[133] وأدخل فيه عدة عمائر ما بين دور وإسطبلات، فجاء قصراً عظيماً.

ويذكر المقريزي هذا القصر تحت اسم إسطبل قوصون،[134]

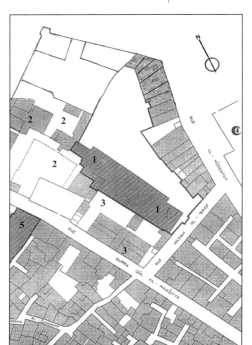

الشكل 49 الموقع العام لقصر الأمير قوصون. 1-بقايا قصر قوصون 2-مباني التكية المولوية وبقايا المدرسة السعدية 3-معهد عثمان ماهر الأزهري 4-جامع السلطان حسن 5-قصر الأمير طاز (عن: Revault & Maury, *Palais et Maisons du Caire* بتصرف)

فقال: أنه (بجوار مدرسة السلطان حسن وله بابان باب من الشارع بجوار حدرة البقر،[135] وبابه الآخر تجاه باب

بن محمد بن علي بن أحمد ت 852هـ/1448م)، الدرر الكامنة في أعيان المائة الثامنة، تحقيق محمد عبد المعين خان، مطبعة مجلس دائرة المعارف العثمانية، حيدر آباد، الهند، ط2، 1972، 6ج، ج3، ص301.

130 بدائع الزهور، ج1، القسم الأول، ص491-494. ؛ الجوهر الثمين، ص368-372.

131 انظر: مسرد المصطلحات الأثرية الملحق بهذا الكتاب.

132 الجمقدار هو الذي يحمل نعل السلطان أو الأمير، وهو مركب من لفظين أحدهما من اللغة التركية وهو بشمق ومعناه النعل، والثاني من اللغة الفارسية وهو دار معناه ممسك، فيكون المعنى ممسك النعل. ؛ صبح الأعشى، ج5، ص 459.

133 الخطط المقريزية، ج3، ص116-117. ؛ ابن تغري بردي، النجوم الزاهرة في ملوك مصر والقاهرة، تحقيق محمد رمزي وآخرون، الهيئة العامة المصرية للكتاب، القاهرة، 1972، 16ج، ج9، ص189. وسوف نرمز إليه لاحقاً بـ"النجوم الزاهرة".

134 يبدو أنه كان لقوصون ولع في عمارة وامتلاك البيوت الضخمة فاشترى عام 733هـ/1332م الدار البيسرية من ورثة بيسرى بمبلغ 200 ألف درهم، كما اشترى قصراً ثانياً بخط رحبة العيد من الأمير مسعود سنة 741هـ/1340م وأجرى فيه عمارة سبع قاعات لكل قاعة إسطبل ومنافع ومرافق، وكانت مساحته عشرة أفدنة فمات قوصون قبل أن يتم بناء ما أراده، وظل هذا القصر يعرف بقصر قوصون حتى اشترته خوند تتر الحجازية ابنة الملك الناصر محمد بن قلاوون، وزوج الأمير ملكتمر الحجازي، فعمرته وزادت فيه وأنشأت بجواره مدرستها التي تعرف بالمدرسة الحجازية، ثم صار سكناً للأمراء بعدها ثم عمل سجناً حتى زال. كما ترك قوصون من العمائر الدينية جامعه الواقع اليوم بشارع محمد علي والذي ابتدأ عمارته سنة730هـ/1329م والذي بقي اليوم مدخله فقط، وخانقاته شمالي القرافة والتي تمت عمارتها سنة 736هـ/1335م، وترك لنا من العمائر التجارية وكالة عمرها قبل عام 742هـ/1341م وتقع بشارع الجمالية. ؛ الخطط المقريزية، ج3، ص114-115. ج4، ص103-104، 389.

135 المقصود بذلك الآن هو شارع الملك المظفر، وسمي بحدرة

السلسلة[136] الذي يتوصل منه إلى الإسطبل السلطاني وقلعة الجبل)[137] [الشكل 50].

ويبدو أن هذا القصر بعد الأمير قوصون صار قصراً رسمياً ينزل فيه كل من يتولى منصب أتابك العسكر،[138] ويؤكد ابن تغري بردي ذلك حين يقول: (أما إسطبل قوصون فهو البيت المعدّ لسكن كل من صار أتابك العسكر في زماننا هذا)[139] أي أواسط ق 9هـ/15م.

فعندما عين الأمير شيخون العمري أتابكاً للعسكر انتقل لهذه الدار فعرفت به، وفي عام 840هـ/1436م سكن الأمير أركماس بدار قوصون،[140] وفي عام 857هـ/1453م نزل الأمير الأتابكي

البقر نسبه لدار البقر التي أنشأها الناصر محمد بن قلاوون فيما بين قلعة الجبل وبركة الفيل، كانت داراً للأبقار التي برسم السواقي السلطانية منشراً للزبل وساقية، ثم أن الملك الناصر محمد بن قلاوون أنشأ بها داراً وإسطبلاً وغرس بها عدة أشجار، ويذكره علي باشا مبارك باسم شارع المظفر. ؛ انظر: الخطط المقريزية، ج3، ص109. ؛ علي باشا مبارك، الخطط التوفيقية الجديدة لمصر القاهرة ومدنها وبلادها القديمة والشهيرة، الهيئة المصرية العامة للكتاب، 1982، (طبعة مصورة عن الطبعة الثانية في القاهرة، 1969)، 20ج، ج2، ص 157. وسوف نرمز إليه لاحقاً بـ"الخطط التوفيقية".

136 باب السلسلة: هو اليوم باب العزب أحد أبواب قلعة الجبل وسمي بالعصر العثماني عزبان نسبة لطائفة العزب التي سكنت الإسطبل السلطاني الملاصق لباب السلسلة وقد جدده رضوان كتخدا الجلفي عام 1198هـ/1754م، وجعل له بدنتين وزلاقة ظلتا موجودتان حتى عصر محمد علي. ؛ الخطط المقريزية، ج2، ص72. ؛ خالد عزب، التحولات السياسية وأثرها على العمارة بمدينة القاهرة من العصر الأيوبي حتى عصر الخديوي إسماعيل 567-1296هـ/1171-1879م، قسم الآثار الإسلامية، كلية الآثار، جامعة القاهرة، (رسالة دكتوراة غير منشورة)، ص108.

137 الخطط المقريزية، ج3، ص116.

138 هو لقب وظيفي بمعنى الرئيس الكبير، وكان يتولى رعاية أولاد السلطان وتربيتهم.

139 النجوم الزاهرة، ج9، ص121.

140 النجوم الزاهرة، ج16، ص89، 243.

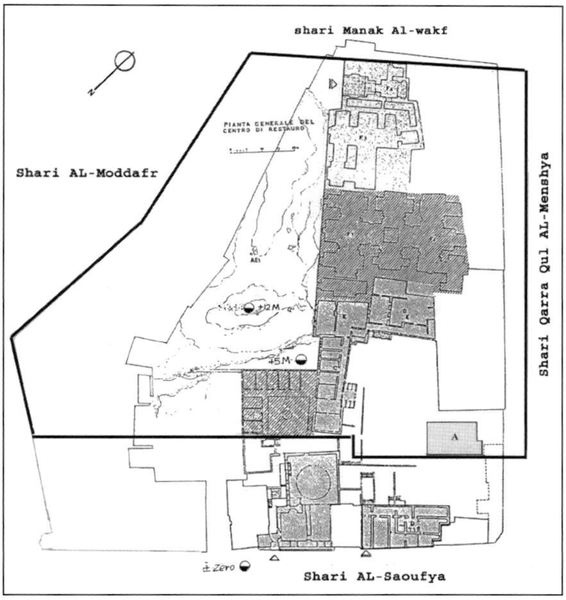

الشكل 50 مسقط أفقي لعمائر قصر قوصون والتكية المولوية الواقعة بالجهة الشمالية الغربية من القصر، ويُظهر المسقط التداخل الشديد الحالي بين عمائر القصر والتكية المولوية، كما يظهر الجناح السكني المكتشف والمرقم بالحرف A، ويبين الخط الخارجي العريض الحدود الخارجية لقصر قوصون في أقصى توسع له، وقد وضعت هذه الحدود بناء على المعطيات الأثرية والتاريخية المتاحة. (من إعداد الباحث على خلفية مسقط البعثة الإيطالية).

إينال الأجرود ببيت قوصون، كما سكنها الأمير خشقدم أمير سلاح عام 859هـ/1357م، وأخفى بها الخليفة أبو البقاء حمزة (855-859هـ/1451-1454م) عند اشتداد الفتنة بأمر من السلطان إينال حتى خمدت،[141] وفي عام 865هـ/1460م اختير الأمير خشقدم سلطاناً بمقعد قوصون.[142]

أما الأمير يشبك من مهدي[143] الذي تملك هذا القصر سنة

141 بدائع الزهور، ج2، ص326-327.

142 النجوم الزاهرة، ج16، ص237. وحكم السلطان خوشقدم من 865-872هـ/1461-1468م. وقد تولى الحكم بعد خلع السلطان أحمد بن إينال.

143 هو يشبك من مهدي الظاهري جقمق ويعرف بالصغير، وكان زمن الأشرف إينال أحد الدوادارية الصغار، ثم عينه السلطان

لوحة 30 صورتان قديمة وأخرى حديثة للواجهة الشمالية الشرقية الباقية من قصر قوصون، وتظهر في الصورتين المساحة الفضاء التي أمامها والممتدة حتى شارع حدرة البقر، والتي كانت تشكل جزءاً هاماً من هذا القصر قبل تهدم عمائرها وضياع آثارها. (عن أرشيف الهيئة العامة للآثار المصرية)

880هـ/1475م، بعد أن نال منصب الأتابكية،[144] فلم يعش بهذا القصر أكثر من خمس سنوات حيث توفي بالشام سنة 885هـ/1480م، وقد تركزت جلّ إصلاحاته بهذا القصر في مدخل القصر حيث بنى السقيفة التي تتقدم المدخل الأصلي الذي بناه قوصون، وأثبت يشبك ذلك بشريط كتابي طويل على جانبي هذه السقيفة وأضاف عليه رنكة وتاريخ ذلك 880هـ/1475م، وكذلك نصاً كتابياً ثانياً على جوانب الدركاه بعد باب الدخول، وإلى هذين النصين يعود الفضل في تسمية العامة عبر الزمن اللاحق لهذا القصر باسم الأمير يشبك رغم عدم طول مدة سكنه فيه.

ثم انتقل قصر الأمير قوصون بعد ذلك مباشرة إلى الأمير آقبردي[145] سنة 886هـ/1481م، الذي أقره السلطان في

الظاهر خشقدم في سنة 871هـ/1466م كاشفاً للصعيد بأسرة ونائب الوجه القبلي بكماله حتى أسوان وأعطاه إمرة عشرة وحسنت سيرته، وكان ممن ناصروا الأشرف قايتباي وشد عزمه لقبول السلطنة فعينه قايتباي دوداراً كبيراً سنة 782هـ/1467م، وأضيفت إليه الاستادارية وصارت الأمور كلها لا تخرج عنه وصار المتحكم والآمر النهائي حتى قتل في مدينة الرها سنة 885هـ/1480م، وجيء بجثته ودفنت بتربته. ⁞ السخاوي (شمس الدين محمد بن عبد الرحمن ت 902هـ/ 1497م)، الضوء اللامع في أعيان القرن التاسع، مكتبة الحياة، بيروت، د.ت، 10 أجزاء في 5 مجلدات. م5، ج10، ص272–274. ⁞ بدائع الزهور، ج2، ص474–476. ج3، ص6. ⁞ سامي عبد الحليم، الأمير يشبك من مهدي وأعماله المعمارية بالقاهرة، قسم الآثار، كلية الآداب، جامعة القاهرة، 1970، (رسالة ماجستير غير منشورة) ص11–32.

144 كان الأمير يشبك يسكن قبل ذلك في قصر الأمير منجك أمير سلاح بأول شارع سوق السلاح، ⁞ انظر دراستنا المفصلة لهذا القصر ص126 وما بعدها.

145 آقبردي: وأصله من مماليك السلطان الأشرف قايتباي الذي قربه ورقاه حتى أخذ منصب الدوادارية الكبرى بعد وفاة الأمير يشبك من مهدي، وأقام بها نحو ست عشرة سنة، وصار صاحب العقد والحل بالديار المصرية، وكان كبير أمراء الناصر محمد بن قايتباي، وخرج عن طاعته في رمضان

لوحة 31 كتلة المدخل التذكاري الواقع بالطرف الجنوبي الشرقي للواجهة الشمالية الشرقية لقصر قوصون، وتظهر بالشكل السقيفة ذات الدلايات التي تتقدم الحجر المعقود الذي تعلوه طاقية ويفتح به باب الدخول.

الدودارية الكبرى عوضاً عن يشبك من مهدي، ولا شك أن الأمير آقبردي بعد تملكه للقصر قد عمل على صيانته وترميمه وإضافة أجزاء له، وخاصة أنه سكنه مدة طويلة حتى وفاته سنة 904هـ/1498م.

وسكن هذا القصر بعد آقبردي الأمير قاني باي قرا أمير آخور كبير الذي كان متزوجاً من بنت الأمير يشبك من مهدي والذي مات 921هـ/1515م وأخرج جثمانه لمثواه الأخير من

سنة 902هـ/1496م، وحاصر القلعة ثم انكسر وهرب للشام، حيث حاصر دمشق ثم حلب مراراً حتى كانت سلطنة السلطان أبو سعيد قانصوه سنة 904هـ/1498م، فصالح آقبردي وخلع عليه وأعطاه نيابة طرابلس ومالها من المتحصل كل عام، ولكن آقبردي مات بعلة أصابته بحلب قبل أن يخرج لتسلم طرابلس، وكان وافر الحرمة شديد العزم. ؛ بدائع الزهور، ج3، ص365-421.

لوحة 32 الحجر المعقود الذي يتصدر سقيفة مدخل قصر قوصون والذي تعلوه طاقية ويفتح به باب الدخول.

هذا القصر.[146]

وفي عام 1190هـ/1677م عرف بيت أقبردي بمسكن الأمير حسني بك، وبعد ذلك تحول بيت قوصون إلى وكالة على يد يوسف كتخدا عزبان سنة 1118هـ/1706م.

وكان أواسط القرن 12هـ/18م التاريخ الذي شهد فيه القصر أقصى درجات التعدي والتدهور في عمرانه وخاصة (بعد أن اشترت والدة الخديوي اسماعيل (خوشيار) هذا القصر الذي عرف باسم حوش بردق، وأنشأت في قطعة من مساحته عدة منازل قبلي جامع السلطان حسن وخلف قراقول المنشية، وفتح فيه من جهته القبلية (الجنوبية الغربية) شارع يسلك منه من شارع السيوفية إلى المنشية)[147] وهو اليوم شارع محمد كريم،

146 بدائع الزهور، ج4، ص450-453.

147 الخطط التوفيقية، ج2، ص159. والمنشية: هي ميدان القلعة أو الرميلة التي يقول محمد رمزي أنها صارت تعرف بالمنشية،

Relevé par les élèves de l'Ecole polyt. Dessiné par Herz.

كما هُدمت ملحقات وأجزاء كثيرة أخرى لبناء معهد عثمان ماهر الأزهري الواقع اليوم عند تقاطع شارع مناخ الواقف مع شارع محمد كريم بعد أن توسعت منشآته لتحتل مساحة ضخمة من الضلع الجنوبي الغربي [لوحة 30].

كما جعل هذا القصر مخزناً تودع فيه أدوات العمارة الخاصة بجامع الرفاعي التابع لأوقاف خوشيار التي ألحق قصر قوصون بها.[148]

(هذا وقد اهتمت لجنة حفظ الآثار العربية بالمدخل التذكاري على حساب أجزاء أخرى من القصر، واليوم فإن الحفاظ على هذا الجزء المتقدم من القصر الرسمي للأمراء قد ساعد في الحفاظ على الأطلال الأساسية للقاعة)،[149] فقد كان مهندسو اللجنة قد لفتوا نظرها مراراً للحالة المتردية لقصر قوصون، وفعلاً قررت اللجنة مراراً بعد زيارة القصر العمل على الحفاظ عليه والاهتمام بالقاعة وتنظيف الأتربة الموجودة بها، وبذل المساعي لدى الأوقاف للمساعدة في الحفاظ على هذا القصر الذي اعتبر من أكمل نماذج العصر المملوكي، ولكن يبدو أن مجهودات لجنة حفظ الآثار العربية انصبت على مدخل القصر ولم تخرج رغبتها باستكمال الترميم الشامل لهذا القصر كما فعلت بقصر بشتاك مثلاً عن إطار الأماني، وذلك لظروف عديدة ربما أهمها ضخامة هذا القصر، ودخوله ضمن أوقاف خوشيار أم الخديوي إسماعيل.[150]

حيث ميدان محمد علي وصلاح الدين تحت القلعة ؛ انظر: النجوم الزاهرة، ج9، ص111.

148 كان وقف خوشيار قد سُلم إلى الأوقاف الخديوية في سنة 1903، وصارت هذه الأوقاف هي المتحكمة بهذا القصر حتى منعت أفراد لجنة حفظ الآثار العربية من زيارته مما دفع اللجنة لمخاطبة الأوقاف العامة للتوسط لدى الأوقاف الخديوية للحصول على إذن عام للسماح لأفرادها بزيارة القصر وكذلك السماح للزائرين حاملي التذاكر في أي وقت مقابل ما صرفته اللجنة للعناية بالقصر. ؛ كراسات لجنة حفظ الآثار العربية، كراسة رقم 22، لسنة 1905، تقرير رقم 336، ص19–20. وسوف نرمز إليها لاحقاً بـ "الكراسات".

149 Revault & Maury, *Op. cit.*, Part II, 33.

150 الكراسات، كراسة رقم 37، لسنوات 1933–1935، تقرير

الشكل 51 منظور لكتلة مدخل قصر قوصون، والواقع بالطرف الجنوبي الشرقي للواجهة الشمالية الشرقية للقصر، ويمثل الجزء الأول من هذه الواجهة. (عن: كراسات لجنة حفظ الآثار، كراسة 11).

الوصف المعماري للأجزاء الباقية

أولاً: الواجهة الشمالية الشرقية: [لوحة 30]

وهي واجهة ضخمة تمتد بطول 92.40م،[151] وتشمل واجهة الطابق الأرضي وما تبقى من الطابق الأول لقصر الأمير قوصون، وتعكس لنا هذه الواجهة بما يظهر بها من أجزاء وعناصر معمارية متنوعة ما مر على هذا القصر من تطورات وتغيرات مميزة تبعاً لأهمية موقعه وعظمة تصميمه وضخامة

رقم 675، ص61، 88. تقرير رقم 698، ص239. ؛ الكراسات، كراسة رقم 40، لسنوات 1946–1953، تقرير رقم 890، ص185–186. ؛ الكراسات، كراسة رقم41، لسنوات 1954–1961، تقرير رقم 8، ص37–38.

151 نضيف على هذا الطول 18م أيضاً، هي الجزء المكتشف من هذه الواجهة والمختفي تحت مباني التكية ليصبح الطول الحقيقي لهذه الواجهة 110.40م

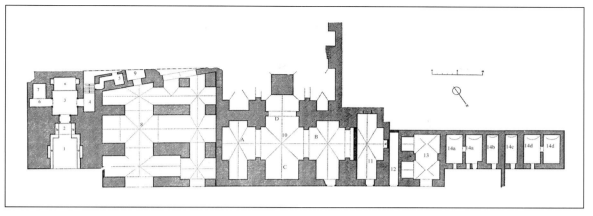

الشكل 52 مسقط أفقي للطابق الأرضي لقصر قوصون. 1-السقيفة التي تتقدم حجر المدخل A-دخلة جدارية 2-حجر المدخل A-دخلة جدارية 3-دركاة المدخل C-مصطبة 4-ممر 5-بيت راحة 6-ممر 7-غرفة 8-الإسطبل 9-جزء من غرفة زائلة 10-قاعات الجند A-B-C-D أواوين 11-رواق 12-حاصل 13-حاصل ثاني 14-حواصل كانت تقع أسفل المقعد. (عن: Revault & Maury, *Palais et Maisons du Caire* بتصرف الباحث في مسقط الأجزاء الشمالية الغربية من الطابق)

عناصره وتفردها حيث تواتر به سكن أمراء كبار كان لدى كل منهم رغبة جامحة للسيطرة والتغيير والإضافة بغرض إظهار الذات والعظمة والتميز، ومن أجل تسهيل الدراسة يمكن تقسيم هذه الواجهة إلى أربعة أجزاء هي:

1. المدخل التذكاري
2. واجهة الإسطبل والقاعة الصغرى التي فوقه
3. واجهة قاعات الجند، والقاعة الرئيسية فوقها
4. واجهة المقعد والغرفة الملحقة.

ونستطيع أن نقسم كل جزء لقسمين سفلي يشمل واجهة الطابق الأرضي وعلوي يشمل واجهة الطابق الأول.

1. المدخل التذكاري: [الشكل 51]،[لوحة 31]

يقع في الطرف الجنوبي الشرقي لهذه الواجهة الشمالية الشرقية، ولكنه يتراجع للخلف عن باقي أجزاء الواجهة لمسافة 3.80م، ويظهر به أكبر أمثلة على التغيير والتبديل والتطور الذي مر على هذا القصر، فمن الثابت أن هذا المدخل التذكاري الباقي اليوم قد بني على مرحلتين، الأولى وتعود لزمن بناء القصر على يد الأمير قوصون وتشمل الجزء الخلفي من هذا المدخل، والمرحلة الثانية تعود لزمن سكن الأمير يشبك من مهدي بهذا القصر وبالتحديد لسنة 880هـ/ 1475م، ويشمل الجزء الأمامي المتقدم للمدخل، وعليه (نستطيع القول أن هذا المدخل مركب فنى به تجمعاً لعنصرين هما الحجر المعقود الذي تعلوه طاقية ويفتح به باب الدخول، والسقيفة ذات الدلايات التي تتقدم الحجر وهو مثال وحيد لهذا النموذج من المداخل)،[152] وتقع كتلة هذا المدخل التذكاري وسط جدار مصمت عرضه 14.80م بينما ارتفاعه 17.00م، كما يؤطر واجهة هذا الجدار من مستوى مكسلتي الحجر حتى أسفل رجل طاقية فتحة المدخل طنف[153] حجري بارز، بينما يبلغ اتساع فتحة حجر السقيفة 5.75م تعلوها طاقية مفصصة يتدلى أسفلها خمس حطات من المقرنصات المتراكمة لتشكل واجهة السقيفة، كما يغطي باقي السقيفة للداخل صرة مركزية مفصصة يحيط بها أربعة صفوف من المقرنصات الحلبية التي تتدلى أرجلها في الحطتين الأولى والثانية لتعطي لهذا التكوين

152 سيف النصر أبو الفتوح، مداخل العمائر المملوكية بالقاهرة الدينية والمدنية من سنة 648هـ/1250م-784هـ/1382م (رسالة ماجستير غير منشورة)، قسم الآثار الإسلامية، كلية الآثار، جامعة القاهرة، 1975، ص 200. ; وانظر حديثنا عن تعريف أنواع هذه المداخل وتطور ظهورها بالعمارة السكنية في الباب الرابع من هذا الكتاب.

153 انظر: مسرد المصطلحات الأثرية الملحق بهذا الكتاب.

لوحة 33 صورة قديمة للتعديات التي أزالتها لجنة حفظ الآثار العربية عند مدخل قصر قوصون. (عن أرشيف الهيئة العامة للآثار المصرية)

لوحة 34 جزء من الشريط الكتابي الواقع على جانبي المدخل التذكاري، ويظهر بالصورة اسم الأمير يشبك من مهدي وبعض ألقابه. (عن أرشيف الهيئة العامة للآثار المصرية)

زيادة في إحساس العين بالعمق والتجسيم، ويشغل زاويتي هذه السقيفة عند التصاقها مع الجزء الخلفي "الحجر المعقود" لهذا المدخل ثلاثة حطات من المقرنصات [لوحة 32].

ويوجد بكل من جانبي هذه السقيفة [الشكل 52-1] مكسلة حجرية تتكون من صنجات رخامية معشقة ارتفاعها 0.90م وعرضها 0.50م بينما تمتد بعمق حجر السقيفة أي 7.00م، وتعلو كلاً من هاتين المكسلتين دخلة جدارية [الشكل 52-1، A] تنتهي من الأعلى بثلاث حطات من المقرنصات بينما تتسع كل دخلة بعرض 2.50م وبعمق 0.50م، ويتصدر هذه السقيفة حجر باب الدخول [لوحة 32] وهو الجزء الخلفي لكتلة هذا المدخل التذكاري [الشكل 52-2] ويرتفع عن أرض السقيفة بمقدار 0.30م وهو حجر مقرنص عرضه 3.85م وعمقه 2.30م، تعلوه طاقية زُين طرفها الخارجي بصنجات رخامية معشقة، بينما شغل باقيها بزخارف هندسية لمثلثات متداخلة، بينما جعل أسفلها ثلاث حطات لمقرنصات جعل لاثنين منها في الحطة الأولى رجلان متدليتان.

ويمتد أسفل هذه الحطات شريط من الرخام الأسود يقع أسفله مباشرة فتحة شباك مستطيل تغطيه مصبعات حديدية، وعلى جانبيه أشرطة رخامية متوازية بيضاء وحمراء بالتبادل وتدور مع الجزء الغائر، وأسفل ذلك شريط مكون من صنجات رخامية معشقة بشكل زخارف نباتية باللونين الأبيض والأزرق، وعلى جانبي العقد العاتق يوجد رنكان باسم السلطان الناصر محمد بن قلاوون نصهما: (عز لمولانا السلطان الملك الناصر محمد).

يوجد نفيس أسفله عتب ضخم من الجرانيت الأسود، ويؤطر هذا العتب من جوانبه الثلاثة شريط عريض عليه زخارف هندسية لأنصاف أطباق نجمية منفذة من الرخام الخردة ذي الألوان البيضاء والسوداء والحمراء والزرقاء، هذا ويحد العتب من الداخل إطار قالبي ينتهي من الأسفل بأعلى زاويتي فتحة باب الدخول ليشكل كابولين صغيرين يوجد على جانبي كل منهما خرطوش كتابي نصه (عمل محمد ابن أحمد) (زغلش الشامي).

وعرض فتحة باب الدخول 1.77م بينما ارتفاعها 3.55م يغلق عليها باب خشبي مجدد على يد لجنة حفظ الآثار العربية، وتكتنف حجر هذا المدخل أيضاً مكسلتان حجريتان عرض كل منهما 0.68سم وارتفاعها 0.8م، [الشكل 52، 2، B] ويلاحظ أن ضخامة هذه السقيفة قد أوحت لبعض الناس

بقسمتها إلى طابقين وذلك بشكل مقعد خشبي ذي أرضية خشبية ويفتح للأمام بواجهة خشبية[154] لعقدين مدببين وعمود خشبي ودرابزين، وقد قامت لجنة حفظ الآثار العربية بإزالة هذه الإضافة [لوحة 33] هذا ويمتد على جانبي كتلة المدخل التذكاري شريط كتابي بارز بعرض 0.42م مكتوب بخط الثلث المملوكي، يبدأ هذا الشريط من يسار الجدار الخارجي المسمط الذي يقع به حجر المدخل التذكاري ثم يدور مع حجر المدخل حول السقيفة أعلى المكسلتين وحول حجر المدخل المقرنص حيث يقطعه باب الدخول ليستمر على نفس الاتفاع حتى ينتهي على يمين الجدار المسمط ونصه كالتالي:

(بسم الله الرحمن الرحيم مما أمر بإنشائه برسم المقر الأشرف العالي المولوي الأميري الأجلي الكبيري المحترمي المخدومي الأسفهسلاري المجاهدي المرابطي المؤيدي المنصوري الغازي المثاغري الأكملي الأوحدي الأعزي الأمجدي الأفضلي المفضلي الممجدي السيدي السندي الكفيلي الزعيمي العضدي النصيري الذخيري الهمامي العوني الغياثي المجتبي المرتضي عمدة الملوك إختيار السلاطين كهف الفقراء والمساكين كنز الضعفاء والمنقطعين مبيد الطغاة والملحدين قاتل الكفرة والمشركين قاهر الفجرة والمتمردين نصرة الغزاة والمجاهدين بغية الطالبين ذخر الأيتام والمحتاجين منصف المظلومين من الظالمين مهلك الطاغين والمارقين حامي حوزة الدين مظهر الحق بالبراهين بغية الملوك السيفي يشبك من مهدي أمير داودار كبير وباش العساكر المنصورة ومدبر الممالك الإسلامية[155] ...[وذلك في شهر رمضان المعظم سنة ثمانين وثمانماية][156] [لوحة 34].

دركاه المدخل [الشكل 52-3]

يفتح باب الدخول على دركاه ضخمة متناسبة في مساحتها وزخرفتها مع السقيفة السابقة وهي مستطيلة المسقط طولها 7.90م، وعرضها 5.00م، تغطيها قبة ضخمة مقامة على مثلثات كروية، ونتوسط هذه القبة دائرة بها نجمة سداسية غائرة، ويحدد هذه المثلثات الكروية طنف حجري بارز.

وفتح بصدر هذه الدركاه [الشكل 53] بمواجهة باب الدخول مصطبة [الشكل 52-3،c] ترتفع عن أرض الدركاه بمقدار 0.60م وعمقها 2.70م وعرضها 4.30م وترتفع حتى سقف الدركاه وتغطيها طاقية محارية مشعة محمولة على خمس حطات من المقرنصات، فتح بين مقرنصات الحطة الرابعة والخامسة بصدر المصطبة نافذة مستديرة مكونة من صنجات حجرية يؤطرها طنف حجري وتغشيها مصبعات حديدية، يوجد حول هذه النافذة أشكال جامات لأربعة رنوك ممسوحة. وفتح بجانبي هذه المصطبة دخلتان جداريتان رأسيتان، يغلب أن تكون هذه المصطبة مخصصة لجلوس الحراس أو بعض النقباء الذين اعتادوا البقاء قرب الأمير أتابك العسكر أو الدودار الكبير ساكن هذا القصر[157] أو بعض الناس ذوي الحاجات.

ويفتح على جانبي هذه الدركاه بابان الأول على يمين الداخل ارتفاعه 2.60م وعرضه 1.40م، وكان يتوصل منه إلى داخل القصر، حيث يفضي الباب اليوم لممر مكشوف [الشكل 52-4] طوله 7.35م وعرضه 2.20م، ربما كان به سلم صاعد يوصل للطابق الأول، ويوجد في نهاية هذا الممر على

154 لفتت رغبة الأوقاف في استئجار أجزاء من القصر نظر لجنة حفظ الآثار العربية لهذا القصر، فوافقت على طلب الأوقاف، كما لاحظت تآكل النص التأسيسي الخارجي واقترحت القيام بأعمال صيانة وترميم للمحافظة على القصر مثل هدم الجدارين والسلم الذي كان قد بني حديثاً داخل سقيفة المدخل التذكاري، ودعت لإظهار الزخارف الكتابية الموجودة على جدران هذا المدخل، التي كانت قد غطيت بالملاط والدهان، وخصصت مبلغ 210 جنيه مصري لإجراء هذه الأعمال. ⁝ الكراسات، كراسة رقم 9، لسنة 1892، تقرير 131، ص54-55. ⁝ الكراسات، كراسة رقم 10، لسنة 1893، تقرير رقم 149، ص33.

155 مسح حوالي متران من الكتابة.

156 يذكر فان برشم أنه في سنة 1888م كان قد قرأ هذا التاريخ على المدخل، ولكن في سنة 1893 أي بعد خمس سنوات عاد ليجد هذا التاريخ ممسوحاً. انظر: Berchem, Max van. *Matériaux pour un Corpus Inscriptionum Arabicarum*, II Egypt. G. Wiet, Cairo, 1930, 456.

157 يذكر ابن إياس ما يفهم منه ذلك عندما يقول: فلما ثبت موت يشبك قامت النقباء من على بابه وشالوا الدكة وزال كأنه لم يكن بمصر. ⁝ انظر: بدائع الزهور، ج3، ص 177.

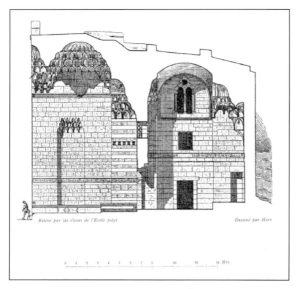

يمين الصاعد فتحة باب عرضها 0.90م، كان يتوصل منها عبر ممر منكسر مغطى بمجاديل حجرية إلى بيت راحة له شباك للتهوية [الشكل 52-5]، ويغلب أنه كان مخصصاً لاستخدام الحرس أو الواقفين على باب القصر من ذوي الحاجات، والباب الثاني على يسار الداخل بحجم الباب الأول، يتوصل منه إلى دهليز [الشكل 52-6] طوله 4.30م وعرضه 2.70م توجد بجداره الجنوبي الغربي على يسار الداخل غرفة [الشكل 52-7] طولها 3.10م وعرضها 2.60م، وتفتح بكامل عرضها على الدهليز، ويغطيها سقف خشبي مسطح محمول على عروق، وكانت هذه الغرفة مخصصة غالباً لمبيت الحراس.

وتعلو كل باب من هذين البابين المتقابلين فتحة شباك مستطيل عليه مصبعات حديدية، كما فتحت أعلى كل شباك أسفل الدركاه قندلية بسيطة،[158] وكما يقابل هذه المصطبة بالجانب الواقع بظهر حجر المدخل أعلى باب الدخول ارتداد باتساع حنية باب الدخول ينتهي من الأعلى بطاقية عليها زخارف لمثلثات متداخلة،[159] ويحمل هذه الطاقية ثلاث حطات من المقرنصات تفتح أسفلها نافذة مستطيلة تغشيها المصبعات الحديدية.[160]

الشكل 53 مقطع رأسي لكتلة مدخل قصر قوصون، ويظهر بالشكل السقيفة التي تتقدم الحجر المعقود الذي به باب الدخول، وتقع خلفه دركاه المدخل التي يفتح بصدرها مصطبة مرتفعة على جانبيها بابي الدخول. (عن: كراسات لجنة حفظ الآثار، كراسة 11).

هذا ويجري على جوانب هذه الدركاه بداية من الجدار يمين الداخل وعلى ارتفاع أعلى فتحات الأبواب التي تفتح على هذه الدركاه شريط كتابي بارز بخط الثلث المملوكي نصه كالتالي: (بسم الله الرحمن الرحيم مما أمر بإنشاء هذا المكان المبارك السعيد من فضل الله وجزيل عطائه المقر الأشرف العالي المولوي الأميري الأجلي الكبيري المحترمي الأسفهسلاري المجاهدي المرابطي المؤيدي المنصوري [محو حوالي متر] الأمجدي الأعزي الأفضلي المفضلي الكفيلي الزعيمي الورعي الزاهدي السيدي السندي المجتبي المرتضي كهف الفقراء والمساكين كنز الضعفاء والمنقطعين بغية الطالبين نصرة الغزاة والمجاهدين مغيث الملهوفين السيفي يشبك [من مهدي /محو حوالي المتر ونصف/] أدام الله أيامه وكمد عدوه وأهانه وجعل السعد والإقبال حيثما توجه أمامه.[161]

هذا ولا يفوتنا أن نذكر أن كل المقرنصات الموجودة بحجر المدخل التذكاري والدركاه هي من نوع المقرنصات الحلبية.[162]

2. واجهة الإسطبل والقاعة الصغرى التي فوقه: [الشكل 54]-[لوحة 35]

هذا القسم من الواجهة الكبيرة يمتد بطول 23م وهو محصور بين كتلة المدخل وكتلة واجهة قاعات الجند والقاعة الرئيسية التي تعلوها، وتشير البقايا الأثرية إلى أن واجهة القسم السفلي

158 انظر: مسرد المصطلحات الأثرية الملحق بهذا الكتاب.

159 تذكرنا بتلك التي رأيناها بطاقية حجر المدخل أعلى باب الدخول من الخارج.

160 هذه النافذة تقابل النافذة التي تفتح بصدر حجر المدخل من الخارج.

161 Berchem, M. van, *Op. cit.*, 450–451.

162 المقرنص الحلبي: ويسمى أيضاً المقرنص الشامي، وتكون رؤوس طاقاته مقوسة ومساقطها الأفقية منحنية على شكل عقد مدبب. للاستزادة حول هذا المصطلح انظر: مصطلح المقرنصات في مسرد المصطلحات الأثرية الملحق بهذا الكتاب.

الشكل 54 الجزء الثاني من الواجهة الشمالية الشرقية واجهة الإسطبل والقاعة الصغرى التي تعلوه. (عن: Revault & Maury, *Palais et Maisons du Caire*)

لوحة 35 منظر عام للواجهة الشمالية الشرقية لقصر قوصون، ويظهر بالصورة الجزءان المتوسطان من الواجهة، واجهة الإسطبل والقاعة الصغرى التي تعلوه، وواجهة صالات الجند والقاعة الرئيسية التي تعلوه.

لهذا الجزء من الواجهة الذي يرتفع[163] لحوالي 8.00م كان عبارة عن بائكة مؤلفة من ثلاثة عقود كبيرة مدببة، الأول كان يفتح للجهة الجنوبية الشرقية متعامداً مع كتلة المدخل القديم، ولكن هذا العقد سد بعد إقامة الأمير يشبك لسقيفته أمام مدخل هذا القصر، وبقي مكان هذا العقد دلائل واضحة تشير إليه، أما العقدان البارزان فكانا بالواجهة ويتجهان للشمال الشرقي، وكان يدخل منهما إلى الإسطبل الواقع خلفهما، وكانت ضخامة وارتفاع هذه العقود تسمح بدخول الفارس وهو ممتطياً جواده لداخل الإسطبل، ويبلغ العرض الأصلي لكل من هذين العقدين 3.60م.

ولا تخفى عند رؤية هذه الواجهة تلك التغيرات الكبيرة التي تعرضت لها عبر تاريخها الطويل فإضافة لسد فتحة العقد المتجه للجنوب الشرقي فقد سد في فترة لاحقة عقد ثان بشكل كامل ما عدا شباك صغير بقي عند قمة العقد، كما سد العقد الثالث وهو الأوسط بالأحجار حتى مستوى رجلي العقد وفتح بوسطه باب يعلوه عقد نصف دائري، ويبلغ ارتفاع هذا الباب 2.50م وعرضه 1.50م، وقد سد القسم العلوي أسفل قمة هذا العقد بألواح من الأخشاب المركبة بشكل سيء [الشكل 54].

أما واجهة القسم العلوي لهذا الجزء من الواجهة والذي يرتفع لحوالي 8.00م أيضا فهو يشكل واجهة الطابق الأول التي تتكون من مستويين من الشبابيك بكل مستوى خمسة شبابيك مختلفة الأحجام وكلها ذات أعتاب خشبية، وقد ضاعت من أغلبها تلك المصبعات الخشبية التي كانت تغشيها، كما يوجد شباك مشابه يتجه مع انكسار الواجهة ليفتح على الجنوب الشرقي مطلاً على كتلة المدخل، وتشكل هذه النوافذ الواجهة الخارجية للقاعة الصغرى والغرف الملحقة بها بالدور الأول، ويعكس هذا القسم العلوي من هذه الواجهة تبعاً لشكل الحجر ونوعه وطريقة بنائه وتصميم نوافذه تلك التغييرات الأكيدة التي لحقت بهذا الجزء، فإذا كانت واجهة القسم السفلي لهذا الجزء من الواجهة مبنية بحجر عجالي[164] كبير تصل أطواله إلى 100×50سم وهو الحجر الذي بنى به قوصون قصره الذي حددنا بداية تاريخ عمارته بقبل سنة 728هـ/1328م ونهاية عمارته ب 738هـ/1338م، وكل أجزاء هذا القصر المبنية بهذا الحجر نستطيع تأريخها بذلك، فإن واجهة القسم العلوي لهذا الجزء من الواجهة مبنية بحجر صغير، لو نظرنا إليه إضافة لطريقة بناء

163 إن ارتفاع مستوى الأرضية اليوم بشكل كبير لا يسمح لنا بتحديد هذا الارتفاع بدقة كبيرة.

164 انظر: مسرد المصطلحات الأثرية الملحق بهذا الكتاب.

الشكل 55 الجزء الثالث من الواجهة الشمالية الشرقية لقصر قوصون، ويمثل واجهة صالات الجند والقاعة الرئيسية التي تعلوها. (عن: Revault & Maury, *Palais et Maisons du Caire*)

شبابيكه ذات الأعتاب البسيطة لتأكد لنا تأخر بنائه لفترة لا ترجع لقبل القرن الثامن عشر .

3. واجهة قاعات الجند والقاعة الرئيسية التي فوقها: [الشكل 55]–[لوحة 35]

يتألف هذا الجزء من أربعة مستويات من الفتحات، المستوى الأول: عبارة عن بابين معقود كل منهما بعقد نصف دائري يصعب تماماً بسبب كل الأتربة أمامهما تحديد ارتفاع كل منهما، أما عرضهما فمتفاوت فهو في الباب الجنوبي الشرقي 1.85م، بينما يقل عن ذلك في الباب الآخر، هذا ويدخل من هذين البابين إلى قاعات متعددة وغرف تفتح على بعضها البعض.

أما المستوى الثاني فهو عبارة عن أربعة شبابيك كبيرة تسمح بدخول الهواء والضوء إلى قاعات وغرف الطابق الأرضي، ويتشابه الشباكان الأوسطان بارتفاعهما وعرضهما فكل منهما ارتفاعه 2.75م وعرضه 1.50م، أما الشباك الواقع بالطرف الجنوبي الشرقي لهذا الجزء فارتفاعه 2.50م وعرضه 1.00م، وأما الشباك الرابع الباقي فهو أقل ارتفاعاً 2.15م أما عرضه 1.20م، وتشكل فتحات هذين المستويين واجهة الطابق الأرضي الذي يرتفع حوالي 8.00م.

أما المستوى الثالث والرابع من هذه الفتحات فهو يمثل واجهة القاعة الرئيسية وملحقاتها الواقعة بالطابق الأول والذي

لوحة 36 الكتلة البنائية الأولى من الجزء الرابع من الواجهة الشمالية الشرقية لقصر قوصون الذي يمثل واجهة المقعد والغرفة الملحقة به، وتظهر بالصورة واجهة الغرفة الملحقة بالمقعد والحاصل الواقع بأسفلها.

يبلغ ارتفاع واجهته 14.50م، فالمستوى الثالث عبارة عن أربعة شبابيك متشابهة، كشف تساقط الملاط عنها أنه يعلو كلاً منها عتب خشبي يعلوه عقد نصف دائري مكون من أحجار متلاصقة، وسدت المساحة بين العتب والعقد بأحجار من نوع الأحجار التي بني بها القسم العلوي لهذا الجزء من الواجهة وهي أحجار صغيرة يصل عرضها إلى 15سم وطولها 30سم استخدمت في البناء من مستوى أعتاب شبابيك المستوى الثالث لفتحات هذا الجزء، بينما كان بناء القسم السفلي بالحجر العجالي الذي رأيناه بالقسم السفلي للجزء الثاني الذي سبق الحديث عنه بهذه الواجهة الذي حددنا بداية تاريخ عمارته بقبل سنة 728هـ/1328م ونهاية عمارته ب 738هـ/1338م.

ويتكون المستوى الرابع من أربع قنديليات، ثلاث منها بسيطة عبارة عن نافذتين مستطيلتين معقودتين تعلوهما قمرية مستديرة، أما القنديلية الرابعة فهي مركبة عبارة عن أربع نوافذ مستطيلة معقودة يعلوها خمس قمريات دائرية، وهذه القنديلية

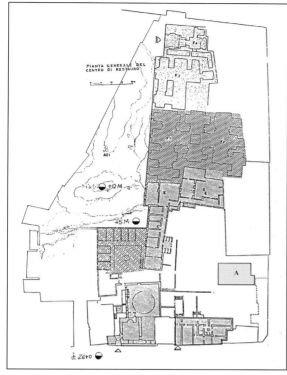

المركبة والشباك الذي أسفلها[165] يطلان على الإيوان الشمالي الشرقي للقاعة الرئيسية، وقد كانت كل من هذه القمريات مغشاة بالجص المعشق بالزجاج الملون، والآن قد سدت بعض شبابيك هذه القندليات بالأحجار الدبش، ولا يفوتنا القول أن هذا الجزء من الواجهة هو الأكثر ارتفاعاً بجميع أجزاء هذه الواجهة الشمالية الشرقية للقصر.

4. واجهة المقعد والغرفة الملحقة:

بنيت من الحجر الفص النحيت المشهر[166] متوسط الحجم في مداميك متناوبة ملونة بالأبيض والأحمر، وكذلك صغر العناصر المعمارية المكونة لهذا الجزء مقارنة بالأجزاء الأخرى سابقة الذكر يجعلنا نؤكد التاريخ المتأخر لهذا الجزء عن زمن البناء الأول لقصر قوصون، فطريقة البناء هذه شاعت في العصر المملوكي الجركسي بالقرن الخامس عشر،[167] ويتألف هذا الجزء من كتلتين بنائيتين

الشكل 56 مسقط أفقي للأجزاء المحيطة ببقايا قصر قوصون. (عن مسقط البعثة الإيطالية بتصرف).

الأولى [لوحة 36] بها ثلاثة مستويات من الفتحات، المستوى الأول به فتحتا باب الأول منهما باب مربع كبير ارتفاعه 3.10م وعرضه 2.10م يعلوه عتب خشبي ويغلق عليه باب خشبي حديث، ويدخل من هذا الباب إلى غرفة كبيرة ملحقة بالمقعد، أما الباب الثاني فهو باب معقود بعقد مدبب قليل الارتفاع يدخل منه لحاصل طويل عرضه بعرض باب الدخول الذي صار اليوم مسدوداً بكميات من الأتربة .

ويتكون المستوى الثاني أصلاً من ثلاثة شبابيك ارتفاع كل منها 2.80م وعرضه 1.40 بواقع اثنان بالواجهة والثالث بالجدار المنكسر للواجهة ويفتح للشمال الغربي، ويعلو كل شباك عتب حجري مكون من صنجات معشقة، ويعلو ذلك عتب عاتق ذو صنجات ملونة يحصر تحته نفيساً، وقد سدّ اليوم

165 يظهر أنه قد كان على جانبي هذا الشباك الكبير شباكان صغيران، تم سدهما من الخارج وحولا إلى خزانتين جداريتين صغيرتين من الداخل.

166 الحجر الفص النحيت المشهر: نوع من الحجر المهذب استعمل في بناء معظم العمائر المملوكية ذات الشأن في عصر الغوري وقبله وهو على هيئة مداميك من اللونين الأبيض والأحمر وأحياناً الأصفر وإذا تعذر ذلك لقلة الإمكانيات المادية، في العصور المتأخرة استخدمت الألوان "الأبيض والأحمر" على الملاط الذي يغطي الآجر لدهان الحجر نفسه محاكاةً للعمائر الكبيرة. ⁝ عبد اللطيف إبراهيم، دراسات تاريخية وأثرية في وثائق من عصر الغوري، قسم الآثار الإسلامية، كلية الآداب، جامعة القاهرة، 1956، 3 أجزاء، (رسالة دكتوراة غير منشورة)، ج2، تحقيق رقم50. ⁝ سامي أحمد عبد الحليم، الحجر المُشَّهر: حلية معمارية بمنشآت المماليك في القاهرة، (د.م)، ط1، 1984.

167 يميل جان كلود جارسان ومن معه لهذا الرأي، ويؤكدون تأريخ هذا الجزء بالقرن الخامس عشر فيقولون: (وإلى جانب هذا الملحق الذي أقيم بالقرن الخامس عشر أضيفت أيضاً أجزاء أخرى لم يتبق منها شيء). انظر: Garcin, Jean-Claude, Maury, Bernard, Revault, Jacques, Zakariya, Mona. *Palais et maisons du Caire. Tome I. Époque mamelouke* (*XIIIe-XVIe siècles*). Paris: Institut de recherches et d'études sur le monde arabe et musulman. Éditions du CNRS, 1982, 112.

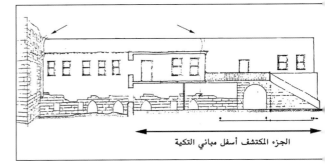

الجزء المكتشف أسفل مباني التكية

الشكل 57 الجزء الرابع من الواجهة الشمالية الشرقية لقصر قوصون، ويمثل واجهة المقعد والغرفة الملحقة به، ويظهر بالشكل الجزء المكتشف من الطابق الأرضي أسفل المقعد والممتد اليوم داخل عمائر التكية المولوية، كما يظهر بالشكل بقايا أرجل عقود واجهة المقعد. (عن البعثة الإيطالية بتصرف).

الشباك المتجه للشمال الغربي بينما سدت أغلب مساحة كل من الشباكين الواقعين بالواجهة، وعمل بكل منهما شباك صغير حديث ذو مصبعات خشبية.

أما المستوى الثالث فيتكون من ثلاث قنديليات بسيطة بواقع اثنتين بالواجهة والثالثة تعلو الشباك الذي بالجدار المنكسر للواجهة وتتجه مثله للشمال الغربي، وكل قندلية عبارة عن شباكين مستطيلين معقودين يعلوهما قمرية دائرية، وقد سدت اليوم كل فتحات هذه القندليات بالحجارة والدبش.[168]

أما الكتلة البنائية الثانية بهذا الجزء فتتراجع للخلف عن سمت كامل هذه الواجهة الشمالية الشرقية مسافة 3.70م،[169] وتمتد بطول 11.40م [لوحة 37]، وتشير الدلائل إلى أن هذا الجزء من الواجهة قد تعرض لتعدي واضح من قبل التكية المولوية جهة الشمال الغربي [الشكل 56]، حيث يتألف القسم السفلي من

168 قام دراويش التكية المولوية المجاورة بالتعدي على المساحة الواقعة خلف هذه الشبابيك التي كانت أصلاً عبارة عن مبيت ملحق بالمقعد، وحولوها إلى مصلى صغير ملحق به غرفة مستطيلة، كما غيروا معالمه وسدوا شبابيكه، وجعلوا طريق الوصول إليه من داخل التكية.

169 هذه المساحة هي تقريباً نفس المساحة التي تتراجع بها كتلة المدخل عن سمت الواجهة الشمالية الشرقية.

لوحة 37 الجزء الظاهر من واجهة المقعد الذي كان ملحقاً بقصر قوصون، ويظهر بالصورة البابان المتوصل منهما للحواصل الثلاثة الظاهرة بالدور الأرضي أسفل المقعد.

هذه الكتلة من بابين معقودين يوجد على يمينهما جهة الجنوب الشرقي شباكان ويعلو هذا القسم السفلي واجهة محدثة بها خمسة شبابيك حديثة، ويلاحظ أن طول هذه الكتلة البنائية والبالغ 11.40م هو امتداد قليل لو نظرنا لأطوال باقي الأجزاء التي درسناها بواجهة هذا القصر كما أن القطع المفاجئ لهذا الامتداد أثار تساؤلات كثيرة عندي ودفعني مراراً إلى محاولة تتبع وجود دلائل لامتداد مفترض لهذه الواجهة جهة الشمال الغربي في الأجزاء أسفل خلاوي التكية المولوية، وبالبحث كانت المفاجأة بالعثور على امتداد لجزء من هذه الواجهة يصل إلى 18.00م به بابان معقودان وشباك مربع، وينتهي هذا الجزء بكتلة بارزة عن سمت الواجهة توجد أسفلها فتحة معقودة أغلب الظن كانت أسفل بسطة كان مركب عليها قلبتا سلم [الشكل 57]، كانت تتقدم حجر المدخل التذكاري للمقعد الذي كان يعلو الحواصل بالطابق الأرضي ويسامت باقي الواجهة، ويؤكد ذلك وجود رجل عقد باقية ملتصقة بالجدار الشمالي الغربي للكتلة البنائية الأولى لهذا الجزء من الواجهة، وقد كان هذا العقد أحد عقود بائكة كبيرة كانت تمثل واجهة مقعد تركي[170] كبير، ويؤكد ضخامة واجهة هذا المقعد المندثر الامتداد الكبير للحواصل التي كانت أسفله في الطابق الأرضي والتي هي اليوم

170 هو نوع من المقاعد التي تفتح على الفناء أمامها ببائكة مؤلفة من عقود محمولة على أعمدة. للاستزادة حول هذا المصطلح انظر: مسرد المصطلحات الأثرية الملحق بهذا الكتاب.

لوحة 38 صورة لداخل الإسطبل الواقع بالطابق الأرضي لقصر قوصون. (عن أرشيف الهيئة العامة للآثار المصرية)

خمسة حواصل يتوصل إليها من أربعة أبواب، وقد كانت هذه الحواصل المقبية في كل أمثلة العمارة الإسلامية بالعصرين المملوكي والعثماني تمثل الطابق الأرضي الذي يقام عليه المقعد بأغلب أنواعه،[171] وواجهة هذا الطابق الأرضي هنا عبارة عن ثلاثة شبابيك وأربعة أبواب يعلو كلاً منها عقد مدبب، اثنان منها – الأول والثاني – مفتوحان وظاهران بالواجهة الشمالية الشرقية موضوع الدراسة [لوحة 37] واثنان آخران – الثالث والرابع – مسدودان ومختفيان داخل مباني التكية المولوية، ويصل عرض كل من هذه الأبواب إلى 1.00م، بينما يصعب تحديد الارتفاع الحقيقي لكل من هذه الأبواب وذلك لارتفاع مستوى الأرض أمامهم حتى مستوى أرجل العقود.

171 من أهم أنواع هذه المقاعد المبنية بالطابق الأول فوق حواصل متعددة بالطابق الأرضي المقعد التركي والمقعد الإيواني والمقعد المصري والمقعد ذو العقد بدون أعمدة والمقعد ذو الدرابزين بدون أعمدة أو عقود، وجاءت هذه الأنواع من المقاعد مفتوحة بكامل اتساع ضلعها الشمالي الشرقي على الفناء، لأنها خصصت بشكل أساسي لجلوس الرجال. ⁝ انظر: غزوان ياغي، المقاعد في عمائر القاهرة السكنية في العصرين المملوكي والعثماني، دراسة أثرية حضارية، كلية الآثار، جامعة القاهرة، 1999، (رسالة ماجستير غير منشورة)، ص253. ⁝ وانظر: مسرد المصطلحات الأثرية الملحق بهذا الكتاب.

ويدخل من الباب الأول على يمين الواجهة الى حاصلين مفتوح أحدهما على الآخر، وفتح على يمين هذا الباب شباكان مربعان ارتفاع كل منهما 1.00م، بينما عرض الشباك الأول 0.50م وعرض الثاني 0.70م، ويؤدي كل من الباب الثاني والثالث لحاصل مستقل، بينما يرجح أنه كان يتوصل من الباب الرابع المكتشف أسفل مباني التكية إلى حاصلين منفصلين متشابهين مع الحاصلين المتوصل إليهما من الباب الأول، وكذلك يوجد هنا على يمين هذا الباب شباك مختفي أسفل مباني التكية مربع ارتفاعه 1.00م وعرضه 0.60م.

ويتبين لنا بالبحث وجود بقايا جفت لاعب[172] بارز[173] يقع على يسار الباب الرابع جهة الأعلى وقد تمكنا من خلاله تحديد النهاية الحقيقية لعرض البائكة التي كانت تشكل واجهة هذا المقعد، حيث أننا اعتدنا بكافة أمثلة المقاعد الباقية بعمائر القاهرة السكنية بالعصر المملوكي والعثماني وجود هذا الجفت اللاعب كإفريز يؤطر أجزاء واجهة المقعد التي تتكون عموماً من بائكة ذات عقود وأعمدة إضافة لمدخل تذكاري يقع على يسار الواجهة. وعليه فإن طول بائكة هذا المقعد كانت بالاستناد للأدلة الأثرية 20م، وهي عبارة عن خمسة عقود مدببة محمولة في الوسط على أربعة أعمدة من الرخام، بينما تستند رجلي العقدين الخارجيين على الجدارين الجانبيين، كما يظهر في الرجل الباقية من العقد الجنوبي الشرقي لهذه البائكة، وكان يتقدم هذه الواجهة من الأسفل درابزين خشبي، كما تربط بين أرجل العقود روابط خشبية لمنع الرفس الطارد للعقود، ولا شك أنه لو أزلنا بعض المونة المضافة حديثاً حول هذه الرجل الباقية سوف نجد بها المكان الذي كان مثبتاً به طرف هذا الرباط الخشبي.

172 جفت والجمع جفوت: وهو الزخرفة البارزة المنحوتة في الحجر على شكل إطارات أو سلسلة حول الفتحات من نوافذ وأبواب وإيوانات وقد تتخلله ميمات على أبعاد متفاوتة ذات أشكال مختلفة مستديرة أو مسدسة، ويطلق أحياناً على الجفت ذي الميم جفت لاعب. ⁝ عبد اللطيف إبراهيم، المرجع السابق، تحقيق رقم 58.

173 هذا الجزء عبارة عن زاوية قائمة تشكل الزاوية الشمالية الغربية السفلى للجفت اللاعب الذي كان يؤطر كامل تكوين واجهة بائكة المقعد.

أما مدخل هذا المقعد فقد كان على يسار واجهة المقعد هذه أي بالطرف الشمالي الغربي، وتشير الدلائل الأثرية إلى أنه كان يمتد مسامتاً للواجهة تتقدمه بسطة سلم واسعة مركب عليها قلبتا سلم، الأولى جنوبية شرقية زائلة، كانت تمتد من الباب الرابع المذكور بواجهة الطابق الأرضي صاعدة بالاتجاه الشمالي الغربي حتى بسطة السلم، وهذا ما يفسر عدم وجود أي نافذة بهذا الجزء من واجهة الحواصل بالطابق الأرضي هنا، أما القلبة الثانية للسلم وهي الشمالية الغربية فما زالت قائمة بل وتستخدم للصعود إلى الأجزاء التي صارت تابعة للتكية المولوية.

وعليه فيكون جميع هذا الجزء الرابع من الواجهة الجنوبية الشرقية لقصر قوصون يرجع لإضافات آقبردي الذي سكن هذا القصر منذ سنة 886هـ/1481م وذلك حتى وفاته 904هـ/1498م.

وأخيراً لا يفوتنا القول إن سماكة جدران كامل أجزاء هذه الواجهة الشمالية الشرقية وخاصة في قسمها السفلي هو 1.50م، وهذا لا شك يتناسب مع الارتفاع الكبير الذي رأيناه، كما يؤكد العظمة والفخامة التي تتجلى بهذا القصر كصفة هامة ومميزة تتجلى بأقصى درجاتها هنا رغم شيوعها بدرجات متفاوتة بقصور العصر المملوكي البحري، كما تظهر الدلائل الأثرية والمصادر التاريخية.

ثانياً: الطابق الأرضي: [الشكل 52]

اليوم يمكننا القول إن هذا الطابق ينقسم إلى ثلاثة أجزاء هي:

1. الإسطبل
2. قاعات الجند
3. الحواصل أسفل المقعد والغرفة المجاورة لها

1. الإسطبل [الشكل 52–8]–[لوحة 38]

يتم الدخول لهذا الإسطبل عبر بوابة العقد الأوسط الذي بقي غير مسدود من عقود واجهة هذا الإسطبل، والتي وصفناها أعلاه.

وهذا الإسطبل عبارة عن مساحة مستطيلة [الشكل 52، A] طولها 22.60م، وعرضها 18.50م حتى طرف الدعامة بوسط الجدار الجنوبي الغربي الذي به انحراف واضح ناحية الغرب، وتسقف هذه المساحة بلاطتان [لوحة 38] كل منهما عبارة عن ثلاثة أقبية حجرية متقاطعة، ولضخامة هذه المساحة

لوحة 39 صورة تبين داخل القاعة الوحيدة الباقية بالطابق الأرضي لقصر قوصون. (عن أرشيف الهيئة العامة للآثار المصرية)

جعلت أرجل هذه الأقبية تستند على ست دعامات مستطيلة بواقع دعامتين ملاصقتين للجدار الشمالي الغربي، ودعامتين ملاصقتين للجدار الجنوبي الشرقي، إضافة لدعامتين كبيرتين في الوسط، وبينما تستند أرجل القبوين الخارجيين مباشرة على الجدار الشمالي الشرقي فإن المعمار اضطر بسبب الانحراف الذي بالجدار الجنوبي الغربي إلى تخليق ثلاث دعامات صغيرة أخرى لحمل نهايتي العقدين بهذا الطرف . ويلاحظ أن سقف البلاطة الشمالية الغربية أقل عرضاً وأقل ارتفاعاً من البلاطة الجنوبية الشرقية التي يصل عرضها إلى 5.50م بين الدعامتين، وقد غطيت المساحات المخلقة بين الدعامات بأقبية برميلية مدببة. ويظهر اليوم انهيار كبير بأجزاء القبوين الثاني والثالث للبلاطة الشمالية الغربية مما يهدد بسقوط أكبر يشمل أجزاء الطابق الأرضي والأول. هذا وتفتح وسط الجدار الجنوبي الغربي فتحة باب معقود عرضه 1.70م، [الشكل 52–9] كان يتوصل منها حسب ما ورد في المسقط الأفقي الذي نفذه هرتز باشا سنة 1313هـ/1895م لغرفة مستطيلة بدون فتحات [الشكل 58] وكذلك فتح بجانب هذا الباب جهة الشمال الغربي عقد كبير مدبب كان يتوصل منه أيضاً لملحقات زائلة.

2. قاعات (صالات) الجند [الشكل 52–10]–[لوحة 39]

لم يتبق من هذه القاعات الآن سوى ثلثها، وذلك مقارنة مع ما

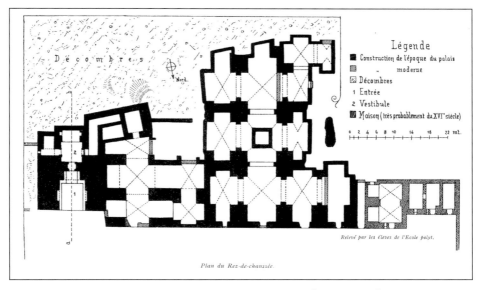

الشكل 58 مسقط أفقي للطابق الأرضي لقصر قوصون، كان هرتز باشا قد نفذه عام 1895 قبل التعدي الكامل على الأجزاء الخلفية للطابق الأرضي، يظهر به التغيرات الكبيرة على الجزء الجنوبي الغربي لصالات الجند. (عن: كراسات لجنة حفظ الآثار، كراسة 11)

يظهر من الامتداد الكبير لها باتجاه الجنوب الغربي في المسقط الذي وضعه هرتز باشا للطابق الأرضي لهذا القصر عام 1313هـ/1895م [الشكل 58].

بسبب التخطيط العام لهذا الجزء الشبيه جداً بتخطيط القاعات[174] الكبيرة، وبسبب موقعه في منتصف الواجهة الشمالية الشرقية البعيدة عن المدخل الرئيسي الباقي وعن الموقع المفترض لباب سر القصر كما حددناه، وبسبب وجود إسطبل قريب من المدخل الرئيسي، فإن هذا الجزء أقرب ما يكون لقاعات كانت مخصصة لسكن المماليك والجنود، كما أن كثرة أواوينه وسدلاته يزيد من هذا الاحتمال.

ويتم الدخول لهذه القاعات اليوم من باب وحيد في الواجهة وهو معقود بعقد نصف دائري يقع اليوم عرضه 1.85م والجزء الباقي من هذه القاعات عبارة عن قاعة كبيرة ذات أربعة إيوانات [الشكل 52–10] تتوسطها دور قاعة مستطيلة طولها 8.50م وعرضها 6.50م، يغطيها قبو متقاطع، ويفتح عليها أربعة إيوانات [الشكل 59] الأول جنوبي شرقي [الشكل 52–10، A] عرضه 6.50م وعمقه 5.35م، فتح بصدره حنية عرضها 6.50م وعمقها 1.50م، وفتح على جانبي هذا الإيوان دخلتان جداريتان كل منهما بعرض 3.65م، بينما يبلغ عمق الدخلة الجنوبية الغربية 1.30م وعمق الدخلة الشمالية الشرقية 4.00م، ويفتح بصدرها شباك مطل على الواجهة الشمالية الشرقية بارتفاع 2.50م وعرض 1.00م، ويفتح هذا الإيوان على الدور قاعة بعقد كبير مدبب ذي صنجات ملونة بيضاء وسوداء، كما يغطي هذا الإيوان قبو حجري متقاطع.

والإيوان الثاني شمالي غربي [الشكل 52–10، B] عرضه 6.50م وعمقه 7.25م، وفتح بكل من جداريه الجنوبي الغربي والشمالي الشرقي دخلتان جداريتان عرض كل منهما 4.40م، ويبلغ عمق الدخلة الجنوبية الغربية 1.50م، بينما يبلغ عمق الدخلة الشمالية الشرقية 4.00م، وهي التي يفتح بصدرها باب الدخول لهذه القاعات ويعلوه شباك يبلغ ارتفاعه 2.75م وعرضه 1.50م، ويظهر أمام الجدار الشمالي الغربي لهذا

174 تظهر هذه القاعات أو كما يسميها هرتز في مسقطه الإسطبل ممتدة للجنوب الغربي بشكل تكرار ثلاثي لعنصر يشبه بتخطيطه القاعة التي تتألف من دور قاعة يفتح عليها أربعة إيوانات، ولكن لم يتبق منها اليوم سوى القاعة الأولى.

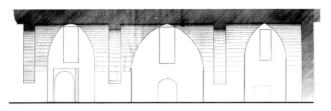

الإيوان عقد مدبب كبير.[175] وأخيراً فإن هذا الإيوان الشمالي الغربي يفتح على الدور قاعة بعقد كبير مدبب ذي صنجات ملونة، كما يغطي هذا الإيوان قبو حجري متقاطع.

أما الإيوان الثالث الذي يطل على هذه الدور قاعة فهو شمالي شرقي [الشكل 52–10، C] ويبلغ عرضه 6.70م وعمقه 4.10م ويفتح بصدره شباك ارتفاعه 2.75م وعرضه 1.50م، ويغطي هذا الإيوان قبو برميلي يفتح بكامله على الدور قاعة، كذلك يغطي الإيوان الجنوبي الغربي [الشكل 52–10، D] قبو برميلي مشابه، ويبلغ عرض هذا الإيوان 6.50م أما عمقه فهو 2.40م ويفتح بصدر هذا الإيوان جهة الجنوب الغربي عقد مدبب يدخل منه لإيوان مشابه كان يشكل الإيوان الشمالي الشرقي للقاعة الثانية من قاعات الجند والتي كان يتوسط دور قاعتها كما يظهر في تخطيط هرتز دعامة مربعة 4.20×4.20م حاملة لدور قاعة القاعة العلوية الرئيسية للقصر بالطابق الأول.

وما زالت هذه الدعامة موجودة بعد زوال كامل أجزاء القاعة الثانية والثالثة اللتين كانتا تشكلان مع بعض الملحقات الإضافية ما أطلقنا عليه قاعات الجند والتي يحتل أرضها اليوم أجزاء معهد عثمان ماهر باشا الأزهري.

الرواق الملحق بقاعات الجند:
[الشكل 52–11]

وهو لا يختلف في تخطيطه كثيراً عن الإيوان الشمالي الغربي لقاعة الجند الباقية التي سبق وصفها، فهو عبارة عن مساحة مستطيلة [الشكل 52–11] طولها 7.00م وعرضها 6.50م، تشبه الدور قاعة يغطيها قبو متقاطع، وقد فتح بجدارها الجنوبي الغربي إيوان عرضه 4.00م وعمقه 2.80م ويغطيه قبو برميلي، كما فتح بالجدار الشمالي الشرقي المقابل لهذا الرواق إيوان مربع عرضه 4.00م وعمقه 4.00م ويفتح بجداره الشمالي الشرقي باب الدخول الواقع بالواجهة الشمالية الشرقية.

175 رغم أنه ظهر بنفس الشكل في تخطيط هرتز باشا الذي يرجع لعام 1895 فإنه يوحي بأنه مضاف في فترة لاحقة ليفصل بين هذا الإيوان الشمالي الغربي وإيوان آخر كان متصل به للجهة الشمالية الغربية تحول اليوم بعد فصله عن باقي القاعة إلى رواق منفصل يتم الدخول إليه من باب خاص بالواجهة الشمالية الشرقية.

الشكل 59 مقطع عرضي بالقاعة الباقية من صالات الجند بالطابق الأرضي لقصر قوصون. (عن: الهيئة العامة للآثار)

3. الحواصل أسفل المقعد وملحقاته: [الشكل 52–12–13–14]

يوجد بأسفل ملحقات المقعد الواقعة بالطابق الأول حاصلان، حيث يدخل من الباب ذي العقد المدبب والواقع بالمستوى الأول للكتلة البنائية الأولى من الجزء الرابع من الواجهة الشمالية الشرقية الرئيسية للقصر إلى حاصل طويل [الشكل 52–12] عرضه بعرض باب الدخول، ويدخل من الباب الكبير الواقع على يسار الباب السابق إلى حاصل ثان [الشكل 52–13] طوله 9.20م وعرضه 4.80م، وقد فتح بجداره الجنوبي الشرقي دخلتان جداريتان عمق كل منهما 2.5م، بينما غطيت الغرفة بقبوين متقاطعين.

أما الحواصل الباقية الواقعة أسفل المقعد [الشكل 52–14] فهي حواصل يتم الدخول إليها عبر أربعة أبواب بواقع باب لكل حاصلين جانبيين وبابين للحاصلين الواقعان بالوسط فيدخل من الباب الأول على يمين الواجهة بالطرف الجنوبي الشرقي [لوحة 37] لحاصلين [الشكل 52–14، A] مفتوح أحدهما على الآخر بفتحة باب عريض طول كل منهما 6.00م وعرضه 3.25م فتح بالجدار الشمالي الشرقي لكل منها على يمين باب الدخول شباك مستطيل، ويغطي كلاً منها قبو برميلي.

ويدخل من الباب الثاني للحاصل الثالث [الشكل 52–14، B] وهو مستطيل المسقط أيضاً طوله 6.00م وعرضه 2.50م وهو مغطى بقبو برميلي أيضاً.

أما الحواصل الثلاثة الباقية فلا يمكن الدخول إليها لوقوعها أسفل مباني التكية المجاورة، وبالتالي فإن فتحاتها مسدودة ولكن يمكن القول إن الباب الثالث يدخل منه للحاصل الرابع [الشكل 52–14، C] الذي هو مشابه للحاصل الثالث، بينما

يدخل من الباب الرابع للحاصلين الخامس والسادس [الشكل 34–14، D] الذين يشابهان بتخطيطهما الحاصلين الأول والثاني أيضاً، وكانت هذه الحواصل كما قلنا تشكل الطابق الأرضي للمقعد الزائل.

ثالثاً: الطابق الأول: [الشكل 60]

كان يتوصل لهذا الطابق عبر الباب الذي يفتح على يمين الداخل في دركاه المدخل الرئيسي، حيث كان يتوصل منه لسلم صاعد لم يعد له وجود اليوم [الشكل 52–4]، يمكن تقسيمه إلى ثلاثة أقسام:

أولاً–القاعتان الصغيرتان والغرف المحيطة بها

ثانياً–القاعة الرئيسية الكبرى والمبيت الملحق بها

ثالثاً–المقعد وملحقاته

أولاً: القاعتان الصغيرتان والغرف المحيطة بها

إن هذا القسم بتخطيطه وأشكال عناصره المعمارية وملامحه الفنية يعكس اختلافاً واضحاً عن باقي أجزاء القصر، فطريقة البناء وتوزيع الحجرات وصغر المساحات ونمط الأسقف والزخارف التي عليها تؤكد رجوع هذه الأجزاء إلى القرن 12هـ/18م، ويؤكد جاك ريفو أنها بنيت لسكن الحريم.[176]

ويتألف هذا الجزء من قاعتين:

القاعة الأولى: [الشكل 60–15]

تتألف هذه القاعة من دور قاعة وسطى طولها 5.40م وعرضها 4.50م، يفتح بجدارها الجنوبي الشرقي بابان ارتفاع كل منها 2.20م وعرضه 1.10م، الباب الأول يفضي إلى دهليز طويل [الشكل 60–16] مكشوف جزء كبير منه عرضه 3.30م،[177] يغلب أنه كان يؤمن الاتصال بين الطابق الأرضي والطابق الأول عبر السلم الزائل الذي كان يتوصل إليه من الباب المفتوح بدركاه المدخل الرئيسي للقصر.

أما الباب الثاني فإنه يفضي إلى غرفة شبه مربعة [الشكل 60–17] طول ضلعها 3.50م وعرضها 3.25م يغطيها سقف خشبي مسطح محمول على عروق مدهونة، وفتح بجدارها الجنوبي الغربي أسفل السقف فتحة شباك تطل على الدهليز المكشوف لتأمين الإضاءة والتهوية، ويحصر هذان البابان بينهما خزانة جدارية ارتفاعها 2.10م وعرضها 0.90م وعمقها متدرج متوسطه 0.50م.

كما يحوي الجدار الشمالي الغربي[178] لهذه الدور قاعة ثلاث دخلات، الأولى عبارة عن باب يشابه الباب المتوصل منه للدهليز المكشوف، وهو يؤمن اتصال مباشر بين هذه القاعة مع القاعة الثانية ومن خلفها باقي أجزاء القاعة الرئيسية وباقي أجزاء هذا الطابق، أما الدخلتان الباقيتان فهما عبارة عن خزانتين جداريتين ارتفاع كل منهما 1.90م وعرض الوسطى 1.10م، بينما عرض الكتبية الأخرى 0.80م فقط.

ويعلو كل من هذه الكتبيات والأبواب التي تطل على جانبي الدور قاعة من كل جانب ثلاث دخلات جدارية ترتفع حتى أسفل مستوى سقف القاعة، وتنتهي الدخلة الوسطى منهم بسقف مسطح، بينما تنتهي الدخلتان الجانبيتان بشكل عقد منكسر.

يفتح على هذه الدور قاعة إيوانان، الأول شمالي شرقي [الشكل 60–15، A]، وهو الإيوان الرئيسي طوله 7.30م وعرضه 5.40م فتح بصدره شباكان[179] سفلي ارتفاعه 2.30م وعرضه 2.50م وعلوي أقل عرضاً عليه بقايا مصبعات خشبية، وفتح على جانبي هذا الإيوان سدلتان تفتح كل منهما

---

176 فيقولان: (ليس من المؤكد أن تخطيط هذه الحجرات لمطالب الحرملك يتطابق مع التخطيط الأصلي للمنشآت المشيدة سابقاً في نفس المكان، ففي الأصل كان قصراً رسمياً أنشأه السلطان ويمكن أن نفترض أن كل الجزء المتقدم لهذا القصر كان مخصصاً للحفلات الضخمة، فإننا نجد المساحة الواقعة بين الباب والقاعة الضخمة مقعداً يعلو التختبوش الذي يتقدم الإسطبل الأول ولأن المقعد يتجه شمالاً ويطل على الصحن والحديقة فموقعه فريد). انظر: Revault & Maury, *Op. cit.*, Part II, 24.

177 حدث انهيار بجزء من أرض هذا الممر وباب دخوله غير آمن.

178 يلاحظ وجود شق يصل عرضه إلى 0.40م أعلى هذا الجدار وأسفل السقف ناتج عن تصدع وتكرش في الجدار، مما يهدد بسقوطه وبالتالي تداعي كامل سقف هذه القاعة وربما معه سقف الطابق الأرضي.

179 يلاحظ في أرضية هذا الإيوان أسفل الشباكين وجود صدع اتساعه 10سم يهدد بسقوط مفاجئ للأرضية والجدران.

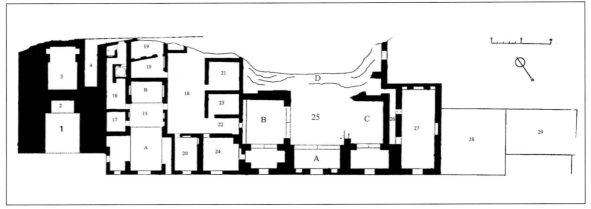

الشكل 60 مسقط أفقي للطابق الأول لقصر قوصون. 1–السقيفة التي تتقدم حجر المدخل 2–حجر المدخل الرئيسي 3–دركاة المدخل الرئيسي 4–ممر 15–القاعة الأولى A–B–إيوان 16–دهليز مكشوف 17–غرفة 18–القاعة الثانية 19–غرفة 20–غرفة 21–غرفة 22–ممر 23–غرفة 24–غرفة 25–القاعة الرئيسية الكبرى A–B–C–D أواوين 26–ممر 27–مبيت كبير ملحق بالقاعة 28–فضاء ملحقات المقعد 29–فضاء المقعد. (عن: Revault & Maury, *Palais et Maisons du Caire*)

على الإيوان بمساحة عرضها 4.65م يعلوهما كريدي خشبي ينتهي بتاريخ وخورنق، وعرض السدلة الجنوبية الشرقية 2.70م تفتح بصدرها خزانة جدارية صغيرة وشباك يطل مباشرة على كتلة المدخل الرئيسي،[180] كما فتح شباكان آخران يفتحان جهة الشمال الشرقي، سفلي ارتفاعه حوالي 1.80م وعرضه 1.20م، وعلوي أقل عرضاً. أما السدلة الشمالية الغربية فعرضها 1.30م فتح بها جهة الشمال الشرقي شباكان سفلي ارتفاعه 2.00م وعرضه 1.50م وعلوي أقل عرضاً وارتفاعا.

والإيوان الثاني جنوبي غربي [الشكل 60–15،B] عرضه 5.40م وعمقه 3.80م فتحت على جانبيه دخلتان جداريتان، كل منهما بارتفاع 2.10م وعرض 1.50م وعمق 0.30م، ويغطي أجزاء هذه القاعة سقف خشبي مسطح محمول على عروق، يجري أسفله إفريز خشبي غير عريض، وكامل السقف والإفريز مجلد بالتذهيب والألوان، عليه زخارف نباتية بسيطة منفذة بأسلوب عثماني ظاهر، ومن الباب الوحيد بالجدار الشمالي الغربي للدور قاعة نصل مباشرة للقاعة الثانية .

180 يلاحظ حصول تحرك واضح في أرضية هذه السدلة من الأطراف وظهور انفصال بين الجدران الأرضية.

القاعة الثانية: [الشكل 60–18]

صارت اليوم عبارة عن فناء متوسط مكشوف بعد زوال سقفها الخشبي،[181] وهي عبارة عن مساحة مستطيلة طولها 14.40م وعرضها 6.30م، كان يوجد بها دور قاعة كبيرة وإيوان جنوبي غربي[182] لم يعد له أثر، ويبدو أن هذه القاعة التي كانت مغطاة بسقف من براطيم ظاهرة كانت تقوم مقام الفناء المغطى وتخدم الحجرات المختلفة المحيطة بها،[183] وإضافة لهذا الباب المتوصل منه للقاعة يوجد بالجدار الجنوبي الشرقي لهذه القاعة باب ثان ارتفاعه 2.20م وعرضه 1.10م، كان يتوصل منه لغرفة كبيرة [الشكل 60–19] طولها 6.00م وعرضها 5.40م قسمت لجزئين بواسطة جدار منحرف. أما الجدار الجنوبي الغربي لهذه القاعة فقد انهار أغلبه أيضاً، بينما يفتح بالجدار الشمالي الشرقي باب ارتفاعه 2.20م

181 يبدو أن سقف هذه القاعة كان مركباً عليه شخشيخة كبيرة تسمح بدخول الهواء والضوء لتهوية هذا الجزء من الطابق الأول.

182 يوجد اليوم بأرضية هذا الإيوان ركام من الأتربة، كما يظهر بهذه الأرضية شق كبير يهدد مثل غيره بالتداعي.

183 Revault & Maury, *Op. cit.*, Part II, 42.

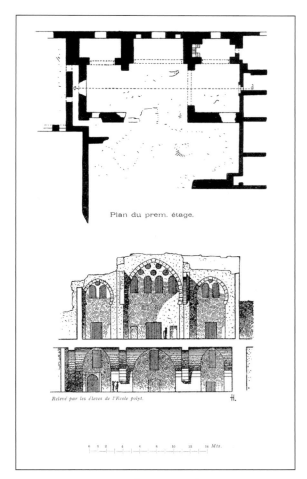

الشكل 61 1-في الأعلى: مسقط أفقي للقاعة الرئيسية بالطابق الأول لقصر قوصون. 2-في الأسفل: مقطع عرضي للقاعة الرئيسية بالطابق الأول لقصر قوصون، ويظهر بالشكل الإيوان الرئيسي الشمالي الشرقي للقاعة والإيوانين الواقعين على جانبيه، ويظهر بهذا المقطع قاعات الجند الواقعة بالطابق الأرضي للقصر أسفل القاعة الرئيسية. (عن: كراسات لجنة حفظ الآثار العربية، كراسة 11)

وعرضه 1.10م، يدخل منه لغرفة [الشكل 60-20] طولها 5.80م وعرضها 4.10م فتح بصدرها شباك عرضه 1.60م وارتفاعه 2.10م يعلوه شباك ثان أقل عرضاً وارتفاعاً. كما فتحت بجدران هذه الغرفة دخلتان جداريتان ارتفاع كل منهما 2.20م وعرضها 1.40م وعمقها 0.25م، وهذه الغرفة مغطاة بسقف خشبي مسطح محمول على عروق مدهونة، وفتح بجدارها الجنوبي الغربي أسفل السقف شباك مربع يطل على فضاء هذه القاعة.

أما الجدار الشمالي الغربي لهذه القاعة فيوجد به دخلتان وشباكان، الدخلة الأولى عبارة عن باب ارتفاعه 2.10م وعرضه 1.10م وفتح أعلى هذا الباب شباك بعرض 1.10م وارتفاع 1.50م، ويدخل من الباب لغرفة [الشكل 60-21] مربعة طول ضلعها 5.30م والدخلة الثانية بعرض 2.85، وهي تؤدي لممر عرضه بنفس عرض الدخلة وطوله 5.90م [الشكل 60-22] فتح بصدره شباك يطل على الإيوان الجنوبي الشرقي للقاعة الرئيسية. وفتح على جانبيه بابان كل منهما بارتفاع 2.10م وعرض 1.10م، الباب الأول منهما يساراً يدخل منه لغرفة مستطيلة[184] [الشكل 60-3] طولها 5.30م وعرضها 3.80م، فتح بجدارها الجنوبي الشرقي شباك ارتفاعه 1.50م وعرضه 1.10م، أما الباب الثاني يميناً فيدخل منه لغرفة شبه مربعة [الشكل 60-24] طولها 6.00م وعرضها 5.85م، جعلت بزاويتها الغربية دعامة طولها 1.05م وعرضها 0.90م وترتفع حتى السقف، مما خلق بالجدار الشمالي الغربي ما يشبه السدلة، ويوجد بصدر هذه الغرفة شباك ارتفاعه 2.10م وعرضه 2.00م يعلوه شباك ثان صغير يقابله بالجدار الجنوبي الغربي فوق فتحة باب الدخول شباك يفتح أيضاً على الممر المذكور أعلاه، ويغطي هذه الغرفة سقف خشبي محمول على

184 تجدر الإشارة إلى أن أرضية هذه الغرفة وكذلك أرضية الغرفة الموازية لها والتي سبق وصفها، وكذلك أرضية الممر منهارة تماماً، وهذا الجزء واقع فوق القبوين الثاني والثالث للبلاطة الشمالية الغربية في الإسطبل بالطابق الأرضي، وقد سبقت الإشارة للانهيار الكبير بهذين القبوين، هذا الانهيار الذي ظهر أيضاً بالطابق الأرضي بأرضية هذا الجزء موضوع الدراسة.

لوحة 40 الإيوان الشمالي الشرقي الرئيسي للقاعة الكبرى بالطابق الأول لقصر قوصون ويظهر بالصورة الشبابيك التي بصدر الإيوان والعقد الكبير المخموس الذي يفتح به هذا الإيوان على الدور قاعة.

عروق مدهونة، كما يوجد بوسط جدارها الشمالي الغربي دخلة جدارية فتح بها باب ارتفاعه 1.80م وعرضه 1.00م يوصل مباشرة إلى القاعة الرئيسية الكبرى. ويلاحظ أن سمك أغلب جدران هذا الجزء السابق وصفه من هذا الطابق هو 0.60م.

القاعة الرئيسية الكبرى والمبيت الملحق بها: [الشكل 60–25]

تعتبر هذه القاعة أكبر القاعات المعروفة اتساعاً وتخطيطاً لا تشبه أي قاعة أخرى من أي قصر[185] بل هي القاعة الرسمية الأكثر أهمية المتبقية من العصر المملوكي البحري في القاهرة،[186] فهي قاعة أصلية تشكل مثالاً فريداً لنموذج عمارة القاعات بقصور السلاطين وكبار الأمراء التي تعود للنصف الأول من القرن 8هـ/14م،[187] وأصالة هذه القاعة تؤكد أصالة قاعات الجند الواقعة أسفلها، وهي مبنية أيضاً بالحجر النحيت العجالي حتى مستوى العتب الخشبي لفتحات الواجهة، حيث يستبدل البناء بأحجار منحوتة صغيرة تشبه الطوب اللبن،[188] وقد تعرضت هذه القاعة الكبرى لتهدم كبير ضاع معه إيوانها الجنوبي الغربي بكل مشتملاته وكذلك ضاعت كافة الأسقف التي كانت تغطي أجزاء هذه القاعة ولكن ماتبقى يكفي لرسم صورة جيدة عنها، فقد كانت هذه القاعة ذات تخطيط متقاطع هو عبارة عن أربعة أواوين تحصر بينها دور قاعة مربعة طول ضلعها 9.30م، وكل هذه الأواوين كانت تفتح على هذه الدور قاعة بعقود حدوة فرس مدببة [الشكل 60]. وهي كالتالي:

الإيوان الشمالي الشرقي: [الشكل 60–25،A] هو أهم الأواوين الباقية بهذه القاعة [الشكل 61]، وهو عبارة عن مساحة مستطيلة طولها 7.85م وعمقها 4.20م يفتح بجدارها الشمالي الشرقي شباك ارتفاعه 2.55م وعرضه 2.20م، كان يوجد على جانبيه شباكان، ولكنهما سدا بفترة لاحقة وحولا لخزانتين جداريتين ارتفاع كل منها 2.00م وعرضها 1.15م وعمقها 0.70م، وتعلو هذا الشباك والخزانتين قندلية كبيرة عبارة عن أربعة شبابيك مستطيلة تعلوها خمس قمريات دائرية مسدودة الآن، بينما يظهر من آثارها الباقية أن فتحاتها كانت مغشاة بالجص المعشق بالزجاج الملون، ويفتح هذا الإيوان على الدور قاعة بكامل اتساعه بعقد مخموس[189] كبير [لوحة 40].

الإيوان الجنوبي الشرقي: [الشكل 60–25،B] وهو إيوان

185 Lézine, Alexandre. *Les Salles nobles des palais mamelouks.* Cairo: I.F.A.O., 1972, 95.

186 Revault & Maury, *Op. cit.,* part II, 42.

187 انظر مناقشتنا لهذا الموضوع عند دراستنا للعناصر المعمارية المكونة للعمائر السكنية المملوكية في الباب الرابع، ص48 من هذا الكتاب.

188 أشار ليزن إلى أن البناء فوق أعتاب النوافذ تم بالطوب اللبن، وهذا الالتباس واضح، حيث أن البناء تمَّ بأحجار منحوتة صغيرة بمقاسات تشبه أحجار الطوب اللبن. ⁝ انظر: Lézine, *Op. cit.,* 97.

189 يتألف هذا العقد من قوس ودائرتين وهو مدبب الشكل. وهو يشبه العقود الموجودة بقاعة قصر الأمير بشتاك. ⁝ للاستزادة انظر: قصر الأمير بشتاك الباب السابع، ص 108.

لوحة 41 الإيوان الجنوبي الشرقي للقاعة الكبرى بالطابق الأول لقصر قوصون والذي يفتح على الدور قاعة بعقد مخموس، ويظهر بالصورة عقد الإيوان الجانبي الذي يفتح على هذا الإيوان الجنوبي الشرقي بعقد مشابه. (عن أرشيف الهيئة العامة للآثار المصرية)

لوحة 42 السلم الصاعد والواقع بالدخلة الجدارية الجنوبية الغربية للإيوان الجانبي الذي يفتح على الإيوان الجنوبي الشرقي للقاعة الرئيسية بقصر قوصون، وكان يتوصل عبر هذا السلم لمقعد الأغاني الواقع بالجزء العلوي من الإيوان الجانبي.

مستطيل المسقط أيضاً طوله 8.20م وعرضه 7.45 وهو يفتح على الدور قاعة بعقد مخموس [لوحة 41] بعرض 5.70م ويفتح الجدار الشمالي الشرقي لهذا الإيوان بعرض 4.50م على إيوان جانبي مسامت للإيوان الشمالي الشرقي[الشكل 60] طوله 4.00م وعرضه 3.30م يوجد بجداره الشمالي الشرقي شباك ارتفاعه 2.20م وعرضه 1.70م يعلوه قندلية بسيطة عبارة عن نافذتين مستطيلتين تعلوهما قمرية مدورة، وفتح على جانبي هذا الإيوان دخلتان جداريتان ترتفع كل منهما حتى مستوى السقف، الأولى جنوبية شرقية عرضها 2.15م وعمقها 0.90م، يفتح أسفلها الباب الذي يصل بين الجزء الأول من هذا الطابق الأول الذي سبق وصفه وهذا الجزء الثاني المتمثل بالقاعة الرئيسية، والدخلة الثانية جنوبية غربية وعرضها 2.15م وعمقها 1.40م يوجد بها عشر درجات سلم صاعد [لوحة 42] كان يوصل لغرفة ذات أرضية خشبية بمساحة الإيوان ارتفاع أرضها 3.60م غالباً كانت هذه الغرفة تطل على الإيوان الجنوبي الشرقي بخركاه، واستخدمت كمقعد أغاني مخصص لجلوس النساء واستماعهن لما يجري بالقاعة الكبرى من حفلات ومناسبات، ويفتح هذا الإيوان الجانبي على الإيوان الجنوبي الشرقي للقاعة بكامل اتساعه بعقد مخموس.

الإيوان الشمالي الغربي: [الشكل 60–25، 2] هو أصغر قليلاً من الإيوان الجنوبي الشرقي المقابل له فطوله 7.90م وعرضه 6.00م وكان يفتح على الدور قاعة بعقد مشابه لعقد الإيوان الجنوبي الشرقي ولكن هذا العقد قد زال، ويفتح الجدار الشمالي الشرقي لهذا الإيوان بعرض 4.00م على إيوان جانبي ثان مسامت للإيوان الشمالي الشرقي طوله 6.40م وعرضه 3.30م فتح بصدره شباك كبير ارتفاعه 2.20م وعرضه 1.80م تعلوه قندلية بسيطة عبارة عن نافذتين مستطيلتين تعلوهما قمرية مدورة، ما زالت تحتفظ بجزء من جصها المعشق بالزجاج.

ويفتح هذا الإيوان الجانبي على الإيوان الشمالي الغربي بفتحة عرضها 4.00م مركب عليها عقد مخموس متشابه تماماً مع كافة العقود السابق وصفها بهذه القاعة.

الإيوان الجنوبي الغربي: [الشكل 60–25، D] كما قلنا فإنه

لم يبق من هذا الإيوان شيء رغم أن المساحة الباقية تشير إلى أنه كان إيواناً كبيراً [الشكل 62] يفتح مثل غيره من الأواوين على الدور قاعة بعقد مخموس ما زال باقياً جزء من رجله على الجدار الجنوبي الشرقي للدور قاعة، وربما كانت مساحة هذا الإيوان أكبر من مساحة الإيوان الشمالي الشرقي، وبالتالي كان هو الإيوان الرئيسي لهذه القاعة، وبه كان مجلس الأمير وكرسيه، وربما كان يفتح على جانبيه إيوانان مشابهان للذين مازالا باقيين على جانبي الإيوان الشمالي الشرقي أو كان يوجد به سدلتان جانبيتان كبيرتان تزيدان من مساحة الإيوان وتؤهلانه للقيام بوظائف أكبر عند اجتماع الأمراء.

وكان يجري أسفل أرجل عقود الأواوين شريط كتابي عريض لا يزال مكانه واضحاً في الإيوان الشمالي الشرقي [لوحة 40]، كما كانت تغطي هذه الأواوين أسقف خشبية ذات براطيم مجلدة بالتذهيب والألوان، أما الدور قاعة فقد كانت تعلوها قبة خشبية أو شخشيخة وجدت عادة بقاعات العصر المملوكي البحري.

ويوجد الى لشمال الغربي لهذه القاعة مبيت كبير يتوصل إليه عبر ممر منكسر [الشكل 60-26] طوله 10.00م وعرضه 1.10م، فتح بجداره الشمالي الغربي فتحة شباك عرضه 1.05م وباب عرضه 0.95،[190] ومنه نصل للمبيت [الشكل 60-27] الذي هو عبارة عن مستطيل طوله 14.10م وعرضه 5.65.[191] ويوجد بالجدار الشمالي الشرقي لهذا المبيت شباك ارتفاعه 2.20م وعرضه 1.80م، يعلوه قندلية بسيطة تتألف من شباكين مستطيلين تعلوهما قمرية مدورة، وكانت نوافذ القندلية مغشاة

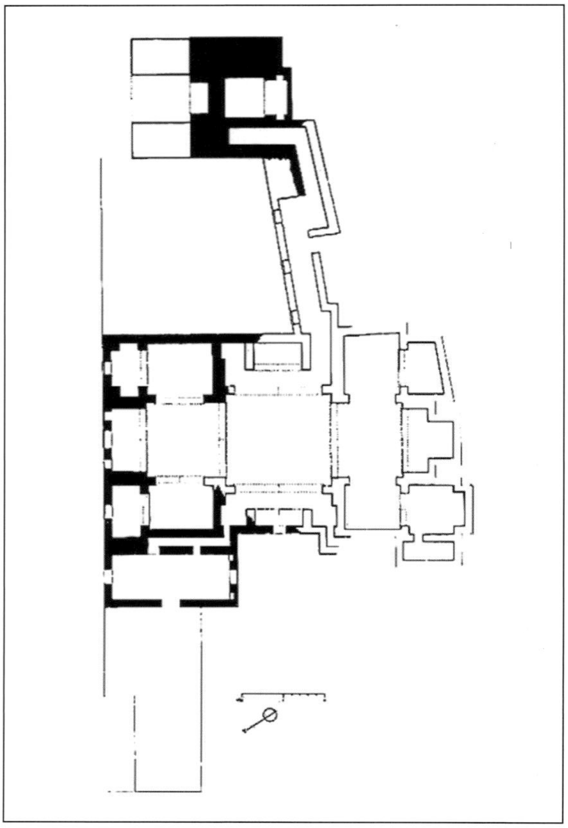

الشكل 62 مسقط أفقي تصوري للأجزاء الجنوبية الغربية الزائلة من القاعة الرئيسية لقصر قوصون والواقعة بالطابق الأول، كما يظهر بالشكل الأجزاء الأصلية الباقية من الطابق الأول. (عن: Revault & Maury, *Palais et Maisons du Caire*)

بالجص المعشق بالزجاج الملون.

كما فتح بوسط الجدار الشمالي الغربي خزانة جدارية عرضها 2.20م وعمقها 0.30م، وكذلك فتح بالجدار الجنوبي الغربي ثلاث خزانات أوسطها أكبرها عرضها 1.80م وعمقها 0.30م، أما الدخلتان الجانبيتان فعرض كل منهما 0.90م وعمقها 0.60م، ولا يمكن تحديد طول ارتفاع دخلات هذا المبيت بسبب ارتفاع مستوى الردميات من أتربة وأحجار فيه، ومن الواضح أن هذا المبيت كان مغطى بسقف خشبي ذي براطيم مستعرضة كبيرة تسمح بحمل هذا السقف الضخم.

وأخيراً تجدر الإشارة إلى أن سمك الجدران بهذا الجزء من

190 لم نتمكن من أخذ ارتفاع كل من هذا الشباك والباب بسبب كثر الأتربة والردميات داخل هذا الممر.

191 يلاحظ أن هذا المبيت يقارب بأطواله القاعتين الأولى والثانية اللتين رأيناهما بالجزء الأول من هذا الطابق واللتين ترجعان للعصر العثماني، فكان طول القاعة الأولى 15.6م وعرضها 5.40م، وطول القاعة الثانية 14.40م وعرضها 6.30م، وهذا برأينا يؤكد العظمة التي كان عليها هذا القصر عند إنشائه بالعصر الملوكي، حيث إن مساحة المبيت الملحق بالقاعة الذي يرجع لهذا العصر يساوي تقريباً بمساحته القاعة التي ترجع للعصر العثماني.

الشكل 63 شكل تصوري لواجهة مقعد قصر قوصون. (من إعداد الباحث)

الطابق الأول قد اختلف، فقد كان عموماً بأغلب الجدران 1.00م، ولكن وصل بالجدران على جانبي الإيوان الشمالي الشرقي إلى 1.50م، وتجاوز ذلك ببعض الجدران الساندة، وهذا السمك أيضاً يؤكد التاريخ المملوكي البحري للقاعة والجزء الذي يقع أسفلها بالطابق الأرضي الذي رأينا أن سمك جدرانه كان بالمتوسط 1.50م [الشكل 61].

المقعد وملحقاته:

إن هذا الجزء من الطابق الأول قد تغيرت ملامحه من الداخل فصار عبارة عن غرفة مستطيلة تليها غرفة أخرى خلقت بجدارها الجنوبي الشرقي دخلة محراب، واتخذت الغرفة مصلى.[192]

أما المقعد فقد تبين أن كل الطابق الأرضي الذي كان أسفله مازال موجوداً [الشكل 60–14] بواجهة طولها 30.00م منها 11.40م ما زالت ظاهرة بالواجهة الشمالية الشرقية للقصر وبها الباب الأول والثاني، ويدخل منها لثلاثة حواصل وحوالي 18.00م هي أجزاء مختفية ضمن أجزاء التكية المولوية، ويوجد بها الباب الثالث والرابع المتوصل منهما للحواصل الثلاثة الأخرى بالطابق الأرضي،[193] هذا إضافة لبسطة السلم التي كان يتوصل إليها عبر قلبتي سلم صاعد وكانت تفتح عليها كتلة المدخل التذكاري الخاص بالمقعد [الشكل 57]، التي كانت تفتح على هذه البسطة كتلة المدخل الرئيسية للمقعد، وكانت عبارة عن حجر غائر يعلوه عقد مدائني، وفتح بأسفله باب الدخول الذي يفضي لممر به عدة درجات سلم ينتهي ببسطة ثانية فتح عليها بابان الأول على يسار الداخل يدخل منه لفضاء المقعد، والثاني على يمين الداخل، وكان يدخل منه حسب ما يشير توزيع المساحة الباقية بالطابق الأول الآن لمبيت ملحق بالمقعد توجد مكانه اليوم غرفة كبيرة، بينما حولت مساحة المقعد المتوصل إليه عبر الباب الواقع على يسار الداخل لغرف وخلاوي عديدة حديثة يفتح بعضها على الخارج بشبابيك، وهي تابعة اليوم لأجزاء التكية المولوية.

وأما المقعد الأصلي قبل تهدم أجزائه ثم التعدي عليه فقد كان عبارة عن مساحة مستطيلة طولها حوالي 20.00م[194] وعرضها 7.00م،[195] وكانت واجهة هذا المقعد تحتل ضلعه الشمالي الشرقي التي يرجح أنها كانت تتألف من بائكة ذات خمسة عقود مدببة [الشكل 63] على شكل حدوة الفرس محمولة بالوسط على أربعة أعمدة ذات تيجان، بينما تستند رجلا العقدين الخارجيين على الجدارين الجانبيين، كما يتضح من رجل العقد الجنوبي الشرقي الباقية حتى اليوم، والتي تؤكد وجود هذه البائكة التي كانت عقودها مبنية بالأحجار المشهرة.[196]

---

192 يلي هاتين الغرفتين مجموعة من الملحقات الحديثة التي تتبع مباني التكية المولوية والتي بنيت في الغالب أيضاً فوق أجزاء مباني أصلية ترجع لقصر قوصون.

193 انظر الوصف التفصيلي لواجهة هذه الحواصل ودخلاتها في وصف الجزء الرابع من الواجهة الشمالية الشرقية للقصر. وانظر وصف هذه الحواصل وأبعادها في وصف الجزء الثالث من الطابق الأرضي.

194 استنتجنا هذا الطول بناء على الجزء الذي عثرنا عليه من الجفت اللاعب والذي كان يحدد تكوين واجهة المقاعد المملوكية. انظر وصف هذا الجزء من الواجهة الشمالية الشرقية للقصر.

195 قمنا بتحديد هذا العرض بقياس أطوال الحواصل في الطابق الأرضي إضافة لعرض جدار واجهتها، كما استطعنا تتبع وجود الجدار الخلفي لهذه الحواصل داخل مباني التكية المولوية.

196 هي الأحجار ذات اللونين الأسود والأحمر والتي تبنى بالتناوب. للاستزادة حول هذا المصطلح انظر: مادة الحجر الفص النحيت المشهر في مسرد المصطلحات الأثرية الملحق بهذا الكتاب.

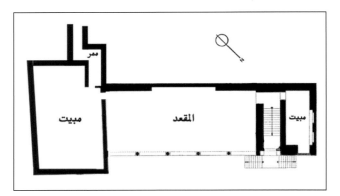

وكان يمتد بين أرجل هذه العقود روابط خشبية لمنع الرفس الطارد، بينما يمتد بين الأعمدة من الأسفل درابزين خشبي، وربما كان يتقدم واجهة هذا المقعد رفرف خشبي مائل.

أما الضلع الجنوبي الغربي لهذا المقعد [الشكل 64]، فغالباً كانت تتوسطه سدلة جدارية على عادة ما وجدنا بمقاعد العصر المملوكي، أما الضلعان الشمالي الغربي والجنوبي الشرقي فقد كانت توجد بالطرف الجنوبي الغربي لكل منهما فتحة باب الأول هو باب الدخول والذي كان يفتح على البسطة بنهاية دهليز مدخل المقعد، والباب الثاني كان يؤمن اتصال المقعد بالجزء المحصور بين المقعد وبين المبيت الملحق بالقاعة الرئيسية الكبرى، ويحتمل أنه قد كان بهذا الجزء أكثر من مبيت ملحق بهذا المقعد، كان يطل أهمها على الجهة الشمالية الشرقية بمستويين من الشبابيك، الأول عبارة عن شباكين مستطيلين ارتفاع كل منهما 2.80م وعرضه 1.40م والثاني عبارة عن قندليات بسيطة سبق لنا وصفها عند وصف هذا الجزء من الواجهة الشمالية الشرقية للقصر.

وقد كان يغطي هذا المقعد كالعادة سقف محمول على براطيم خشبية تحصر بينها طبالي وتماسيح مجلدة بالتذهيب والألوان، وكان يجري أسفل السقف إفريز خشبي عليه شريط كتابي مذهب يحتوي على آيات قرآنية ونص تأسيس على درجة كبرى من الأهمية ضاع مع كامل هذا المقعد الذي لو بقي لكان من أهم المقاعد المملوكية بالقاهرة.

وتجدر الإشارة إلى أننا نجد تشابهاً كبيراً بين هذا المقعد ومقعد ماماي الباقي بشارع بيت القاضي الذي يرجع لسنة 901هـ/1496م، وهذا التشابه في المساحة والشكل والتصميم وعدد عقود الواجهة، وأظنه كان يتعدى ذلك أيضاً للتفاصيل الزخرفية من الداخل، وربما هذا يؤكد أيضاً التاريخ المتأخر لبناء هذا المقعد بقصر قوصون والذي يمكن تأريخه بناء على تشابهه مع مقعد قصر ماماي إلى أواخر القرن 9هـ/15م، وبالتالي فإنه يرجع لزمن آقبردي[197] الذي توفي 904هـ/ 1498م، وعليه

الشكل 64 مسقط تصوري لما كان عليه مقعد قصر قوصون، الذي أثبتنا أن يعود ببنائه الأخير للأمير آقبردي أواخر القرن 9هـ/15م. (من إعداد الباحث)

فيكون كافة هذا الجزء الرابع من الواجهة الجنوبية الشرقية لقصر قوصون يرجع لإضافات وتجديدات آقبردي الذي سكن هذا القصر مدة طويلة حتى وفاته .

رابعاً: الواجهة الجنوبية الغربية:

هي الواجهة الثانية والأخيرة الباقية من قصر قوصون، وصارت هذه الواجهة بعد فتح شارع قراقول المنشية في أواسط القرن 13هـ/19م تفتح مباشرة على الجانب الأيسر لهذا الشارع المتجه للقلعة.

كما أزيلت أجزاء من هذه الواجهة من أجل بناء معهد عثمان ماهر الأزهري،[198] وتمتد هذه الواجهة على شارع

197 كان الأمير آقبردي قد تصدى للأمير ماماي الذي رغب مع الأمير قانصوه خمساية بخلع السلطان محمد بن الأشرف قايتباي، وتمكن آقبردي من قتل قانصوه خمساية الذي نصب نفسه سلطاناً لعدة أيام، ثم قام بأسر الأمير ماماي وقتله وأعاد الناصر محمد بن قايتباي إلى كرسي العرش.

198 كانت مشيخة الأزهر قد استأجرت قطعة أرض فضاء تابعة لقصر قوصون لبناء مدرسة، وترك طريق يفصل بين هذه المدرسة وبقايا قصر قوصون، ثم طلبت إدارة أوقاف مشيخة الأزهر من لجنة حفظ الآثار العربية التوسيع في المدرسة التي ألحق بها معهد عثمان ماهر باشا، ولكن قوبل هذا الطلب بالرفض من اللجنة التي وضعت مشروع كامل لتجديد قصر قوصون، وجعلته معرضاً توضع فيه القطع الحجرية الأثرية الكبيرة وشواهد القبور لتخفف عن متحف الفن الإسلامي، ولكن يبدو أن رغبة مشيخة الأزهر قد تحققت كما نرى ذلك اليوم، ولم يكتب لمشاريع لجنة حفظ الآثار العربية بشأن هذا

قراقول المنشية بطول يتجاوز 150م، رغم أن الجزء المتبقي منها لا يتعدى 45م، وهذه الواجهة تشبه الواجهة الشمالية الشرقية فهي مثلها مبنية بالحجارة العجالي الضخمة، ولكنها تقف اليوم بحالة سيئة الحفظ، حيث التهدم واضح في أجزاء كثيرة منها، كما تظهر أحجار الواجهة بشكل عام بحالة متردية، وقد سدت فتحات هذه الواجهة بالأحجار الدبش، كما أن الارتفاع الكبير لمستوى الشارع سد الجزء الأكبر من الفتحات السفلية، ورغم سقوط جزء من الأحجار أعلى الواجهة، فإننا نستطيع أن نلاحظ وجود أطراف عقود، وكانت أرجلها تستند على جدار هذه الواجهة، ويشير توزع الأرجل الباقية من هذه العقود الموزعة بشكل مساحات منتظمة إلى أن اتجاه العقود كان للجهة الجنوبية الغربية، مما يثير تساؤلات حول عمل هذه العقود، فهل كانت هذه العقود تغطي جزءاً من عطفة صغيرة كانت موجودة قبل فتح الشارع الحالي، أم أن هذه العقود كانت تغطي إحدى العناصر المعمارية التابعة للقصر، والتي كانت موجودة قبل إزالتها عند فتح الشارع، ولو صح هذا الافتراض فإننا نستطيع القول أن زاوية الآبار وقصر الأمير طاز الواقعة أجزاؤهما اليوم على الطرف المقابل لهذا الشارع كانا يشكلان الجار المجاور للحد الجنوبي الغربي لقصر الأمير قوصون .

خامساً: الجناح السكني الملحق بقصر قوصون

يقع هذا الجناح السكني بوسط الجزء الباقي من الضلع الجنوبي الغربي لقصر قوصون [الشكل 50،A]، هذا الضلع الذي كانت جدرانه الجنوبية الغربية تشكل الواجهة الجنوبية الغربية لقصر قوصون، ويلاحظ أن كافة الأجزاء المعمارية بهذا الضلع الواقع خلف الواجهة الجنوبية الغربية بأغلبها عبارة عن طابق أرضي مكون من أنقاض مباني متهدمة أو بعض أسقف أو عقود آيلة للزوال، ولوحظ وجود طابقين أول وثان ظاهران في منتصف هذا الضلع ومتلاصقان أيضاً مع امتداد مبان التكية المولوية، وكان يوجد للجهة الجنوبية الشرقية لكتلة هذا الجناح مدخل يفتح على التكية المولوية وهو عبارة عن حنية غائرة تنتهي من الأعلى بعقد مدائني بسيط، ولكن سدَّ هذا المدخل بالأحجار حتى مستوى الطابق الأرضي وصار هذا الجناح مكوناً من طابقين أول وثان فقط حيث اختفى طابقه الأرضي تحت الركام .

إن الكثير من حوائط هذا الجناح مبنية بأحجار كبيرة عجالي من نفس الأحجار التي رأيناها بجميع أجزاء قصر قوصون، كما أننا وجدنا شريط كتابي مكتوب بخط الثلث المملوكي أسفل سقف طابقه الثاني.

الطابق الأول [الشكل 65]

يتم الدخول لهذا الجناح اليوم عبر فتحة باب باقية بالواجهة الشمالية الغربية الخارجية الباقية لهذا الجناح وارتفاع هذا الباب 1.80م وعرضه 1.20م يدخل منه لممر [الشكل 65–2] طوله 2.80م وعرضه 1.40م، فتحت بجداره الجنوبي الغربي سدلة ترتفع حتى سقف الممر عرضها 1.80م وعمقها 0.50م، بينما توجد بنهاية جداره الشمالي الشرقي فتحة باب ارتفاعه 2.40م وعرضه 1.00م، يفضي مباشرة للطابق الأول لهذا الجناح، حيث يدخل من الباب إلى رحبة مستطيلة المسقط [الشكل 65–3] طولها 5.37م وعرضها 3.45م، فتحت بجدارها الشمالي الشرقي فتحة شباك تطل على ردهة مكشوفة [الشكل 65–8] ويوجد بهذه الغرفة سلم حجري صاعد، يبدأ من منتصف الجدار الشمالي الشرقي، ويلتف صاعداً وملتصقاً بالجدار الشمالي الغربي ثم بجزء من الجدار الجنوبي الغربي، حيث ينتهي ويتوصل منه للطابق الثاني، وسقف هذه الغرفة خشبي مسطح غير مرتفع، وفتح بجدارها الجنوبي الشرقي على يمين الداخل مباشرة فتحة باب ارتفاعه 2.00م وعرضه 1.05م، يدخل منه لغرفة ثانية [الشكل 65–4] طولها 5.00م وعرضها 4.83م ويُفاجَؤ الداخل أن سقف هذه الغرفة يرتفع لمستوى سقف الطابق الثاني، وليس مثل سقف الغرفة المجاورة سابقة الوصف، كما يوجد أسفل جدارها الشمالي الغربي مصطبة تمتد بطول الجدار وبعرض 1.00م وارتفاع 0.60م، ويلاحظ أن الجدار الشمالي الشرقي لهذه الحجرة مجدد فهو مبني بطريقة البغدادلي[199] التي تؤرخ إلى عصر محمد علي، وهو بذلك يختلف

القصر الكثير من النجاح. ؛ الكراسات، كراسة رقم 19، لسنة1902، تقرير 298، ص21. ؛ الكراسات، كراسة رقم 33، لسنوات 1920–1924، تقرير رقم 583، ص230–231.

199 شهدت العمارة المدنية بصفة عامة والسكنية بصفة خاصة

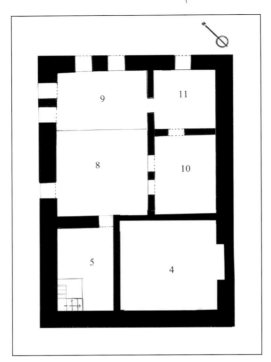

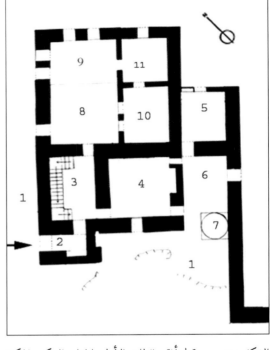

الشكل 65 مسقط أفقي للطابق الأول بالجناح السكني المكتشف خلف الواجهة الجنوبية الغربية لقصر قوصون والمطل على حديقة التكية المولوية. 1-ملحقات وأبنية مهدمة 2-ممر 3-رحبة بها سلم صاعد للطابق الثاني 4-5-6 غرف 7-قبة ضحلة مخرمة 8-ردهة مكشوفة 9-10-1110-11 غرف. (من إعداد الباحث)

الشكل 66 مسقط أفقي للجزء الباقي من الطابق الثاني للجناح السكني المكتشف خلف الواجهة الجنوبية الغربية الخارجية لقصر قوصون والمطل على حديقة التكية المولوية. 4-فضاء الرحبة بالطابق الأول 5-غرفة بمستوى الطابق الثاني 8-فضاء الردهة المكشوفة 9-10-11 غرف. (من إعداد الباحث)

في عهد محمد علي شيوع نمط معماري وزخرفي جديد متأثر بطراز العمارة العثمانية ومقلد لها، وظهر ذلك التأثر بداية في التصميم العام للقصور الملكية التي بناها محمد علي في القاهرة مثل قصر شبرا وقصر الجوهرة وقصر الحرم، كما ظهر هذا التأثر الجديد في طريقة بناء هذه القصور حيث (شيدت الجدران على هيئة هيكل خشبي من جذوع النخيل في أوضاع أفقية ورأسية ومائلة، ثم تملأ الفراغات بين الأخشاب بالطوب المحروق وكسر الحجارة ثم تغطى بعد ذلك بالملاط ويتم وضع الطوب والأحجار في هذا الهيكل من أعلى إلى أسفل). ؛ مختار الكسباني، تطور طرز العمارة في أعمال محمد علي الباقية بمدينة القاهرة "دراسة للقصور الملكية"، جامعة القاهرة، كلية الآثار، قسم الآثار الإسلامية، (رسالة دكتوراة غير منشورة) 1993م، ص365. أما الأسقف فقد صار (يحمل بدن السقف على هيكل من الخشب يعتمد على كوابيل حجرية تختفي بين طبقتي السقف أما السطح الظاهر فينفذ بطريقة السقف المسطح حيث يجلد بفروخ من الخشب تثبت على براطيم خشبية وتجلد بسدايب بنظام البغدادلي، ثم تغطى بطبقة رقيقة من المعجون وتنفذ عليها الموضوعات الزخرفية إما بالرسم بالدهانات أو الخشب المقصوص الملون أو المذهب بلون واحد أو تكسى بالورق الملون وينتهي السقف بإزار على شكل طيّ تنفذ عليه الموضوعات الزخرفية) ؛ المرجع نفسه، ص272. ؛ وقد أطلق الجبرتي على هذا الأسلوب الجديد في البناء اسم "الرومي" حيث يقول عند حديثه عن هدم محمد علي لعمائر القلعة وشروعه في بناء سراي القلعة (وشرع في بنائها على وضع آخر واصطلاح رومي وأقاموا أكثر الأبنية من الأخشاب ويبنون الأعالي قبل بناء السفل).

عن باقي الجدران الحجرية لهذه الغرفة والغرفة السابقة والمبنية بأحجار عجالي ضخمة، كما فتح بوسط الجدار الجنوبي الغربي لهذه الغرفة شباك ارتفاعه 2.20م وعرضه 0.97م، كان يطل على ملحقات متهدمة واليوم يشرف على شارع قراقول المنشية، ويوجد بوسط الجدار الجنوبي الشرقي سدلة ترتفع لمستوى سقف الغرفة بينما عرضها 2.10م وعمقها 0.60م، ويوجد على يمين هذه السدلة فتحة شباك ارتفاعه 2.00م وعرضه 0.85م بينما فتح على يسار هذه السدلة باب ارتفاعه 2.00م وعرضه 1.00م يتوصل منه مباشرة لملحقات متهدمة منها غرفة بدون سقف [الشكل 65–5] كانت تعلو دهليز المدخل الرئيسي الخاص لهذا الجناح، وكانت تشرف على فناء التكية الذي أمامها بشباك مستطيل، وغرفة ثانية [الشكل 65–6] أيضاً بدون سقف يوجد بجدارها الجنوبي الشرقي فتحة شباك مهدم يقع في الجزء المنكسر للواجهة الجنوبية الغربية لقصر قوصون، تعلو هذا الشباك مجاديل حجرية ضخمة تقوم مقام العتب.

وإلى الجنوب الغربي لهذه الغرفة توجد مساحة مربعة [الشكل 65–7] طول ضلعها 2.20م تعلوها قبة ضحلة يوجد بوسطها خرم ذو شكل سداسي تأخذ أضلاعه شكل أرباع دوائر، يحيط به ستة خروم دائرية، كما يوجد بالزوايا الأربعة لهذه القبة أقصاب فخارية تمتد من الزوايا العليا حتى أرضية القبة، ويظهر أنها كانت هابطة حتى الطابق الأرضي، وكل هذا يوحي بأن هذه القبة كانت جزءاً من حمام زائل، وتشير فتحات الأبواب وأخشاب الأسقف الباقية التي تمتد جهة الجنوب الغربي إلى أن هذا الجزء الزائل كان مؤلفاً من طابقين كانا متصلين بهذا الجناح الباقي موضوع الدراسة، أما القسم الشمالي الشرقي لهذا الجناح فرغم بقائه لا يمكن الدخول إليه مثله مثل الطابق الأرضي لتهدم أرضياته، ولكن بالمعاينة تبين أنه كان يوجد بوسط هذا الطابق الأول ردهة [شكل65–8] يرتفع سقفها لمستوى الطابق الثاني، ويظهر أنه كان يغطيها شخشيخة تسمح بدخول الضوء والهواء لكافة أجزاء هذا الجناح، حيث تفتح أغلب حجرات هذا الطابق عليها، فكما رأينا الغرفة الأولى بالطابق الأول تفتح على هذه الردهة بشباك، يوجد بالجدار الجنوبي الشرقي لهذه الردهة شباك ذو مصبعات يعلوه عتب وعقد عاتق، وتعلو الشباك قندلية بسيطة ضخمة الأبعاد تتألف من شباكين مستطيلين تعلوهما قمرية مدورة كانت تؤمن الهواء والضوء لإحدى غرف الطابق الأول [الشكل 65–10] التي يرتفع سقفها مثل الردهة لمستوى سقف الطابق الثاني.

واليوم تفتح الغرفة التي تحتل أغلب الجهة الشمالية الشرقية [الشكل 65–9] على هذه الردهة بكامل اتساعها بعد تهدم كامل جدارها الجنوبي الغربي الذي كان به باب يتوصل من خلاله لهذه الغرفة، كما يفتح بالجدار الشمالي الشرقي لهذه الغرفة شباكان يطلان على فناء التكية، بينما تفتح أيضاً بالجدار الشمالي الغربي لهذه الغرفة فتحتا شباك وباب، وكان يتوصل أيضاً من هذه الغرفة عبر باب بجدارها الجنوبي الشرقي إلى غرفة أخرى [الشكل 65–11] مشابهة يوجد بجدارها الشمالي الشرقي شباك يفتح على فناء التكية الواقع أمام المدخل الرئيسي الخاص بالجناح والمسدود الآن، ويفتح بالجدار الجنوبي الغربي للغرفة الأخيرة باب يدخل منه للغرفة ذات السقف المرتفع [الشكل 65–10] سابقة الذكر، ويغطي كل من هاتين الغرفتين [الشكل 65–9–11] سقف خشبي مسطح محمول على عروق مدهونة، أما الجدار الشمالي الغربي للردهة [الشكل 65–8] فقد فتح به باب كانت وظيفتة مع الباب الواقع بجدار الغرفة المجاورة [الشكل 65–9] تأمين الاتصال بين هذا الجناح وبين الجزء الزائل الذي كان ملاصقاً للواجهة الخارجية الشمالية الغربية لهذا الجناح ومتصلاً به.

الجبرتي (عبد الرحمن بن محمد ت 1230هـ/1814م)، عجائب الآثار في التراجم والأخبار، مطبعة دار الجيل، بيروت، 3ج، د.ت.ج3،ص373. ؛ وتعليل استخدام هذا الأسلوب في البناء هو المساعدة في توزيع الأحمال أو ثقل الجدران حتى يخفف عن الأساسات الحجرية ويتلائم هذا الأسلوب مع الوضع الإنشائي في قصور محمد علي بالقلعة لوجودها على عمائر سابقة. ؛ مختار الكسباني، المرجع السابق، ص265. ؛ أما طريقة الرومي في الزخرفة فتأتي في العمارة العثمانية للدلالة على نوع من الزخرفة عبارة عن فروع نباتية انسيابية كدموع العين لا تخضع في شكلها أو رسمها لنظام الطبيعة أو واقعها الفعلي وعرفت لذلك بالتوريق العثماني أو الأرابيسك العثمانية. ؛ عاصم محمد رزق، معجم مصطلحات العمارة والفنون الإسلامية، مكتبة مدبولي، القاهرة، ط1، 2000، ص127.

لوحة 43 البحر الأول والثاني من الشريط الكتابي الواقع أسفل سقف القاعة بالجناح السكني المكتشف.

الطابق الثاني [الشكل 66]

لا يمكننا الوصول اليوم سوى لجزء صغير منه، حيث يصل بنا السلم الصاعد لغرفة [الشكل 66–5] طولها 5.40م وعرضها 3.70م مقطوع من أرضيتها مساحة مربعة طول ضلعها 2.50م لتكون مطلعاً للسلم الصاعد، ويبدو أنه كان يفتح بالجدار الجنوبي الغربي لهذه الغرفة باب للاتصال مع الملحقات الزائلة[200] بهذا الاتجاه.

كما تشرف هذه الغرفة على ردهة الاتصال التي رأيناها بالطابق الأرضي [الشكل 66–8] بشباك ارتفاعه 1.75م وعرضه 0.68، ويلاحظ عدم وجود جدار جنوبي شرقي بهذه الغرفة، حيث استعيض عنه بحاجز حجري بطول الغرفة ارتفاعه 0.60م، بينما تفتح الغرفة بكل مساحتها على فضاء الغرفة الثانية بالطابق الأول [الشكل 66–4] والتي قلنا أن سقفها يرتفع لمستوى الطابق الثاني، حيث يغطيها مع هذه الغرفة بهذا الطابق سقف واحد عبارة عن براطيم خشبية تحصر بينها طبالي وتماسيح، ورغم سوء حالتها يظهر بوضوح أنها كانت مجلدة بالتذهيب والألوان، ويجري أسفل هذا السقف إزار خشبي عريض عليه كتابات بخط الثلث المملوكي سيئة الحفظ بشكل كبير موزعة داخل بحور بواقع أربعة بحور بالضلع الطويل وبحرين بالضلع القصير للسقف، ويفصل بين كل بحرين جامة مستديرة تحمل كل منها رنك الساقي ونصها كالتالي:

الكتابات بالضلع الشمالي الشرقي:

البحر الأول: مما أمر بإنشاء هذا المكان المبارك المقر الأشرف الكريم العالي المولوي الأميري

البحر الثاني: الكبيري المجاهدي المرابطي المثاغري والمؤيدي المنصوري العضدي [لوحة 43]

الكتابات بالضلع الشمالي الغربي:

البحر الأول: الذخيري الهمامي القوي النظامي الغياثي المعين

البحر الثاني:... المغيثي... الكفيلي الأوحدي... الأمجدي...

الكتابات بالضلع الجنوبي الغربي:

البحر الأول: النصيري الا[... الأ]كملي المغازي

البحر الثاني: غير مقروء

البحر الثالث: غير مقروء

البحر الرابع: غير مقروء

باقي الكتابات بالضلع الجنوبي الشرقي:

البحر الأول: غير مقروء

البحر الثاني: غير مقروء

ويستنتج من وجود هذا السقف الواحد الذي يغطي الغرفتين بالطابق الأرضي والثاني أن هذه المساحة أسفل السقف كانت لعنصر معماري واحد هو عبارة عن قاعة واحدة طولها 8.25م وعرضها 5.37م قبل أن تقسم بواسطة جدار لرحبة [الشكل 65–3] وغرفة [الشكل 65–4] ثم تقسم الغرفة لطابقين [الشكل 65–3]، [الشكل 66–5].

وباقي هذا الطابق بجزأيه [الشكل 66–8–10] عبارة عن امتداد لفضاء الردهة [الشكل 65–8] والغرفة [الشكل 65–10]، كما ويحتل الضلع الشمالي الشرقي من هذا الطابق غرفتان [الشكل 66–9–11] متشابهتان مع الغرفتين الواقعتين أسفلهما بالطابق الأول [الشكل 65–9–11] كما يغطي كلاً

200 سد هذا الباب بالجص من داخل الغرفة، ولكن لا يزال ظاهراً من الخارج من شارع قراقول المنشية، ويظهر أنه باب خشبي بدرفة واحدة.

الشكل 67 خريطة حديثة تبين موقع القصور والمنازل الباقية بمدينة القاهرة من العصر المملوكي. (من إعداد الباحث على خلفية خريطة منقولة عن: Revault & Maury, *Palais et Maisons du Caire*)

منهما أيضا سقف خشبي محمول على عروق مدهونة، بينما ضاعت الشخشيخة التي كانت تغطي الردهة [الشكل 66–8] ولم يعد يشير لوجودها سوى دلائل قليلة.

وجدير بالذكر أن كامل القسم الشمالي الشرقي من هذا الجناح السكني بطابقيه الأول والثاني مجدد بأغلبيته ويرجع لعصر محمد علي، ويدلنا على ذلك شكل الجدران التي بني أغلبها بطريقة البغدادلي، كما يساهم الشكل البسيط للعناصر المعمارية بهذا القسم وكذلك زخارفه في تعزيز هذا الرأي، أما القسم الجنوبي الغربي فإننا نستطيع مطمئنين إرجاعه بالاستناد للأحجار الضخمة العجالي التي بني بها والتي لا تختلف عن الأحجار التي بنيت بها الواجهة الشمالية الشرقية الرئيسية لقصر قوصون وكذلك أغلب الطابقين الأرضي والأول الواقعين خلفها، وكذلك بالاستناد لسقف القاعة التي تحتل كامل هذا القسم

الجنوبي الغربي من هذا الجناح، وكذلك بالاستناد إلى الكتابات الأثرية الموجودة بقاياها على إزار سقف القاعة المذكورة والمكتوبة بخط الثلث المملوكي، والتي تحمل العديد من الألقاب التي حملها أمراء العصر المملوكي وحدهم، أقول بالاستناد لكل هذا يمكننا بكل ثقة إرجاع هذا القسم من الجناح السكني المكتشف للعصر المملوكي، بل ويمكننا بالاستناد إلى رنك الساقي، والواقع ضمن جامات تتوسط البحور الكتابية على إزار سقف القاعة أن ننسب أصل هذا الجناح السكني لزمن الأمير قوصون الساقي، الذي كان أشهر من حمل هذا الرنك فيمن سكن هذا القصر، ويمكننا تأريخه بدقة بتاريخ المرحلة الثانية من بناء الأمير قوصون لقصره والتي أرخناها إلى 738هـ/1338م، هذه المرحلة التي تمت بعد أمر الناصر محمد لقوصون بأن يقوم بتوسعة قصره والزيادة فيه، كما ذكرنا عند دراستنا لتاريخ عمارة هذا القصر.

4 قصر الأمير منجك اليوسفي، 747–748هـ/ 1346–1347م

يقع هذا القصر بأول شارع سوق السلاح المتفرع من شارع محمد علي عند مدرسة السلطان حسن [الشكل 67]، ويحدد المقريزي موقع هذه الدار برأس سويقة العزي[201] بالقرب

201 يذكر المقريزي أن هذه السويقة خارج باب زويلة قريباً من قلعة الجبل، وكانت من جملة المقابر التي تقع خارج القاهرة فيما بين الباب الجديد و الحارات وبركة الفيل وبين الجبل الذي عليه الآن قلعة الجبل، فلما اختطت هذه الجهة عرفت هذه السويقة بالأمير عز الدين أيبك العزي نقيب الجيوش، الذي استشهد على عكا عندما فتحها الأشرف خليل بن قلاوون في يوم الجمعة السابع عشر جمادى الآخر سنة تسعين وستمائة، وهذه السويقة عامرة بعمارة ما حولها، وكانت هذه السويقة تشغل الجزء الجنوبي من شارع سوق السلاح في المسافة الواقعة بين شارع الغندور وشارع محمد علي، وفي العصر العثماني قسم الشارع إلى قسمين إحدهما وهو البحري في المسافة بين شارع التبانة عند زاوية عارف باشا إلى حارة حلوات ويعرف بسويقة العزي، والقسم الثاني

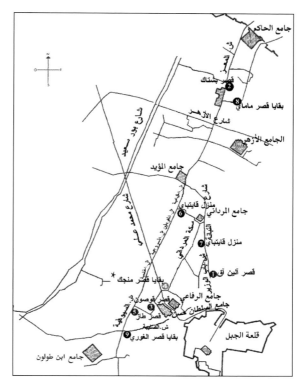

من مدرسة السلطان حسن،[202] وحدده ابن إياس بأنه يقع عند القبو بسوق السلاح[203] أو عند سوق السلاح بالقبو[204] [الشكل 68].

المنشئ:

منشئ هذا القصر هو الأمير سيف الدين منجك اليوسفي سنة

وهو القبلي ويمتد مابين حارة حلوات وشارع محمد علي، وفي العصر الحديث أصبحت المسافة كلها تسمى شارع سوق السلاح. ¦ المقريزي (تقي الدين أحمد بن علي بن عبد القادر 845هـ/1442م)، المواعظ والاعتبار بذكر الخطط والآثار، مكتبة الآداب، القاهرة، 4ج،1996، ج3، ص173. وسوف نرمز إليه لاحقاً ب "الخطط المقريزية". ¦ حسني محمد نويصر، مدرسة جركسية على نمط المدارس الجامعة "مدرسة الأمير سودون من زادة بسوق السلاح"، مكتبة نهضة الشرق، جامعة القاهرة، 1985، ص7.

202 يلاحظ أن المقريزي لم يذكر هذا القصر أو البيت بشكل منفصل عند ذكره للقصور والدور بالقاهرة بل أورد ذكر موضعها فقط عند نهاية حديثه عن جامع منجك وترجمته للأمير منجك. ¦ الخطط المقريزية، ج4، 124–140.

203 ويذكر علي باشا مبارك أن شارع سوق السلاح ابتداؤه من نهاية شارع سويقة العزى من عند حارة حلوات، وانتهاؤه شارع محمد علي وطوله مائتا وعشرون متراً. ¦ علي باشا مبارك، الخطط التوفيقية الجديدة في مصر والقاهرة، الهيئة العامة للكتاب، 20ج، 1983. ج2، ص289–291. وسوف نرمز إليه ب "الخطط التوفيقية". ¦ ابن إياس (محمد بن أحمد ت930هـ–1524م)، بدائع الزهور في وقائع الدهور، تحقيق محمد مصطفى، الهيئة العامة للكتاب، القاهرة، 1984، 5ج، ج3، ص371. ¦ وسوف نرمز للكتاب ب "بدائع الزهور".

204 سوق القبو: يظهر من كلام المؤرخين أن سوق القبو كان من أهم الأسواق العامرة حول ميدان القلعة، وكان يقع في أول شارع سويقة العزى "سوق السلاح" الذي كان يمتد للموقع الحالي لميدان القلعة وتفتح عليه الواجهة الرئيسية الشمالية الشرقية لمدرسة السلطان حسن، وكان هذا السوق فيما أعتقد يقع في الجزء الزائل من أول شارع سوق السلاح، حيث يشير ابن تغري بردي لذلك عند حديثه عن إحدى فتن المماليك فيقول (ووقف الأمير فارس حاجب الحجاب ومعه جماعة من أمراء الطبلخانات والعشرات في رأس الشارع الملاصق لمدرسة السلطان حسن المتوصل منه إلى سوق القبو). ¦ ابن تغري بردي (أبو المحاسن جمال الدين يوسف ت874هـ/1469م)، النجوم الزاهرة في ملوك مصر والقاهرة، تحقيق محمد رمزي، الهيئة العامة للكتاب، القاهرة، 1972، 16ج، ج12، ص186. وسوف نرمز إليه ب "النجوم الزاهرة". ¦ وعلى باب المدرسة الواقع على سوق القبو بنى السلطان حسن ثالث مآذن مدرسته التي سقطت سنة 762هـ/1360م، فهلك تحتها كما يقول ابن إياس نحو ثلثمائة إنسان (بدائع الزهور، ج1، القسم الأول، ص575). ومما يؤكد أن هذا السوق قد كان جزءاً من سوق السلاح أنه كان يباع فيه السلاح ومستلزمات الفرسان والقتال، حيث يذكر ابن إياس بأحداث سنة 923هـ/1517م، "بأنه قد نادى ملك الأمراء خاير بك بأن المماليك الجراكسة ظهروا بمصر يركبون الخيول ويشترون السلاح وقد كان قبل ذلك قد نادى في القاهرة لتجار القبو بأنهم لا يبيعون على المماليك الجراكسة شيئاً من آلة السلاح" (بدائع الزهور، ج5، ص212–123، ص373). وعليه فقد ورد دائماً تحديد قصر الأمير منجك والذي عرف أيضاً بقصر الظاهر تمربغا أنه يقع عند سوق السلاح بالقبو. (بدائع الزهور، ج3، ص436–457، ج4، ص9)، أو عند القبو بسوق السلاح (بدائع الزهور، ج3، ص371)، أو عند سوق القبو (بدائع الزهور، ج4، ص9). أو بالقرب من مدرسة السلطان حسن، (النجوم الزاهرة، ج11، ص332). أو بالقرب من الجامع الحسني (النجوم الزاهرة، ج15، ص242). أما على خارطة الحملة الفرنسية فيقع هذا القصر بالقسم الأول بالمربع R-6 ولكن لم يشر إليه برقم أو اسم وأشار رقم 18 إلى الزريبة سميت زريبة سوق السلاح والتي ربما كانت قبل فتح شارع محمد علي من بعض هذا القصر، وأشار رقم 19 لدرب الخدام المتفرع من سوق السلاح والذي يقع للجهة الشمالية الشرقية والشمالية الغربية من قصر منجك، كما تشير المربعات S-6 ، S-5 / R-6 ، R-5 إلى حجم التغيرات التي طرأت على تخطيط ميدان القلعة بعد الحملة الفرنسية وخاصة عند فتح شارع محمد علي عام 1838 ثم بناء جامع الرفاعي مكان تكية قوصون والتي كانت تسمى تكية علي أبو شباك عام 1912، وهذه التغيرات هي التي جعلت قصر منجك يقع بأول شارع سوق السلاح ولم يكن كذلك كما أظهرنا أعلاه.

748هـ/1347م، وقد تنقل في خدمة الناصر محمد بن قلاوون حتى رتب سلاح دار،[205] ثم استقر حاجباً بدمشق في رجب سنة 748هـ/1347م،[206] حتى كانت سلطنة السلطان حسن الأولى 748–752هـ/1347–1351م، حيث صار سيف الدين يلبغا روس نائب السلطنة بمصر، وكان أخاً لمنجك فاستدعاه من دمشق للقاهرة سنة 748هـ/1347م، وجعله أمير مائة مقدم ألف،[207] وعينه وزيراً وأستاداراً،[208] فباشر مهامه بحرمة ومهابة، وتمكن من أمور الدولة.

وفي سنة 751هـ/1350م قبض على الوزير منجك، وحمل إلى الإسكندرية مقيداً، وظل بها حتى أمر الملك الصالح صلاح الدين صالح 752–755هـ/1351–1354م بالإفراج عنه وعن الأمير شيخو سنة 752هـ/1351م، ثم أعيد لسجن الإسكندرية ثانية حتى سنة 755هـ/1354م، عندما شفع فيه الأمير شيخو عند الناصر حسن في سلطنته الثانية 755–762هـ/1354–1361م فأنعم عليه بنيابة طرابلس ثم ولاية حلب حتى سنة

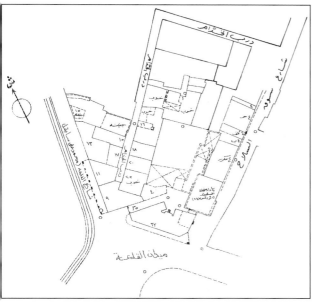

الشكل 68 خريطة مساحية تبين الموقع العام لقصر منجك اليوسفي السلاح دار وحدوده الخارجية. (عن: الهيئة العامة للمساحة)

761هـ/1359م عندما تركها، فعينه السلطان أمير طبلخاناه[209] بدمشق وأن يكون طرخاناه،[210] يقيم حيث شاء.[211]
في سنة 769هـ/1367م ولاه الأشرف شعبان نيابة دمشق،

205 ابن حجر العسقلاني (أبي الفضل أحمد بن علي بن محمد بن محمد بن علي بن أحمد ت 852هـ/1448م)، الدرر الكامنة في أعيان المائة الثامنة، تحقيق محمد عبد المعين خان، مطبعة مجلس دائرة معارف العثمانية، حيدر آباد، الهند، ط2، 1972، 6ج، ج6، ص123.

206 ابن حجر العسقلاني، المصدر السابق، ص 124.

207 لقب بذلك لكونه يقوم على خدمتهِ مئة مملوك ورب وظيفة، وهو مقدم على ألف جندي.

208 الأستاداريه وظيفة من وظائف أرباب السيوف يتولى صاحبها شؤون بيوت السلطان كلها من المطابخ والشراب خاناه والحاشية والغلمان، وله مطلق التصرف في استدعاء ما يحتاجه كل من في بيت السلطان من النفقات والكساوي وما يجري مجرى ذلك من المماليك وغيرهم، وإليه أمر الجاشنكيرية وإن كان كبيرهم نظيره في الإمرة، وقد جرت العادة أن يكونوا أربعة واحد مقدم ألف وثلاثة طبلخاناه وربما نقصوا عن ذلك، القلقشندي (أبو العباس أحمد بن علي بن أحمد ت811هـ/1418م)، صبح الأعشى في صناعة الإنشا، المطبعة الأميرية، القاهرة، 1915م ، 14ج، ج4، ص21 . ج5، ص457. وسوف نرمز إليه لاحقاً ب "صبح الأعشى".

209 مرتبة حربية من مراتب أرباب السيوف صاحبها يلي أمير مائة مقدم ألف في الدرجة، وسمي أمير طبلخاناه لأحقيته في دق الطبول على أبوابه كما يفعل السلاطين وأمراء المئتين، ويطلق على أمير طبلخاناه أيضا أمير أربعين، بمعنى أن يكون في خدمته أربعون مملوكاً، وقد يزيد هذا العدد إلى السبعين والثمانين. ⁝ حسن الباشا، الألقاب الإسلامية في التاريخ والوثائق والآثار، دار النهضة العربية، القاهرة، 1958، 3ج، ج1، ص 231 ⁝ سعيد عبد الفتاح عاشور، العصر المماليكي في مصر والشام، د.م، القاهرة، 1965، ص414.

210 الطرخان: هو الأمير المتقاعد دون أن يكون مغضوباً عليه، ولذا كان له أن يقيم حيث شاء ويجري عليه ما يكفيه من أموال الدولة. ⁝ سعيد عبد الفتاح عاشور، المرجع نفسه، ص454.

211 النجوم الزاهرة، ج10، ص311. ⁝ بدائع الزهور، ج1، ق 1، ص572.

ثم استدعاه سنة 775هـ/1373م وفوض إليه نيابة السلطنة بديار مصر وجعله أتابك العساكر،[212] وجعل تدبير المملكة به إلى أن مات سنة 776هـ/1374م، وله من العمر نيف وستين سنة،[213] وللأمير منجك إضافة لقصره هذا جامعه الواقع عند قلعة الجبل خارج باب الوزير،[214] كما يذكر المقريزي، أنه قد كان لمنجك بالقاهرة خان، وله بالبلاد الشامية عدة آثار من خانات وغيرها.[215]

تاريخ عمارة القصر:

كان الأمير منجك اليوسفي أول من عمر هذا القصر في سنة 747–748هـ/1346–1347م، وكان مكانه جملة من المقابر ولم يكتب للأمير منجك طول المقام فيه، فسرعان ما قبض عليه سنة 751هـ/1350م، ولم ترد له سوى بعض أملاكه آنذاك، وقد سكنها بعده الأمير تمربغا الأفضلي[216] المدعو منطاش،[217] وسكن هذا القصر بعد تمربغا الأمير يشبك الشعباني[218] الدودار،[219] وبعد يشبك هذا صار قصر منجك سكناً للأمير تغري بردي اليشبغاوي[220] بعد حصوله على وظيفته الجديدة كأتابك للعسكر خلفاً ليشبك الشعباني، حيث تذكر المصادر أنه قد ولد له بهذا القصر ابنه يوسف بن تغري بردي[221] سنة

212 أي كبير الجيش وكانت هذه الوظيفة من أرقى الوظائف العسكرية في العصر المملوكي.

213 الخطط المقريزية، ج4، ص 128–130. ⁝ النجوم الزاهرة، ج11، ص65. ⁝ الجوهر الثمين، ص430.

214 يذكر المقريزي أن موضع هذا الجامع يعرف بالثغرة تحت قلعة الجبل خارج باب الوزير، وأنشأه الأمير سيف الدين منجك في مدة وزارته بديار مصر سنة 751هـ/1350م، ووضع فيه صهريجاً فصار يعرف اليوم بصهريج منجك. ⁝ الخطط المقريزية، ج4، ص 124.

215 الخطط المقريزية، ج4، ص 130.

216 وقد توفي الأمير تمربغا الأفضلي منطاش سنة 795هـ/1392م قتلاً بعد أن حاول قتل السلطان الظاهر برقوق وهرب للشام، وأظهر العصيان وحارب حتى انكسر، وألقي القبض عليه وقطعت رأسه وحملت في علبة وطيف بها في مدن الشام حتى علقت على باب زويلة ثلاثة أيام. ⁝ بدائع الزهور، ج1، ق2، ص 406. ⁝ الجوهر الثمين، ص 462–487.

217 النجوم الزاهرة، ج12، ص275.

218 هو الأمير يشبك الشعباني الدودار والذي صار أتابكاً للعسكر في سلطنة الناصر فرج الثانية (809–810هـ/1406–1407م) ولكنه قتل على يد نوروز سنة 810هـ/ 1407م. ⁝ النجوم الزاهرة، ج13، ص 67.

219 وظيفة الدودار الأساسية هي حمل دواة السلطان مع ما ينضم لذلك من الأمور اللازمة لهذا المعنى.

220 هو الأمير الكبير تغري بردي بن عبد الله بن يشبغا الأتابكي الظاهري أتابك العسكر المصرية، ثم كافل المملكة الشامية، وأصله من عتقاء الملك الظاهر برقوق الذي ولاه نيابة حلب، ثم ولاه السلطان الملك الناصر فرج نيابة الشام سنة 805هـ/1400م، ثم ولاه إمرة مائة، ثم صار أتابكاً للعساكر بالديار المصرية ثم نائباً لدمشق في سنة 813هـ/ 1410م، حتى مات سنة 815هـ/1412م. ⁝ ابن تغري بردي (أبو المحاسن جمال الدين يوسف ت874هـ/1469م)، المنهل الصافي والمستوفي بعد الوافي، تحقيق الدكتور محمد محمد أمين والدكتور نبيل محمد عبد العزيز، طبع الهيئة العامة للكتاب، 1985–1994، صدر منه 9 أجزاء، ج4، ص31–43. وسوف نرمز إليه لاحقاً بـ "المنهل الصافي". ⁝ النجوم الزاهرة، ج14، ص 115. ⁝ السخاوي (شمس الدين محمد بن عبد الرحمن ت 902هـ/1497م)، الضوء اللامع في أعيان القرن التاسع، مكتبة الحياة، بيروت، د.ت، 10 أجزاء في 5 مجلدات، ج3، ص27.

221 هو يوسف بن تغري بردي بن عبد الله الأمير جمال الدين أبو المحاسن بن الأمير الكبير سيف الدين تغري بردي اليشبغاوي الظاهري أتابك العسكر المصرية، وقد توفي والده الأمير الكبير تغري بردي في دمشق سنة 815هـ/1413م، فسافر ابنه يوسف مع أخته لحلب، حيث درس وتفقه في علوم الدنيا والدين وبرع في علم التاريخ، حيث انتهت إليه رياسة عصره فيه، وتوفي سنة 874هـ/1469م، وترك مؤلفات عدة أهمها النجوم الزاهرة، المنهل الصافي والمستوفي بعد الوافي، وهو معجم لمشاهير الرجال العظام من سنة 650هـ/1252م حتى آخر أيام المؤلف، ومن مؤلفاته أيضاً كتاب مورد اللطافة في من ولي السلطنة والخلافة، كما ذيل على كتاب السلوك للمقريزي بكتاب سماه حوادث الدهور في مدى الأيام والشهور. ⁝ بدائع الزهور، ج3، ص 45–46. ⁝ السخاوي، المصدر السابق، ج10، ص 305. ⁝ النجوم الزاهرة، ج1، ص 9–23. حيث أورد المحقق ترجمة كاملة لابن تغري بردي كتبها تلميذه

813هـ/1409م، الذي صار من أكبر مؤرخي عصره، وهو صاحب كتاب النجوم الزاهرة في ملوك مصر والقاهرة، ويبدو أن المؤرخ ابن تغري بردي قد سكن بهذا القصر بعد عودته لمصر واستقراره بها.[222]

ثم آل هذا القصر بعد ذلك عن طريق الشراء للأمير تمربغا الظاهر[223] الدودار،[224] والذي أجرى بهذا القصر تجديدات واسعة، وزاد في مساحتها كثيراً، حتى قال ابن تغري بردي عند حديثه عن الأمير تمربغا بأحداث سنة 866هـ/1461م (ونزل إلى داره التي بناها وجددها المعروفة قديماً بدار منجك)،[225] وبهذا يكون الأمير تمربغا قد أجرى بهذا القصر ثاني عمارة واسعة بعد العمارة الأولى التي أجراها الأمير منجك نفسه.

أما ثالث عمارة أجريت بهذا القصر فقد تمت على يد الأمير يشبك من مهدي[226] بين سنوات 872هـ/1467م–880هـ/1475م الذي سكن هذا القصر مباشرة بعد الأمير تمربغا وبعد حصوله على لقب الدوادارية ومن الواضح أن عمارة يشبك هذه شملت الزيادة في مساحة القصر والتوسع والإضافة والتحسين في أبنيته وأجنحته حتى يمكننا اعتبار هذه العمارة من أهم العمارات التي شهدها هذا القصر بعد عمارته الأولى.

ومن أهم من سكن هذا القصر بعد الأمير يشبك الذي تركه سنة 880هـ/1475م، بعد حصوله على منصب أتابك العساكر ليسكن بقصر قوصون[227] الأتابكي تمراز الشمسي الذي عين بمنصب أتابك العسكر بالديار المصرية سنة 901هـ/1495م آواخر سلطنة الأشرف قايتباي، وخلف تمراز الشمسي للسكن بهذا القصر مباشرة الأمير كرتباي[228] زوج بنت الأمير يشبك من مهدي والذي قتل عام 902هـ/1496م، وأحرق قصره هذا على يد المماليك الجلبان[229] أثناء فتنة الأمير آقبردي الدودار، وفي سنة 906هـ/1500م نهب هذا القصر وأحرقت أجزاء كبيرة ومهمة منه وذلك عندما كان يسكنه العادل طومان باي[230] قبل أن يصبح سلطاناً، حيث ثار قتال بينه وبين بعض المماليك، فتوجه البعض منهم إلى بيته (وهو بيت الظاهر تمربغا الذي عند سوق السلاح بالقبو، فأحرقوا مقعده وقبته، ونهبوا منه بعض أثاث).[231]

ثم سكن بهذا القصر الأمير مصرباي بعد أن عينه السلطان الغوري عند توليته للسلطنة سنة 906هـ/1501م، في منصب الدوادارية الكبرى والوزارة والأستادارية عوضاً عن

وصديقه أحمد بن حسين التركماني بآخر كتاب المنهل الصافي.

222 السخاوي، المصدر السابق، ج10، ص 305.

223 وهو السلطان تمربغا بعد ذلك، والذي تسلطن كما يذكر ابن إياس مدة ثمانية وخمسين يوماً فقط في عام 872هـ/1468م، حيث ما لبس ان خلع وتسلطن مكانه الأشرف أبو النصر قايتباي المحمودي، فرفق بتمربغا ورسم بإخراجه من ثغر دمياط من غير تقييد حتى توفي سنة 879هـ/1470م. ⁝ انظر: بدائع الزهور، ج2، ص 475–476. ج3، ص 105.

224 النجوم الزاهرة، ج11، ص 323.

225 النجوم الزاهرة، ج16، ص 260.

226 وكان الأمير يشبك قد سكن قبل الدوادارية في قاعة الماس ثم تحول إلى هذا القصر عند حصوله على الدوادارية سنة 872هـ/1467م، ليتركه بعد ذلك وينتقل لقصر قوصون الواقع بشارع حدرة البقر بعد حصوله على وظيفة أتابك العسكر والذي ظل ساكناً به حتى قتل بمدينة الرها بالشام 885هـ/1480م. ⁝ السخاوي، المصدر السابق، ج10، ص 273. ⁝ سامي عبد الحليم، الأمير يشبك من مهدي وأعماله المعمارية بالقاهرة، قسم الآثار الإسلامية، كلية الآداب، قسم الآثار، جامعة القاهرة، 1970، (رسالة ماجستير غير منشورة)، ص 191.

227 انظر تفاصيل ذلك عند دراستنا لتاريخ عمارة قصر قوصون.

228 هو أمير آخور كبير، وهو ابن عمة السلطان الناصر محمد قايتباي (901–904هـ/1496–1498م) وقد قتل أثناء فتنة الأمير آقبردي الدودار سنة 902هـ/1496م، في مدرسة السلطان حسن. ⁝ بدائع الزهور، ج3، ص 372–371.

229 بدائع الزهور، ج3، ص 371.

230 هو العادل أبو النصر طومان باي الأشرفي قايتباي، وكان من مماليك السلطان قايتباي، وترقى حتى صار أمير سلاح دودار كبيراً ووزيراً وأستاداراً وكاشف الكشاف ومدبر المملكة في دولة الأشرف جانبلاط، ثم لم يلبث أن تسلطن بعده، ولم يحسن السيرة حتى خلعه العساكر عنها بعد مدة لا تتجاوز المائة يوم من سنة 906هـ/1501، وعينوا قانصوه الغوري بدلاً عنه. بدائع الزهور، ج3، ص463–477.

231 بدائع الزهور، ج3، ص 457.

لوحة 44 الواجهة الخارجية الجنوبية الشرقية لقصر منجك اليوسفي كما هي عليه الآن بعد الترميمات التي أجرتها لجنة حفظ الآثار العربية أولاً، ثم المجلس الأعلى للآثار.

نفسه،[232] وسكن به الأتابكي قرقماس من ولي الدين[233] أتابك العساكر بالديار المصرية، والذي تضمنت حجة وقفه ذكراً لهذا البيت، وقدمت لنا وصفاً سريعاً له،[234] وفي هذا القصر نزل سفير السلطان العثماني لمصر سنة 920هـ/1514م في انتظار مقابلة السلطان الغوري.[235]

232 بدائع الزهور، ج4، ص 4.

233 توفي سنة 916هـ/1510م، وكان أميراً جليلاً وأصله من مماليك الأشرف قايتباي، وتولى من الوظائف إمرة الآخورية الثانية ثم صار مقدم ألف ثم رأس نوبة النوب، وسجن بقلعة دمشق حتى تسلطن الغوري فأفرج عنه وقرره في إمرة السلاح، وصار أتابك العساكر بمصر سنة 910هـ/1504م عوضاً عن قيت الرحبي الذي نفي لثغر الإسكندرية، وظل بهذا المنصب حتى مات. ⁝ بدائع الزهور، ج4، ص197-198.

234 وثيقة قرقماس أمير كبير، حجة رقم 901، وزارة الأوقاف، مؤرخة في 12 ربيع الآخر 921هـ/ 26 مايو 1515م، ص145-146. وتعتبر هذه الوثيقة الوحيدة فيما علمنا التي ورد فيها ذكر هذا القصر وترجع للعصر المملوكي. ⁝ انظر مصطفى نجيب، مدرسة الأمير كبير قرقماس وملحقاتها، دراسة أثرية معمارية، جامعة القاهرة، كلية الآثار، قسم الآثار الإسلامية، 3ج، (رسالة دكتوراة غير منشورة)، 1975، ج3. ⁝ محمد حسام الدين إسماعيل، الأصول المملوكية للعمائر العثمانية، دار الوفاء، الإسكندرية، 2002، ص59-60.

235 بدائع الزهور، ج4، ص 383.

ولا شك أن هذا القصر قد ظل مستخدماً في العصر العثماني كأغلب القصور المملوكية، فقد سكن به عدد من أمراء اللواء الشريف السلطاني، أولهم صالح بيك ثم حسن أفندي أمير اللواء والدفتردار ثم سليمان آغا من أعيان دار السعادة وناظر وقف الحرمين الشريفين حتى آل إلى ملكية أحمد آغا المصاحب الشهرباري فسكنه وأجراه في وقفه.[236] ومن المؤكد أن هذا القصر قد عانى منذ مطلع القرن التاسع عشر الكثير من الإهمال لأسباب تتعلق بتغير الظروف السياسية والاجتماعية، وتحول مركز الثقل والنشاط السياسي والعمراني إلى أماكن أخرى قلت معها تدريجياً القيمة الاستراتيجية والوظيفية للقلعة، كما يبدو أن أذواق الناس قد تغيرت في ذلك الزمن بشأن ما يحبون أن تكون عليه قصورهم من طبيعة مختلفة عن القصور المملوكية القديمة ذات الحجارة الضخمة والمساحات الواسعة، فمالت نفوسهم للتيارات الجديدة في العمارة والزخارف القادمة مع بداية عصر محمد علي [لوحة 44].

الوصف المعماري للقصر

أولاً: كما ورد في الوثائق:

إن وصف هذا القصر قد ورد بثلاثة حجج وقف، واحدة ترجع لأواخر العصر المملوكي باسم الأمير قرقماس أمير كبير[237] وحجتان أخريان ترجعان للعصر العثماني باسم أحمد آغا المصاحب الشهرياري،[238] ولم تتضمن وثيقة قرقماس أمير كبير

236 أحمد أغا المصاحب الشهيرباري، حجة رقم 937، وزارة الأوقاف، تاريخها 10 شوال سنة 1092هـ/1681م، ص 11-13.

237 وثيقة قرقماس أمير كبير، حجة رقم 901، المصدر السابق، ص 145-146.

238 وكلتا هاتين الحجتين محفوظتان بدفتر خانة وزارة الأوقاف، الأولى: تحت رقم 937 ومؤرخة ب 10 شوال سنة 1092هـ/1681م، وبها وصف كامل لأجزاء القصر. والثانية: تحت رقم 311 ومؤرخة ب 28 جمادى آخر سنة 1099هـ/1688م، وبها اختصار بأجزاء كثيرة من الوثيقة الأولى. وسوف نعتمد الوثيقة الأولى في حديثنا عن هذا القصر، وقد قام الدكتور حسام الدين إسماعيل بنشر هذه الوثيقة. ⁝ انظر: محمد حسام الدين إسماعيل، المرجع السابق،

سوى على وصف سريع لهذا القصر حيث تشير هذه الوثيقة لاحتواء القصر على واجهة قبلية بها بوابة كبرى يعلوها طبل خاناه،[239] ويدخل من الباب يسرة إلى حوش كبير به مقعد تركي، وإسطبلات[240] كبرى ذات بوائك[241] وطباق[242] برسم المماليك، وساقيتين[243] مكملتين بالعدة والآلة على بئري ماء معين، وعلى جنينة[244] مرخمة وقاعة كبرى برسم الحريم ومنافع ومرافق وحقوق.[245]

ص131–136.

239 الطبل خاناه: كلمة مركبة من طبل وخانة ومعناها بيت الطبل، والطبل معروف وهو الذي يضرب به، وقد يكون ذا وجه واحد أو وجهين، وتشتمل الطبل خاناه على الطبول والأبواق وتوابعها من الآلات ماعدا الكؤوسات التي كانت توجد فقط في طبل خاناه السلطان، وأمير طبل خاناه هي الرتبة العسكرية الثانية في عصر سلاطين المماليك، ويكون في خدمته مابين 40–80 فارساً، وسمي أمير طبل خاناه لأحقيته في ضرب الطبول على أبواب قصره. ⁝ محمد محمد أمين، ليلى إبراهيم، قاموس المصطلحات الأثرية والوثائقية، مطبعة الجامعة الأمريكية، القاهرة 1990، ص76. وسنرمز له لاحقاً بـ "قاموس المصطلحات".

240 حول معنى المقعد التركي والإسطبل انظر: مسرد المصطلحات الأثرية الملحق بهذا الكتاب.

241 انظر: مصطلح بائكة في مسرد المصطلحات الأثرية الملحق بهذا الكتاب.

242 الطباق والطبقة في العمارة المملوكية وحدة سكنية مستقلة، وقد تكون هذه الوحدة صغيرة وهو ما يعبر عنها عادة في الوثائق باسم "طبقة لطيفة"، وتشتمل عادة على "إيوان ودور قاعة وطاقات وكراسي خلاء ومنافع ومرافق وحقوق" و"طبقة لطيفة مفروشة بالبلاط بها شباك خرط" أو "طبقة حبيس" إذا لم يكن بها طاقات أو شبابيك. وقد تكون الطبقة أكثر من ذلك فتحوي "إيوانين ودور قاعة" أو "طبقة كبرى حاوية لطبقتين متداخلتين"، وقد توصف الطبقة باعتبارها وحدة سكنية مستقلة بصفات خاصة مثل طبقة سفلية أو طبقة علوية، وقد يكون للطبقة مدخل خاص، وقد تكون الطبقة أشبه ما تكون بالبيت المستقل المكون من دورين وسلم داخل، وقد يحتوي المبنى الواحد على عدة طباق متطابقة أو متلاصقة لكل منها منافعها ليكون لها استقلالها عن الطبقات الأخرى. ⁝ قاموس المصطلحات، ص75–76.

243 الساقية: النهر الصغير، ويستخدم أهل مصر هذا المصطلح للدلالة على الدولاب أو الآلة التي تركب فوق فوهة البئر، وتديرها الدواب لرفع الماء، فالساقية في مصر آلة لرفع الماء. وكثيراً ما يرد ذكر الساقية في الوثائق بوصف علم مجمل، فترد مثلاً "ساقية مكملة العدة والآلة" أو "ساقية خشب" أو "ساقية خشب مركبة فوق فوهة بئر ماء معين". وفي أحيان قليلة وردت في الوثائق بعض أجزاء الساقية ومن ذلك: "وآلة الساقية المذكورة من أخشاب وأتراس وطارة وسهم وناف وهرميس ووسايد وطوانيس وقواديس وإكليل وغير ذلك" و "ساقية تشتمل على ترسين كبير وصغير وطارة وسهم مركبة على فوهة البئر" و "الساقية تشتمل على مدار ومعلف وبيوت وحوض وساقية خشب". "بير على فوهتها ساقية خشب بغير جابرة". ⁝ غزوان ياغي، المعالم الأثرية للحضارة الإسلامية في سورية، المنظمة الإسلامية للتربية والعلوم والثقافة (ايسسكو)، المغرب، الرباط، ط1، 2001، ص169–171. ⁝ قاموس المصطلحات، ص61–62.

244 الجنينة تصغير للجنة وهي البستان ذو النخل والأشجار وعند العرب إن لم يكن فيها نخل وكانت ذات شجر فهي حديقة وليست جنينة، وكانت الجنينة في عصر المماليك محاطة بسور غالباً مثل الحديقة. ⁝ قاموس المصطلحات، ص30–31.

245 ونص الوثيقة كالتالي: ... وجميع المكان الكائن بظاهر القاهر/ المحروسة برأس سويقة العزى بالقرب من المدرسة/ الحسنية المعروف قديماً بيت تمربغا وبسكن المقر الأشرف/ المرحوم السيفي تمراز الأتابكي، كان تغمده الله برحمته المشتمل/ بدلالة مكتوب أصله الورق الشامي الآتي فيه/ على واجهة قبلية بها بوابة كبرى وطبل خاناه/ يتوصل من الباب المذكور إلى مجاز أرضي متسع به مصاطب/ عليه ويسرة يتوصل منه إلى حوش كبير به مقعد تركي/ بدرابزينات ومبيت سفل ذلك بيوتات وإلى إسطبلات/ كبرى ذات بوائك وطباق برسم المماليك وساقيتين/ مكملتين بالعدة و بالآلة على بئري ماء معين وعلى جنينه/ بها فسقية مرخمة وقاعة كبرى برسم الحريم ومنافع/ ومرافق وحقوق محصور ذلك بحدود أربعة يضمها/ للأصل المذكور الحد القبلي ينتهي إلى الطريق وفيه الواجهة والباب الكبير والطبل خاناه المذكور أعلاه والحد البحري ينتهي إلى بيت المقر المرحوم السيفي جرباش كرت وفيه/ باب سر لذلك والحد الشرقي إلى بيت يشبك الجثمقي ومبيت/

لوحة 45 كتلة مدخل قصر منجك اليوسفي السلاح دار، ويظهر بوسط كلا كوشتي هذه الكوشة شكل السيف الذي يتوسط الجامة الحجرية البارزة، وهو رنك السلاح دار.

وقد جاءت الوثيقة العثمانية رقم 937 سابقة الذكر أكثر تفصيلاً في وصف هذا القصر وشرح ما فيه من واجهات خارجية وداخلية وأبواب وقاعات وجناين ومرافق، وهي تعطينا فكرة تفصيلية شاملة عن تفاصيل هذا القصر حتى يمكننا تخيله وكأننا نراه.

ومن خلال هذا النص الوثائقي يتبين لنا أن هذا القصر كان يتألف من واجهة قبلية جنوبية شرقية مبنية بالحجر الفص النحيت،[246] يعلوها بناء بالطوب الآجر بها باب كبير به مسطبتان يمنة ويسرة برسم الجلوس، ويعلو ذلك عقد بالحجر، يدخل من الباب المذكور أعلاه إلى دركاه،[247] يتوصل منها إلى دهليز... يتوصل منه إلى حوش (فناء) كبير به أربع جهات (أضلاع) بكل جهة منها أماكن وأبواب بالجهة الأولى (الضلع الجنوبي الشرقي) خمسة أبواب، أولها باب الدخول للفناء، وباب ثان يدخل منه لفرن قديم،وباب ثالث يتوصل منه لإسطبل به طوالات[248] مقام أرؤس خيل، والباب الرابع

إبراهيم والحد الغربي ينتهي إلى أوقاف المقر المرحوم يشبك/الدوردار كبير تغمده الله برحمته... ؛ وثيقة قرقماس، المصدر السابق، ص145-146 مصطفى نجيب، المرجع السابق، ج3. ؛ محمد حسام الدين إسماعيل، المرجع السابق، ص 59-60.

246 الحجر الفص النحيت، هو نوع من الحجر المصقول، استخدم في بناء معظم العمائر والبنايات الكبرى في العصر المملوكي، ويكون على هيئة مداميك من اللونين الأبيض والأحمر في معظم الأحيان، وهو من أجود أنواع الحجر حيث تم نحته وتهذيبه وجعله أملساً مصقولاً قبل الشروع باستخدامه. ؛ انظر: سامي أحمد عبد الحليم إمام، آثار الأمير قاني باي الرماح بالقاهرة، دراسة أثرية معمارية، كلية الآثار، جامعة القاهرة، رسالة دكتوراة غير منشورة، 1975، ص401. ؛ قاموس المصطلحات، ص33.

247 انظر: مسرد المصطلحات الأثرية الملحق بهذا الكتاب.

248 الطوالة: طوالة-طوالات: طال طولاً امتد فهو طويل وطوال والطويلة والطول، والطيل: حبل يشد به قائمة الدابة أو يمسك صاحبه بطرفه ويترك الدابة ترعى، ومن هذا المعنى الأخير وبالتشبيه استخدم اللفظ في الوثائق للدلالة على حوض مستطيل بالإسطبل أو بدار الدواب يوضع فيه العلف للخيل أو غيرها من الدواب، ومن أوصاف الطوالة بالوثائق "طوالة دائرية مبنية بالحجر" "وطوالة معقودة بالحجر الفص النحيت"

الشكل 69 رسم تفصيلي لكتلة المدخل الرئيسي لقصر منجك السلاح دار، والواقع في الطرف الجنوبي للواجهة الجنوبية الشرقية الرئيسية للقصر، والمطلة على شارع سوق السلاح. (عن: كراسات لجنة حفظ الآثار كراسة رقم 11).

يدخل منه لدركاه بها أربعة أبواب، أولها يدخل منه لدهليز به باب يتوصل منه لجنينة، وبآخر الدهليز توجد ساقية مرتفعة بها حاصل برسم الماء وبئر معين، ويتوصل من الساقية لمطبخ كشف سماوي، ويجاور باب المطبخ ثلاثة أبواب، إحداها يدخل منه لمرحاض المطبخ، والثاني للمطبخ والثالث لباب سر المكان المذكور، كما يقابل باب المطبخ باب يدخل منه لسلم يصعد من عليه لبسطة بها سلمان يمنة ويسرة، يؤدي السلم الذي على يمين الصاعد لدهليز مستطيل به ستة أروقة،[249] والباب الخامس من الأبواب التي بهذه الجهة (الضلع) من الحوش يقع على يسرة باب الحوش المذكور مما يلي الجهة القبلية، ويدخل منه لإسطبل مسقفاً[250] غشيماً.[251]

أما الجهة الثانية من الجهات الأربع التي بالحوش المذكور، وهي التي على يمنة من وقف بوسط الحوش المذكور (الضلع الشمالي الشرقي) وبه منظرة مفروش أرضها بالرخام الملون بوسطها فسقية، وبصدرها خمسة أبواب يدخل من الأول منها لأماكن عدة، ويدخل لكل من الأربع أبواب الأخرى لأربعة حواصل.

كما يوجد بهذه الجهة (الضلع) بابان آخران يتوصل من الأول منهما لجنينة خاصة بالحريم، أما الباب الثاني فهو مقنطر، ويدخل منه لردهة بها بابان، الأول يوصل لباب سر القاعة والباب الثاني يدخل منه للقاعة (الكبرى) والتي هي عبارة عن إيوانين ودور

و"إسطبل به ثلاث طوالات إحداهما مقام تسعة أرؤس خيل والثانية خمسة أرؤس والثالثة رأسين" أو "دار الدواب المفروشة أرضها بالحجر والجاديل وبها طوالتان كبرى". ⁝ قاموس المصطلحات، ص77-78. ⁝ محمد الششتاوي، منشآت رعاية الحيوان في القاهرة في العصرين المملوكي والعثماني، قسم الآثار الإسلامية، كلية الآثار، جامعة القاهرة، 2001، (رسالة دكتوراة غير منشورة)، ص224.

249 الرواق من الأجزاء الهامة في عمارة البيت الإسلامي، ويتكون عادة من إيوانين متقابلين بينهما دور قاعة - مسقفة غالباً وقد تكون سماوية - ويلحق بذلك منافع ومرافق كالخزانات النومية وخزانة الكسوة والمطبخ والمرحاض، وكان الرواق يسقف بالخشب النقي المدهون على مربعات ويوجد على كل إيوان زوج كرادي ومعبرة، أما الدور قاعة فقد كان يوجد أعلاها عراقية وسطها منور سماوي وأحياناً بوسط أرضيتها فسقية من الرخام الخردة، أما بقية الأرضية في الإيوانين والدور قاعة فمن الرخام الملون المختلف الأشكال، أو البلاط وكانت الجدر تسبل بالبياض. ⁝ عبد اللطيف إبراهيم، دراسات تاريخية وأثرية في وثائق من عصر الغوري، قسم الآثار الإسلامية، كلية الآداب، جامعة القاهرة، 1956، 3 أجزاء، (رسالة دكتوراة غير منشورة)، ج2، تحقيق رقم131.

250 في الواقع لقد تنوعت السقوف الخشبية في العمارة الإسلامية، وفاضت الوثائق بذكر العديد من هذه الأنواع، مثل مسقف نقياً أي من الخشب المستورد، أو مسقف غشيماً أي من الخشب البلدي أو من جذوع النخل، أو مسقف غرد أي من البوص، كما ترد مصطلحات عديدة لأنواع التسقيف التي تدل على شكل أو طراز السقف، مثل مسقف سكندرياً، أي ذو كمرات "مربعات" طولية بينها ألواح، ومسقف شامياً، أي السقف ذو الكمرات الطولية ولكن بينها عروق صغيرة عرضية، كما ورد في الوثائق الكثير من الوصف للأسقف من حيث طريقة التسقيف أيضاً. ⁝ للاستزادة انظر: قاموس المصطلحات، ص92.

251 وثيقة أحمد أغا المصاحب الشهيرباري، رقم 937، المصدر السابق، ص17-23.

قاعة، وبكل من الإيوانين ثلاث دخلات أو سدلات، ويفتح على الدور قاعة أغاني يتوصل إليها عبر سلم خارجي، كما يصعد من الأغاني عبر نفس السلم إلى السطح العالي[252] بالجهة الثالثة من الحوش المذكور (الضلع الشمالي الغربي) باب يدخل منه لحاصل أسفل الساقية المذكورة،ويوجد سلم يصعد من عليه إلى دهليز به خمسة طباقات مشتملة على منافع وحقوق ومرحاضين خاصين بالطباق . كما يوجد بالحوش المذكور فسقية برسم الماء يجاورها حاصل لطيف، كما يوجد بهذه الجهة (الضلع) باب يتوصل منه لإسطبل كبير مقام خمسة وعشرين رأساً من الخيل مسقف غشيماً به بوائك وأكتاف ومنور وحوض من الحجر برسم سقي الدواب.[253]

أما الجهة الرابعة التي بالحوش (الضلع الجنوبي الغربي) فتوجد بها ستة أبواب يتوصل من الأول لركاب خاناه عتيقة، ومن الثاني لركاب خاناه ثانية، أما الأربعة أبواب الأخرى، فيدخل منها لركاب خاناه وشراب خاناه وسلم يصعد من عليه إلى مقعد كبير (تركي) به خمس بوايك (عقود) مفروش أرضه بالبلاط الكدان[254] يوجد بصدره باب يدخل منه فيه باب يؤدي لفسحة بها بابان يتوصل من أحدهما إلى كرسي راحة والثاني يدخل منه لخزانة نومية[255] بها شباك مطل على الفسحة التي بالحوش.

كما يتقدم باب المقعد دهليز به بابان، أول يدخل منه لفسحة سماوية بها باب يؤدي لكرسي راحة، وباب آخر هو باب سر القاعة، ويتوصل منه للقاعة (الواقعة بالضلع الشمالي الشرقي).

أما الباب الثاني فيدخل منه إلى رواق مفروش أرضه بالبلاط الكدان، هذا ويجاور السلم المتوصل منه للمقعد وملحقاته مصلب،[256] يحمل المقعد وآخر يحمل المبيت.[257]

ثانياً: الأجزاء الباقية من القصر

أما ما بقي من أجزاء هذا القصر[258] الآن فتنحصر فقط في جزء من الواجهة الرئيسية الجنوبية الشرقية للقصر، إضافة لكامل مدخل القصر، والذي يعتبر من أجمل مداخل القصور

252 وثيقة أحمد أغا المصاحب الشهيرباري، رقم 937، المصدر السابق، ص23-29.

253 المصدر نفسه، ص30-32.

254 البلاط الكدان هو نوع من الحجر الجيري شاع استعماله في البناء في مصر، ويختلف لونه باختلاف المحاجر المستخرج منها من اللون الأبيض إلى الأصفر إلى الأحمر حسب الأكاسيد المعدنية التي يحتوي عليها الكلس، وأجوده المستخرج من محجر بطن البقرة جنوب القاهرة، وقد عرف بأسماء عديدة نسبة إلى مكان استخراجه فيقال قرافي ومعصراني ...، وإجمالاً فإن المصطلح يعني نوعاً من البلاطات الحجرية التي كانت تغطي بعض أرضيات العمائر الدينية والمدنية، وقد كانت تصقل بحيث تبدو ناعمة الملمس، وهي إما مستطيلة أو مربعة. ⁝ مصطفى نجيب، المرجع السابق، ج3، ص130-134. ⁝ قاموس المصطلحات، ص94.

255 الخزانة هي اسم الموضع الذي يخزن فيه الشيء، وأيضا الخزانة المخدع ويستخدم اللفظ في الوثائق للدلالة على حجرة ذات استخدام معين فيرد "خزانة نومية" أو "خزانة نوم" و"خزانة كتبية" و"خزانة برسم العجين" و "خزانة كسوة" أي لحفظ الملابس، و "خزانة بوابية" أي للبواب و "خزانة حبيس" أي بدون فتحات للتهوية و "خزانة شتوية" والمقصود أنها دافئة، كما ويستعمل اللفظ أيضاً للدلالة على الدواليب بالقاعات فيرد: "خزائن يغلق عليها أبواب نقي منقوشة مطعمة". ⁝ قاموس المصطلحات، ص41.

256 المصلب: يستخدم هذا المصطلح للدلالة على نوع من السقوف، يتكون من أربع أقبية تلتقي في النصف فتكون شكل مصلب، وتوجد غالباً في المداخل والدركاوات والدهاليز، وترد في الوثائق: "سقف مصلب" و"مصلبان مدائني" وأيضاً: "معقود مصلباً" و"عقد مصلب". ⁝ انظر: قاموس المصطلحات، ص 108.

257 وثيقة أحمد أغا المصاحب الشهيرباري، رقم 937، المصدر السابق، ص33-39.

258 كانت لجنة حفظ الآثار العربية قد وضعت شروطاً للبناء حول بقايا قصر منجك، حيث سمحوا أن ترتكز المنشآت الجديدة للجهة الجنوبية من القصر، ثم تمتد للغرب بطول 13.20م من الزاوية الجنوبية الشرقية، ثم تعود للشمال موازية للواجهة الغربية للمنشأة، وكما اشترطت اللجنة عدم بناء أي منشأة قرب القصر حتى يقوم القسم الفني بالتصريح بذلك. ⁝ الكراسات، كراسة 24، لسنوات 1925-1926، تقرير رقم 612، ص 65-66.

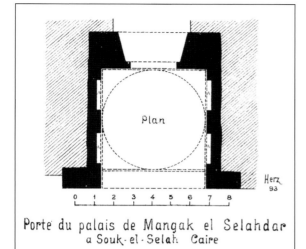

المملوكية التي وصلت إلينا، ولم يتبق من داخل القصر سوى ثلاث غرف مهدمة وبعض الجدران والعناصر المعمارية.

الواجهة الجنوبية الشرقية: [لوحة 44]

هي الواجهة الرئيسية لقصر منجك السلاح دار، وهي الواجهة القبلية التي أشارت إليها الوثيقتان المملوكية والعثمانية والمبنية بالحجر الفص النحيت، وتشرف على شارع سوق السلاح، وقد ضاع أغلب أجزائها التي كانت تمتد لمساحة لا تقل طولاً عن واجهة قصر الأمير طاز، التي تمتد على شارع السيوفية بطول يصل لمائة متر.

أما الجزء الباقي من واجهة قصر منجك، فطوله 19.89م، وترتفع لمستوى واحد تقريباً، هو مستوى سقف الطابق الأول، ويمكن تقسيم الباقي من هذه الواجهة لجزئين، أولهما الجزء الباقي من الجدار الخارجي للواجهة، وثانيهما المدخل الرئيسي.

ويمتد **الجزء الأول** [لوحة 44] على الشارع بطول 12.13م، ونستطيع تقسيمه لمستويين سفلي وعلوي، أما المستوى السفلي فهو مصمت الآن في أغلبه، اختفى جزء كبير منه تحت مستوى الشارع على مرور السنين،[259] حيث تظهر إحدى الصور الأرشيفية القديمة أنه كان يوجد أسفل هذا الجزء من الواجهة ثلاثة حوانيت تفتح على الشارع بثلاثة أبواب مختلفة الاتساع أكثرها ارتفاعاً الباب الواقع بالطرف الشرقي للواجهة وهو الباقي حتى اليوم، وعرض هذا الباب 0.84م، بينما يرتفع 3.14م ومنه 1.00م مختفي تحت مستوى الشارع، وننزل اليوم من هذا الباب لحانوت شبه مربع طوله 3.20م وعرضه 3.05م، يغطي مساحته سقف حجري برميلي وارتفاع قمة هذا السقف عن أرضية الحانوت 2.56م، حيث تشكل هذه الأرضية اليوم أقرب ما يكون للمستوى الأصلي لأرضية قصر منجك، والتي تنخفض عن مستوى أرضية الشارع الحالي

الشكل 70 مسقط أفقي لكتلة مدخل قصر منجك اليوسفي السلاح دار. (عن: كراسات لجنة حفظ الآثار كراسة رقم 11).

حوالي المترين.

وقد كان هذا الحانوت يرتبط مع جزء آخر واقع خلفه، يتوصل إليه عبر باب كان يفتح بصدره مقابل باب الدخول مباشرة عرضه 0.87م وارتفاعه الحالي عن أرضية الحانوت 1.54م، ويعلو الباب عتب خشبي، ومن المؤكد أن هذا الحانوت يشابه من حيث تغطيته العديد من الحوانيت التي كانت بواجهة هذا القصر، ومعهما اثنان آخران ما زالا موجودين مدفونين تحت مستوى الشارع وحوانيت أخرى زالت مع الجزء الزائل من هذه الواجهة الرئيسية للقصر.

ويمثل أعلى هذا المستوى السفلي الواجهة الأصلية للطابق الأرضي للقصر، ويؤكد ذلك بقايا أسقف الحجرات الواقعة داخل القصر خلف هذه الواجهة.

أما المستوى العلوي من الجدار الباقي بهذه الواجهة فيتألف من ثلاث فتحات شبابيك كبيرة معقودة متساوية في الارتفاع والعرض، حيث يعلو كل واحد منها عقد حجري مدبب يرتفع بفتحة كل شباك لأعلى الواجهة، بينما عرض كل شباك 1.94م، وهي شبابيك خالية مما يشغلها بعد ضياع نوافذها ومصبعاتها، ويمثل هذا المستوى بعض واجهة الطابق الأول الأصلي لقصر منجك.

259 كانت لجنة حفظ الآثار العربية قد قامت بين عامي 1927-1929 من أجل الكشف عن الجزء المختفي من هذه الواجهة تحت مستوى الشارع بعمل خندق أمام الواجهة بعرض 1.00م أخذت من عرض الشارع، وخصصت اللجنة مبلغ 200 جنيه للقيام بعمل الخندق وتنظيف وترميم بقايا القصر. الكراسات، كراسة 35، لسنوات 1927-1929، تقرير 626، ص 82، تقرير 631، ص 115.

لوحة 46 الجامة الحجرية البارزة التي تتوسط الكوشة اليمنى للعقد الذي يتوج كتلة مدخل قصر منجك اليوسفي السلاح دار، ويظهر بها شكل رنك السلاح دار الذي يرمز له بالسيف.

أما **الجزء الثاني** من هذه الواجهة [لوحة 45] فهو المدخل الرئيسي لهذا القصر [الشكل 69]، ويقع بالطرف الجنوبي من هذه الواجهة الجنوبية الشرقية وفي الجهة الجنوبية الغربية للأجزاء الباقية من هذا القصر، وهو المدخل الرئيسي والأصلي لهذا القصر القائم منذ تأسيسه الأول على يد الأمير سيف الدين منجك السلاح دار، يؤكد ذلك ما يوجد على كتلة المدخل من زخارف وكتابات. وكان يعلو هذا المدخل في العصر المملوكي طبل خاناه حسب ما ورد في وثيقة قرقماس.[260]

وتمتد كتلة واجهة هذا المدخل بطول 7.42م، وتتوسطها فتحة عقد نصف دائري كبير تبلغ مساحته 5.56م، ويبلغ ارتفاع كتلة المدخل بمقدار ارتفاع مستويي الجزء الباقي من الجدار الخارجي للواجهة، أي بمستوى الطابق الأرضي والأول من القصر مع الانتباه أيضاً إلى أن ارتفاع مستوى أرضية الشارع اليوم قد أضاع الارتفاع الحقيقي الذي كان عليه المدخل.[261]

وتتوسط كوشتي عقد المدخل هذا جامتان حجريتان بارزتان، كان يبرز بوسط كل منهما رنك بشكل السيف، وهو الرمز لوظيفة السلاحدارية التي كان يشغلها الأمير منجك عند إنشائه لقصره هذا.[262]

وبينما بقي شكل السيف بارزاً على الجامة اليمنى [لوحة 46] فقد سقط للأسف عن الجامة الأخرى منذ زمن غير قريب، هذا ويؤطر الحدود الخارجية لفتحة المدخل مع كوشتي العقد جفت لاعب حجري بارز ذو ميمات معقودة تأخذ فوق قمة العقد الكبير شكل ميمة كبيرة مازالت واضحة للعيان.

ويعتبر مدخل قصر الأمير منجك من أهم أنواع المداخل التي عرفت في العصر المملوكي البحري 648-784هـ/1250-1382م، فهو عبارة عن سقيفة حجرية بارزة تسقفها قبة ضحلة،[263] حيث تتقدم فتحة باب الدخول بهذا النوع سقيفة تبرز عن مستوى جدار الواجهة بروزاً كبيراً،[264] وفعلاً بعد فتحة هذا المدخل يتوصل لسقيفة [الشكل70] طولها 6.65م وعرضها 5056م، تغطيها قبة حجرية ضحلة[265] [لوحة 47]

260 فيرد بهذه الوثيقة: المشتمل... على واجهة قبلية بها بوابة كبرى وطبل خاناه... والحد القبلي ينتهي إلى الطريق وفيه الواجهة والباب الكبير والطبل خاناه المذكورة أعلاه. ؛ وثيقة قرقماس، المصدر السابق، ص145-146.

261 لقد رأينا حصول مثل هذا في ارتفاع أرضية شارع السيوفية والذي أدى بالتالي لتقليل نسبة ارتفاع المدخل الرئيسي لقصر الأمير طاز الذي يفتح على هذا الشارع.

262 لقد رأينا أن الأمير بشتاك قد وضع مثل هاتين الجامتين الحجريتين على كوشتي عقد المدخل المستخدم حالياً، للدخول لقصره الذي بشارع بين القصرين، حيث كانت كل منهما تحملان رنكه. انظر قصر الأمير بشتاك ص108 وما بعدها.

263 لقد وجدت ثلاثة أنواع من الأسقف التي تغطي هذه السقيفة منها القبة الضحلة أو القبو المتقاطع أو القبو المدبب. للاستزادة حول هذا المصطلح انظر: مدخل الحجر المعقود المرتد في مسرد المصطلحات الأثرية الملحق بهذا الكتاب.

264 سيف النصر أبو الفتوح، مداخل العمائر المملوكية بالقاهرة الدينية والمدنية بين سنة 648هـ/1250م، 784هـ/1382م، قسم الآثار الإسلامية، كلية الآثار، جامعة القاهرة، (رسالة ماجستير غير منشورة)، 1975، ص 38.

265 يعتبر مدخل قصر منجك ثاني مثل في العمارة المملوكية ورد بها هذا النوع من المداخل ذات السقيفة الحجرية البارزة، ويسقفها قبة ضحلة، حيث ورد ذلك أولاً في المدخل

الشكل 71 رسم تفصيلي لأحد المثلثات الكروية الأربعة الحاملة للقبة الحجرية الضحلة التي تغطي سقيفة مدخل قصر منجك اليوسفي. (عن: كراسات لجنة حفظ الآثار كراسة رقم 11).

كبيرة محمولة في الأركان على أربعة مثلثات كروية تتوسط كلاً منها جامة دائرية رسم بداخلها سيف يشبه الذي رأيناه على واجهة المدخل، وهو رمز لوظيفة السلاحدارية التي كان يشغلها الأمير منجك اليوسفي عند إنشائه لقصره هذا، ويبدو أنه كان يحدد أضلاع كل من هذه المثلثات الكروية الأربعة، وكذلك الجامات التي يتوسطها شريط من الزخارف النباتية والممتدة والمتداخلة [الشكل 71].

كما يحيط برقبة هذه القبة الضحلة شريط كتابي مكون من ثمانية بحور، يفصل بينها ثماني جامات رسم بكل منها رنك السلاحدار، كما تحتوي طاقية القبة على زخارف هندسية لأشكال خطوط زكزاكية تلتف حول دائرة مركزية تخرج منها أوراق نباتية محورة بشكل قريب الشبه بزهرة عباد الشمس [الشكل 72].

لوحة 47 القبة الحجرية الضحلة التي تغطي سقيفة مدخل قصر منجك اليوسفي. ويظهر بالصورة المثلثات الكروية الأربعة الحاملة لهذه القبة.

هذا وقد بهتت كامل الزخارف الهندسية والنباتية والكتابية الموجودة على قبة هذا المدخل، وضاعت تفاصيلها تحت تأثير عوامل متعددة أهمها الإهمال وسوء الحفظ والتعدي الذي عانى منه هذا الأثر بشكل عام.

ويصعب اليوم قراءة الشريط الكتابي الذي يحيط بالقبة خاصة بعد تلون الحروف باللون الأسود نتيجة إحراق القمامة المستمر بدركاه المدخل، ويغلب أن تكون هذه البحور الثمانية تحمل كتابات قرآنية وأدعية للمنشئ.

أما أرضية سقيفة هذا المدخل فقد ارتفعت عن مستوى الأرضية الأصلية، مقداراً لا يقل عن مترين، فقد كان يوجد على جانبي هذه السقيفة يمنة ويسرة مسطبتان برسم الجلوس،[266] اختفتا اليوم تحت مستوى الأرضية الحالية للسقيفة، كما يفتح

الشمالي الغربي الرئيسي لجامع السلطان الظاهر بيبرس (665–567هـ/1266–1269م). ⋮ سيف النصر أبو الفتوح، المرجع السابق، ص 38. ⋮ وانظر حول جامع الظاهر بيبرس: حسني نويصر، العمارة الإسلامية في مصر عصر الأيوبيين والمماليك، مكتبة زهراء الشرق، القاهرة، 1996، ص135–150.

266 وثيقة أحمد أغا المصاحب الشهيرباري، رقم 937، ص14. حيث ورد بهذه الوثيقة "المشتمل المكان المرقوم على واجهة قبلية مبنية بالحجر الفص النحيت، يعلوها بناء بالطوب الآجر بها باب كبير به مسطبتان يمنة ويسرة برسم الجلوس، يعلو ذلك عقد بالحجر يدخل من الباب المذكور أعلاه إلى دركاه يتوصل منها إلى دهليز، ثم يتوصل من الدهليز المذكور أعلاه إلى حوش كبير ميدان واسع به أربع جهات بكل جهة منها أماكن وأبواب. ⋮ وثيقة أحمد أغا المصاحب الشهيرباري، المصدر السابق، ص 14–15.

الشكل 72 رسم تفصيلي للزخارف الموجودة بداخل القبة التي تعلو سقيفة مدخل قصر منجك. (عن: كراسات لجنة حفظ الآثار كراسة رقم 11).

اليوم على جانبي هذه السقيفة دخلتان جداريتان بكل جانب يمنة ويسرة [الشكل A–70]، ارتفاع كل دخلة منهما 2.90م وعرضها 1.80م وعمقها 0.25م، وتنتهي كل دخلة من الأعلى بشكل خورنق[267] كبير عمقه مثل عمق الدخلة، كما تحتل المساحة الجدارية المحصورة بين كل خورنقين دخلة تنتهي من الأعلى بعقد نصف دائري [لوحة 48].

كما وتفتح بالجهة المقابلة لفتحة عقد الدخول بصدر السقيفة [لوحة 49] فتحة باب معقود بعقد مدبب، أضاع ارتفاع أرضية السقيفة الكثير من ارتفاعه الحقيقي وارتفاعه الحالي هو 4.00م، بينما ظل عرضه واضحاً، وهو 2.60م، كما يحدد عقد هذا الباب من مستوى رجليه جفت لاعب بارز، ينعقد فوق قمة العقد بشكل ميمة كبيرة، كما يعلو هذا العقد

267 خورنق: كلمة عامية لا ترتبط بكلمة خورنق الفارسية وبقصر الخورنق بالحيرة، وترد في الوثائق للدلالة على بيت صغير داخل المطبخ أو الإسطبل أو الوحدة السكنية، وترد أيضاً كتجويف في آخر الكريدي في أسفله: "كريدي خاتم بذيل مقرنص سبع نهضات وخورنق". ‡ قاموس المصطلحات، ص 44.

لوحة 48 إحدى الدخلتان الجداريتان الواقعتان في كتلة مدخل قصر منجك اليوسفي في سوق السلاح.

شباك مستطيل.[268]

ويظهر في الواجهة الخارجية لكتلة المدخل إفريز كتابي محفور بالحجر عرضه 0.33م، يبدأ من يسار كتلة المدخل ويسير مع جدران الدخلات الجدارية بالجدارين الجانبيين لسقيفة المدخل

268 أرجح أن كافة هذه الجهة المقابلة لفتحة عقد المدخل بما فيها الباب والشباك هي مضافة بفترة لاحقة على العصر المملوكي رغم اتخاذها من الحجر الفص النحيت، التي بني بها المدخل الأصلي، ويؤكد ذلك عدم وجود أي ارتباط معماري بين هذا الجدار وباقي المدخل، ويظهر هذا من الجهة الداخلية للجدار المشرف على داخل القصر، إضافة إلى أن النص الكتابي الذي يحيط بجدران السقيفة كتب على الجدارين الجانبيين للسقيفة فقط، وعليه يجب علينا تصور هذا المدخل بدون هذا الجدار المقابل لفتحة عقد المدخل، مما كان يؤدي دوراً بالسماح للأمير ولمماليكه بالدخول لفناء القصر راكبين على جيادهم التي كانت أبواب إسطبلاتها تفتح على هذا الفناء كما أشارت الوثائق.

دون المرور فوق الجدار المقابل لفتحة عقد المدخل، وينتهي بالواجهة الخارجية على يمين كتلة المدخل، وكان هذا الإفريز يحوي شريطاً كتابياً بارزاً مكتوباً بالخط المملوكي، ضاعت اليوم أغلب حروفه حتى استحالت قراءته، رغم بقاء أجزاء قليلة منه، وقد استطعت قراءته كاملاً بالاعتماد على قراءة سابقة قام بها مهندسو القسم الفني للجنة حفظ الآثار بتاريخ 4 ابريل 1894م، ونصه كالتالي:

بسم الله الرحمن الرحيم أمر بإنشاء هذا المكان المبارك المقر الأشرفي العالي المولوي الأميري الكبيري المحترمي المخدومي المجاهدي المرابطي المثاغري المؤيدي المنصوري السيدي السندي المالكي الهمامي القوامي النظامي العضدي الذخري النصري الكفيلي الزعيمي المقدمي الاسفهسلاوي عمدة الملوك اختيار السلاطين السيفي سيف الدين منجك السلاح دار الملكي المظفري أدام الله له السعادة وبلغه في الدارين الإرادة.[269]

الأجزاء الباقية من داخل القصر:

كل المتبقي عبارة عن بقايا معمارية لثلاث غرف مهدمة الجدران، إضافة لبقايا جدران متناثرة توحي سماكتها بضخامة هذا القصر وعظمته، ويلاحظ أن أغلب هذه الأجزاء المتبقية تقع مباشرة خلف الجزء الباقي من الجدار الخارجي للواجهة الجنوبية الشرقية.

حيث يدخل من فتحة الباب المعقودة الواقعة بصدر كتلة المدخل [الشكل 73–1] اليوم مباشرة إلى مساحة كبيرة مكشوفة مستطيلة المسقط [الشكل 73–2] طولها 19.10م وعرضها 4.80م.

وتقع الأجزاء الباقية اليوم من الأجزاء الداخلية لهذا القصر بالجهة الجنوبية الشرقية لهذه المساحة محصورة في المساحة الواقعة بين الجهة الخلفية للجدار الخارجي للواجهة الجنوبية الشرقية وبين كتلة المدخل الرئيسي، وتتألف هذه الأجزاء من مساحة مستطيلة [الشكل 73–3] طولها 5.20م وعرضها 3.95م، تشرف بكامل اتساعها على المساحة المستطيلة الكبيرة

لوحة 49 الجدار الواقع بصدر كتلة مدخل قصر منجك، ويظهر بالصورة الباب المعقود والشباك اللذان يتوسطان هذا الجدار.

المكشوفة [الشكل 73–2]، بينما كانت تفتح بالجهة الجنوبية الشرقية منها غرفتان، الأولى [شكل73–4] طولها 3.00م وعرضها 1.89م وعمقها 0.38م، والغرفة الثانية [الشكل 73–5] طولها 3.00م وعرضها 2.70م، ويبدو أنه كانت تقع بالجهة الشمالية الشرقية من هاتين الغرفتين غرفة ثالثة [الشكل 73–6]، ويبدو أنها كانت مشابهة في أطوالها للغرفتين السابقتين، ويظهر من البقايا الأثرية أنه كان يفصل بين هذه الغرف والمساحة المستطيلة السابقة [الشكل 73–3] جدار ضخم عرضه 0.84م، يفتح به أبواب تربط بين الغرف والمساحة المستطيلة، كما يظهر أنه كان يغطي كلاً من هذه الغرف الثلاث التي تقع بمستوى الطابق الأرضي أقبية حجرية تحمل أجزاء من الطابق الأول للقصر الذي كان يشرف على شارع سوق السلاح بثلاثة شبابيك معقودة عرض كل منها 1.94م وهي الشبابيك السابق وصفها عند الحديث عن الجزء الباقي من الجدار الخارجي

269 الكراسات، كراسة 11، عام 1894، تقرير رقم 164، ص46.

للواجهة الجنوبية الشرقية، مع ملاحظة الارتفاع الشديد اليوم لأرضية الطابق الأرضي عن مستوى الأرضية الأصلية للقصر. وعلى سمت هذه الغرف الثلاثة المذكورة يظهر أعلى القبو الاسطواني الذي يغطي الحانوت سابق الوصف ذا الباب الواقع بالطرف الشرقي للواجهة الخارجية الباقية للقصر، مسترقة[270] [الشكل 73–7] بطول 3.00م وعرض 1.21م وارتفاع سقفها 1.60م، تفتح على الشارع بشباك مربع يعلو باب الحانوت المتوصل إليه من الواجهة الخارجية، بينما تفتح على الداخل بكل ارتفاعها وعرضها، وتشرف على غرفة رابعة [الشكل 73–8] باقية من أجزاء هذا القصر طولها 4.10م وعرضها 3.34م ومهدمة السقف.

وتظهر بالجهة الشمالية الغربية لهذه الغرفة قمة عقد مغمور يظهر منه حوالي 1.00م فوق الأرض، بينما عرض الجزء الظاهر 1.70م، ويؤكد هذا العقد مدى الارتفاع الكبير للأرضية الحالية للقصر عن مستوى الأرضية الأصلية للطابق الأرضي، مما يلفت نظرنا لأهمية إجراء حفائر بهذا الجزء المتبقي من القصر عسانا نستطيع إنقاذ ما أبقاه الزمن لنا من أجزاء هذا القصر الذي أضعناه، ولو بقي لكان مثالاً جيداً جداً عن القصور المملوكية الوظيفية العائدة للعصر البحري.

الأجزاء الأثرية المكتشفة في محيط قصر منجك:

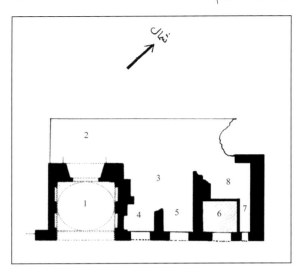

تمّ العثور في الجهة الشمالية الشرقية لبقايا قصر منجك في الأجزاء المطلة على درب الحدام على بقايا ضخمة لجدار قاعة كانت موجودة بهذا الاتجاه، وهي عبارة عن دخلة رأسية ترتفع بارتفاع الطابقين الأرضي والأول وعلى جانبيها توجد دخلات أخرى وحنايا صغيرة، تعلو ذلك بقايا أماكن تثبيت البراطيم الخشبية التي كانت تحمل سقف هذه القاعة وتؤكد هذه الأجزاء التي يسهل نسبتها لهذا القصر لضخامتها على الامتداد الحقيقي لقصر منجك بهذا الاتجاه، بل ربما تكون هذه الأجزاء المكتشفة تمثل الجدار الجنوبي الغربي للقاعة الكبرى لهذا القصر، والتي كانت تقع حسب ما ذكرت وثيقة أحمد آغا المصاحب بالضلع الشمالي الشرقي للفناء الواسع لقصر منجك.[271]

الشكل 73 مسقط أفقي لكافة الأجزاء الباقية من قصر منجك اليوسفي. 1–كتلة المدخل الرئيسي 2–مساحة فضاء 3–مساحة مستطيلة 4–5–6–غرف 7–مسترقة 8–غرفة. (من عمل الباحث).

270 مسترقة: سرق الشيء سرقاً استرقه، واسترق السمع أي استمع مستخفياً، والمسترقة في العمارة المملوكية والوثائق عبارة عن خزانة توجد في مكان بين أدوار المبنى وهي التي نسميها الآن المسروقة. ومن وصفها في الوثائق: "مسترقتين على كل منهما فردة باب إحداهما حبيسة والأخرى مطلة على الطريق مسقفتين غشيماً وبالحبيس منهما سلم خشبي برسم السطح العالي" و "مسترقة لطيفة بها طاقات". وقد توجد المسترقة فوق مخزن، أو فوق حانوت، فيرد: "مخزن به مسترقة" و "حانوت به مسترقة مطلة على الطريق". ؛ قاموس المصطلحات، ص105.

271 وثيقة أحمد أغا المصاحب الشهيرباري، رقم 937، المصدر السابق، ص23–29. وانظر الوصف المعماري للقصر كما ورد في الوثائق.

5 قصر الأمير طاز، 753هـ/1352م

يقع هذا القصر[272] بشارع السيوفية[273] [الشكل 74]، بحي الخليفة بمدينة القاهرة [الشكل 75].

المنشئ:

الأمير طاز بن عبد الله[274] الناصري سنة 753هـ/1352م، وهو من مماليك السلطان الناصر محمد بن قلاوون، حيث أعتق، ثم ترقى في الوظائف، وارتفعت مرتبته حتى عين أمير مجلس،[275] وتدخل في الصراع الدائر على العرش بين أولاد الناصر محمد، وظل محتفظاً بمكانته، واشتهر ذكره في أيام الملك الصالح إسماعيل 743-746هـ/1342-1345م، وزادت وجاهته وقوته عند وصول الملك الناصر حسن للسلطنة سنة 748هـ/1347م ، وهو الذي أمسك الأمير بيبغا أورس[276] في طريق الحجاز،[277] وبعد خلع

272 حددت خريطة الحملة الفرنسية موقع هذا القصر بالقسم الأول بالمربع 7-T ولم يشر لهذا القصر باسم الأمير طاز بينما أشار الرقم 60 لحوانيت صياغ أقباط ربما هي نفس الحوانيت الواقعة بواجهة قصر الأمير طاز، كما أشار الرقم 61 لزاوية الآبار.

273 يحدد علي باشا مبارك بداية هذا الشارع من عند ضريح المضفر ونهايته عند سبيل أم عباس بأول شارع الصليبة. ⁝ علي باشا مبارك، الخطط التوفيقية الجديدة لمصر القاهرة ومدنها وبلادها القديمة والشهيرة، الهيئة المصرية العامة للكتاب، 1982، (طبعة مصورة عن الطبعة الثانية في القاهرة،1969)، 20ج، ج2، ص157. وسوف نرمز إليه لاحقاً بـ "الخطط التوفيقية".

274 ربما يكون اسمه مشتق من كلمة "الطازية "وهي كلمة فارسية محرفة عن تازه ومعناها الهجوم، وفرقة الطازية هي فرقة الجنود المهاجمين، ومما يرجح ذلك أن أسماء بعض فرق المماليك كانت تستمد من مهمة هذه الفرق، ولا يستبعد أن يستمد من ذلك اسم بعض الجنود العاملين بهذه الفرق. ⁝ حسن الباشا، الفنون الإسلامية والوظائف على الآثار العربية، دار النهضة العربية، 3ج، القاهرة، 1965-1966، ج2، ص731،730. وسوف نرمز إليه لاحقاً بـ "الفنون الإسلامية والوظائف". بينما يشير نسب الرجل لعبد الله غالباً إلى الرجال مجهولي النسب وقد شاع هذا بكثرة زمن الدولة المملوكية.

275 أمير مجلس: من أسماء الوظائف المركبة مع لقب أمير، وهو لقب لمن يتولى أمر مجلس السلطان أو الأمير في الترتيب وغيره، أي حق حراسته داخل قصره، وكان ينفرد بذلك، وقد عرفت هذه الوظيفة الهامة منذ العصر الأيوبي، وظلت حتى نهاية العصر المملوكي. ⁝ انظر: القلقشندي (أبو العباس أحمد بن علي بن أحمد ت811هـ/1418م)، صبح الأعشى في صناعة الإنشا، المطبعة الأميرية، القاهرة، 1915م ، 14ج، ج5، ص 455 . وسوف نرمز إليه لاحقاً بـ "صبح الأعشى". ⁝ الفنون الإسلامية والوظائف، ج1، 259-264.

276 هو الأمير بَيْبُغا أروس القاسمي، وأصله من مماليك الناصر محمد بن قلاوون، ومن أعيان خاصكيته، تولى بعد موته نيابة السلطنة بالديار المصرية في أول سلطنة الناصر حسن، ثم قبض عليه الأمير طاز بطريق الحجاز، فحبس ثم أطلق في أول دولة حكم الملك الصالح صلاح الدين ليتولى نيابة حلب، ثم خرج في الشام على السلطان الصالح، واحتل دمشق ومعه جملة من الأمراء، فحاربه السلطان حتى أخرجه من دمشق، ولاحقه الأمير طاز حتى قتل في قلعة حلب على أيدي التراكمة. ⁝ انظر: ابن تغري بردي (أبو المحاسن جمال الدين يوسف ت874هـ/1469م)، النجوم الزاهرة في ملوك مصر والقاهرة، تحقيق محمد رمزي، الهيئة العامة المصرية للكتاب، القاهرة، 1972، 16ج، ج10، ص293-294. وسوف نرمز إليه لاحقاً بـ "النجوم الزاهرة". ⁝ ابن إياس (محمد بن أحمد ت930هـ/1524م)، بدائع الزهور في وقائع الدهور، تحقيق محمد مصطفى، الهيئة العامة للكتاب، 5ج، القاهرة، 1984، ج1، ص540-543. وسوف نرمز إليه لاحقاً بـ "بدائع الزهور". ⁝ ابن دقاق (ابراهيم بن محمد بن أيدمر العلائيت 809هـ/1406م) الجوهر الثمين في سير الخلفاء والملوك والسلاطين، طبع جامعة أم القرى، السعودية، د.ت، تحقيق الدكتور سعيد عبد الفتاح عاشور، ص391-394. وسوف نرمز إليه لاحقاً ب "الجوهر الثمين". ⁝ ابن حبيب (حسن بن عمر بن الحسن بن عمر بن الحسن بن عمر بن حبيب ت779هـ/1377م)، تذكرة النبيه في أيام المنصور وبنيه، تحقيق محمد محمد أمين، الهيئة المصرية العامة للكتاب، 1986، 3 أجزاء، ج3، ص158-164.

277 ابن حجر العسقلاني (أبي الفضل أحمد بن علي بن محمد بن علي بن أحمد ت852هـ/1448م)، الدرر الكامنه في أعيان المائة

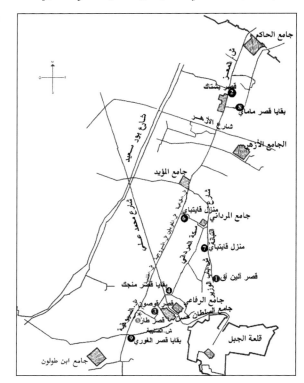

الشكل 74 خريطة حديثة تبين موقع القصور والمنازل الباقية بمدينة القاهرة من العصر المملوكي. (من إعداد الباحث على خلفية خريطة منقولة عن: Revault & Maury, *Palais et Maisons du Caire*)

الناصر حسن نَاصَر طاز سلطنة الصالح صلاح الدين صالح دون باقي إخوته، حتى أجلسه على عرش السلطنة سنة 752هـ/1351م، ونتيجة لذلك فوض الملك الصالح لطاز كل أمور السلطنة (وصار صاحب الحلّ والعقد في أيام دولته واجتمعت فيه الكلمة).[278]

الثامنة، دار الجيل، بيروت، د.ت، ج2، ص214، ترجمة رقم 1998 . ⁞ الحافظ الذهبي (محمد بن عثمان بن قايماز الذهبي ت748هـ/1347م)، ذيول العبر في خبر من غبر، تحقيق أبو هاجر محمد السيد بسيوني زغلول، دار الكتب العلمية، بيروت، ج5، د.ت، ج4، ص 199. ⁞ المقريزي (تقي الدين أحمد بن علي بن عبد القادر 845هـ/1442م)، المواعظ والاعتبار بذكر الخطط والآثار، مكتبة الآداب، 4ج، القاهرة، 1996،ج3، ص119، وسوف نرمز له لاحقاً بـ "الخطط المقريزية".

278 بدائع الزهور، ج1، القسم الأول، ص538.

الشكل 75 الموقع العام لقصر الأمير طاز على شارع السيوفية. 1-قصر الأمير طاز 2-قصر الأمير قوصون 3-الجناح السكني المملوكي المكتشف التابع لقصر قوصون 4-زاوية أيدكين البندقداري. (عن: Revault & Maury, *Palais et Maisons du Caire*)

ثم عين طاز على نيابة حلب حتى أرسل الأمير صرغتمش بالقبض عليه من غير علم السلطان، وأرسله من هناك إلى السجن بثغر الإسكندرية،[279] حيث سملت عيناه ثم أطلق سراحه[280] فذهب (إلى القدس الشريف فأقام أياماً ثم حضر إلى دمشق فمات بها)[281] سنة 763هـ/1361م، ودفن بمقابر الصوفية.[282]

تاريخ عمارة القصر:

كان الأمير طاز قد بدأ بإنشاء قصره هذا سنة 753هـ/1352م، (وكان موضعه عدة مساكن هدمها برضا أربابها وبغير رضاهم،

279 بدائع الزهور، ج1، القسم الأول، ص564. ⁞ الحافظ الذهبي، المصدر السابق، ج4، ص176. ⁞ النجوم الزاهرة، ج10، ص307.

280 ابن حبيب، المصدر السابق، ج3، ص255.

281 الحافظ الذهبي، المصدر السابق، ج4، ص199.

282 ابن حبيب، المصدر السابق، ج3، ص255.

وتولى الأمير منجك[283] عمارته، وصار يقف عليه بنفسه حتى كمل، فجاء قصراً مشيداً وإسطبلا[284] كبيراً).[285]

ويذكر لنا كل من المقريزي وابن إياس أن الأمير طاز احتفل في يوم السبت 17 من جمادى الآخرة سنة 754هـ الموافق ليوم الثلاثاء 1353/9/17م، بكمال عمارة قصره بأن أقام بها وليمة عظيمة، حضرها السلطان الملك الصالح صلاح الدين صالح وجميع الأمراء، حيث شاركوا طاز حفلته وانصرفوا بعد أن أهداهم الأمير خيولاً ومماليك،[286] وكان يوماً مشهوداً.[287] وظل هذ القصر بعد وفاة الأمير طاز معروفاً باسمه وصار لفخامته مسكناً لكبار الأمراء فسكنها الأمير جارقطلو[288] كما سكنها الأمير الكبير الأتابكي تمراز الشمسي[289] بعد خلعه من منصب أتابكية العسكر وتركه السكن بقصر منجك السلاحدار، وسكن بهذا القصر الكثير من الأمراء غير هؤلاء حتى آلت في العصر العثماني للأمير كوسا سنان بك، الذي كان أميراً للحج، فباعه إلى الأمير علي أغا دار السعادة،[290] الذي أجرى على القصر عمارة كبيرة، جدد فيها الواجهة الرئيسية الشمالية الغربية بالقصر ماعدا المدخل الرئيسي للقصر، وجعل بالواجهة خمسة عشر حانوتاً كاملة التجهيز وحوضاً لسقي الدواب وسبيلاً وكتاباً وساقية[291] إضافة لأجزاء واسعة في داخل القصر شملت المقعد

283 هو الأمير منجك اليوسفي السلاح دار وقد تولى عمارة قصر طاز بعد خروجه من سجن الإسكندرية ورد بعض أملاكه إليه حيث شفع فيه الأمير طاز عند الملك الصالح صلاح الدين صالح سنة 752هـ/1351م، وهو صاحب القصر الواقع اليوم بأول شارع سوق السلاح والداخل ضمن قصور هذه الدراسة. للاستزادة انظر دراستنا حول قصر الأمير منجك السلاح دار ضمن الباب السابع من هذا الكتاب.

284 انظر: مسرد المصطلحات الأثرية الملحق بهذا الكتاب.

285 الخطط المقريزية، ج3، ص119.

286 يشير ذلك لمدى المكانة العظيمة التي بلغها الأمير طاز عند الملك الصالح حيث جرت العادة أن السلطان هو الذي يهدي الأمراء لا أن يُهدى والأمراء معه من أمير، وفي هذه الرواية دلالة واضحة على علو مكانة طاز وتحكمه بسلطنة الملك الصالح.

287 الخطط المقريزية، ج3، ص119.

288 هو سيف الدين جارقطلو بن عبد الله الظاهري أتابك العساكر بالديار المصرية، ثم كافل الممالك الشامية، وأصله من مماليك الملك الظاهر برقوق ثم ترقى في المناصب فنال نيابة حماه ثم صفد ثم حلب، كما نال لقب أمير مائة مقدم ألف، ثم أمير مجلس حتى نال منصب الأتابكية بعد موت يشبك الساقي الأعرج، ثم تركها بعد سنين ليتولى نيابة دمشق حتى مات سنة 837هـ/1433م. ⁝ النجوم الزاهرة، ج15، ص187–188.

289 من كبار الأمراء، عين أتابك العسكر للعساكر المصرية سنة 901هـ/1495م، ثم خلع منها وسجن بالإسكندرية إثر محاولته فرض سلطنة محمد بن قايتباي ثم أطلق سراحه وقتل بعد أن شارك في فتنة آقبردي الدودار الكبير ضد الملك الناصر محمد بن قايتباي سنة 902هـ/1496م، ودفن بتربة الأشرف قايتباي داخل قبته. ⁝ بدائع الزهور، ج3، ص372–374.

290 وثيقة علي أغا دار السعادة، وزارة الأوقاف، رقم129، والمؤرخة 1090هـ/ 1679م. حيث تذكر الوثيقة ذلك وتصف الحدود الأربعة للقصر: سطر48: ... المحددة ذلك بحدود أربعة الحد القبلي وينتهي إلى الطريق المتوصل إليها من درب الميضأة وفيه باب السر والحد البحري ينتهي إلى الطريق ومن سطر49: الواجهة والباب وأبواب الحوانيت والسبيل والحوض والمكتب والحد الشرقي ينتهي لزاوية الشيخ محمد الآبار والحد الغربي ينتهي لسكن مصطفى جلبي المعلوم لدى سطر50: الواقف شرعاً والجاري أصل ذلك في وقف المرحوم كوسا سنان بك مير اللواء بمصر وكان في خلو وانتفاع الموكل المشار إليه وبيده الطريق الشرعي آل ذلك إليه بالشراء الشرعي بموجب سطر51: الحجة الشرعية المسطرة في الديوان العالي بمصر المؤرخة في ثالث شوال سنة خمس وثمانين وألف. ومن الملفت للنظر بهذه الوثيقة أنها أخطأت في تحديد مكان قصر الأمير طاز، حيث يرد فيها: سطر32: بجميع المكان الكبير الكاين بخط الصليبة الطولونية مما بين زاوية الآبار وتكية المولوية المعروفة بحدرة سطر33: البقر على يسار السالك طالباً الصليبة المشتمل أصله على قصر عالي مركب على واجهة المكان المرقوم. حيث ذُكر أن قصر الأمير طاز يقع بين زاوية الآبار والتكية المولوية على يسار السالك للصليبة، وهذا غلط بيّن.

291 وتتابع الوثيقة وصف المكان بعد تحديد موقعه، بما نصه: سطر33: ... المشتمل كامل أصله على حوش كبير به معالم جنينة وبعض أشجار [وكرنه] بجوارها، سطر34: مقعد أرضي

وملحقاته وبعض الأجزاء التابعة للقاعة الكبرى.

كما ضمَّ لمساحة هذا القصر كافة الأرض التي كانت تقع بين الجدار الشمالي الشرقي لقصر طاز وبين زاوية أيدكين البندقداري هذه الأرض التي صارت تشكل منزلا مستقلاً للست زنوبة خاتون زوجة مصطفى باكير الشامي الدمشقي والتي باعته بدورها إلى الست المصونة حبيبة خاتون بنت المرحوم أحمد أغا سنة 1248ه/1832م بعد أن كان قد طرأ بعض التغيير بعمارة المكان، فحول الحانوتين الذين في الواجهة إلى حاصل كبير أقيم فوقه مقعد وصار للبيت باب صغير يفتح على الشارع[292] ويدخل منه إلى حوش يطل عليه تختبوش[293] ومقعد.[294]

وقد قام علي باشا مبارك[295] بشراء هذه الأرض وما عليها سنة 1287ه/1870م،[296] ثم عمل على ضم هذا البيت ثانية إلى قصر الأمير طاز عند قيامه بتجديد عمارة هذا القصر وتحويله لما سمي بمدرسة البنات سنة 1291ه/1874م.[297]

أما قصر الأمير طاز فقد صار زمن محمد علي باشا مخزنا للمهمات الحربية ثم أخلي منها وأهمل واستمر كذلك إلى زمن الخديوي إسماعيل وبالتحديد سنة 1291ه/1874م، حين رغب في إنشاء مدرسة لتربية البنات وتعليمهن،[298] وظل المكان يستخدم مقراً لمدارس ومعاهد مختلفة بكل ما يعنيه ذلك من

وأروقه وسلم يصعد منه إلى مقعد ديواني ومبيت ومنافع سفله ساقية وبير ماء معين وحمام صغير ومسطبة وباب يتوصل منه إلى أروقة للحريم ومنافع قديمة وإن، سطر35: الموكل المشار إليه أنشأ ذلك وعمره وجدده حتى صار يشتمل على واجهة كبيرة بها باب كبير قديم وباقي الواجهة جديداً يشمل على خمسة عشر حانوتاً منها أربعة عشر حانوتاً [منها صف] والحانوت، سطر36: والخامس عشر من الجانب الآخر بجوار الباب المذكور وكل حانوت من ذلك كامل يشتمل على مصطبة ودراريب وطبقة من داخله ومنافع وحقوق وبالواجهة المذكورة الجديدة حوض كبير معد لسقي، سطر37: الدواب يجاوره صهريج جديد يعلوه سبيل بمسقاة معدة لسقي عامة المسلمين وعامة المارين بشباك نحاساً أصفر يدخل إلى ذلك من باب بالواجهة يجاور الشباك المذكور يدخل منه إلى سلم يصعد من، سطر38: عليه إلى ظهر الصهريج والسبيل المجعول سبيلاً مفروش أرضه بالرخام مسقف نقياً ملمع بالذهب واللازورد يعلو ذلك مكتب معد لجلوس الأيتام ومؤدبهم ومعلمهم القرآن العظيم، سطر39: بواجهة مطلة على الواجهة المذكورة بها درابزين خشباً جديداً مفروش أرضه بالبلاط الكدان مسبل الجدر بالبياض مسقف نقياً مدهون حريرياً ويجاوره بيت راحة معد لأطفال، سطر40: المسلمين و[يجاور] السبيل والصهريج والحوض بير ماء معين مركب عليها ساقية من الخشب صالحة للإدارة يتوصل إليها من باب الصهريج ومن حوش المكان الكبير. وقد قام علي أغا دار السعادة بعمارته هذه سنة 1088ه/1677م، ومازال أغلب هذه العمائر قائم حتى الآن. وثيقة علي أغا دار السعادة، المصدر السابق، سطر 33–40.

---

292 مازال هذا الباب موجوداً حتى الآن للغرب من الواجهة الشمالية الغربية لزاوية أيدكين.

293 انظر: مسرد المصطلحات الأثرية الملحق بهذا الكتاب.

294 الوثيقة رقم 131، وزارة الأوقاف، مؤرخة في 1264ه/1847م.

295 علي باشا مبارك، ولد عام 1823، وتوفي في 1893، وهو أحد أركان النهضة العلمية والعمرانية في مصر في القرن التاسع عشر، وله الفضل في تأسيس المطبعة العربية، وبناء القناطر الخيرية، والخطوط الحديدية، ودار العلوم، والمكتبة الخديوية، ومن أهم مؤلفاته كتاب الخطط التوفيقية الجديدة لمصر القاهرة ومدنها وبلادها القديمة والشهيرة، وقد وضعه تكملة لخطط المقريزي، ونسجه على منواله. ؛ المنجد في الأعلام، لبنان، بيروت، دار المشرق، ط12، 1982، ص632،270.

296 الوثيقة رقم 130، وزارة الأوقاف، مؤرخة 1279ه/1870. ؛ وقد قام الباحث محمد عكاشة بنشر نص الوثيقة برسالته للماجستير انظر: محمد إبراهيم عبد العزيز عكاشة شارع السيوفية بمدينة القاهرة منذ نشأته وحتى نهاية العصر العثماني بمصر دراسة أثرية حضارية، جامعة جنوب الوادي، كلية الآداب، قسم الآثار الإسلامية (رسالة ماجستير غير منشورة)، ص206–207.

297 وتحدث علي باشا مبارك عن هذا القصر تحت عنوان مدرسة البنات. ؛ انظر: الخطط التوفيقية، ج2، ص161–162.

298 الخطط التوفيقية، ج2، ص161.

لوحة 50 الواجهة الخارجية الشمالية الغربية الرئيسية لقصر الأمير طاز والممتدة على شارع السيوفية.

ضرورات الإدخال والإحلال والإبدال بعمارة هذا القصر[299] وفي سنة 1353هـ/1934م صار القصر مقراً لمدرسة الحلمية الثانوية،[300] وقد تنازل ديوان الأوقاف عن قصر الأمير طاز (المدرسة) لنظارة المعارف العمومية تحت شرط أن تكون مكلفة بكل المصاريف التي تلزم لصيانته وحفظه.[301]

ثم جُعِلت أجزاء هذا القصر مخازناً لمطبوعات وزارة التربية والتعليم والتي ظلت تحتله حتى مطلع سنة 1424هـ/2003م على الرغم من الآثار المدمرة التي خلفها زلزال سنة1313هـ/1992م على هذا القصر حيث سقطت كامل الأجزاء التي تقع بين

299 يقول محمد رمزي: لقد عرفت هذه المدرسة باسم مدرسة البنات بالسيوفية، وهي أول مدرسة فتحت بمصر لتعليم البنات، وإنه قد عملت بهذه الدار عدة عمارات وإصلاحات لصيانتها طول هذه المدة وفتح لها باب آخر على شارع السيوفية، وأقيم في حوشها مبان حديثة ذات طابقين لمعاهد العلم التي نزلت بها، ومنها المدرسة المحمدية ومعاهد أخرى نزلت بها بصورة مؤقتة. ⁝ بدائع الزهور، ج1، القسم الأول، ص265، حاشية رقم 1، تعليق محمد رمزي.

300 بدائع الزهور، ج1، القسم الأول، ص265، حاشية رقم 1، تعليق محمد رمزي. ⁝ حسن عبد الوهاب، بين الآثار الإسلامية، د.ن، د.ت، ص 15.

301 كراسات لجنة حفظ الآثار العربية، كراسة11، عام 1894، تقرير 167، ص73. وسوف نرمز إليها لاحقاً بـ"الكراسات".

لوحة 51 المدخل الرئيسي لقصر الأمير طاز والواقع بالواجهة الشمالية الغربية المطلة على شارع السيوفية.

المقعد والقاعة كما سقطت أغلب جدران القاعة الرئيسية، وبقي المقعد الذي ظهرت به شقوق كبيرة، وصار يقف مصلوباً على أعمدة ودعائم حديدية تؤجل تداعيه.

وفي يوم الاثنين الموافق 27-12-1422هـ/11-3-2002 م وقع انهيار جزئي لجدار الواجهة الخارجية الجنوبية الشرقية للقصر وخاصة أعلى الجدار وجزء من الملحقات فوق المعبرة التي تعلو حارة الشيخ خليل التي بها باب سر القصر، وقد كان هذا التداعي سبباً في لفت أنظار جهاز القاهرة التاريخية لهذا القصر فبدأت أعمال الترميم فيه منذ ذلك الحين وبدأت بتدعيم جدرانه وأسقفه لمنعها من السقوط، ثم تمت عملية تنظيف المخلفات الهائلة التي كانت متكدسة بالقصر والتي كشفت عن الكثير من الأجزاء الهامة والتي لم تكن معروفة لنا بهذا القصر، وقبل المباشرة الفعلية لأعمال الترميم المعماري لأجزاء القصر تمَّ

الشكل 76 المسقط الأفقي للطابق الأرضي لقصر الأمير طاز، ويظهر به الواجهات الرئيسية للقصر وموقعها على الشوارع والحارات الملاصقة للقصر. 1-المدخل الرئيسي 2-المدخل الثانوي 3-الحوانيت الواقعة بالواجهة الشمالية الشرقية الرئيسية للقصر4-السبيل 5-مدخل السبيل 6-الممر المؤدي لداخل السبيل 7-ملحقات السبيل 8-المدخل الفرعي (باب السر) 9-دركاة المدخل الرئيسي 10-الدهليزان المنكسران الواقعان على جانبي دركاة المدخل الرئيسي 11-حجرتا الحراسة 12-دركاة المدخل الثانوي 13-الغرفتان الواقعتان على جانبي دركاة المدخل الثانوي 14-دركاة المدخل الفرعي (باب السر) 15-المدخل المنكسر المؤدي لداخل القصر 16-المدخل التذكاري المكتشف والواقع على دركاة المدخل الفرعي 17-الدهليز المتوصل منه للقاعة الأرضية للقصر 18-الفناء الجنوبي الغربي لقصر الأمير طاز 19-الفناء الشمالي الشرقي لقصر الأمير طاز 20-غرفة 21-حاصل حبيس ملحق بالغرفة 22-القاعة الأرضية (المندرة) 23-دهليز 24-حاصل 25-بير السلم 26-27-28-حواصل 29-ملقف 30-الساقية 31-الممر المؤدي للحمام 32-القسم الأول للحمام (المسلخ) 33-34-القسم الثاني للحمام (بيت أول) 35-الممر المؤدي للقسم الثالث للحمام (بيت الحرارة) 36-غرفة ملحقة بالقسم الثاني للحمام 37-دورتا مياه 38-دور قاعة القسم الثالث للحمام (بيت الحرارة) 39-الإيوان الشمالي الشرقي للقسم الثالث للحمام 40-الإيوان الشمالي الغربي للقسم الثالث للحمام41-فناء خلفي 42 حتى 51-غرف متعددة 52-ممر اتصال 53-مساحة مستطيلة(دركاة) 54-مساحة مستطيلة 55-مساحة ثانية 56-بير سلم 57-غرفة 58-حاصل حبيس 59-60-غرف 61-حاصل حبيس 62-غرفة 63-غرفة كبيرة 64-ممر 65-غرفة 66-مساحة مستطيلة 67-الإسطبل 68-بقايا الحمام والساقية المكتشفة والتابعة للقصر. (عن: الهيئة العامة للآثار بتصرف شديد من قبل الباحث)

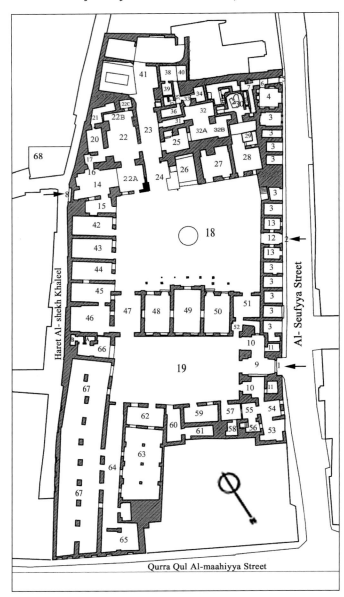

الاتفاق مع وزارة التربية والتعليم على نقل مخازنها من القصر، وهكذا تمَّ إنقاذ هذا القصر من الضياع في اللحظات الأخيرة وبدأت به عملية ترميم وإعادة تأهيل حقيقية لم تتوقف حتى صار القصر من أبرز قصور الثقافة في مدينة القاهرة، حيث أعادت النشاطات الثقافية التي تعقد فيه الحياة لجنباته بعد اكتمال عملية الإحياء بشكل ملفت يُذكر بهيئته عند تأسيس الأمير طاز له.

الوصف المعماري للقصر:

كما قلنا فقد كان القصر حتى فترة قريبة بحالة يرثى لها من الحفظ حتى أعاد الترميم الأخير الذي بدء منذ سنة 2002م لكامل القصر بهاءه المعماري والزخرفي.

أولاً: الواجهات الخارجية

الواجهة الشمالية الغربية: [لوحة 50]–[الشكل 76]

تطل هذه الواجهة على شارع السيوفية بطول 85م، وهي الواجهة الرئيسية للقصر، وتشتمل هذه الواجهة على مدخلين،[302] **الأول** رئيسي [لوحة 51] ويقع في الثلث الأخير من أقصى الجهة الشمالية للواجهة وهو عبارة عن حجر غائر مرتد [الشكل 76–1] عمقه 1.06م متوج بطاقية ملئت بثلاث حطات مقرنصة، وترتكز على ستة صفوف من المقرنصات الصاعدة تملأ صدر الحجر الذي تقع به فتحة باب الدخول وعرضها 2.80م، ولا شك أن ارتفاعها كان أكثر من 3.00م، ولكن الجزء الظاهر اليوم حتى رجل العقد 2.00م بعد ارتفاع مستوى الشارع لأعلى من مستوى مكسلتي الباب، ويعلو فتحة باب الدخول عقد مدبب مكون من صنجات معشقة،[303] تعلوها أسفل العقد المدائني فتحة شباك مستطيل مسدود، ويغلق على المدخل باب خشبي كبير.

أما المدخل **الثاني** فهو ثانوي[304] ويقع للغرب من المدخل الأول [الشكل 76–2] وهو عبارة عن فتحة باب عليها عقد نصف دائري عرضها 2.23م، وارتفاعها حتى مستوى رجل العقد 2.85م، ويغلق عليه باب خشبي من مصراعين.

أما باقي هذه الواجهة الشمالية الغربية وإلى الغرب من المدخل الرئيسي، فيوجد اليوم إحدى عشر باباً معقوداً بعقود مدببة يؤدي كل منها إلى حانوت [الشكل 76–3]، متوسط اتساعه 2.95م وعمقه 3.50م، ويغطي مساحة كل منها قبو برميلي، ويغلق على كل منها درفتا باب خشبي.[305]

وفي أقصى الجهة الغربية لهذه الواجهة تقع مجموعة السبيل والكتّاب التي أضافها علي أغا دار السعادة على الواجهة الأصلية

302 ذكرنا سابقا أن كل هذه الواجهة من تجديدات علي أغا دار السعادة، باستثناء المدخل الرئيسي للقصر الذي يرجع إلى عصر التأسيس باعتراف الوثيقة. ⁝ وثيقة علي أغا دار السعادة، المصدر السابق، سطر 35–36. ⁝ انظر ص180، الحاشية رقم291.

303 في عام 1894 أخبرت نظارة المعارف لجنة حفظ الآثار العربية عن وجود خلل في عقد هذا الباب وطالبت بإصلاحه من الاعتماد المخصص بديوان الأوقاف لحفظ الآثار العربية، فلاحظت اللجنة بعد الكشف أن هذا التلف قد جاء من وجود المرحاض وحنفية المياه التابعة إليه، وطالبت بإزالة ما سبب التخرب بهذا الباب أولاً حتى تتم الإصلاحات المطلوبة. ⁝ الكراسات، كراسة رقم11، للعام 1894، التقرير 174، ص113.

304 لم تذكر حجة وقف الأمير علي أغا دار السعادة أنه كان بهذه الواجهة أي مدخل غير مدخل الباب الكبير القديم إضافة لأبواب الخمسة عشر حانوتاً الذين هم من تجديدات وإضافات علي أغا أثناء تجديده لعمارة القصر سنة 1088هـ/1677م، وعليه فإنني أعتقد أن هذا المدخل قد أضيف زمن تجديدات علي باشا مبارك 1874 حين قام ببناء حائط قسم به الفناء الكبير للقصر إلى فناءين جنوبي غربي وشمالي شرقي عند تحويله القصر لمدرسة للبنات وبالتالي قام بتحويل أحد أبواب الحوانيت التي بالواجهة إلى باب دخول وصارت أرضه دركاه يتوصل منها للفناء الجنوبي الغربي بينما ظل المدخل الرئيسي يوصل للفناء الشمالي الشرقي، ويؤكد محمد رمزي أن هذا المدخل مضاف. وثيقة علي أغا دار السعادة، المصدر السابق، سطر 35 وما بعده. ⁝ انظر: ص180، الحاشية 291. النجوم الزاهرة، ج10، ص265، حاشية1، تعليق محمد رمزي. ⁝ الخطط التوفيقية، ج2، ص162.

305 هكذا يلاحظ تطابق الوصف المعماري الحالي لهذه الواجهة مع الوصف الوثائقي الذي أوردته وثيقة علي أغا دار السعادة فمع النظر لأن المدخل الثانوي والحجرتين المستطيلتين اللتين على جانبيه هم في الأصل ثلاثة حوانيت، والنظر لعدد الحوانيت الباقية اليوم يكون عدد الحوانيت الباقية بالواجهة للغرب من المدخل الرئيسي للقصر أربعة عشر حانوتاً أما الحانوت الخامس عشر الذي ذكرته الوثيقة فكان يقع على يمين المدخل الرئيسي للقصر جهة الشمال وقد صار الآن جزءاً من ملحقات حديثة مستجدة.

للقصر، حيث يفتح السبيل [الشكل 76–4] على الشارع بشباك كبير ذي مصبعات من النحاس، ويوجد للغرب منه حجر مدخل متوج بعقد مدائني بسيط يفتح أسفله باب دخول صغير [الشكل 76–5]، يفضي لدهليز طويل [الشكل 76–6] يدخل منه يساراً عبر باب لحجرة السبيل التي يوجد بصدرها شاذروان[306] بينما فرشت أرضيتها بالرخام الملون، ويغطيها سقف خشبي من براطيم تحصر بينها تماسيح ومربوعات مجلدة بالتذهيب والألوان، ويجري أسفل هذا السقف إزار خشبي مكتوب عليه اسم المنشئ وتاريخ الإنشاء 1088هـ/1677م.

ويؤدي هذا الدهليز بنهايته إلى ملحقات أهمها حاصل لجمع المياه وفتحة الصهريج [الشكل 76–7] وإلى سلم يصعد منه إلى الكتّاب الذي يعلو حجرة السبيل ويطل على الشارع بواجهة خشبية ذات عقدين مدببين ثبت أسفلهما درابزين بمصبعات، بينما يرتكز كل من العقدين على عمود.[307]

أما الأجزاء الباقية من هذه الواجهة الشمالية الغربية، والواقعة للشمال من المدخل الرئيسي التذكاري وبالتحديد بينه وبين زاوية أيدكين البندقداري فهي أجزاء غير أصلية، ويرجع إلى عمارة علي باشا مبارك سنة 1874م وإلى التجديدات التي تمت بعده كل من عمارة الأجزاء بالطابق الأرضي والأول الذي يعلو هذا الجزء من الواجهة والتي أعيد ترميم أجزائها بشكل ملفت أعاد للواجهة الرئيسية للقصر رونقها الأصلي.

الواجهة الجنوبية الشرقية: [الشكل 76]

طول هذه الواجهة 121م ويطل أغلبها على درب الشيخ خليل الذي كان يعرف بحارة الميضأة،[308] وترتفع بارتفاع الطوابق الثلاثة للقصر،[309] كما يغطي جزءاً كبيراً من هذه الحارة ساباط[310] بني بمستوى أرض الطابق الأول، ويفتح أسفل هذا الساباط على الحارة بفتحة ذات عقد مدبب يدخل منها لباقي الحارة أسفل الساباط، والتي توصل على يسار السالك إلى باب سر القصر[311] [الشكل 76–8]، وهو باب فرعي يلاحظ (أن بناءه المعماري تمَّ ببساطة شديدة)،[312] حيث تنتهي الواجهة

306 انظر: مسرد المصطلحات الأثرية الملحق بهذا الكتاب.

307 انظر وصف السبيل والكتّاب الملحق به في الوثيقة، سطر 37–40. ⁝ وانظر: الحاشية رقم291، أعلاه. ⁝ وقد قام بدراسة هذا السبيل والكتّاب كل من: محمود الحسيني، الأسبلة العثمانية بمدينة القاهرة 1517–1798، مكتبة مدبولي، القاهرة،2ج، ج2، ص270. ⁝ محمد عكاشة، المرجع السابق، ص 343–349.

308 وردت بهذا الاسم بوثيقة علي أغا دار السعادة: (سطر 48 الحد القبلي وينتهي إلى الطريق المتوصل إليها من درب الميضأة ...)، وذكرها علي باشا مبارك باسم درب الميضة.

وثيقة علي أغا دار السعادة، المصدر السابق، سطر48. الخطط التوفيقية، ج2، ص213.

309 يلاحظ من الشكل المعماري لهذه الواجهة الاحترام الظاهر للمعمار والمنشئ لخط تنظيم الطريق بهذه الحارة، ويدلنا على ذلك الانكسارات الظاهرة بهذه الواجهة وأيضاً الساباط الذي يعلوها وقد كان ذلك من الحلول الإسلامية للمحافظة على الطريق وعدم حرمان الناس من أحقيتهم به.

310 الساباط في المصطلح الأثري المعماري هو سقيفة بين بنائين، أو حائطين، أو دارين، تحتها طريق أو ممر مشترك غالباً، وتجمع على سوابط وسباطات، ومن أقدم أمثلته في العمارة الإسلامية بشكل عام الساباط الذي كان بين قصر قرطبة ومسجدها، والساباط الذي كان بين قصر الزهراء ومسجدها، وخير أمثلته في مصر الإسلامية سقيفة الغوري بالغورية أوائل ق10هـ/16م، وسقيفة رضوان بك بالخيامية 1060هـ/1650م وغيرهما وقد ورد هذا المصطلح في الوثائق بنفس المعنى. ⁝ انظر: عبد اللطيف إبراهيم، دراسات تاريخية وأثرية في وثائق من عصر الغوري، قسم الآثار الإسلامية، كلية الآداب، جامعة القاهرة، 1956، 3أجزاء. (رسالة دكتوراة غير منشورة). ج2، التحقيق رقم 148. ⁝ محمد أمين، ليلى إبراهيم، قاموس المصطلحات الأثرية والوثائقية، مطبعة الجامعة الأمريكية، القاهرة، 1990، ص 60. وسنرمز له لاحقاً بـ"قاموس المصطلحات". ⁝ عاصم محمد رزق، معجم المصطلحات العمارة والفنون الإسلامية، مكتبة مدبولي، القاهرة، ط1، 2000، ص136.

311 حيث وردت تسمية هذا الباب بالسطر 48 من الوثيقة (... الحد القبلي ينتهي إلى الطريق المتوصل إليها من درب الميضأة وفيه باب السر). ⁝ وثيقة علي أغا دار السعادة، المصدر السابق، سطر 48.

312 Revault, Jacques, Maury, Bernard. *Palais et maisons du Caire (du XIVe au XVIIIe siècle)*, Cairo: I.F.A.O., 1975,

بجحر غائر ينتهي أعلاه بثلاث حطات من المقرنصات، بينما فتح بأسفله باب متوج بعقد مدبب[313] عرضه 137سم، ولا يمكن تحديد ارتفاعه الأصلي اليوم لأنه منغرس بشدة تحت أرضية مستوى الشارع.[314]

ويلاحظ من خلال الشكل الضخم لهذه الواجهة ونوعية الحجر الفص النحيت كبير القطع الذي بنيت به أصالة هذه الواجهة والتي يمكن إرجاع تاريخها لزمن البناء الأصلي للقصر.

الواجهة الشمالية الشرقية:

هي أقل الواجهات الخارجية للقصر طولاً حيث تمتد بطول 17.50م على شارع قراقول المنشية ويطلق عليه اليوم شارع محمد كريم والذي فتح أواسط القرن 19م على أجزاء من قصر قوصون.[315]

الواجهة الجنوبية الغربية:

تم بالترميم الأخير انقاذ هذه الواجهة، ومن الواضح أنه كان يوجد بمنتصف امتداد هذه الواجهة انكسار شديد، استغله علي أغا دار السعادة بأن أقام عنده حوضاً لسقي الدواب زال اليوم[316] وعاد الانكسار واضحاً بهذه الواجهة التي كان طولها حوالي 32م.

ثانياً: مداخل القصر

يوجد اليوم بهذا القصر ثلاثة مداخل، هي البابان الرئيسي الأصلي والثانوي المحدث بالواجهة الشمالية الغربية، وباب السر الفرعي بالواجهة الجنوبية الشرقية.

المدخل الرئيسي:

يدخل من فتحة الباب الرئيسي إلى دركاه مستطيلة [الشكل 76–9] طولها 2.55م، وعرضها 2.85م، مغطاة بقبو مروحي ذي صرة مثمنة وعلى جانبي هذه الدركاه فتحتا عقدين نصف دائريين يؤدي كل عقد منهما إلى ممر منكسر يغطيه قبو متقاطع [الشكل 76–10]، يفتح بالجدار الشمالي الغربي لكل منهما فتحة باب ذات عقد مدبب تؤدي إلى غرفة مربعة [الشكل 76–11] غالباً استخدمت كغرفتين للحرس وتطل كل منهما على الشارع بنافذة صغيرة مرتفعة، بينما يفتح كل من الممرين بالجهة الجنوبية الشرقية على داخل القصر بفتحة باب معقودة كانت تؤدي للفناء، كما تفتح دركاه الدخول اليوم على الفناء بفتحة باب عليها عقد مدبب، عرضها 2.85م، وارتفاعها اليوم حتى مستوى رجل العقد 2.65م.[317]

Part II, 51.

313 يسمى هذا النوع بالمدخل ذي المعبرة المقرنصة، حيث يتوالى استعمال المقرنصات لتصل لمستوى جدار الواجهة ومستوى وجه الباب المرتد، وتتراوح عدد الحطات مابين 3–4 حطات. ⁝ محمد سيف النصر أبو الفتوح، مداخل العمائر المملوكية الدينية والمدنية 1250هـ/1382م، جامعة القاهرة، كلية الآثار، قسم الآثار الإسلامية، 1975 (رسالة ماجستير غير منشورة)، ص111.

314 يذكر ليزن أن مدخل هذا الباب كان مغطى بتكسية رخامية محفور عليها رنك الأمير طاز وهو الكأس. Lézine, Alexandre. *Les Salles nobles des palais mamelouks.* Cairo: I.F.A.O., 1972. 107, footnote 1. لو صح كلام ليزن فهذا يثبت عدم دقة ما ورد في وثيقة علي أغا بأن كل هذه الواجهة مستجدة الإنشاء زمن الأمير علي أغا الذي يبدو أنه على الأقل احتفظ بكل المداخل القديمة للقصر، فرغم ضخامة إضافات هذا الأمير عام 1087هـ/1676م لم تعن إزالة كل الأجزاء التي كانت موجودة بالقصر من العصر المملوكي بل حافظت عليها وأضافت دون أن تشير لذلك صراحة في سياق ذكرها لوصف القصر وأجزائه. ⁝ انظر: نص وثيقة علي أغا دار السعادة، المصدر السابق، والواردة اعلاه في الحاشية رقم 291.

315 الخطط التوفيقية، ج2، ص60.

316 محمد الششتاوي، منشآت رعاية الحيوان بالقاهرة في العصرين المملوكي والعثماني، قسم الآثار الإسلامية، كلية الآثار، جامعة القاهرة، 2001، (رسالة دكتوراة غير منشورة)، ص 152.

317 يلاحظ أن فتحة هذا الباب محدثة، حيث يغلب أنه كان يوجد بصدر دركاه كتلة المدخل مصطبة كانت تفتح على داخل القصر بفتحة شباك يقع بصدرها للأعلى، بينما كان يتم الدخول للقصر عبر الممرين المنكسرين على يمين ويسار الدركاه ويغلب أن هذا التغيير بشكل المدخل يرجع للفترة التي أهمل بها القصر واستخدم كمخزن للمهمات الحربية ثم كمدرسة أي منذ مطلع القرن19م.

المدخل الثانوي:

أما فتحة باب المدخل الثانوي فتؤدي أيضاً لدركاه مستطيلة [الشكل 76–12] عرضها 2.95م وطولها 3.50م يغطيها قبو برميلي، ويفتح على جانبيها غرباً وشرقاً بابان يؤدي كل منهما إلى حجرتين جانبيتين مستطيلتين [الشكل 76–13] كل منهما بنفس مساحة الدركاه وشكل تغطيتها،[318] بينما يفتح كل منهما على الشارع بشباك ذي مصبعات حديدية بعرض 1.15م وارتفاع 2.05م، وتفتح دركاه هذا المدخل على الفناء بفتحة ذات عقد مدبب.

وبالنظر إلى الحالة الراهنة لحال القصر الذي صار منقسماً بواسطة جدار وملحقات حديثة إلى فناءين فإن المدخل الرئيسي للقصر صار يفضي مباشرة للفناء الشمالي الشرقي، بينما يفضي المدخل الثانوي للفناء الجنوبي الغربي.

المدخل الفرعي (باب السر):

يدخل من باب هذا المدخل إلى دركاه مستطيلة، طولها 6.70م، وعرضها 5.70م، [الشكل 76–14] ويغطي هذه الدركاه سقف خشبي بمستوى أرض الطابق الأول أعيد ترميمه مؤخراً.[319] ويظهر الجدار الجنوبي الشرقي لهذه الدركاه من الداخل، وقد فتحت به دخلتان جداريتان رأسيتان تنتهي كل منهما بمستوى سقف الطابق الأول بعقد مدبب وعرض الدخلة الشمالية الشرقية 2.29م، يقع أسفلها فتحة المدخل الفرعي (باب السر) الذي يفتح على درب الشيخ خليل، بينما عرض الدخلة الجنوبية الغربية 2.19م، وفتحت بأعلاها فتحة شباك مرتفع عرضه بعرض الجدار من الداخل، بينما يضيق اتساعه بشدة للخارج ليصبح أقرب ما يكون للمزغل.[320]

وبالجهة المقابلة لباب الدخول توجد دخلة جدارية تتسع بعرض الجدار كانت مصطبة لجلوس الحارس، أما الجدار الشمالي الشرقي لهذه الدركاه على يمين الداخل فيوجد به فتحة شباك ارتفاعه 2.60م وعرضه1.70م، ويوجد لجانبه فتحة باب ارتفاعه 2.00م وعرضه 1.60م يدخل منه لرحبة شبه مستطيلة [الشكل 76–15] طولها 6.00م وعرضها 3.60م ضاع سقفها اليوم وفتحت بجدارها الشمالي الشرقي دخلة جدارية ترتفع لمستوى سقف الطابق الأرضي وعرضها 1.80م، كما فتح بجدارها الشمالي الغربي فتحة باب ارتفاعه 2.80م وعرضه 1.50م ينفذ منه مباشرة لفناء القصر حيث تشكل هذه الرحبة مع الدركاه ما يشبه المدخل المنكسر.

وتفتح بالجدار الجنوبي الغربي لهذه الدركاه على يسار الداخل فتحة باب بسيط عرضه 1.20م يقع أسفل دخلة جدارية [الشكل 76–16] يدخل منه إلى دهليز منكسر يتوصل منه إلى قاعة أرضية صغرى تقع بالدور الأرضي أسفل القاعة الرئيسية الواقعة بالطابق الأول للقصر، وقد تبين مؤخراً بعد الترميم الأخير أن هذا الباب البسيط المذكور قد كان في الأصل عبارة عن مدخل تذكاري مكون من حُجر غائر عرضه 3.10م وعمقه 0.75م وكان متوجاً بعقد مدائني كسيت ريشتاه بصفوف من المقرنصات، بقي منها الصف الأول فقط بينما زالت الصفوف الباقية منها بفعل مقصود كان الهدف منه تخفيف ارتفاع كتلة هذا المدخل من أجل بناء سقف يغطي هذه الدركاه بمستوى الطابق الأول وبالتالي تخليق حجرة إضافية بهذا الطابق.

كما يوجد أسفل بقايا العقد المدائني الذي كان يعلو حنية هذا المدخل شباك مستطيل صغير ربما كان مشغولاً بمصبعات، وتقع فتحة الباب اليوم بمكانها أسفل حجر المدخل ولكنها تعرضت للكثير من التغيير، حيث أعيد بناء الجزء الواقع أسفل العقد بالآجر الحديث.

ويوجد بحجر هذا المدخل بمستوى عتب باب الدخول الذي يتوسطه على رنك متكامل وهو رنك الساقي[321] الذي

---

318 من المؤكد أن هاتين الحجرتين هما بالأصل حانوتان، حُول بابيهما إلى شباكين وجعل الوصول إليهما عن طريق البابين المطلين على الدركاه المستحدثة للمدخل الجديد.

319 يذكر ليزن عند دراسته لقاعة الأمير طاز أن هذا السقف الذي تهدم ليس من أصل الإنشاء ولكنه أضيف لاحقاً، وأصل هذه الدركاه أن سقفها الأصلي هو السقف الواقع بمستوى سقف الطابق الأول وهو سقف خشبي ذو حقاق مقلوبة تعود للقرن الرابع عشر. Lézine, *Op. cit.*, 107.

320 شكل هذا الشباك يشبه المزاغل في العمارة الحربية، كما أن ارتفاعه يؤكد وظيفته كمرصد لحماية باب السر عند الحاجة.

321 حول مصطلح الرنك انظر: مسرد المصطلحات الأثرية الملحق

حمله الأمير طاز، كما وجد بقايا شريط كتابي كان يمتد على جانبي حجر المدخل وباب الدخول بمستوى أعلى المكسلتين الزائلتين اللتين كانتا على جانبي باب الدخول وبقي من هذا الشريط الكتابي قسم على يمين باب الدخول موزع على جزءين:

الجزء الأول: [نبّئ][322] عبادي أني أنا الغفور

الجزء الثاني: الرحيم[323] صدق الله [العظيم]

كما يوجد بوسط الجدار الشمالي الشرقي بالجزء الذي يفصل بين الشباك والباب المتوصل منه للرحبة المستطيلة عمود يعلوه تاج كورنثي مما يؤكد التغيير المعماري الكبير الذي طرأ على مجمل دركاه هذا المدخل الفرعي (باب السر).

وبالنظر للسقف الحالي الذي يغطي دركاه هذا المدخل نجده يقع بمستوى سقف الطابق الأول، وهو مكون من براطيم خشبية تحصر بينها قطع خشبية وكل أجزاء هذا السقف مجلدة وعليها زخارف نباتية منفذة بالتذهيب والألوان، كما يجري أسفل السقف إزار خشبي عليه شريط كتابي يفصل بحوره جامات بها رنك الساقي المتشابه مع الرنك المكتشف والسابق ذكره، وجميع الزخارف منفذة باللون الأزرق الفيروزي على أرضية بنية اللون.

ثالثاً: القصر من الداخل

يقسم داخل القصر لفناءين، الفناء الجنوبي الغربي [الشكل 76–18] والفناء الثاني الشمالي الشرقي [الشكل 76–19] ويفصل الفناءين عن بعضهما عدة غرف وملحقات حديثة بمستوى الدور الأرضي[324] [لوحة 52].

لوحة 52 صورة علوية لكامل قصر الأمير طاز، يظهر بها الفناءين الحاليين للقصر. (عن منشورات الهيئة العامة للآثار المصرية)

أولاً: الفناء الجنوبي الغربي: [الشكل 76–18]

يتم الوصول مباشرة لهذا الفناء من المدخل الثانوي الذي بالواجهة الشمالية الغربية الرئيسية للقصر، وبهذا الفناء تتركز الأجزاء القديمة الباقية من قصر الأمير طاز وخاصة في ضلعه الجنوبي الغربي حيث توجد العناصر الأكثر أهمية والباقية من قصر الأمير طاز فيحتوي الطابق الأرضي على القاعة الأرضية والساقية والحمام بينما يحتوي الطابق الأول على المقعد والقاعة العلوية والكثير من الملحقات التابعة لكل منهما. ويشغل ضلعه

بهذا الكتاب.

322 تظهر مكتوبة بالنص الأثري بشكل [فيا] ولكن أنا أثبت النص الصحيح للآية وربما كان الناسخ قد وقع بالخطأ هنا.

323 سورة الحجر، الآية 49.

324 يلاحظ من خلال وثيقة علي أغا دار السعادة أن هذا الأمير هو أول من قام ببناء جدار قسم به الفناء الرئيسي الأصلي للقصر إلى فناءين جنوبي غربي وشمالي شرقي عام 1087هـ/1676م، وتشير الوثيقة لذلك حيث تقول: سطر47: (... ويقابل المقعد المذكور حائط جديدة فاصلة بين المكان وبين المجاور لذلك من المنافع والمرافق والتوابع واللواحق والحقوق الداخلة فيه سطر48: والخارجة عنه وما يعرف به وينسب إليه). وقد يكون الهدف الرئيسي من هذا الجدار هو فصل الجزء السكني من القصر عن الجزء الخدمي أي عمل فناء للخدمة وآخر للسكن وقد رأينا شيوع ذلك أولاً في بيوت الفسطاط، وفي قصر قوصون، ولكن برغم ذلك فقد ظل الدخول الجزئي للفناء يتم عن طريق المدخل الرئيسي للقصر والواقع بالواجهة الرئيسية والذي لم تشر الوثيقة لوجود غيره بها. هذا وإن إشارة علي باشا مبارك إلى أنه هو الذي أنشأ البناء الحالي الذي قسم الحوش تشير إلى تهدم الجدار الذي أقامه الأمير علي أغا آنذاك أو إلى إزالة علي باشا لما بقي منه وبناء آخر جديد مكانه، وجعل غرفاً على جانبيه، ثم فُتح المدخل الثانوي القائم اليوم بالواجهة كي يتم منه الوصول مباشرة للفناء الجنوبي الغربي. وثيقة علي أغا دار السعادة، المصدر السابق، سطر 47–48. ؛ علي باشا مبارك، المرجع السابق، ج2، ص162.

لوحة 53 جزء من القبو المتقاطع الحجري الذي يغطي الإيوان الشمالي الشرقي من القاعة الأرضية الصغرى بالطابق الأرضي لقصر الأمير طاز.

الشمالي الغربي الجهة الخلفية للحوانيت الواقعة بالواجهة الرئيسية الشمالية الغربية المطلة على شارع السيوفية، كما يقع بهذا الضلع أيضاً المدخل الثانوي الذي يتوصل منه مباشرة لهذا الفناء.[325]

وبينما يشغل الضلع الجنوبي الشرقي العديد من الأجزاء الأصلية فإن كامل أجزاء الضلع الشمالي الشرقي محدثة قسمت الفناء الأصلي لفناءين.

الضلع الجنوبي الغربي:

تمتد واجهة هذا القسم بكامل الضلع الجنوبي الغربي للفناء[326] بطول31.47م، وهي تتألف من ثلاثة طوابق هي الأرضي والأول والثاني.

الطابق الأرضي للضلع الجنوبي الغربي: [الشكل 76]

تمتد عمائر هذا الطابق بطول الضلع، ويتم الدخول مباشرة إلى أجزاء هذا الطابق إما عن طريق الفناء أو عن طريق باب

325 فيرد بالوثيقة سطر41: (... ومجاز مستطيل علو الحوانيت المذكورة يتوصل إلى ذلك من سلم بالحوش المرقوم). وثيقة علي أغا دار السعادة، المصدر السابق، سطر41.

326 لقد ركزت الوثيقة كامل الوصف الذي ذكرته عن داخل هذا القصر على هذه الجهة الجنوبية الغربية، فبعد الانتهاء من تحديد مكان القصر ثم تعداد مشتملاته ووصف واجهته الرئيسية بكل ما فيها من باب كبير وحوانيت وسبيل وحوض لسقي الدواب وكتاب كما ذكرنا في ص153، الحاشية رقم1، نتابع الوثيقة فيرد: سطر40: ... يدخل من الباب الكبير إلى دركاه يتوصل منها، سطر41: إلى [إيوان] يدخل منه إلى حوش كبير به يمنة جنينة لطيفة يعلوها كشك ومجاز مستطيل علو الحوانيت المذكورة يتوصل إلى ذلك من سلم بالحوش المرقوم يجاور ذلك طشتخاناه بالحجر الأحمر، سطر42: النحيت ظاهراً وباطناً وعقداً يحوي إيواناً ودور قاعة وشبابيك مطلة على الحوش وبها فسقية ماء وسلسبيل يعلو ذلك مقعد ديواني ذو أعمدة [تلارة] بقناطر مركبة على الأعمدة، سطر43: المذكورة مفروش أرض ذلك بالبلاط الكداني مسبل جدوره بالبياض مسقف نقياً مدهون حريرياً ملمع بالذهب وبه من الجانب الغربي قصر مركب على الواجهة مطل على الشارع بشباك، سطر44: وقمريات وخرستانات وخزائن مفروش أرضه بالبلاط مسبل جدوره بالبياض مسقف نقياً ملمع بالذهب وهو بجوار المكتب المرقوم ويجاوره أوض متعددة وأماكن للطايفة والخدم، سطر45: وبالمقعد المذكور من الجانب الشرقي مبيت بشباك مربعة مطلاً منها على الحوش مفروش أرضه بالبلاط وبحيطانه وزرة رخام وبه مبيت معقود به شبابيك على الحوش وبالمبيت، سطر46: المذكور باب يتوصل منه إلى القاعة الكبرى وإلى القاعة الصغرى وإلى الأماكن المتعلقة بالحريم المطلة على الحوش وبالحوش المذكور يسرة حواصل وطشتخاناه وحوض لسقي الدواب، سطر47: وساقية [مروراً] ذلك ومساكن معدة للطايفة ويقابل المقعد المذكور حائط جديدة فاصلة بين المكان وبين المجاور لذلك من المنافع والمرافق والتوابع واللواحق والحقوق الداخلة فيه، سطر48: والخارجة عنها وما يعرف به وينسب إليه المحددة ذلك بحدود أربعة الحد القبلي وينتهي إلى الطريق المتوصل إليها من درب الميضأة وفيه باب السر والحد البحري ينتهي إلى الطريق ومن، سطر49: الواجهة والباب وأبواب الحوانيت والسبيل والحوض والمكتب والحد الشرقي ينتهي لزاوية الشيخ محمد الآبار والحد الغربي ينتهي لسكن مصطفى جلبي المعلوم لدى، سطر50: الواقف شرعاً والجاري أصل ذلك في وقف المرحوم كوسا سنان بك مير اللواء بمصر كان في خلو وانتفاع الموكل المشار إليه وبيده الطريق الشرعي آل ذلك إليه بالشراء الشرعي بموجب، سطر51: الحجة الشرعية المسطرة في الديوان العالي بمصر المؤرخة في ثالث شوال سنة خمس وثمانين وألف. وثيقة علي أغا دار السعادة، المصدر السابق، سطر40–51.

السر الواقع بالواجهة الجنوبية الشرقية للقصر، والذي يدخل منه للدركاه [شكل76–14] التي توصل يميناً عبر مدخل منكسر [الشكل 76–15] لداخل الفناء، ويساراً عبر المدخل التذكاري [الشكل 76–16] إلى دهليز منكسر [الشكل 76–17] طوله 4.75م وعرضه 1.50م فتح بطرف جداره الجنوبي الغربي باب يؤدي إلى حجرة مستطيلة [شكل76–20] طولها 5.40م وعرضها 3.30م ليس بها فتحات شبابيك بينما يوجد بصدرها فتحة جدارية يتوصل منها لفراغ حبيس مسقطه كحرف L اللاتيني وربما استخدم هذا الفراغ كخزانه سرية [الشكل 76–21]، بينما فتح بالجدار الشمالي الغربي لهذا الدهليز فتحة باب يتوصل منه إلى القاعة السفلية أو المندرة.

القاعة الأرضية [الشكل 76–22]

هي القاعة الصغرى بالبيت وقد ورد ذكرها بالوثيقة بهذا الاسم،[327] وهذه القاعة مستطيلة المساحة كالعادة [الشكل 76–22] وتمتد من الجنوب الغربي إلى الشمال الشرقي بطول 17.70م، وبعرض 5.60م، وقد كانت تقسم إلى ثلاثة أقسام الدور قاعة والإيوانين،[328] الذين يفتح كل منهما على الدور قاعة بعقد منكسر كما يغطي الإيوان الشمالي الشرقي [الشكل 76–A،22] قبو حجري متقاطع مدبب [لوحة 53]، كما غطي الإيوان الجنوبي الغربي رغم قلة عمقه بنصف قبو متقاطع على شاكلة الإيوان الرئيسي [الشكل 76–B،22] ويوجد بالجدار الجنوبي الشرقي لهذا الإيوان دخلة جدارية ترتفع لمستوى السقف بعرض 1.60م وعمق 1.00م، ويحتوي الجدار الجنوبي الغربي لهذا الإيوان على فتحة باب يدخل منها لخزانة حبيس طولها 2.25م وعرضها 1.90م يغطيها قبو حجري برميلي [الشكل 76–C،22] وربما كانت لهذه الخزانة وظيفة تشابه وظيفة المساحة الحبيس التي تشبه الحرف L اللاتيني [الشكل 76–21].

كما فتح بالجدار الشمالي الشرقي للإيوان الرئيسي الشمالي الشرقي باب وشباك لكل منهما عتب خشبي مستقيم يطلان على الفناء من داخل دخلة جدارية معقودة بعقد مدبب[329] كان كل منهما يسمح بدخول الإضاءة والتهوية للقاعة، وكان الباب يسمح بالوصول للقاعة[330] مباشرة من الفناء.

أما الدور قاعة فقد غطيت بقبو مروحي متقاطع شبيه بذلك الذي يغطي دركاه دخول المدخل الرئيسي للقصر، ويعود السبب الأهم لاستخدام القبو المتقاطع في تغطية أجزاء هذه القاعة كي تستطيع تحمل إنشاء القاعة الرئيسية للقصر فوقها بالطابق الأول.

وفتح على جانبي هذه الدور قاعة بابان، الأول بالضلع الجنوبي الشرقي، وهو باب الدخول لهذه القاعة مباشرة للقادم من الخارج عبر باب السر، والثاني بالضلع الشمالي الغربي

327 سطر 46: وبالمبيت المذكور باب يتوصل منه إلى القاعة الكبرى وإلى القاعة الصغرى. وثيقة علي أغا دار السعادة، المصدر السابق، سطر46.

328 ويذكر أن موري وجاك ريفو تحدثا عن هذه القاعة تحت عنوان الرواق، ثم استخدما اسم الإسطبل أو المندرة، وهذا يشير لعدم دقة رؤيتهما لهذا الجزء. Revault & Maury, *Op. cit.*, Part II, 53.

329 يلاحظ أن الوثيقة قد وصفت هذا الجزء من القاعة، حيث ورد في وصف واجهة الطابق الأرضي: سطر 41 ... يتوصل إلى ذلك من سلم بالحوش المرقوم، يجاور ذلك طشتخاناه بالحجر الأحمر. سطر 42 النحيت ظاهراً وباطناً وعقداً يحوي إيواناً ودور قاعة وشبابيك مطلة على الحوش وبها فسقية ماء وسلسبيل. أما الطشت خاناه فهي بجانب السلم أسفل المقعد، بينما الإيوان المذكور هو الإيوان الشمالي الشرقي للقاعة، فهو الإيوان الذي يطل على الفناء بالطابق الأرضي، وهذا النص الوثائقي يعتبر دليلاً كاملاً على أن هذا الجزء كان قاعة سفلية وليس إسطبلاً. علي أغا دار السعادة، المصدر السابق، ص 41–42.

330 يلاحظ أن هذا الجزء من البيت قد تعرض لتغيرات كثيرة على مر العصور التي تلت زمن تأسيس القصر، ومع ذلك فقد احتفظت هذه القاعة بعناصرها الأصلية المميزة، مثل الدعامات والجدران الضخمة، كما أن التخطيط الذي وضعه هرتز عام 1904 يشير إلى بعض الفواصل والفتحات التي تمت لاحقاً، ويجب أن نتخيل عدم وجودها للتوصل للشكل القديم، ومن هذه التغييرات الكبيرة بناء جدار يفصل الإيوان الشمالي الشرقي عن باقي أجزاء القاعة، ويحوله إلى غرفة تطل على الفناء بباب وشباك. انظر: Revault & Maury, *Op. cit.*, Part II, 53.

ويتوصل منه لدهليز ثان [الشكل 76-23] يتيح الاتصال الحركي بين القاعة وباقي أجزاء البيت بالطابق الأرضي ثم الطابق الثاني عبر بئر السلم [الشكل 76-25] والذي يفتح بابه على هذا الدهليز أيضاً، كما كان يؤدي هذا الدهليز عبر باب بنهايته الجنوبية الغربية إلى فناء خلفي صغير [الشكل 76-41] كانت تتوزع حوله بعض الغرف بطابقين.

باقي واجهة الطابق الأرضي للضلع الجنوبي الغربي:

يوجد إلى الجهة الشمالية الغربية للقاعة الأرضية أربعة حواصل تطل أبوابها وشبابيكها على الفناء الجنوبي الغربي [الشكل 76-18] للقصر، والحاصل الأول [الشكل 76-24] مغطى بقبو متقاطع ويشرف على الفناء بواجهة متماثلة مع واجهة الإيوان الشمالي الشرقي للقاعة الأرضية حيث يفتح على الفناء بباب وشباك لهما عتب خشبي مستقيم يطلان على الفناء من أسفل دخلة جدارية معقودة بعقد مدبب ولكنها أقل عرضاً وارتفاعاً من الدخلة السابقة،[331] ومن المؤكد أنه كان يتوسط الجدار الجنوبي الغربي لهذا الحاصل باب كبير يتوصل منه للدهليز [الشكل 76-23] الذي يتيح الاتصال مع الأجزاء الخلفية والعلوية للضلع الجنوبي الغربي .

والحاصل الثاني [الشكل 76-26] مستطيل المسقط طوله 6.30م وعرضه 4.20م، مغطى بسقف معقود ذو واجهة تفتح على الفناء بفتحة باب مربع، ويقع هذا الحاصل أسفل المبيت الملحق بالمقعد بالطابق الأول.

أما الحاصلان الآخران فيقعان أسفل المقعد [لوحة 54] وكلاهما ذوا مسقط مستطيل فالحاصل الثالث [الشكل 76-27] طوله 6.50م وعرضه 5.10م فتح بجداره الجنوبي الغربي دخلتان جداريتان الأولى وهي الكبيرة عرضها 2.75م وعمقها 1.50م والثانية عرضها 0.80م وعمقها 1.10م، والحاصل

لوحة 54 صورة قديمة تمثل واجهة الحاصلين الواقعين أسفل مقعد الأمير طاز، وتظهر بالصورة واجهة المقعد المؤلفة من ثلاثة عقود محمولة على ثلاثة أعمدة. (عن أرشيف الهيئة العامة للآثار المصرية)

الرابع[332] [الشكل 76-28] طوله 6.00م وعرضه 5.00م فتح بجداره الجنوبي الشرقي دهليز طوله 4.20م وعرضه 2.70م تتصل به جهة الجنوب الشرقي طرقة طولها 6.00م وعرضها 2.40م، وقد اكتشف مع بداية أعمال الترميم الأخيرة للقصر عام 2002 وبالضلع الجنوبي الغربي لهذه الطرقة فتحة باب كانت مسدودة صارت تؤدي إلى ساقية[333] كاملة العدة صالحة للإدارة، كما يوجد ملقف[334] [الشكل 76-29] يسمح بدخول الهواء والضوء لهذا الحاصل.

ويطل كل من الحاصلين على الفناء بباب مربع يعلوه عتب حجري عليه زخارف هندسية تشبه الأطباق النجمية، ويعلو العتب عقد عاتق مكون من صنجات معشقة، يظهر تعشيقها بشكل ورقة نباتية ثلاثية، ويحصر العتب والعقد بينهما نفيس عليه زخارف نباتية بارزة، وعلى جانبي كل عقد عاتق حشوات مستطيلة ذات زخارف هندسية متنوعة، ويؤطر كل من هذه الحشوات والعقد العاتق والنفيس جفت[335] لاعب ذو ميمات سداسية، كما فتح على يمين كل باب شباك مستطيل للإضاءة

331 يلاحظ أن هذا الحاصل وكذلك كامل واجهة هذا الضلع الجنوبي الغربي للفناء الجنوبي الغربي لقصر الأمير طاز قد كانا بحالة جيدة من الحفظ وكاملي البناء حتى السبعينيات من القرن الماضي حين انتهى جاك ريفو وبرنار موري من إعداد كتابهما عن المنازل والقصور. انظر: Revault & Maury, *Op. cit.*, Part II, 49–58.

332 تشير الوثيقة لهذا الحاصل بأنه طشتخاناه بنيت بالحجر الأحمر النحيت ظاهراً وباطناً. وثيقة علي أغا دار السعادة، المصدر السابق، سطر 41-42.

333 انظر: مسرد المصطلحات الأثرية الملحق بهذا الكتاب.

334 انظر: مسرد المصطلحات الأثرية الملحق بهذا الكتاب.

335 انظر: مسرد المصطلحات الأثرية الملحق بهذا الكتاب.

والتهوية، وقد فرشت أرض كل منهما بالبلاط الكدان،[336] وغطي كل منهما بسقف حجري مكون من قسمين، قسم عبارة عن قبو متقاطع، وآخر يغطيه سقف مستوي .

الساقية[337]: [الشكل 76-30]

يتوصل لهذه الساقية عبر باب بالجدار الجنوبي الشرقي للطرقة الواقعة بالحاصل الرابع المذكور أعلاه، وهذه الساقية[338] هي الأهم الباقية في قصور ومنازل القاهرة بعامة والمملوكية بخاصة حيث وصلت إلينا متكاملة العدة والآلة صالحة للإدارة وبجانبها بئر ماء معين، وتشير الوثيقة[339] إلى أنه كان يتوصل لهذه الساقية أيضاً من الخارج عبر باب السبيل الواقع بالواجهة الشمالية الغربية الرئيسية للقصر[340] حيث يفضي الدهليز [الشكل 76-6] الواقع خلف باب الدخول إلى بعض الملحقات [الشكل 76-7] والذي فتح بجدارها الجنوبي الشرقي باب كان يدلف منه مباشرة للساقية [الشكل 76-30] ولكن تغير ذلك اليوم حيث بني جدار فاصل بين السبيل والساقية.

لوحة 55 صورة الساقية المكتشفة بالطابق الأرضي خلف أحد الحواصل الواقعة أسفل مقعد قصر الأمير طاز بعد الترميم الأخير.

وتقع هذه الساقية ضمن حجرة مستطيلة طولها 4.25م وعرضها 3.50م حيث يتوسط مساحة هذه الحجرة [لوحة 55] عمود خشبي ضخم مثبت بالأرض بشكل رأسي ومثبت من الأعلى بعارضة خشبية أفقية تمتد بين جداري المكان وثبت بوسط هذا العمود للأعلى دولاب أفقي مسنن كان يخرج منه عصا أفقية طويلة كانت تثبت بجذع الحيوان الذي يسير بمدار دائري ليحرك الدولاب الأفقي الذي يحرك بدوره دولاب آخر مسنن متشابك معه مثبت بشكل رأسي فيلتف هذا الدولاب الذي بوسطه عصا طويلة ويرتبط بدولاب آخر مشابه له مثبت فوق الفوهه المستطيلة لبئر الساقية يلتف بدوره ملامساً مياه البئر حيث ثبت بهذا الدولاب تجاويف تحمل الماء عند نزولها بالبئر وتصبها عند خروجها بالمجرى الحجري الذي يقود الماء بدوره للحوض الذي يتجمع به الماء الناتج عن عمل الساقية ليؤخذ بعدها للاستخدام.

كما يفتح بالجدار الشمالي الشرقي لهذه الساقية منور يسمح بدخول الهواء والضوء إليها، ويغطي هذه الساقية اليوم سقف خشبي محمول على عروق.

الأجزاء الخلفية للطابق الأرضي بالضلع الجنوبي الغربي:

لقد كان يتوصل لهذه الأجزاء من الفناء [الشكل 76-18]

336 انظر: مسرد المصطلحات الأثرية الملحق بهذا الكتاب.

337 للاستزادة انظر دراستنا عن السواقي في العمائر السكنية المملوكية في الباب الرابع، ص71 من هذا الكتاب.

338 يلاحظ أنه لم يذكر هذه الساقية أحد من الباحثين العرب أو الأجانب وربما يرجع ذلك للاعتقاد بأنها قد زالت، رغم أن الوثيقة قد أشارت لها بعدة مواضع: سطر33 وسلم يصعد منه إلى مقعد ديواني ومبيت ومنافع سفلية وساقية وبئر ماء معين وحمام صغير ومسطبة. سطر40 ويجاور السبيل والصهريج والحوض بير ماء معين مركب عليها ساقية من الخشب صالحة للإدارة يتوصل إليها من باب الصهريج ومن حوش المكان الكبير. وأرجح أن هذا الباب الواقع بالحاصل الرابع المذكور هو الباب الذي أشارت الوثيقة إلى أنه كان يصل بين فناء القصر والساقية. ويشار هنا إلى أنه ورد بالوثيقة نفسها ذكر لساقية ثانية كانت بالقصر بالضلع الجنوبي الشرقي للفناء، فيرد في سطر 46 وبالحوش المذكور يسرة حواصل وطشتخاناه وحوض لسقي الدواب وساقية. ⁝ انظر: وثيقة علي أغا دار السعادة، المصدر السابق، سطر 33-40-46.

339 وثيقة علي أغا دار السعادة، المصدر السابق، سطر40.

340 يرجح أن هذه الساقية كانت هي التي تمد سبيل علي أغا بالماء عند اللزوم.

عبر باب الحاصل الثاني [الشكل 76–24] والواقع بواجهة هذا الضلع الجنوبي الغربي حيث كان يفضي الباب الواقع بالجدار الجنوبي الشرقي لهذا الحاصل لدهليز طويل [الشكل 76–23] طوله حوالي 11.00م وعرضه حوالي 3.00م ينتهي للجنوب الغربي بفتحة عقد كبير، وكان هذا الدهليز يقوم بمهمة تسهيل الاتصال الحركي بين أجزاء هذا الضلع بطوابقه الثلاثة عن طريق بير السلم الصاعد [الشكل 76–25]، حيث يفتح على هذا الدهليز إضافة لباب دور قاعة القاعة الأرضية [الشكل 76–22] سابق الذكر والواقع على يسار الداخل لهذا الدهليز بابان آخران يقعان على يمين الداخل، الأول يدخل منه لبير السلم الصاعد والثاني يدخل منه لحمام القصر [الشكل 76–31].

بير السلم الصاعد: [الشكل 76–25]

هو عبارة عن مساحة مستطيلة طولها 5.30م وعرضها 4.80م يدخل إليها عبر فتحة باب ارتفاعه 2.60م وعرضه 1.90م يعلوه عقد نصف دائري، وتبدأ درجات السلم الصاعد على يسار الداخل ملاصقة لجدران المساحة المستطيلة وصاعدة لتوصل لأجزاء الطابق الأول ثم للطابق الثاني عبر فتحات أبواب محددة.

الحمام[341]: [لوحة 56]

يتوصل لهذا الحمام[342] عبر الباب الثاني الذي يفتح على الدهليز الطويل للجهة الجنوبية الغربية من باب بير السلم، وقد كان معقوداً بعقد نصف دائري، ولكن سدت مساحة هذا العقد هنا، فصار ارتفاع الباب أسفله 2.10م وعرضه 1.10م، يدخل منه لدهليز [شكل76–31] طوله 4.80م وعرضه 1.60م، غطي بسقف حديث لأشكال معينات كبيرة مفرغة.

وينتهي هذا الدهليز بفتحة باب آخر ذي عقد مفصص مبني من جبس حديث يدخل منه مباشرة إلى **أول أقسام الحمام**

لوحة 56 الأجزاء الباقية من حمام قصر الأمير طاز بعد الترميم الأخير.

وهو المسلخ أو الحجرة الباردة،[343] وهو هنا عبارة عن مساحة مستطيلة طولها 6.60م وعرضها 3.20م [الشكل 76–32] غطيت بسقف مسطح، ويوجد بطرفه الشمالي الغربي ملقف سماوي ذو شباك راجعي.

وقد كانت هذه المساحة تمثل دور قاعة، حيث يفتح عليها للجهة الشمالية الشرقية إيوان كبير [الشكل 76–32،A]، يشرف عليها بعقد مدبب ضخم عرضه 3.70م وسماكته 1.70م، أما طول الإيوان فهو 5.20م وعرضه 3.50م، وقد غطي

341 للاستزادة انظر دراستنا عن الحمامات في البيت المملوكي ضمن دراستنا للعناصر المعمارية المكونة للبيت المملوكي في الباب الرابع، ص67 من هذا الكتاب.

342 يرد بالوثيقة: سطر 34: سلم صغير يصعد منه إلى مقعد ديواني ومبيت ومنافع سفلية وساقية وبئر ماء معين وحمام صغير ومسطبة. وهذه هي الإشارة الوحيدة بهذه الوثيقة لوجود حمام بهذا القصر. وثيقة علي أغا دار السعادة، المصدر السابق، سطر 34.

343 يكون بالعادة عبارة عن قاعة متسعة مرتفعة السقف تدور المساطب بجوانبها، وقد يوجد بها أربعة إيوانات أو أقل، وجد ببعضها مقصورات، وقد تتوسطها فسقية أو نافورة، ويفتح بها باب يؤدي إلى بيت أول، وربما آخر إلى سطح الحمام، حيث الموقد "الدبكونية". ؛ محمد سيف النصر أبو الفتوح، الحمامات بمنطقة بين القصرين وخان الخليلي من العصر الفاطمي حتى نهاية العصر المملوكي، بحث بكتاب، (خان الخليلي وما حوله ومركز تجاري وحرفي للقاهرة من القرن الثالث عشر إلى القرن العشرين)، تحت إشراف سيلفي دونوا وجان شارل ديبول وميشيل توشيرير، المعهد العلمي الفرنسي للآثار الشرقية بالقاهرة، ج2، 1999، ج2، ص 75–97، ص 82، 87. ؛ قاموس المصطلحات، ص37.

بسقف مسطح مبني بطريقة البغدادلي[344] المغطى بالملاط، ويفتح على هذا الإيوان سدلة [الشكل 76-32،B] تحتل كامل جداره الشمالي الغربي، وتفتح على الإيوان بعقد مدبب ضخم أيضاً عرضه 3.50م وطول هذه السدلة 4.90م وعرضها 2.50م غطي جزء منها بطول 2.90م بسقف مسطح محمول على عروق خشبية، بينما ظل الباقي من سقفها مكشوفاً سماوياً، ويوجد بالجدار الشمالي الغربي لهذه السدلة دخلة جدارية ارتفاعها 2.00م وعرضها 1.10م وعمقها 1.10م، كما فتح بالجدار الجنوبي الشرقي للإيوان شباك حديث يطل لو فتح على بير السلم [الشكل 76-25] الصاعد للطوابق العليا للقصر وارتفاع هذا الشباك 1.50م وعرضه 1.80م والهدف منه زيادة إضاءة وتهوية هذا الجزء من الحمام.

هذا ويفتح بالجدار الجنوبي الغربي لدور قاعة المسلخ باب ارتفاعه 2.00م وعرضه 1.30م، بينما يتسع عرض حجر هذا الباب من الداخل جهة الأجزاء الأخرى للحمام ليصبح بعرض 1.70م، ويفضي باب الدخول **هذا للقسم الثاني للحمام وهو بيت أول**،[345] وهو هنا عبارة عن مساحة مستطيلة تتقدم باب الدخول مباشرة [الشكل 76-33] طولها 3.35م وعرضها 0.85م، كانت تغطي جزءاً منها قبة صغيرة ذات مضاوي، أو جامات يغشيها الزجاج الملون، وتفتح على يمين الداخل لهذه المساحة فتحة باب يرتفع لمستوى السقف وعرضه 0.90م، يتوصل منه لغرفة مستطيلة [الشكل 76-34] طولها 3.50م وعرضها 2.20م يغطيها سقف ذو مستويين الأول ذو عقد نصف دائري وهو منخفض، والقسم الآخر عبارة عن قبو برميلي وهو مرتفع، ويؤكد هذا التداخل المعماري الشديد تعدد السويات التاريخية والأثرية الظاهرة بهذا الحمام بخاصة وبكامل أجزاء هذا القصر بعامة.

وعلى يسار الداخل لهذه المساحة توجد فتحة باب ثانية ترتفع أيضاً لمستوى السقف، وهي بعرض 0.90م ويتوصل منها لممر طويل[الشكل 76-35] طوله 5.30م وعرضه 0.80م، وتشير البقايا الأثرية إلى أنه كان مغطى بقبو برميلي، ربما كان به مضاوي أيضاً. ويفتح بالجدار الشمالي الشرقي لهذا الممر باب ارتفاعه 1.80م وعرضه 0.90م ويدخل منه لغرفة [الشكل 76-36] طولها 4.60 وعرضها 1.90م يغطيها سقف به عشرة قباب مخروطية بها جامات مخرمة، كان يغشيها الزجاج الملون، كما يفتح بالجدار الجنوبي الغربي لهذه الغرفة شباك بشكل مزغل يفتح للخارج بشكل دائرتين ضيقتين متطابقتين، وينفرج للداخل ليصبح بعرض 1.00م.

كما يفتح بالجدار الجنوبي الشرقي للممر السابق باب مشابه لباب الغرفة السابقة يدخل منه لدورتي مياه [الشكل 76-37] كل منهما بطول 1.20م وعرض 1.00م، كما يغطي كلاً منهما قبو متقاطع يفتح على الطرقة التي تتقدمهما بشكل عقد مدائني صغير، كما يغطي الطرقة سقف مخرم به ثمانية مضاوي بواقع أربعة أمام كل مرحاض.[346]

وهنا ينتهي القسم الثاني لهذا الحمام ويغلب أنه قد كان يوجد بأجزائه المذكورة أعلاه حوضان أو ثلاثة أحواض، واحد للماء البارد والآخر للماء الساخن والثالث يكون مخصصاً للطهور والوضوء.

ويقع القسم الثالث [لوحة 56] من هذا الحمام بالنهاية الجنوبية الغربية للممر الطويل المذكور أعلاه [الشكل 76-35]، ويسمى هذا القسم **ببيت الحرارة**،[347] وجاء بيت الحرارة هنا

---

344 شاعت هذه الطريقة في البناء بعصر محمد علي. انظر: مسرد المصطلحات الأثرية الملحق بهذا الكتاب.

345 في العادة يكون هذا القسم هو ثاني أقسام الحمامات الإسلامية بمصر، ويكون عبارة عن إيوان واحد تغطيه قبة ضحلة أو قبو مثقب بجامات يغشيها الزجاج الملون، وتفرش أرض بيت أول بالرخام. ؛ محمد سيف النصر أبو الفتوح، المرجع السابق، ص 82-87. ؛ قاموس المصطلحات، ص 37.

346 جرت العادة أن تغطى المراحيض في العمارة المملوكية بقبة غير عميقة من الجص المخرم بأشكال هندسية مختلفة لتساعد على التهوية وأطلقت الوثائق على هذه القبة اسم الخشخاشة. انظر: قاموس المصطلحات، ص42.

347 بيت الحرارة: وهو أهم أقسام الحمام، وقد عرف أنه كان يتألف من ثلاثة إيوانات على شكل مصلب ناقص أو من أربعة إيوانات ذات تخطيط متعامد، وكان هذا الطراز أوسع انتشاراً وأكثر شيوعاً واستمراراً، وكان بكل إيوان منها حوض أو حوضين للماء، كما كان يوجد ببيت الحرارة أحواض أخرى مرتفعة كي يظل ماؤها نظيفاً صالحاً للطهارة والوضوء. ؛ محمد

لوحة 57 صورة قديمة لواجهة الضلع الجنوبي الغربي للفناء الأول الجنوبي الغربي لقصر طاز. (عن: Revault & Maury, *Palais et Maisons du Caire*)

مميزاً بوجود مساحة وسطى شبه مربعة [الشكل 57–38] بشكل دور قاعة طول ضلعها 3.50، يفتح عليها إيوانان فقط، الأول بالجهة الشمالية الشرقية [الشكل 76–39] والثاني بالجهة الشمالية الغربية [الشكل 76–40] وطول الإيوان الأول 2.85م وعرضه 2.25م وكان يفتح على الدور قاعة بجدار، وكان يتوسطه باب عرضه 0.75م كما كان يوجد بصدر هذا الإيوان وزرة رخامية بشكل عقد ثلاثي، وكان يخرج من هذه الوزرة البزبوز أو الحنفية التي يأتي من خلالها الماء عبر الأقصاب المغيبة والمتصلة مع قدور الموقد ليصب بالحوض المعد لذلك والذي كان مثبتاً أسفل الوزرة الرخامية. وأعتقد بناء على بعض الشواهد الأثرية أنه قد وجدت عدة أحواض للماء مماثلة للسابق موزعة على الجدارين الجنوبي الغربي والجنوبي الشرقي للدور قاعة، ويغطي هذا الإيوان قبة كبيرة أعيد ترميمها، أما الإيوان الثاني الشمالي الغربي فطوله 3.50م وعرضه 2.00م ويرتفع عن أرضية الدور قاعة بمقدار 0.20م، وقد عثر بداخله على حوض كبير بشكل مغطس يشغل كامل مساحة الإيوان، وهو ذو مسقط بيضاوي وكان يملأ بالماء الساخن.[348]

وبقي أخيراً من أجزاء هذا الحمام المستوقد الذي كان يبنى مفصولاً عن وحدات الحمام وأقسامه ولا يرتبط معه سوى بالأنابيب التي تنقل الماء البارد والساخن عبر الجدران لداخل الحمام. كما لم تكن الساقية التي تمد الحمام بالماء اللازم بعيدة عنه كما بينا سابقاً [الشكل 76–30].

وكان الدهليز الطويل [الشكل 76–23] المتوصل إليه من فناء

سيف، المرجع السابق، ص 83–88. ؛ قاموس المصطلحات، ص 37.

348 يلاحظ أن هذا النوع من الأحواض الكبيرة "المغاطس" لم يعرف في الحمامات قبل القرن 9هـ/15م، ثم انتشر وصار ظاهرة عامة ولم يلبث أن أضيف إلى كل الحمامات التي أنشئت قبل القرن 15م، وعليه فإن هذا المغطس من العناصر المضافة بعد فترة التأسيس وسوف نناقش ذلك لاحقاً عند دراستنا للحمامات داخل المنازل المملوكية عند دراسة التحليلية في هذا الكتاب. ؛ انظر: محمد سيف النصر أبو الفتوح، المرجع السابق، ص 87–88.

الشكل 77 المسقط الأفقي للطابق الأول لقصر الأمير طاز. 1- المدخل المؤدي للمقعد 2-المقعد 3-القصر الملحق بالمقعد 4-غرفة 5-غرفة 6-ممر اتصال 7-مساحة حبيس 8-منور 9-غرفة 10-غرفة 11-غرفة 12-غرفة وممر 13-فضاء المبيت المندثر للمقعد 14-فضاء ردهة مندثرة 15-ممر اتصال 16-القاعة العلوية الرئيسية للقصر 17-الغرفة الملحقة بالقاعة 18-الفناء الجنوبي الغربي (الأول) للقصر 19-الفناء الشمالي الشرقي (الثاني) للقصر 20-فضاء دركاه المدخل الفرعي 21-ممر 22-ممر 23-سلم صاعد للطابق الثاني للقصر 24-غرفة تعلو الساباط 25-بير السلم الرئيسي للقصر 26-مساحة كشف 27-دورة مياه 28-ملحقات 29-32-غرف تطل على شارع السيوفية 56- بير سلم.(عن: الهيئة العامة للآثار بتصرف شديد من قبل الباحث)

القصر يؤدي بنهايته الجنوبية الغربية إلى فسحة سماوية [الشكل 76-41] كانت تتوزع حولها ملحقات وأماكن خدمية وربما إلى مستوقد الحمام، حيث أعيد في الترميم الأخير للقصر تهيئة أجزاء الحمام بشكل ملفت وكذلك رممت الأجزاء الأخرى الواقعة حول الفسحة السماوية المذكورة بعد أن تداعى أغلبها ضمن الإنهيار الذي تم في شهر 2002/3.

وأخيراً تجدر الإشارة إلى أن أغلب أجزاء هذا الطابق تعود في أصلها من ناحية تخطيطها ثم من ناحية المادة الخام التي بنيت منها وهي الحجر النحيت لفترة العصر المملوكي البحري أي زمن تأسيس القصر مع الأخذ بعين الاعتبار تلك الإضافات والتبدلات التي طرأت على بعض الأجزاء الخلفية لهذا الضلع وخاصة الحمام.

الطابق الأول للضلع الجنوبي الغربي: [لوحة 57]-[الشكل 77]

يقع فوق الطابق الأرضي ويمتد بطوله، وتشكل واجهتا الطابق الأرضي والأول الواجهة الداخلية للضلع الجنوبي الغربي للقصر، ويتكون هذين الطابقين من المقعد والقاعة الرئيسية وما يلحق بهما من غرف ومبيتات وممرات تسهل الاتصال الحركي بين هذه الأجزاء.

المقعد: [لوحة 58]-[الشكل 77-2]

يقع فوق الحاصلين المستطيلين المذكورين أعلاه [الشكل 76-27-28] بالطابق الأرضي من الضلع الجنوبي الغربي، وقد ورد ذكره بالوثيقة باسم المقعد الديواني.[349]

---

349 وثيقة علي أغا دار السعادة، المصدر السابق، السطر42-46. والمقعد الديواني: هو نوع من المقاعد التي شاعت في العمائر السكنية بالعصرين المملوكي والعثماني، وهو خير مثال على تأثر الوظيفة بتسمية المقعد وانقسامه لنوع خاص تحدثت عنه الوثائق بشكل مستقل، رغم تشابهه من الناحية المعمارية وليس الوظيفية مع نوع آخر من المقاعد هو المقعد التركي، رغم أن ذلك لا يعني تشابهاً كاملاً في التفاصيل المعمارية التي جاءت بهذا النوع بشكل إضافات بسيطة تتناسب مع طبيعة الاستخدام والوظيفة التي قام بها هذا النوع الذي ظهر بالعصر العثماني، وبالتحديد بالقرن السابع عشر الميلادي. انظر: غزوان ياغي، المقاعد الباقية في عمائر القاهرة السكنية

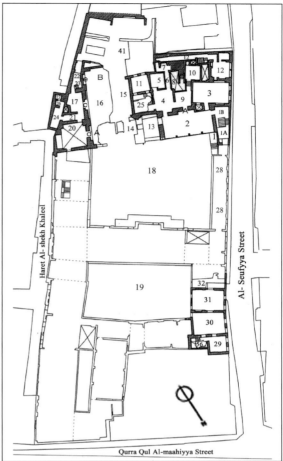

لوحة 58 مقعد قصر الأمير طاز.

يعود هذا المقعد الموجود الآن إلى التجديدات التي أضافها الأمير علي أغا كتخدا بهذا القصر سنة 1090هـ/1679م، ويؤكد ذلك شكل واجهته وزخارفها التي تتشابه مع زخارف السبيل الذي أنشأه الأمير بالواجهة، ولكن ذلك لا يعني بحال من الأحوال عدم وجود مقعد أصلي مكانه يعود للعصر المملوكي، ويؤكد ذلك ظهور الواجهة القديمة للمقعد الأصلي خلف الواجهة الحالية وذلك عندما سقط سقف وواجهة الحاصل الذي بجانب المقعد والذي كان يحمل المبيت، وظهر حينها أن الواجهة القديمة كانت من الحجر الفص النحيت المائل للون الأبيض.

ويطل المقعد على الفناء بواجهته التي تتألف من بائكة [لوحة 58] ذات أربعة عقود من الحجر الأبلق،[350] مدببة قليلاً، ذات أرجل طويلة، وترتكز العقود المدببة على ثلاثة أعمدة مثمنة من الرخام، عليها زخارف عبارة عن خطوط دالية رأسية، ويعلو هذه الأعمدة تيجان كورنثية قديمة، يعلوها طبالي خشبية مربعة تستند عليها أرجل العقود، كما ترتبط هذه الأعمدة مع بعضها بالجدران بواسطة روابط خشبية، لمنع الرفس الطارد للعقود، ولزيادة قوتها وتماسكها، كما يتقدم هذه الأعمدة من الأسفل شقة درابزين من الخشب الخرط، عليه زخارف من فروع

في العصرين المملوكي والعثماني، جامعة القاهرة، كلية الآثار، قسم الآثار الإسلامية، (رسالة ماجستير غير منشورة)، ص209-211.

350 الحجر الأبلق، ظهرت فكرة بناء العقود باستخدام الحجر الأبلق في عقود ظلة القبلة لجامع قرطبة الذي شيده عبد الرحمن الداخل في سنة 170هـ/776م، والحجر الأبلق كان يستخدم قبل ذلك في بناء جدران العمائر في العصر البيزنطي بالشام، ولكن من الثابت أن استخدام تلك الفكرة لصنجات العقود يعد ابتكاراً عربياً إسلامياً، وقد أطلق المؤرخون العرب على طريقة البناء هذه عموماً الحجر الأبلق، حيث كان يستخدم الحجر الفاتح اللون "الأبيض" في مدماك والحجر الداكن "الأسود" في المدماك التالي بالتبادل، ولا يطلق لفظ الأبلق إلا على هذين اللونين. ؛ انظر: سامي أحمد عبد الحليم إمام، آثار الأمير قاني باي الرماح بالقاهرة، دراسة أثرية معمارية، كلية الآثار، جامعة القاهرة، رسالة دكتوراة غير منشورة، 1975، ص417. ؛ فريد شافعي، العمارة العربية في مصر الإسلامية، الهيئة المصرية العامة للكتاب، 1994، المجلد الأول "عصر الولاة"، ص211.

لوحة 59 صورة قديمة لحنية مدخل مقعد قصر الأمير طاز. (عن أرشيف الهيئة العامة للآثار المصرية)

نباتية متشابكة ومتداخلة "أرابسك".

ويؤطر هذه الواجهة والعقود من الأعلى جفت لاعب ذو ميمات سداسية صغيرة، ينعقد فوق قمة كل عقد بشكل ميمه دائرية كبيرة، كما يعلو الواجهة رفرف خشبي يستند على خمسة كوابيل خشبية بها زخارف هندسية مفرغة.

أما مدخل المقعد فيقع على يسار واجهة المقعد ويتعامد معها [لوحه 59]، وهذا المدخل عبارة عن حنية رأسية عرضها 2.27م، وعمقها 48سم، تنتهي من الأعلى بعقد مدائني مجرد، ونتقدم حنية المدخل بسطة مستطيلة [الشكل 77–1] طولها 2.30م، وعرضها 1.80م، يتوصل إليها عبر سلم جانبي من سبع درجات، وللسلم درابزين خشبي ارتفاعه 1.10م، وبصدر حنية المدخل توجد فتحة باب مستطيلة، ارتفاعها 2.24م، وعرضها 1.27م، يعلوها عتب حجري مستقيم عليه زخارف هندسية بارزة، يعلوه عقد عاتق مكون من صنجات معشقة، يحصر بينه وبين العتب نفيساً، وعلى جانبي هذا الباب مكسلتين، ويحدد العتب والعقد والمكسلتان وكامل حنية المدخل جفت لاعب ذو ميمات، ينعقد فوق قمة عقد الحنية بشكل ميمه كبيرة، وكان يعلو الباب أسفل حنية المدخل فتحة شباك مستطيل، كما يشغل باقي الحنية حتى أسفل العقد المدائني زخارف حجرية متشابكة.

ويصل الصاعد من هذا السلم إلى فتحة الباب المستطيل الذي يفضي مباشرة إلى دركاه صغيرة [الشكل 77–1، A] يفتح عليها ممر عريض به سلم صاعد فتح في جداره الشمالي الغربي دخلة جدارية ترتفع حتى السقف، عرضها 1.98م، وعمقها 44سم، والسلم مكون من اثنتي عشرة درجة، يفضي إلى بسطة واسعة [الشكل 77–1، B]، يوجد عليها على يمين الصاعد سلم آخر صاعد مهدم أغلبه كان يوصل إلى الطابق الثاني فوق المقعد، كما كان يتوصل عبر هذا السلم للطابق الأول للضلع الشمالي الغربي لهذا الفناء، ويفتح على هذه البسطة الواسعة على يسار الصاعد باب مربع ذو عتب مستقيم ارتفاعه 2.83م، وعرضه 1.25م، يدخل منه مباشرة إلى داخل المقعد.

والمقعد من الداخل [الشكل 77–2] عبارة عن مساحة مستطيلة، طولها 13.50م، وعرضها 6.40م، تشغل واجهته الضلع الشمالي الشرقي منه، وهي عبارة عن بائكة ذات أربعة عقود مدببة ترتكز على ثلاثة أعمدة سبق وصفها أعلاه.

أما الضلع الجنوبي الغربي المقابل، فتتوسطه سدلة [الشكل 77–2، A] ترتفع حتى إزار سقف المقعد، عرضها 4.45م، وعمقها 75سم، وتفتح هذه السدلة على المقعد بكرديين[351] خشبيين بينهما معبرة، ينتهي كل منهما بتاريخ وخورنق، ويغطي هذه السدلة سقف خشبي مسطح عليه زخارف

351 الكردي والكريدي والكرادي، هي في العمارة الإسلامية عبارة عن كابولين من الخشب، تستخدم بشكل أساسي لتزيين وزخرفة الإيوانات أعلى فتحاتها يميناً ويساراً، ويحمل كل من الكابولين بينهما معبرة، ويسمى الجزء السفلي من كل كابولي بالذيل، ويكون هذا الذيل عادة مقرنص ينتهي بتاريخ وخورنق، وأحياناً يكون الكريدي مزخرفاً بأشكال مختلفة، وقد يكون ساذجاً أي خال من الزخارف ومن القرنصة. ⁝ انظر: قاموس المصطلحات، ص94. ⁝ عبد اللطيف إبراهيم، المرجع السابق، ص410.

هندسية بشكل الطبق النجمي، ويوجد بوسط هذا السقف بروز خشبي طوله حوالي 25سم، كما يجري أسفل هذا السقف إزار عريض عليه زخارف محفورة بشكل مقرنصات خشبية متراكمة، ويفتح بوسط هذه السدلة من الأسفل باب مربع، كما فتح على جانبي هذه السدلة بابان ارتفاع كل منهما 2.83م، وعرضهما 1.25م وتفضي هذه الأبواب الثلاثة إلى ملحقات متصلة بالمقعد كانت مخصصة للطايفة (المماليك التابعين) والخدم، كما تشير الوثيقة[352] إضافة لكونها كانت بمثابة ردهات اتصال مع باقي أجزاء البيت.

أما أرضية المقعد فقد فرشت بالرخام الأسود، بينما غطي بسقف خشبي رائع [لوحة 60] عبارة عن براطيم خشبية تحصر بينها طبالي وتماسيح مزخرفة بالرسوم الهندسية المكونة من أشكال مفصصة بها دوائر وأشكال أطباق نجمية ومعينات ومثلثات ومستطيلات إضافة للزخارف النباتية المكونة من أوراق ثلاثية ووريدات مفصصة وزهور مختلفة.

وكل هذه الزخارف منفذه بألوان زاهية حمراء وزرقاء وصفراء وسوداء وأسفل هذا السقف مباشرة يوجد إزار خشبي عريض ذو حنايا مقرنصة ركنية ووسطية، تحصر بينها بحوراً من الزخارف الكتابية، التي هي عبارة عن آيات قرآنية، وكتابات تأسيسية مذهّبة على أرضية زرقاء، كان يظهر بها تآكل شديد، وهي مكتوبة بخط الثلث المملوكي، وتبدأ من الزاوية الغربية للضلع الجنوبي الشرقي، وتقرأ كالتالي:

الكتابات في الضلع الجنوبي الغربي
البحر الأول: بسم الله الرحمن الرحيم إنا فتحنا لك
البحر الثاني: فتحاً مبينا ليغفر لك الله ما تقدم من ذنبك وما
البحر الثالث: تأخر ويتم نعمته عليك ويهديك صراطاً مستقيما
البحر الرابع: وينصرك الله نصراً عزيزاً هو الذي أنزل السكينة في قلوب

الكتابات في الضلع الجنوبي الشرقي
البحر الخامس: المؤمنين ليزدادوا إيماناً مع إيمانهم
البحر السادس: ولله جنود السموات والأرض

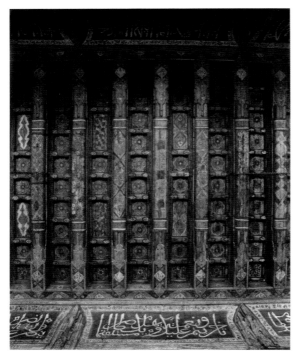

لوحة 60   جزء من السقف الذي يغطي مقعد قصر الأمير طاز.

الكتابات في الضلع الشمالي الشرقي
البحر السابع: وكان الله عليماً حكيما ليدخل المؤمنين والمؤمنات
البحر الثامن: جنات تجري من تحتها الأنهار خالدين فيها ويكفر عنهم سيئاتهم وكان
البحر التاسع: ذلك عند الله فوزاً عظيماً[353] صدق الله العظيم أُنشِئ هذا
البحر العاشر[354]: [المقعد المبارك من فضـل الله تعالى][355]

الملحقات خلف المقعد:
يتوصل لهذه الملحقات عبر الأبواب الثلاثة الواقعة بالجدار الجنوبي الغربي للمقعد المذكور حيث يقع الباب الأول على

---

352   وثيقة علي أغا دار السعادة، المصدر السابق، السطر44.

353   سورة الفتح، الآية، 1–5.

354   هذا البحر به تآكل شديد انمحى معه كل أثر لكتابته.

355   الكتابة التي بين قوسين من اقتراح الباحث.

يمين الداخل للمقعد مباشرة ويفضي لقصر[356] مستطيل المسقط [الشكل 77–3] تذكر الوثيقة أنه مركب على الواجهة الرئيسية الشمالية الغربية لقصر الأمير طاز[357] وطول هذا القصر 9.70م وعرضه 5.55م فتح بجداره الشمالي الغربي شباكان كبيران عرض كل منها 1.41م وارتفاعه 3.00م وعمقه 0.57م يغلق على كل منهما درفتان خشبيتان، وفتح بالجدار الشمالي الشرقي على يمين باب الدخول سدلة جدارية ترتفع حتى سقف القصر وعرضها 2.30م[358] وتقابل هذه السدلة بالجدار الجنوبي الغربي سدلة مشابهة عرضها 2.95م وعمقها 0.32م.[359]

أما الجدار الجنوبي الشرقي فقد كان يفتح به بابان الأول بالطرف الشمالي الشرقي وقد كان باباً كبيراً بارتفاع 2.80م وعرض 1.35م، وللجنوب الشرقي منه كان الباب الثاني بارتفاع 2.00م وعرض 1.00م وكانا يفتحان على المبيت الملحق بالمقعد [الشكل 77–9] والذي يتوصل إليه من الباب أسفل السدلة.

وأرض هذا القصر قبل الترميم كانت مفروشة بالخشب،[360] أما سقفه فهو من الأسقف الجميلة الباقية بقصر الأمير طاز، وهو سقف خشبي من لوح وفسقية يحمل اللوح زخارف بارزة على شكل معينات بخطوط بيضاء على أرضية خضراء أما الفسقية فيتوسطها ثلاثة مربعات بارزة يحمل كل منها بوسطه زخرفة بارزة لطبق نجمي كامل يحيط به إطار خارجي لزخرفة الدقماق، أما باقي الفسقية فعليها زخارف لنجوم سداسية متشابكة بخطوط بيضاء على أرضية ذات لون طماطمي.

ويجري أسفل هذا السقف شريط كتابي مقسم لبحور تحصر بينها أشكال جامات تحمل أبياتاً من بردة البوصيري، وقد نفذت الكتابات باللون الذهبي على أرضية زرقاء، وقد ضاعت الكتابات بالضلعين الجنوبي الغربي والشمالي الشرقي وكان بكل منهما خمسة بحور يفصل بينها أربع جامات وحل محلها أشكال زخارف نباتية، أما الكتابات الباقية فتقرأ كالتالي:

1. الكتابات بالضلع الجنوبي الشرقي

البحر الأول: وما لقلبك إن قلت استفق يهمِ[361]
البحر الثاني: أيحسب الصّبُّ أن الحب منكتمٌ
البحر الثالث: مابين منسجم منه ومضطرم
البحر الرابع: لولا الهوى لم تُرق دمعاً على طلل
البحر الخامس: ولا أرقت لذكر البان والعلم
البحر السادس: فكيف تنكر حباً بعدما شهدت
البحر السابع: به عليك عُدول الدمع والسَّقم
البحر الثامن: وأثبت الوجد خطي عبرةٍ وضنى
البحر التاسع: مثل البهار على خدَّيك والعنم

356 القصر من البناء هو المنزل وسمي بذلك لأنه تقصر فيه الحرم، وورد اللفظ في الوثائق للدلالة على مكان ملحق بمدرسة قرقماس ويتكون من قاعة لها مدخل خاص بها وملحق بها مرحاض، وقد يكون خاص بحريم الأمير أو بالأمير نفسه، فورد: "باب يدخل منه إلى قصر مفروش الأرض بالبلاط مسقف نقياً مدهون به ست شبابيك" كما ورد: رواق يعرف بالقصر". ⁝ قاموس المصطلحات، ص90.

357 تذكر الوثيقة بعد وصف المقعد سطر 43: ... وبه من الجانب الغربي قصر مركب على الواجهة مطل على الشارع بشباك سطر 44: وقمريات وخرستانات وخزائن مفروش أرضه بالبلاط مسبل جداره بالبياض مسقف نقياً ملمع بالذهب وهو بجوار المكتب المرقوم ويجاوره أرض متعددة وأماكن للطايفة والخدم. ⁝ وثيقة علي أغا دار السعادة، المصدر السابق، السطر 43–44.

358 تشير الدلائل الأثرية بعد قشط المحارة والبياض من على الجدران إلى أن هذه السدلة قد ضيقت في فترة لاحقة وقد كان عرضها الأصلي 3.95م.

359 تشير الدلائل الأثرية إلى أنه كان يفتح بالجدار الشمالي الشرقي أيضاً على يسار الداخل خزانة جدارية مسدودة حالياً يظهر من حدودها الخارجية أن ارتفاعها 2.10م وعرضها 1.20م ويقابلها بالجدار الجنوبي الغربي خزانة مشابهة، وهذا يؤكد ما ورد بالوثيقة عن وجود خرستانات وخزائن.

360 يبدو أن وزارة المعارف العمومية عندما حولت هذا القصر لمدرسة قامت بفرش أرضية غرف كثيرة منه بالخشب حفاظاً على الأرضيات الأصلية، وقد شاهدنا مثل هذا في الحواصل بالطابق الأرضي أسفل المقعد.

361 هذا هو الشطر الثاني من البيت وقد ضاع الشطر الأول مع كتابات الضلع الجنوبي الغربي ونصه: (فما لعينيك إن قلت اكففا همتا).

2. **الكتابات بالضلع الشمالي الغربي**

البحر الأول: عن الوشاةِ ولا دائي بمنسحم[362]
البحر الثاني: محَّضتني النصح لكن لستُ أسمعه
البحر الثالث: إن المحب عن العذَّال في صمم
البحر الرابع: إني اتهمت نصيحَ الشَّيب في عذل
البحر الخامس: والشيب أبعدُ في نصح عن التُّهم
البحر السادس: فإن أماراتي بالسوء ما اتعظت
البحر السابع: من جهلها بنذير الشيب والهرم
البحر الثامن: ولا أعدت من الفعلِ الجميل قِرَى
البحر التاسع: ضيف ألمَّ برأسي غيرَ مُحتشم

أما الباب الثاني الذي يقع على الجانب الآخر للسدلة فيدخل منه إلى مبيت أول [الشكل 77–4] ملحق بالمقعد مربع المسقط طوله 5.00م وعرضه 5.00م، فتح باب الدخول السابق إليه بوسط دخلة جدارية عرضها 2.70م وعمقها 0.61م، كما فتح بجداره الجنوبي الشرقي باب ارتفاعه 2.80م وعرضه 1.48م يغلق عليه درفتا باب يتوصل منه مباشرة إلى بير السلم [الشكل 77–25] الذي كان يتوصل منه لمختلف طوابق القصر، وكذلك فتح على جانب هذا الباب فتحة شباك مستطيل عرضه 1.05م وارتفاعه 2.73م يطل أيضاً على بير السلم.

ويقابل الباب المتوصل منه لبير السلم باب ثانٍ مقابل بالجدار الشمالي الغربي، ارتفاعه 2.92م وعرضه 1.79م، يتوصل منه للمبيت الثاني الملحق بالمقعد الآتي ذكره والواقع بين هذا المبيت الأول والقصر المذكور أعلاه والمركب على الواجهة الرئيسية، أما الجدار الجنوبي الغربي لهذا المبيت فقد فتح به بابان، الباب الأول ارتفاعه 2.87م وعرضه 1.05م، ويدخل منه إلى غرفة مربعة [الشكل 77–5] ملحقة بالمبيت الأول طول ضلعها 3.80م، فتحت بجدارها الشمالي الشرقي بجانب الباب حنية جدارية متوجة بعقد مدائني بسيط عرضها 2.00م وعمقها 0.40م، أما الجدار الجنوبي الغربي لهذه الغرفة فقد بني بطريقة البغدادلي التي تؤرخ إلى عصر محمد علي وفتح بهذا الجدار شباك ارتفاعه 2.15 وعرضه 1.10م، يطل على الفناء الخلفي للقصر.[363]

أما الباب الثاني فيتوصل منه لممر [الشكل 77–6] طويل طوله 4.35م وعرضه1.30م، ينتهي بفتحة باب ارتفاعها 2.95م وعرضها 1.08م، يدخل منه لمساحة غير منتظمة المسقط [الشكل 77–7] يمكن القول إنها مساحة شبه مستطيلة طولها 2.00م وعرضها 1.65م، تفتح بصدرها سدلة عرضها 1.60م وعمقها 0.70م، بينما تفتح على يمين الداخل دخلة جدارية ترتفع مثل السدلة السابقة حتى أسفل السقف عرضها 1.04م وعمقها 1.20م، بينما يتوصل منها على يسار الداخل إلى ممر طوله 2.60م وعرضه 0.95م، يفتح بأعلى جداره الشمالي الشرقي شباك مربع يعتبر المنفذ الوحيد لدخول الهواء والضوء لهذه المساحة وملحقاتها.

وتجدر الإشارة إلى أنه قد فتح على يمين الداخل بالممر الطويل المذكور الذي يوصل لهذه المساحة غير المنتظمة فتحة شباك ارتفاعه 1.90م وعرضه 0.70م، توصلنا منه إلى مساحة كشف سماوية [الشكل 77–8] تتوسط هذه الكتلة البنائية خلف المقعد، وهي مساحة غير منتظمة الأضلاع طولها حوالي 5.00م وعرضها 2.14م، تتسع للشمال الغربي لتأخذ شكل مستطيل يتضاعف عرضه، وتشكل هذه الفسحة السماوية منوراً أو فتحة لتهوية أغلب الفراغات المعمارية في الطابق الأرضي والأول مثل الساقية والحمّام بالطابق الأرضي وكل المبيتات والغرف الملحقة بالطابق الأول، ومن العناصر المعمارية الهامة والمميزة هنا ملقف كامل العدة والأوصاف مركب بهذه المساحة بمستوى الطابق الأول على مساحة طولها 1.43م وعرضها 1.22م، وهو ذو سقف مائل ارتفاعه من الأمام 1.50م، يغلق عليه شباك راجعي ارتفاعه 1.22م وعرضه 0.90م كان يدخل الهواء للحجرة الباردة التي هي أولى أقسام الحمام في الطابق الأرضي كما رأينا.

أما الباب الذي يفتح بوسط السدلة التي تتوسط الجدار

362 هذا هو الشطر الثاني وقد ضاع الشطر الأول مع كتابات الضلع الشمالي الشرقي ونصه: (عدتك حالي لا سرى بمستتر)

363 يساعدنا وجود مثل هذه الجدران المبنية بطريقة البغدادلي على سهوله تأريخ هذه الجدران حيث لم تعرف هذه الطريقة في البناء في مصر قبل عصر محمد علي وهذا يعكس لنا مدى التغيرات الكثيرة التي داخلت عمارة بعض أجزاء هذا القصر.

الجنوبي الغربي للمقعد فهو باب يشبه البابين السابقين ارتفاعه 2.83م وعرضه 1.25م، وهو يفضي للمبيت الثاني [الشكل 77-9] الملحق بالمقعد وهو ذو تخطيط شبه منحرف طول ضلعه 4.70م وعرضه 4.10م، يفتح بجداره الجنوبي الشرقي الباب الذي يصل بينه وبين المبيت الأول [الشكل 77-4] المذكور أعلاه، أما في جداره الشمالي الغربي فقد كان يفتح بابان كانا يصلان بين هذا المبيت والقصر [الشكل 77-3] المركب على الواجهة الرئيسية لقصر الأمير طاز والملحق بالمقعد.

وفتح بالجدار الجنوبي الغربي لهذا المبيت شباكان وفتحة باب، أما الشباكان فهما للأعلى أسفل السقف، مركب على كل منهما فردة شباك زجاج، ويفتح كل منهما على الفسحة السماوية [الشكل 77-8] لتزويد هذا المبيت بالضوء والهواء، أما الباب فارتفاعه 2.85م وعرضه 1.27م، ويتوصل منه لممر طوله 2.42م وعرضه 1.28م، فتح بجداره الجنوبي الشرقي للأعلى فتحة شباك مستطيل يطل على الفتحة السماوية المذكورة،[364] بينما يوجد بهذا الممر خمس درجات سلم صاعدة توصل إلى غرفة [الشكل 77-10] ملحقة بهذا المبيت الثاني وهي مستطيلة طولها 3.90م وعرضها 3.80م، فتح بجدارها الشمالي الغربي شباكان ارتفاع كل منهما 1.10م وعرضه 1.00م، يطلان على فسحة سماوية بشكل منور مستطيل قليل العرض، بينما توجد في زاوية الجدار الجنوبي الغربي خزانة جدارية ارتفاعها 1.77م وعرضها 0.86م وعمقها 1.80م، كانت تغلق عليها درفتان خشبيتان. وإلى جانب هذه الخزانة يوجد أعلى الجدار شباك صغير ارتفاعه 0.95م وعرضه 0.78م مغشى بمصبعات خشبية وزجاج، ويطل هذا الشباك على الفناء الخلفي للقصر،[365] ويلاحظ أن هذه الغرفة قد غطيت بسقف مسطح محمول على عروق خشبية موزعة على مساحات متساوية، بينما غطيت

364 يلاحظ أن طريقة بناء هذا الجدار تشبه تلك التي رأيناها في الجدار الجنوبي الغربي للغرفة المربعة الملحقة بالمبيت الأول وهذا يساعد على تأريخه أيضاً إلى عصر محمد علي.

365 تجدر الإشارة هنا إلى أنه يوجد خلف الجدار الجنوبي الشرقي لهذه الغرفة مساحة مستطيلة مقفلة، أثبتت المعاينة أنها تحتوي على قلبتي سلم صاعد كان يوصل لأجزاء الطابق الثاني أعلى المقعد.

لوحة 61 صورة قديمة للإيوان الشمالي الشرقي الرئيسي للقاعة الرئيسية لقصر الأمير طاز، ويظهر بالصورة الجدار الجنوبي الشرقي من هذا الإيوان قبل الترميم الأخير للقصر. (عن أرشيف الهيئة العامة للآثار المصرية)

كل المبيتات والأجزاء التي ذكرناها سابقاً ماعدا سقف القصر المركب على الواجهة بأسقف مستوية بأسلوب البغدادلي ومغطاة بملاط أبيض أو مدهون.

ويوجد خلف هذا المقعد غرفة [الشكل 77-11] يتوصل إليها من خلال باب يفتح على بئر السلم الصاعد [الشكل 77-25]، ويفتح بالجدار الجنوبي الغربي لهذه الغرفة شباكان يطلان على الفناء الخلفي للقصر [الشكل 77-41] كما يفتح بجدارها الجنوبي الشرقي باب يفتح على الدهليز [الشكل 77-15] الذي كان يربطها مع القاعة الكبرى للقصر [لوحة 122]، كما يتوصل منه الى ممر ثان كان يؤدي لمبيتات ربما كانت ملحقة بالمقعد [الشكل 77-12].

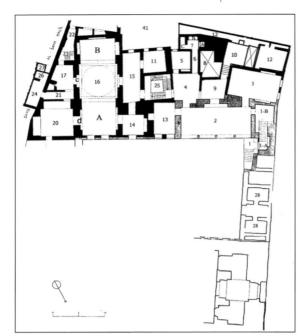

القاعة الكبرى:

تعود أغلب أجزاء هذه القاعة إلى عصر الإنشاء زمن الأمير طاز،[366] وتقع هذه القاعة بالطابق الأول فوق القاعة الصغرى، ومما يؤسف له حقاً تهدم أجزاء كبيرة من هذه القاعة بعد زلزال عام 1992 الذي بتأثيره سقط كامل الجدار الشمالي الغربي وكذلك الجدار الشمالي الشرقي الذي كان يمثل الواجهة التي كانت تطل بها القاعة على الفناء[الشكل 77–16]، وعليه فقد سقطت سقف الأسقف الخشبية التي كانت تغطي كامل أجزاء القاعة[لوحة 61]، ولم تستعيد شكلها الأصلي إلا بعد الترميم الأخير.

هذه القاعة عبارة عن دور قاعة وسطى مربعة [الشكل 77–16] يفتح على جانبيها إيوانان يطل كل منهما على الدور قاعة بعقد كبير [الشكل 78–16]، كما فتح بكل من جداريها الشمالي الغربي والجنوبي الشرقي دخلة جدارية ترتفع من مستوى أرضية الدور قاعه حتى أسفل السقف، وعرض كل منهما 3.85م وعمقه 56سم، وفتحت بأسفل كل دخلة فتحة باب كان الأول الشمالي الغربي يوصل إلى دهليز مستطيل [الشكل 77–15] ومنه إلى بير السلم [الشكل 77–25] الذي كان يوصل بين طوابق البيت، والباب الثاني [الشكل 77–16،C] الجنوبي الشرقي عرضه 1.80م وارتفاعه 2.90م وكان يفضي إلى غرف وملحقات [الشكل 77–17] تتبع القاعة وإلى سلم يوصل لغرف الحريم بالطابق الثاني للقصر .

أما أهم الإيوانين الذين يفتحان على الدور قاعة فهو الإيوان الشمالي الشرقي [الشكل 77–16،A] وهو الكبير، مساحتة مربعة طولها 6م، وعرضها 6م، وفتح بجداره الشمالي الشرقي ثلاث مستويات من الشبابيك كانت تطل على الفناء، وتشكل الواجهة الخارجية للقاعة المستوى الأول وفيه شباكان مستطيلان على كل منهما عتب خشبي يعلوه عقد عاتق، والمستوى الثاني به أيضاً شباكان بنفس الأسلوب ولكنهما

الشكل 78 مسقط أفقي وضع بالسبعينيات من القرن الماضي للطابق الأول للضلع الجنوبي الغربي لقصر الأمير طاز، ويظهر به العديد من الأجزاء التي أعيد ترميمها أثناء الترميم الأخير. 1–المدخل المؤدي للمقعد 2–المقعد 3–القصر الملحق بالمقعد 4–غرفة 5–غرفة 6–ممر اتصال 7–مساحة حبيس 8–منور 9–غرفة 10–غرفة 11–غرفة 12–غرفة وممر 13–فضاء المبيت المندثر للمقعد 14–غرفة 15–ممر اتصال 16–القاعة العلوية الرئيسية للقصر 17–الغرفة الملحقة بالقاعة 18–الفناء الجنوبي الغربي 19–الفناء الشمالي الشرقي20–فضاء دركاة المدخل الفرعي 21–ممر 22–ممر 23–سلم صاعد للطابق الثاني للقصر 24–غرفة تعلو المعبرة 25–بير السلم الرئيسي للقصر 26–مساحة كشف 27–دورة مياه 28–بقايا ملحقات زائلة. (عن: Revault & Maury, *Palais et maisons du Caire* بتصرف)

أقل ارتفاعاً، حيث يعلوهما ثلاث قمريات كبيرة[367] اثنتان في الأسفل وثالثة تعلوهما في الوسط.

وفتح على جانبي هذا الإيوان دخلتان جداريتان فتح

366 لم تشر وثيقة علي أغا دار السعادة لهذه القاعة بأكثر من تحديد موضعها وتسميتها بالقاعة الكبرى تميزاً لها عن القاعة الصغرى بالدور الأرضي. وانظر وثيقة علي أغا دار السعادة، المصدر السابق، سطر46.

367 Lézine, *Op. cit.*, 107.

لوحة 62 القاعة الرئيسية بقصر الأمير طاز بعد الترميم الأخير للقصر.

بأسفل كل منهما باب، كان يفتح الباب الشمالي الغربي على ردهة [الشكل 78–14] تصل القاعة مع المقعد وباقي الأجزاء الأخرى في الطابق الأول، والباب الجنوبي الشرقي عرضه 1.80م، وارتفاعه 2.90م، ويوصل إلى غرفة ملحقة بالقاعة [الشكل 78–20].

أما الإيوان الجنوبي الغربي [الشكل 78–16، B] فهو مستطيل المسقط طوله 6م وعرضه 4.5م، وتفتح بوسط جدرانه ثلاث دخلات ترتفع من مستوى الإيوان حتى أسفل السقف متوسط عرضها 2.90م، وعمقها 0.65م، وقد كان يغطي كافة الدخلات الجدارية بهذه القاعة أسقف خشبية مسطحة عليها زخارف أصلية لأشكال حقاق أو قصعات بداخلها جامات صغيرة، كما يجري أسفل هذه الأسقف إزار خشبي غير عريض عليه زخارف هندسية نباتية ملونة.

وكان يجري حول كامل جدران القاعة [لوحة 62] أسفل أرجل عقدي الإيوانين الجانبيين للقاعة أعلى أعتاب الأبواب إزار خشبي عريض مقسم إلى بحور منفذ عليها كتابات بارزة، ويفصل بين هذه البحور جامات مستديرة عليها رنك الأمير طاز (الكأس) ويحدد هذه البحور من الأعلى والأسفل شريطان من الزخارف النباتية المتشابكة. أما اليوم فقد زالت أغلب أجزاء هذا الإزار، وانحصر الجزء الباقي على الجدار الجنوبي الشرقي للإيوان الشمالي الشرقي للقاعة والتي يمكن أن نقرأ عليها عدة بحور هي:

البحر الأول: بسم الله الرحمن الرحيم
البحر الثاني: أمر بإنشاء هذا المكان
البحر الثالث: المبارك العبد...

وقد قامت لجنة حفظ الآثار العربية بتقليد الأجزاء الزائلة من هذا الإزار الخشبي برسمها بنفس المكان الذي كانت به وما زال ذلك ظاهراً في الجدار الجنوبي الشرقي الباقي للإيوان

الجنوبي الغربي للقاعة، وحافظ الترميم الأخير على ذلك، وقد كانت الكتابات منفذة بخط النسخ المملوكي.

وكان يغطي كلاً من الإيوانين سقف خشبي عبارة عن براطيم خشبية تحصر بينها أشكال طبالي وتماسيح مجلدة ومزخرفة بأشكال نباتية وهندسية،[368] بينما غطيت الدور قاعة بشخشيخة خشبية أوصت لجنة حفظ الآثار العربية سنة 1301هـ/1884م بهدمها لأن بناءها حديث العهد بالنسبة للقصر وتعويضها بشخشيخة من الزجاج بسيطة جداً وخفيفة،[369] كما كان يجري أسفل السقف إزار خشبي.

الأجزاء الملحقة بالقاعة:

هي الأجزاء الباقية وكان يتوصل إليها عبر البابين الذين يقعان بالجدار الجنوبي الشرقي للقاعة والمذكورين أعلاه، الأول [الشكل 78–16،D] بالإيوان الرئيسي ويوصل لغرفة مستطيلة [الشكل 77–20] طولها 6.70م وعرضها 5.70م تقع فوق دركاه المدخل الفرعي (باب السر) المطل على درب الشيخ خليل، فتح بكل من جداريها الجنوبي الشرقي والجنوبي الغربي سدلة عميقة، بينما فتح بجدارها الشمالي الشرقي فتحة شباك مستطيل مرتفع يطل على الفناء الجنوبي الغربي للقصر [الشكل 77–18]، وفتح بطرف السدلة الجنوبية الغربية فتحة باب تؤمن اتصال الحجرة مع باقي الملحقات عبر دهليز مستطيل تفتح عليه [الشكل 77–21]، ويشير ليزن إلى أن هذه الحجرة مضافة لاحقاً بالعصر العثماني، حيث كانت دركاه هذا المدخل الفرعي (باب السر) غير مسقفة وغطيت فقط لإقامة هذه الغرفة، وكذلك فتح لها الباب المذكور بجدار الإيوان الرئيسي،[370] وقد أكد كلام ليزن عثورنا للمدخل التذكاري الذي كان يقع بالجدار الجنوبي الغربي لدركاه المدخل الفرعي،[371] والذي أزيل أغلب عقده المدائني من أجل إقامة أرضية هذه الغرفة المحدثة على المخطط الأصلي للقصر، كما يؤكد ذلك سقف هذه الغرفة الذي كان السقف الأصلي للدركاه وهو مكون من براطيم خشبية تحصر بينها مساحات مربعة مزخرفة بأسلوب الحقاق، ويجري أسفل السقف إزار خشبي عليه كتابات بالخط النسخي المملوكي منفذة باللون الأزرق، وتحصر بحورها فيما بينها جامات عليها رنك الأمير طاز "الكأس" ويغطي كامل السقف زخارف هندسية ونباتية، ويؤكد ليزن بالاستناد لأسلوب الزخرفة السابق أن هذا السقف يعود للقرن الرابع عشر الميلادي.[372]

والباب الثاني [الشكل 78–16،C] الذي يوصل لهذه الملحقات من الدور قاعة، يوصل إلى غرفة ذات تخطيط شبه منحرف [الشكل 78–17] وفتح بجدارها الجنوبي الغربي باب عرضه 1.20م، وارتفاعه 3.00م، يفضي إلى ممر [الشكل 77–22] به بير سلم صاعد [الشكل 77–23] يوصل إلى الملحقات وغرف الحريم بالطابق الثاني للبيت، وكان باقي هذا الممر يؤدي إلى ملحقات خلفية، كما فتح بأعلى الجدار الجنوبي الشرقي لهذه الغرفة شباك مرتفع ذو عقد مدبب يفتح للخارج بالواجهة الجنوبية الشرقية للقصر بمستوى أعلى من سقف الملحقات [الشكل 77–24] المبنية فوق الساباط المركب فوق درب الشيخ خليل، ويغطي هذه الغرفة سقف مستو مغطى بملاط أبيض، ولونت الأجزاء الملاصقة للجدران

368 كانت أسقف هذه القاعة غاية في الجمال وقد ظلت قائمة حتى السبعينيات من القرن الماضي وأكد ليزن أن سقف الإيوان الرئيسي الشمالي الشرقي منها كان أصلياً حيث يقول: (إن سقف الإيوان الشمالي الشرقي يعود لعصر بناء القصر لأنه يتكون من براطيم مدبية بمستويات هي من مميزات العصر البحري، وغالباً أعيدت الرسومات والألوان بطريقة غير جيدة، وسقف الإيوان الصغير ببراطيم مستديرة أعيد ترميمها بعصر غير معروف ولكن لا يعود إلى قبل القرن الخامس عشر). وتؤكد لنا الصور القديمة أنه كان يجري أسفل سقف الإيوان الشمالي الشرقي إزار خشبي عريض ينتهي بحنايا ركنية نباتية لورقة ثلاثية، أما سقف الإيوان الجنوبي الغربي فتؤكد لنا الصور القديمة أنه كان يجري أسفله إزار كتابي مقسم لبحور عليه كتابات متداخلة. ؛ Lézine, *Op. cit.,* 107–108.

369 الكراسات، كراسة رقم2، العام1884، تقرير 6، ص44–46.

370 Lézine, *Op. cit.,* 107.

371 انظر الوصف المعماري للمدخل الفرعي عند دراستنا لمداخل هذا القصر.

372 Lézine, *Op. cit.,* 107–108.

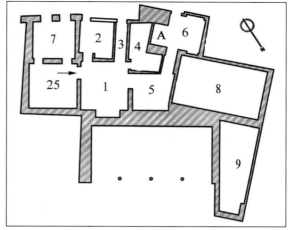

الشكل 79 مسقط أفقي للقسم الأول من الطابق الثاني لقصر الأمير طاز. 1-غرفة أولى 2-غرفة ثانية 3-ممر 4-منور 5-غرفة ثالثة 6-غرفة رابعة 7-غرفة خامسة 8-فضاء القصر الملحق بالمقعد9-فضاء بير السلم الصاعد للمقعد والطابق الثاني 25-بير السلم الرئيسي للقصر. (عن الهيئة العامة للآثار بتصرف شديد من قبل الباحث)

بالألوان الخضراء والصفراء ثم بخط من اللون الأزرق، ويذكرنا هذا السقف بطراز الأسقف العثمانية المتأخرة وأسقف عمائر محمد علي، ويؤدي الباب الواقع بالجدار الشمالي الشرقي لهذه الحجرة والذي يبلغ عرضها 1.70م، وارتفاعها 3.00م إلى نفس الدهليز[373] المستطيل [الشكل 77-21] الذي تفتح عليه الغرفة المتوصل إليها من الإيوان الرئيسي للقاعة، ويغطي هذا الدهليز سقف مشابه لسقف الغرفة السابقة، ويوجد بنهاية هذا الدهليز باب ارتفاعه 2.00م وعرضه 1.10م، يتوصل منه إلى الملحقات المبنية فوق الساباط بمستوى الطابق الأول.

الأجزاء المعمارية التي تعلو الساباط:

وهي عبارة عن غرفة مستطيلة طولها 5.62م وعرضها 2.40م [الشكل 77-24] ويغطي هذه الغرفة سقف أسطواني منخفض يظهر به تداع وضعف شديد، ويفتح بالجدار الجنوبي الغربي لهذه الغرفة باب ارتفاعه 2.10م وعرضه 1.10م، يدخل منه لمساحة مكشوفة [الشكل 77-26] طولها 2.40م وعرضها 1.60م، يفتح بجدارها الجنوبي الغربي باب يدخل منه لدورة مياه [الشكل 77-27] طولها 1.60م وعرضها 1.55م.

وقد بنيت هذه الأجزاء الملحقة بالقاعة وتلك التي تعلو الساباط المتوصل إليها من هذه الأجزاء بالآجر، وغطيت بأسقف خشبية كما في دركاه المدخل الفرعي، أو بأسقف حجرية كما في الغرفة المستطيلة الواقعة فوق الساباط، وكل هذا يؤكد أصالة هذه الأجزاء وعودتها لفترة تأسيس القصر أو على الأقل للعصر المملوكي وذلك رغم ما طرأ عليها من التغييرات والتعديلات.

الطابق الثاني للضلع الجنوبي الغربي:

تقسم أجزاء هذا الطابق إلى كتلتين بنائيتين: القسم الأول يقع فوق الأجزاء التي تلحق بالمقعد الواقع بالطابق الأول للقصر والقسم الثاني يقع فوق كتلة المدخل الفرعي "السر" للقصر وفوق الأجزاء التي تلحق بالقاعة الرئيسية بالطابق الأول للقصر.

يتألف القسم الأول من خمسة غرف وممرين، حيث يتوصل عبر السلالم من بير السلم الرئيسي للقصر [الشكل 79-25] إلى غرفة [الشكل 79-1] طولها 5.60م وعرضها 5.40م، يفتح بجدارها الشمالي الشرقي دخلة جدارية ترتفع حتى سقف الغرفة وعرضها 2.50م وعمقها 1.10م، كما تفتح بجدارها الجنوبي الغربي فتحتا باب يتوصل من الأولى منهما إلى غرفة ثانية [شكل 79-2] مربعة طول ضلعها 3.75م، وتفتح بجدارها الشمالي الشرقي بجانب باب الدخول دخلة جدارية ترتفع لمستوى السقف بعرض 2.00م وعمق 0.60م، كما وتفتح بالجدار المقابل بهذه الغرفة فتحة شباك مستطيل يطل على الفسحة السماوية الواقعة بالجهة الخلفية للضلع الجنوبي الغربي لهذا الفناء.

أما الفتحة الثانية بالجدار الجنوبي الغربي للغرف الأولى فإنها تؤدي إلى ممر [الشكل 79-3] طوله 4.65م وعرضه 1.25م، كان يؤدي لملحقات خلفية زائلة.

كما يفتح بالجدار الشمالي الغربي للغرفة الأولى شباك وفتحة باب أخرى، حيث يطل الشباك على المنور الواسع المكشوف [الشكل 79-4]والذي يسمح بدخول التهوية والضوء للطوابق السفلى للبيت [الشكل 77-8] وارتفاع هذا الشباك 2.50م وعرضه 1.00م، أما الباب فارتفاعه 2.90م وعرضه 1.20م، ويدخل منه لغرفة ثالثة [الشكل 79-5] طولها 4.35م وعرضها

373 كانت تعاني أرضية هذا الدهليز من انهيار شديد.

الشكل 80 مسقط أفقي للقسم الثاني من الطابق الثاني لقصر الأمير طاز. 10–مساحة ينتهي إليها بير السلم الصاعد للطابق الثاني للبيت 11–ممر 12–غرفة 13–منور 14–ممر 15–غرفة (عن الهيئة العامة للآثار بتصرف شديد من قبل الباحث)

4.10م، يلاحظ أن جدارها الشمالي الشرقي خال من الفتحات بينما يوجد بجدارها الشمالي الغربي إنحراف شديد، ويوجد بالزاوية الغربية للغرفة فتحة باب يفضي لممر طوله 3.00م وعرضه 1.40م يؤدي لغرفة رابعة [الشكل 79–6] طولها 4.15م وعرضها 3.70م ويفتح بجدارها الجنوبي الغربي شباك ارتفاعه 2.00م وعرضه 0.90م، يطل على المساحة الخلفية الفضاء للضلع، وبجانب الشباك توجد دخلة جدارية ترتفع حتى سقف الغرفة وهي بعرض 2.30م وعمق 0.25م. كما تفتح بالجدار الجنوبي الشرقي لهذه الغرفة سدلة ترتفع حتى السقف [الشكل 79–6،A]، وهي بعرض 2.45م وعمق 1.50م.

وآخر غرفة بهذا الطابق هي الواقعة للجنوب الغربي من بير السلم [الشكل 79–25] وتتصل هذه الغرفة [الشكل 79–7] مع بير السلم بفتحة باب وشباك، كما يفتح بجدارها الجنوبي الغربي شباكان مستطيلان يطلان على الأجزاء الخلفية لهذا الضلع الجنوبي الغربي، وقد بنيت كافة جدران هذا القسم من الطابق الثاني بالآجر الأحمر الذي تتخلل جدرانه دعامات خشبية أفقية لزيادة متانة الجدران، كما غطيت كافة الغرف والممرات بهذا القسم من الطابق بالأسقف المعمولة بطريقة البغدادلي والمؤلفة من ألواح خشبية رقيقة ترصف متقاربة ثم تغطى بالملاط.

وتجدر الإشارة إلى أن الحالة الإنشائية لهذا القسم من الطابق الثاني كانت سيئة للغاية، وقد احتاج لجهد ترميمي كبير حتى استعاد ثباته الإنشائي مع الإشارة إلى أن بناءه يعود في أغلب أقسامه لأواخر القرن 19م.

أما القسم الثاني للطابق الثاني لهذا الضلع للقصر والواقعة أجزاؤه فوق دركاه باب السر وفوق الأجزاء الملحقة بالقاعة الرئيسية بالطابق الأول للقصر، فهو مؤلف من حجرات ارتبطت فيما مضى بالحريم وقد تمّ بناؤها لاحقاً على الحجرتين الكبيرتين للقصر (المقعد والقاعة) ومنها قاعة صغيرة لها سقف ملون وبراطيم ظاهرة، يشبه سقف قاعة تعلو مدخل منزل الرزاز.[374] وقد كانت هذه الأجزاء قبل الترميم الأخير تعاني من تهدم شديد منع جاك ريفو وبرنار موري في سبعينيات القرن الماضي من دخوله أو وضع مسقط أفقي له.[375]

يتم الوصول لهذا القسم من الطابق الثاني عبر سلم صاعد من الممر الملحق بالقاعة الرئيسية بالطابق الأول للقصر[الشكل 77–23] حيث يصعد السلم لهذا الطابق بوسط مساحة شبه مربعة [الشكل 77–10] طول ضلعها 2.50م، ويوجد بجدارها الجنوبي الغربي والجنوبي الشرقي انكسار واضح، كما يفتح بجدارها الشمالي الشرقي فتحة باب تؤدي لممر [الشكل 80–11] طوله 2.25م وعرضه 1.25م، يوصل لغرفة [الشكل 80–12] مستطيلة يوجد بجدارها الجنوبي الشرقي انحراف شديد وطولها 5.00م ومتوسط عرضها 4.00م، حيث إجتزئ من مساحتها بالزاوية الشرقية مساحة صغيرة لتكون ملقفاً يدخل الهواء للطوابق السفلى للقصر [الشكل 80–13]، كما يفتح بالجدار الشمالي الشرقي لهذه الغرفة فتحة باب يدخل منها لممر [الشكل 80–14] طوله 6.25م وعرضه 1.75م، يفتح بوسط جداره الشمالي الشرقي أيضاً باب يدخل منه لغرفة تعلو دركاه المدخل الفرعي للقصر "باب السر" وهي مستطيلة المسقط [الشكل 80–15]، وتوجد أيضاً انكسارات عديدة بجدارها الجنوبي الشرقي، وتصل الغرفة بأقصى طولها إلى 9.00م وعرضها 6.85م، ويفتح بجدارها الشمالي الشرقي شباكان مستطيلان يفتحان على الفناء الجنوبي الغربي للقصر.

374 انظر دراستنا لبيت قايتباي بالتبانة في الصفحات التالية من هذه الكتاب.

375 Revault & Maury, *Op. cit.,* Part II, 58.

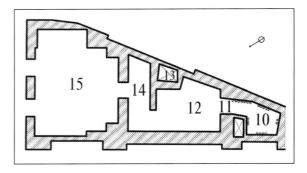

لوحة 63 واجهة الضلع الجنوبي الشرقي للفناء الجنوبي الغربي كما يظهر بالصورة جزء من الضلع الشمالي الشرقي لنفس الفناء.

ويؤكد موقع هذا القسم من الطابق الثاني وكذلك تخطيطه أنه كان مخصصاً للحريم،[376] وقد أعادت الترميمات الأخيرة هذا القسم لشكله الأصلي.

الضلع الجنوبي الشرقي:

هو ثاني أضلاع الفناء الجنوبي الغربي، ويتألف من طابق أرضي فقط، ويمتد بواجهة طولها 40.80م، يفتح عليها خمسة أبواب، توصل أربعة منها لغرف مستطيلة [لوحة 63]، حيث يوصل الباب الأول إلى مساحة مستطيلة بالزاوية الجنوبية، وهي جزء من المدخل المنكسر لباب السر وسبق وصفه عند ذكر المدخل الفرعي (باب السر) [الشكل 76–16]، ويلي هذه المساحة ثلاث غرف مستطيلة المسقط ضاعت أسقفها، وتطل على الفناء الذي يتقدمها بباب ارتفاعه 2.80م وعرضه 1.50م وشباك ارتفاعه 2.50م وعرضه 1.60م، وتغشي كل من هذه الأبواب درف خشبية حديثة، كما تغشي الشبابيك قضبان رأسية حديثة تغلق عليها درف خشبية تشبه درف الأبواب.

أما الغرفة الأولى [الشكل 76–42] فطولها 9.30م وعرضها 4.20م، وطول الغرفة الثانية [الشكل 76–43] 9.30م وعرضها 4.20م، ويتميز الجدار الجنوبي الشرقي لهذه الغرفة بعثورنا فيه على محراب يقع خلف رأس الجدار الفاصل بين هذه الغرفة والغرفة السابقة ويقع تجويف هذا المحراب بداخل الجدار الخارجي للقصر، وحنية هذا المحراب مجوفة يعلوها نصف قبة معقودة كانت محمولة على عامودين مدمجين، ويرتفع هذا المحراب عن المستوى الحالي لأرضية الغرفة، أما الغرفة الثالثة [الشكل 76–44] فطولها 9.30م وعرضها 4.20م. وفي النهاية الشمالية الشرقية لواجهة هذا الضلع يوجد باب بنفس ارتفاع وعرض أبواب الغرف الثلاث السابقة، ويدخل منه لغرفة مستطيلة بنفس مساحة الغرف الثلاث السابقة[الشكل 76–45] ولكن غطيت بقبو حجري متقاطع كبير يفتح بجدارها الشمالي الغربي باب الدخول إضافة لشباك مثل شبابيك الغرف السابقة، كما

376 حيث ورد بالوثيقة: وبالمبيت المذكور باب يتوصل منه إلى القاعة الكبرى وإلى القاعة الصغرى وإلى الأماكن المتعلقة بالحريم المطلة على الحوش. وثيقة علي أغا دار السعادة، المصدر السابق، سطر45-46.

الشكل 81 جزء من وثيقة علي أغا دار السعادة وثيقة رقم 129، من سطر32-50.

توجد بالجدار الشمالي الشرقي لهذه الغرفة فتحة باب يدخل منها لغرفة أخرى خامسة طولها 8.70م وعرضها 6.19م، وهي أيضاً مغطاة بقبو متقاطع ضخم، وقد كانت هذه الغرفة تفتح على الفناء الأصلي للقصر قبل بناء الكتلة البنائية التي قسمته لفناءين بشباك وباب بنفس أطوال أبواب وشبابيك الغرف السابقة..

ونستطيع أن نستنتج بعد رؤيتنا للقبوين الذين يغطيان هاتين الغرفتين الأخيرتين أن جميع غرف هذا الضلع من هذا الفناء كانت مغطاة بأقبية متقاطعة مشابهة.

وقد بنيت كافة أجزاء هذا الضلع بالحجر النحيت باستثناء الجدار الفاصل بين الغرفة الأولى [الشكل 76-42] والثانية وهي طريقة للبناء تؤرخ بالقرن 13هـ/19م، وربما استغلت

لوحة 64 جزء من الفناء الشمالي الشرقي لقصر الأمير طاز.

مساحة هاتين الغرفتين (الأولى والثانية) كمسجد للقصر في وقت ما قبل تحويل القصر لمدرسة سنة 1291هـ/1874م.

الضلع الشمالي الشرقي:

من الثابت لدينا أن جميع أجزاء هذا الضلع حديثة تعود إلى سنة 1291هـ/1874 م لزمن علي باشا مبارك الذي بنى هذا الضلع كي يقسم الفناء الأصلي للقصر لفناءين منفصلين.[377] وكنا قد أشرنا إلى أننا قد وجدنا من خلال الوثيقة أن الأمير علي أغا دار السعادة هو أول من قام ببناء جدار قسم به الفناء الرئيسي الأصلي للقصر لفناءين جنوبي غربي وشمالي شرقي سنة 1087هـ/1676م.[378]

ويتألف هذا الضلع من طابق أرضي يشرف على الفناء بطول 32.00م وكامل عرضه 9.70م، ويتألف من خمس غرف أوسطها أكبرها، وغطيت كافة هذه الغرف بأسقف خشبية مستوية مغطاة بالجص. وبنيت جدرانها بحجارة دبش تمتد بينها دعامات خشبية مستقيمة.[379]

وأولى غرف هذا الضلع من الجهة الجنوبية الشرقية هي الغرفة الأولى [الشكل 76-47] وطولها 9.20م وعرضها 8.00م، وكانت تفتح على الفناء الجنوبي الغربي الذي أمامها [الشكل 76-18] بباب وشباك [لوحة 63] كما تفتح بباب

377 الخطط التوفيقية، ج2، ص162.

378 وثيقة علي أغا دار السعادة، المصدر السابق، سطر 47-48.

379 ثبت الرأي في مشروع القاهرة التاريخية بالإبقاء على هذا الضلع المضاف للقصر بعد جدال.

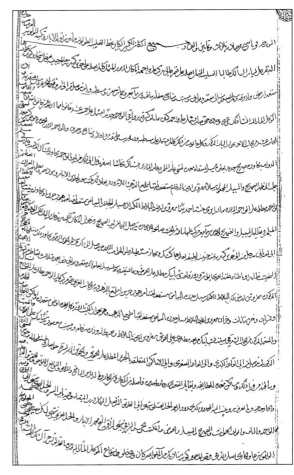

لوحة 65 واجهة الضلع الشمالي الغربي من الفناء الشمالي الشرقي لقصر الأمير طاز.

آخر على الفناء الشمالي الشرقي الذي خلفها [الشكل 76–19]، ولكن تمت الآن إزالة كافة أبواب ونوافذ هذه الغرفة وحولت لمجرد ممر يصل بين فنائي القصر.

وتمتد الغرفة الثانية [الشكل 76–48] بطول 9.20م وعرضها 5.75م، وكان يفتح بالجدار الجنوبي الغربي لهذه الغرفة باب دخول وشباك، وفي الجدار الشمالي الشرقي شباكان يطلان على الفناء الثاني الشمالي الشرقي للقصر، وتتشابه الغرفة الرابعة [الشكل 76–50] تماماً مع هذه الغرفة، أما الغرفة الثالثة [شكل76–49] فهي أكبر غرف هذا الضلع، فطولها 10.40م وعرضها 6.00م، حيث يتقدم جدارها الجنوبي الغربي عن سمت واجهة باقي الغرف بمقدار 1.50م، ويفتح بوسطه باب الدخول، كما يفتح بالجدار الشمالي الشرقي لهذه الغرفة شباكان يطلان على الفناء الثاني للقصر.

كما كان يتوسط كلاً من الجدارين الجنوبي الشرقي والشمالي الغربي لهذه الغرفة فتحتا باب يوصلان لهذه الغرفة مع الغرفتين الثانية والرابعة الملاصقتين لها.

وكان يتقدم أبواب الدخول للغرف الثلاثة المذكورة سلم من ثلاث درجات صاعدة، وربما كان يظلل واجهاتها أيضاً رفرف خشبي.

أما الغرفة الخامسة [الشكل 76–51] فطولها 8.00م وعرضها 5.40م، وكان لها مثل الغرفة الأولى باب وشباك على الفناء الجنوبي الغربي وباب على الفناء الشمالي الشرقي، حيث يفتح هذا الباب على مساحة غير منتظمة [الشكل 76–52] تؤدي للفناء المذكور، وقد ضاعت أبواب وسقف هذه الغرفة منذ زمن بعيد.

الضلع الشمالي الغربي:

يعتبر هذا الضلع جزءاً من الواجهة الرئيسية لقصر الأمير طاز، حيث يشكل الجهة الخلفية لهذه الواجهة، وهو يمتد على هذا الفناء بطول 26.75م، وتتوسطه فتحة دركاه المدخل الثانوي [الشكل 76–12] المستجد للقصر، وهي تفتح بعرض 2.95م، كما ذكرنا عند حديثنا عن مداخل القصر.

كما يقع بالطرف الجنوبي الغربي لهذا الضلع المدخل التذكاري [الشكل 76–1] المؤدي لمقعد القصر [الشكل 76–2]، وتتقدم هذا المدخل بسطة وسلم صاعد، وقد كان يعلو هذا الضلع فوق طابقه الأرضي طابق أول [الشكل 77–28] حيث كان عند تجديدات علي أغا دار السعادة عبارة عن مجاز مستطيل، حيث ورد بالوثيقة (حوش كبير به يمنة جنينة لطيفة يعلوها كشك ومجاز مستطيل يعلو الحوانيت المذكورة يتوصل إلى ذلك من سلم بالحوش المرقوم)[380] [الشكل 81] ولكن يبدو أن هذا المجاز قد حول لمجموعة من الغرف في العصر الحديث [الشكل 78–28] كانت تطل على شارع السيوفة بفتحات نوافذ،[381] وقد بنيت أجزاء هذا الضلع من الحجر النحيت الجيد.

ثانياً: الفناء الشمالي الشرقي: [لوحة 64]

ويتوصل لهذا الفناء مباشرة عبر المدخل الرئيسي الأصلي للقصر، ولهذا الفناء أربعة أضلاع أيضاً.

الضلع الشمالي الغربي: [لوحة 65]

يمتد هذا الضلع على الفناء الشمالي الشرقي بطول 14.40م، ويتألف من طابقين أرضي وأول.

الطابق الأرضي:

ويشغل هذا الطابق الأرضي كتلة المدخل الرئيسي والأصلي للقصر والمؤلفة من الباب [الشكل 76–1] والدركاه الواقعة

380 وثيقة علي أغا دار السعادة، المصدر السابق، سطر41.

381 وتجدر الإشارة إلى اعتقادي بأن بعض هذه الحوانيت التي تفتح بالواجهة الرئيسية الشمالية الغربية للقصر ربما كانت بالعصر المملوكي عبارة عن حواصل تفتح على الفناء قبل أن يتم تحويلها في عمارة علي أغا دار السعادة لحوانيت تفتح للخارج مع إضافة عدد آخر منها.

لوحة 66   جزء من واجهة الضلع الشمالي الشرقي للفناء الشمالي الشرقي لقصر الأمير طاز.

خلفه [الشكل 76-9] والممرين المنكسرين على جانبيهما [الشكل 76-10] وقد سبق الحديث عنهما عند الكلام عن المداخل الخارجية للقصر.

وإلى الشمال الشرقي من كتلة هذا المدخل نجد اليوم تداخلاً معمارياً بين هذه الأجزاء القديمة والأصلية للقصر وبين التجديدات الحديثة التي أضيفت على قطعة الأرض التي أضيفت للقصر بشكل نهائي عند تجديدات علي باشا مبارك،[382] حيث أعيد توزيع هذه المساحة، فأدمج الحانوت الخامس عشر الذي ذكرته الوثيقة والواقع على يمين المدخل الرئيسي مع العمائر المضافة، فظهرت العديد من المساحات الصغيرة أولها مساحة مستطيلة [الشكل 76-53] طولها 4.60م وعرضها 4.20م، تفتح على شارع السيوفية بفتحة باب معقود بعقد مدبب عرضه 2.70م. وتتصل عبر فتحة بجدارها الجنوبي الغربي بمساحة ثانية مستطيلة أيضاً [الشكل 76-54] طولها 4.60م

وعرضها 3.90م، تفتح على الشارع أيضاً بنافذتين معقودتين، وتتصل هذه المساحة عبر باب بجدارها الجنوبي الغربي مع كتلة المدخل الرئيسي، كما فتح بجدارها الجنوبي الشرقي باب يصلها مع مساحة ثالثة مربعة المسقط [الشكل 76-55] طول ضلعها 3.60م، فتح بجدارها الجنوبي الشرقي المبني بطريقة البغدادلي شباك بسيط، كما غطيت هذه المساحات الثلاث بأسقف بسيطة بطريقة البغدادلي تؤكد حداثتها وعودتها لأواخر القرن 13هـ/19م.

ويفتح بالجدار الشمالي الشرقي لهذه المساحة باب يدخل منه لبير سلم [الشكل 76-56] طوله 2.30م وعرضه 2.00م، به بقايا سلم صاعد كان يوصل للطابق الأول لهذا الضلع.

الطابق الأول:

يتألف هذا الطابق من ثلاث غرف بسيطة تتشابه في شكلها ومواد بنائها مع بعض الأجزاء الواقعة أسفلها والتي تعود مثلها لأواخر القرن 13هـ/19م.

حيث يوصل بير السلم الصاعد [الشكل 77-56] عبر

---

382   انظر تفصيل ذلك عند دراستنا لتاريخ عمارة هذا القصر.

باب بجداره الشمالي الغربي لغرفة أولى [الشكل 77–29] طول ضلعها 4.40م، فتح بجدارها الشمالي الغربي شباكان مستطيلان يطلان على شارع السيوفية، وفتح بجدارها الجنوبي الغربي بابان ينفذ منهما للغرفة الثانية [الشكل 77–30] طولها 8.25م وعرضها 5.75م يوجد بجدارها الشمالي الغربي شباكان مستطيلان يشبهان شباكي الغرفة السابقة، وهما يطلان أيضاً على شارع السيوفية، كما وفتح بطرف جدارها الجنوبي الشرقي شباك ثالث يطل على الفناء الشمالي الشرقي للقصر، ويوجد بوسط جدارها الجنوبي الغربي باب يدخل منه للغرفة الثالثة [الشكل 77–31] والأخيرة بهذا الطابق، وهي مستطيلة المسقط طولها 8.25م وعرضها 5.25م، تفتح بجدارها الشمالي الشرقي بجانب باب الدخول إليها كتبية جدارية، كما فتح بجدارها الشمالي الغربي شباكان يعلو أحدهما قمة عقد فتحة المدخل الرئيسي أو الأصلي للقصر ويطل كلا الشباكين على الشارع أيضاً.

كما فتح بجدارها الجنوبي الشرقي شباكان متماثلان يطلان على الفناء الشمالي الشرقي للقصر، وفتح بالجدار الجنوبي الغربي لهذه الغرفة باب كان يصل هذه الغرفة مع باقي الغرف الزائلة بهذا الطابق [الشكل 77–32] والتي كانت تتصل أيضاً مع باقي الأجزاء الزائلة بالطابق الأول للضلع الشمالي الغربي للفناء الجنوبي الغربي للقصر.

وقد بنيت الكثير من أجزاء الطابق الأرضي لهذا الضلع بحجارة جيدة منحوتة وغطيت فراغاته بأقبية متقاطعة رائعة البناء، تؤكد أصالة هذه الأجزاء وعودتها لزمن بناء القصر ويظهر ذلك خاصة في كتلة المدخل والأجزاء الملاصقة لها. كما بنيت كافة أجزاء الطابق الأول بطوب صغير وغطيت فراغاته بأسقف بسيطة.

الضلع الشمالي الشرقي: [لوحة 66]

يمتد هذا الضلع على الفناء بطول 28.70م، ويتألف من طابق أرضي فقط تعود كل عمائره الباقية لأواخر القرن 13هـ/19م، ويظهر هذا واضحاً من خامات البناء المعتمدة على الحجارة الدبش والخشب والملاط، وكذلك الأسقف المسطحة المصنوعة بطريقة البغدادلي، وكانت كل أجزاء هذا الضلع مستخدمة حتى عام 2002 كمخازن لوزارة التربية والتعليم.

ويفتح بهذا الضلع أربعة أبواب يدخل من الأول منها لغرفة [الشكل 76–57] مستطيلة طولها 4.60م وعرضها 3.65م، بني جدارها الشمالي الغربي بطريقة البغدادلي وبه فتحة شباك كانت تفتح على الغرفة الملاصقة لها، ويفتح بجدارها الشمالي الشرقي فتحة باب يدخل منها لحاصل حبيس [الشكل 76–58] طوله 3.20م وعرضه 2.00م.

والباب الثاني يؤدي لغرفة كبيرة [الشكل 76–58] طولها 8.00م وعرضها 3.90م، يفتح بجدارها الجنوبي الغربي بجانب باب الدخول شباك يطل على الفناء.

ويدخل من الباب الثالث لغرفة أخرى بنفس طول الغرفة السابقة ولكن عرضها 2.90م يفتح بجدارها الشمالي الغربي باب يدخل منه لحاصل مستطيل طوله 6.40م وعرضه 2.00م.

أما الباب الرابع فيدخل منه لغرفة مستطيلة [الشكل 76–62] طولها 8.44م، وعرضها 4.30م، غطيت بسقف مستو مصنوع بطريقة البغدادلي، ويفتح بجدارها الجنوبي الغربي بجانب باب الدخول شباك يشرف على الفناء، كما فتحت بجدارها الشمالي الشرقي فتحتان جداريتان، يدخل منهما لمساحة كبيرة مستطيلة [الشكل 76–63] تشبه القاعة الأرضية طولها 16.67م وعرضها 8.44م، بنيت بعض جدرانها وخاصة الأقسام السفلى بالحجر المنحوت، وبني البعض الآخر منها بالآجر الأحمر وخاصة الأقسام العليا، وغطيت هذه المساحة بسقف مستوٍ مصنوع بطريقة البغدادلي، وقد قوي السقف بدعامات ممتدة مصنوعة بنفس طريقة بناء الأسقف محمولة على ثلاثة أعمدة من الخشب البسيط.

كما يفتح بالجدار الجنوبي الشرقي لهذه المساحة ثلاثة أبواب تفتح على ممر طويل [الشكل 76–64] يفصل بين الضلعين الشمالي الشرقي والجنوبي الشرقي لهذا الفناء، ويدخل لهذا الممر من فتحة بواجهة الضلع الشمالي الشرقي وطول الممر 28.65م وعرضه 3.60م، يفتح بنهايته الشمالية الشرقية على مساحة كشف [الشكل 76–65] طولها 8.40م وعرضها 6.20م، وحتى وقت قريب كان يتوسط هذا الممر سلم صاعد لأسطح كل من الضلعين الشمالي الشرقي والجنوبي الغربي لهذا الفناء ويفتح بالجدار الشمالي الغربي لهذا الممر إضافة للأبواب الثلاثة للمساحة المستطيلة سابقة الوصف باب آخر يدخل منه لحاصل حبيس طوله 4.00م وعرضه 2.20م.

لوحة 67 إسطبل قصر الأمير طاز أثناء الترميم الأخير.

الضلع الجنوبي الشرقي:

يشرف هذا الضلع على الفناء الشمالي الشرقي للقصر بطول 14.79م، وتفتح به على هذا الفناء فتحة دخول وباب وشباك.

أما فتحة الدخول فعرضها 2.88م يعلوها عقد مدبب، يحدد كوشتيه جفت لاعب ذو ميمات معقودة، ويدخل من هذه الفتحة إلى مساحة مستطيلة [الشكل 76–66] طولها 7.60م وعرضها 5.20م، اجتزئت منها مساحتان لعمل دورتي مياه [الشكل 76–66،A،D] وغطيت المساحة بقبو متقاطع.

الإسطبل: [لوحة 67]–[الشكل 76–67]

ويدخل إليه من الباب الواقع بواجهة هذا الضلع، وهو عبارة عن مساحة كبيرة مستطيلة طولها 45.00م وعرضها 9.00م، تمثل الإسطبل الأصلي لقصر الأمير طاز والذي يعود لزمن تأسيس القصر، حيث كانت هذه المساحة مغطاة بأقبية متقاطعة، ولكن زال معظمها، وبقي منها قبوان ملاصقان للجدار الشمالي الشرقي للإسطبل بينما صار يغطي باقي الإسطبل أسقف مستوية من الإسمنت المسلح.

وكان سقف هذا الإسطبل محمولاً على ثماني دعامات مستطيلة طول الواحدة منها 1.58م وعرضها 0.75م، وتتوسط مساحته بائكة طولية مكونة من تسعة عقود مدببة محمولة على الدعامات الثماني، ويستند عقدا الأطراف جهة الجنوب الغربي على الجدار، بينما يستند جهة الشمال الشرقي على دعامة كبيرة ملتصقة بالجدار طولها 3.16م وعرضها 0.75م، وقد قسمت هذه الدعامة الإسطبل هنا لدخلتين ترتفع أرضهما عن مستوى أرضية الإسطبل 1.00م.

وكافة جدران هذا الإسطبل خالية من الفتحات[383] ماعدا الجدار الشمالي الغربي الذي يوجد به أربعة أبواب ونافذتان، وكل هذه الفتحات ترتفع حتى أسفل السقف وهي معقودة بعقود دائرية تحصر أسفلها فتحات الأبواب والشبابيك، وعرض هذه الفتحات بدءاً من الجنوب الغربي للشمال الشرقي هو الشباك الأول 2.49م والباب الأول 1.44م، والباب الثاني والثالث 1.75م، والباب الرابع 1.60م، والشباك الثاني 1.20م.

ومن الواضح أن هذا الإسطبل قد فقد جزءاً كبيراً من دوره منذ القرن السابع عشر، حيث لم تذكره وثيقة علي أغا دار السعادة كجزء من العناصر الموجودة بالقصر.

الضلع الجنوبي الغربي:

طول هذا الضلع 27.44م، ويمثل هذا الضلع الجدار الخلفي لعمائر الضلع الشمالي الشرقي للفناء الأول الجنوبي الغربي والذي كان يفتح جداره الشمالي الشرقي على هذا الفناء بعدة شبابيك ولكن اليوم بعد إزالة كل من الغرفتين الجانبيتين الواقعتين بالضلع الشمالي الشرقي للفناء الجنوبي الغربي [الشكل 76–47–51] تحولت أرض هاتين الغرفتين الجانبيتين لممرين طول كل منهما 9.70م يؤمنان اتصال الفناءين الحاليين للقصر ببعضهما، كما ظلت غرف الضلع الشمالي الشرقي للفناء الجنوبي الغربي تفتح بواجهة هذا الضلع بستة شبابيك.

383 هناك دلائل أثرية تشير لوجود نوافذ بأعلى الجدار الجنوبي الشرقي، ولكنها كانت قد سدت منذ زمن غير قريب.

الباب الثامن

القصور والبيوت الباقية في القاهرة من العصر المملوكي الجركسي، 784–923هـ/1382–1517م

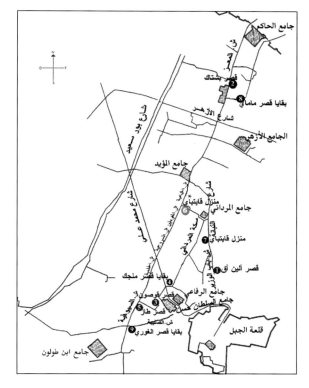

1 بيت السلطان قايتباي في المغربلين، 890هـ/1458م

يقع هذا البيت [الشكل 82] في المغربلين بسكة المرداني، المتفرعة من حارة زقاق المسك[1] المتفرعة بدورها من شارع الخيامية خارج باب زويلة[2] [الشكل 83]، وكانت وثيقة قايتباي[3] قد حددت موقع هذا البيت بخارج باب زويلة بالشارع الأعظم بأول حارة اليانسية[4] الذي من جهة الشارع داخل الدرب

1 حارة زقاق المسك تقع على يسار شارع الخيامية، وتتصل به جهة زاوية الفيومي، وتنتهي لشارع الماردانى وبداخلها عدة عطف وبأولها زاوية الفيومي المذكورة. ⁝ انظر: علي باشا مبارك، الخطط التوفيقية الجديدة في مصر والقاهرة، الهيئة العامة للكتاب، 20ج، 1983. ج2، ص132، وسوف نرمز إليه لاحقاً بـ"الخطط التوفيقية".

2 الخطط التوفيقية، ج2، ص132.

3 وثيقة رقم 886، أرشيف وزارة الأوقاف، وهي مؤرخة بعدة تواريخ آخرها 27 رمضان 884هـ/1476م، ص227. والوثيقة على شكل كتاب يقع في 383 صفحة، وقد نشر ماير Mayar جزءاً منها ثم قام الدكتور حسني نويصر بنشر الجزء الباقي منها عند إعداده لرسالة الدكتوراة سنة 1973. وسنرمز لها لاحقاً بـ"وثيقة قايتباي" ⁝ انظر: حسني محمد نويصر، منشأت السلطان قايتباي الدينية في القاهرة، قسم الآثار الإسلامية، كلية الآثار، جامعة القاهرة، 1973، (رسالة دكتوراة غير منشورة).

4 حدد المقريزي موقع حارة اليانسية بأنها خارج باب زويلة، وقال علي باشا مبارك إنها تجاه جامع بجماس الإسحاقي وتتصل بزقاق المسك، وقال محمد رمزي إن محلها اليوم مجموعة المساكن التي يخترقها درب الألسية المحرف عن اليانسية، وحارة اليانسية بقسم الدرب الأحمر بالقرب من باب زويلة ومدخل هذة الحارة من شارع الدرب الأحمر تجاه جامع بجماس الإسحاقي المعروف بجامع أبي حريبة، ولها مدخل آخر بشارع المغربلين. وعليه يكون لحارة اليانسية أو الألسية مدخلان الأول مقابل واجهة جامع

الشكل 82 خريطة حديثة تبين موقع القصور والبيوت الباقية بمدينة القاهرة من العصر المملوكي. (من إعداد الباحث على خلفية خريطة منقولة عن: Revault & Maury, *Palais et Maisons du Caire*)

بجماس الإسحاقي على شارع التبانة، والمدخل الثاني على شارع المغربلين متصلاً مع أول سكة المرداني من هذه الجهة والتي هي متفرعة بدورها من حارة زقاق المسك، ويقع هذا البيت بخريطة الحملة الفرنسية بالقسم الأول بالمربع O-6 وأشير إليه برقم 52 باسم بيت خليل كاشف. ⁝ المقريزي (تقي الدين أحمد بن علي بن عبد القادر 845هـ/1442م)، المواعظ والاعتبار بذكر الخطط والآثار، مكتبة الآداب، القاهرة، 4ج، 1996، ج4، ص35، وسوف نرمز إليه لاحقاً بـ"الخطط المقريزية". ⁝ الخطط التوفيقية، ج2، ص279. ⁝ ابن تغري بردي (أبو المحاسن جمال الدين يوسف

الذي هو يسرة السالك من الشارع طالباً الصليبة الكبرى.

منشئ هذا البيت هو السلطان،[5] الملك،[6] الأشرف،[7] أبو النصر قايتباي المحمودي، الظاهري،[8] سنة 890هـ/1485م،

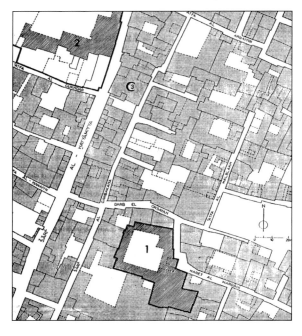

ت874هـ/1469م)، النجوم الزاهرة في ملوك مصر والقاهرة، تحقيق محمد رمزي، الهيئة العامة للكتاب، القاهرة، 1972، 16ج، ج5، ص240، الحاشية 8، تعليق محمد رمزي. وسوف نرمز إليه لاحقا بـ "النجوم الزاهرة".

5 هو لفظ من السلطة، بمعنى القهر والتسلط، وقد ورد بآيات قرآنية بمعنى الحجة والبرهان، استخدم في أول الأمر كلقب فخري لبعض الوزراء في العصر العباسي، ولاسيما لجعفر وخالد من أسرة البرامكة، ثم استخدم في العصر السلجوقي كاسم لمن يتولى السلطة، وانتقل بعد ذلك مع صلاح الدين إلى مصر، وبدأ من هذا العصر يستخدم لمن يتولى الحكم، واستمر بعد ذلك حتى نهاية العصر المملوكي في مصر. ⁝ انظر: القلقشندي، صبح الأعشى في صناعة الإنشا، المطبعة الأميرية، القاهرة، 1915م، 14ج، ج5، ص447–448، وسوف نرمز إليه ب "صبح الأعشى". ⁝ حسن الباشا، الألقاب الإسلامية في التاريخ والوثائق والآثار، دار النهضة العربية، القاهرة، 1958، ص323–330. وسوف نرمز إليه لاحقاً بـ "الألقاب الإسلامية".

6 الملك لقب يطلق على الرئيس الأعلى للسلطة الزمنية، وهو معروف في اللغات السامية، ولكن لم يعرف في صدر الإسلام، حتى ظهر في عصر السلاجقة، ثم أصبح لقباً للوزراء في العصر الفاطمي، وفي العصر الأيوبي صار يطلق على الولاة من أفراد الأسرة الأيوبية، ثم استخدم كلقب ضمن ألقاب السلطان في العصر المملوكي، وكان ترتيبه الثاني بين ألقاب السلطان واسمه فيقال (السلطان الملك فلان...)، ومن الصعب تحديد نوع هذا اللقب فخري أم وظيفي. ⁝ انظر: صبح الأعشى، ص447. الألقاب الإسلامية، ص496–502.

7 الأشرف هو لقب من ألقاب الصفات، ويأتي في اللغة من أفعل التفضيل، من شريف بمعنى عال، وهو من ألقاب التوابع المتفرعة عن ألقاب الأصول، وهو أعلاها، لذلك وجد مع ألقاب المقام والمقر، وكان يستخدم للسلاطين، أو من يقربهم في الرتب، وقد استخدم حتى العصر المملوكي. ⁝ انظر: الألقاب الإسلامية، ص161،160.

8 المحمودي والظاهري ألقاب نسبة، فالمحمودي نسبة للتاجر الذي جلبه لمصر وكان يدعى محمود بن رستم، والظاهري نسبة للظاهر جقمق

الشكل 83 الموقع العام لبيت السلطان قايتباي بسكة المرداني. 1-بيت قايتباي 2-قصر رضوان بك 3-مسجد محمود الكردي. (عن: Revault & Maury, *Palais et Maisons du Caire*)

الذي يعتبر من أشهر سلاطين المماليك، ومن أطولهم مدةً في الحكم، وهو جركسي الأصل، ولد سنة بضع وعشرين وثمانمائة من الهجرة بالقفجاق على نهر الفولجا،[9] وقدم مصر سنة 839هـ/1435م، مع تاجر للعبيد يدعى محمود بن رستم،[10] فنسب إليه، فاشتراه السلطان الأشرف برسباي عام 825–841هـ/1422–1438م بمبلغ خمسين ديناراً، وأنزله

الذي دخل قايتباي بخدمته وهو الذي أعتقه ورقاه بالوظائف.

9 حسني محمد نويصر، منشآت السلطان قايتباي، المرجع السابق، ص1. والفولجا اليوم نهر في روسيا، ويعتبر من أطول أنهار أوروبا، حيث ينبع من وسط آسيا، ويمر في استراخان، ويصب في بحر قزوين. ⁝ المنجد في الأعلام، دار الشروق، بيروت، 1982، الطبعة 12، ص534.

10 عبد القادر بن شيخ بن عبد الله العبدروسي (ت978هـ/1579م)، تاريخ النور المسافر عن أخبار القرن العاشر، دار الكتب العلمية، بيروت، مجلد واحد، ط1، 1984، ص16.

بالطبقة،[11] وصار من جملة المماليك الكتابية،[12] ثم انتقل لملكية السلطان الظاهر جقمق عام 842–857هـ/1439–1453م بعد وفاة برسباي، فأعتقه وعينه جمداراً،[13] ثم خاصيكاً،[14] ثم دوداراً.[15]

الموما اليه الشريف اعلاه لذلك الفصل المسطر بهامش المستند الرقمي
الثابت المحكوم بموجبه في الشرع الشريف واصول له رقبا ووقفا وحبسا
بمقتضيه هذا الوقف كما بيته عليه اعلاه حكما شرعيا موافقا للتاريخ و
الكاين ذلك بظاهر القاهرة المحروسة خارج باب زويلة بالشارع الاعظم
باول حارة الباطنية الذي من جهة الشارع داخل الدرب الذي هو علي يسرة
السالك من الشارع طالبا الصليبة الكبرى وصفته بدلالة المستند
المذكور انه يشتمل علي واجهتين احداهما في الجهة القبلية ياتي ذكرها فيه
والثانية في الجهة البحرية وهي واجهة داير مبنية بالطوب الاحمر والحجر
الفص بالواجهة المذكورة بابان احدهما قديم البنا بالقرب من السوق الذي
هناك وهو مقنطر مبني بالحجر الفص النحيت يغلق عليه فردة باب خوخة
يعلو الباب المذكور رواق ياتي ذكره فيه ويجاور الباب المذكور طبل خاناه في
الان معالم طبقة خربة علو ذلك ساباط محمول علي عمد كدان علو طبلية واحد
يشغل الساباط المذكور به بير ما معين مسبلة يدخل من الباب المذكور

الشكل 84 الصفحة رقم 227 من وثيقة قايتباي تبين أن هذا البيت آل لقايتباي بالطريق الشرعي، وتحدد موقعه وتذكر وصفاً لواجهته البحرية (الشمالية الشرقية) الزائلة.

ومنذ عهد السلطان جقمق أخذ قايتباي يرتقي سلم الأمراء حتى أصبح سلطاناً،[16] بعد خلع السلطان تمربغا في سنة 872هـ–1467م، وله من العمر خمس وخمسون سنة وتلقب بالملك الأشرف. وكان (كفؤاً للسلطنة، وافر العقل، سديد الرأي، عارفاً بأحوال المملكة، يضع الأشياء في محلها)،[17] حتى مات

---

11 لقد وردت هذه اللفظة بمعنى فرقة من فرق الجيش، وكانت تطلق على ثكنات المماليك بقلعة الجبل، وكانت كل طبقة تضم المماليك المجلوبين من بلد واحد وتسمى باسم هذا البلد، كما قد تسمى الطبقة بحسب اسم الفرقة وطبيعة عملها في الجيش مثل الطبقة الرماحة، أو بحسب اسم الطبقة أو المبنى الذي تنزله مثل طبقة الرفرف نسبة إلى اسم البرج الذي تنزله. ⁝ انظر: حسن الباشا، الفنون الإسلامية والوظائف على الآثار العربية، دار النهضة العربية، 3ج، القاهرة، 1965–1966، ج2، ص735–736. ⁝ حسني محمد نويصر، منشآت السلطان قايتباي، المرجع السابق، ص1، الحاشية رقم 3.

12 ابن إياس (محمد بن أحمد ت930هـ/1524م)، بدائع الزهور في وقائع الدهور، تحقيق محمد مصطفى، الهيئة العامة للكتّاب، القاهرة، 1984، 5ج، ج3، ص3. وسنرمز له لاحقاً بـ "بدائع الزهور". ويفهم مما ورد بالمصادر التاريخية أن **المماليك الكتّابية** هم من جملة المماليك السلطانية، وكانوا من صغار السن ينزلون بالطبقة ويشتغلون بأعمال الكتابة وأعمال الخدمة، ولا يستخدمون بالأعمال القتالية إلا في أوقات الفتن والشدائد. ⁝ انظر: بدائع الزهور، ج1، قسم2 ص227، 409– ج2 ص308 – ج3 ص3، 18، 354، 404، 412– ج4 ص254، 323، 389، 430 – ج5 ص24، 44، 102.

13 الجمدار: هو الذي يتصدى لإلباس السلطان أو الأمير ثيابه.

14 والخاصيك هو لقب وظيفي، وتجمع على الخاصيكية، وهم فرقة من المماليك يختارهم السلطان من المماليك الأجلاب الذين دخلوا في خدمته صغاراً، ويجعلهم في حرسه الخاص، وجعل هذا الاسم خاصاً بهم لأنهم يحضرون على السلطان في أوقات خلوته وفراغه، ويركبون في مركبه ليلاً ونهاراً، حاملين سيوفهم متأنقين في ملبسهم. ⁝ محمد أحمد دهمان، معجم الألفاظ التاريخية في العصر المملوكي، دار الفكر، دمشق، بيروت، ط1، 1990، ص66. ⁝ أحمد السعيد سليمان، تأصيل ما ورد في تاريخ الجبرتي من الدخيل، دار المعارف، القاهرة، 1979، ص81–85.

15 الدودار: وظيفتة الأساسية هي حمل دواة السلطان مع ما ينضم لذلك من الأمور اللازمة لهذا المعنى. ⁝ بدائع الزهور، ج3، ص2.

16 حسني نويصر، منشآت السلطان قايتباي، المرجع السابق، ص 2.

17 بدائع الزهور، ج3، ص325.

بِعلّة في سنة 901هـ/1495م، ودفن في تربته بالصحراء، (وكان مقبلاً على أفعال الخير مقرباً للعلماء والصلحاء ومحباً للفقراء كثير العدل كثير العبادة وعفيفاً عن شهوات الملوك)،[18] (ولكنه كان محباً لجمع الأموال، ناظراً لما في أيدي الناس، ولولا ذلك لكان خيار ملوك الجراكسة على الإطلاق).[19]

(أما نواحي الإنشاء والتعمير، فيمكننا أن نقر مطمئنين أن السلطان قايتباي يعتبر في حد ذاته مدرسة معمارية مصرية، لكثرة منشآته وتنوعها)[20] (وكلها منشآت امتازت بالرشاقة ودقة الصناعة،... وترك اسمه مسطوراً على ما يزيد عن سبعين أثراً إسلامياً، ما بين إنشاء وتجديد)[21] وقد اهتم السلطان قايتباي بالعمارة السكنية فخلف لنا العديد من البيوت والقصور والرباع أهمها اليوم بيته هذا إضافة لبيته الملاصق لمنزل أحمد كتخدا الرزاز بشارع التبانة.[22]

تاريخ عمارة البيت:

يعود هذا البيت في الأصل إلى الأمير سمام الحسني الظاهري،[23] الذي ظهر نجمه في زمن سلطنة الأشرف إينال (857-865هـ/1453-1461م)، والذي عينه بمنصب الحاجب الثاني[24] سنة 857هـ/1453م، وظل به حتى مات سنة 858هـ/1454م، وقال عنه ابن تغري بردي: كان رجلاً ساكناً قليل الخير والشر لا للسيف ولا للضيف.[25]

وآل البيت بعد ذلك بسنوات قليلة للسلطان قايتباي 872-901هـ/1467-1495م عن طريق شرعي[26] [الشكل 84]، وقد كانت الواجهة الرئيسية للقصر التي بها باب الدخول الرئيسي تقع بالجهة البحرية الشمالية الشرقية المطلة على حارة المرداني،[27] حيث كان يتوصل من هذا المدخل إلى فناء صغير

18 محمد بن علي الشوكاني (ت1250هـ/1834م)، البدر الطالع بمحاسن من بعد القرن السابع، دار المعرفة، بيروت، مجلدان، د.ت، ج2، ص56.

19 بدائع الزهور، ج3، ص325، 332.

20 حسني نويصر، منشآت السلطان قايتباي، المرجع السابق، ص8. حسني محمد نويصر، دراسات في عمائر الجراكسة بمصر، جامعة القاهرة، التعليم المفتوح، مطبعة كلية الزراعة، د.ت، ص199.

21 حسن عبد الوهاب، تاريخ المساجد الأثرية، مطبعة دار الكتب المصرية، 1946، 2ج، ج1، ص251.

22 أثر رقم 235، 872-901هـ/1469-1496م، انظر الدراسة الخاصة بهذا البيت في الصفحات التالية من هذا الكتاب.

23 حيث ورد بالوثيقة مايلي: (أما المكان الكاين بخط اليانسية الذي جهة الشارع المعروف قديماً بسكن السيفي سمام الحسني بالقرب من مدرسة المرحوم السيفي جاني بك التي بالشارع بالقربيين). : وثيقة قايتباي، ص238 سطر11-13.

24 الحاجب الثاني هو نائب حاجب الحجاب في عصر المماليك وكان يسمى أيضاً حاجب الميمنة، وكان يشغل هذه الوظيفة عادة أمير طبلخاناه. تسلم زمام هذا المنصب عوضاً عن نوبار الناصري الذي عينه السلطان إينال زردكاشاً. انظر: الألقاب الإسلامية، ج1، ص401. النجوم الزاهرة، ج16، ص65.

25 النجوم الزاهرة، ج16، ص65، 164.

26 انظر: وثيقة قايتباي، ص226، السطر13 ص227، السطر 1-4.

27 فيرد بالوثيقة: صفحة227: سطر4: الكاين ذلك بظاهر القاهرة المحروسة خارج بابي زويلة بالشارع الأعظم سطر5: بأول حارة اليانسية الذي من جهة الشارع داخل الدرب الذي هو على يسرة سطر6: السالك من الشارع طالباً الصليبة الكبرى وصفته بدلالة المستند سطر7: المذكور أنه يشتمل على واجهتين إحداهما في الجهة القبلية يأتي ذكرها فيه سطر8: والثانية في الجهة البحرية وهي واجهة دايرة مبنية بالطوب الآجر والحجر سطر9: الفص بالواجهة المذكورة بابان إحداهما قديم البناء بالقرب من السوق الذي سطر10: هناك وهو مقنطر مبني بالحجر الفص النحيت يغلق عليه فردة باب خوخة سطر11: يعلو الباب المذكور رواق يأتي ذكره فيه ويجاور الباب المذكور طبل خاناه هي سطر12: الآن معالم طبقة خربه علو ذلك صابات محمول على عمد كدان علو جدار واحد سطر 13: سفل الصابات المذكور به بئر ماء معين مسبلة يدخل من الباب المذكور أعلاه إلى صفحة 228: سطر1: دهليز بصدره مصطبة برسم الكتّاب سفل المصطبة المذكورة خزانة برسم سطر2: البواب مسقف ذلك غشيماً يتوصل من الدهليز المذكور إلى مجاز به سلمان سطر3: يمنة ويسرة يتوصل من إحداهما إلى الرواق الذي هو علو الباب المذكور وهو

أسمته الوثيقة (ساحة كبرى كشفاً دواراً)[28] وكان يقع بالضلع الشرقي (الجنوبي الشرقي) لهذا الفناء بائكة (إسطبل) برسم الخيول، يعلوه أربعة عشر طباقاً لسكن المماليك.[29]

والواقع أن هذا الوضع قد تغير بشدة بعد أن قام قايتباي بتجديد عمارة هذا البيت، حيث هدم كامل الضلع الشرقي (الجنوبي الشرقي) للفناء القديم والذي به الإسطبل والطباقات وأعاد بناءه بأن جعل المدخل الرئيسي لهذا البيت يقع بالواجهة الجنوبية الشرقية كما هو الآن، كما وسع مساحة الفناء بأن هدم الضلع الغربي (الشمالي الغربي) للعمارة القديمة وضم الحوش اللطيف الذي كان يقع خلف هذا الضلع[30] لمساحة الفناء ثم أعاد بناء هذا الضلع ليضع به الإسطبل الحالي كما نراه وفوقه الطباقات.

ومن الواضح أن قايتباي رغم أنه أبقى على عمارة القاعة الواقعة بالطابق الأرضي للبيت إلا أنه جعل لها مدخلاً خاصاً مازلنا نراه بالزاوية الجنوبية للفناء الحالي، كما أعاد مرمة المقعد بالطابق الأول وأضاف فيه وبنى له مدخلاً مميزاً وأثبت عليه اسمه وتاريخ بنائه فكانت عمارة قايتباي لهذا البيت بعد ثمانية عشر عاماً من توليه للسلطنة.

وقد أوقف السلطان قايتباي هذا البيت (على قريبه الجناب العالي السيفي تمر من قرقماس الملكي الأشرفي أعزه الله تعالى ينتفع به أيام حياته ثم من بعده على أولاده وأولاد أولاده وذريته ونسله وعقبه الذكر والأنثى في ذلك سواء...).[31]

وفي أواخر القرن 12هـ/18م آل هذا البيت لأحد الكشاف آنذاك وهو خليل كاشف الذي ظل ساكناً به حتى قدوم الحملة الفرنسية على مصر فسجل علماء الحملة هذا البيت باسمه،[32] وظل هذا البيت على هذه الحال حتى مقتل خليل كاشف مع المئات من الأمراء المماليك وأتباعهم في مذبحة القلعة المشهورة التي دبرها محمد علي باشا لهم سنة 1226هـ/1811م.

ويغلب على الظن أن هذا البيت قد آل بعد خليل كاشف إلى أحد خواص محمد علي باشا الذي ما لبث أن صادر بيوت الأمراء والكشاف المقتولين (وأنعم على خواصه بالبيوت بما فيها فنزلوها وسكنوها وألبسوا النساء الخواتم وجددوا الفرش والأواني وغالبها من المنهوبات).[33]

سطر4: يحوي ايواناً ودور قاعة ومجلساً وخزانة ومنافع ومرافق وحقوقاً وطاقات سطر5: مطلات على الطريق المسلوك والسلم الثاني يتوصل منه إلى الطبل خاناه سطر6: المذكورة ويجاور باب السلم المذكور باب مقنطر لطيف صفة حاصل يجاوره سطر 7: باب يتوصل منه إلى رواق يحوي ايوانين ودور قاعة وذات الطبقة والمنافع سطر8: والمرافق والحقوق والمرحاض ثم يتوصل من الدهليز المذكور واجهة من الجهة سطر9: اليسرى مبنية بالحجر الفص بها بابان مربعان إحداهما يدخل منه إلى متبن سطر10: والثاني يدخل منه إلى حاصل وبآخر الواجهة المذكورة كرسي مرحاض يعلو سطر11: ذلك رواق يعلوه روشن وتجاه ذلك ساحة كبرى كشفاً دوار ...⁝ وثيقة قايتباي، ص227 السطر4-13، ص228 السطر 1-11.

28 وثيقة قايتباي، ص228 سطر11.

29 فيرد بالوثيقة: ص228: سطر11: ... وتجاه ذلك ساحة كبرى كشفاً دوار بها من الجهة سطر12: الشرقية بائكة دايرة برسم الخيول بها طوالة دايرة يعلو ذلك سقف غشيم سطر13: محمول على بساتل بقيته مركبة على أكتاف وقناطر حجراً وروشن داير يعلو ذلك صفحة 229: سطر1: طباق برسم المماليك عدتها أربع عشرة طبقة وبآخر البايكة المذكورة بابان. ⁝وثيقة قايتباي، ص228 السطر11-13، ص229 السطر1.

30 فيرد بالوثيقة: ص229: سطر8: ... ويجاور المقعد المذكور جنب مبني بالحجر الفص النحيت بآخره باب سطر9: مبني بالطوب الآجر يدخل منه إلى حوش لطيف كشف بجانبه أعمده فلكاً تعلوها سطر10: بساتل بلح ويجاور ذلك باب مربع عليه فردة باب يدخل منه إلى طشت خاناه سطر11: مسقفة نقياً وبأقصى الساحة المذكورة ساباط مسقف غشيماً ... ص231: سطر 12: ... والحد الغربي سطر13: ينتهي إلى ملك يعرف بالجناب السيفي منكلي بغا أمير حاجب كان وإلى غير ذلك صفحة 232: سطر1: وفي هذا الحد الحوش الصغير والأعمدة والبساتل المذكورة أعلاه يحد ذلك سطر2: كله وحقوقه وما يعرف به وينسب إليه.⁝ وثيقة قايتباي، ص229 السطر8-11، ص231 السطر12-13، ص232 السطر1-2.

31 وثيقة قايتباي، ص239 السطر1-4.

32 أشارت خريطة الحملة الفرنسية لهذا البيت برقم52 وسجلته باسم بيت خليل كاشف.

33 الجبرتي (عبد الرحمن بن محمد ت 1230هـ/1814م)، عجائب

لوحة 68 الواجهة الخارجية الجنوبية الشرقية والرئيسية لبيت السلطان قايتباي بالمغربلين، ويظهر بها بعض أعمال الترميم الأخيرة.

وفي أواخر القرن التاسع عشر آل قسم كبير من هذا البيت لشخص يدعى محمد بك كمال، أما اليوم فإن هذا البيت يقع تحت سيطرة الهيئة العامة للآثار بعد أن أخلت فراغاته من التعديات الكبيرة للأسر العديدة التي كانت تقطن به منذ سنوات طويلة وخاصة بعد الأثر الكبير الذي أحدثه زلزال عام 1992 في زعزعة أجزاء هذا البيت وتهدم بعض جدرانه. وقد استمر البيت بحالة سيئة من الحفظ حتى أنه تمّ إدراج مشروع ترميمه ضمن مشاريع القاهرة التاريخية، وقد نفذت في السنوات الأخيرة بعض المداخلات الترميمية الهامة التي أعادت للبيت بعض رونقه المميز.

الوصف المعماري:

الواجهات الخارجية:

ليس لهذا البيت اليوم سوى واجهة خارجية واحدة هي الواجهة الجنوبية الشرقية التي تطل على سكة المرداني، أما بقية الواجهات الأخرى فهي ملاصقة لجيران من جهاتها الثلاثة، ويلاحظ بها حصول تعدي أو ركوب ظاهر من قِبل الجيران، ويظهر هذا جلياً في الواجهة الجنوبية الغربية، حيث بنيت مدرسة حديثة ملاصقة تماماً للأثر، بل تعدت على بعض معالمه، أما الواجهة الجنوبية الشرقية المطلة على سكة المرداني فما زالت تعاني من سوء الحفظ بالرغم من المداخلات الترميمة الجادة التي شهدتها مؤخراً.

الواجهة الجنوبية الشرقية [لوحة 68]-[الشكل 85]

تمتد هذه الواجهة الرئيسية للبيت بطول 26.75م، وهي تتألف من قسمين أولهما الجزء الذي تتوسطه كتلة المدخل - [الشكل 85-1] وعرضه 6.40م، حيث تنكسر الواجهة بعد هذا القسم جهة الشمال الغربي بمقدار 3.15م ثم تعود لتمتد جهة الشمال الشرقي بطول 17.20م ويتوسط هذا الجزء تقريباً بالدور الأرضي باب كبير عرضه 1.80م وارتفاعه 2.80م يغلق عليه باب خشبي كان يدخل منه لحانوت [الشكل 85-17] كبير طوله 8.70م وعرضها 3.60م يغطيه سقف محمول على عروق خشبية، ويفتح بجداره الشمالي الغربي ثلاث دخلات جدارية غير عميقة، كما يفتح بهذه الواجهة بارتفاع الطابقين الأول والثاني عدد من النوافذ التي تطل بها عمائر الضلع الجنوبي الشرقي للبيت على سكة المرداني.

المدخل الرئيسي ودهليز الدخول: [لوحة 69]-[الشكل 85] ويقع الآن بالزاوية الجنوبية للواجهة الرئيسية الوحيدة للبيت، ويعتبر المدخل الوحيد الحالي لهذا البيت، وهو عبارة عن حجر غائر بسيط بعرض 3.60م، يتوسطه من الأسفل فتحة باب، ويعلوها عقد موتور وعرضها 2.40م وارتفاعها حتى رجل العقد 2.60م، ويوجد على جانبي الباب مكسلتان كل منهما بعرض 0.50م وطول 0.56م وارتفاع 0.60م، ويفضي الباب مباشرة لدركاه [الشكل 85-1] طولها 4.10م، وعرضها 3.25م، تفتح بصدرها سدلة [الشكل 85-1،A] طولها مثل طول الدركاه وعرضها 1.90م، وتوجد بصدر هذه السدلة مصطبة بعرض 1.20م ترتفع عن أرض الدركاه بمقدار 1.40م، ويغطي هذه السدلة سقف خشبي بسيط، بينما يغطي الدركاه سقف خشبي مسطح محمول على عروق خشبية كانت مجلدة بالتذهيب

الآثار في التراجم والأخبار، مطبعة دار الجيل، بيروت، 3ج، د.ت.ج3، ص327.

الشكل 85 المسقط الأفقي للطابق الأرضي لبيت السلطان قايتباي بالمغربلين، ويظهر بالمسقط اختفاء الضلع الشمالي الشرقي (البحري) لهذا البيت. 1-دركاة المدخل الرئيسي A-سدلة 2-دهليز المدخل الرئيسي 3-غرفة البواب 4-الفناء الرئيسي 5-دركاة المدخل المؤدي للقاعة 6-دهليز 7-بداية درجات بير السلم الرئيسي 8-الإيوان الجنوبي الغربي الباقي من القاعة الأرضية للبيت 9-درجات سلم صاعد 10-حجرة 11-مطبخ 12-حجرة صغيرة 13-14-15 غرف 16-حاصل 17-حانوت 18-غرفة كبيرة 19-بير سلم 20-حاصل 21-دهليز طويل A-بيت راحة 22-23-24-حواصل 25-26-غرف 27-مكان مطبخ وحمام 28-غرفة. (عن: Revault & Maury, *Palais et Maisons du Caire*)

والألوان، وتفتح بالدركاه على يسار الداخل فتحة باب بعرض 3.20م وارتفاع 3.00م، يعلوها عقد موتور يتوصل منه الداخل إلى دهليز [الشكل 85-2] بطول 9.25م وعرض 2.60م، ويغطي هذا الممر سقف خشبي ذو عروق، ويفضي في آخره إلى فناء البيت [الشكل 85-4].

كما فتح بالجدار الجنوبي الغربي لهذا الدهليز على يسار الداخل باب ارتفاعه 2.40م وعرضه 1.30م، يدخل منه لحجرة البواب أو الحارس [الشكل 85-3]، وهي حجرة

لوحة 69 باب المدخل الرئيسي لبيت السلطان قايتباي بالمغربلين والواقع بالواجهة الجنوبية الشرقية الرئيسية للبيت.

مستطيلة طولها 6.65م وعرضها 2.95م، يغطيها سقف خشبي مسطح محمول على عروق خشبية خالية من الزخارف، وفتح بهذه الغرفة ثلاثة شبابيك، اثنان على جانبي باب الدخول للغرفة ارتفاع كل منهما 1.65م وعرضه 1.00م، أما الشباك الثالث فيفتح بالجدار الشمالي الغربي للغرفة وارتفاعه 1.67 وعرضه 0.86م، وهو يشرف مباشرة على دركاه المدخل الخاص والمؤدي للقاعة الأرضية (المندرة) والتي سيأتي الحديث عنها [الشكل 85-5].

وهكذا يتم الدخول لهذا البيت عبر مدخل منكسر مميز بوجود حجرة خاصة لمعيشة البواب وأسرته، حيث يفضي هذا المدخل مباشرة للفناء الواسع الذي يتوسط كافة عناصر البيت [الشكل 85-4]، ويفتح هذا الدهليز على الفناء بفتحة يعلوها عقد موتور، عرضها 2.35م وارتفاعها حتى رجل العقد 2.70م، كما يحدد كوشتي العقد جفت لاعب ذو ميمات معقودة.

الفناء: [الشكل 85-4]

يتوسط الفناء كافة عناصر هذا البيت، وهو اليوم يمتد بطول

لوحة 70 صورة قديمة للزاوية الجنوبية من فناء بيت قايتباي، ويظهر بالصورة المدخل المؤدي للقاعة الرئيسية الأرضية للبيت، (عن أرشيف الهيئة العامة للآثار). وقد نشر هذه الصورة عرفة عبدة عرفة في كتابه وصف مصر بالصور، دار المشرق، ط1، 1993، وقال إنها التقطت بين عامي 1850–1990م.

26.00م وعرض 22.80م، ويبدو بسهولة للمشاهد أن هذا الفناء قد تعرض لتغيرات عديدة عبر الزمان، فقد زالت كافة مباني الضلع الشمالي الشرقي لهذا الفناء، والتي أعتقد أنها كانت تشغل المساحة الواقعة اليوم بين الجدار الشمالي الشرقي الباقي للفناء وحارة زقاق المسك عند تفرعها من شارع المغربلين وقبل انكسارها جهة الجنوب الغربي لتتصل بسكة المرداني.[34]

34 يؤكد ذلك ما ذكر في وثيقة قايتباي من أنه قد كانت تقع بهذه الجهة البحرية (الشمالية الشرقية) الواجهة الرئيسية لهذا البيت قبل تجديد قايتباي لعمارة هذا البيت عام 890هـ1485م وكان بها بابان الأول هو المدخل الرئيسي والثاني يدخل منه

وأما الضلع الشمالي الغربي للفناء، فيوجد به الإسطبل بالطابق الأرضي وغرف عديدة بالطابقين الأول والثاني، وفي الضلع الجنوبي الغربي تقع الحواصل بالطابق الأرضي ويعلوها المقعد ومدخله بمستوى الطابقين الأول والثاني، وأما الضلع الجنوبي الشرقي، فيقع فيه نهاية دهليز الدخول للبيت، إضافة للمدخل الخاص المؤدي للقاعة الأرضية أو المندرة الواقعة بالزاوية الجنوبية للبيت وبير السلم الرئيسي الصاعد للطوابق العليا إضافة لبعض الغرف الأخرى والحواصل بالطابق الأرضي، وإضافة للعديد من الغرف بالطابق الأول وقاعة وغرف بالطابق الثاني.

أولاً: الطابق الأرضي: [الشكل 85]

الضلع الجنوبي الشرقي:

المدخل المؤدي لبقايا القاعة والحجرات التي تليها بالزاوية الجنوبية للبيت:

إن مدخل القاعة هو المدخل الواقع بالطابق الأرضي مفتوحاً على الفناء بالزاوية الجنوبية [لوحة 70] متجهاً للشمال الغربي، وهو عبارة عن حجر غائر ينتهي من الأعلى بصدر مقرنص مكون من خمسة صفوف متصاعدة، ويتوسط هذا الحجر من الأسفل باب الدخول وارتفاعه 2.55م وعرضه 1.11م، ويوجد على جانبيه مكسلتان ارتفاع كل منهما 0.60م وطولها 0.58م وعرضها 0.50م، ويعلو المكسلتين على عضادتي باب الدخول شريط كتابي مقسوم إلى نصفين مكتوب بالخط الثلث المملوكي ونصه:

على العضادة اليسرى: الملك [...] أدام الله تعالى أيامه و
على العضادة اليمنى: الأشرف أبي النصر قايتباي [عز نصره]

كما يعلو باب الدخول عتب يعلوه نفيس وعقد عاتق كسيت ريشتاه بجامات حجرية بارزة عليها زخارف نباتية، ويعلو العقد

لركاب خاناه كانت بالواجهة. ؛ انظر: وثيقة قايتباي، ص227 السطر5–12. ؛ وانظر هذا النص الوثائقي ص217، حاشية رقم27 في هذا الكتاب.

العاتق شباك مستطيل يوجد على جانبيه زخارف هندسية تشكل طبق نجمي غير مكتمل يعلوها شريط كتابي مقسوم لنصفين كالتالي:

على الجهة اليسرى: بسم الله الرحمن
على الجهة اليمنى: الرحيم ....

ويقع فوق ذلك الصدر المقرنص الذي يعلو كامل الحجر الغائر، وتغطي المساحة بين الشباك وبداية الصدر المقرنص زخارف لأفرع نباتية بارزة، كما يؤطر كامل الحجر الغائر والمكسلتين على جانبيه جفت لاعب ذو ميمات معقودة.

ويدخل من الباب لدركاه مستطيلة [الشكل 85-5] طولها 2.65م وعرضها 2.00م، فتح بصدرها شباك مستطيل، يطل على غرفة البواب المتوصل إليه من دهليز المدخل الرئيسي السابق وصفه [الشكل 85-3]، وفتح بالجدار الجنوبي الغربي لهذه الدركاه على يمين الداخل فتحة باب معقودة بعقد مدبب ارتفاعه 2.35م وعرضه 1.17م، ويفضي هذا الباب لدهليز منكسر [الشكل 85-6] طوله 8.50م وعرضه 3.40م، تبدأ من وسط جداره الجنوبي الغربي درجات بير السلم الرئيسي [الشكل 85-7] الصاعد للطوابق العليا للبيت، وينتهي الدهليز بانكسار جهة الجنوب الغربي بعرض 2.00م، كان يتوصل منه لردهة أو ممر ينتهي بباب كان يفتح بالجدار الشمالي الغربي لدركاه القاعة الأرضية (المندرة)، حيث كان يدخل منه مباشرة إليها.

القاعة الأرضية (المندرة): [الشكل 85-8]

لا شك أن العناية بالمدخل الموصل لهذه القاعة كما وصفنا أعلاه يعكس عناية فائقة أولاها المعمار لهذه القاعة التي أريد لها أن تكون قاعة استقبال وحفلات، وتظهر من بقاياها رغبة المنشئ بجعلها القاعة الرئيسية في البيت، حيث تذكر وثيقة قايتباي[35] [الشكل 86] أنه كان يتوصل أيضاً لهذه القاعة مباشرة عبر مدخل خاص يقع بالواجهة القبلية (الجنوبية الغربية) الخارجية لهذا البيت وقد كانت هذه القاعة تتألف

وبالدركاة المذكورة باب كبير مقنطر يخرج منه الى الواجهة الاولى التي هي
القبلية الموعود بذكرها اعلاه وهي مبنية بالحجر الفص النحيت
جلستان يمنة ويسرة يعلو ذلك قنطرة وبالواجهة المذكورة
حجر او يعلو الواجهة رواشن وشبابيك وطاقات وبداخل الدركاة المذكورة
باب مربع يغلق عليه زوجا باب يدخل منه الى دركاه لطيفة بها
وبابان متقابلان احدهما يغلق عليه زوجا باب يدخل منه الى دهليز
وباب يدخل منه الى قاعة بايوانين متقابلين وسدلة وخزانة يعلوها
مسقف ذلك نقيا ويدور القاعة خزانة يعلوها اغاني مفروش
دور القاعة المذكورة بالرخام الملون وبدور القاعة المذكورة اربعة
احدها باب الدخول والثاني يقابله باب الخزانة المذكورة والثالث
يدخل منه الى مطبخ والى كرسي حاص بمنافع وحقوق والرابع يدخل
الى سلم يصعد من عليه الى الاسطحة العالية على ذلك والباذاهنج
والمرافق والحقوق والباب الثاني الذي بداخل الدركاه الذي

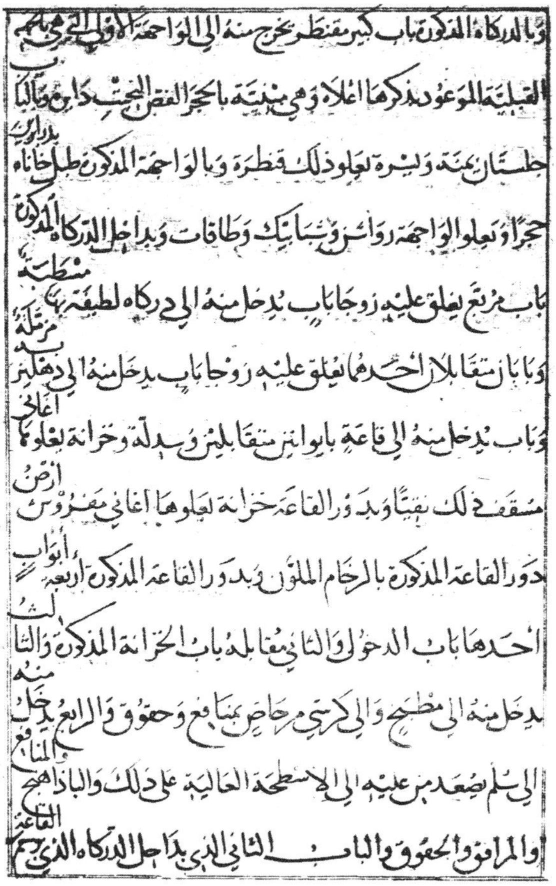

الشكل 86 الصفحة رقم 230 من وثيقة قايتباي التي ذكر بها وصف الواجهه القبلية (الجنوبية الغربية) الزائلة، وكذلك تصف التفاصيل المعمارية للقاعة الأرضية الباقي اليوم جزء منها فقط.

من إيوانين متقابلين وسدلة وخزانة يعلوها أغاني، وكان يفتح على الدور القاعة الواقعة بين الإيوانين أربعة أبواب أحدها هو باب الدخول والثاني الذي يقابله يدخل منه للخزانة التي يعلوها الأغاني، ويتوصل من الباب الملاصق لباب الدخول لمطبخ وكرسي راحة، أما الباب الرابع فكان يدخل منه لسلم يصعد من عليه للأسطح العليا، وقد فرشت أرضية الدور قاعة بالرخام الملون وغطيت دور قاعتها بشخشيخةأو باذاهنج[36] كما

35 وثيقة قايتباي، ص230 السطر1-13، ص231 السطر 1-5.

36 انظر: مسرد المصطلحات الأثرية الملحق بهذا الكتاب.

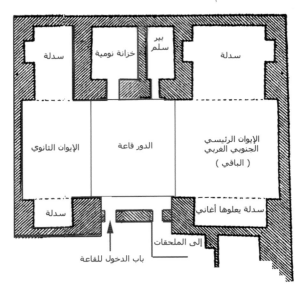

تسميه الوثيقة.[37]

لم يتبق من الأجزاء الأصلية من هذه القاعة سوى إيوانها الجنوبي الغربي [الشكل 85–8] بسدلتيه الشمالية الغربية والجنوبية الشرقية،[38] حيث يبلغ طول هذا الإيوان 5.70م وعرضه 4.90م، ويغطي هذا الإيوان سقف خشبي من براطيم تحصر بينها طبالي وتماسيح تؤكد بقايا الألوان التي عليها ثراءاً زخرفياً أضاعته يد الزمان، وقد كان هذا الإيوان يفتح على الدور قاعة التي كانت أمامه بمعبرة وكرديتين بتاريخ وخورنق.

أما السدلة الكبيرة الجنوبية الشرقية [الشكل 85–8،A] لهذا الإيوان والتي ضاع كامل سقفها الأصلي، فهي شبه مربعة الشكل طولها 3.70م وعرضها 3.60م، تفتح بكل من جداريها الجانبيين دخلتان جداريتان بشكل كتبيات[39] ارتفاع كل

الشكل 87 مسقط تصوري لأجزاء القاعة الأرضية الكبرى الواقعة بالزاوية الجنوبية لبيت قايتباي بالمغربلين، والباقي منها اليوم إيوانها الجنوبي الغربي والسدلتين على جانبيه. (من إعداد الباحث).

منهما 2.00م وعرضها 1.05م بينما عمق الكتبية التي بالجدار الجنوبي الغربي 0.50م وعمق الأخرى المقابلة لها 0.30م، أما السدلة الشمالية الغربية [الشكل 85–8،B] فطولها 3.57م وعرضها 1.45م، ويبدو أنه كان يشغلها خزانة جدارية يخفض سقفها كثيراً عن سقف الإيوان الرئيسي والسدلة الأخرى، مما سمح بإقامة مقعد أغاني فوقها كان يصعد إليه من خارج القاعة التي كان مقعد الأغاني يفتح عليها بخركاه من خشب الخرط ذو شبابيك راجعة، ووجود هذه الأغاني يؤكد أن هذا الإيوان الباقي هو الإيوان الرئيسي لهذه القاعة، أما باقي القاعة بإيوانها الثانوي المقابل والغرف الجانبية والملحقات التي كانت أبوابها تفتح على جانبي الدور قاعة التي ذكرتها الوثيقة، فقد زالت تماماً، وكل ما بقي لنا أمام هذا الإيوان الرئيسي الباقي

---

37 وثيقة قايتباي، ص230 السطر12.

38 قام المفتش محمود أحمد بين الأعوام 1936–1940 بأخذ أعضاء لجنة حفظ الآثار العربية لزيارة هذه القاعة الكبيرة، وكان سقفها الأصلي قد غطي بسقف حديث، وكان من الممكن إزالته ليظهر السقف الأصلي القديم ولكن ناظر الوقف رفض أي تعديلات في الوضع القائم مخافة أن يؤثر ذلك على القيمة الإيجارية له، وبعد مدة قبلت اللجنة بقاء السقف الحديث للقاعة بشرط عدم نزعه وقبلت استغلال الناظر لهذه القاعة بشكل تجاري على أن يتعهد بالمحافظة عليها. الكراسات، كراسة رقم38، للأعوام 1936– 1940، تقرير رقم760، ص280. تقرير رقم761، ص282. وربما كان قرار لجنة حفظ الآثار العربية هذا السبب فيما وصلت إليه حالة هذه القاعة خاصة والبيت عموماً من تدهور وضياع، حيث لم تصر اللجنة على نزع ملكية هذا البيت كما فعلت مع عمائر أخرى كثيرة (قصر بشتاك وبقايا قصر منجك) ولم تقيد ملاكه بالقرارات التنفيذية المناسبة لإجبارهم على عدم العبث بالقيمة الأثرية لهذا البيت بعامة والقاعة بخاصة وتركته بأيد لا تقدر قيمته، ومن الواضح من النص السابق أعلاه أن أغلب هذه القاعة كان قائماً حتى منتصف القرن الماضي.

39 الكتبيات، جمع كتبية وهي الدولاب من الخشب، وقد تكون في حائط العمارة، وكان مصراعا الكتبية عادة من الخشب، وتكون الكتبيات متقابلة ومتشابهة غالباً، وهي تستعمل في حفظ الكتب، وكذلك في حفظ اللطائف والتحف الفنية، وغيرها من الأدوات بحسب مكان وجودها. ⁝ انظر: سامي أحمد عبد الحليم إمام، آثار الأمير قاني باي الرماح بالقاهرة، دراسة أثرية معمارية، كلية الآثار، جامعة القاهرة، رسالة دكتوراة غير منشورة، 1975، ص363.

لوحة 71 صورة قديمة للضلع الجنوبي الغربي لفناء بيت قايتباي والذي يضم بطابقه الأرضي الحواصل التي يعلوها المقعد بمستوى الطابقين الأول والثاني التقطت في منتصف القرن العشرين. (عن أرشيف الهيئة العامة للآثار المصرية)

مساحة يتجاوز طولها العشرة أمتار بينما عرضها فقط 6.00م بعد إنشاء عمارة من عدة أدوار للجهة الشمالية الشرقية أظنها حلت فوق كامل الإيوان الشمالي الشرقي لهذه القاعة وفوق ما كان على جانبيه وخلفه من ملحقات كانت ممتدة حتى سكة المرداني [الشكل 87].

ويوجد قريباً من بقايا هذه القاعة بقايا لأجزاء وغرف وملحقات، مبنية بشكل بسيط يؤكد حداثة عهدها رغم يقيننا أنها بنيت فوق أجزاء أثرية هامة زائلة،[40] ومن هذه الملحقات باب ارتفاعه 1.75م وعرضه 1.10م يدخل منه لحجرة [الشكل 85–9] طولها 4.80م وعرضها 2.42م، يفتح بها بابان الأول بالجدار الجنوبي الغربي، وهو يفضي لحجرة ثانية [الشكل 85–10] طولها 4.00م وعرضها 2.28م، وقد زال سقفها وانهارت أغلب جدرانها، والباب الثاني بجدارها الشمالي الغربي ارتفاعه 1.80م وعرضه 1.10م، ويدخل منه لحجرة داخلية [الشكل 85–11] كبيرة طولها 7.80م وعرضها 4.30م عليها سقف مكون من براطيم مجلدة بالتذهيب والألوان، كما أضيفت في فترات حديثة مختلفة أجزاء علوية فوق بعض هذه الأجزاء ومعظمها من الطوب اللبن أو الخشب واتخذ من سلم حجري قديم طريقاً للوصول إليها [الشكل 85–12] .

وأقيم بالجانب الشمالي الشرقي بهذا الجزء من البيت غرفتان الأولى [الشكل 85–13] بابها يفتح بمواجهة الإيوان الباقي من القاعة وارتفاعه 2.60م وعرضه 1.10م، ويدخل منه لغرفة طولها 5.77م وعرضها 4.20م عليها سقف مسطح، ويفتح بالجدار الشمالي الغربي لهذه الغرفة باب ارتفاعه 2.40م وعرضه 1.10م، يدخل منه لغرفة صغيرة ملحقة [الشكل 85–13،C] طولها 2.75م وعرضها 2.70م، كما يفتح بوسط هذا الجدار شباك ارتفاعه 2.30م وعرضه 1.10م، والغرفة الثانية [الشكل 85–14] يفتح بابها اليوم على سكة المرداني وطولها 7.00م وعرضها 4.00م، وكانت قد اتخذت حانوتاً لبيع الأخشاب.[41]

الغرف والفراغات المعمارية الأخرى بباقي هذا الضلع:

تقع هذه الملحقات على يمين دهليز الدخول، أولها غرفة [الشكل 85–15] طولها 4.00م وعرضها 2.60م، عليها سقف من عروق عريضة تحمل سقفاً مستوياً مكوناً من عيدان قصب مرصوفة وتفتح على الفناء بباب معقود ارتفاعه 1.60م وعرضه 1.03م وشباك صغير مرتفع، وثانيها مساحة غير منتظمة طولها 6.30م وعرضها 4.60م [الشكل 85–16]، يدخل إليها من باب ارتفاعه 2.05م وعرضه 1.20م، ويغلب أن هذه المساحة استخدمت كحاصل حبيس حيث لا يوجد بها أي نوافذ.

ويوجد بالزاوية الشرقية لهذا الضلع عدة ملحقات يظهر بأغلبها طابع التجديد والحداثة رغم سوء حالتها وهي عبارة عن غرفة [الشكل 85–18] غير منتظمة المسقط أيضاً طولها 4.90م وعرضها 3.70م، يدخل لها من باب ارتفاعه 2.00م وعرضه

40 تؤكد وثيقة قايتباي أنه كان يوجد بهذا الجزء من البيت مطبخ ومرحاض ومنافع وحقوق كان يتوصل إليها من دور قاعة القاعة الكبرى ومن الباب المسامت للباب المؤدي لداخل القاعة. انظر: وثيقة قايتباي، ص230 السطر10–11.

41 لا يستبعد أن تكون هذه الغرفة حانوتاً في الأصل، وهو جزء من حوانيت أخرى زائلة كانت ممتدة للجنوب الشرقي من هذا الحانوت، ولكن حل محلها اليوم عمارة حديثة من المؤكد أنها متعدية على أجزاء هامة من هذا البيت.

1.10م، وبجانب الباب يوجد شباك ارتفاعه 2.00م وعرضه 1.00م، كما يوجد لها شباك آخر جهة الشمال الغربي مشابه للشباك السابق، ويغطي هذه الغرفة سقف محمول على عروق خشبية حديثة.

وبجانب هذه الغرفة باب ارتفاعه 1.90م وعرضه 1.00م، يدخل منه لبير سلم مربع المسقط [الشكل 85–19] متوسط طوله وعرضه 3.00م، كان به سلم صاعد يتوصل منه للملحقات بالطابق الأول والثاني للبيت.

الضلع الجنوبي الغربي [لوحة 71]
الحواصل أسفل المقعد وملحقاته بالضلع الجنوبي الغربي للفناء:

الطابق الأرضي لهذا الضلع عبارة عن عدة حواصل وغرفة بالزاوية الغربية حيث تبدأ هذه الحواصل من الزاوية الجنوبية للفناء بحاصل مستطيل المسقط [الشكل 85–20] طوله 4.05م وعرضه 3.58م، مغطى بقبو متقاطع من الآجر، ويفتح على الفناء بباب صغير عليه عقد مدبب وارتفاعه حتى قمة العقد 1.78م وعرضه 0.90م، ويوجد على يمين الباب شباك صغير أيضاً ارتفاعه 1.00م وعرضه 0.60م.

وإلى الجهة الشمالية الغربية لهذا الحاصل يوجد فتحة باب معقودة بعقد مدبب ارتفاعها 1.69م وعرضها 1.40م، يدخل منها لدهليز طويل [الشكل 85–21] بعرض 1.65م، ينكسر تجاه الجنوب الشرقي ثم تجاه الجنوب الغربي، حيث يشكل عدة دخلات جدارية استغلت الأولى منها كمرحاض [الشكل 85–21، D] والباقي منها استعمل كحواصل ومخازن،[42] ويغطي

لوحة 72 في الأعلى صورة قديمة (عن أرشيف الهيئة العامة للآثار المصرية) تعود لمطلع القرن الماضي للضلع الشمالي الغربي لبيت قايتباي، في الأسفل صورة حديثة لنفس الضلع أثناء أعمال الترميم الأخيرة عام 2014. وتظهر في الصورة التغيرات في العقود الستة لبائكة الإسطبل.

هذا الدهليز قبو برميلي بأغلب أجزائه، وقبو متقاطع عند زاوية انكساره للجنوب الغربي.

وبعد هذا الدهليز جهة الشمال الغربي أيضاً يوجد حاصلان يقعان أسفل فضاء المقعد مباشرة، يغطي كلاً منهما قبو متقاطع مبني من الآجر الأحمر، الأول منهما [الشكل 85–22] طوله 4.10م وعرضه 4.02، ويدخل إليه عبر باب معقود بعقد مدبب ارتفاعه حتى قمة العقد 1.76م وعرضه 0.86م، ويوجد على يسار الباب فتحة شباك صغيرة مغشاة بمصبعات من الخشب ارتفاعه 1.02م وعرضه 0.64م، والحاصل الثاني [الشكل 85–23] طوله 4.13م وعرضه 4.00م، ويوجد بجداره الشمالي الشرقي فتحة باب ارتفاعه 1.98م وعرضه 0.92م، يدخل منها لامتداد آخر لهذا الحاصل [الشكل 85–23، E] بعرض 1.40م وعليه سقف برميلي من الآجر، ويدخل بهذا

42 من الممكن أن هذا الدهليز كان يؤمن اتصال الفناء الرئيسي الباقي لهذا البيت مع أجزاء أخرى زائلة كانت تقع للجهة الجنوبية الغربية خلف المقعد، والتي تحدثت الوثيقة أنه كان يتوصل إليها عبر باب بالواجهة القبلية "الجنوبية الغربية" للبيت، ومن هذه الأجزاء إضافة لباب الدخول ودركاته التي كان يتوصل منها للقاعة الرئيسية للبيت وملحقاتها، كان يوجد طشتخاناه يعلوها طباق وسلم يتوصل منه لرواق بإيوانين ودور قاعة وآخر بإيوان ودور قاعة ومطبخ وبيت برسم العجين. ⁝ انظر: وثيقة قايتباي، ص230 السطر2–13، ص231 السطر1–6. وانظر هذا النص الوثائقي المذكور في الحواشي السابقة.

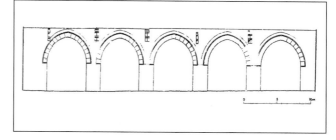

الشكل 88 رسم تفصيلي لعقود واجهة الإسطبل بالضلع الشمالي الغربي كما كانت عليه في الأصل، وبعد زوال أحد عقود هذه الواجهة. (من إعداد الباحث).

الحاصل عبر باب معقود بعقد مدبب أيضاً ارتفاعه 1.97م وعرضه 0.98م، وعلى يمين هذه الباب يوجد شباك كبير ارتفاعه 1.63م وعرضه0.77م، ويلي هذا الحاصل جهة الشمال الغربي البسطة، ودرفتا السلم الصاعد اللتان تتقدمان المدخل الخاص بالمقعد، وسنعود لوصفها مع المقعد بالطابق الأول.

ويلي ذلك باب مربع ارتفاعه 1.67م وعرضه 0.84م، يدخل منه لحاصل طويل [الشكل 85–24] طوله 5.60م وعرضه 1.46م، وله سقف منخفض ارتفاعه 1.73م، مكون من براطيم خشبية بها انهيار كبير، وبجانب هذا الحاصل بالزاوية الغربية للفناء يوجد باب مربع ارتفاعه 1.80م وعرضه 0.94م، يدخل منه لغرفة [الشكل 85–25] طولها 4.85م وعرضها 4.20م عليها سقف منخفض محمول على براطيم عليها دهان حديث، ويتوسطها ضريح مكتوب عليه اسم الشيخ محمد العراقي، ويوجد بزاوية الجدار الجنوبي الغربي للغرفة كتبية ارتفاعها 1.60م وعرضها 1.10م وعمقها 0.70م.

الضلع الشمالي الغربي [لوحة 72]

الإسطبل:

تحتل أجزاء هذا الإسطبل[43] كامل الضلع الشمالي الغربي للفناء، وقد دخل على هذا الإسطبل اليوم الكثير من التغيير والتبديل، حيث كانت واجهته عبارة عن بائكة من ستة عقود كبيرة مدببة من الحجر الأبلق عرض كل عقد منها 2.90م

43 انظر دراستنا عن الإسطبلات في العمائر السكنية المملوكية في الباب الرابع، ص73 من هذا الكتاب.

الشكل 89 المسقط الأفقي للطابق الأول لبيت السلطان قايتباي بالمغربلين، كما يظهر بالمسقط اختفاء الضلع الشمالي الشرقي لهذا البيت. 1–فضاء دركاة المدخل الرئيسي للبيت 2–فضاء دهليز المدخل الرئيسي للبيت 4–الفناء الرئيسي 5–المقعد A–استطراق 6–دهليز الدخول للمقعد 7–بير السلم الرئيسي 8–حجرة كبيرة A–سلم صاعد 9–دهليز طويل A–مزيرة B–بيت راحة 10–مساحة مستطيلة A–بيت راحة B–حمام صغير 11–المبيت الرئيسي الملحق بالمقعد 12–13–14–15 غرف 26–28–فضاء الأجزاء الحالية للإسطبل والتي يرتفع سقفها بمستوى الطابق الأول. (عن: Revault & Maury, *Palais et Maisons du Caire*)

موحدة الارتفاع والعرض، وتحصر البائكة خلفها إسطبلاً مستطيلاً كبيراً به طوالات[44] عديدة مقام رؤوس الخيل. ولكن في فترات مختلفة تم سد المساحة أسفل عقود البائكة

44 قد يوجد بالإسطبل الواحد طوالة أو أكثر، وأهم ما يميز الطوالات هي الأحواض المستطيلة أو التجاويف التي تكون بمصطبة، وقد خصصت تلك الأحواض أو التجاويف لوضع العلف وطعام الدواب بها، وتكون مرتفعة قليلاً لتناسب إطعام الدابة. للاستزادة حول هذا المصطلح انظر: مسرد المصطلحات الأثرية الملحق بهذا الكتاب.

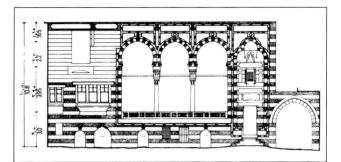

تحوّل أسفل بعض هذه العقود إلى باب دخول بجانبه شباك بينما فتح ببعضها شباكان، وقسم فضاء الإسطبل الى أربعة غرف استغلت حتى عام 1992م لإقامة بعض العائلات [الشكل 85–26–28]، ويغطي أغلبها سقوف محمولة على براطيم أوعروق خشبية.

كما يلاحظ زوال العقد الأخير جهة الشمال الشرقي من عقود واجهة الإسطبل والتي كانت قائمة حتى منتصف القرن الماضي، كما تظهرها صور قديمة. فالباقي منها اليوم خمسة عقود فقط [الشكل 88].

أما اليوم أثناء أعمال الترميم الجارية فقد حوفظ على سد المساحة أسفل العقدين في الجهة الجنوبية الغربية من هذه البائكة وفتح بكل منها شباكان، بينما أزيلت أغلب الجدران المحدثة والتعديات الكثيرة التي كانت أسفل البوائك الأخرى وفي داخل فضاء الإسطبل [لوحة 72].

ثانياً: الطابق الأول: [الشكل 89]

إن الفراغات المعمارية لهذا الطابق تمتد بالضلعين الجنوبي الغربي والجنوبي الشرقي للفناء، حيث يشغل المقعد والمبيتات الملحقة به الضلع الجنوبي الغربي، بينما يحتل الضلع الجنوبي الشرقي بير السلم الرئيسي الذي يصل بين طوابق البيت إضافة لغرف وممرات وفضاء دركاه ودهليز المدخل الرئيسي بالطابق الأرضي.

الضلع الجنوبي الغربي [لوحة 71]

المقعد: [الشكل 90]

يعتبر المقعد[45] أهم الأجزاء الباقية في هذا البيت، وهو يشغل الطابق الأول من الضلع الجنوبي الغربي [الشكل 89–5]، وتشرف واجهته على فناء البيت ببائكة من ثلاثة عقود حدوة الفرس مدببة، ترتكز على عمودين من الرخام في الوسط، وعلى

45 ذكرت وثيقة قايتباي هذا المقعد كالتالي: ص229: سطر4: ... وبالساحة المذكورة مقعد سفله سطر5: ثلاث حواصل يتوصل إلى المقعد المذكور من سلمين مبنيين بالحجر مسقف نقياً سطر6: بدرابزين ورفرف محمول سقفه على عمد رخاماً وعلى كتف مبني بالحجر وبالمقعد المذكور سطر7: مبيت بشباك مطل على الساحة المذكورة وبالميت المذكور كرسي مرحاض ومنافع سطر8: وحقوق... ؛وثيقة قايتباي، ص229 السطر4–8.

الشكل 90 رسم تفصيلي لواجهة الضلع الجنوبي الغربي لفناء بيت قايتباي الذي يتألف من الحواصل في الطابق الأرضي والمقعد وملحقاته بمستوى الطابق الأول والثاني. (عن: أسس التصميم والتخطيط الحضري)

أكتاف مبنية في الأطراف [الشكل 90]، ويحدد صنج عقود البائكة جفت لاعب ذو ميمات دائرية، يمتد لينعقد فوق كل عقد بشكل ميمة كبيرة، كما يوجد على كوشتي كل عقد الرنك الكتابي للسلطان قايتباي، ويشغل باقي الكوشة محيطة بالرنك زخارف نباتية تظهر بها أشكال هندسية ونباتية متداخلة.

ويغشي مساحة العقد الأول للبائكة والمجاور لمدخل المقعد على يسار الواجهة روشن[46] من الخشب بارز عن سمت الجدار، يتألف من خمسة عقود دائرية صغيرة، مغشاة واجهته أسفل العقود بحجاب من الخشب، يتوسطه شباك مستطيل، بينما يغشي المساحة أسفل العقدين الثاني والثالث للعقد درابزين من خشب الخرط، يعلوه حجاب غير بارز من الخشب يرتفع حتى

46 الروشن: بمعنى الكوة أو النافذة أو الشرفة وهي من الفارسية: رون، ويقصد بها في العصر المملوكي الخرجات التي تستخدم للبروز بالعمارة وزيادة سطح الأدوار العليا، وتطل على الشارع وواجهة الدخول. فالروشن يتكون من كباش أو كوابيل ثم مدادات أو كباسات سواء من الحجر أم من الخشب وهي التي تربط الجزء البارز بالمبنى، ثم يعلوها الحرمدانات والمواردبات سواء من خشب أو حجر أيضاً وهي التي تكون أرضية الجزء البارز، وقد يكون لهذا الجزء البارز درابزين خشب خرط. ؛ محمد محمد أمين؛ ليلى إبراهيم، قاموس المصطلحات الأثرية والوثائقية، مطبعة الجامعة الأمريكية، القاهرة1990، ص58. وسوف نرمز إليه لاحقاً بـ "قاموس المصطلحات".

أسفل أرجل العقود، وفتح به أيضاً أسفل كل عقد شباك مستطيل، وأغلب الظن أن هذا الحجاب الخشبي مضاف، يرجع كأقصى حد في وجوده إلى أواخر القرن الماضي، بدليل صورة نادرة التقطت للبيت في حوالي الخمسين سنة الأخيرة من القرن الماضي، لا يظهر بها وجود هذا الحجاب الموجود الآن.

كما يعلو الواجهة شريط طويل من الكتابة، يتألف من ستة بحور مستطيلة يحدد كلاً منها جفت لاعب ذو ميمات مستديرة، وتبدأ هذه البحور من أعلى كتلة باب الدخول الواقعة على يسار الواجهة ونصها كالتالي:

البحر الأول: بسم الله الرحمن الرحيم قالوا حسبنا الله ونعم الوكيل.
البحر الثاني: أمر بإنشاء هذا المقعد المبارك المعظم السعيد من فضل الله تعالى وجزيل عطائه.
البحر الثالث: سيدنا ومولانا مالك رقابنا سلطان الإسلام والمسلمين قاتل الكفرة.
البحر الرابع: والمشركين محي العدل في العالمين مولانا المقام الشريف السلطان المالك الملك.
البحر الخامس: الأشرف أبو النصر قايتباي أدام الله تعالى أيامه وأعز أحكامه.
البحر السادس: بمحمد وآله وكان الفراغ من هذا المقعد المبارك السعيد في شهر الله المحرم الحرام من سنة تسعين وثمانماية من الهجرة[47] النبوية.[48]

وقد كان يظلل الواجهة رفرف خشبي محمول على كوابل خشبية أيضاً، بدليل بقايا هذه الكوابل بشكل أرجل مثبتة عند نقاط التقاء كوشات العقود.

أما كتلة مدخل المقعد فتقع كالعادة على يسار الواجهة،

لوحة 73 السقف الخشبي الذي يغطي دهليز الدخول للمقعد.

وهي عبارة عن حنية غائرة، يتوجها من الأعلى عقد مدائني شغلت ريشتاه بحنايا مزواة، يؤطر هذه الحنية جفت لاعب ذو ميمات دائرية، ويتوسطها من الأسفل باب الدخول ارتفاعه 2.58م، وعرضه 1.20م، يغلق عليه مصراعان خشبيان، وعلى جانبيه يوجد مكسلتان، يعلوهما على عضادتي الباب شريط كتابي مقسوم إلى نصفين:

على العضادة اليسرى: أمر بإنشاء هذا المقعد المبارك مولانا المقام الشريف السلطان
على العضادة اليمنى: الملك الأشرف أبو النصر قايتباي اللهم انصره نصراً عزيزاً يارب العالمين.[49]

ويعلو باب الدخول عتب مستقيم، يعلوه نفيس ثم عقد عاتق مكون من صنجات عليها زخارف هندسية زكزاكية معمولة بالرخام البيت بالمعجون ذي اللونين الأبيض والأسود، وعلى جانبي هذا العقد يوجد حشوتان مستطيلتان بكل منهما زخارف هندسية ونباتية متداخلة بشكل بارز، ويعلو ذلك شريط كتابي آخر مستطيل عليه النص التالي:

47 1458م.

48 يوجد بالنص الأصلي لهذه الكتابات تآكل وتهشم كبيرين، وقد قمت بتكملة قراءة بعض كلمات هذه البحور من كتاب مكس فان برشم. Berchem, Max van. *Matériaux pour un Corpus Inscriptionum Arabicarum*, II Egypt. G. Wiet, Cairo, 1930, 517.

49 تعرضت الكتابات الموجودة على هذا المقعد إلى تهشم كبير استحال معه قراءة أغلب كلماتها فأكملتها نقلاً عن فان برشم. Berchem, *Op. cit.*, 516.

لوحة 74 صورتان جداريتان بالفريسكو تمثلان الكعبة وما حولها ويقعان على الجزء العلوي للجدار الجنوبي الشرقي للمقعد، وتظهر بالصورة الحالة السيئة من الحفظ التي تعانيها الصور الجدارية الموجودة بهذا المقعد.

بسم الله الرحمن الرحيم إنك [...] اللهم كما انعمت [...] إنك على كل شيء قدير يارب العالمين.

ويعلو هذا الشريط الكتابي شطف مستطيل ينتهي من الأعلى بعدة حطات من المقرنصات، يكتنفه عمودان صغيران مثمنان، يوجد بينهما شباك مستطيل مغشى بمصبعات خشبية، وعلى جانبي هذا الشباك يوجد حشوتان مستطيلتان عليهما زخارف مشابهة لتلك التي رأيناها على الحشوتين على جانبي العقد العاتق، وأيضاً يعلو هذا الشطف أسفل العقد المدائني شريط كتابي ثالث مستطيل ينتهي من جانبيه بهيئة عقد مفصص يقرأ كالتالي:

بسم الله الرحمن الرحيم محمد [...صدق الله العظيم و][50] صدق رسوله الكريم.

ويتقدم كامل كتلة المدخل مباشرة بسطة مستطيلة طولها 1.70م، وعرضها 1.40م، تنتهي إليها قلبتا سلم تتألف كل منهما من ثلاث درجات.

ويلي باب الدخول دهليز طويل به سلم صاعد، يتألف من أربع درجات [الشكل 89-6]، تنتهي ببسطه يفتح عليها بابان، **الأول** على يمين الصاعد يفضي إلى حجرة مستطيلة [الشكل 89-8] طولها 7.15م، وعرضها 4.75م، فرشت أرضها بالبلاط الحديث، بينما غطيت بسقف خشبي من براطيم، تفتح بضلعها الشمالي الشرقي فتحة شباك تطل على الفناء بشكل عقد مدبب عرضه من الأسفل 2.76م وارتفاعه حتى قمة العقد 1.63م، وكانت مساحة هذا العقد مغشاة بشباك خشبي مازالت بقاياه تشير إليه، ويوجد إلى جانب هذا الشباك في الزاوية الشمالية لهذه الحجرة سلم مسافة 0.90م يتكون من اثنتي عشرة درجة صاعدة [الشكل 89-8،A] توصل للوحدات المعمارية التي تعلو الضلع الشمالي الغربي بالطابق الثاني للبيت، أما الباب **الثاني** الذي يفتح على البسطة على يسار الصاعد فيفضي إلى داخل المقعد [الشكل 89-5] عبر فتحة باب خشبي ارتفاعه 2.53م، وعرضه 1.20م، يعلوه عتب مستقيم، وسقف هذا الدهليز خشبي عبارة عن براطيم تحصر بينها طبالي وتماسيح، عليها زخارف نباتية تعتبر من أجمل مابقي من زخارف هذا البيت وهي عبارة عن مجموعة كبيرة من الزهور والوريدات ذات الأحجام المتعددة، والألوان الزاهية المختلفة التي لا تزال محتفظة بجمالها [لوحة 73]، كما يحيط بالسقف من الأسفل إزار خشبي غير عريض.

والمقعد من الداخل عبارة عن مساحة مستطيلة [الشكل 89-5] طولها 8.92سم، عرضها 5.75م، ويوجد أمام فتحة باب الدخول للمقعد استطراق [الشكل 89-5،A] يمتد بطول المقعد، وبعرض 1.30م، وينخفض عن مستوى أرض المقعد بمقدار 25سم، ويشغل الضلع الشمالي الشرقي للمقعد واجهته التي تتألف من بائكة ذات ثلاثة عقود حدوة الفرس مدببة، ترتكز في الوسط على عمودين من الرخام، لكل منهما قاعدة وتاج يعلوه طبلية خشبية، يمتد منها أسفل أرجل العقود روابط خشبية تربط العقود إلى الجدران لزيادة قوتها ولمنع الرفس الطارد لها، ويغشي مساحة العقد الأول، المجاور لمدخل

50 لم استطع اقتراح كلمات مناسبة في كتابات الواجهة، حيث أن التآكل والحت بها بلغ درجة كبيرة جداً، صعب معها قراءة الكثير من كلماتها، كما لم يذكرها مكس فان برشم في كتـــابه.

المقعد، روشن من خشب الخرط بارز عن سمت الجدار، بينما يغشي أسفل العقدين الثاني والثالث درابزين من خشب الخرط، يعلوه حجاب غير بارز من الخشب يرتفع مثل الروشن حتى أسفل أرجل العقود كما بينا أعلاه.

وبينما يوجد في الزاوية الغربية للضلع الشمالي الغربي باب الدخول للمقعد سابق الوصف أعلاه، فإنه تشغل الزاوية الجنوبية من الضلع الجنوبي الشرقي المقابل دخلة جدارية ارتفاعها 2.40م وعرضها 1.15م، وعمقها 10سم، كما يوجد أيضاً في الطرف الجنوبي للضلع الجنوبي الغربي فتحة باب ارتفاعه 2.18م، وعرضه 93سم، يؤدي إلى ملحقات المقعد.

وأما جدران المقعد من الداخل فيمكننا أن نقسمها إلى قسمين، سفلي وعلوي، يفصل بينهما إفريز خشبي يؤطر الجدران عند مستوى عتب باب الدخول للمقعد، ويحمل هذا الإفريز زخارف نباتية وهندسية باهتة.

والمستوى السفلي، به فتحة باب الدخول للمقعد، والباب المؤدي إلى الملحقات، إضافة إلى الكتبية الجداريه الصغيرة، وهو خالٍ تماماً من الزخارف وبه تساقط كبير للمونة.

أما المستوى الثاني الذي يرتفع حتى أسفل السقف، ففيه مجموعة كبيرة من الصور الجدارية "الفريسكو" المرسومة داخل مستطيلات أو مربعات بألوان مختلفة، وذات موضوعات متنوعة، من أبنية وعمائر وغيرها، كلها وقعت تحت تأثير عامل الزمن والتقادم فانمحت موضوعاتها، وبهتت ألوانها، بل سقطت بعض أجزائها، فعلى الجدار الجنوبي الشرقي توجد صورتان تمثلان الكعبة وما حولها [لوحة 74]، يعلو ذلك عدة مستطيلات بها رسوم نباتية وهندسية، وأخرى مشابهة أعلى الجدار الجنوبي الغربي، والتي أسفلها توجد رسوم لساعات قديمة، إضافة إلى زخارف نباتية وهندسية، أما الجدار الشمالي الغربي فقد بهتت رسومه القليلة، وغدت صعبة التمييز والفهم.

والمقعد ذو سقف خشبي، عبارة عن براطيم تحصر بينها طبالي وتماسيح، كلها مجلدة بالتذهيب والألوان، ولكن للأسف فقد ضاعت الكثير من زخارف هذا المقعد وصار الجزء الباقي منها باهتاً، وهي أيضاً زخارف نباتية لأشكال ورود وأزهار متنوعة، يضاف إليها بعض الزخارف الهندسية لأشكال خطوط ودوائر وأقواس، كما يرتكز السقف على إزار ذي حنايا ركنية ووسطية، عددها ست حطات في الزوايا، وثلاث حطات في الأواسط، يمتد بينها إزار خشبي عريض عليه كتابات طويلة بخط الثلث المملوكي تتألف من عشرة بحور، تمتد بين الحنايا الركنية والوسطية التي توجد على هذا الإزار، وتبدأ من الزاوية الغربية للضلع الجنوبي الغربي، لتمتد في أعلى الضلع الجنوبي الشرقي، والشمالي الشرقي، ثم الشمالي الغربي، ونصها كالتالي:

أولاً: الكتابات على الضلع الجنوبي الغربي

البحر الأول: بسم الله الرحمن الرحيم تبارك الذي
البحر الثاني: إن شاء جعل لك خيراً من ذلك جنات
البحر الثالث: تجري من تحتها الأنهار ويجعل لك قصورا[51]

ثانياً: الكتابات على الضلع الجنوبي الشرقي

البحر الرابع: صدق الله العظيم وصدق رسوله
البحر الخامس: الكريم وصلى الله على سيدنا محمد

ثالثاً: الكتابات على الضلع الشمالي الشرقي

البحر السادس: أمر بإنشاء هذا المقعد المبارك السعيد من فضل الله
البحر السابع: تعالى العظيم وجزيل عطائه العميم سيدنا
البحر الثامن: ومولانا ومالك رقابنا المقام الشريف

رابعاً: الكتابات على الضلع الشمالي الغربي

البحر التاسع: السلطان المالك الملك
البحر العاشر: الأشرف أبو النصر قايتباي أدام الله أيامه.[52]

المبيت والملحقات:

ويتوصل لهذه الأجزاء من الباب الذي يقع في الزاوية الجنوبية

51 سورة الفرقان، الآية رقم 10.

52 لقد تعرض سقف هذا المقعد إلى الكثير من العوامل المؤثرة التي تسببت في تلف الكثير من العناصر الزخرفية، وكذلك الكتابية الموجودة على الإزار أسفل السقف، وخاصة على الضلعين الشمالي الشرقي والشمالي الغربي، وقد استعنت بما كتبه فان برشم من أجل إكمال البحور التي صعبت قراءتها اليوم. Berchem, *Op. cit.*, 517.

للضلع الجنوبي الغربي، والذي يؤمن إتصال المقعد مع باقي الوحدات المعمارية للبيت سواء التي بالطابق الأول أو بالطابق الثاني، حيث يتوصل عبر هذا الباب لبير السلم الرئيسي للبيت [الشكل 89–7]، فالباب يفضي إلى دركاه تتقدمها درجتا سلم، توصلان إلى دهليز طويل [الشكل 89–9] طوله 8.25م وعرضه 1.55م به على يسار الداخل دخلة جدارية بشكل خزانة عرضها 0.90م، وارتفاعها 1.80م، وكانت هذه الدخلة الجدارية في الأغلب عبارة عن مزيرة أو مزملة[53] [الشكل 89–9،A]، بينما ينتهي جهة الجنوب الشرقي بمساحة صغيرة مهدمة كان بها بيت راحة [الشكل 89–9،B]، كما يوجد بجداره الجنوبي الغربي فتحة جدارية بعرض 2.70م يتوصل منها لمساحة مستطيلة [الشكل 89–10] طولها 3.50م وعرضها 2.50م كانت تتوزع حولها عناصر خدمة مجددة عبارة عن بيت راحة [الشكل 89–10،A] وحمام صغير [الشكل 89–10،B] وهي اليوم مهدمة بشكل كبير وتطل مباشرة على المدرسة الحديثة الملاصقة للواجهة الخارجية الجنوبية الغربية للبيت .

كما يوجد بالجدار الشمالي الشرقي لهذا الدهليز بابان الأول ارتفاعه 1.90م وعرضه 0.93م ويدخل منه لغرفة مستطيلة [الشكل 89–11] وكانت غالباً تشكل المبيت الرئيسي الملحق بالمقعد وطول هذه الغرفة 6.65م، وعرضها 3.92م، وهي تطل على الفناء في جدارها الشمالي الشرقي بشباكين مستطيلين، ركبت على كل منهما مشربية خشبية تبرز عن سمت الجدار الخارجي محمولة كل منهما في الخارج على روشن خشبي تغطي رجله صفوف من المقرنصات الخشبية [لوحة 70] والمشربية الأولى جهة الشمال الغربي ارتفاعها من الداخل 2.42م وعرضها 2.80م وعمقها 1.30م ولها دكة خشبية ترتفع عن أرض الغرفة 0.40م، والمشربية الثانية ارتفاعها 2.37م وعرضها 1.00م وعمقها 1.05م وأيضاً لها دكة خشبية ترتفع عن أرض الغرفة 0.53م ويغطي هذه الغرفة سقف خشبي من عروق عليها زخارف نباتية وهندسية باهتة الخطوط والألوان، ويوجد في الجدار الجنوبي الشرقي لهذا المبيت فتحة باب ارتفاعه 2.10م وعرضه 0.78م يؤمن إتصال الغرفة مع بير السلم الرئيسي والمحوري للبيت [الشكل 89–7]، وأما الباب الثاني الذي يفتح بهذا الدهليز الطويل فيدخل منه مباشرة أيضاً لبير السلم الرئيسي للبيت.

بير السلم الرئيسي والغرف الأخرى:

إن الباب الثاني الواقع بالجدار الشمالي للدهليز الطويل السابق وارتفاعه 1.90م وعرضه 0.90م يوصل مباشرة إلى بير السلم الرئيسي المحوري [الشكل 89–7] الذي يصل بين الطوابق الثلاثة للبيت، وإن بدايته تقع بوسط الجدار الجنوبي الغربي للدهليز المنكسر المؤدي للقاعة الرئيسية بالطابق الأرضي [الشكل 85–7] وبير السلم هو مساحة مستطيلة طولها 4.16م وعرضها 3.43م، وتسير ملاصقة لجداره درجات سلم صاعدة تشكل عند إنكساراتها بسطات صغيرة تتكرر في الزوايا [الشكل 89–7].

ويفتح على بير السلم هذا بالطابق الأول إضافة لهذا الباب باب المبيت الرئيسي سابق الذكر وباب ثالث بجداره الجنوبي الشرقي ارتفاعه 1.90م وعرضه 0.90م، يدخل منه لغرفة ثانية [الشكل 89–12] طولها 5.25م وعرضها 3.63م ويغطيها سقف مسطح محمول على عروق خشبية.

كما كان يفتح بالجدار الشمالي الشرقي لبير السلم بابان الأول جهة الجنوب الشرقي وارتفاعه 2.27م وعرضه 0.74م ويدخل منه لغرفة [الشكل 89–13] طولها 6.46م وعرضها 2.88م فتحت بجدارها الجنوبي الشرقي خزانة جدارية ارتفاعها 2.20م وعرضها 2.00م، كما توجد بجدارها الجنوبي الغربي خزانة أخرى صغيرة، وتتوسط جدارها الشمالي الشرقي نافذة كبيرة ارتفاعها 1.70م وعرضها 2.30م قسمت لشباكين صغيرين يطلان مباشرة على دهليز المدخل المنكسر بالطابق الأرضي [الشكل 89–2]، ويفتح بالجدار الشمالي الغربي لهذه الغرفة باب آخر ارتفاعه 1.90م وعرضه 0.90م، يؤمن اتصالها مع الغرفة المجاورة لها والآتي ذكرها لاحقاً، وتعاني أرضية هذه

53 المزملة جرة يبرد بها الماء، ثم أصبح اللفظ يطلق على الموضع الذي توضع فيه الجرار أو القدور أي الأزيار ليبرد بها ماء الشرب، وتوجد المزملة عادة بأحد جانبي الدهاليز المؤدية للصحن أو الميضآت في المدارس والمساجد والخانقاوات والكتاتيب، كما قد توجد أيضاً بدهليز القاعات، وتغشى واجهة المزملة عادة بخركاه من الخشب الخرط وتسمى أيضاً "المزيرة" أو "بيت الأزيار". ؛ قاموس المصطلحات، ص104.

الشكل 91 المسقط الأفقي للطابق الثاني لبيت السلطان قايتباي بالمغربلين. 4-الفناء 5-فضاء المقعد 6-دهليز A-السلم الصاعد من الغرفة بالطابق الأول 7-بير السلم الرئيسي 8-غرفة كبيرة 9-فسحة سماوية 10-غرفة 11-غرفة 12-وحدات معمارية زائلة 13-وحدات معمارية زائلة كانت متصلة بالضلع الشمالي الشرقي 14-مبيت علوي A-دخلة جدارية 15-ممر 16-رحبة واسعة 17-غرفة 18-قاعة علوية (حرملك) A-الإيوان الرئيسي B-الإيوان الثانوي 19-غرفة. (عن: & Revault (Maury, *Palais et Maisons du Caire*

الغرفة من انهيار كبير.

والباب الثاني جهة الشمال الغربي ارتفاعه 1.67م وعرضه 0.75م، يدخل منه مباشرة لغرفة رابعة [الشكل 89-14] ذات مسقط مستطيل طولها 5.78م وعرضها 3.00م، فتح بجدارها الجنوبي الشرقي باب سابق الذكر يؤمن اتصالها مع الغرفة المجاورة [الشكل 89-13]، وشباك ارتفاعه 1.59م وعرضه 0.86م يشرف مباشرة على دهليز المدخل المنكسر بالطابق الأرضي [الشكل 89-2].

كما يوجد بالجدار الشمالي الغربي لهذه الغرفة شباكان يطلان على فناء البيت [الشكل 89-4]، الأول جهة الجنوب الغربي ارتفاعه 1.48م وعرضه 0.90م، والشباك الثاني عبارة عن بقايا مشربية صغيرة ارتفاعها 1.65م وعرضها 1.25م وعمقها 0.85م حيث تبرز عن سمت الجدار مقدار 0.40م فقط، ويغطي هذه الغرفة سقف محمول على عروق خشبية مدهونة.

ويدخل من باب ارتفاعه 1.76م وعرضه 0.93م يقع بالجدار الشمالي الشرقي لهذه الغرفة إلى غرفة أخرى [الشكل 89-15] مشابهة للسابقة ولكن أصغر منها قليلاً طولها 4.40م وعرضها 2.55م، يفتح بجدارها الشمالي الغربي أسفل السقف شباكان يطلان على فناء البيت أيضاً، الأول جهة الجنوب الغربي ارتفاعه 1.10م وعرضه 0.92م ويرتفع عن أرض الغرفة 1.20م، والشباك الثاني ارتفاعه 0.80م وعرضه 0.90م ويرتفع عن أرض الغرفة 1.44م، كما يغطي هذه الغرفة سقف مشابه لسقف الغرفة السابقة.

ثالثاً: الطابق الثاني: [الشكل 91]

يقسم المقعد الذي يتوسط الضلع الجنوبي الغربي [الشكل 91-5] في هذا الطابق لقسمين، إذ يرتفع سقفه حتى مستوى أسقف الوحدات المعمارية بالطابق الثاني، ليفصل بين الوحدات الموجودة بالضلع الشمالي الغربي والزاوية الغربية وبين العمائر الباقية بالضلع الجنوبي الشرقي والزاوية الجنوبية للبيت.

العمائر الباقية بالزاوية الغربية والضلع الشمالي الغربي: [الشكل 91]

يتم الوصول لهذه الغرف عن طريق مدخل المقعد الذي يوصل دهليزه [الشكل 91-6] يميناً إلى غرفة ملحقة بالمقعد [الشكل 91-8] والتي يوجد بزاويتها الشمالية سلم صاعد [الشكل 91-8، A] يتكون من اثنتي عشرة درجة صاعدة عرض كل منها 0.90م، يتوصل عبرها إلى هذا القسم من الطابق الثاني، حيث ينتهي السلم بدهليز [الشكل 91-6] طوله 4.10م وعرضه 1.93م، يفصل بينه وبين مطلع السلم [الشكل 91-6، A] درابزين ارتفاعه 1.00م وطوله 3.10م وقد فتحت بالجدار الجنوبي الشرقي لهذا الممر فتحة شباك ارتفاعه 1.80م يشرف على الفناء مباشرة، ويعمل على إنارة وتهوية هذا الدهليز، كما يوجد بالجدار الجنوبي الغربي لهذا الممر بعد نهاية السلم مباشرة باب ارتفاعه 1.95م وعرضه 1.00م، يدخل منه لغرفة كبيرة [الشكل 91-8] طولها 7.89م وعرضها 5.33م بها انهيار

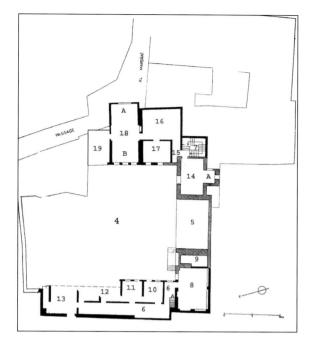

الشكل 92 رسم تفصيلي قديم لحالة واجهة الضلع الشمالي الغربي لفناء بيت قايتباي بالمغربلين كما كانت عليه قبل الترميم، ويلاحظ ضياع أغلب عمائر الطابق الذي يعلو الإسطبل.

شديد في أرضها خاصة بالقرب من الجدار الشمالي الغربي والزاوية الشمالية، أما جدرانها فليست بحالة أفضل بكثير، وتشغل الجدار الجنوبي الغربي دخلتان جداريتان بعمق 0.35م تحتلان كامل مساحة الجدار من أرض الغرفة حتى أسفل السقف، وكذلك دخلتان أخريان مشابهتان تحتلان كامل الجدار الشمالي الغربي بعمق مشابه، بينما يوجد بالجزء العلوي للجدار الجنوبي الشرقي لهذه الغرفة باب صغير يتوصل إليه عبر سلم خشبي مركب بالغرفة، يدخل منه اليوم لفسحة سماوية [الشكل 91-9] طولها 4.85م وعرضها 1.25م، وهي تعلو دهليز الدخول للمقعد بالطابق الأرضي [الشكل 89-6] وربما كانت هذه الفسحة مقببة ومركباً عليها ملقف لإدخال الهواء والضوء للغرفة التي لا يوجد بها سوى شباكين صغيرين يعلوان بعضهما البعض، ويفتحان على الفناء على يسار باب الدخول بالجدار الشمالي الشرقي وارتفاع الشباك السفلي منهما 2.00م وعرضه 0.95م.

أما سقف هذه الغرفة فهو خشبي مسطح محمول جزؤه الشمالي الغربي على كردين[54] يصل بينهما معبرة، كما ينتهي كل من الكردين بتاريخ وخورنق، وقد دهن الكرديان والمعبرة بدهان حديث أساء بشكل كبير لقيمتيهما الأثرية والفنية، وعموماً فإن سقف هذه الغرفة خشبي مسطح غني بالزخارف الملونة على أرضية بنية داكنة، لا تخفى على الملاحظ حداثتها وتأخرها عن الفترة التاريخية موضوع الدراسة. ويسير أسفل السقف شريط كتابي غير عريض، كان مقسماً لبحور متصلة عليها أبيات شعرية باتت غير مقروءة لسوء حالتها وضياع جزء كبير منها.

أما باقي الدهليز فينكسر جهة الشمال الشرقي ليتحول إلى ممر طويل طوله 10.00م وعرضه 2.40م، ويلاحظ أنه كان لهذا الممر امتداد أكبر جهة الشمال الشرقي ولكن تهدم الوحدات بهذا الاتجاه قلل من امتداده هذا.

بعد زلزال عام 1992م قد زالت أكثر من نصف عمائر الضلع الشمالي الغربي بهذا الطابق [الشكل 92] ولم يتبق سوى الدهليز وغرفتين أخريين، وكان يتوصل لكل منهما عبر باب بالجدار الجنوبي الشرقي للممر ارتفاع كل باب منهما 2.50م وعرضه 1.00م، يدخل من الباب الأول لغرفة مستطيلة [الشكل 91-10] طولها 3.80م وعرضها 3.30م، فتح بجدارها الجنوبي الشرقي شباكان ارتفاع كل منهما 1.80م وعرضه 0.85م، يطلان على الفناء مباشرة، كما فتح بالجدار الشمالي الشرقي لهذه الغرفة باب يشبه باب الدخول للغرفة في الارتفاع والعرض، وهو يصل بين هذه الغرفة والغرفة الثانية [الشكل 91-11] شبه المربعة وطولها 3.72م وعرضها 3.48م، ويفتح أيضاً بالجدار الجنوبي الشرقي لهذه الغرفة شباكان ارتفاع كل منهما 1.80م وعرضه 0.83م، كما فتح بالجدار الشمالي الشرقي لهذه الغرفة أيضاً باب بنفس ارتفاع وعرض باب الدخول لهذه الغرفة، وقد كان يتوصل من هذا الباب لوحدات زائلة [الشكل 89-12] كانت عبارة عن غرفتين أخريين.

وكان يغطي هاتين الغرفتين والممر الذي أمامهما سقف خشبي مسطح محمول على عروق، كما بنيت كل من الغرفتين بالآجر الحديث، مما يؤكد حداثة هاتين الغرفتين بالنسبة لعصر الإنشاء الأصلي للبيت، وبالتالي فهما تعودان للعصر العثماني على أحسن تقدير.

وحتى وقت قريب كان ما زال بالجدار الجنوبي الشرقي للممر بابان آخران أصليان كان يدخل منهما إلى غرفتين [الشكل 91-12،13] وملحقات أخرى أعيد ترميمها جميعا

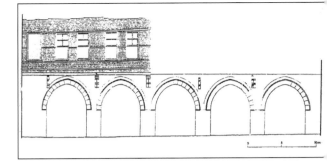

54 حول هذا المصطلح انظر: مسرد المصطلحات الأثرية الملحق بهذا الكتاب.

بشكل كامل مع جميع أجزاء هذا الضلع الشمالي الغربي ضمن أعمال مشروع الترميم الأخير الذي أعاد البيت الى الاستعمال بعد سنوات من الأهمال التام.

ولا بد من الذكر أن أعمال مشروع الترميم الأخير شملت أيضاً إعادة بناء كامل الضلع الشمالي الشرقي (البحري) الزائل لفناء البيت بمستوى الطابقين الأرضي والأول [لوحة 72].

العمائر الباقية بالزاوية الجنوبية والضلع الجنوبي الشرقي: [الشكل 91]

ويتوصل لهذا القسم من الطابق الثاني عبر بير السلم الرئيسي [الشكل 91–7] الصاعد من الطابق الأرضي ثم الأول حتى هذا الطابق، حيث يفتح على بير السلم بابان، الأول بجداره الشمالي الغربي وارتفاعه 1.66م وعرضه 0.92م، حيث يدخل منه لمبيت علوي[الشكل 91–14] طوله 6.70م وعرضه 3.90م، ويوجد بجداره الشمالي الشرقي المطل على الفناء شباك ارتفاعه 2.80م وعرضه 1.30م، يظهر من الصور القديمة أنه كان مركب عليه في وقت ما مشربية صغيرة لم يعد لها وجود، كانت تشرف على الفناء، ويغلق عليه اليوم درفتان من الخشب الحديث.

أما الجدار الجنوبي الغربي لهذا المبيت فيتوسطه دخلة جدارية [الشكل 91–14، A] طولها 2.30م وعرضها 2.00م يفتح بها شباكان، الأول بجدارها الجنوبي الغربي وارتفاعه 1.45م وعرضه 0.69م، والثاني بجدارها الجنوبي الشرقي وارتفاعه 1.92م وعرضه 0.93م، ويغطي هذه الدخلة سقف من خشب الخرط بشكل مصبعات، سدّت اليوم بالخشب والطين، ويبدو أنها كانت مفتوحة يعلوها ملقف[55] ظهر جزء منه بأحد الصور القديمة، وكان يسمح بدخول الهواء لهذا المبيت وقد رأينا بالطابق الأول مبيتاً مشابهاً لهذا المبيت، ويبدو أن المبيتين كانا للضيوف، ويستنتج ذلك من قربهما للمقعد واستقلالهما عن باقي عناصر البيت وإمكانية الوصول لكليهما إما من المقعد أو من بير السلم الرئيسي دون المرور بالأجزاء الأخرى للبيت.

ويغطي هذا المبيت سقف خشبي مكون من براطيم تحصر بينها طبالي وتماسيح وكلها كانت مجلدة بالتذهيب والألوان، ويسير أسفل السقف إزار خشبي عريض يبدو أنه كان مقسماً لبحور عليها كتابات ضاعت كلها، كما بهتت واختفت أغلب زخارف باقي السقف.

أما الباب الثاني الذي يفتح على بير السلم بهذا الطابق فهو بالجدار الشمالي الشرقي وارتفاعه 1.90م وعرضه 95م، ويبدو أنه كان يفضي للجزء الخاص من هذا البيت أي الجزء المخصص للحريم، حيث يدخل منه لممر [الشكل 91–15]طوله 2.95م وعرضه 1.40م، يتوصل منه إلى رحبة واسعة [الشكل 91–16] طولها 6.93م وعرضها 6.00م، يغطيها سقف مسطح محمول على عروق خشبية مستجدة، توجد بها أسفل هذا السقف مباشرة ثلاثة شبابيك صغيرة، اثنان منها بالجدار الجنوبي الغربي وآخر بالجدار الجنوبي الشرقي، كما يفتح عليها بابان، الأول بالجدار الشمالي الغربي وارتفاعه 2.25م وعرضه 0.97م، يدخل منه لغرفة [الشكل 91–17] طولها 4.86م وعرضها 4.00م، فتح بجدارها الشمالي الغربي شباكان يطلان على الفناء وارتفاع كل منهما 2.00م وعرضه 0.95م، ويلاحظ أن هذا الجدار بحالة سيئة وبه شروخ كبيرة، وبينما جعلت أرضية هذه الغرفة من البلاط الكدان،[56] فقد سقفت بسطح محمول على عروق مدهونة.

أما الباب الثاني فيفتح بالجدار الشمالي الشرقي للرحبة وارتفاعه 1.87م وعرضه 1.10م، حيث يدخل منه مباشرة لدركاه القاعة العلوية.

القاعة العلوية: [الشكل 91–18]

تؤكد هذه القاعة الوظيفة الأساسية لهذا الجزء من الطابق كمكان لإقامة الأسرة والحريم، فهذه هي الوظيفة المثالية للقاعات بهذه الأدوار العليا.

وتتألف هذه القاعة [الشكل 91–18] من دور قاعة متوسطة، يفتح عليها إيوانان جنوبي شرقي رئيسي وشمالي غربي ثانوي، أما الدور قاعة فطولها 2.90م وعرضها 4.80م، يتوسط جدارها الجنوبي الغربي باب الدخول سابق الذكر، ويوجد على

55 حول هذا المصطلح انظر: مسرد المصطلحات الأثرية الملحق بهذا الكتاب.

56 انظر: مسرد المصطلحات الأثرية الملحق بهذا الكتاب.

يمينه دخلة جدارية عبارة عن خزانة جدارية أو خرستان[57] ارتفاعه 2.12م وعرضه 1.00م مقسوم لجزأين، سفلي ويتقدمه عقدان بسيطان، وعلوي يتقدمه إطار خشبي بسيط.

ويقابل باب الدخول لهذه الدور قاعة باب آخر بالجدار الشمالي الشرقي ارتفاعه 1.80م وعرضه 1.16م، يعلوه شباك مستطيل محمول مثل باقي أسقف القاعة على دعامات خشبية مخافة السقوط، ويغطي الدور قاعة سقف خشبي مرتفع محمول على أربعة جدران صغيرة فتح بكل منها شباكان صغيران مستطيلان تغشيهما زخارف الجص المعشق بالزجاج، أما السقف فعليه زخرفة بأشكال قصع بارزة مزخرفة، ويتوسط السقف شخشيخة مثمنة زالت طاقتيها فغطيت فتحتها بمصبعات من خشب الخرط.

ويفتح كل من الإيوانين الجانبيين على الدور قاعة بكردين، بينهما معبرة وينتهي كل منهما بتاريخ وخورنق، كان عليهما زخارف وألوان أضاعها الزمن.

أما الإيوان الرئيسي الجنوبي الشرقي [الشكل 91–18، A] فطوله 3.85م وعرضه 4.16م، ويتوسط جداره الجنوبي الشرقي اليوم شباكان يطلان على سكة المرداني ارتفاع كل منهما 1.97م وعرضه 0.92م، ويبدو أنهما كانا سابقاً يشكلان شباك واحد كبير مركب عليه مشربية قبل أن يقسم اليوم لشباكين صغيرين يغلق عليهما درف خشبية بسيطة.

ويوجد بالجدار الجنوبي الغربي للإيوان أسفل السقف مباشرة شباكان مستطيلان صغيران، يغشي كل منهما زخارف جصية بالزجاج المعشق ذي الألوان الخضراء والحمراء، ويقابل هذين الشباكين آخران يشبهانهما بالجدار المقابل، ولكنهما هنا بحالة غير جيدة من الحفظ، ويغطي هذا الإيوان سقف خشبي لوح وفسقية، يظهر به غنى كبير بالزخارف النباتية والهندسية المذهبة والملونة، ولكن سوء الحفظ والزمن، أضاعا جلّ هذه الزخارف وبهتت ألوانها بشدة.

والإيوان الشمالي الغربي [الشكل 91–18، B] طوله 4.00م وعرضه 4.61م، ويفتح بجداره الشمالي الغربي ثلاثة شبابيك تشرف على فناء البيت مباشرة ارتفاع كل منها 1.97م وعرضه 0.94، ويغطي هذا الإيوان سقف خشبي مكون من براطيم مستعرضة، كانت مجلدة بالتذهيب والألوان، وهي تحصر بينها مساحات مسطحة عليها زخارف ملونة لأطباق نجمية وهندسية، ورغم ضياع أغلب هذه الزخارف فقد بقي ما يشير إليها.

ويلاحظ أن الحالة الإنشائية لهذه القاعة الجميلة والغنية بالوحدات المعمارية الزخرفية المميزة في غاية السوء، فقد سندت جدرانها وحملت أسقفها بدعامات خشبية، وهي لا تختلف بذلك عن أغلب أجزاء البيت، ولكنها تشكل خسارة كبيرة فهي القاعة الوحيدة الباقية كاملة بهذا البيت، وهي الوحدة المعمارية الأجمل به بعد المقعد في الطابق الأول.

ويدخل من الباب الواقع بالجدار الشمالي الشرقي للدور قاعة لغرفة مستطيلة[58] [الشكل 91–19] طولها 7.11م وعرضها 3.38م.

ويميز هذه الغرفة الانهيار التام لجدارها الشمالي الشرقي الذي يطل على الفناء مباشرة، وبقي منها الآن ثلاثة جدران، وفتح بجدارها الجنوبي الشرقي شباك يشرف على سكة المرداني ارتفاعه 1.55م وعرضه 1.00م يعلوه شباك آخر صغير يصل لأسفل السقف، كما يوجد بالجدار الجنوبي الغربي لهذه الغرفة على يسار باب الدخول إليها خزانتان جداريتان ارتفاع كل منهما 1.54م وعرضها 1.15م، وكان يغلق على كل منهما درفتان من الخشب.

كما يوجد بالجدار الشمالي الشرقي المقابل خزانة ثالثة مشابهة ارتفاعها 1.87م وعرضها 1.10م يعلوها شباكان يفتحان أسفل السقف مباشرة، ويوجد بالزاوية الشمالية لهذه الغرفة باب

57 الخرستان- والخورستان: لفظ فارسي معرب من خور بمعنى طعام وستان بمعنى محل أو مكان، أي محل الطعام أو ما يتصل بالطعام. وتجمع على خورستانات. ويقصد به في الوثائق دواليب داخل الحوائط أو حنيات الحوائط بالمدارس والقاعات وغيرها وهي مثل الكتبيات. ⁝ قاموس المصطلحات، ص44.

58 يلاحظ إهمال كتّاب القصور والمنازل لهذه الغرفة سواء في المساقط التي قدمها للبيت أو فيما ورد به من كتابات. ⁝ انظر: Revault, Jacques, Maury, Bernard. *Palais et maisons du Caire (du XIVe au XVIIIe siècle)*, Cairo: I.F.A.O., 1975, Part II, 30–33.

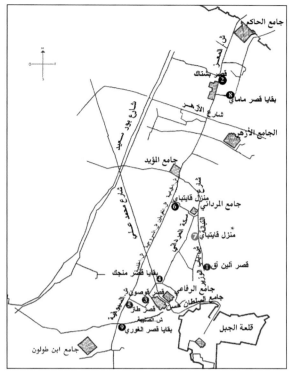

كان يتوصل منه لبير السلم الصاعد المنهار أيضاً والذي رأينا بقاياه بالطابق الأرضي [الشكل 85-19] وحتى وقت قريب كان السقف الخشبي لهذه الغرفة ما يزال محمولاً على الجدران الثلاثة الباقية بانتظار أن تدركه أيدي المرممين الذين أعادوا لهذا البيت الكثير من ألقه المفقود.

2 بيت السلطان قايتباي في التبانة، 872-901هـ/1469-1496م

يقع هذا البيت[59] [الشكل 93] في شارع التبانة[60] بقسم الدرب الأحمر، وتحدد حجة وقف السلطان الأشرف قايتباي[61] موقع هذا البيت (بظاهر القاهرة المحروسة خارج بابي زويلة والدرب الأحمر بخط التبانة،[62] بجوار المدرسة المعروفة بمدرسة

الشكل 93 خريطة حديثة تبين موقع القصور والبيوت الباقية بمدينة القاهرة من العصر المملوكي. (من إعداد الباحث على خلفية خريطة منقولة عن: Revault & Maury, *Palais et Maisons du Caire*)

أم السلطان شعبان،[63] على يمنة من سلك طالباً المدرسة

59 يلاحظ أن هذا البيت قد سجل بنفس رقم أثر منزل أحمد كتخدا الرزاز المبني سنة1193هـ/1778م.

60 يذكر علي باشا مبارك أن بداية شارع التبانة تكون عند المفارق بجوار جامع عارف باشا، ونهايته عند أول شارع باب الوزير بجوار جامع إبراهيم أغا، وبهذا يظهر خطأ في تعيين خريطة القاهرة الأثرية لحدود هذا الشارع، وتبع ذلك خطأ نسبة هذا البيت إلى شارع باب الوزير. ؛ انظر: علي باشا مبارك، الخطط التوفيقية الجديدة لمصر القاهرة ومدنها وبلادها القديمة والشهيرة، الهيئة العامة للكتاب، القاهرة، 1987، 12ج، ج2، ص282. وسوف نرمز إليه لاحقاً بـ "الخطط التوفيقية".

61 وثيقة وقف السلطان قايتباي، وزارة الأوقاف، رقم 886، وهي مؤرخة بعدة تواريخ آخرها 18 جمادى الأول 912هـ/1506م. وسنرمز لها لاحقاً بـ"وثيقة قايتباي".

62 من الواضح أن هذا الشارع قد حافظ على اسمه منذ العصر المملوكي حتى اليوم وعرف بهذا الإسم لأنه كانت فيه الأسواق التي يباع فيها التبن اللازم لمؤنة دواب القاهرة في الزمن الماضي، ويبدو أن هذا الشارع كان من الخطط المهمة بالقاهرة حتى نسب إليه بعض المشاهير مثل العالم جلال الدين بن رسول بن أحمد بن يوسف العجمي الثيري التباني، حيث يقول ابن تغري بردي: والتباني نسبة إلى سكنه بموضع خارج القاهرة بالقرب من باب الوزير يقال له التبانة. ؛ ابن تغري بردي (أبو المحاسن جمال الدين يوسف ت874هـ/1469م)، النجوم الزاهرة في ملوك مصر والقاهرة، تحقيق محمد رمزي، الهيئة العامة للكتاب، القاهرة، 1972، 16ج، ج10، ص180، الحاشية رقم1 تعليق محمد رمزي. والجزء رقم 12، ص124. وسوف نرمز إليه لاحقا بـ "النجوم الزاهرة".

63 وهي مدرسة خوند بركة أم السلطان شعبان بن حسين بن الناصر محمد بن قلاوون، وكان الفراغ من إنشائها سنة 771هـ/1369م، وكانت مخصصة للشافعية والحنفية، وألحق بها سبيل ذو كتاب وحوض لسقاية الدواب وقبة دفنت بها، وكذلك ابنها الأشرف بعدها. ؛ انظر: المقريزي، المواعظ والاعتبار بذكر الخطط والآثار، مكتبة الآداب، أربعة أجزاء، القاهرة، 1996، الجزء الرابع، ص249-250. وسوف نرمز إليه لاحقاً بـ "الخطط المقريزية".

المذكورة، وقلعة الجبل المحروسة)[64] [الشكل 94].

منشئ هذا البيت هو السلطان قايتباي،[65] ولكن في الواقع تشير وثيقة قايتباي في أكثر من موضع إلى أن قايتباي قد عمر هذا البيت على عمارة سابقة لمنزل قديم آل إليه بطريق شرعي عن طريق الشراء،[66] ثم أضاف عليه تجديدات كبيرة دون أن يهدم كل ما كان فيها من أجزاء باقية، فيرد بالوثيقة مثلاً : (...ثم يتوصل من بقية السلم إلى السطح العالي على الرواق القديم، ثم إلى السطح العالي على الرواق الجديد ...)، (... ثم يتوصل من الدهليز المذكور إلى معالم باب يتوصل منه إلى طبقة، كانت قديماً طبل خاناه، تجاهها باب مربع يغلق عليه زوجا باب، يدخل منه إلى رواق جديد كبير يحوي إيوانين متقابلين بينهما دور قاعة...)،(... وفي هذا البعض الذي في الحد القبلي المذكور باب مقنطر مسدود الآن من حقوق هذا البناء، وشباك وطاقة من حقوق الرواق العتيق المذكور أعلاه، الداخل هو وجميع ما وصف أعلاه من بناء عتيق وبناء جديد في هذا الوقف المذكور ...).[67]

عمارة البيت:

في الواقع ليس من الممكن اليوم أن نحدد التاريخ الأول لبناء هذا البيت، ولا أن نحدد من كان مالكه قبل قايتباي، ولكن يُستدلّ من وثيقة قايتباي أنه قد كان الانتهاء من عمارة

الشكل 94 الموقع العام لبيت السلطان قايتباي بالتبانة. 1–بيت السلطان قايتباي 2–منزل أحمد كتخدا الرزاز 3–مدرسة أم السلطان شعبان (عن: Revault & Maury, *Palais et Maisons du Caire*)

هذا البيت قبيل سنة 884هـ/1479م وهذا التاريخ الثاني الذي حمله الإسجال الحكمي[68] الثابت لملكية السلطان قايتباي لهذا البيت.[69] ويرجح أن يكون السلطان قايتباي قد بنى هذا البيت

---

64 وثيقة قايتباي، ص265، سطر6–9.

65 حول ترجمته انظر دراستنا السابقة لبيت السلطان قايتباي بالمغربلين، ص214.

66 يرد بالوثيقة ما يشير لهذا ويذكر بعد تحديد مكان البيت كالآتي: (ص256 سطر9 ... وصفة ذلك بدلالة مكتوب التبايع الورق سطر10: الحموي المسطر به بما يدل على ملك الواقف المنوه باسمه الشريف أعلاه سطر11: شرفه الله تعالى وعظمه لذلك الثابت المحكوم بموجبه المنفّذ في الشرع سطر12: الشريف من ذوي المذاهب الأربعة وله عدة أصول خصمت بقضية هذا سطر13: الوقف كما نبه عليه أعلاه أنه يشتمل على واجهة يتطرق إليها من الشارع. ⁝ وثيقة قايتباي، ص 256 السطر9–13.

67 وثيقة قايتباي، ص 261، سطر1– 2 السطر7–9، ص262 السطر10–13.

68 هو الإشهاد التوثيقي وهو آخر المراحل التي تمر بها الوثيقة والهدف هو إكساب المستند الصفة الرسمية والقوة التنفيذية، حيث يكون بوضع القاضي الموثق علامته بخط يده أي يقوم بتوثيقها منهياً بذلك آخر مراحل إخراج الوثيقة. ⁝ جمال الخولي، الاستبدال واغتصاب الأوقاف "دراسة وثائقية"، طبع دار الثقافة والعلوم، الإسكندرية، مصر، د.ت، ص140.

69 وثيقة قايتباي، ص 273، سطر12–13. وقد ذكرت هذه الوثيقة أن لهذا الوقف الثالث للسلطان قايتباي والذي ينتمي له هذا البيت تاريخان للإسجال الحكمي أولهما في 20 ذي الحجة 881هـ/1476م، والثاني 7 شوال 844هـ/1479م، والتاريخ الثاني هو تاريخ الانتهاء الفعلي من إجراءات الإسجال الحكمي لهذا الوقف. ⁝ وثيقة قايتباي، ص273، سطر12–13.

لابنة السلطان الناصر محمد (901–904هـ/1496–1498م) الذي ورث أباه، ثم صار بيد نظار وقف السلطان قايتباي.[70]

وظل هذا البيت محتفظاً بمكانته في العصر العثماني فسكنه الأمير يوسف أغا أمير الترسخاناه[71] وعرف به كما أشارت لذلك إحدى الوثائق العثمانية[72] ثم سكنه من بعده خليل أغا فعرف البيت به أيضاً،[73] حيث جدد بعض عمارته عام 1050هـ/1640م، وترك لنا اسمه مسجلاً على الإزار السفلي لغرفة الحرملك في الطابق الأول، للضلع الجنوبي الشرقي، من الفناء الشرقي، ونصها "أنشأ هذا المكان المبارك من فضل الله تعالى الأمير خليل أغا بن المرحوم عثمان، وكان الفراغ من ذلك سنة خمسين وألف[74]"، وقد آل هذا البيت لأولاد خليل أغا وأحفاده من بعده.

وتكمل لنا الحجة الشرعية المسطرة بمحكمة الباب العالي[75] التطور التاريخي للمكان وتثبت في الوقت نفسه صحة ما وصلنا إليه أعلاه، حيث تذكر أن الأمير أحمد أغا قبجي[76] وكتخدا طايفة عزبان[77] بمصر ابن المرحوم مصطفى[78] كتخدا عزبان الرزاز[79] قد وقف

70 شَرَطَ السلطان قايتباي أن يكون له النظر على وقفه الثالث الذي يقع هذا البيت من جملته، ثم يؤول النظر على هذا الوقف من بعده لمن يكون له النظر على جملة أوقافه. ؛ وثيقة قايتباي، ص267، سطر5–7.

71 لقد تعددت الآراء حول معنى هذا اللقب فقيل هو من اللغة الفارسية وهو مشتق من الكلمة "أقا" أو من اللغة التركية وهو مشتق من مصدر "أعمق" ومعناه الكبير والمتقدم بالسن، وكانت تطلق هذه الكلمة في التركية على الرئيس والقائد، واستخدمت في العصر العثماني كلقب يطلق على قادة الوجاقات العسكرية. ؛ حسن الباشا، الألقاب الإسلامية في التاريخ والوثائق والآثار، دار النهضة العربية، القاهرة، 1958، ص118. ولم أعثر على ترجمة لهذا الأمير في كتب التراجم والأخبار. والترسخاناه هي دار صناعة السفن ومكان إدارة شؤون البحرية. ؛ أحمد السعيد سليمان، تأصيل ما ورد في تاريخ الجبرتي من الدخيل، دار المعارف، القاهرة، 1979، ص53–54.

72 وثيقة ابراهيم أغا مستحفظان، وثيقة رقم 952، وزارة الأوقاف، تاريخها 1070هـ/1659م، ص199–200.

73 حيث ورد في الوثيقة ما يلي: جميع الحوانيت المستجدة الإنشاء والعمارة الكاينة بالخط المذكور (خط التبانة) تجاه سكن الواقف المشار إليه أعلاه والخربة المجاورة لها المعروف ذلك قديماً بشاهين المجاور ذلك المكان الجناب العالي الأمير يوسف أغا أمير الترسخاناه سابقاً والآن بسكن الأمير خليل أغا المشتمل ذلك على ... باب مربع يدخل منه إلى الخربة المذكورة المشتملة على فسحة كشف سماوي وحاصل ومنافع وتوابع ومرافق وحقوق وحدود أربع ... الحد القبلي إلى بيت قايتباي والحد البحري إلى الشارع وفيه الواجهة والباب والحانوت المستجدة والحد الشرقي ينتهي إلى بيت أينبك والحد الغربي ينتهي إلى بير ساقية بيت قايتباي. ؛ المصدر نفسه، ص199–200.

74 1050هـ/1640م.

75 محكمة الباب العالي، سجل رقم 359، مادة 1021، 12 رجب 1233هـ/1817م، ص382–384. ويوجد في وزارة الأوقاف نسخة ثانية من هذه الحجة الشرعية ولكن بها تلف كبير. انظر: وزارة الأوقاف، وثيقة رقم1709، وهي مؤرخة في 12 رجب سنة 1233هـ/1818م. وقد قام الدكتور محمد حسام الدين إسماعيل بنشر جزء منها متعلق بهذا البيت. ؛ انظر: محمد حسام الدين إسماعيل، أربع بيوت مملوكية من الوثائق العثمانية، حوليات إسلامية، المجلد 24، مطبعة المعهد العلمي الفرنسي للآثار الشرقية، 1988، ص73–76.

76 ورد ذكر هذا البيت عند الجبرتي باسم بيت الجبجي فقال: واستمر الصناع في عمل آلاتها (السواقي) عند بيت الجبجي وهو بيت الرزاز. ؛ الجبرتي، المصدر السابق، ج3، ص555.

77 عزبان هي إسم لطائفتين من الجنود العثمانيين أولهما بحرية والثانية برية، وبعد فتح مصر أسندت إلى أفراد هذة الطائفة حراسة ممرات القلعة وضواحي القاهرة، وكان لايجوز لأفراد هذه الطائفة البيات خارج القلعة. ؛ أحمد السعيد سليمان، المرجع السابق، ص151.

78 هذا الأمير غير مصطفى كتخدا ابن خليل أغا سابق الذكر.

79 الرزاز أطلق هذا اللقب في عام 1021هـ/1612م على أمين مقاطعة الأرز المبيض بدمياط ورشيد والإسكندرية وبولاق، وأول من أطلق عليه هذا اللقب هو الأمير خليل أغا عندما عينه لاجين بك لتحصيل الخراج من المزارعين بشرمساح على الضفة الشرقية لفرع دمياط، وقد حمل هذا اللقب أولاده حسن كتخدا ومصطفى كتخدا، وكذلك أحد مماليكه وهو الأمير رضوان أغا الرزاز، وجميع عائلاتهم. ؛ المرجع نفسه، ص33.

الشكل 95 الصفحة رقم 257 من وثيقة قايتباي وبها وصف الواجهة الشمالية الشرقية (الرئيسية) للبيت، ووصف مدخله القديم المؤدي للفناء، ووصف الفناء والطابق الأرضي للضلع الشمالي الغربي.

وحبس وسبل جميع المكان الكاين بظاهر القاهرة المحروسة خارج بابي زويلة والدرب الأحمر بخط التبانة المجاور لمدرسة أم السلطان شعبان، والتي تؤكد أن هذا المكان جاري أصلاً في وقف السلطان قايتباي[80]، وهذا يؤكد بدوره أن ملكية هذا البيت قد آلت إلى مصطفى كتخدا عزبان الرزاز ثم من بعده لابنه أحمد أغا قبجي[81] الذي يعرف بأحمد كتخدا الرزاز وهو صاحب هذه الحجة الشرعية، وقد تولى كل منهما المحافظة على هذا البيت بالعمارة والتوسيع والتجديد، وقد قام هذا الأمير ببناء منزل جديد على الأرض الواقعة خلف الواجهة الجنوبية الغربية لبيت قايتباي فجاء هذا البيت ملاصقاً له، وقام أحمد كتخدا بتحويل الفراش خاناه الواقع أسفل مقعد قايتباي إلى دهليز يصل بين البيتين حتى ظن الكثيرون أنهما عبارة عن منزل واحد بناه أحمد كتخدا الرزاز ومُيز بين جزأي هذا البيت بالقول الفناء الغربي الكبير[82] والفناء الشرقي الصغير[83] وقامت لجنة حفظ الآثار

80 محكمة الباب العالي، سجل رقم 359، المصدر السابق، ص382.

81 كانت قد آلت ملكية هذا البيت في سنة 1218هـ/1803م بالميراث الشرعي إلى الأمير صالح كتخدا الرزاز والأمير أحمد كتخدا قبجي الرزاز بعد وفاة والدهما الأمير مصطفى كتخدا الرزاز، وفي سنة 1232هـ/1817م آلت هذه الملكية إلى أحمد كتخدا بعد وفاة أخيه صالح 1232هـ/1817م. ؛ محمود رمضان عبد العزيز خضراوي، أعمال الأمير رضوان أغا كتخدا الرزاز بمدينة القاهرة في العصر العثماني "دراسة أثرية معمارية"، شعبة الآثار الإسلامية، كلية الآداب، جامعة طنطا، (رسالة ماجستير غير منشورة)، 2003، ص122–123م.

82 كانت لجنة حفظ الآثار العربية قد وافقت على تسجيل القاعة الأرضية الكبيرة (كانت مؤجرة لورشة نجارة) والمقعد الواقعين بهذا الفناء في عداد الآثار الإسلامية في عام 1896. انظر: كراسات لجنة حفظ الآثار العربية، كراسة رقم13، لعام1896، تقرير رقم198، ص79. ونرمز إليها لاحقاً بـ "الكراسات". وتفيدنا وثيقة أحمد كتخدا الرزاز والمؤرخة إلى 1233هـ/1817م أن الأمير قد وضع وقف منزله هذا قبل أن يكمل بناء منزله الجديد حيث ذكرت أن الضلع الجنوبي الغربي من هذا الفناء سوف يبنى به لاحقاً ومن هنا ولغياب النصوص الأثرية المؤكدة نشك في صحة نسب هذا المقعد إلى الأمير أحمد أغا قبجي كتخدا الرزاز لعدم معرفتنا بأنه هو الذي أكمل بناءه مع القاعة الكبيرة الموجودين الآن واللذين ينسبان إليه، كما يمكننا أن نجزم بخطأ تأريخهما إلى سنة 1192هـ/1778م، وهو التاريخ المسجلين به في فهرس الآثار الإسلامية، ونرجع بناءهما إلى بعد سنة 1233هـ/1817م، وهو تاريخ تسجيل حجة وقف هذا البيت، المسجلة باسم أحمد أغا قبجي.

83 لم تلتفت لجنة حفظ الآثار العربية لهذا الفناء حتى عام 1896 حين بعث ديوان الأوقاف بتاريخ 18 إبريل 1896 طلباً لحضرة باشمهندس اللجنة من مستأجر القاعة الواقعة ضمن هذا الفناء

العربية بتسجيل البيتين فعلاً باسم أحمد كتخدا الرزاز وأرخا معاً بتاريخ 1192هـ/1778م[84] واستثني الباب الواقع بالجدار الجنوبي الشرقي للفناء الشرقي فسجل تحت اسم باب قايتباي بمنزل الرزاز وأرخ بالقرن 9هـ/15م ومع هذا حمل الباب نفس رقم البيت أي رقم أثر 235.[85]

وهكذا بات من المؤكد لدينا أن قايتباي قد شرع ببناء بيته هذا على عمارة سابقة له، ولم يقم بهدم كافة أجزائها ولم يخف ذلك، ففرقت وثيقة قايتباي بين الأجزاء القديمة والأجزاء الحديثة التي قام السلطان بإضافتها ليصبح هذا البيت بالشكل الذي وصفته الوثيقة[86] ، والتي تحدثت عن فناء واحد فقط تتوسطه فسقية مضروبة بالخافقي [الشكل 95] يتوصل إليه عبر مدخل يفتح على شارع التبانة بواجهة الحد الشرقي للبيت.[87]

بواجهة على الشارع المسلوك بابها مسطرق وباب الدرب وواجهة
داخلان في هذا الوقف من حقوق هذا البناء يفصل عن الزقاق بين الجدار
الحجر النحيت الكائن الذي من حقوق هذا البناء وبين جدار آخر من حقوق مدرسة
السلطان وفي هذا البعض دوش حامل لجدار الرواق والجديد والباقي هذا
الحد القبلي ينتهي إلى الشارع المسلوك وفيه احدى واجهتي الطبل خاناه المذكورة
والحد البحري ينتهي بعضه إلى زقاق غير نافذ وباقيه إلى مكان يعرف
بابن بهادر وغيره والحد الشرقي ينتهي إلى الطريق المسلوك وفيه واجهة
المكان المذكور وواجهة الطبل خاناه وهو ثاني واجهتيها وشبابيك الرواق
الكبير والدركاه الأولى بسطبتها والحد الغربي ينتهي بعضه إلى زقاق
غير نافذ وإلى مكان يعرف بوقف المدرسة ويعرف الآن بسكن دولات
وفي كل من هذه الحدود الأربعة تنطير وأحراف عن الجهة التي إليها
بحد ذلك كله وحقوقه وبنائه القديم والجديد وعلوه وسفله وكل
حقوق له داخل فيه وخارج عنه وما يعرف بذلك وينسب إليه ومن

الشكل 96 الصفحة رقم 263 من وثيقة قايتباي ويظهر بها وصف الحدود الخارجية الأربعة لبيت قايتباي في التبانة.

كما لا يفوتنا أن نذكر أن ملامح هذا الفناء لم تتغير كثيراً اليوم بالنسبة للملاحظ الجيد خاصة في الطابق الأرضي والكثير من أجزاء الطابق الأول فعلى الرغم من تغيير كافة معالم كتلة الدخول الرئيسية للبيت وتحويلها إلى حوانيت فما زالت فراغاتها المعمارية قائمة بالطابق الأرضي، ما زال الإسطبل الرئيسي يحتل الطابق الأرضي للضلع الشمالي الغربي ويعلوه فراغات معمارية لطباقات ومساحة كشف سماوية حولها كرسي خلاء ومساحة صغيرة تصلح لتكون لبيت أزيار.

ومازالت الحواصل الأربعة تحتل الطابق الأرضي للضلع الجنوبي الغربي والتي كانت تعلوها واجهة المقعد التي تغيرت ملامحها، كما ظل الإسطبل الصغير على يسار الداخل للفناء قائماً بالطابق الأرضي للضلع الجنوبي الشرقي، ويستطيع الملاحظ

يقول فيه إنه سقطت قطع من مشربيات القاعة ويخشى حصول أضرار منها، فأشار مسيو هرتز بك أن هذا البيت (الفناء الشرقي) مكون منه ومن البيت (الفناء الغربي) التابع لوقف أحمد كتخدا الرزاز، فالأخير مطل على شارع سوق السلاح والأول يقع بشارع الدرب الأحمر، وقال إن بهذا البيت واجهة مهمة على شارع الدرب الأحمر وكذلك باب مطل على الحوش يحمل اسم السلطان قايتباي وعليه أوصى بتسجيل هذه الواجهة والباب ضمن الآثار العربية. ⁝ الكراسات، كراسة رقم13، لعام1896، تقرير رقم206، ص141-142.

84 تمَّ تسجيل كامل البيت بقسميه الشرقي والغربي عام 1897 بكل ما يحتويه من قاعات سفلية وعلوية ومقعد وعناصر معمارية هامة. وهذا التاريخ مكتوب على الإزار الخشبي الذي يلتف على جدران القاعة الكبرى للطابق الثاني للضلع الشمالي الشرقي لبيت قايتباي كما سوف نرى عند دراستنا لهذه القاعة. ⁝ الكراسات، كراسة رقم14، لعام1897، تقرير رقم210، ص33، تقرير216، ص65.

85 فهرس الآثار الإسلامية بمدينة القاهرة، طبع مصلحة المساحة، القاهرة، 1951.

86 وثيقة قايتباي، ص257-267.

87 حيث يرد في الوثيقة: (... والحد الشرقي ينتهي إلى الطريق المسلوك وفيه واجهة المكان المذكور وواجهة الطبل خاناه وهو ثاني واجهتيها وشبابيك الرواق الكبير والدركاه الأولى بسطبتها ...) انظر: وثيقة قايتباي، ص263، سطر7-9.

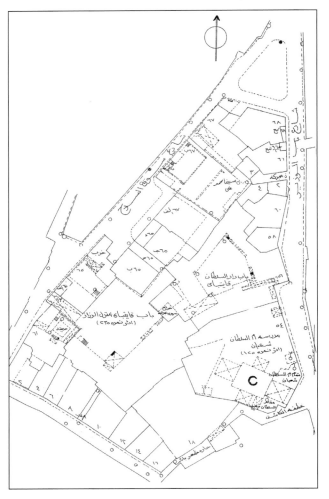

تتبع التغييرات التي طرأت على الطابق الأرضي لهذا الضلع وللضلع الشمالي الشرقي أيضاً دون عناء وذلك للتشابه النسبي في توزيع الفراغات القائمة اليوم مع الذي ذكرته لنا الوثيقة رغم التغيير الذي طال الجدران والزخارف ذات الطراز العثماني المتأخر، حيث أضيف أيضاً طابق ثان بالضلع الشمالي الشرقي، وعليه فإن هذا التغيير الذي لحق ببيت قايتباي هذا منذ العصر العثماني يعتبر قليلاً عند مقارنته بصورته الحالية، وانحصر أكبر هذا التغيير بإلحاق هذا البيت مع البيت الجديد الذي أنشأه أحمد كتخدا الرزاز.

وعليه فقد رأينا أن ندرس بيت قايتباي هذا والواقع بدرب التبانة مع بيوت العصر المملوكي منفصلاً عن بيت أحمد كتخدا الرزاز المؤرخ حسب فهرس الآثار الإسلامية إلى سنة (1192هـ/1778م) والواجبة دراسته مع منازل العصر العثماني،[88] والمستقل عن هذا البيت بمدخله الرئيسي وقاعته الأرضية الكبيرة ومقعده وقسمه الخاص ومنافعه، هذه العناصر الرئيسية المكونة للبيت الإسلامي والتي يوجد مماثل لها في بيت قايتباي كما سنرى، وهذا أيضاً دليل على استقلالية كلا البيتين عن بعضهما البعض، دون أن تعني ملكيتهما لرجل واحد وارتباطهما بدهليز يتيح للأفراد التنقل بينهما غير ذلك، فالفصل هنا للأدلة التاريخية والوثائقية والمعمارية والأثرية.

وقد شهد البيت اهتماماً مبكراً بترميمه وإعادة تأهيله ولكن

الشكل 97 خريطة مساحية تبين الموقع العام لبيت السلطان قايتباي بالتبانة والحدود الخارجية لهذا البيت ومسميات الشوارع والأزقة الملاصقة له. (عن الهيئة العامة للمساحة)

لأسباب مختلفه ربما من ضمنها شدة ضخامة هذا البيت وارتفاع تكاليف ترميمه لم تكن أغلب هذه المشاريع قادرة على الاستمرار بأعمالها لفترات طويلة ولم تستهدف بداية سوى أجزاء بسيطة منه كما فعل معهد الآثار الألماني قبيل عام 1980،[89] ومن ثم

---

88 كان الباحث رفعت موسى قد أهمل دراسة هذا الأثر نهائياً عند دراسته المتخصصة عن منازل العصر العثماني، ثم قام الباحث محمود رمضان بدراسة هذا الأثر ضمن رسالته عن أعمال الأميرين رضوان أغا وأحمد كتخدا الرزاز معتبراً أن الفناءين وكامل الكتلة المعمارية المطلة على شارعي التبانة وسوق السلاح عبارة عن أثر واحد ترجع كل مظاهره الأثرية لأحمد كتخدا الرزاز بالعصر العثماني، وفي هذا خطأ أثري وتاريخي أثبتناه هنا بالدليل الوثائقي والتاريخي والأثري والمعماري. ⁝ انظر: رفعت موسى، العمائر السكنية الباقية بمدينة القاهرة في العصر العثماني، دراسة أثرية وثائقية، قسم الآثار الإسلامية، كلية الآثار، جامعة القاهرة، 1995، (رسالة دكتوراة غير منشورة). ⁝ محمود رمضان، المرجع السابق، ص115 وما بعدها.

89 Walker, Paul, Yassin, Adil. "Restoration of the Bait Ar-Razzaz." *Islamic Cairo. Architectural Conservation and Urban Development of the Historic Centre.* Cairo:

الوكالة الأمريكية للتنمية الدولية التي قدمت منحة لتمويل ترميم هذا الأثر بإدارة مركز البحوث الأمريكي بمصر بين العامين 2004–2007. كما قام المجلس الأعلى للآثار بعد ذلك بإدراج هذه البيت ضمن خطة ترميم معالم القاهرة وأنجزت فيه العديد من المشاريع الهامة.

الوصف المعماري للبيت:

لقد ترك لنا الزمان بعمارة هذا البيت سمات مميزة كانت نتيجة مباشرة لموقعه أولاً ثم لتاريخ عمارته ثانياً، فقد بني هذا البيت على أرض غير منتظمة كانت تشكل المساحة المتاحة آنذاك لهذه العمارة، فجاءت أضلاعه منحرفة مزورة غير منتظمة في امتدادها الأفقي منذ تجديد قايتباي لعمارته، فذكرت وثيقة قايتباي ذلك بالقول بعد انتهائها من ذكر الحدود الأربعة للبيت: (...وفي كل من هذه الحدود الأربعة تشطير وانحراف عن الجهـة التي نسب إليها...)[90] [الشكل 96].

أولاً: الواجهات الخارجية:

لهذا البيت كالعادة أربع واجهات خارجية، اثنتان منهما ملاصقتان لجيران وأخريان حرتان تطلان على شارع التبانة[الشكل 97] وترتفعان حوالي 14.00م أي بمستوى سقف الطابق الثاني، والواجهة الأولى شمالية شرقية وهي الواجهة الرئيسية والطويلة، أما الواجهة الثانية فهي جنوبية شرقية وهي الأقصر.

الواجهة الشمالية الشرقية: [لوحة 75]

وهي الواجهة الرئيسية للبيت، وتمتد على شارع التبانة بطول 16.40م، وكانت تتوسط هذه الواجهة كتلة المدخل الرئيسي للبيت [الشكل 98–1]، وكان يفتح لجانبه الأيمن باب درب الزقاق المستجد [الشكل 98–20]، كما أسمته وثيقة السلطان قايتباي، وهو باب صغير مقنطر (معقود)، وكان يعلو ذلك بمستوى الطابق الأول شبابيك الطبل خاناه [الشكل 99–21] وشبابيك الرواق الكبير [الشكل 99–22] الذي كان يمثل جزءاً كبيراً من مساحة هذا الضلع الشمالي الشرقي.[91]

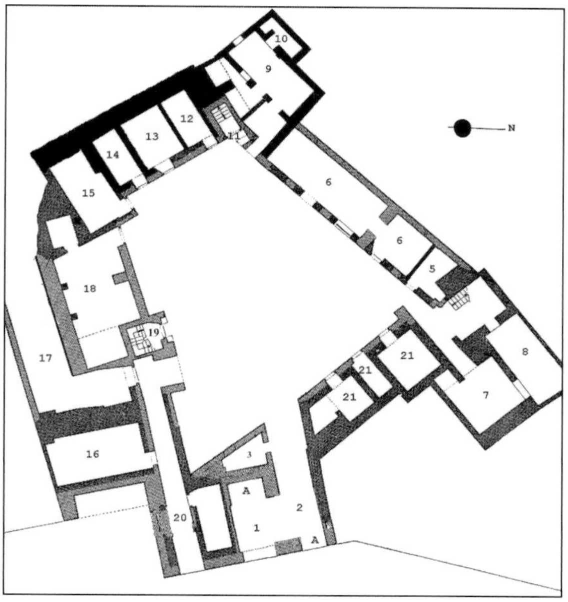

الشكل 98 مسقط تصوري من إعداد الباحث وضع بالاستناد لوثيقة السلطان قايتباي لمسقط الطابق الأرضي لبيت السلطان قايتباي بالتبانة، يبين تفاصيل الوحدات المعمارية للبيت وتوزعها زمن السلطان قايتباي. 1–دركاة أولى A–مصطبة 2–دركاة ثانية A–كتبية 3–غرفة بواب 4–الفناء 5–حاصل أول 6–الإسطبل الكبير 7–المطبخ 8–الساقية وبئر الماء 9–حاصل ثان 10–مرحاض 11–مدخل المقعد والسلم المتوصل منه للطابق الأول 12–ركاب خاناه 13–بيت خاناه 14–شراب خاناه 15–فراش خاناه 16–حاصل شعير 17–زقاق غير نافذ به باب سر مدرسة أم السلطان شعبان 18–إسطبل صغير 19–بير سلم 20–زقاق درب مستحدث 21–حواصل.

أما اليوم فإن الجزء السفلي من هذه الواجهة قد تعرض للكثير من التغيير، حيث يوجد به ثلاثة حوانيت خُلِقت عنوة بهذه الواجهة، حيث يحتل الحانوت الأوسط [الشكل 100–

German Institute of Archaeology, 1980, 57–61.

90 وثيقة قايتباي، ص263، سطر11.

91 حيث تذكر الوثيقة: (... والحد الشرقي ينتهي إلى الطريق المسلوك وفيه واجهة المكان المذكور وواجهة الطبل خاناه وهو ثاني واجهتيها وشبابيك الرواق الكبير والدركاه الأولى بمسطبتيها...). ⋮ انظر: وثيقة قايتباي، المصدر السابق، ص263، سطر7–8.

1] مكان الدركاه الأولى التي كانت تتقدم المدخل الرئيسي، واحتل الحانوت الأيمن [الشكل 100–2] مكان مدخل زقاق الدرب المستجد بعد أن نقل مدخل هذا الزقاق إلى الواجهة الجنوبية الشرقية للبيت [الشكل 100–6]، وفتح باب الحانوت الثالث [الشكل 100–3] على يسار الواجهة اليوم وقد كان يشكل جزءاً من الدركاه الثانية للمدخل الرئيسي للبيت، وكل هذه الحوانيت الثلاثة اليوم مستطيلة المسقط، طول الأول منها أي الأوسط 7.60م وعرضه 4.00م، وتنخفض أرضه عن مستوى الشارع بمقدار 0.60م، بينما غطي بسقف خشبي من براطيم تحصر بينها تماسيح ومربعات يغلب أنها كانت مجلدة بالتذهيب والألوان، أما الحانوت الثاني فطوله 3.60م وعرضه2.20م وغطي بسقف خشبي مسطح، ويبلغ طول ضلع الحانوت الثالث 4.80م وعرضه 3.10م، ويفتح على الواجهة بعرض 2.15م، كما يغلق على كل من هذه الحوانيت الثلاثة باب من غلق حديث.

ويعلو أبواب هذه الحوانيت الثلاثة ثلاثة شبابيك تطل على الشارع بخركاه من خشب الخرط، تشكل الضلع الشمالي الشرقي للواجهة التي يطل بها الطابق الأول على شارع التبانة وأوسط هذه الشبابيك أصغرها، وقد خُلق هذا الشباك بالمساحة الواقعة أسفل عقد كتلة المدخل الرئيسي القديم للبيت، حيث من المؤكد أن سقف هذه الأجزاء كان يرتفع بمستوى الصنجة المفتاحية الباقية لعقد هذا المدخل الذي كان يؤطره من الأسفل حتى كوشتي عقده جفت لاعب ذو ميمات مازال أيضاً واضحاً للعيان بالواجهة الحالية، ويعلو ذلك بالطابق الثاني روشن[92] كبير محمول على كباش،[93] تعلوه مشربية[94] ضخمة من خشب الخرط،[95] وعلى جانبي هذه المشربية يوجد شباكان كبيران

الشكل 99 مسقط تصوري من إعداد الباحث بالاستناد لوثيقة السلطان قايتباي لمسقط الطابق الأول لبيت السلطان قايتباي بالتبانة يبين تفاصيل الوحدات المعمارية لهذا الطابق وتوزعها زمن السلطان قايتباي. 1–مرحاض 2–بيت أزيار 3–ساحة كشف 4–الفناء 5–6–7–8–9–طباقات 10–المقعد 11–مبيت المقعد 12–سلم كان يوصل لملحقات زائلة 13–دهليز 14–مطبخ 15–مرحاض 16–طبقة 17–رواق عتيق 18–فضاء الزقاق غير النافذ 19–بير السلم 20–الممر المتوصل منه للطبل خاناه والرواق الكبير الجديد 21–الطبل خاناه 22–الرواق الكبير الجديد 23–مقعد قمري 24–ممر 25–غرفة 26–غرفة 27–بير سلم.

أيضاً يغشي كل منهما خركاه من خشب الخرط الذي يشبه خرط المشربيات، كما يعلو كلاً من الشباكين أسفل السقف شباكان آخران متشابهان أقل مساحة من الشباكين السفليين، وتشكل المشربية والأربعة شبابيك على جانبيها الواجهة الشمالية الشرقية للقاعة الكبرى بالطابق الثاني من البيت [لوحة 75].

الواجهة الجنوبية الشرقية:

وهذه الواجهة أقل طولاً من الواجهة السابقة حيث تمتد

92 للاستزادة حول هذا المصطلح انظر مصطلحي الروشن والخارجة في مسرد المصطلحات الأثرية الملحق بهذا الكتاب.

93 وهي الكوابيل من الحجر أو الخشب خاصة المثبتة في الحائط، وتستخدم في حمل الرواشن وألواح الرخام أمام الأسبلة. : للاستزادة حول هذا المصطلح انظر: مسرد المصطلحات الملحق بهذا الكتاب.

94 انظر: مسرد المصطلحات الملحق بهذا الكتاب.

95 انظر: مسرد المصطلحات الملحق بهذا الكتاب.

لوحة 75 الواجهة الخارجية الشمالية الشرقية لبيت السلطان قايتباي بالتبانة، ويظهر بالصورة التغييرات الكبيرة التي طرأت على هذه الواجهة قديماً، حيث ألغي المدخل الرئيسي القديم للبيت الذي كان يتوسطها كما ألغي باب الزقاق المستجد الذي كان يقع على يمين المدخل الرئيسي وحول المدخلان لحانوتين. كما تظهر الصورة بعض الترميمات الحديثة التي تمت على هذه الواجهة.

مسافة 7.00م، وهي متلاصقة مباشرة بطرفها الجنوبي الغربي مع حوض سقي الدواب [الشكل 100–5] التابع لمدرسة أم السلطان شعبان والكتّاب الذي يعلوه،[96] ويفتح أسفل هذه الواجهة باب صغير معقود [الشكل 100–6] ارتفاعه 2.50م وعرضه 1.50م [لوحة 76]، يدخل منه اليوم لدهليز طويل [الشكل 100–7]، وهذا الدهليز هو في الأصل عبارة عن زقاق درب وصفته وثيقة السلطان قايتباي والذي كان مدخله بالواجهة الشمالية الشرقية كما جاء بالوثيقة،[97] ويشكل اليوم طريق الدخول الوحيد لهذا البيت بعد سد المدخل الرئيسي وتحويله إلى حانوت كما بينا أعلاه، حيث يفضي هذا الباب مباشرة للدهليز الذي يتوصل منه لفناء البيت [الشكل 100–4].

ويعلو هذا الباب خركاه من خشب الخرط يفتح خلفها الشباك الجنوبي الشرقي للرواق الواقع بالطابق الأول للضلع الشمالي الشرقي للبيت، وتعلو هذه الخركاه مشربية من خشب

96 حوض سقي الدواب هذا هو جزء من مدرسة أم السلطان شعبان 770–771هـ/1369–1378م، أثر رقم 125، وأقيم بواجهتها على يمين الداخل للمدرسة، وهي عبارة عن دخلة مستطيلة اتساعها 5.78م وعمقها 1.98م، ولهذا الحوض ثلاثة جدر تمثل الجوانب الغربية والشمالية والجنوبية، أما الجانب الرابع وهو الشرقي فمفتوح كله على الشارع...ويعلو الحوض المكتب (كُتّاب) الذي يشرف على الشارع بواجهة تتكون من بائكة من ثلاثة عقود خشبية مدببة ترتكز على عمودين خشبيين في الوسط. ⁝ انظر: محمد الششتاوي، منشآت رعاية الحيوان بالقاهرة في العصرين المملوكي والعثماني، قسم الآثار الإسلامية، كلية الآثار، جامعة القاهرة، 2001، (رسالة دكتوراة غير منشورة)، ص23–26.

97 وثيقة قايتباي، المصدر السابق، ص262 سطر13- ص263 سطر1–5.

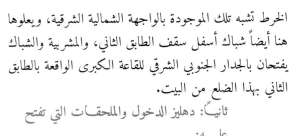

الخرط تشبه تلك الموجودة بالواجهة الشمالية الشرقية، ويعلوها هنا أيضاً شباك أسفل سقف الطابق الثاني، والمشربية والشباك يفتحان بالجدار الجنوبي الشرقي للقاعة الكبرى الواقعة بالطابق الثاني بهذا الضلع من البيت.

ثانياً: دهليز الدخول والملحقات التي تفتح عليه:

يفضي باب الدخول [الشكل 100-6] مباشرة إلى دهليز طويل [الشكل 100-7] طوله 15.20م وعرضه 1.70م يوجد به على يمين الداخل مباشرة باب معقود ارتفاعه 2.07م وعرضه 0.96م، يدخل منه لغرفة مستطيلة [الشكل 100-8] طولها 5.80م وعرضها 2.40م، يغطيها سقف خشبي محمول على عروق بحالة سيئة من الحفظ وبجدار الغرفة تهدم شديد، وربما اتخذت كغرفة للبواب بعد جعل هذا المدخل طريق الدخول الوحيد للبيت.

كما فتح على يسار الداخل بهذا الممر بابان، الأول ارتفاعه 3.00م وعرضه 2.50م، يفضي لحاصل كبير [الشكل 100-9] ذكرت الوثيقة أنه مخصص للشعير طوله 8.70م وعرضه 4.25م، عليه سقف خشبي محمول على براطيم خالية من الألوان، وقد تداعى قسم كبير منها.

ويقع الباب الثاني بنهاية الدهليز وهو باب معقود بعقد مدبب ارتفاعه 2.55م وعرضه 1.35م، يدخل منه لممر [الشكل 100-10] طوله 8.70م وعرضه 3.50م ينكسر يميناً للاتجاه الجنوبي الغربي ليكون الزقاق غير النافذ الذي كان يفصل هذا البيت عن باقي عمارة مدرسة أم السلطان وملحقاتها، والتي كان باب سرها يفتح عليه، وفي مقابل الباب الثاني المعقود ينكسر الدهليز يميناً لتفتح نهايته على فناء البيت [الشكل 100-4] مباشرة بفتحة مستطيلة ارتفاعها 4.20م وعرضها 3.20م.

ثالثاً: الفناء وما حوله:

إن أضلاع هذا الفناء تمتد بشكل غير منتظم حيث يتخللها الكثير من التخانات والبروزات والدخلات، فيظهر بالضلع الشمالي الشرقي انكسار كبير يكاد يشكل ضلعاً خامساً [الشكل 100]، وتذكر الوثيقة أنه كان يتوسط هذا الفناء فسقية

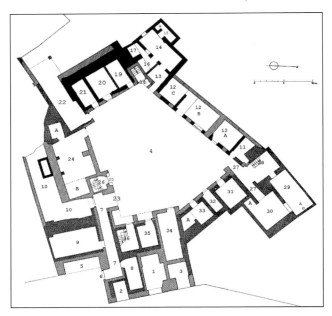

الشكل 100 مسقط أفقي للطابق الأرضي لبيت قايتباي بالتبانة. 1-الحانوت الأول 2-الحانوت الثاني 3-الحانوت الثالث 4-الفناء 5-حوض سقي دواب الملحق بمدرسة أم السلطان شعبان 6-المدخل الحالي لبيت قايتباي بالتبانة 7-دهليز المدخل 8-حاصل أو غرفة البواب 9-حاصل شعير 10-زقاق غير نافذ يفصل بين البيت ومدرسة أم السلطان شعبان 11-حاصل 12-الإسطبل الكبير A-الجزء الأول B-الجزء الثاني C-الجزء الثالث 13-مساحة مستطيلة 14-حاصل 15-مرحاض 16-مساحة كشف 17-مساحة مغطاة بقبو 18-المدخل المؤدي للمقعد والطابق الأول 19-حاصل (ركاب خاناه) 20-حاصل (طشت خاناه) 21-حاصل (شراب خاناه) 22-الدهليز الذي يصل البيت مع منزل أحمد كتخدا الرزاز 23-فتحة نهاية دهليز الدخول 24-الإسطبل الصغير 25-باب قايتباي 26-بير السلم 27-المدخل المؤدي للساقية والمطبخ 28-بير السلم 29-غرفة الساقية A-بير الماء B-حوض تجميع الماء 30-المطبخ A-مساحة كشف (ملقف) 31-الحاصل الأول 32-الحاصل الثاني 33-الحاصل الثالث 34-الحاصل الرابع 35-الحاصل الخامس 36-بير السلم. (عن: Revault & Maury, *Palais et Maisons du Caire*)

مبنية بالخافقي[98] يجري إليها الماء من البئر،[99] ويحيط بهذا الفناء -كما هو اليوم- أربعة أضلاع بكل ضلع منها سلم صاعد يؤدي إليه.

الضلع الشمالي الغربي:[لوحة 77]

يتكون هذا الضلع من طابقين الأرضي والأول.

الطابق الأرضي: [لوحة 78] [الشكل 100]

بني هذا الطابق بالحجر الفص النحيت،[100] وما زالت خمسة من العقود السبعة التي كانت تشكل واجهته قائمة واضحة للعيان، ويتألف هذا الطابق من حاصل أول وإسطبل وحاصل ثاني ومتبن.

الحاصل الأول: [الشكل 100-11]

تفتح واجهة أسفل العقد الأول من عقود واجهة هذا الطابق، أما مسقط هذا الحاصل فهو غير منتظم، حيث بنيت بزاويته الشمالية دعامة كبيرة ملاصقة للجدارين الشمالي الشرقي والشمالي الغربي، أثرت بشكل كبير على انتظام التخطيط، كما سقطت اليوم واجهة الحاصل والتي كان بها باب[101] الدخول إليه الواقع أسفل العقد الأول من عقود الواجهة، وهو اليوم عبارة عن حاصل مستطيل المسقط تقريباً طوله 4.10م وعرضه 1.50م، ويفتح على الفناء بعقد مدبب 3.10م.

98 الخافقي: مصطلح صناع وهو نوع من المونة مركبة من جير وحمرة وقصراميل تخلط وتعجن أي تضرب وتترك لتخمر، ثم تكسى بها الأسطح وأحواض المياه لأنها عازلة للرطوبة، ويقال: "مضروب خافقي" أو "مرصص خافقي"، ويقصد بالمضروب أن يخلط عند تركيبه ثم يطرح على السقف قبل أن يجف، أما المرصص فهو المحكم ويغطي به السطح تماماً. ⁝ قاموس المصطلحات، ص39.

99 وثيقة قايتباي، ص257، سطر 5-7.

100 انظر: مسرد المصطلحات الملحق بهذا الكتاب.

101 ويبدو أن هذا الباب هو الذي أشارت إليه الوثيقة عند حديثها عن عقود البائكة التي كانت عبارة عن سبعة عقود، يتوصل من إحداها لباب هذا الحاصل ومنه يمكن الوصول إلى المطبخ والبئر والساقية. ⁝ وثيقة قايتباي، ص257، سطر 9-11.

لوحة 76 باب الدخول الرئيسي الحالي لبيت السلطان قايتباي بالتبانة، والذي يقع أسفل الواجهة الجنوبية الشرقية للبيت.

الإسطبل: [لوحة 78] [الشكل 100-12]

مازال هذا الإسطبل يحتل أغلب مساحة هذا الطابق كما وصفته وثيقة قايتباي[102][الشكل 95]،[الشكل 100-6]، حيث يجاور فتحة الحاصل السابق الباب الأول للإسطبل وارتفاعه 2.00م وعرضه 1.00م، ويعلو قمة الباب شباك مستطيل تغشيه خركاه من الخشب الخرط، وتشغل الباب والشباك والمساحة أسفل العقد الحجري الثاني بواجهة الطابق واتساع هذا العقد 2.90م.

كان يدخل من هذا الباب مباشرة لداخل الإسطبل، ولكن اليوم يفضي هذا الباب لمساحة مستطيلة [الشكل

102 وثيقة قايتباي، ص257، سطر 7-9.

لوحة 77 الضلع الشمالي الغربي لفناء بيت السلطان قايتباي بالتبانة، ويظهر بالصورة الطابقان الأرضي والأول اللذان يتألف منهما هذا الضلع.

100–12، A] طولها 4.10م وعرضها 3.70م، حيث فصلت عن باقي الإسطبل بجدار حديث من الجهة الجنوبية الغربية، وما زالت الطوالة[103] الرئيسية الملاصقة للجدار الشمالي الغربي لهذا الإسطبل قائمة تخترق الجدار الحديث المبني، والذي صار فاصلاً بين جزئي الإسطبل، ويغطي هذا الجزء من الإسطبل أيضاً سقف خشبي غشيم مسطح محمول على عروق.

وفتحت للجهة الجنوبية الغربية من هذا الباب أسفل العقد الثالث فتحة شباك كبير مستطيل ارتفاعه 2.35م وعرضه 1.80م، تغشيه خركاه من خشب الخرط وهو اليوم مسدود من الداخل بالأحجار الصغيرة والمونة، ويجاور هذا الشباك الباب الثاني المؤدي للإسطبل وهو بنفس مقاسات الباب الأول، كما يعلوه شباك مماثل، ويشغل الباب والشباك هنا مساحة العقد الرابع، ويفضي هذا الباب لداخل أحد أجزاء الإسطبل المكون هنا من مساحة مستطيلة طولها 10.66م وعرضها 3.75م، وكان يفتح عليها شباك كبير مستطيل، ولكنه مسدود الآن كما أشرنا، كما بني جدار على يسار الداخل فصل جزءاً من مساحة الإسطبل طوله 3.40م، وحوله لحاصل [الشكل

لوحة 78 واجهة الطابق الأرضي للضلع الشمالي الغربي لفناء بيت قايتباي بالتبانة، ويظهر بالصورة عقود البائكة المكونة للإسطبل بعد الترميم.

100–12، C] يتم الدخول إليه من باب بنفس الجدار، وكان هذا الحاصل يطل على الفناء بشباك صغير مستطيل كان مغشى بخركاه من خشب الخرط قبل أن يسد الآن مع كامل المساحة أسفل العقد الخامس الذي بالواجهة، ويغطي كافة أجزاء هذا الإسطبل سقف خشبي غشيم مسطح محمول على عروق خشبية مجددة، كما تغطي الجدران طبقات متعددة من الملاط.

الحاصل الثاني والمتبن والمرحاض:

يقع باب الدخول لهذه الأجزاء بالنهاية الجنوبية الغربية لعقود بائكة الإسطبل، حيث تشير وثيقة السلطان قايتباي أنه يجاور البائكة متبن ومرحاض وحاصل، ويبلغ ارتفاع هذا الباب 2.00م وعرضه 1.00م، ويدخل منه لمساحة صغيرة مستطيلة [الشكل 100–13] طولها 2.90م وعرضها 2.60م، يفتح بجدارها الشمالي الغربي باب يرتفع حتى أسفل السقف وعرضه 1.20م،[104] يدخل منه لحاصل مستطيل [الشكل

103 الطوالة حوض مستطيل بالإسطبل أو بدار الدواب يوضع فيه العلف للخيل أو غيرها من الدواب. للاستزادة انظر: مسرد المصطلحات الملحق بهذا الكتاب.

104 يلاحظ أن المعمار أراد من جعل هذا الباب بهذا الارتفاع أن يسمح بنفاذ القدر الأكبر من الضوء والهواء لهذا الجزء من هذا الطابق، حيث تقل فيه فتحات الهواء والضوء، حتى

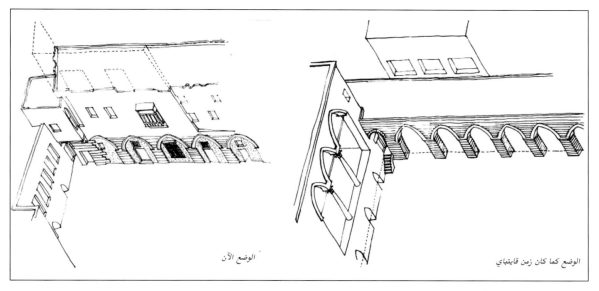

الوضع الآن

الوضع كما كان زمن قايتباي

الشكل 100 (مكرر) أجزاء الضلع الشمالي الغربي والجنوبي الغربي للفناء الرئيسي للبيت، يبين الوضع الحالي
والوضع التصوري الأصلي كما كان زمن السلطان قايتباي.

14-100] المساحة طوله 7.50م وعرضه 2.80م، ويغطي
الحاصل سقف خشبي غشيم مسطح محمول على عروق خشبية،
ويفتح بالجدار الشمالي الغربي لهذه المساحة باب يرتفع أيضاً
حتى أسفل السقف وعرضه 1.00م، يدخل منه لمساحة
مستطيلة [الشكل 15-100] طولها 4.00م وعرضها 1.30م ربما
استخدمت كمستحم صغير، ويوجد بها جهة الجنوب الشرقي
على يسار الداخل بيت خلاء [الشكل 100-15أ].

كما يفتح بالجدار الجنوبي الشرقي لهذا الحاصل على يسار
الداخل فتحة تفضي لمساحة شبه مستطيلة [الشكل 16-100]
طولها 2.60م وعرضها 2.30م كشف سماوية، ربما كان مركباً
عليها ملقف، وتتصل بهذه المساحة المكشوفة مساحة أخرى
مشابهة [الشكل 17-100] طولها 2.30م وعرضها 2.20م،
ولكن يغطي هذا الجزء سقف محمول على عقد حجري به اليوم
الكثير من الانهدام.

أما المتبن فكان يقع بهذا الجزء من الطابق مجاوراً للمرحاض
ولكن في تخوم الأرض كما أشارت الوثيقة، حيث غطي بقبو
حجري [الشكل 100 مكرر].

لا يمكن الدخول إليه ظهراً إلا باستخدام الكشافات.

الطابق الأول:[الشكل 101]

يتألف هذا الطابق من فسحة كشف سماوية ومرحاضين وبيت
أزيار وطباقات ذكرتها الوثيقة.[105]

باب الدخول المؤدي لهذا الطابق:

يصعد لهذا الطابق عبر باب مربع [الشكل 18-100] يقع تقريباً
بالزاوية الغربية للفناء، حيث يتوصل منه للطابق الأول بكل
من الضلعين الشمالي الغربي والجنوبي الغربي.[106]

وهذا المدخل عبارة عن فتحة باب [لوحة 79] ارتفاعه
2.25، يعلوه عتب حجري مستقيم ثم نفيس يعلوه عقد عاتق،
ويفضي هذا الباب لبير سلم [الشكل 1-101] عرضه 2.10م،
به قلبتا سلم الأولى وبها تسع درجات سلم عرض كل منها 1.20م
تنتهي ببسطة مستطيلة طولها 2.70م وعرضها 2.10م، تفتح
بجدارها الجنوبي الغربي على يسار الصاعد فتحة باب يتوصل
منها للمقعد [الشكل 11-101] الموجود بالطابق الأول للضلع
الجنوبي الغربي والذي سنصفه لاحقاً بينما تفتح على هذه

105   وثيقة قايتباي، ص258، سطر 3-7.

106   يتطابق ذلك أيضاً مع ما ذكر بالوثيقة، :انظر: وثيقة قايتباي،
ص 258، سطر 7-9.

بعد
قبل

لوحة 79 الباب الواقع بالزاوية الغربية للفناء والمتوصل منه للطابق الأول للضلعين الشمالي الغربي والجنوبي الغربي لبيت السلطان قايتباي بالتبانة. وتظهر الصورة قبل وبعد أعمال الترميم الأخيرة.

البسطة على يمين الصاعد القلبة الثانية للسلم وبها سبع درجات صاعدة عرض كل منها 1.10م تنتهي ببسطة صغيرة تتقدم فتحة باب ارتفاعه 2.50م وعرضه 1.00م يدخل منه مباشرة للطابق الأول للضلع الشمالي الغربي للفناء.

الفسحة الكشف السماوية والمرحاضان وبيت الأزيار:

يدخل من الباب السابق مباشرة إلى فسحة كشف سماوية [الشكل 101–2] مربعة الشكل طول ضلعها 4.30م، يفتح بجدارها الشمالي الغربي فتحة باب ارتفاعها 2.35م وعرضها 0.95م ويدخل منها لمرحاض [الشكل 101–3] مساحته 2.32م وعرضه 1.50م، كما فتح بالجدار الجنوبي الغربي لهذه المساحة فتحة دهليز [الشكل 101–5] طوله 3.10م وعرضه 0.90م، تفتح بجداره الشمالي الغربي أيضاً فتحة باب ارتفاعه 2.25م وعرضه 0.80م، يتوصل منه أيضاً للمرحاض الثاني [الشكل 101–6] الذي ذكرته الوثيقة أيضاً ومساحته 1.30م طولاً و1.00م عرضاً.

وبجانب فتحة الدهليز بالجدار الجنوبي الغربي لهذه الساحة باب ارتفاعه 2.10م وعرضه 0.90م، يدخل منه لغرفة صغيرة [الشكل 101–7] طولها 3.30م وعرضها 3.15م، جاء ذكرها بالوثيقة أنها كانت تستخدم بيت أزيار.[107]

ويفتح بالجدار الجنوبي الشرقي لهذه المساحة إضافة لباب الدخول باب ثان ارتفاعه 1.95م وعرضه 1.05م، يدخل منه لغرفة [الشكل 101–8] أو طباق[108] كما أسمتها الوثيقة، وهي مستطيلة المسقط طولها 3.00م وعرضها 2.80م، تطل على الفناء بشباكين مستطيلين.[109]

أما باقي هذا الطابق فيتوصل إليه عبر فتحة باب بالجدار الشمالي الشرقي لهذه الفسحة السماوية، ويصعد لهذا الباب عبر ثلاث درجات صاعدة، وارتفاع الباب 1.92م وعرضه 1.00م، وهو يفضي مباشرة اليوم لما يشبه القاعة وقد أطلق عليه اسم الطباق[110] ويبدو أنه قد لحق بهذا الجزء تغيير واضح بأرضيته وعموماً هو مستطيل المسقط واسع [الشكل 101–9] طوله 10.60م وعرضه 4.10م [لوحة 80] يغطيه سقف خشبي مسطح محمول على عروق مجددة، ويفتح بجداره الجنوبي الشرقي المطل على الفناء شباكان صغيران ارتفاع كل منهما 1.05م وعرضه 0.75م، والى جانبيهما توجد مشربية بارزة بواجهة الضلع الشمالي الغربي [لوحة 77] ، وهي مطلة على

107 يستخدم مصطلح بيت في الوثائق للدلالة على كل حيز ومكان صغير أو كبير مخصص لاستعمال معين، فيقال مثلاً بيت أزيار، بيت نورة، بيت للزيت، بيت خلاء، بيت نار، بيت عجين، بيت حرارة، بيت جرد، وكذلك بيت الله أي المسجد وبيت الله الحرام أو الكعبة. ؛ انظر: قاموس المصطلحات، ص34. يلاحظ اليوم أن جميع هذه المرافق صارت مجددة على يد مركز البحوث الأمريكي، وهي تستخدم من قبل المشرفين على مشروع ترميم البيت، وصار بيت الأزيار عبارة عن مطبخ صغير ومكان لإعداد القهوة والشاي.

108 الطباق والطبقة في العمارة المملوكية وحدة سكنية مستقلة. للاستزادة حول هذا المصطلح، انظر: مسرد المصطلحات الملحق بهذا الكتاب.

109 لم أستطع أخذ مقاسات هذين الشباكين للتهدم الكبير بأرضية هذه الغرفة، ومما اضطر مركز البحوث الأمريكي لإغلاقها.

110 وقد ذكرت الوثيقة أنه يوجد بهذا الطابق إضافة للمرحاضين وبيت الأزيار والساحة الكشف خمس طباقات مبلطة مسقفة غشيماً ملحق بها مرافق وحقوق. ؛ وثيقة قايتباي، ص258، سطر 3–7.

الشكل 101 مسقط أفقي للطابق الأول لبيت قايتباي بالتبانة. 1- بير السلم 2-مساحة كشف 3-مرحاض 4-فناء 5- دهليز 6-مرحاض 7-بيت أزيار 8-حاصل 9-طباق 10-طباق 11-المقعد 12-مساحة مستطيلة 13-مبيت 14-منافع وملحقات مهدمة A-مرحاض B-مطبخ C- سلم 15-غرفة الحرملك A-السدلة 16-رحبة الدخول 17-سلم صاعد 18-ممر 19-غرفة 20-رحبة واسعة 21-مساحة فضاء 22-القاعة الصغرى A-كتبية C- سدلة 23-مبيت 24-غرفة كبيرة 25-باب قايتباي 26-بير سلم 27-غرفة حبيس 28-بير سلم 29-طرقة. (عن: Revault & Maury, *Palais et Maisons du Caire*)

الفناء تؤمن الاتصال البصري مع الأضلاع الثلاثة الباقية حول الفناء، وعرض هذه المشربية 2.22م وارتفاعها 1.35م، م وهي مشربية أصلية من خشب الخرط.[111]

لوحة 80 الطباق الكبير الواقع بالطابق الأول للضلع الشمالي الغربي لفناء بيت قايتباي بالتبانة.

وفي الجدار الشمالي الشرقي لهذا الطباق يوجد دخلة جدارية ترتفع حتى أسفل السقف مباشرة عرضها 1.80 وعمقها 0.37م، يوجد بجزئها السفلي خزانة جدارية من ثلاث درف خشبية، وبجانب هذه الخزانة الجدارية يوجد باب ثان ارتفاعه 1.70م وعرضه 0.80م، تغلق عليه فردة باب ويدخل منه مباشرة بعد هبوط ثلاث درجات سلم لطباق ثالث مستطيل المسقط [الشكل 101-10] أيضاً طوله 6.40م وعرضه 4.30م، تفتح بجداره الجنوبي الغربي شبابيك ارتفاع كل منها 1.05م وعرضه 0.85م، اثنان منهما سفليان واثنان علويان، يقعان أسفل السقف وكل هذه الشبابيك تطل مباشرة على الفناء [لوحة 77]، ويغطي هذا الطباق سقف خشبي مسطح محمول على عروق مجددة.[112]

الضلع الجنوبي الغربي للفناء:

يتألف هذه الضلع أيضاً من طابقين الأرضي والأول، وقد قدمت لنا الوثيقة وصفاً دقيقاً لهذا الضلع بطابقيه،[113] حيث

111 تم ترميم هذه المشربية مع باقي هذا الطابق على يد مركز البحوث الأمريكي، وعثر المرممون عند فك أجزاء هذه المشربية على عدة عملات عثمانية داخل الروشن الخشبي السفلي الحامل لها، وقد تم التحفظ على هذه العملات، وسجلت أصولاً، وسلمت لمخازن الهيئة العامة للآثار المصرية.

112 سوف نقوم بدراسة الطابقين الباقيين من الطباقات الخمسة التي ذكرتها وثيقة قايتباي بهذا الطابق عند دراستنا للضلع الشمالي الشرقي للفناء.

113 وثيقة قايتباي، ص258 سطر 7-13، ص259 سطر

لوحة 81 أبواب الحواصل الأربعة الواقعة بالطابق الأرضي للضلع الجنوبي الغربي لفناء أسفل المقعد الزائل في بيت قايتباي في التبانة، ويلاحظ بالزاوية باب الحاصل الرابع الذي صار الباب الذي يصل بين بيت قايتباي هذا ومنزل أحمد كتخدا الرزاز بعد عام 1192هـ/1778م.

كان ومازال يشغل الطابق الأرضي أربعة حواصل يعلوها مقعد تركي كامل الصفات والملحقات.

الطابق الأرضي: [لوحة 81]–[الشكل 100]

يحتل باب الدخول [لوحة 79] المؤدي لكل من الطابق الأول بكلا الضلعين الشمالي الغربي والجنوبي الغربي سابق الذكر الجزء الغربي من هذا الطابق، وإلى جانبه تصطف ثلاثة أبواب متسامتة، يعلو كل منها عقد مدبب يدخل من كل منها لحاصل، كما يتعامد عليها باب رابع كان يدخل منه لحاصل رابع.

الحاصل الأول: [الشكل 100–19]

يدخل لهذا الحاصل عبر باب معقود ارتفاعه حتى قمة العقد 1.72م وعرضه 0.85م، وهو حاصل مستطيل المسقط طول ضلعه 4.50م وعرضه 1.15م، غطيت جدرانه بالملاط، وجاء سقفه خشبياً مسطحاً محمولاً على عروق مجددة، وإن هذا الحاصل كان عبارة عن ركاب خاناه[114] لطيفة.

الحاصل الثاني: [الشكل 100–20]

يقع بين الحاصلين الأول والثالث، وهو أكثر اتساعاً منهما، ويدخل إليه عبر باب ارتفاعه 1.72م وعرضه 0.98م، وطول ضلع الحاصل 4.50م وعرضه 2.35م، وسقفه مشابه لسقف الحاصل الأول يظهر به تجديد واضح، وإن هذا الحاصل كان عبارة عن طشت خاناه[115] بها بيت أزيار مبلط به بالوعة.

الحاصل الثالث: [الشكل 100–21]

لا يختلف كثيراً عن الحاصل الأول، ولكنه أقل عرضاً منه 1.08م، ويدخل إليه عبر باب معقود ارتفاعه 1.72م وعرضه 0.98م، كما أن سقف هذا الحاصل متشابه تماماً مع سقف الحاصلين السابقين، وإن هذا الحاصل كان عبارة عن شراب خاناه.[116]

1–13، ص260 سطر 1–3. وثيقة قايتباي، ص258 سطر 7–13، ص259 سطر 1–13، ص260 سطر 1–3.

114 انظر: مسرد المصطلحات الملحق بهذا الكتاب.

115 انظر: مسرد المصطلحات الملحق بهذا الكتاب.

116 انظر: مسرد المصطلحات الملحق بهذا الكتاب.

الحاصل الرابع: [الشكل 100–22]

ويدخل لهذا الحاصل عبر باب معقود ارتفاعه حتى قمة العقد المدبب 1.90م وعرضه 1.00م، وكان يدخل منه لفراش خاناه.[117]

ولكن اليوم أزيل الجدار الجنوبي الغربي لهذا الحاصل، وتحول باب الفراش خاناه على يد أحمد أغا قبجي الرزاز إلى باب يؤدي إلى دهليز عرضه 3.95م، يفضي يميناً لفناء المنزل الذي بناه أحمد أغا قبجي الرزاز سنة 1192هـ/1778م ملاصقاً للواجهة الجنوبية الغربية الخارجية لبيت قايتباي، ثم ألحق منزله ببيت قايتباي الذي آل له بالوراثة، عن طريق هذا الدهليز.

الطابق الأول (المقعد): [الشكل 101–11]

كان يحتل هذا الطابق منذ إنشائه على يد قايتباي [الشكل 100 مكرر] مقعد تركي[118] ذو واجهة تطل مباشرة على الفناء تتكون من بائكة ذات ثلاثة عقود قائمة في الوسط على عامودين من الرخام الأبيض، ويعلو هذه الواجهة رفرف خشبي، كما يتقدمها من الأسفل درابزين من خشب الخرط المأموني، وكان يتوصل إليه عن طريق كتلة مدخل تقع على يسار الواجهة في الزاوية الغربية من الفناء، بها باب يفضي عبر قلبة سلم إلى داخل المقعد، والذي كان عبارة عن مساحة مستطيلة، فتح بجداره الجنوبي الشرقي باب مربع يغلق عليه زوجا باب، يوصل إلى دهليز مسقف نقياً، يفتح عليه بابان مربعان، يغلق على كل منهما فردة باب، يوصل الأول منهما على يسار الداخل إلى مبيت مسقف نقياً، مفروشة أرضه بالبلاط الكدان، مسبلة جدرانه بالبياض، به كتبيه يغلق عليها بابان، وله شباكان يغشي كلاً منهما مصبعات من الحديد، يطلان على الفناء، والباب الثاني يوصل إلى مرحاض مبلط، مسقف نقياً لوحاً وفسقية.[119]

هذا وتصف الوثيقة المقعد من الداخل بأنه (مقعد مفروش بالبلاط، مسقف نقياً، مغرّق بالذهب واللازورد[120] على زوايا وصُرر مغرّقة بالشّرح، برفرف ملمع بالذهب واللازورد، بشقّة الدرابزين خرطاً مأمونياً، يعلوها تحت الرفرف عمودان رخاماً أبيض كل واحدة بقاعدتين رخاماً، السفلية ساذجة والعلوية معرقة بالذهب، على ثلاث قناطر مُسبل جدر ذلك بالبياض ...).[121]

أما اليوم فإن الباقي من هذا المقعد قليل، أهمه كتلة المدخل الرئيسي للمقعد[الشكل 100–18] وتقع داخل بحر غائر [لوحة 79]، وهي عبارة عن فتحة باب مربع ارتفاعه 2.25م، وعرضه 1.10م، يعلوه عتب حجري مستقيم، ثم نفيس يعلوه عقد عاتق، حيث يفضي هذا الباب إلى بير سلم [الشكل 101–1] تؤدي أولى قلبتيه إلى بسطة ينعطف الداخل منها يساراً عبر باب مربع ارتفاعه 2.28م، وعرضه 1.20م، إلى داخل المقعد.

واليوم فقد تغيرت ملامح هذا المقعد كثيراً عما وصفته به وثيقة قايتباي (انظر الشكل99–10)، فصار عبارة عن مساحة مستطيلة [الشكل 101–11] طولها 9.75م، وعرضها 7.47م، وقد قسمت هذه المساحة إلى ثلاث غرف مستطيلة، الأولى منها على يسار الداخل، وتفتح على الفناء بشباكين مستطيلين ارتفاع كل منهما 2.35م، وعرضه 90سم، يغشي كل منهما حجاب من الخشب، أما الغرفة الثانية "الوسطى" فهي تفتح على الفناء بثلاثة شبابيك مشابهة للأولى، وهي تتصل بالغرفة الثالثة عن طريق فتحة باب توصل إليها، كما تفتح هذه الغرفة على الفناء بشباكين مشابهين للشبابيك التي سبق ذكرها.

هذا ويتقدم هذه الغرف الثلاثة دهليز بطول المقعد وعرضه

---

117 انظر: مسرد المصطلحات الملحق بهذا الكتاب. وقد حولت هذه الفراش خاناه لاحقاً في العصر العثماني إلى جزء من الدهليز الذي يصل بين بيت قايتباي ومنزل أحمد كتخدا الرزاز بعد عام 1192هـ/1778م.

118 انظر: مسرد المصطلحات الملحق بهذا الكتاب.

119 وثيقة قايتباي، ص258 سطر8–13، ص259 سطر 1–7.

120 اللازورد حجر طبيعي، وأصفاه لونه السماوي، فيتدرج لونه من الأزرق السماوي إلى الأزرق الغامق. ومن خصائصه أنه إذا جمع إلى الذهب إزداد كل واحد منهما حسناً في أعين الناظرين، ولذلك استخدم اللازورد المصنع من مواد مختلفة في النقوش والدهانات كخلفية للكتابة المذهبة في العمائر المملوكية، ويؤكد هذا ما ذكره القلقشندي من أن اللازورد أنواع كثيرة وأجودها المعدني، وباقي ذلك مصنوع لا يناسب الكتابة وإنما يستعمل في الدهانات ونحوها. ؛ انظر: قاموس المصطلحات، ص97.

121 وثيقة قايتباي، ص 258 سطر9–13.

لوحة 82   صورة قديمة للضلع الشرقي لفناء بيت قايتباي بالتبانة، وتظهر بالصورة فتحة نهاية دهليز الدخول
إضافة لواجهة الإسطبل الصغير والباب الذي يحمل اسم قايتباي ورنكه بالطابق الأول، وتظهر
واجهة الطابق الثاني. (عن أرشيف الهيئة العامة للآثار المصرية)

2.68م، كان يوجد في جداره الجنوبي الغربي شباك عريض يفتح على فناء منزل أحمد كتخدا الرزاز ولكنه مسدود الآن، وبات يفتح بهذا الجدار أسفل السقف شباكان صغيران يغشي كلاً منهما حجاب من خشب الخرط، كما ينتهي هذا الدهليز في الجدار الجنوبي الشرقي بثلاث درجات سلم، توصل إلى فتحة باب ارتفاعها 2.13م، وعرضها 98سم، تفضي إلى مساحة مربعة [الشكل 101–12]، فتح على جانبيها يمين ويسار الداخل بابان يوصل كل منهما إلى غرفة مستطيلة [الشكل 101–13]، ويرجح أن تكون الغرفة الشمالية الشرقية منهما هي التي كانت المبيت زمن قايتباي وطولها 4.50م، وعرضها 3.80م، حيث تقع فوق الدهليز الذي يربط بين بيت قايتباي ومنزل أحمد كتخدا الرزاز، ، ومازال هذا المبيت يفتح على الفناء بشباكين [لوحة 81]، كما يتصدر المساحة المربعة باب يوصل إلى عدة منافع [الشكل 101–14] منها قاعدة مرحاض [الشكل 101–14،A] لا تزال مستعملة، ومطبخ [الشكل 101–14،B] مهجور، وإلى سلم [الشكل 101–14،C] يصعد منه إلى طبقة علوية مهدمة.[122]

الضلع الجنوبي الشرقي للفناء: [لوحة 82]

يتألف هذا الضلع من ثلاثة طوابق أرضي وأول وثاني، وربما يكون هذا الضلع من أهم الأضلاع التي تحيط بهذا الفناء، حيث يحتوي على باب بير السلم والمؤدي للطوابق العليا والذي يوجد عليه نص تأسيس باسم السلطان قايتباي إضافة لرنكين كتابيين باسم نفس السلطان.

الطابق الأرضي: [الشكل 100]

تتوزع عمائر هذا الطابق[123] كما نراها اليوم على ثلاثة عناصر

لوحة 83 مدخل قايتباي الواقع بالضلع الجنوبي الشرقي لبيت السلطان قايتباي في التبانة، ويظهر بوضوح كامل التكوين المعماري والزخرفي للمدخل.

هي فتحة نهاية دهليز الدخول الحالي وباب واجهة الإسطبل الصغير، ويتوسط ذلك باب قايتباي أو باب بير السلم.

فتحة نهاية دهليز الدخول الحالي: [الشكل 100–23]

تعتبر هذه الفتحة هي نهاية دهليز الدخول [الشكل 100–7] الحالي للبيت، حيث تفتح على الفناء بارتفاع 4.20م وعرض3.20م، ويعلو هذه الفتحة عتب خشبي فقط.

الإسطبل الصغير: [الشكل 100–24]

يفتح هذا الإسطبل على الفناء وبواجهة ذات مستويين [لوحة 82]، الأول به باب الدخول، وهو باب معقود بعقد دائري ارتفاعه حتى قمة العقد 2.20م وعرضه 1.28م، يغلق عليه فردة باب خشبي، أما المستوى الثاني ففيه أربعة شبابيك كبيرة معقود كل منها بعقد مدبب، ويغشى كل منها قضبان حديدية. ويفضي باب الدخول إلى مساحة مستطيلة [الشكل 100–24]

---

122 Revault, Jacques, Maury, Bernard. *Palais et maisons du Caire (du XIVe au XVIIIe siècle)*, Cairo: I.F.A.O., 1975, Part I, 51, 52.

123 كنا قد أشرنا إلى أن وثيقة قايتباي قد ذكرت مع أجزاء هذا الضلع حاصل شعير إضافة للباب المؤدي للزقاق غير النافذ الذي يفصل بين مدرسة أم السلطان شعبان وهذا البيت، وقد تحدثنا عن الوصف المعماري لهذه الأجزاء عند حديثنا عن المدخل الحالي للبيت والدهليز الذي يليه. ⁝ انظر ص254–255.

لوحة 84 أحد الرنكين الكتابين الموجودين بأعلى حجر مدخل السلطان قايتباي بالضلع الجنوبي الشرقي لبيت السلطان قايتباي بالتبانة. (عن أرشيف الهيئة العامة للآثار المصرية)

طولها 8.25م وعرضها 6.00م، تفتح بجدارها الجنوبي الغربي على يمين الداخل فتحة باب ارتفاعه 1.70م وعرضه 1.08م، يدخل منه لحاصل صغير [الشكل 100–24،A] طول ضلعه 2.75م وعرضه 2.20م، وهو غير مرتفع السقف، ويبدو أنه كان يستخدم لحفظ سروج الخيل وكسوتها، كما تفتح بالجدار الشمالي الشرقي لهذا الإسطبل سدلة كبيرة [الشكل 100–24،B] مستطيلة المسقط عرضها الذي يفتح على الإسطبل هو 4.84م وعمقها 3.90م، ويغطي كامل هذه المساحة عقد نصف دائري من الحجر النحيت. أما سقف الإسطبل فهو خشبي مسطح محمول على عروق.

المدخل الذي يحمل اسم قايتباي والمؤدي لبير السلم الصاعد: [الشكل 100–25]

على الرغم من أن هذا المدخل قد أعد ليكون مدخلاً لبير السلم الصاعد [الشكل 100–26] للطابق الأول لهذا الضلع فإنه يعتبر من أهم المداخل الباقية بهذا البيت، لكونه يحوي نصاً تأسيسياً ورنكين باسم السلطان قايتباي أرخا لهذا البيت وأثبتا نسبته لقايتباي [لوحة 83].

وهذا المدخل عبارة عن كتلة بارزة عرضها 3.13م، ويتوسطها حجر غائر عمقه 0.50م وعرضه 2.26م [لوحة 83]، ينتهي من الأعلى بعتب خشبي مسطح وتتوسطه من الأسفل فتحة باب ارتفاعه 2.25م وعرضه 1.10م، يعلوها عتب حجري عريض عليه زخارف حجرية بارزة لأوراق ثلاثية كانت مزينة بالرخام البيت بالمعجون، وعلى جانبي هذا العتب يوجد مستطيلان يحملان زخارف مشابهة لزخارف العتب، ويعلو ذلك نفيس ثم عقد عاتق مكون من صنجات معشقة، يوجد على جانبيه مستطيلان مشابهان للمستطيلين السابقين، كما يحمل النفيس زخارف نباتية بشكل عروق ممتدة.

ويعلو ذلك رنكان كتابيان [لوحة 84] باسم السلطان قايتباي موضوعان داخل الحجر الغائر على سوية واحدة ونصهما كالتالي:

أما على جانبي باب الدخول فيوجد مكسلتان ارتفاع كل منهما 0.84م وطولها وعرضها 0.50م، يعلوهما إفريز كتابي عليه كتابة بارزة بخط الثلث المملوكي، يمكن تقسيمه لبحرين، يبدأ الأول منهما من الواجهة الخارجية لكتلة المدخل على يمين الداخل، وينتهي الثاني أيضاً بالواجهة الخارجية لكتلة المدخل على يسار الداخل:

البحر الأول: [أمر] سيدنا ومولانا ومالك / رقابنا السلطان الملك

البحر الثاني: الأشرف أبو النصر قايتباي عز نصره بإنشاء هذا / المكان المبارك من فضل الله تعالى

ويؤطر هذا التكوين المعماري لهذا المدخل إفريز زخرفي بارز يسير من أسفل المكسلتين ليرتفع على جانبي الوجه الخارجي لكتلة المدخل حتى أسفل العتب الخشبي للحجر الغائر أعلى الرنكين.

ويفضي باب هذا المدخل لبير سلم [الشكل 100–26] طول ضلعه 2.70م وعرضه 2.55م، به ثلاث قلبات سلم، يتوصل منها لباب بالطابق الأول ارتفاعه 1.98م وعرضه 1.00م، تغلق عليه فردة باب خشبي يدخل منه لأجزاء للطابق الأول بهذا الضلع.

الطابق الأول: [الشكل 101]

يتألف هذا الطابق[124] من غرفة كبيرة للحرملك إضافة لرحبة دخول واسعة بها سلم يتوصل منه إلى دور مسروق،[125] يمكننا القول إنه يمثل الطابق الثاني لهذا الضلع وبه سلم صاعد يؤدي للسطح العالي.

غرفة الحرملك: [الشكل 101–15]

يتم الدخول لهذه الغرفة[126] عبر باب يقع على يمين الداخل من باب بير السلم [الشكل 101–26]، وهو باب ارتفاعه 2.24م وعرضه 1.28م، ويدخل منه لغرفة كبيرة [الشكل 101–15] مستطيلة المسقط طولها 7.80م وعرضها 4.90م، يتوسط جدارها الشمالي الغربي سدلة [الشكل 101–15،A] طولها 4.72م وعمقها 2.60م، وترتفع عن أرض الغرفة بمقدار 0.40م، وهناك جزء من أرضية السدلة محمول من الخارج بواجهة الضلع الجنوبي الشرقي على روشن بارز محمول على كباش حجرية ضخمة [لوحة 82].

كما يوجد بصدر هذه السدلة مشربية جميلة من خشب الخرط تطل على الفناء الداخلي للبيت ، وترتفع عن أرضية السدلة بمقدار 0.60م، وهي بعرض 4.43م وعمق 0.90م، بينما تفتح هذه السدلة على الغرفة الكبيرة بكردين خشبيين بينهما معبرة، وينتهي كل منهما بتاريخ وخورنق، كما يغطي هذه السدلة سقف خشبي مسطح عليه زخارف بارزة لأشكال دوائر صغيرة متلاصقة، وينخفض سقف هذه السدلة عن سقف الغرفة مسافة متر تقريباً، مما أتاح إقامة ستة شبابيك مستطيلة متلاصقة أعلى سقف السدلة يقابلها ستة شبابيك أخرى أسفل السقف أيضاً أعلى الجدار الجنوبي الشرقي ساعدت بشكل كبير على إدخال الهواء والضوء للغرفة، كما يوجد على

124 تذكر الوثيقة كما بينا أن هذا الطابق كان زمن قايتباي به رواق عتيق أشارت إليه الوثيقة بأنه عتيق أي بني قبل زمن قايتباي، ويتألف من إيوانين ودور قاعة وأغاني وخرستانات وشباكين مطلين على الزقاق غير النافذ بين البيت ومدرسة أم السلطان شعبان إضافة لدهليز مبلط به سلم كدان يصعد منه لرحاب لطيف، ثم إلى سلم يؤدي لطبقة أغاني بخركاه مطلة على الرواق العتيق، ومنه يتوصل إلى السطح العالي على الرواق القديم ثم إلى السطح العالي بالرواق الجديد "وهو الرواق أوالقاعة الموجودة اليوم بالطابق الأول للضلع الشمالي الشرقي" ولو أمعنا النظر لما وجدنا الكثير من الاختلاف ما بين هذا التخطيط الذي ذكرته الوثيقة والتخطيط الحالي لهذا الطابق، فقد حلت غرفة الحرملك محل الرواق العتيق، وظل الدهليز يوصل لسلم يصعد منه للدور المسروق الذي أطلقت عليه الوثيقة اسم رحاب لطيف، والذي يتوصل منه أيضاً للطابق الثاني والسطح العالي لكل من الضلعين الجنوبي الشرقي والشمالي الشرقي. ⁝ وانظر دراستنا للوصف الوثائقي لهذا الطابق.

125 دور مسروق أو مسترقة: سرق الشيء سرقاً استرقه، واسترق السمع أي استمع مستخفياً. والمسترقة في العمارة المملوكية والوثائق عبارة عن خزانة توجد في مكان بين أدوار المبنى وهي التي نسميها الآن المسروقة. ومن وصفها في الوثائق: "مسترقتين على كل منهما فردة باب إحداهما حبيس والأخرى مطلة على الطريق مسقفتين غشيماً وبالحبيس منهما سلم خشبي برسم السطح العالي" و "مسترقة لطيفة بها طاقات". وقد توجد المسترقة فوق مخزن، أو فوق حانوت، فيرد: "مخزن به مسترقة" و "حانوت به مسترقة مطلة على الطريق"، وقد أطلقت عليها هنا اسم رحاب لطيف وقصدت رحبة تقع بين دورين، وهذا بدليل الواقع الأثري متطابق مع التعريف الوثائقي لهذا العنصر. ⁝ وثيقة قايتباي، المصدر السابق، ص 260 سطر 10. ⁝ قاموس المصطلحات، ص105.

126 أطلق الباحث محمود رمضان على هذه الغرفة اسم القاعة الصغرى معتبراً أن السدلة التي تتوسط جدارها الشمالي الغربي تمثل الإيوان الشمالي الغربي لهذه القاعة... ⁝ محمود رمضان، المرجع السابق، ص135–136.

الشكل 102 مسقط أفقي للطابق الثاني لبيت قايتباي بالتبانة.
1–مساحة مربعة 2–دهليز 3–غرفة صغيرة 4–الفناء 5–غرفة كبيرة A–مشربية 6–ملحقات زائلة 7–فضاء غرفة الحرملك بالطابق الأول 8–السلم الصاعد للسطح العالي 9–مقعد قمري 10–القاعة الكبرى 11–مبيت القاعة الكبرى 17–السلم الصاعد للطابق الثاني (الدور المسروق). (عن: Revault & Maury, *Palais et Maisons du Caire*)

جانبي هذه السدلة من الداخل أسفل السقف شباكان ارتفاع كل منهما 1.44م وعرضه 0.97م ويغشي كل منهما مصبعات خشبية وسقف هذه الغرفة مجدد عبارة عن براطيم خشبية كانت مجلدة بالتذهيب والألوان، ويوجد بهذا الجدار الشمالي الغربي خزانتان جداريتان تقعان على يمين ويسار السدلة ارتفاع كل منهما 1.12 وعرضها 0.97م وعمقها 0.70م، ويعلو كل من الخزانتين خورنق عرضه 0.90م، بينما يرتفع حتى سقف الغرفة ويوجد بزاويتي الجدار الجنوبي الشرقي المقابل فتحتان جداريتان، الأولى عبارة عن خزانة ثالثة ارتفاعها 1.83م وعرضها 0.97م وعمقها 0.30م فقط، والفتحة الثانية عبارة عن فتحة باب ارتفاعه 1.80م وعرضه 1.00م، يدخل منه لرحبة طولها 2.25م وعرضها 2.15م، يوجد بجدارها الجنوبي الغربي على يمين الداخل كرسي خلاء، بينما انهار جدارها الجنوبي الشرقي، فصارت مفتوحة بكاملها على الزقاق غير النافذ الواقع بين البيت والمدرسة.

هذا ويتوسط جداري الغرفة الباقيين أسفل السقف مباشرة شباكان مستطيلان يغشي كلاً منهما الجص المعشق بالزجاج الملون، ومازالت أرض هذه الغرفة محتفظة بالبلاط الكدان الذي يغطي أرضيتها.

ويؤطر جدران الغرفة والسدلة الملحقة بها إزار خشبي، يرتفع عن أرض الغرفة بمقدار 2.20م ويبلغ عرضه 0.35م، توجد عليه كتابات بخط الثلث باللون الأبيض على أرضية حمراء وهي عبارة عن بسملة ثم أبيات شعرية من بردة البوصيري، ثم نص تأسيس باسم خليل آغا بن عثمان، ومؤرخ إلى 1050هـ/1640م، وهو تاريخ أول تجديد هام لهذا البيت في العصر العثماني.

وتبدأ بحور هذا الشريط الكتابي من الجدار الجنوبي الغربي للسدلة الملحقة بالغرفة ثم تلتف حول باقي الجدران لتنتهي بالجدار الشمالي الشرقي للسدلة ونصها كالتالي:

كتابات الجدار الجنوبي الغربي: وهي سبع عشر بحراً.

البحر الأول: بسم الله الرحمن الرحيم
البحر الثاني: أمن تذكر جيران بذي سلم
البحر الثالث: مزجت دمعاً جرى من مقلة بدم
البحر الرابع: أم هبت الريح من تلقاء كاظمة
البحر الخامس: وأومض البرق في الظلماء من إضم
البحر السادس: فما لعينيك إن قلت أكففا همتا
البحر السابع: وما لقلبك إن قلت استفق يهم
البحر الثامن: أيحسب الصب أن الحب منكتم
البحر التاسع: مابين منسجم منه ومضطرم
البحر العاشر: لولا الهوى لم ترق دمعاً على طلل
البحر الحادي عشر: ولا أرقت لذكر البان والعلم
البحر الثاني عشر: فكيف تنكر حباً بعد ما شهدت
البحر الثالث عشر: به عليك عدول الدمع والسقم
البحر الرابع عشر: وأثبت الوجد خطى عبرة وضنى
البحر الخامس عشر: مثل البهار على خديك والعنم
البحر السادس عشر: نعم سرى طيف من أهوى فأرقني
البحر السابع عشر: والحب يعترض اللذات بالألم

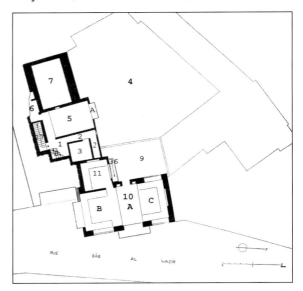

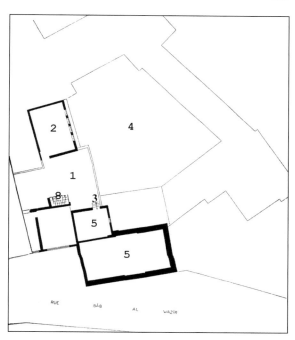

الشكل 103 المسقط الأفقي للسطح العالي فوق الطابق الثاني للضلعين الجنوبي الشرقي والشمالي الشرقي للبيت. 1- السطح العالي المكشوف للضلع الجنوبي الشرقي 2- غرفة واسعة 3-درجات صاعدة توصل للسطح العالي للضلع الشمالي الشرقي 4-الفناء 5-السطح العالي للضلع الشمالي الشرقي 8-السلم الموصل للسطح.

كتابات الجدار الجنوبي الشرقي: وهي عشرة بحور

البحر الأول: يا لائمي من الهوى العذري معذرة
البحر الثاني: مني إليك ولو أنصفت لم تلم
البحر الثالث: عدتك حالي ولا سرى بمستتر
البحر الر ابع: عن الوشاة ولا دائي بمنحسم
البحر الخامس: محضتني النصح لكن لست أسمعه
البحر السادس: إن المحب عن العذال في صمم
البحر السابع: إني اتهمت نصيح الشيب في عذل
البحر الثامن: والشيب أبعد في نصح عن التهم
البحر التاسع: فإن أمارتي بالسوء ما اتعظت
البحر العاشر: من جهلها بنذير الشيب والهرم

كتابات الجدار الشمالي الشرقي: وهي تسعة بحور

البحر الأول: ولا أعدت من الفعل الجميل قرى
البحر الثاني: ضيف ألم برأسي غير محتشم
البحر الثالث: لوكنت أعلم أني ما أوقره
البحر الرابع: كتمت سراً بدا لي منه بالكتم
البحر الخامس: من لي برد جماح من غوايتها
البحر السادس: كما يرد جماح الخيل باللجم
البحر السابع: أنشأ هذا المكان المبارك من فضل الله
البحر الثامن: تعالى الأمير خليل آغا بن المرحوم عثمان
البحر التاسع: وكان الفراغ من ذلك ستة وخمسين وألف[127]

رحبة الدخول: [الشكل 101–16]

وهي عبارة عن مساحة واسعة يدخل إليها مباشرة من باب بير السلم طولها 7.70م وعرضها 3.74، يغطيها سقف منخفض خشبي مستوٍ محمول على عروق خالية من الألوان، ويفتح بالجدار الجنوبي الشرقي لهذا الممر فتحة ترتفع حتى السقف وعرضها 1.85م، توصل يساراً إلى سلم صاعد [الشكل 101–17] بعرض 1.24م، يتوصل عبره إلى المسترقة التي تعلو مساحة الرحبة المذكورة.

الطابق الثاني أو الدور المسروق: [الشكل 102]

وهو عبارة عن دور مسروق، يقع بمستوى متوسط بين أرضية الطابق الأول والثاني، ويتوصل إليه عن طريق رحبة بمستوى الطابق الأول [الشكل 101–16] عبر سلم [الشكل 102–17] مباشرة إلى مساحة مربعة [الشكل 102–1]، طول ضلعها 3.00م، يوجد بجدارها الشمالي الغربي دهليز طوله 5.00م وعرضه 1.20م،[128] وفتح بالجدار الشمالي الشرقي لهذا الدهليز باب يدخل منه إلى غرفة صغيرة [الشكل 102–3] طولها 3.60م وعرضها 3.30م، ويوجد بصدر الدهليز فتحة شباك مستطيل صغير يطل على الفناء بواجهة الضلع الجنوبي الشرقي، قبل أن ينعطف الدهليز يميناً بطول 3.60م وعرض 1.30م، بينما فتح

127 1050هـ/1640م.

128 أخذت هذه الأطوال والمقاسات من مقياس رسم المسقط الأفقي للبيت الذي وضعه جاك ريفو وبرنار موري انظر: Revault & Maury, *Op. cit.*, Part I, 48–49.

بالجدار الجنوبي الغربي لهذه المساحة المربعة باب يدخل منه لغرفة مستطيلة واسعة [الشكل 102–5] طولها 8.00م وعرضها 4.70م، يوجد بجدارها الشمالي الغربي مشربية من الخشب الخرط [الشكل 102–5،A]، تطل مباشرة على الفناء الداخلي أعلى باب بير السلم بواجهة الضلع الجنوبي الشرقي.

وقد كان يفتح بالجدار الجنوبي الشرقي لهذه الغرفة باب يتوصل منه لملحقات أخرى [الشكل 102–6]، كانت تطل على ممر باب السر الواقع بين البيت ومدرسة أم السلطان شعبان.

كما يوجد على يمين الداخل بالمساحة المربعة [الشكل 102–1] المذكورة بير سلم صاعد [الشكل 83–8] يتوصل منه للسطح العالي بهذا الضلع.

السطح العالي: [الشكل 103]

يعلو هذا السطح الطوابق الثلاثة لهذا الضلع وهو كشف سماوي [الشكل 103–1] يتوصل إليه مباشرة عبر السلم الصاعد من الدور المسروق أو الطابق الثاني [الشكل 103–8] وتوجد بهذا السطح جهة الجنوب الغربي غرفة واسعة [الشكل 103–2] تعلو غرفة الحرملك الكبيرة بالطابق الأول، ويدخل إليها عبر فتحة باب مربع يفضي إليها وهي مستطيلة المسقط طولها 8.00م وعرضها 5.00، تفتح بجدارها الشمالي الغربي أربعة شبابيك مستطيلة، كان يغلق على كل منها درف خشبية،[129] وهي تطل على الفناء مباشرة، وتعلو مشربية غرفة الحرملك بالطابق الأول لهذا الضلع الجنوبي الشرقي للفناء [لوحة 82]، وفي الجهة الشمالية الشرقية لهذا السطح يوجد خمس درجات صاعدة [الشكل 103–3] تؤدي للسطح العالي فوق عمائر الطابق الثاني للضلع الشمالي الشرقي للبيت [الشكل 103–5] .

الضلع الشمالي الشرقي للفناء: [لوحة 85]

يقع هذا الضلع على يمين الداخل من دهليز الدخول الحالي للبيت، وبهذا الضلع كانت تقع كتلة المدخل القديم [الشكل 98–1، 2، 3] والمدخل الحالي للبيت [الشكل 100–6–7–23] والتي تم وصفها أعلاه.

أما الواجهة الداخلية لهذا الضلع والمطلة على الفناء، فإنها تحوي انكساراً واضحاً بها يميزها عن باقي واجهات الأضلاع المطلة على الفناء.

ويتكون هذا الضلع أيضاً من طابقين فوق الطابق الأرضي، ولذا فهو من أكمل أضلاع الفناء بناءاً، وهو يحوي قاعتين متكاملتين، صغرى بالطابق الأول، وكبرى رئيسية بالطابق الثاني، وتطل شبابيك هاتين القاعتين على شارع درب التبانة مباشرة، بينما يحوي طابقه الأرضي إضافة للحواصل الخمسة وبير السلم الصاعد مطبخاً وساقيةً وبئراً مازالت آثارها موجودة، وكانت هذه الساقية تغذي كامل البيت بالمياه اللازمة للمعيشة.[130]

ويعتبر هذا الضلع لأهمية موقعه على شارع التبانة من أكثر أجزاء البيت التي تعرضت للهدم والإحلال والتغيير والإبدال حيث تغيرت بعض معالم طابقه الأول عما جاء وصفه بالوثيقة، فصار الرواق أو القاعة المملوكية ذات الإيوانين التي كانت عبارة عن قاعة صغيرة بإيوان واحد ودور قاعة ألحق بها غرفة، كما بني في العصر العثماني كامل الطابق الثاني وبه القاعة الكبرى في البيت.

الطابق الأرضي: [الشكل 100]
المطبخ والساقية[131] وبير السلم:

129 أرجح أن هذه الغرفة قد كانت في الأصل عبارة عن مقعد قمري أو كشف سماوي، هذان النوعان من المقاعد التي شاع استخدامها في العصرين المملوكي والعثماني، حيث كانت تبنى فوق السطح العالي، وقد جاء كل منهما يشرف بأحد واجهاته على فناء البيت بخركاه أو درابزين خشباً أوشبابيك، بينما قد تشرف واجهاته الأخرى على إحدى البرك أو الخلجان أو على الشارع العام، وكان المعمار دائماً يعمل على زيادة الفتحات بها، بهدف زيادة حركة الهواء داخل المقعد، وإن كان المقعد القمري يأتي كشفاً في الغالب ومغطى بقبة خشبية أو سقف أحياناً فإن المقعد الكشف السماوي قد جاء دائماً مقعداً كشفاً وكان هذا من أخص صفاته وسمي به. ⁝ للاستزادة انظر: غزوان ياغي، المرجع السابق، ص233–239.

130 وثيقة قايتباي، ص256 سطر13، ص257 سطر 1–6 ص9–13، ص261 سطر 7–13، ص262 سطر1–6.

131 ورد في الوثيقة وصف للساقية والمطبخ "بهذه البائكة باب مقنطر يغلق عليه فردة باب يدخل منه إلى مكان يشتمل على مطبخ مسقف جملوناً بنصبة كوانين وبه البير الماء المعين المذكورة أعلاه وساقية خشباً يجاورها حاصل للماء مضروب

يشكل المطبخ والساقية إضافة لبير السلم الصاعد كتلة معمارية مميزة تحتل الزاوية الشمالية للبيت، ويتوصل إليهم عبر فتحة باب ترتفع حتى سقف الطابق بعرض 1.30م، تقع بالطرف الشمالي الغربي لهذا الضلع.

حيث يفضي هذا الباب لممر [الشكل 100–27] طوله 7.10م وعرضه 1.30م، يوجد به على يسار الداخل بير سلم [الشكل 100–28] واسع طوله 5.00م وعرضه 3.35م مكون من ثلاث قلبات بها تهدم شديد، وقد كان يتوصل منها للطابق الأول لهذا الضلع، وفتح بأسفل الجدار الشمالي الشرقي لبير السلم هذا باب ارتفاعه 1.75م وعرضه 1.10م، يتوصل منه مباشرة **للساقية**[132] [الشكل 100–29] والتي تقع ضمن مساحة مستطيلة طولها 7.80م وعرضها 3.50م، وقد جعل الجزء الشمالي الشرقي من سقف هذه المساحة كشفاً سماوياً، بينما جعل الجزء الباقي من هذا السقف مغطى بسقف محمول على عروق خشبية بسيطة، وكانت الساقية وبئرها تقعان أسفل الجزء المكشوف، ومازال بئر الساقية موجوداً [الشكل 100–29،A] وإلى الجهة الشمالية الشرقية منه، يوجد حوض كبير أو حاصل لتجميع الماء يمتد بعرض الغرفة [الشكل 100–29،B]، وقد اختفت الدواليب الخشبية لهذه الساقية والتي كانت تدار بواسطة الحيوان لترفع الماء من البئر العميقة، وقد كان حوض الماء هذا يغذي الفسقية التي كانت تتوسط فناء البيت بالماء عبر أقصاب مغيبة حسبما تذكر الوثيقة،[133] ومن المؤكد أن هذه الساقية كانت المصدر الوحيد لتغذية هذا البيت بالماء.

أما **المطبخ** فيقع بنهاية ممر الدخول[الشكل 100–27] لهذا الجزء من الطابق أمام الداخل مباشرة ملاصقاً للساقية، وهو عبارة عن مساحة مربعة [الشكل 100–30] طول ضلعه 5.10م، وتذكر الوثيقة أنه كان يغطي هذا المطبخ سقف جملوني ما زلنا نرى الدلائل الأثرية التي تشير إليه واضحة أعلى الجدارين الشمالي الشرقي والجنوبي الغربي لهذا المطبخ، ولكن منذ وقت بعيد استكملت النهايات النصف دائرية لهذه الجدران الحجرية القديمة بالآجر الأحمر لتأخذ نهايتها الشكل المستقيم لتستطيع حمل السقف الحديث المسطح المحمول على عروق خشبية والتي يتقاطع معها بالوسط دعامة حديدية مستعرضة تساهم في زيادة متانة السقف.

ويوجد بالجدار الجنوبي الغربي للمطبخ بجانب باب الدخول إليه سدلة [الشكل 100–30،A] طولها 1.60م وعرضها 1.50م مكشوفة من الأعلى بشكل ملقف يسمح بدخول الضوء والهواء للمطبخ، وكذلك خروج أبخرة الطهي وروائحه، وتزيد من حركة الهواء فتحة واسعة تقع أسفل السقف مباشرة بالجدار الشمالي الغربي مفتوحة على فضاء الساقية، تسمح من خلالها بزيادة حركة الهواء، إضافة لإمكانية تزويد المطبخ بالماء من خلالها.[134]

الحواصل الخمسة:

ونبدأ بوصفها من الطرف الشمالي الغربي باتجاه الجنوب الشرقي.

الحاصل الأول: [الشكل 100–31]

يقع بابه مجاوراً للمدخل المؤدي لبير السلم والساقية والمطبخ، وهو باب معقود بعقد نصف دائري ارتفاعه 1.80م وعرضه 0.98م يعلوه شباكان مستطيلان السفلي منهما هو الكبير ولكن كليهما خاليان من المصبعات، ويفضي هذا الباب لحاصل شبه مربع المسقط طول ضلعه 3.95م وعرضه 3.80م، يغطيه سقف مسطح محمول على عروق خشبية سيئة الحفظ.

الحاصل الثاني: [الشكل 100–32]

هو حاصل صغير يدخل إليه عبر باب معقود مشابه للحاصل السابق بالطول والارتفاع كما يعلوه شباك مستطيل خالٍ من المصبعات، والحاصل مستطيل المسقط طوله 3.75م وعرضه 1.90م، يغطيه سقف مسطح محمول على عروق خشبية.

بالخافقي يتوصل منه الماء إلى الفسقية المذكورة أعلاه وبالمطبخ المذكور مخزن حاصل لطيف عليه فردة باب. المصدر نفسه، ص257، سطر9–13.

132 انظر دراستنا عن السواقي في العمائر السكنية المملوكية في الباب الرابع، ص71 من هذا الكتاب. وانظر: مسرد المصطلحات الملحق بهذا الكتاب.

133 وثيقة قايتباي، ص257، سطر 6–7.

134 ربما كان هذا المطبخ يتصل مع الساقية عبر فتحة باب كبيرة كانت بجداره الشمالي الغربي، حيث ذكرت الوثيقة أن الساقية وحاصل الماء "الحوض" والبير هي من أجزاء المطبخ "مطبخ مسقف جملوناً بنصبة كوانين وبه البير الماء المعين المذكورة أعلاه وساقية خشباً يجاورها حاصل للماء مضروب بالخافقي". ؛ انظر: وثيقة قايتباي، ص257، سطر 10–12.

الحاصل الثالث: [الشكل 100–33]

يقع إلى الجهة الجنوبية الشرقية من الحاصل الثاني، وهو حاصل كبير يدخل إليه عبر باب مشابه تماماً لبابي الحاصلين السابقين، ولكن يعلوه هنا فتحة شباك مستطيل خالٍ من المصبعات، ويدخل منه لحاصل كبير ذي جزأين، حيث يفضي باب الدخول لجزء مستطيل المسقط طوله 3.40م وعرضه 2.70م، يتصل به من جهة الجنوب الشرقي جزء ثانٍ [الشكل 100–A،33] مستطيل أيضاً طوله 2.40م وعرضه 2.10م، ويغطي كلاً من الجزأين قبو من الآجر نصف دائري به في الجزء الثاني انهيار كبير، بينما يقف قبو الجزء الأول مصلوباً بدعامات خشبية.

الحاصل الرابع: [الشكل 100–34]

هو أكبر حواصل هذا الضلع وتتقدم واجهته عن الحواصل السابقة بمقدار 0.90م، ويتم الدخول إليه عبر باب مربع عليه عتب خشبي ارتفاعه 2.20 وعرضه 1.10م، ويعلو فتحة الباب شباك صغير مغشى بمصبعات حديثة ومسقط الحاصل مستطيل طول ضلعه 8.52م وعرضه 3.10م، يغطيه سقف مسطح محمول على عروق خشبية، كما يوجد بالجدار الجنوبي الغربي لهذا الحاصل شباك مستطيل عليه بقايا مصبعات حديثة وسدّت فتحة هذا الشباك بألواح خشبية، وأصل هذا الحاصل أنه جزء من كتلة المدخل الرئيسي القديم لهذا البيت كما ورد تفصيله في وثيقة قايتباي [الشكل 98–2].

الحاصل الخامس: [الشكل 100–35]

تتراجع واجهة هذا الحاصل عن واجهة الحاصل السابق بمقدار 1.50م، ويدخل لهذا الحاصل عبر فتحة باب ارتفاعها 1.60م وعرضها 1.00م، عليها عقد موتور، كما يعلوها شباك كبير مستطيل تغشيه خركاه من خشب الخرط والحاصل من الداخل مستطيل طوله 3.90م وعرضه 3.00م، يغطيه سقف مسطح محمول على عروق خشبية.

بير السلم الصاعد للطابق الأول والثاني:
[الشكل 100–36]

يقع بير السلم الصاعد هذا مباشرة على يمين الداخل من دهليز المدخل الحالي للبيت [الشكل 100–23]، وواجهته مسامتة لواجهة الحاصل الخامس، وهي عبارة عن باب مربع ارتفاعه 2.20م وعرضه 1.10م، يعلوه عتب حجري، يوجد على جانبيه مربعان على كل منهما زخارف حجرية بارزة لأشكال هندسية، ويعلو العتب نفيس ثم عقد عاتق عليه زخارف حجرية بارزة لأشكال مربعات قُسّم كل منها لأربعة مثلثات، كما يؤطر العتب والنفيس والعقد جفت لاعب ذو ميمات سداسية، وتغلق على هذا الباب درفة باب خشبية، ويدخل من هذا الباب لبير سلم مستطيل المسقط طول ضلعه 3.95م وعرضه 3.07م به أربع قلبات سلم لكل منها درابزين خشبي، يتوصل منها للطابق الأول للبيت.

الطابق الأول: [لوحة 85]–[الشكل 101]

تمتد عمائر هذا الطابق اليوم على جزأين أو كتلتين بنائيتين جنوبية شرقية وشمالية غربية، تفصل بينهما مساحة مهدمة من عمائر كانت بهذا الطابق، تصل اليوم بين الكتلتين أو الجزأين، وتعلو الحواصل الثلاثة الأولى من عمائر الطابق الأول سابقة الذكر.

الجزء الجنوبي الشرقي:

وهو الجزء الأكمل الآن من الناحية المعمارية والأثرية، وحيث تذكر الوثيقة أن قايتباي قد بني فيه طبل خاناه[135] ورواقاً جديداً كبيراً يحوي إيوانين متقابلين بينهما دور قاعة[136] [الشكل 99–22]، وقد كان يتم التوصل لهذا الجزء من هذا الطابق عبر باب دهليز يتصل بعمائر الطابق الأول من الضلع الجنوبي الشرقي المتوصل إليها عبر بير السلم الصاعد الكائن بهذا الضلع.

ويتم اليوم الدخول مباشرة لهذا الجزء عبر بير السلم السابق [الشكل 101–36]، حيث يفتح عليه بالطابق الأول باب ارتفاعه 1.96م وعرضه 1.18م ويعلوه فلق نخل يقوم مقام العتب، ويغلق على الباب مصراع خشبي يدخل منه لممر [الشكل 101–18] طوله 3.10م وعرضه 1.25م، ويفتح عليه بابان، الأول على يسار الداخل، والثاني على يمين الداخل، حيث يتوصل من الباب الذي يفتح على يسار الداخل وارتفاعه 1.97م وعرضه 1.10م، لغرفة صغيرة مستطيلة المسقط [الشكل 101–19]، طول ضلعها 5.00م وعرضها 3.25م، عليها سقف مسطح محمول على عروق خشبية بحالة سيئة جداً من الحفظ،

135 انظر: مسرد المصطلحات الملحق بهذا الكتاب.

136 وثيقة قايتباي، ص261 سطر7–13، ص262 سطر1–6.

لا يمنع تداعيها اليوم سوى صلبات خشبية كثيفة، ويفتح بالجدار الشمالي الغربي لهذه الغرفة شباك مستطيل ارتفاعه 2.23م وعرضه 1.52م مغشى بخركاه من الخشب الخرط يطل على الفناء، بينما يحوي أسفل الجدار الجنوبي الشرقي المقابل لهذه الغرفة دخلة صغيرة ارتفاعها 1.23م وعرضها 0.82م بها خورنق تعلوه دخلة مستطيلة.

الرحبة الواسعة أمام القاعة والغرفة الكبيرة: [لوحة 85]-[الشكل 101–20]

تمتد هذه الرحبة أمام القاعة والغرفة الكبيرة الملاصقة لها وهي مضافة على المساحة الأصلية المملوكية لهذا الطابق، ويدخل إليها عبر الباب الواقع على يمين الداخل بالممر السابق [الشكل 101–18] وارتفاعه 2.05م وعرضه 1.05م، تغلق عليه فردة باب خشبي، ويشغل المساحة بين أعلى هذا الباب والسقف شباك مستطيل مغشى بخركاه من خشب الخرط.

والرحبة عبارة عن مساحة مستطيلة [الشكل 101–20] طولها 7.10م وعرضها 5.68م، يفتح بجدارها الجنوبي الغربي شباكان كبيران يطلان على الفناء، الأول على يسار الداخل مباشرة، وهو شباك مرتفع عن الأرض عرضه 2.35م وارتفاعه 1.40م، تغشاه خركاه من خشب الخرط، أما الشباك الثاني فعرضه 2.20م وارتفاعه 2.10م، مقسوم بواسطة عمود خشبي لدرفتين خشبيتين تغلقان عليه، كما يتعامد على هذا الجدار الجنوبي الغربي جدار بعرض 1.70م وسماكة 0.80م، يرتفع حتى السقف ويساهم في تدعيمه وتقويته، وتوجد على جانبي هذا الجدار دخلتان جداريتان، ترتفع كل منهما حتى أسفل السقف بعرض 0.92م وعمق 0.28م، وقد قسم هذا الجدار الجزء الجنوبي الغربي لهذه الرحبة لدخلتين تميزتا عن باقي الرحبة بأنه يغطيهما سقف خشبي مسطح عليه زخارف ملونة لأشكال جامات أو بخاريات متكررة، بينما يغطي باقي الرحبة سقف خشبي مسطح محمول على عروق خشبية خالية من الزخارف.

وتوجد بالجدار الشمالي الغربي لهذه الرحبة كتبية ارتفاعها 1.68م وعرضها 1.10م وعمقها 0.70م وإلى جانبها باب يتوصل منه اليوم للملحقات الخَرِبة الواقعة بين جزأي هذا الطابق [الشكل 101–21] والخالية تماماً من العمائر، وارتفاع هذا الباب 2.08م وعرضه 0.74م يعلوه شباك صغير مسدود بقطع من الخشب، أما الجدار الشمالي الشرقي ففيه أهم بابين يفتحان على هذه الرحبة، حيث يتوصل من الأول لقاعة صغيرة ومن الباب الثاني لغرفة كبيرة.

القاعة الصغرى: [الشكل 101–22]

يتوصل إليها عبر باب ارتفاعه 2.10م وعرضه 1.40م، تغلق عليه فردتا باب خشبي، ويفضي مباشرة للقاعة، حيث تتألف القاعة من دور قاعة يفتح عليها إيوان واحد جنوبي شرقي والدور قاعة مستطيلة المسقط طولها 5.40م وعرضها 3.20م، يفتح بجدارها الجنوبي الغربي باب الدخول وعلى يمينه توجد دخلة جدارية ترتفع حتى سقف المكان بعرض 1.40م وعمق 0.72م، وتتوسط جدارها الشمالي الغربي دخلة أخرى لها نفس الارتفاع بعرض 3.00م وعمق 0.30م، كما تفتح بالجدار الشمالي الشرقي لهذه الدور قاعة سدلة عرضها 1.85م وعمقها من الأسفل 1.17م، ترتفع أيضاً حتى سقف المكان، يفتح بصدرها شباك عرضه 1.84م وارتفاعه 1.60م، تغشي كل مساحته خركاه من خشب الخرط، ويطل مباشرة على درب التبانة بالواجهة الرئيسية للبيت بالمساحة الواقعة اليوم أسفل عقد المدخل الرئيسي القديم.

ويفتح الإيوان على الدور قاعة بكامل اتساعه، وهو إيوان مستطيل المسقط طوله 6.10م وعرضه 5.30م، ترتفع أرضه عن الدور قاعة بمقدار 0.10م، كما يفتح من الأعلى على الدور قاعة بكردين خشبيين، ينتهي كل منهما بتاريخ وخورنق، وتمتد بين الكرديين معبرة عليها زخارف زكزاكية ملونة، وتوجد بالجدار الجنوبي الغربي لهذا الإيوان خزانة جدارية وباب، أما الخزانة الجدارية [الشكل 101–22،B] فارتفاعها 1.28م وعرضها مثل عمقها 1.00م، تغلق على قسمها السفلي درفتان خشبيتان، أما قسمها العلوي فهو يفتح للخارج بعقدين خشبيين موتورين، وسقف الدخلة عبارة عن لوحة زخرفية جميلة قوامها عروق نباتية ممتدة عليها ثمار وأزهار حمراء على أرضية بيضاء، تذكرنا برسوم وزخارف الفن الصيني، وتقع فتحة الباب على يمين الخزانة الجدارية وارتفاعه 1.68م وعرضه 1.22م، يغلق عليها باب خشبي، ويعلو هذا الباب شباك مستطيل يرتفع حتى السقف يسمح بزيادة الضوء والهواء الداخل للخزانة النومية

لوحة 85 الضلعين الجنوبي الشرقي والشمالي الشرقي لبيت قايتباي بعد الترميم.

[الشكل 101–23] المتوصل إليها مباشرة من هذا الباب، وهي خالية من الفتحات طول ضلعها 4.00م وعرضها 3.25م، توجد بجدارها الجنوبي الغربي دخلة جدارية ترتفع حتى السقف عرضها 1.75م وعمقها 0.20م، ويغطي هذه الخزانة سقف خشبي مسطح محمول على عروق.

وتتوسط الجدار الشمالي الشرقي المقابل لهذا الإيوان سدلة [الشكل 101–22، C] ترتفع حتى السقف بعرض 3.00م وعمق 1.44م، تفتح بجدارها الجنوبي الشرقي خزانة جدارية أخرى ارتفاعها 1.30م وعرضها 0.75م وعمقها 0.36م، تغلق عليها درفتان خشبيتان، ويشغل كامل صدر السدلة شباك بعرض 3.00م وارتفاع 2.70م، مغشى كامله بخركاه من خشب الخرط، يطل مباشرة على شارع درب التبانة وبالواجهة الرئيسية للبيت [لوحة 75]، كما يتوسط صدر الإيوان بجداره الجنوبي الشرقي شباك مشابه عرضه 3.90م وارتفاعه 2.75م، يطل مباشرة على درب التبانة بالواجهة الرئيسية للبيت فوق المدخل الحالي.

هذا ويغطي الإيوان سقف خشبي مسطح عليه زخارف بارزة لأشكال مربعات متكررة، يرتكز على إزار خشبي عليه زخارف نباتية متكررة مرسومه بألوان متعددة على أرضية بنية.

أما الدور قاعة فيغطيها أيضاً سقف خشبي مسطح ذو أرضية بنية عليه رسوم لثلاث مناطق زخرفية، الوسطى منها هي الأكبر تتوسطها جامة تحيط بها أشكال ورود جورية "بلدي" وزنابق بألوان متعددة على أرضية بنية، وتغطي كلاً من أرضية القاعة والخزانة النومية بلاطات من الحجر الكدان.

الغرفة الكبيرة: [الشكل 101–24]

ويتوصل إليها عبر الباب الثاني الذي يقع بالجدار الشمالي الشرقي للرحبة [الشكل 101–20]، ويقع هذا الباب على يمين باب القاعة السابقة وارتفاعه 1.93م وعرضه 1.10م، تغلق عليه درفة باب يدخل منها إلى غرفة مستطيلة المسقط كبيرة طولها 6.44م وعرضها 3.30م، توجد بجدارها الشمالي الغربي دخلة جدارية ترتفع حتى سقف الغرفة بعرض 2.45م وعمق 0.22م، بينما تتوسط جدارها الشمالي الشرقي سدلة، يرتفع

لوحة 86   القاعة الرئيسية الواقعة في الطابق الثاني للضلع الشمالي الشرقي لبيت السلطان قايتباي بالتبانة.

سقفها بارتفاع سقف الغرفة وعرضها 2.42م وعمقها 1.45م، وترتفع أرضها عن أرض الغرفة 0.30م، يفتح بكامل اتساع صدرها شباك مغشى بخركاه من خشب الخرط، يطل مباشرة بالواجهة الرئيسية للبيت أعلى باب الحانوت الثالث [لوحة 75]، ومفروش أرض هذه الغرفة بالبلاط الكدان، ويغطيها سقف خشبي محمول على براطيم خشبية مجلدة بالزخارف النباتية الملونة.

الجزء الشمالي الغربي:

وهو الكتلة البنائية الثانية بعمائر الطابق الأول للضلع الشمالي الشرقي، وكان يتم التوصل إليه مباشرة عبر بير السلم الصاعد بالزاوية الشمالية للبيت [الشكل 101–28] والواقع أمام مدخل الساقية والمطبخ بالطابق الأرضي لهذا الضلع [الشكل 100–27 وللوصول لهذا الجزء من الطابق الأول يتم النفوذ من الباب الواقع بالجدار الشمالي الغربي للرحبة والتي تتقدم القاعة والغرفة الكبيرة بالجزء الجنوبي الغربي لهذا الطابق [الشكل 101–20] والسير عبر المساحة الكشف من عمائر هذا الطابق [الشكل

[101–21] ثم الدخول عبر فتحة باب ارتفاعها 2.50م وعرضها 1.20م، والمؤدية لطرقة [الشكل 103–29] تمتد أمام بير السلم المذكور المهدم والصاعد من الطابق الأول [الشكل 101–28].

وتوجد على يسار الداخل بهذه الطرقة غرفة حبيس [الشكل 101–29،A] طولها 1.80م وعرضها 1.30م، يغلق عليها باب معقود ارتفاعه 1.60م وعرضه 0.55م، ويتقدم هذه الطرقة [الشكل 101–29] بير السلم الصاعد وطولها 3.65م وعرضها 2.70م، يتصل بها بالجهة الشمالية الغربية ممر [الشكل 101–30] قليل العرض به تهدم شديد، تفتح عليه سدلة صغيرة [الشكل 101–30،A] ترتفع للسقف وبجانبها فتحة باب يدخل منه لبيت راحة [الشكل 101–30،B]، وبالجهة الجنوبية الشرقية لهذه الطرقة يوجد سلم صاعد من قلبتين [الشكل 101–31]، به تهدم شديد كان يتوصل منه للسطح العالي، وبعض هذه الطرقة كشف سماوي والقسم الآخر منها يغطيه مع بير السلم سقف خشبي محمول على عروق خشبية بها تآكل شديد •

وتنتهي هذه الطرقة جهة الشمال الشرقي بممر صغير آخر، يفتح بجداره الجنوبي الشرقي شباك ارتفاعه 2.00م وعرضه 0.82م، يطل على فضاء الملقف الصاعد من المطبخ بالطابق الأرضي [الشكل 100–30،A]، ويفتح على هذا الممر بابان، الأول على يسار الداخل ارتفاعه 1.75م وعرضه 1.00م، يدخل منه لغرفة [الشكل 101–32] طولها 4.50م وعرضها 3.90م عليها سقف محمول على عروق خشبية، ويوجد بأعلى جدارها الشمالي الشرقي أسفل السقف شباك مستطيل، والباب الثاني يقع أمام الداخل مباشرة ارتفاعه 1.90م وعرضه 1.00م، يدخل منه لغرفة ثانية [الشكل 101–33] شبه مربعة طولها 5.90م وعرضها 5.40م، يغطيها سقف مشابه لسقف الغرفة السابقة، وتفتح على هذه الغرفة أسفل السقف ثلاثة شبابيك اثنان منها بالجدار الجنوبي الغربي، يطلان على فضاء الملقف الصاعد من المطبخ بالطابق الأرضي، والثالث يقع بطرف الجدار الشمالي الغربي، يطل مثل شباك الغرفة المجاورة على فضاء الجزء المكشوف من الساقية بالطابق الأرضي [الشكل 100–29،A].

الطابق الثاني: [الشكل 102]

ينحصر امتداد هذا الطابق فوق الجزء الجنوبي الشرقي من عمائر الطابق الأول، ويتوصل إليه عبر بير السلم الصاعد [الشكل 101–36] المؤدي لعمائر هذا الجزء الجنوبي الشرقي، حيث يتابع السلم صعوده بعد الطابق الأول عبر ثلاث قلبات يتوصل منها مباشرة لهذا الطابق [الشكل 102–36].

ويتألف هذا الطابق من فسحة سماوية كبيرة، يغلب أنها كانت عبارة عن مقعد قمري كشف سماوي، وقاعة كبيرة رئيسية للبيت ملحق بها مبيت واسع.

المقعد القمري[137]: [الشكل 102–9]

هو عبارة عن فسحة كشف سماوية مستطيلة الشكل، طول ضلعها 8.40م وعرضها 5.84م، ينتهي السلم الصاعد لهذا الطابق بالجهة الجنوبية الشرقية منها [الشكل 102–36]، ويحيط بها من الجهة الشمالية الغربية والجنوبية الغربية جدار ارتفاعه 1.50م، وهي تشرف من هاتين الجهتين على الفناء مباشرة، ويغلب على الظن أنها كانت من هاتين الجهتين مسورة بخركاه من خشب الخرط، ويحتل كامل الجدار الشمالي الشرقي لهذا المقعد الجدار الجنوبي الغربي للقاعة الرئيسية وبه باب الدخول إليها.

القاعة الرئيسية: [لوحة 86]–[الشكل 102–10]

هي القاعة الكبرى بهذا البيت ويرجع بناؤها للعصر العثماني، وتتألف من إيوانين يتوسطهما دور قاعة، ويتوصل إليها مباشرة عبر باب ارتفاعه 2.15م وعرضه 1.10م، يتوسط جدارها الجنوبي الغربي، ويفتح مباشرة على الدور قاعة.[138]

الدور قاعة: [الشكل 102–10،A]

وهي عبارة عن مساحة مستطيلة المسقط طولها 6.62م وعرضها 3.40م، ويفتح عليها إيواني القاعة الجنوبي الشرقي [الشكل

137 يعتبر هذا المقعد من أشهر وأهم الأنواع التي شاع استخدامها في العصرين المملوكي والعثماني، لتبنى فوق السطح العالي أو فوق الطوابق العليا حيث لا يعلوها بناء، ويظهر من تصميمه العام أنه كان يعد للاستخدام في أيام الحر، أي في فصل الصيف وتحديداً في الليالي الحارة للتمتع بالنسيم البارد وربما من هنا جاءت تسميته بالمقعد القمري، ويظهر من الدلائل الوثائقية أنه لم يكن يوجد تصميم عام شائع للمقعد القمري، بل يبنى تصميمه تبعاً للموقع والمساحة المتاحة له بالنسبة للمساحة العامة للبيت وموقعه، أكان يطل على شارع عادي أو على بركة أو خليج أو نهر، فعندما لا يكون موقع البيت مشرفاً على بركة أو خليج أو نهر تجعل الإطلالة الرئيسية لهذا المقعد تطل غالباً على حديقة أو فناء البيت بخركاه أو درابزين خشباً أو شبابيك حديداً، فيرد (مقعد قمري كشف بخركاه مطلة على الدوار)، و (مقعد قمري بدرابزين خشباً خرطاً)، و(مقعد قمري لطيف بصدره شباك حديداً مطل على الدوار)، وربما جعلت هذه الإطلالة على الطريق أو الشارع العام، فيرد (مقعد قمري مطل على الطريق)، أما عندما يقع البيت بالقرب من مصدر مائي فتوجه إطلالته الرئيسية على هذا المصدر، فيرد (مقعد قمري نقي بدرابزين مطل على بركة الفيل)، أو (مقعد قمري مطل على البركة)، وقد يجعل في المقعد القمري مَنْزَلٌ خاص يوصل للخليج أو النهر كما ورد في وثيقة الغوري (مقعد قمري بدرابزين وبوسطه سلم ينزل منه لقيطون). ⁝ للاستزادة انظر: غزوان ياغي، المرجع السابق، ص233–237.

138 Revault & Maury, *Op. cit.*, Part I, 48.

B،10–102] الرئيسي، والشمالي الغربي [الشكل 102–10،C] المقابل، وتنخفض هذه الدور قاعة عن مستوى أرضية كل من الإيوانين بمقدار 0.10م، يفتح بجدارها الجنوبي الغربي باب الدخول للقاعة، ويغلق عليه باب خشبي توجد على جانبيه دخلتان جداريتان ارتفاع كل منهما 1.02م وعرضها 0.60م وعمقها 0.39م، يوجد بالقسم السفلي لكل منها خورنق.

كما تفتح بالجدار الشمالي الشرقي لهذه الدور قاعه سدلة ترتفع حتى سقف القاعة بعرض 3.06م وعمق 1.85م، بينما ترتفع أرضيتها عن الدركاه بمقدار 0.30م ، توجد بصدرها مشربية كبيرة محمولة من الخارج على روشن ذي كوابيل أو كباش حجرية تمتد بطول أكبر من السدلة، فتتسع على الجانبين ليصل عرضها 4.80م وعمقها 1.10م، وهذه المشربية من خشب الخرط الجميل وبها عدة نوافذ سفلية، تطل بالواجهة مباشرة على شارع درب التبانة [لوحة 75]، يعلوها صف من الشبابيك المستطيلة المغشاة بالجص المعشق بالزجاج الملون، ويحمل السقف الخشبي لهذه المشربية زخارف رائعة لأطباق نجمية بارزة ومتداخلة.

كما يعلو سقف هذه المشربية أربعة شابيك مستطيلة، تقف رأسية متلاصقة، تعلوها ثلاثة أخرى أفقية تشكل مع بعضها البعض وحدة متناسقة جميلة، يزيد في تأنقها الألوان المنعكسة منها عبر الجص المعشق بالزجاج الملون الذي يغشي كل مساحة هذه الشبابيك بأشكال وبتكوينات زخرفية متنوعة.

أما سقف هذه الدور قاعه فهو خشبي مسطح خالٍ من الزخارف، تتوسطه فتحة شخشيخة مربعة الشكل، تفتح اليوم مباشرة على السماء بعد ضياع الشخشيخة،[139] التي كانت تعلو هذه الفتحة.

الإيوان الجنوبي الشرقي الكبير: [الشكل 102–10،B]

يقع هذا الإيوان بالجهة الجنوبية الشرقية من الدور قاعة بطول 6.10م وعرض 6.45م، ويفتح على هذه الدور قاعة بكرديين خشبيين بينهما معبرة، وينتهي كل من الكرديين بتاريخ وخورنق وكل من الكرديين والمعبرة مجلد بالتذهيب والألوان، ويتوسط الجدار الجنوبي الشرقي لهذا الإيوان مشربية ضخمة من خشب الخرط عرضها 4.36م وعمقها 1.20م، وترتفع أرضها عن أرض الإيوان 0.24م، توجد بقسمها السفلي سبعة شبابيك، بينما يحوي قسمها العلوي تسعة شبابيك مستطيلة مغشاة بالجص المعشق بالزجاج الملون ذي الأشكال الزخرفية الرائعة.

كما يعلو هذه المشربية خمسة شبابيك مستطيلة تقف بشكل رأسي تعلوها ثلاثة أخرى أفقية، وتنتظم هذه النوافذ مع بعضها ضمن تكوين جميل يزيد بهاءه الجص المعشق بالزجاج الملون ذي التكوينات الزخرفية الفريدة، والذي يغشي هذه النوافذ الثمانية مشكلاً لوحة فنية رائعة ومنظراً يسرق الأنظار وتطل هذه المشربية بكامل تكويناتها وكذلك الشبابيك التي تعلوها مباشرة بالواجهة الجنوبية الشرقية للبيت مطلة على شارع التبانة.

كما يحوي الجدار الشمالي الشرقي لهذا الإيوان سدلة صغيرة، ترتفع حتى سقف المكان بعرض 4.36م وعمق 1.20م، وترتفع أرضها عن أرض الإيوان مقدار 0.30م، يغشي صدرها حجاب من خشب الخرط به أربعة شبابيك سفلية، تعلوها خمسة أخرى علوية مغشاة بالجص المعشق بالزجاج الملون، يعلوه حتى السقف حجاب آخر أقل منه صنعة وجمالاً وتطل هذه الشبابيك بالواجهة الشمالية الشرقية للبيت.

ويفتح بالجدار الجنوبي الغربي لهذا الإيوان باب ارتفاعه 1.82م وعرضه 1.20م، تغلق عليه فردة باب يدخل منها مباشرة لمبيت ملحق بهذه القاعة [لوحة 87] وهو عبارة عن مساحة مستطيلة طول ضلعه 5.10م وعرضه 4.50م، ويفتح بجداره الشمالي الغربي شباك ارتفاعه 2.65 وعرضه 2.24م مغشى أيضاً بخركاه من خشب الخرط، يطل مباشرة على المقعد القمري أمام القاعة، كما توجد بجداره الجنوبي الغربي دخلة جدارية ترتفع حتى السقف بعرض 2.10م وعمق 0.10م.

ويغطي هذا المبيت سقف خشبي محمول على عروق مغطاة بسقف مستعار عبارة عن قطعة سميكة من الكتان بمساحة السقف، عليه طبقة من الجص الأبيض مرسوم عليها زخارف لأشكال خطوط زكزاكية ملونة بالأحمر والأزرق والبني، يحيط بها ثلاثة إطارات من الزخارف النباتية والهندسية ذات

139 حول هذا المصطلح انظر: مسرد المصطلحات الملحق بهذا الكتاب.

لوحة 87   المبيت الملحق بالإيوان الجنوبي الشرقي للقاعة الرئيسية الواقعة في الطابق الثاني للضلع الشمالي الشرقي لفناء بيت قايتباي، وتظهر في الصورة الزخارف الجصية المميزة على السقف والجدران.

الألوان المتعددة وهذا السقف اليوم بحالة سيئة من الحفظ، حيث تقطعت أجزاء من القماش، وبهتت الزخارف التي عليه، وضاع بعضها.[140]

ويغطي كامل هذا الإيوان سقف خشبي مسطح محمول على إزار خشبي عريض به أربع حنايا ركنية، وأخرى وسطية تتوسط كل ضلع، وتغطي الإزار زخارف هندسية ونباتية لأشكال أزهار وأوراق وثمار متنوعة ذات ألوان متعددة على أرضية خضراء، ويتوسط السقف مربعان عريضان كبيران مرسوم على كل منهما زخارف نباتية، ويتوسط المربع الداخلي فيهما دائرة كبيرة بها شكل قرص شمس مشع بألوان متعددة منها الأحمر والأخضر والأزرق والأصفر، وتغطي كامل مساحة السقف زخارف نباتية وهندسية ملونة مجلدة بالتذهيب والألوان، وبهذا السقف ثراء زخرفي يفوق كل الأسقف الموجودة بهذا البيت.

الإيوان الشمالي الغربي: [الشكل 102–110، C]

يفتح هذا الإيوان على الدور قاعة أيضاً بكرديين خشبيين، يغطى كل منهما بتاريخ وخورنق، ويحصر الكرديان بينهما معبرة خشبية عليها مع الكرديين زخارف نباتية وهندسية ملونة.

وطول هذا الإيوان أقل من عرضه ومساحته أقل من الإيوان الجنوبي الشرقي فطوله 4.30م وعرضه 6.45م، وتوجد بجداره الشمالي الغربي دخلة جدارية ترتفع حتى سقف الإيوان عرضها 3.00م وعمقها 0.23م، بينما يفتح بكل من الجدارين الجانبيين لهذا الإيوان شباكان يقع كل منهما داخل دخلة، وترتفع أرضية كل منهما عن الدور قاعة 0.25م ويرتفع سقفهما حتى أسفل سقف الإيوان وعمق كل منهما 0.76م، ويغشي كل شباك منهما بأسفله خركاه خشبية من خشب الخرط، يعلوها حجاب خشبي بسيط، وعرض الشباك الشمالي الشرقي 2.68م، وهو يطل مباشرة على شارع درب التبانة بالواجهة الرئيسية للبيت، بينما يبلغ عرض الشباك الجنوبي الغربي 2.85م، وهو يشرف مباشرة على المقعد القمري الواقع أمام القاعة.

ولهذا الإيوان سقف خشبي مسطح محمول أيضاً على إزار خشبي عريض به أربع حنايا ركنية، وأربع أخرى وسطية تتوسط كل واحدة منها أحد الأضلاع، وعلى هذا الإزار زخارف نباتية ملونة تماثل الإزار الذي رأيناه أسفل سقف الإيوان الجنوبي الشرقي، أما زخارف السقف فقد ضاعت الآن كلها فبهتت خطوطها، وسقطت ألوانها بسبب تسرب المياه من السطح، وكانت زخارف مرسومة بشكل مستطيلين متداخلين، تغطي مساحة المستطيل الداخلي أشكال معينات ذات أضلاع متماوجة، كما يغشي باقي المساحات زخارف نباتية ذات ألوان متعددة على أرضية بنية أو خضراء.

وإن أرض كلا الإيوانين من البلاط الكدان، ويوجد بأرضية كل منهما جزء مرتفع مساو للجدران عرضه بكل جانب 1.17م، ويرتفع عن أرضية كل إيوان 0.14م، أما أرضية الدور قاعة المنخفضة عن أرضية الإيوانين فهي من الرخام الأبيض بأشكال مربعات كبيرة يفصل بينها أشرطة من الرخام الخردة الملون.

أما جدران هذه القاعة فإنه يحيط بها على ارتفاع 2.22م إزار خشبي بعرض 0.32م، مقسم لبحور عديدة بكل منها شطر لبيت شعري من قصيدة البردة للبوصيري، ويعلو هذه البحور من هذا الإزار جزء عليه زخارف نباتية لأشكال أغصان وثمار وأزهار، تمتد بطول الإزار ذات ألوان متعددة، وقد نفذت الكتابات باللون الأبيض على أرضية زرقاء بخط الثلث، وهي اليوم بحالة سيئة من الحفظ، وتبدأ بحورها من بداية الجدار الجنوبي الغربي للإيوان الجنوبي الشرقي الرئيسي للقاعة وتسير فوق المشربيات وداخل الدخلات، وتقرأ كالتالي:

كتابات الضلع الجنوبي الغربي: وهي ثمانية بحور

البحر الأول: بسم الله الرحمن الرحيم أنه من سليمان وأنه
البحر الثاني: أمن تذكر جيران بذي سلم
البحر الثالث: مزجت دمعاً جرى من مقلة بدم
البحر الرابع: أم هبت الريح من تلقاء كاظمة
البحر الخامس: وأومض البرق في الظلماء من إضم
البحر السادس: فما لعينيك إن قلت أكففا همتا

140 ساد هذا الأسلوب من الأسقف في عهد محمد علي باشا، واستخدم في عمارة المنازل والقصور.

البحر السابع: وما لقلبك إن قلت استفق يهم
البحر الثامن: أيحسب الصب أن الحب منكتم

كتابات الضلع الجنوبي الشرقي: وهي ستة عشر بحراً

البحر الأول: ما بين منسجم منه ومضطرم
البحر الثاني: لولا الهوى لم ترق دمعاً على طلل
البحر الثالث: ولا أرقت لذكر البان والعلم
البحر الرابع: فكيف تنكر حباً بعد ما شهدت
البحر الخامس: به عليك عدول الدمع والسقم
البحر السادس: وأثبت الوجد خطى عبرة وضنى
البحر السابع: مثل البهار على خديك والعنم
البحر الثامن: نعم سرى طيف من أهوى فأرقني
البحر التاسع: والحب يعترض اللذات بالألم
البحر العاشر: يا لائمي من الهوى العذري معذرة
البحر الحادي عشر: مني إليك ولو أنصفت لم تلم
البحر الثاني عشر: عدتك حالي ولا سرى بمستتر
البحر الثالث عشر: عن الوشاة ولا دائي بمنحسم
البحر الرابع عشر: محضتني النصح لكن لست أسمعه
البحر الخامس عشر: إن المحب عن العذال في صمم
البحر السادس عشر: إني اتهمت نصيح الشيب في عذل

كتابات الضلع الشمالي الشرقي للقاعة: وهي إحدى وثلاثون بحراً

البحر الأول: والشيب أبعد في نصح عن التهم
البحر الثاني: فإن أمارتي بالسوء ما اتعظت
البحر الثالث: من جهلها بنذير الشيب والهرم
البحر الرابع: ولا أعدت من الفعل الجميل قرى
البحر الخامس: ضيف ألم برأسي غير محتشم
البحر السادس: لو كنت أعلم أني ما أوقره
البحر السابع: كتمت سراً بدا لي منه بالكتم
البحر الثامن: من لي برد جماح من غوايتها
البحر التاسع: كما يرد جماح الخيل باللجم
البحر العاشر: فلا ترم بالمعاصي كسر شهوتها
البحر الحادي عشر: إن الطعام يقوي شهوة النهم
البحر الثاني عشر: والنفس كالطفل إن تهمله شب على
البحر الثالث عشر: حب الرضاع وإن تفطمه ينفطم
البحر الرابع عشر: فاصرف هواها وحاذر أن توليه
البحر الخامس عشر: إن الهوى ما تولى يصم أو يصم
البحر السادس عشر: وراعها وهي في الأعمال سائمة
البحر السابع عشر: وإن هي استحلت المرعى فلا تسم
البحر الثامن عشر: كم حسنت لذة للمرء قاتلة
البحر التاسع عشر: من حيث لم يدر أن السم في الدسم
البحر العشرون: واخشَ الدسائس من جوع ومن شبع
البحر الواحد والعشرون: فرب مخمصة شر من التخم
البحر الثاني والعشرون: واستفرغ الدمع من عين قد امتلأت
البحر الثالث والعشرون: من المحارم والزم حمية الندم
البحر الرابع والعشرون: وخالف النفس والشيطان واعصهما
البحر الخامس والعشرون: وإن هما محضاك النصح فاتهم
البحر السادس والعشرون: ولا تطع منهما خصماً ولا حكماً
البحر السابع والعشرون: فأنت تعرف كيد الخصم والحكم
البحر الثامن والعشرون: واستغفر الله من قول بلا عمل
البحر التاسع والعشرون: لقد نسيت به نسلا لذي عقم
البحر الثلاثون: أمرتك الخير لكن ما ائتمرت به
البحر الواحد والثلاثون: وما استقمت فما قولي لك استقم

كتابات الضلع الشمالي الغربي للقاعة: وهو تسعة بحور

البحر الأول: ولا تزودت قبل الموت نافلة
البحر الثاني: ولم أصلِ سوى فرض ولم أصم
البحر الثالث: ظلمت سُنة من أحيا الظلام إلى
البحر الرابع: أن اشتكت قدماه الضر من ورم
البحر الخامس: وشد من سغب أحشاءه وطوى
البحر السادس: تحت الحجارة كشحاً مترف الأدم
البحر السابع: وراودته الجبال الشم من ذهب
البحر الثامن: عن نفسه فأراها أيما شمم
البحر التاسع: وأكدت زهده فيها ضرورته

باقي كتابات الجدار الجنوبي الغربي للقاعة: وهي أحد عشر بحراً

البحر الأول: إن الضرورة لاتعدو على العصم
البحر الثاني: وكيف تدعو إلى الدنيا ضرورة من
البحر الثالث: لولاه لم تخرج الدنيا من العدم
البحر الرابع: محمد سيد الكونين والثقلين
البحر الخامس: والفريقين من عرب ومن عجم
البحر السادس: نبينا الآمر الناهي فلا أحد

البحر السابع: أبر في قول لا منه ولا نعم
البحر الثامن: هو الحبيب الذي ترجى شفاعته
البحر التاسع: لكل هول من الأهوال مقتحم
البحر العاشر: جدد هذا المكان المبارك من فضل الله تعالى ...كتخدا ... سنة 1198 [141]
البحر الحادي عشر: كتخدا أمير بن عبد الله الجلبي حمتهم... سيد المرسلين سنة 1192 [142]

ويؤكد هذا النص الأثري إضافة لطراز بناء هذه القاعة وشكل زخارفها نسبتها للعصر العثماني، ويغلب أن بناء هذه القاعة يعود للأمير خليل أغا الرزاز بن عثمان الذي أخذ هذا البيت من الأمير لاجين بك وقام بإجراء مرمة واسعة به سنة 1050هـ/1640م وترك لنا اسمه وتاريخ تجديده لهذا البيت مكتوباً على الإزار الخشبي الذي يلتف حول جدران غرفة الحرملك الواقعة بالطابق الأول للضلع الجنوبي الشرقي لهذا البيت، وقد قام أولاده وأحفاده من بعده بالعناية بهذا البيت ومرمته وتجديده، وكانت هذه القاعة من جملة هذا البيت لجددت عمارتها سنة 1192هـ/1778م على يد أحدهم وكان يحمل لقب كتخدا[143] كما قرأنا في النص الأثري،[144] ثم جددت في سنة 1198هـ/1783م على يد الكتخدا أمير بن عبد الله الجلبي[145] كما يظهر هذا النص الأثري.

3 قصر الأمير ماماي السيفي، 901هـ/1496م

يقع هذا الأثر [الشكل 104] في شارع بيت القاضي،[146] وهو الشارع الذي يربط بين شارع الجمالية[147] وشارع المعز لدين الله،[148] حيث يتفرع هذا الشارع يميناً من أمام بيمارستان قلاوون الواقع بشارع المعز [الشكل 105]، وقد أخذ هذا الشارع اسمه من الاسم الذي حمله هذا الأثر موضوع الدراسة.

المنشئ هو الأمير ماماي السيفي من خداد،[149] سنة 901 هـ/1496[150]م، وكان من مماليك السلطان قايتباي المحمودي

141 1784م. يوجد بهذا البحر سقوط كبير بالكتابات حاولت جاهداً قراءته لإدراكي أهميتها الكبرى وعجزت عن ذلك لسوء الحفظ الشديد الذي يعانيه هذا البحر، والذي ربما تعرض لنوع من المحو المقصود لكتاباته في فترة ما.

142 1778م. ولا تقل حالة هذا البحر سوءاً عن البحر السابق.

143 أطلق في العهد العثماني على معاون أو مساعد كبار الموظفين في الدولة. ⁝ للاستزادة انظر: أحمد السعيد سليمان، تأصيل ما ورد في تاريخ الجبرتي من الدخيل، دار المعارف، القاهرة، 1979، ص176.

144 من الوارد أن يكون الأمير أحمد كتخدا الرزاز (توفي سنة 1250هـ/1833م) هو الذي قام بهذا التجديد، وهذا الأمير هو الذي بنى البيت الجديد الملاصق لبيت قايتباي هذا، ولكن أعتقد أن بناء هذا البيت الجديد قد جاء متأخراً بعد هذا التاريخ بسنوات عديدة خاصة وأن حجة وقف هذا الأمير والمؤرخة سنة 1233هـ/1817م أشارت بعدم إكتمال عمارة هذا البيت حتى تاريخه، وبأن الضلع الجنوبي الشرقي منه سوف يبنى وعليه نستغرب لماذا إتخذت لجنة حفظ الآثار العربية من سنة 1192هـ/1778م تاريخاً سجلت به بيت قايتباي ومنزل الرزاز فلم تنصف في الأولى ولا في الثانية!

145 لم أعثر على ترجمة لهذا الأمير، وربما يكون هناك اختلاف ما في كتابة اسمه هنا في هذا النص الأثري.

146 يسميه علي باشا مبارك شارع بيت القاضي الجديد ويقول إنه فتح بعد سنة 1290هـ/1873م وكان محل رأس هذا الشارع المدرسة الظاهرية التي أنشأها الملك الظاهر بيبرس البندقداري سنة 662هـ/1263م فلما فُتح هذا الشارع زالت هذه المدرسة. ⁝ علي باشا مبارك، الخطط التوفيقية الجديدة لمصر القاهرة ومدنها وبلادها القديمة والشهيرة، الهيئة العامة للكتاب، القاهرة، 20ج، 1987، ج2، ص90. وسوف نرمز إليه لاحقاً بـ "الخطط التوفيقية".

147 يحدد علي باشا مبارك بداية هذا الشارع من باب النصر ويمتد حتى قراقول الجمالية بأول شارع وكالة التفاح. الخطط التوفيقية، ج2، ص199.

148 كان هذا الشارع يسمى سابقاً بشارع بين القصرين.

149 ابن إياس، بدائع الزهور في وقائع الدهور، تحقيق محمد مصطفى، الهيئة العامة للكتاب، القاهرة، 1984، 5ج، ج3، ص353. وسوف نرمز إليه بـ "بدائع الزهور".

150 ذكر ماكس هرتس بك أن تاريخ بناء هذا القصر كان مذكوراً على العضادة اليمنى لباب المدخل الرئيسي لهذا المقعد في نهاية

الشكل 104 خريطة حديثة تبين موقع القصور والبيوت الباقية بمدينة القاهرة من العصر المملوكي. (من إعداد الباحث على خلفية خريطة منقولة عن: Revault & Maury, *Palais et Maisons du Caire*)

(872–901هـ/1467–1495م)، حيث نال حظوة عند سيده حتى صار من خواصه، وترقى في الوظائف الصغيرة حتى صار شاد بك،[151] ثم ساقياً، ثم جمداراً، حتى نال الدوادارية،[152] ثم صار أمير مائة مقدم ألف[153] في سنة 901هـ/1495م،[154] وقد سجل الأمير ماماي أغلب هذه الوظائف التي حصل عليها في رنكه المركب الموجود في واجهة مقعده – موضوع الدراسة – داخل كوشتي عقد المدخل الرئيسي للمقعد، ثم داخل كوشات العقود الخمسة لواجهة المقعد، وهو بشكل دائرة كبيرة مقسومة لثلاثة أقسام عرضيه، يفصل بين كل منها خط، القسم العلوي وعليه شكل معين وهو الذي يشير لشكل البقجة وهي رمز الجمدار، والقسم الأوسط به شكل دواة تشبه الكأس والدواة رمز الدودار، ولكن يوجد على جانبي هذه الدواة شكل هلالين غريبين، هما شكلا قرنين يشير كل منهما لرنك

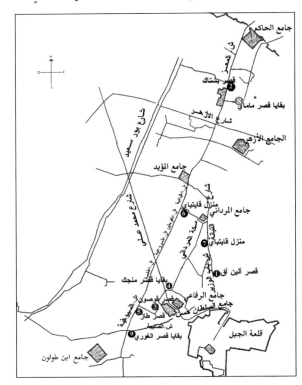

الشريط الكتابي الذي يحوي اسم الأمير وألقابه وهذا التاريخ هو 901هـ/1496م. وعلى هذا التاريخ أرخت لجنة حفظ الآثار العربية هذا الأثر.؛ كراسات لجنة حفظ الآثار العربية، كراسة رقم 19، عام 1902، ملحق الكراسة بقلم مكس هرتس بك، ص151. وسوف نرمز لاحقاً للكراسات بـ "الكراسات". وقد تمكنت من استكمال النص التأسيسي الموجود على كتلة مدخل هذا المقعد والذي أشار إلى انتهاء عمارة المقعد في شهر ذي القعدة سنة 901هـ الموافق لشهر سبتمبر 1495م وليس لسنة 1496م كما أشار فهرس الآثار الإسلامية.

151 السخاوي (شمس الدين محمد بن عبد الرحمن ت 902هـ/1497م)، الضوء اللامع في أعيان القرن التاسع، مكتبة الحياة، بيروت، د.ت، 10أجزاء في 5مجلدات، ج6، ص 236.؛ والشاد أو الشد وهو الذي يتولى وظيفة الشادية أو الملاحظة، وهي وظيفة لعدة نواح منها شد القصر والحوش والدواوين والسواقي والمراكب والشون والبيمارستان والمعاصر وآدار الضرب والسلاح خاناه والعمائر والأوقاف، وصاحب هذه الوظيفة الأخيرة هو الذي يتولى شد العمائر الموقوفة ويجدد ويصلح ما فيها باعتباره من العارفين بأمور الهندسة وفن البناء وكان يشرف على أرباب الحرف والصناعات المختلفة في العمائر، وكان عليه اللطف والرفق بهم وأن يسمح لهم بالصلاة في أوقاتها والشاد يعتبر من جملة موظفي الوقف الإداريين.؛ عبد اللطيف إبراهيم، نصان جديدان من وثيقة الأمير صرغتمش "التعليقات العلمية والمصادر"، الصفحة 143–210، مجلة كلية الآداب، جامعة القاهرة، المجلد 28، لعام 1996، طبع الهيئة العامة للكتب والأجهزة العلمية، مطبعة جامعة القاهرة، 1971، ص 181.

152 وظيفة الدودار الأساسية هي حمل دواة السلطان مع ما ينضم لذلك من الأمور اللازمة لهذا المعنى، من حكم وتنفيذ أمور وتقديم البريد.

153 لقب بذلك لكونه يقوم على خدمتِهِ مئة مملوك ورب وظيفة، وهو مقدم على ألف جندي، وكان عدد مقدمي الألوف أربعة وعشرين أميراً.

154 بدائع الزهور، ج3، ص348.

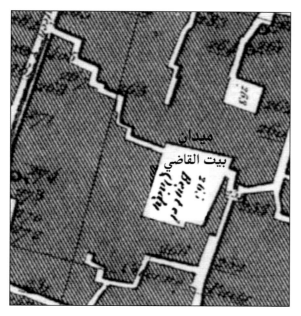

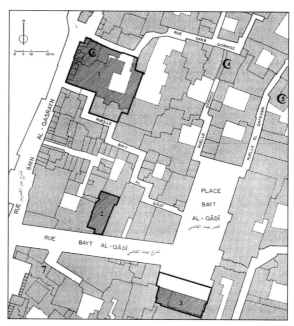

الشكل 105 الموقع العام لقصر الأمير ماماي السيفي. 1-قصر بشتاك 2-قاعة محب الدين 3-بقايا قصر الأمير ماماي 4-مدرسة سابق الدين مثقال (السابقية) 5-مدرسة تتر الحجازية 6-مسجد الفجل 7-بقايا المدرسة الظاهرية. (عن: Revault & Maury, *Palais et Maisons du Caire*)

جديد ظهر في الثلث الأخير من القرن 9هـ/15م بعد شيوع استعمال البارود في الأسلحة، أما الشطب السفلي من هذا الرنك فعليه صورة الكأس التي تشير لوظيفة الساقي.

وتشير كل هذه الوظائف التي تولاها ماماي لرفعة مكانته عند السلطان قايتباي ولصفات شخصية مميزة تمتع بها، حيث ذهب سفيراً من السلطان قايتباي إلى السلطان العثماني بعد عقد الصلح بينهما وحمل معه هدية.[155]

وتدخل ماماي في النزاع الذي قام على الحكم زمن تولي السلطان محمد بن الأشرف قايتباي،[156] فقتل في يوم الخميس

155 السخاوي، المصدر السابق، ج6، ص 236.

156 تميزت السنوات الأخيرة لحكم السلطان قايتباي بالاضطراب الشديد على الصعيد الداخلي، حتى ضاق الناس بسبب كثرة الضرائب، وانخفاض النيل، وانعدام الأقوات، وبسبب

الشكل 106 جزء من خريطة الحملة الفرنسية يبين موقع قصر ماماي السيفي بين عامي 1798-1801م، وقد أطلق على هذه البقايا اسم بيت القاضي، وحملت رقم 263. (1/7000)

رابع رجب سنة 902هـ الموافق 5 مايو (أيار) 1497م ويقول ابن إياس أنه كان: (شاباً رئيساً حشماً وافر العقل شجاعاً بطلاً... وهو الذي جدد الدار المعظمة التي بين القصرين وأصرف عليها جملة مال).[157]

تشير ضخامة هذا القصر أو المقعد المتبقي منه إلى مدى

انتشار الطاعون، حتى لم ينج المماليك أنفسهم منه، وقد استغل المماليك الطامعون في العرش هذه الظروف، فقام بين الأمير قانصواه والأمير آقبردي نزاع تمكن في بدايته الأمير أقبردي من السيطرة على مقاليد الحكم لفترة، تمكن بعدها الأمير قانصوه من الضغط عليه حتى اضطره إلى الفرار بنفسه إلى غزة، وأخذ مكانه حتى صار وصياً على السلطان محمد بن قايتباي، ثم سلطاناً لعدة أيام قبل رجوع الناصر محمد بن قايتباي للسلطة ثم قتله لقانصوه سنة 902هـ/1497م. انظر: عبد العزيز عبد الدايم، مصر في عصري المماليك والعثمانيين، نهضة الشرق، جامعة القاهرة، 1996، ص159.

157 بدائع الزهور، ج3، ص353.

لوحة 88 رسم تصوري لمقعد ماماي عندما كان مستخدماً دار للقضاء العالي.

المكانة العالية والغنى الذي كان عليه ماماي[158] السيفي زمن السلطان قايتباي.

عمارة القصر:

لقد أثارت عمارة هذا القصر الكثير من التساؤلات، وقد أغفلت المصادر الحديث عما يفيد في ذلك، ولكن من المؤكد أن هذا القصر قد بني في موضع قصر الزمرد الذي كان من جملة القصر الكبير الشرقي الفاطمي الذي كان في مساحته الآن جامع الحسين ومدرسة الصالح نجم الدين أيوب، وكامل ميدان بيت القاضي وقصر بشتاك، أي الأرض المحصورة بين شارع المعز لدين الله الفاطمي من الجهة الغربية وشارع الجمالية من الجهة الشرقية.

وقد فصل المقريزي كلامه فقال: عندما آل قصر الزمرد للأمير سيف الدين قوصون سنة 741هـ/1340م، شرع في عمارة سبع قاعات لكل قاعة إسطبل ومنافع ومرافق، وكانت مساحة ذلك عشرة أفدنة، فمات قوصون قبل أن يتم بناء ما أراد من ذلك، فصار يعرف بقصر قوصون إلى أن اشترته خوند تتر الحجازية، فعمرته عمارة ملوكية ، وتأنقت فيه تأنقاً زائداً، وأجرت الماء إلى أعلاه، وعملت تحت القصر إسطبلا كبيراً لخيول خدامها وساحة كبيرة يشرف عليها من شبابيك حديد فجاء شيئاً عجيباً حسنه وأنشأت بجواره مدرستها التي تعرف إلى اليوم بالمدرسة الحجازية،[159] وجعلت هذا القصر من جملة ما هو موقوف عليها فلما ماتت سكنه الأمراء بالأجرة، وهكذا حتى عمر الأمير جمال الدين يوسف الاستادار داره المجاورة للمدرسة السابقية، فصار يجلس برحبة هذا القصر والمقعد الذي كان بها، وعمل باقي القصر سجناً يحبس فيه من يعاقبه من الوزراء والأعيان، فصار موحشاً يردع النفوس ذكره.

ويستنتج من ذلك أن قصر تتر الحجازية كان عظيم الاتساع

158 لم أعثر على أي حجة وقف لهذا الأمير، كما لم يرد اسمه إطلاقاً بكشف الحجج المسجلة في دار الوثائق القومية أو في دفتر خانة وزارة الأوقاف.

159 أثر رقم 138 أنشأت هذه المدرسة الخوند تتر الحجازية سنة 748-761هـ/1348م، وهي ابنة الناصر محمد بن قلاوون وزوج بكتمر الحجازي، وقد ألحقت بهذه المدرسة قبة دفنت بها.

تبلغ مساحته عشرة أفدنة،[160] يقع ويمتد للجهة الجنوبية والجنوبية الغربية من مدرسة تتر الحجازية ليشمل اليوم كافة الأرض الواقعة من المدرسة الحجازية شمالاً حتى مقعد بيت القاضي جنوباً، [الشكل 105].

قد ظل قصر تتر الحجازية على حاله الذي تركه عليه المقريزي وهو بيد أحفاد جمال الدين[161] طوال السنوات الباقية من القرن التاسع الهجري 14م حتى آل الجزء الجنوبي الغربي من هذا القصر للأمير ماماي، فقام بمرمته وتجديد عمارته، رغم ضخامته وعظم مساحته، ووضع عليه اسمه، وهذا معنى قول ابن إياس عند ذكره لماماي: (هو الذي جدد الدار المعظمة التي بين القصرين)،[162] ولكن لم يكتب للأمير ماماي المكوث بقصره هذا طويلاً، إذ سرعان ما قتل سنة 902هـ/1446م ، كما لم يكتب لهذا القصر نفسه البقاء حتى العصر الحديث فداهمته يد الزمان فخربت عمارته وأضاعت عظمته.

ومن مشاهير من أقام بهذا القصر بعد مقتل ماماي الخوند زوجة السلطان الغوري وذلك طوال الفترة التي كان السلطان يجدد فيها عمارة قاعة العواميد حتى اكتملت سنة 911هـ/1505م.[163]

من المؤكد أيضاً أن ضخامة هذا القصر واكتمال بنائه كان السبب الرئيسي في قرار السلطات العثمانية بنقل دار القضاء العالي إليه [لوحة 88]، بعد أن كانت المدرسة الصالحية[164] مقراً لقاضي عسكر الذي كان يتولى بحكم منصبه رئاسة دائرة القضاء العالي ، وذلك منذ الاحتلال العثماني لمصر 923هـ/1517م، فقد (وجدتْ دائرة القضاء العالي في مقرها الجديد بقصر السيفي ماماي ما يحقق لها مواجهة النشاط المتزايد في عملها، وبخاصة استقبال الأعداد الكبيرة التي توافدت عليها في دعاوى الأحوال الشخصية، وما ارتبط بذلك من قضايا عديدة).[165]

(وقد اتخذ قاضي عسكر إلى جانب رئاسته من قصر ماماي سكناً له، بينما اتخذ من المقعد الكبير الذي كان يتسع لجلسات دائرة القضاء العالي ومراسيمها، مقراً لعقد جلسات دائرة القضاء العالي)[166] ، وقد أطلق العامة ثم الخاصة على هذا القصر منذ سكن قاضي عسكر به بيت القاضي، وعرف الميدان الذي أمامه بميدان بيت القاضي كما جاء ذكره في كتاب الحملة الفرنسية تحت هذا الاسم[167] [الشكل 106]، وقد استمر هذا الأثر مقراً لمحكمة دار القضاء العالي حتى السنوات الأولى من القرن العشرين [لوحة 89].

وكان لبيت القاضي أو قصر ماماي منذ إنشائه حتى ذلك الوقت بابان الأول رئيسي ويقع بالضلع الجنوبي الشرقي للقصر وهو يطل على شارع بيت المال، والثاني ثانوي ويقع بالضلع الشمالي الغربي، وكان يفتح على خط بشتاك،[168] وكان يدخل له من شارع بين القصرين ويقول الجبرتي: ودخلوا من باب بيت القاضي الذي من ناحية بين القصرين.[169]

---

160 تختلف مساحة الفدان في البلاد العربية اليوم ومساحته في مصر 333.5 قصبة مربعة أو 4200 م2 بتقريب الكسر في فدادين. مجمع اللغة العربية، المعجم الوجيز، مجمع اللغة العربية، الهيئة العامة لشؤون المطابع الأميرية، القاهرة، 1995، ص464.

161 كان الناصر فرج بن برقوق قد وضع يده على كافة أملاك جمال الدين بعد قتله، ولكن سرعان ما أفتى قاضي القضاة صدر الدين علي بن الآدمي الحنفي بارتجاع أملاك جمال الدين التي وقفها على ما كانت عليه، فتسلمها أخوه وذلك بعد أن قتل الناصر.

162 بدائع الزهور، ج3، ص 353.

163 بدائع الزهور، ج4، ص81.

164 حول عمارة هذه المدرسة انظر: حسني نويصر، المرجع السابق، ص76-95.

165 سوسن سليمان يحيى، بيت القاضي دار القضاء العالي في مصر العثمانية "دراسة وثائقية آثارية"، ندوة قسم التاريخ الإسلامي، العدد العاشر، كلية دار العلوم، جامعة القاهرة، 1993، ص308.

166 المرجع السابق، ص 208-210.

167 تقع بقايا قصر ماماي بخريطة الحملة الفرنسية بالقسم السابع بالمربع 5-H، وقد أطلق عليها اسم بيت القاضي وحملت رقم 263.

168 ويسمى أيضاً بحارة بشتاك أو حارة بيت القاضي. انظر حولها دراستنا لقصر بشتاك في هذا الكتاب.

169 الجبرتي، المصدر السابق، ج1، ص616.

لوحة 89   في الأعلى صورة قديمة (عن الكراسات، كراسة رقم 19، عام 1902، لوحة رقم5) توضح حال مقعد ماماي في أواخر القرن التاسع عشر، ويظهر في الصورة بعض الغرف التي كانت مبنية داخل فضاء المقعد وقد أزالتها لجنة حفظ الآثار. بينما توضح الصورة في الأسفل مقعد ماماي اليوم بعد الترميم الأخير.

وظل هذا القصر على ما هو عليه أيام الحملة الفرنسية على مصر سنة 1212-1216هـ/1798-1801م وظهر بخريطتها باسم بيت القاضي [الشكل 106] وظل كذلك حتى سنة 1874 [الشكل 107] عندما شرعت مصلحة التنظيم في شق طريق موصل من أمام بيت القاضي حتى شارع المعز لدين الله أمام قبة المنصور قلاوون، فهدمت جزءاً كبيراً من المدرسة الظاهرية بالنحاسين،[170] كما هدمت جزءاً غير قليل كان باقياً من عمائر الضلع الشمالي الغربي لقصر ماماي، وسمي هذا الطريق بشارع بيت القاضي الجديد[171] [الشكل 108]، والذي صار يصل مباشرة بين بيت القاضي وشارع بين القصرين عبر شارع واسع، ومن نتائج هذا الشارع أنه فتح قصر ماماي أو بيت القاضي أمام العربات والمركبات حتى صار فناء القصر عبارة عن ميدان واسع عرف أيضاً بميدان بيت القاضي، ولا زال يحمل هذا الاسم، وربما كان فتح هذا الشارع من أكبر الضربات التي وجهت لآثار القاهرة الفاطمية، ونتج عنها زوال المدرسة الظاهرية،[172] ثم بداية التعدي على قصر ماماي، هذا التعدي الذي بدء مع شق الشارع وانتهى بزوال كافة أرجاء قصر ماماي حتى لم يتبق منه اليوم سوى جزء من ضلعه الجنوبي الغربي الذي يحتوي على المقعد والحواصل أسفله، وتشير ضخامة هذا المقعد إلى اتساع وضخامة القصر الأصلي، وفي الغالب أن هذا القصر كان مستطيل المسقط يمثل المقعد المتبقي الضلع الجنوبي الغربي القصير منه، بينما يمثل أغلب الساحة الواسعة أمام هذا المقعد فناء هذا القصر، والذي كانت تتوزع على أضلاعه الثلاثة الأخرى باقي أجزاء الدار التي زالت.

ومن المؤكد أن هذا القصر كان يحتوي على عناصر الدار الإسلامية، من فناء أوسط كشف سماوي، تتوزع حوله العناصر المعمارية من قاعات، وحجرات، وأروقة ودهاليز وممرات، يربط بينها سلالم، وكل هذه العناصر تأخذ نمط الانفتاح على الداخل، شأن كل القصور والبيوت الإسلامية، كما يلاحظ أن فناء هذا القصر كان موجهاً نحو الشمال الشرقي لتسهيل استقباله للنسيم البحري الرطب، وكان على درجة كبيرة من الاتساع [الشكل 109] يذكرنا بفناء قصر الأمير طاز قبل أن يقسم لفناءين.

---

170 المدرسة الظاهرية: أثر رقم 37 تاريخ 662/66هـ، تقع بشارع المعز لدين الله ملاصقة لضريح الصالح نجم الدين أيوب ويذكر عنها المقريزي أنها كانت تشغل مكان قاعة الخيام وقاعة السلاح الملحقة بالقصر الفاطمي الشرقي، وقام السلطان الظاهر بيبرس بانتزاع هذه الأماكن بعد أن استصدر فتاوي شرعية بذلك من الأئمة الدينيين، وقام ببناء مدرسة على هذا المكان، وكانت هذه المدارسة تتكون من صحن مكشوف حوله أربعة إيوانات وهي بذلك تعد أول مدرسة بنيت بتخطيط رباعي الإيوانات حول صحن واحد لغرض ديني بمصر، وقد زالت أغلب معالمها بعد شق شارع بيت القاضي الجديد 1874، كما سقطت مئذنتها عام 1882، وكل ما بقي منها اليوم إيوان وسبيل بشباكين. ؛ انظر: حسني نويصر، المرجع السابق، ص125-129. ؛ حسني نويصر، دراسة لأجزاء هامة من بقايا مدرسة السلطان الظاهر بيبرس البندقداري بالقاهرة 660-662هـ/1262-1263م، مجلة كلية الآثار، العدد الرابع، 1990، مطبعة جامعة القاهرة، ص1-39.

171 الخطط التوفيقية، ج2، ص 90.

172 كانت للمدرسة الظاهرية واجهتان إحداهما شمالية غربية تطل على شارع النحاسين والثانية جنوبية غربية تطل على الرحبة التي تتقدم القبة الصالحية النجمية، وأغلب الظن أن الواجهتين الأخريين كانتا ملاصقتين لجيران، فالضلع الشمالي الشرقي من المدرسة الظاهرية هدم بسبب شق الطريق المستجد الذي فتحته وزارة الأشغال في العصر الحديث لعمل شارع عرضي يربط بين شارع الجمالية وشارع النحاسين - سمي بشارع بيت القاضي- وأدى فتح هذا الشارع إلى ضياع كتلة ضخمة من المدرسة الظاهرية إن لم يكن قد قضى عليها، فهدم منها إيوان القبلة والصحن والإيوان الشمالي الغربي والإيوان الشمالي الشرقي والعضادة اليسرى من كتلة المدخل ودركاته ولم يعد باق من المدرسة الظاهرية إلا العضادة اليمنى من كتلة المدخل وغرفة السبيل والإيوان الجنوبي الغربي والذي يعرف حالياً باسم جامع طاهر، وإن كانت المدرسة الظاهرية قد هدمت بالفعل فإن الأعمال الأثرية التي قام بها العالم كريزول بهذه المدرسة أثبتت أنها كانت من كبريات مدارس العصر المملوكي، وكانت مساوية في العمق للمدارس الصالحية النجمية المجاورة لها، كما أن الصور التي رسمها الرحالة في القرنين 18-19م لهذه المدرسة أثبتت أنها تساوي في الارتفاع مجمع المنصور قلاوون المواجه لها. ؛ حسني نويصر، دراسة لأجزاء هامة من بقايا مدرسة السلطان الظاهر بيبرس، ص3.

الشكل 107 جزء من خريطة جران بك عام 1874م، وقد وضعت قبيل قيام مصلحة التنظيم في شق شارع بيت القاضي الذي صار يوصل بين سوق النحاسين بشارع المعز لدين الله، وبيت القاضي والذي هدمت بسببه أجزاء كبيرة. (4000/1)

الشكل 108 المخطط المساحي لمنطقة قصر ماماي التي وضعت عام 1937 أي بعد فتح شارع بيت القاضي عام 1874 والذي هدمت لأجله أجزاء كبيرة من المدرسة الظاهرية بالنحاسين، كما هدمت أجزاء غير قليلة من عمائر الضلع الشمالي الغربي لقصر ماماي (بيت القاضي). (2000/1)

أما اليوم فقد ضاع قصر ماماي السيفي، وكل ما بقي منه جزء من ضلعه الجنوبي الغربي وبه في طابقه الأرضي أربعة حواصل يعلوها مقعد ضخم جليل أقل ما يبعث في مشاهده تساؤلاً عن مدى ضخامة ذلك القصر الذي كان هذا المقعد مجرد جزء منه. فقد حول فناء هذا القصر لميدان واسع به حديقة مزروعة وشوارع، واحتل الضلع الشمالي الشرقي لهذا القصر قسم شرطة الجمالية، بينما احتلت مصلحة الدمغات والموازين أغلب الضلع الجنوبي الشرقي، واحتل شارع بيت القاضي الجديد وحوانيت أخرى الضلع الشمالي الغربي، ولم يبق من الآثار القديمة في هذه الأضلاع الثلاثة سوى ذكرى تكاد تطمسها أبنية الحديد والخرسانة المسلحة.

الوصف المعماري للأجزاء الباقية من القصر

أولاً: المدخل الرئيسي للقصر: [لوحة 90]–[الشكل 109]

يمكننا الاستنتاج أن الضلعين الجنوبي الغربي والجنوبي الشرقي كانا من أهم أضلاع هذا القصر، وربما يكون بهذا سر وصول أجزاء منهما سليمة لنا اليوم. فالضلع الجنوبي الشرقي كان يقع المدخل الرئيسي لقصر ماماي، حيث كانت تشكل الواجهة الخارجية لهذا الضلع الواجهة الرئيسية الوحيدة الحرة المتوصل إليها عبر شارع واسع، وكان هذا المدخل يفتح على شارع بيت المال،[173] وقد تبين أن المدخل الضخم [الشكل 109–1] الواقع أسفل مبنى مصلحة دمغ المصوغات والموازين [لوحة 90] هو بذاته المدخل الرئيسي لقصر ماماي.[174] وقد تعرض

173 يتصل هذا الشارع اليوم مع شارع الجمالية ومع شارع الحسين، ولم يذكر علي باشا مبارك هذا الشارع في خططه، ويطلق على هذا الشارع اسم شارع خان جعفر لوجود خان به يحمل هذا الاسم، ويبدو أن هذا الشارع قد تعرض لتغيرات عبر الزمن الماضي حتى وصل إلينا بهذا الشكل.

174 ذكر هذا المدخل بفهرس الآثار الإسلامية تحت اسم باب بيت القاضي وأرخ إلى القرن 13هـ/19م.

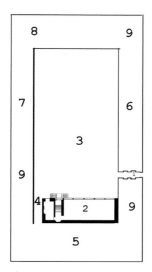

الشكل 109 رسم تصوري أعده الباحث للمخطط العام لقصر ماماي السيفي كما كان زمن إنشائه. 1-المدخل الرئيسي 2-المقعد 3-الفناء 4-الباب المؤدي للقاعتين خلف المقعد 5-القاعتان 6-الإسطبل 7-باب السر 8-أماكن الخدمة (مطبخ، ساقية) 9-حواصل وغرف وملحقات.

هذا المدخل لتجديد شبه كامل عند فتح شارع بيت القاضي أواخر القرن 19 ليصير الطريق الوحيد المتوصل منه من شارع بيت القاضي إلى شارع الجمالية، وكان المؤرخ الجبرتي قد ذكر هذا المدخل وأطلق عليه اسم دهليز بيت القاضي، ويفتح هذا المدخل الضخم على شارع بيت المال بفتحة باب عرضها 3.10م معقودة بثلاثة عقود نصف دائرية متراكبة وارتفاع فتحة الباب حتى أسفل أرجل العقود اليوم بعد الارتفاع الشديد لسوية الشارع 2.20م، ويفضي باب هذا المدخل إلى دهليز طويل [لوحة 90] طوله 12.30م وعرضه 4.70م، وعلى جانبيه دخلات جدارية عمق كل منها 0.60م ويغطيه سقف حجري ضخم مكون من عقدين متقاطعين، يؤكد شكلهما وضخامتهما أصالة تعود للعصر المملوكي، ويتشابهان مع العقود التي تغطي إسطبل كل من قصر ألناق الحسامي وقصر قوصون،[175] وينفذ من هذا الدهليز مباشرة عبر فتحة معقودة بعقد نصف دائري

175 انظر الدراسة الوصفية لهذين القصرين في الباب السابع من هذا الكتاب.

لوحة 90 كتلة المدخل الأصلي لقصر ماماي بعد الترميم الأخير، وتقع هذه الكتلة اليوم أسفل مصلحة الدمغات والموازين.

اتساعها مثل عرض الدهليز وارتفاعها حتى رجل العقد 2.60م للميدان الواقع أمام مقعد ماماي [الشكل 109-3].

ثانياً: الضلع الجنوبي الغربي:

تعتبر الأجزاء الباقية بهذا الضلع من أكمل وأهم الأجزاء الباقية من هذا القصر، وهي تمثل ما بقي من عمائر هذا الضلع الذي كان أكثر امتداداً للجهة الشمالية الغربية، حيث كان يوجد به باب [الشكل 109-4] يتوصل منه لقاعتين أرضيتين [الشكل 109-5] كانتا تقعان خلف الأجزاء الباقية من هذا الضلع، وقد ظلت بقايا هاتين القاعتين حتى أواخر القرن 19.

الطابق الأرضي: [لوحة 91]-[الشكل 110]

يتألف هذا الطابق من أربعة حواصل مستطيلة المسقط تقع أسفل المقعد، وهذه الحواصل مختلفة المساحات، يبلغ طول

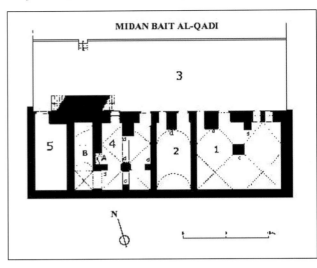

الشكل 110 المسقط الأفقي للطابق الأرضي الواقع أسفل مقعد ماماي. 1–الحاصل الأول 2–الحاصل الثاني 3–الفناء (ميدان بيت القاضي) 4–الحاصل الثالث A–دخلة جدارية B–دهليز ملحق بالحاصل 5–الحاصل الرابع D–دعامات حجرية مضافة (عن: Revault & Maury, *Palais et Maisons du Caire*)

لوحة 91 صورة قديمة لواجهة مقعد ماماي الطابق السفلي وواجهة المقعد. (عن أرشيف الهيئة العامة للآثار المصرية)

الحاصل الأول [الشكل 110–1] منها الواقع على يمين الواجهة 11.25م، وعرضه 8.25م، والحاصل الثاني [الشكل 110–2] طوله 8.25م، وعرضه 4.75م، وأما الثالث [الشكل 110–4] فطوله 8.25م، وعرضه 6.50م، فتح في جداره الشمالي الغربي دخلة جدارية معقودة بعقد موتور[الشكل 110–4،A] بعرض 1.50م، وارتفاع 2.20م، وتوجد لجانبها فتحة باب ارتفاعه 2.35م، وعرضه 2.18م، يفضي لدهليز مستطيل [الشكل 110–4،B] يمتد بطول الحاصل، وعرضه2.50م، عليه سقف مائل للأعلى حسب ميلان السلم الصاعد المؤدي للمقعد فوقه.

ويغطي الحاصل الأول، قبوان متقاطعان، بينما يغطي الحاصل الثاني قبو اسطواني أما الحاصل الثالث فعليه قبو متقاطع يشبه في شكله قبوي الحاصل الأول، وجميع هذه الأسقف تستند على دعائم حجرية ضخمه [الشكل 110،D] يظهر من مواقعها العشوائية وخامة بنائها أنها مضافة في فترة لاحقة، للزيادة في متانة السقف الذي يحمل المقعد، وقد بنيت جميع هذه الأسقف بالأحجار المنحوتة.

وتطل هذه الحواصل الثلاثة على الخارج بثلاث فتحات أبواب ذات عقود صغيرة مدببة، ارتفاع كل منها 2.40م وعرضه 1.25م، وتوجد على يسار كل منها فتحة شباك مستطيلة ارتفاعها 1.55م، وعرضها حوالي 90سم، يعلو كلاً منها عتب حجري من صنجات معشقة، وتغشي هذه الشبابيك مصبّعات من البرونز، وعلى يمين باب الحاصل الأول يوجد شباكان إضافيان مشابهان للشبابيك السابقة.[176]

176 لقد كان الطابق الأرضي مختفياً خلف جدار سميك بني أمامه بفترة لاحقة بالعصر العثماني، وقد عثر هرتس بك على هذه الواجهة والحواصل الأربعة التي خلفها عام 1904، واقترح على نظارة الأشغال العمومية أن تحط من مستوى الشارع إزاء المقعد قليلاً حتى توازي الأرضية القديمة وأن يتخذ على هذا الجزء المنحط درابزين مثل الذي هو متبع في بعض المساجد، ووافق القسم الفني بلجنة الآثار العربية على هذا

الشكل 111 المسقط الأفقي للطابق الأول الواقع أسفل مقعد ماماي. 1-حنية المدخل التذكاري للمقعد 2-البسطة التي تتقدم كتلة المدخل 3-الفناء (ميدان بيت القاضي) 4-الممر والسلم الصاعد المتوصل منهما للمقعد5-بسطة السلم الصاعد 6-المبيت الملحق بالمقعد 7-فضاء المقعد. (عن: Revault & Maury, *Palais et Maisons du Caire*)

هذا ويؤطر التكوين المعماري والزخرفي لواجهة هذا الطابق الأرضي جفت لاعب[177] يسير أعلى الواجهة ويمتد حول أعتاب الشبابيك وعقود الأبواب وكوشاتها لينعقد فوق قمة كل عقد بشكل ميمة كبيرة.

وأما الحاصل الرابع [الشكل 110-5] الواقع على يسار الواجهة فطوله 8.00م وعرضه 4.25م، مغطى بسقف خشبي مسطح، ويفتح على الخارج بباب كبير عليه عقد مدبب ارتفاعه 2.52م، وعرضه 1.50م، يغلق عليه مثل باقي الحواصل الثلاثة الأولى مصراع خشبي، ويعلو هذا الباب شباكان صغيران مستطيلان على كل منهما مصبعات برونزية يعلوهما شباك كبير مغشى أيضاً بالمصبعات، ويرجح أن هذه الحواصل الأربعة كانت أرضيتها مفروشة بالحجر الكدان، وجدرانها مسبلة بالبياض، (كما استخدمت هذه الحواصل في حفظ سجلات المحكمة، وكذلك ما كان يرد إليها من سجلات محاكم الأقاليم).[178]

الطابق الأول:

المقعد: [لوحة 91]-[الشكل 111]

وتعلو الحواصل الثلاثة الأولى في الطابق الأول واجهة المقعد، التي تتألف من خمسة عقود مدببة على شكل حدوة الفرس، ذات أرجل طويلة محمولة على أربعة عمد ذات تيجان على شكل زهرة اللوتس، وتعلو هذه التيجان وسائد خشبية تمتد منها روابط خشبية عريضة ترتبط من الطرفين مع الجدارين الجانبيين بهدف منع الرفس الطارد للعقود، كما ترتبط هذه الأعمدة ببعضها من الأسفل بواسطة درابزين من خشب الخرط، ويؤطر العقود من الخارج جفت لاعب ذو ميمات صغيرة يرسم فوق كل عقد شكل دائرة كبيرة، وتظهر على كوشتي كل عقد من عقود هذه الواجهة دائرة كبيرة وضع بداخلها رنك الأمير ماماي السيفي، وتغطي باقي كوشات العقود الخمسة زخارف نباتية بارزة.

كما يعلو كوشات هذه العقود إفريز عريض مقسم إلى خمسة بحور يحدد كلاً منها جفت لاعب ذو ميمات، وملئ كل بحر منها بكتابة بخط الثلث، ولكن للأسف ضاع جزء كبير من هذه الكتابات الموجودة داخل هذه البحور أعلى عقود الواجهة، وقد صارت صعبة القراءة بسبب التآكل الذي لحق بها، وأغلب الظن أنها عبارة عن آية قرآنية تبدأ بالبسملة،[179] هذا ويتقدم الواجهة من الأعلى رفرف خشبي مائل، محمول على ستة كوابل خشبية جميلة.[180]

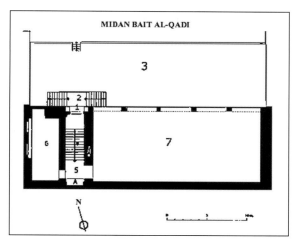

المشروع وأوصى بتنفيذه، وقد صرف من ميزانية عام 1906 مبلغ 300جنيه للتصرف على إنشاء هذا الخندق ومرمة باب المقعد.: انظر: الكراسات، كراسة 21، عام 1904، تقرير 355، ص 97. الكراسات، كراسة 22، عام 1905، تقرير 346، ص106. الكراسات، كراسة 23، عام 1906، تقرير 350، ص 64. الكراسات، كراسة 25، عام 1908، تقرير 388، ص 69.

177 حول هذا المصطلح انظر: مصطلح الجفت في مسرد المصطلحات الملحق بهذا الكتاب.

178 سوسن سليمان، المرجع السابق، ص 341.

179 من المحتمل أن هذه البحور قد تآكلت منذ زمن بعيد، حيث لم يقم فان برشم بقراءتها. انظر: Berchem, Max van. *Matériaux pour un Corpus Inscriptionum Arabicarum,* II Egypt. G. Wiet, Cairo, 1930, 542.

180 إن هذا الرفرف من تجديدات لجنة حفظ الآثار العربية،

لوحة 92   صورتان قديمة وحديثة لكتلة مدخل مقعد ماماي السيفي. (عن أرشيف الهيئة العامة للآثار المصرية)

ويقع مدخل هذا المقعد[181] على يسار الواجهة [الشكل 111–1] المذكورة أعلاه، ويؤطر جميع تكوين كتلة هذا المدخل جفت لاعب ذو ميمات دائرية، كما تتقدم هذه الكتلة بسطة مستطيلة [الشكل 111–2] طولها 2.52م، وعرضها 2.05م،

يتوصل إليها عبر قلبتي سلم تتألف كل منهما من ثمان درجات سلم [لوحة 92].

والمدخل عبارة عن حجر غائر [الشكل 111–1] ينتهي من الأعلى بعقد مدائني ملئت ريشتاه بصفوف من المقرنصات ذات شكل هرمي، وتوجد أسفل الحجر [لوحة 92] فتحة باب ضخم ارتفاعه 3.00م، وعرضه 1.76م، يغلق عليها مصراع باب خشبي، وعلى جانبي هذا الباب يوجد مكسلتان مستطيلتان طول كل منهما 76سم ، وعرضها 56سم، بينما ترتفع كل منهما عن أرض المدخل بمقدار 1.00م، ويظهر على كل منهما جفت لاعب مجدد، ويعلوهما على عضادتي الباب شريط كتابي متآكل يمتد على جانبي الحجر الغائر ولكن ضاعت اليوم كل الكتابات الواقعة على جانبي هذا الحجر وبهتت تلك التي تقع

حيث لم يكن قد بقي من الرفرف القديم للمقعد سوى مساند الكوابيل الحاملة له، وقد جدد هذا الرفرف على شاكلة رفرف مقعد قايتباي بالجبانة. أثر رقم 101 والمؤرخ بحوالي 865–1460م. : الكراسات، كراسة 19، عام 1902، ملحق الكراسة، ص151.

181   انظر: -Revault, Jacques, Maury, Bernard. *Palais et maisons du Caire (du XIVe au XVIIIe siècle)*, Cairo: I.F.A.O., 1975. Part I, 13 –20.

داخل الحجر فصار النص اليوم صعب القراءة وقد استعنت بالمراجع المتخصصة لقراءته:

الجانب الأيسر: [بسم الله الرحمن الرحيم أمر بإنشاء هذا المقعد المبارك][182] المقر الكريم العالي ماماي السيفي مقدم[183] عين الألوف بالديار

الجانب الأيمن: المصرية الملكي الأشرفي عز نصره [بتاريخ شهر ذي القعدة سنة إحدى وتسعماية[184]].[185]

ويعلو الباب عتب حجري يعلوه نفيس، ثم عقد عاتق ذو صنجات معشّقة من الرخام الأبيض والأسود، ويوجد على النفيس زخارف نباتية محورة، كما يعلو الباب شطف رأسي ينتهي من الأعلى بثلاثة صفوف من المقرنصات، ونتوسطه فتحة شباك مستطيلة ذات مصبّعات من البرونز، وعلى جانبي هذا الشطف للأعلى أسفل رجلي العقد المدائني يوجد مستطيلان، على كل منهما زخارف هندسية بارزة، وعلى كل من كوشتي العقد المدائني يوجد تكرار لرنك ماماي كما

لوحة 93 سقف الممر المؤدي لمقعد ماماي السيفي.

شاهدناه على كوشات عقود الواجهة، كما يعلو ذلك بحر كتابي بعرض كتلة المدخل كتب عليه:

بسم الله الرحمن الرحيم إنا فتحنا لك فتحاً مبيناً ليغفر لك الله.[186]

ويفضي باب المدخل إلى ممر [الشكل 111–4] عرضه 2.52م به سلم صاعد يتألف من اثنتي عشرة درجة، يوصل إلى بسطة واسعة [الشكل 111–5]، فتحت بصدرها سدلة [الشكل 111–5،A] ترتفع عن أرض البسطة بمقدار 79سم، وتفتح على البسطة بعرض 2.50م، يضيق قليلاً من الداخل، وعمقها 1.04م، وأما ارتفاعها فيصل حتى سقف الممر الذي هو عبارة عن سقف خشبي يتكون من براطيم تحصر بينها أشكال طبالي وتماسيح عليها زخارف ثرية ذات ألوان بديعة، فالزخارف النباتية عبارة عن مجموعة كبيرة من الزهور والأوراق والعروق

182 Berchem, *Op. cit.*, 542

183 والمقدم لقب فخري، وهو اسم مفعول من قدم معناه الرئيس أو القائد أو كبير القوم أو الطائفة...، وعرف في العصر العباسي كأحد كبار الموظفين الذين يصطحبون ولي العهد، وورد بمعنى القائد في كل من الدولة الغزنوية والسلجوقية ثم دول الأتابكة، وحمله بعض رجال الدولة الفاطمية، ثم أطلق في العصر الأيوبي على رؤساء طوائف الحرف، ثم شاع كثيراً في الدولة المملوكية فلقب به كبار جند الحلقة، وحمله قواد الجيوش وبعض قواد السفن، ورؤساء طوائف الجند مثل مقدم التركمان أو الأكراد، كما ظهرت في هذا العصر أسماء وظائف مختلفة مكونة من لفظ مقدم مضاف إليه ألفاظ أخرى مثل مقدم المماليك السلطانية، ومقدم العسكر، ومقدم الألوف أو مقدم ألف وهو هنا أمير مئة يقال له مقدم ألف، وقد يفخم أكثر من ذلك فيقال عين مقدمي الألوف . ⁝ حسن الباشا، الفنون الإسلامية والوظائف على الآثار العربية، دار النهضة العربية،1966،3ج، ج3، ص 316.

184 الموافق لشهر 9 سنة 1495م. وهذا يعني أن ماماي قتل بعد سنة ونصف من إنتهاء عمارة هذا المقعد.

185 Berchem, *Op. cit.*, 542

186 الآية رقم (1) وجزء من الآية (2) من سورة الفتح، وربما تكون بحور الكتابة غير الواضحة أعلى واجهة المقعد هي تتمة لهذه الآية إضافة لآيات أخرى من نفس السورة.

الملتفة، أما الزخارف الهندسية فمكونة من خطوط ودوائر ومثلثات، وأغلب هذه الزخارف ذات لون ذهبي قاتم على أرضية من اللون الأزرق الغامق [لوحة 93].

ويفتح على هذه البسطة الواسعة بابان، الأول على يمين الصاعد وهو باب مستطيل ارتفاعه 2.33م، وعرضه 1.18م، عليه مصراع باب خشبي حديث، ويفضي هذا الباب إلى مبيت [الشكل 111–6] يعلو الحاصل الرابع سالف الذكر [الشكل 111–5]، وهو مستطيل المسقط طوله 8.00م، وعرضه 4.00م، تفتح في جداره الشمالي الغربي دخلة جداريه [الشكل 111–6، A] عرضها 6.00م، وعمقها 40سم، كما فتحت في جداره الشمالي الشرقي دخلة ثانية بارتفاع السقف عرضها 1.85م، وعمقها 1.35م، فتح بصدرها شباك مستطيل مغشى بمصبعات من الخشب، يعلوه من الخارج عتب وعقد عاتق مكونين من الصنجات المعشقة، يحصران بينهما نفيساً [لوحة 92].

ويصل الداخل إلى المقعد[الشكل 111–7] مباشرة عبر الباب الثاني على يسار الصاعد، وهو باب مربع كبير ارتفاعه 2.97م، وعرضه 1.55م، يفضي إلى داخل المقعد مباشرة.

والمقعد من الداخل [لوحة 94] عبارة عن مساحة ضخمة مستطيلة طوله 21.82م، وعرضه 10.36م، بينما يرتفع سقفه حوالي 8.25م،[187] وقد تعرض المقعد من الداخل إلى تغييرات وتبديلات كثيرة عبر تاريخه الطويل ضاعت معها ملامحه المعمارية والزخرفية، التي يفترض وجودها بمقعد بمثل هذه الضخامة والعظمة، فمن المؤكد أن توظيف فراغ هذا المقعد ليصبح ساحة لدار القضاء العالي بالقاهرة ومكاناً لعقد جلسات الحكم على مدار أربعة قرون، دفع لإحداث تغييرات شديدة لتخطيط فراغ هذا المقعد.

وفي سنة 1998 كانت جدرانه قد طليت بالإسمنت، ثم

لوحة 94 مقعد ماماي السيفي من الداخل بعد الترميم الأخير

كسي أسفلها بعد أن حول المقعد إلى مسجد[188] بألواح خشبية دهنت باللون الأبيض، وقد دخل هذا المقعد بعد ذلك ضمن مشروع القاهرة التاريخية وبدئ بترميمه سنة 2001م ليستعيد اليوم جزءاً كبيراً من أصالته.

تتألف واجهة المقعد الواقعة في ضلعه الشمالي الشرقي من خمسة عقود مدببة على شكل حدوة الفرس، ذات أرجل طويلة محمولة على أربعة أعمدة ذات تيجان على شكل زهرة اللوتس، يربط بينها من الأعلى روابط خشبية عريضة ترتبط من الطرفين مع الجدارين الجانبيين، كما ترتبط هذه الأعمدة ببعضها من الأسفل بواسطة درابزين من خشب الخرط ارتفاعه 86سم، هذا إضافة للسقف من الداخل، وهو عبارة عن سقف خشبي من براطيم مستعرضة، تحصر بينها طبالي وتماسيح مجلدة بالتذهيب والألوان، ذات زخارف هندسية ونباتية غاية في الدقة والإبداع، سواء في أشكالها وزخارفها أو في ألوانها وتذهيبها، فقد ذهبت الزخارف رغم كثرتها ورسمت على أرضية زرقاء غامقة فجاء السقف لوحة فنية متقنة الصنع، وجاء الاتساع الكبير لهذا السقف ليزيده قدراً كبيراً من الجمال والجلال[189] [لوحة 95].

187 كان عباس كامل حلمي قد حدد مقاسات هذا المقعد كالتالي: الطول 32م، العرض حوالي 7م، ارتفاع السقف 11.50م. ⁝ انظر: عباس كامل حلمي، تطور المسكن المصري الإسلامي من الفتح العربي حتى الفتح العثماني، جامعة القاهرة، كلية الآداب، قسم الآثار الإسلامية، 1968، (رسالة دكتوراة غير منشورة)، ص205.

188 كان يسمى هذا المسجد "مسجد الرحمة".

189 لقد كان هذا السقف الموجود الآن محجوباً تحت سقف آخر بسيط وقد اكتشفته لجنة حفظ الآثار العربية عندما بدأت

لوحة 95 سقف مقعد ماماي والإزار ذو البحور الكتابية الذي
يجري أسفله.

كما يجري أسفل السقف إزار خشبي عرضه أكثر من متر، يستند
في زواياه على صفوف متتالية من المقرنصات الخشبية المتصاعدة
المتقنة، والتي تنتهي من الأسفل بشكل ورقة نباتية ثلاثية، كما
تتخلل الإزار في الأواسط أشكال حنيات صغيرة ذات عقود
مدببة، بواقع ثلاث حنايا في الضلع الطويل، وواحدة في الضلع
القصير، ويحمل هذا الإزار الخشبي اثني عشر بحراً كتابياً مكتوبة

أعمالها داخل مقعد ماماي عام 1901 وكشفت عنه عام
1902، ثم قامت بترميمه ترميماً شاملاً بالقياس على ما يماثله
من الأسقف المملوكية الباقية بالقاهرة، وخصصت له مبلغ
500 جنيه من ميزانية عام 1906، ومبلغ 650 جنيه من ميزانية
عام 1907، وانتهت عملية ترميم هذا السقف عام 1908.
الكراسات، كراسة 18، عام 1901، تقرير 282، ص 53.
الكراسات، كراسة 19، عام 1902، تقرير 297، ص 11.
الكراسات، كراسة 23، عام 1906، تقرير 357، ص 64.
الكراسات، كراسة 24، عام 1907، تقرير 371، ص 52.
تقرير 376، ص91. الكراسات، كراسة 25، عام 1908،
تقرير 382، ص 20، تقرير385، ص43.

الوحة 96 البحر الحادي عشر من كتابات الضلع الشمالي الغربي
لإزار سقف مقعد قايتباي مذكور به اسم الأمير ماماي.

كلماتها المذهبة بخط الثلث المملوكي على أرضية زرقاء، وهي
عبارة عن آية الكرسي كاملة تسبقها البسملة كاملة، ثم يتلو ذلك
النص التأسيسي للمقعد، وتبدأ هذه الكتابات من الطرف الغربي
للضلع الجنوبي الغربي وتقرأ كالتالي:

أولاً: الكتابات بالضلع الجنوبي الغربي
البحر الأول: بسم الله الرحمن الرحيم الله
البحر الثاني: لا إله إلا هو الحي القيوم لا تأخذه
البحر الثالث: سنة ولا نوم له ما في السموات وما
البحر الرابع: في الأرض من ذا الذي يشفع عنده
ثانياً: الكتابات في الضلع الجنوبي الشرقي
البحر الخامس: إلا بإذنه يعلم ما بين أيديهم
البحر السادس: وما خلفهم ولا يحيطون بشيء من
ثالثاً: الكتابات في الضلع الشمالي الشرقي
البحر السابع: علمه إلا بما شاء وسع كرسيه السموات
البحر الثامن: والأرض ولا يؤده حفظهما وهو العلي العظيم[190]
البحر التاسع: أمر بإنشاء هذا المقعد المبارك المقر
البحر العاشر: الأشرف العالي المولوي
رابعاً: الكتابات في الضلع الشمالي الغربي
البحر الحادي عشر: الأميري السيفي ماماي عين
مقدمين [لوحة 96]
البحر الثاني عشر: الألوف[191] الملكي الأشرفي.

---

190 سورة البقرة، الآية 255 "آية الكرسي".

191 عين مقدمين الألوف هي صيغة مفخمة لرتبة مقدم ألف وهو

الشكل 112 خريطة حديثة تبين موقع القصور والمنازل الباقية بمدينة القاهرة من العصر المملوكي. (من إعداد الباحث على خلفية خريطة منقولة عن: Revault & Maury, *Palais et Maisons du Caire*)

وهكذا نرى مدى الضخامة والعظمة التي يوحي بها هذا الجزء الباقي من القصر الزائل أو "المعتدى عليه"، حتى يمكن القول بأن هذا المقعد يعتبر (أكمل مثال للمقاعد المنشأة في دولة السلطان قايتباي)،[192] بل أروع وأكمل المقاعد الباقية في عمائر الدولة المملوكية.

أمير مئة، والعين هنا بمعنى كبير القوم، وقد وردت العبارة في بعض المؤلفات بصيغة أكثر تفخيماً هي "عين أعيان الأمراء المقدمين" حسن الباشا، المرجع السابق، ج3، ص791.

192 محمود أحمد، دليل موجز لأشهر الآثار العربية، د.ن، القاهرة، 1927، ص177.

4 قصر السلطان الغوري، 906–922هـ/1501–1516م

يقع هذا القصر [الشكل 112] بأول حارة الأربعين[193] المتفرعة من شارع الصليبة على يمين السالك فيه باتجاه قلعة الجبل. [الشكل 113].

المنشئ هو السلطان، الملك، الأشرف، أبو النصر قانصوه الغوري الظاهري الأشرفي الجركسي، حيث ينسب إلى غوري، وهي مدينة على نهر كور "غور" شمال غربي تفليس، وهي قصبة بلاد القفقاس أي الجركس،[194] كما ينسب إلى السلطان الظاهر خشقدم (865–872هـ/1461–1467م)، وإلى الأشرف قايتباي (872–901هـ/1467–1495م) الذي صار قانصوه من جملة مماليكه بعد وفاة خشقدم، فأعتقه وعينه جمداراً ثم خاصيكاً، وعلا شأنه زمن قايتباي، ثم زمن محمد بن قايتباي (901–904هـ/1496–1498م)، ومن خلفه من السلاطين، حتى عينه الأمراء سلطاناً على البلاد المصرية والشامية بعد أن ثار العسكر على السلطان العادل طومان باي في سنة 906هـ/1501م، فقبل بعد أن أظهر زهداً كبيراً في ذلك، وصار السلطان الثالث والعشرين من سلاطين المماليك

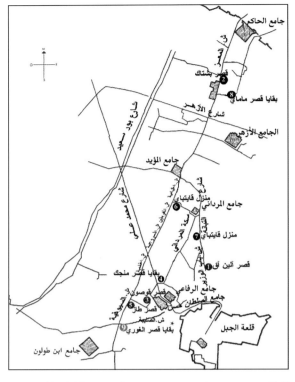

193 هي حارة الأربعين وتعرف أيضاً بحارة الجعافرة، ويذكر علي باشا مبارك أن بهذه الحارة زاويتين إحداهما تعرف بالأربعين، ويقابلها ضريح يقال له الأربعين والأخرى تعرف بزاوية الجعافرة. ؛ علي باشا مبارك، الخطط التوفيقية الجديدة لمصر القاهرة ومدنها وبلادها القديمة والشهيرة، الهيئة المصرية العامة للكتاب، القاهرة، 1982، (طبعة مصورة عن الطبعة الثانية في القاهرة، 1969)، 20ج، ج2، ص314. وسوف نرمز إليه لاحقاً بـ "الخطط التوفيقية". ويقع هذا القصر بخريطة الحملة الفرنسية بالقسم الثاني بالمربع u-8، ولم يشر إليه برقم بينما أشير لعطفة الأربعين برقم 156 ولشارع بئر الوطاويط برقم 148.

194 عبد اللطيف إبراهيم، دراسات تاريخية وأثرية في وثائق من عصر الغوري، قسم الآثار الإسلامية، كلية الآداب، جامعة القاهرة، 1956، 3 أجزاء، (رسالة دكتوراة غير منشورة)، ج1، ص48.

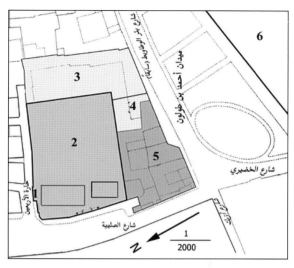

الجراكسة،[195] وكان يبلغ حوالي الستين عاماً عندما تولى هذا المنصب،[196] (ولكنه وصل إلى السلطنة بعد أن شاخت الدولة، فكان عصره بمثابة صحوة الموت لدولة الجراكسة في مصر والشام).[197]

وظل الغوري سلطاناً حوالي ستة عشر عاماً كان خلالها (كثير الطمع والظلم، يصادر الناس، ويأخذ أموال من يموت)،[198] ودبت الفوضى في البلاد في النصف الثاني من سلطنته، وقامت الضائقة الاقتصادية نتيجة لاكتشاف البرتغالين لرأس الرجاء الصالح سنة 902هـ/1496م، والذين تمكنوا من هزيمة الجيش المملوكي في معركة "ديو" البحرية سنة 915هـ/1509م، التي لم يلبث الغوري يلملم جراحها حتى هزمه السلطان سليم الأول العثماني في معركة مرج دابق شمالي حلب سنة 922هـ/1516م، بعد خيانة كبيرة بين المماليك، تفرقت بعدها جموعهم، وقتل سلطانهم الغوري بلا أثر ولا خبر، ليدخل الجيش العثماني الشام ثم مصر معلناً بذلك نهاية

الشكل 113 الموقع العام الحالي لبقايا قصر السلطان الغوري بالصليبة. 1-بقايا قصر الغوري 2-مدرسة التربية الفكرية بطولون 3-مدرسة شجر الدر 4-مدرسة أحمد بن طولون 5-حوانيت ومرافق مستجدة 6-جامع أحمد بن طولون. (من إعداد الباحث بالاستناد للخريطة المساحية للمنطقة)

الدولة المملوكية.[199]

وفي عصر الغوري ازدهرت الفنون والعلوم، وراجت سوق الأدب والموسيقى،[200] كما كان للغوري ولع غريب بالعمارة، (وليس أدل على غرامه بها من إنشائه في منطقة واحدة مجموعة أثرية مكونة من وكالة وحمام ومنزل ومقعد وسبيل وكتّاب ومدرسة وقبة).[201]

وقد أفاض ابن إياس في تعداد المنشآت المعمارية للسلطان

195 نسبة إلى الموطن الأصلي لأغلب سلاطين هذه الدولة في جورجيا أو بلاد الجركس، شمالي بحر قزوين، وشرقي البحر الأسود، التي جلبوا منها لمصر مع أعداد كثيرة جداً من الرقيق، حيث كان السلطان المنصور قلاوون أول من بدأ بجلبهم ليكونوا كالحصون المانعة له ولأولاده وللمسلمين، وأسكنهم في أبراج قلعة الجبل، مما جعل اسم البرجية أو الجراكسة يلصق بهم في التاريخ، تمييزاً لهم عن المماليك البحرية، الذين أقاموا في جزيرة الروضة، وقد ازدادت أعداد هذه الطائفة بعد ذلك حتى تمكنوا من السيطرة على السلطة، وتأسيس دولة المماليك الجراكسة أو البرجية (784-922هـ/1382-1517م)، التي حكم فيها أربعة وعشرون سلطاناً. ⁝ انظر: عبد العزيز عبد الدايم، مصر في عصري المماليك والعثمانيين، مكتبة نهضة الشرق، جامعة القاهرة، 1996، ص115-116.

196 ابن إياس، بدائع الزهور في وقائع الدهور، تحقيق محمد مصطفى، الهيئة العامة للكتاب، القاهرة، 1984، 5ج، ج4، ص4،5. وسوف نرمز إليه لاحقاً بـ "بدائع الزهور". ⁝ نجم الدين الغزي، الكواكب السائرة بأعيان المئة العاشرة، دار الآفاق الجديدة، بيروت، ط2، 1979، ج1، ص294.

197 عبد اللطيف إبراهيم، المرجع السابق، ص48.

198 الخطط التوفيقية، ج1، ص131.

199 حول تاريخ الدولة المملوكية في عصر الغوري انظر: عبد اللطيف إبراهيم، المرجع السابق، ص45-76. ⁝ عبد العزيز محمود عبد الدايم، المرجع السابق، ص163-178.

200 حسن عبد الوهاب، تاريخ المساجد الأثرية، مطبعة دار الكتب المصرية، 1946، 2ج، ج1، ص286.

201 المرجع نفسه، ج1، ص282.

الغوري[202] وأفرد لتعدادها مكاناً واسعاً في ترجمته،[203] وقد بنى الغوري عدة قصور ومنازل في القاهرة أهمها القصر الذي أنشأه في جزيرة الروضة على بسطة المقياس،[204] والقصر الذي أنشأه لابنه محمد في البندقانيين[205] والذي تناهى في زخرفته،[206] إضافة لهذا القصر الذي عرف باسمه.

تاريخ عمارة القصر:

إن الموقع الحالي لبقايا قصر الغوري [الشكل 113] مع تصور الامتداد الأصلي لهذا القصر في الاتجاه الجنوبي الغربي والجنوبي الشرقي قد كان واقعا ضمن حارة بئر الوطاويط[207] المذكورة أو ملاصقا لها على أبعد تقدير [الشكل 114].

وعليه فإنه من المرجح أن مكان هذا القصر هو إسطبل الأمير بدرجك[208] الذي ضمه الأمير صرغتمش للأرض التي

202 إضافة للمجموعة الأثرية الباقية حتى اليوم للغوري بمنطقة الغورية فإن وثيقة الغوري تؤكد أنه كان له عمارة كبيرة أخرى زائلة اليوم، كانت تقع إلى الغرب من مجموعته الشريفة هذه بالغورية (ص361)، وتتكون هذه العمارة من سبعة حوانيت، وطاحون، وحواصل، وقاعات عجين، وربع به تسعة مساكن، وقاعة كبرى مرخمة كاملة المنافع والمبيتات، وحمام (ص370)، وقد كانت هذه العمارة تتصل مع المجموعة الشريفة الخانقاه والمقعد القبطي (ص378)، وقد أنشئت هذه الأماكن بتواريخ مختلفة آخرها 12ذي القعدة سنة 913هـ/1507م (ص383)، وتذكر الوثيقة أن السلطان الغوري قد قام بوقف هذه الأماكن على زوجته المعظمة خوند الكبرى باي، تنتفع بها مدة حياتها، ويسقط استحقاقها إذا تزوجت بعد السلطان الغوري، حيث ينتقل حق الانتفاع بها إلى أولاد السلطان الغوري منها ومن غيرها من زوجاته ذكوراً وإناثاً، فإذا انقرضوا عاد وقف هذه الأماكن ليصرف بعدها على مجموعته الشريفة ص430–431) . ⁞ وثيقة وقف الغوري، الأوقاف، رقم882، وهي مؤرخة بعدة تواريخ آخرها 17 ربيع الثاني 922هـ/1516م.

203 بدائع الزهور، ج5، ص93–95.

204 بدائع الزهور، ج4، ص231. وقد بني هذا المقياس بجزيرة الروضة في خلافة سليمان بن عبد الملك وولاية عبد الله بن رفاعة سنة 97هـ/715م ثم في خلافة المتوكل العباسي أصلح سنة 233هـ/847م ثم جدد بشكل كامل في سنة247هـ/861م وأصبح يعرف بالمقياس الكبير، وصار المعول عليه في قياس مياه النيل حتى إنشاء السد العالي بأسوان. ⁞ محمد كمال السيد محمد، أسماء ومسميات من تاريخ مصر القاهرة، الهيئة المصرية العامة للكتاب، 1986، ص67.

205 أصل هذا الخط إسطبل الجميزة أحد إسطبلات الخلفاء الفاطميين، فلما زالت الدولة اختط وصارت فيه مساكن وسوق من جملته عدة دكاكين لعمل القسي البندق فعرف الخط بالبندقانيين لذلك، ثم إنه احترق في سنة 751هـ/1350م من جملة ما احترق بالقاهرة آنذاك، وظل خراباً حتى عمرت شيئاً فشيئاً بعد عام 789هـ/1387م حتى صارت أنزه ما يرى، ويشمل اليوم كما يقول محمد رمزي المنطقة التي يخترقها سوق السمك القديم وسوق الصيارف الكبير وحارتا السبع قاعات البحرية والقبلية وما بين ذلك شارع السكة الجديدة. ⁞ المقريزي (تقي الدين أحمد بن علي بن عبد القادر 845هـ/1442م)، المواعظ والاعتبار بذكر الخطط والآثار، مكتبة الآداب، القاهرة، 4ج، 1996، ج3، ص49–51. وسوف نرمز إليه لاحقاً بـ "الخطط المقريزية". ⁞ ابن تغري بردي (أبو المحاسن جمال الدين يوسف ت874هـ/1469م)، النجوم الزاهرة في ملوك مصر والقاهرة، تحقيق محمد رمزي، الهيئة العامة للكتاب، القاهرة، 1972، 16ج، ج4، ص52، الحاشية رقم1 تعليق محمد رمزي. وسوف نرمز إليه لاحقاً بـ "النجوم الزاهرة".

206 بدائع الزهور، ج4، ص479، ج5، ص94.

207 بئر الوطاويط: قال المقريزي: أنشأ هذه البئر الوزير أبو الفضل جعفر بن الفضل بن جعفر بن الفرات المعروف بابن خترابة لينقل منها الماء إلى السبع سقايات التي أنشأها وحبسها لجميع المسلمين التي كانت بخط الحمراء... فلما طال الأمر خربت السقايات وإلى اليوم يعرف موضعها بخط السبع سقايات وبني فوق البئر المذكورة وتولد فيها الكثير من الوطاويط فعرفت ببئر الوطاويط، ولما أكثر الناس من بناء الأماكن أيام الناصر محمد بن قلاوون عمر هذا المكان وعرف إلى اليوم بخط بئر الوطاويط، وهو خط عامر. ⁞ الخطط المقريزية، ج3، ص220.

208 هو الأمير بدرجك تقدم عند الناصر محمد وحج معه سنة 719هـ/1319م فبعثه مبشرا بسلامته لما رجع إلى الشام فنال مالا جزيلا ومات سنة 724هـ/1323م وكان جليلاً

الشكل 114 الخريطة المساحية للمنطقة التي يقع فيها بقايا قصر الغوري في رأس حارة الأربعين في الصليبة، ويظهر بالخريطة التطور الذي حل بشارع بئر الوطاويط بعد إزالة المباني الملاصقة للواجهة الشمالية الشرقية لجامع أحمد بن طولون. (عن: الهيئة العامة للمساحة)

عمر عليها قصره حيث يذكر ابن تغري بردي ذلك بأحداث سنة 752هـ 1351م، فيقول: (وشرع الأمير صرغتمش في عمارة إسطبل الأمير بدرجك بجوار بئر الوطاويط قريبا من الجـامع الطولوني).[209]

ويقول المقريزي: إن هذه الدار بخط بئر الوطاويط بالقرب من المدرسة الصرغتمشية المجاورة لجامع أحمد بن طولون من شارع الصليبة، وكان موضعها مساكن اشتراها الأمير صرغتمش وبناها قصراً وإسطبلاً سنة 753هـ/1352م وحمل إليه الوزراء والكتاب والأعيان من الرخام وغيره شيئا كثيراً وهذه الدار عامرة إلى يومنا هذا يسكنها الأمراء، ووقع الهدم في القصر خاصة في شهر ربيع الآخر سنة 827هـ/1423م.[210] إن وكالة برسباي قد بنيت على بعض الأجزاء القبلية "الجنوبية الشرقية" من قصر صرغتمش الذي بقيت أجزاؤه البحرية (الشمالية الغربية) مطلة على شارع الصليبة بواجهة شمالية غربية وعلى حارة الأربعين بواجهة شمالية شرقية ويسكنها الأمراء وتسمى بأسمائهم حتى آلت للسلطان الغوري بتاريخ ليس أقدم من توليه للسلطنة 906هـ/1500م، والذي عمل بعد ذلك على وضع يده على وكالة وربع برسباي الواقعة كما قلنا للجهة الجنوبية الشرقية من قصر صرغتمش آنذاك، ولم يتم ذلك للسلطان الغوري قبل سنة 915هـ/1509م.

إن السلطان الغوري لم يشرع في إزالة وهدم الربع والوكالة وبناء قصره هذا قبل سنة 915هـ/1509م، أي في وقت متأخر من سلطنته التي عانى في أواخرها الكثير من المشكلات السياسية والاقتصادية، وربما يعود لهذه المشاكل السبب في عدم إتمامه لعمارة قصره هذا بالكامل.

وبناء عليه يمكننا تأريخ بناء هذا القصر إلى الفترة 915–922هـ/1509–1516م. ومن المرجح أن الحدود الأصلية لقصر السلطان الغوري هذا كانت تمتد لمساحة كبيرة [الشكل 115] بحيث شكل شارع الصليبة حدها البحري "الشمالي الغربي"، وحارة الأربعين حدها الشرقي "الشمالي الشرقي" وبه الواجهة الرئيسية للقصر وبها المدخل الرئيسي الذي يعتبر مع الجزء الصغير من هذه الواجهة الخارجية الشمالية الشرقية الجزء الوحيد المتبقي من ذلك القصر الواسع، وقد كان الحد القبلي "الجنوبي الشرقي" ملاصقاً لجار وربما كان ينتهي جزء

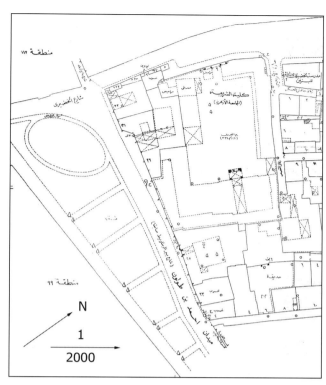

متواضعاً. ⋮ ابن حجر العسقلاني (أبي الفضل أحمد بن علي بن محمد بن علي بن أحمد ت852هـ/1448م)، الدرر الكامنة في أعيان المائة الثامنة، مطبعة مجلس دائرة المعارف العثمانية، حيدر أباد، الهند، 1972، ط2، ج6، ج2، ص3.

209 النجوم الزاهرة، ج1، ص 267 – 268

210 الخطط المقريزية، ج3 ص119. وقال في السلوك أن الهدم قد وقع في شهر ربيع الآخر سنة 828هـ/1424م. ⋮ انظر: المقريزي (تقي الدين أحمد بن علي بن عبد القادر 845هـ/1442م)، السلوك لمعرفة دول الملوك، 4 أجزاء، 12 قسم، مطبعة دار الكتب، القاهرة 1957–1973، ج4، ق2، ص386. وسوف نرمز إليه لاحقاً بـ "الخطط المقريزية".

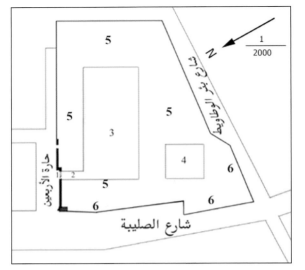

منه لزقاق غير نافذ كان متصلاً بحارة بئر الوطاويط، أما الحد الغربي "الجنوبي الغربي" فقد كان يفتح بجزء كبير منه على حارة بئر الوطاويط.

ومن الواضح أن الامتداد الكبير لهذا القصر كان يفترض أن يكون به فناء رئيسي واسع جداً يتوسط أجزاء القصر، حيث تحيط بهذا الفناء أربعة أضلاع تتوزع بها أبنية القصر وفراغاته المعمارية، وكان دهليز الدخول إليه يفتح بالطرف الشمالي للضلع الشمالي الشرقي لهذا الفناء، حيث كان يقع خلف المدخل الرئيسي للقصر والباقي حتى يومنا هذا، الذي كان ومازال يقع أيضاً بالطرف الشمالي للواجهة الخارجية الشمالية الشرقية للقصر. كما أنه من المفترض في هذه الحالة أنه كان يشغل كامل الواجهة الخارجية الشمالية الغربية للقصر والمطلة على شارع الصليبة وربما جزءاً من الواجهة الخارجية الجنوبية الغربية التي كانت مطلة على شارع بئر الوطاويط بحوانيت تجارية بناها الغوري أو جددها عند بنائه لقصره هذا، كما رأينا ذلك في أغلب القصور المملوكية، وربما يفسر هذا وضع الغوري للمدخل الرئيسي لقصره على حارة فرعية هي حارة الأربعين [الشكل 115].

أما في العصر العثماني فمن المؤكد أن قصر الغوري قد سكن منذ بداية هذا العصر من قبل القادة العثمانيين، وقد نال هذا القصر ما نال كامل شارع الصليبة من الاعتداء والتخريب حين انكسر السلطان الأشرف طومان باي[211] في إحدى معاركه مع العثمانيين الذين دخلوا الصليبة وأحرقوا أجزاء من جامع شيخو وأحرقوا البيوت التي حوله حيث كان

الشكل 115 رسم تصوري من إعداد الباحث للحدود الأصلية التي كان يمتد عليها قصر السلطان الغوري في الصليبة، ومسقط تخيلي للطابق الأرضي للقصر. 1-المدخل الرئيسي للقصر 2-دهليز المدخل 3-الفناء الرئيسي الكبير للقصر 4-الفناء الصغير (فناء الخدمة) 5-أجزاء القصر وفراغاته المعمارية 6-حوانيت ومحلات تجارية.

السلطان طومان باي قد تحصن بجامع شيخو بعد أن أمر بحفر خندق في رأس الصليبة (أي ملاصقاً لقصر الغوري) وآخر عند قناطر السباع وآخر عند رأس الرميلة وآخر عند جامع ابن طولون وآخر عند حدرة البقر.[212]

ويبدو أن قصر الغوري قد عانى بعد ذلك الكثير من الإهمال وآل إلى التهدم والزوال حتى لم يرد له ذكر بعد ذلك، وحل مكانه في القرن 19م قصر أو دار للأمير راشد باشا حسني المعروف بأبي شنب فضة [لوحة 97]، التي يقول عنها علي باشا مبارك أن أصلها من إنشاء المرحوم أدهم باشا ناظر المدارس والأوقاف سابقا،[213] ثم آلت هذه الدار إلى ابن راشد باشا حسني وهو أحمد بك إحسان، وتحولت بعد ذلك لتشغلها كلية

211 هو أخر السلاطين المماليك، وابن أخ السلطان الغوري، وقد عين سلطانا بعد وصول خبر مقتل الغوري في معركة مرج دابق، وانكسار العسكر المملوكي أمام الجيش العثماني شمال سوريا 922هـ/1516م، ورغم كون طومان باي شجاعا مقداما فقد كان كما يقول ابن إياس سيئ الحظ خاض عدة معارك ضد السلطان سليم شاه أهمها موقعة الريدانية وقد ألقى القبض عليه ثم أمر السلطان سليم به فشنق على باب زويلة 923هـ/1517م ثم أنزل بعد ثلاثة أيام فغسل وكفن ودفن بالحوش خلف مدرسة السلطان الغوري بالغورية. : بدائع الزهور، ج5، ص176 وما قبلها.

212 بدائع الزهور، ج5، ص154-155.

213 الخطط التوفيقية، ج 2، ص 315.

لوحة 97 بقايا بوابة منزل راشد باشا حسني الذي بني على بقايا قصر الغوري وكان يحتوي على أجزاء منها حتى أواسط القرن العشرين، وقد زال هذا البيت ولم يتخلف عنه سوى بوابته أيضاً.

الشريعة إحدى أقسام الجامعة الأزهرية[214] [الشكل 114]، ثم معهد المعلمين العام بالقاهرة في الستينات من القرن الماضي والذي انتقل منها لاحقا، حيث قسمت هذه الدار اليوم إلى ثلاثة أقسام الأول كبير به مدرسة باسم مدرسة التربية الفكرية بطولون ويفتح بابها على شارع الصليبة، والثاني أقل مساحة وبه مدرسة باسم شجر الدر، ويتم الدخول إليها من باب على ميدان أحمد بن طولون، والقسم الثالث صغير به مدرسة ثانية باسم أحمد بن طولون يفتح بابها على الميدان أيضاً [الشكل 114]، [الشكل 116] .

وقد لفتت بوابة قصر الغوري نظر القسم الفني في لجنة حفظ الآثار العربية، وعُلِمَ أنه في ملك إحسان بك بن المرحوم راشد باشا حسني، اقترح الاتفاق مع المالك من أجل حفظ بقايا هذا البناء المخلف من أوائل القرن 10هـ/16م،[215] وأشار

214 النجوم الزاهرة، ج10، ص267، الحاشية رقم 1 تعليق الأستاذ محمد رمزي. ⋮ كراسات لجنة حفظ الآثار العربية، كراسة رقم23، لعام 1906، تقرير 356، ص 58. وسوف نرمز إليها لاحقاً ب "الكراسات".

215 الكراسات، كراسة رقم 23، لعام 1906، تقرير 356،

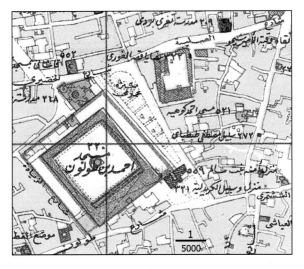

القسم الفني إلى أن البوابة مبنية أكتافها من الحجر النحيت وذات عقد ثلاثي مكتوب عليه اسم السلطان الغوري، وفي كل جهة من جهتي العقد "من الداخل والخارج" خارجة محمولة على كوابيل من الحجر النحيت،[216] كما وجد كل من المهندس ماكس هرتس بك وعلي بهجت بك الذين فحصا خارج الأثر وداخله قاعة تحتوي على آثار جلية من عصر الغوري.[217]

وكان يبلغ طول هذه القاعة التي اكتشفها د. عبد اللطيف ابراهيم 8.80م وعرضها 4.50م، لها باب حديث وشباكان، ولها أرضية حجرية وبها مجموعة نفيسة من الرخام كوزرة [لوحة 98]، وهي عبارة عن مداور من الرخام الأبيض وسط ترابيع من الخردة المجمعة، ويحيط بها كرنداز أو إطار أشرطة من الرخام الملون الأبيض والأسود ... ، وللقاعة إيوانان متقابلان بكل منهما سدلة رخام وجانباها ملوحاً برخام مشمشي من النوع المعروف بالحلبي، كما نجد عدة مداور رخام بأنواع مختلفة وفسيفساء رخامية وبها مراتب ضرب خيط كبير، وتعلو ذلك مداور صغيرة من الرخام المختلف الأنواع والألوان تعلوها مجموعة من البلاطات وترابيع القاشاني المختلف الأنواع والألوان من صناعة رودس أو كوتاهية، بعضها قديم أصيل والبعض تقليد حديث .

كما كانت توجد بهذه القاعة أسقف خشبية غنية بالزخارف والكتابات [لوحة 99] وأسقف تركية الطراز وترابيع من القاشاني التركي مما يؤكد استخدم هذا القصر في العصر العثماني[218] عندما سكن العثمانيون في باقي البيوت بالصليبة وخط الجامع الطولوني كما أشار إلى ذلك المؤرخ ابن إياس.

وبالبحث عن هذه القاعة اليوم تبين أنها أزيلت مع أجزاء كثيرة أخرى من قصر راشد باشا حسني عند إنشاء وزارة التربية والتعليم للمبنى الجديد لمدرسة التربية الفكرية بطولون

ص58 – 59.

216 الكراسات، كراسة رقم23، لعام 1906، تقرير356، ص58.

217 الكراسات، كراسة رقم26، عام 1909م، تقرير رقم394، ص18. وانظر ملحق هذه الكراسة، ص159.

218 حول وصف هذه القاعة انظر: عبد اللطيف إبراهيم، المرجع السابق، ج1، ص110–114.

الشكل 116 جزء من خريطة الآثار الإسلامية يبين الموقع الحالي لبقايا قصر الغوري في رأس حارة الأربعين في الصليبة، ويظهر بالخريطة موقع هذه البقايا بالنسبة للمساحة العامة المتخلفة من القصر.

بزمن غير بعيد.

الوصف المعماري للأجزاء الباقية للقصر:
[لوحة 100]–[الشكل 117]

تمثل هذه الأجزاء الباقية اليوم من قصر الغوري الجزء الهام من الواجهة الرئيسة الخارجية الشمالية الشرقية من القصر[لوحة 101]، وهي تقع على يمين الداخل إلى حارة الأربعين بطول 12.45م، ويمكننا تقسيم هذه الأجزاء لقسمين هما أولا: المدخل الرئيسي للقصر، وثانياً: القسم الباقي من جدار الواجهة.

أولاً: المدخل الرئيسي للقصر:

وهو القسم الأهم الباقي من أجزاء هذا القصر، وهو عبارة عن مدخل ضخم مبني بالحجر الفص النحيت المشهر[219] [الشكل 117–1] عرض واجهته 5.15م تتوسطه حنية واسعة عرضها 4.30م، يعلوها عقد مدائني ثلاثي، وقد أزيلت اليوم الأحجار

219 الحجر المشهّر، وهو طريقة في بناء جدران العمائر، وهذا الحجر ذو ألوان واضحة متباينة في درجات ألوانها فمنه الأبيض والأحمر والمائل للصفرة. ⁝ للاستزادة حول هذا المصطلح انظر: مسرد المصطلحات الملحق بهذا الكتاب.

لوحة 98 جزء من الوزرات الرخامية التي كانت تغطي أسفل جدران القاعة الزائلة من بقايا قصر الغوري في الصليبة. (عن عبد اللطيف إبراهيم، دراسات تاريخية وأثرية في وثائق من عصر الغوري)

لوحة 99 جزء من الإزار الذي كان يجري أسفل سقف أحد إيواني القاعة الزائلة من بقايا قصر الغوري في الصليبة. (عن عبد اللطيف إبراهيم، دراسات تاريخية وأثرية في وثائق من عصر الغوري)

لوحة 100 الأجزاء الهامة الباقية من قصر السلطان الغوري في الصليبة.

لوحة 101 صورة قديمة للأجزاء الباقية من قصر الغوري والواقعة في أول حارة الأربعين في الصليبية. (عن كراسات لجنة حفظ الآثار العربية، كراسة رقم 26)

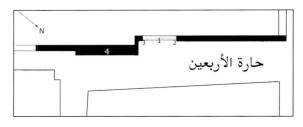

الشكل 117 المسقط الأفقي للأجزاء الباقية من قصر الغوري في الصليبية. 1-باب الدخول 2-3-المكسلتان 4-الخارجة (الشرفة البارزة). (من عمل الباحث)

التي كانت تسد كامل حنية المدخل واكتفي بسد فتحة باب الدخول التي تقع بصدر المدخل على عمق 0.95م بجدار من الآجر.

ويوجد على جانبي حنية الدخول مكسلتان حجريتان [الشكل 117- 3،2] بهما تآكل طول كل منهما 0.95م وعرضها 0.70م بينما ارتفاع كل منهما عن المستوى الحالي للأرض 0.90م فقط، وكان يعلو هاتين المكسلتين إفريز محفور به شريط كتابي ضاع الجزء الواقع منه على يسار الداخل، بينما تآكلت حروف الجزء الواقع على يمين الداخل بشكل بات من الصعب معه قراءته، وقد اعتدنا أن يحوي هذا الشريط البسملة واسم المنشئ وألقابه وتاريخ عمارة الأثر.

وقد حُلّيت كوشتا العقد المدائني الذي يتوّج حنية المدخل بزخارف هندسية منحوتة بالحجر تشبه التي نراها على كوشتي

لوحة 102 كوشتي العقد المدائني الذي يتوج حنية المدخل الرئيسي لقصر الغوري بالصليبة، وتظهر بهما الزخارف والرنك الذي يشغل مساحتيهما.

باب الغوري بخان الخليلي، ويتوسط كل منهما رنك كتابي باسم السلطان الغوري نصه [لوحة 102]:

أبو النصر قانصوه الغوري
عز لمولانا السلطان الملك الأشرف
عز نصره

كما يؤطر كامل كتلة المدخل وكوشتي العقد المدائني جفت لاعب بارز ينعقد فوق قمة العقد بشكل ميمة كبيرة. أما اليوم فإن هذا المدخل محاط بجدار حديدي لمنع التعدي عليه.

ثانياً: القسم الباقي من جدار الواجهة الشمالية الشرقية للقصر:

يقع هذا الجزء في الجهة الجنوبية الشرقية من المدخل الأصلي للقصر داخل حارة الأربعين ممتداً بطول 7.30م، وهو يبرز عن مستوى كتلة المدخل بمقدار 1.50م، و**المستوى السفلي** [لوحة 103] لهذا القسم عبارة عن جدار مصمت مبني بالحجر الفص النحيت ارتفاعه 4.40م، وتظهر إحدى الصور القديمة

لوحة 103 موقع القسم الباقي من جدار الواجهة الخارجية الشمالية الشرقية من القصر بالنسبة للمدخل الرئيسي للقصر.

[لوحة 104] أنه كانت توجد بهذا المستوى إلى الجهة الجنوبية الشرقية من هذه الواجهة فتحة باب صغير معقود بعقد نصف دائري محلى وكوشتيه بزخارف حجرية محفورة غاية في الدقة والجمال تثبت فعلاً مدى أهمية هذا القصر، وأما **المستوى العلوي** فهو عبارة عن خارجة[220] [الشكل 117-4] بارزة عن سمت الجدار بمقدار 0.75م محمولة على ستة كباش أو كوابيل من الحجر مثبتة بالجدار، وقد كان ينتهي الجزء السفلي لكل كبش بثلاثة صفوف من المقرنصات الهابطة، وقد ضاع هذا الجزء السفلي من بعض هذه الكباش.

220 خرج يخرج خروجا فهو خارج وخارج كل شيء ظاهره، ويمكن وصف الحوائط بحوائط داخلية وحوائط خارجية، ويطلق الخارج على الأجزاء البارزة من المبني وتسمى خارج أو خارجة، والفرق بين الروشن والخارجة أن الروشن دائماً بالأدوار العليا، أما الخارجة أو الخرجة فهي في الغالب بالدور الأرضي، فيرد بالوثائق مثلاً "خرجة بالبحر بها مقعد قمري" وقد تكون الخرجة أيضاً بالأدوار العلوية فيرد "ثم إلى الخرجة المطلة على الطريق الموعود بذكرها المشتملة على خزانة ومخبأة ووجه خركاه مطلة على الطريق ومرحاض" والخرجة بهذا المعنى متسعة اتساعاً أكبر من الروشن ويؤكد ذلك مايرد بالوثائق "مقعد يعلوه خرجة"، ويرد أحياناً أن للحانوت خارج أي مسطبة بارزة عن الحانوت، وأما المخرج فهو مكان الخروج. : محمد أمين؛ ليلى إبراهيم، قاموس المصطلحات الأثرية والوثائقية، مطبعة الجامعة الأمريكية، القاهرة 1990، ص 39.

ولا شك أن هذه الخارجة كانت متصلة مع أجزاء زائلة من القصر كان يتوصل عبرها لهذه الخارجة التي كانت تشرف على الطريق بمشربية من خشب الخرط.[221]

كما تطل هذه الخارجة مباشرة على فتحة مدخل القصر بنافذة مرتفعة معقودة بعقد نصف دائري [لوحة ١٠٠] عرضها ٠.٨٠م، تتصل مع كتلة المدخل، بينما يوجد بطرفها الخارجي جهة الطريق عمود حجري مدمج محمول على قاعدة حجرية عليها زخارف هندسية تشبه أشكال السلاسل ويعلوها تاج كورنثي صغير.

ويوجد في المساحة أسفل مستوى هذا الشباك رنك كتابي باسم السلطان الغوري يشبه الرنكين الذين رأيناهما في كوشتي عقد المدخل، كما يوجد أعلى عقد هذا الشباك رنك رابع مشابه للرنوك الثلاثة السابقة باسم السلطان الغوري.

وما يزال يمتد إلى الجنوب الشرقي من هذه الأجزاء الباقية من الواجهة الأصلية لقصر الغوري الجدار الخارجي المرتفع الذي كان يحيط بقصر راشد حسني باشا، والذي يمكننا من تصور الشكل الأصلي لباقي الواجهة الشمالية الشرقية لقصر السلطان الغوري.

لوحة ١٠٤ صورة قديمة توضح المستوى السفلي من القسم الباقي من جدار الواجهة الخارجية الشمالية الشرقية من قصر الغوري في الصليبة، ويظهر بالصورة الباب الصغير الذي كان يقع به. (عن أرشيف الهيئة العامة للآثار المصرية)

221 أشارت كراسات لجنة حفظ الآثار العربية لوجود خارجة أخرى كانت تفتح على داخل القصر، ولكن لم يعد لهذه الخارجة وجود، كما لا يمكن الوصول لداخل الخارجة الباقية إلا باستخدام سلم مرتفع. الكراسات، كراسة رقم23، لعام 1906، تقرير 356، ص58-59.

الخاتمـــة

ولابد قبل الختام من التأكيد على أنه كان لهذا الكتاب منذ بدايته همٌ ذو بعدين، يتلخص الأول منهما في كيفية الاستفادة من هذه الآثار الباقية في إعادة كتابة التاريخ الاجتماعي والاقتصادي للعصر المملوكي الذي كان للمنتج الحضاري فيه صبغة خاصة تأثرت بجملة من العوامل والمؤثرات المحلية والعالمية حتى تبلورت ورسخت في مجتمعات الأرض التي امتدت عليها رقعة تلك الدولة في مصر والشام والحجاز، وكانت تحدوني لكل ذلك قناعة طالما دافعت عنها ملخصها أن العمارة السكنية تمثل المرآة الحقيقية التي تنعكس بها أكثر من كل أنواع العمارات الأخرى كل القيم الحضارية للمجتمعات بشكل تلقائي بعيدة عن التجمل والاحتياجات المحددة التي خضعت لها العمائر التجارية والخدمية والدفاعية، وبعيدة عن الطقوس المعمارية الثابتة التي خضعت لها العمائر الدينية بأنواعها، ففي العمائر السكنية يأتي المنتج الإنساني معبراً بصورة دقيقة عن أصحابه سواء منهم من رغب فيه أو قام ببنائه.

أما البعد الثاني فليس هو إلا تأكيد للأول، فإن كانت هذه العمائر السكنية بهذه الأهمية بالنسبة للدراسات الحضارية، أليس الأجدى بنا السعي الجاد للحفاظ عليها بكل طاقة، لأنها العمائر الوحيدة التي تعكس صور أولئك الأجداد مثلما كانوا وبكل ما كان فيهم ولهم وعليهم من صفات، حيث يعتبر التعمق في دراسة هذه العمائر طريقنا الأهم لفهم أولئك الناس، ورسم صورة أوضح لظروفهم وإمكانياتهم، ولتلك العوامل التي أثرت عليهم.

وعليه نسجل بهذا العمل دعوة مفتوحة من أجل إنقاذ القليل الباقي من العمائر السكنية الأثرية والحفاظ على تفاصيلها الأثرية كما هي، فكل ما بها يشكل للدارس الجاد دلائل وشواهد هامة يفتقد العلم بضياعها مصدراً حضارياً لن يعوض.

وختـاماً أرجو أن أكون بعملي هذا قد وفيت ما تستحقه القصور والبيوت بخاصة والعمارة السكنية في العصر المملوكي بعامة من دراسة علمية ساهمت في رتق ثغرة مهمة في دراساتنا الأثرية والحضارية، حيث عكست الدراسة ما لهذه العمائر من مميزات وصفات جعلتها بحق الوعاء الحضاري لهذا العصر، حيث تمثل في هذا النوع من العمائر كل القيم الاجتماعية والاقتصادية والدينية بل والسياسية التي تفاعلت مع الإمكانيات الرائعة لمدى استيعاب المعمار المسلم آنذاك لتلك القيم من جهة وللظروف المناخية ومادة الإنشاء المتوفرة من جهة أخرى، لينتج هذه العمائر التي احتضنت أصحابها وحققت متطلباتهم الانتفاعية والجمالية وكانت جنات يأوون إليها ويرتاحون بين جنباتها.

مسرد المصطلحات الأثرية والوثائقية للعمائر السكنية المملوكية

يعتمد محتوى هذا المسرد على المصطلحات الأثرية والوثائقية التي وردت في متن وحواشي هذا الكتاب والتي حرصنا على ذكر تعريف مختصر لها عند ورودها أول مرة في نصوص الكتاب، بينما أحلنا تعريفها عند ورودها لاحقاً إلى هذا المسرد منعاً للتكرار والإسهاب.

كما يهدف هذا المسرد إلى جمع أهم المصطلحات الأثرية والوثائقية المتعلقة بالعمارة السكنية في العصر المملوكي في ترتيب أبجدي يسهل على الباحثين الإستفادة منها.

علماً أن تعريف هذه المصطلحات اعتمد بشكل أساسي أولاً على المصادر والمراجع المختصة التي ذكرتها بالفعل عند ورود تعريف كل مصطلح أول مرة في حواشي الكتاب، وثانياً على ملاحظاتي العلمية الميدانية والنظرية أثناء عملي على إنجاز هذا الكتاب.

وأرجو أن يكون لعملي هذا الفائدة المرجوة.

الأبلق نوع من الفنون الهندسية التي ارتبطت بالعمارة الإسلامية في بلاد الشام ومصر خاصة، حيث يحرص المعمار على بناء مداميكه وخاصة في الواجهات بشكل تتبادل بها ألوان الأحجار المكونة لها بين اللونين الأبيض والأسود أو اللونين الفاتح والداكن، فالمداميك عبارة عن خطوط داكنة وأخرى كاشفة بالتبادل يتم عملها بواسطة صفوف من الأحجار الطبيعية أو الملونة حتى يخفف المعمار بهذا التغيير اللوني من ثقل الوتيرة الواحدة في الكتلة المعمارية للواجهة.

وقد عرف استخدام الحجر الأبلق في بناء جدران العمائر في العصر البيزنطي بالشام، ولكن من الثابت أن استخدام تلك الفكرة لصنجات العقود يعد ابتكاراً عربياً إسلامياً، وقد أطلق المؤرخون العرب على طريقة البناء هذه عموماً الحجر الأبلق، حيث كان يستخدم الحجر الفاتح اللون "الأبيض" في مدماك والحجر الداكن "الأسود" في المدماك التالي بالتبادل، ولا يطلق لفظ الأبلق إلا على هذين اللونين.

وقد ظهر استخدام هذا الأسلوب الهندسي المعماري في العمارة الإسلامية منذ القرن 2ه/8م، فمن المعروف أن جامع قرطبة الكبير الذي بناه عبد الرحمن الداخل سنة (170ه/776م) كان قد تميز بظاهرة معمارية جديدة آنذاك تمثلت في بناء العقود بظلة القبلة من صنجة من الحجر الأبيض تليها أربعة مداميك من الآجر وهكذا بالتبادل، ثم شاعت هذه الظاهرة المعمارية بعد ذلك وعرفت عند المؤرخين بنظام الأبلق، ثم ما لبث هذا الأسلوب البنائي أن انتشر في العمارة الإسلامية في مصر وسوريا.

الإزار إزار الشيء هو ما يحيط به ويقال أزرت الحائط أي كسوته من أسفله واستخدم في العمارة الإسلامية بنفس المعنى سواء كانت الإزارات من الرخام أو القاشاني أو الخشب أو الحجر أو غيره.

والإزار الخشبي يقع أسفل السقف مباشرة ويتكون من الفروخ الشامي أو الخشب الرقيق (الحور) الذي يبلغ سمكه نصف سنتمتر، ويركب على دعائم خشبية ثابتة تعرف عند أهل الصنعة باسم الجمال، وتوجد على الإزار عادة كتابة خط عربي طومار كبير نافرة على أرضية الإزار، وقد تحاط بزخرفة متشابكة، وينتهي الإزار بمقرنصات من حطتين من النوع البلدي غالباً، وقد توجد في وسط الإزار بين الكتابة مقرنصات (فواصل) تعرف باسم المقرنصات الوسطانية مكونة من عدة حطات أو نهضات، وكذلك توجد في زوايا إزار السقف مقرنصات ركنية بذيول (رجل) مقرنصة، وكانت أرضية الإزار تدهن غالباً باللازورد وتلمع الكتابة التي عليه وغيرها من الزخارف النباتية بالذهب وقد توجد رنوك على الإزار أيضاً.

الأسبلة من المنشآت المائية الخيرية، الغرض الأساسي من إقامتها هو تسبيل ماء الشرب للناس، لنيل الثواب والتقرب لله تعالى، وقد عرفت في كافة بلدان العالم الإسلامي، وجرت العادة في مصر أن تبنى ملحقة بالمنشآت، أو مستقلة وخاصة في العصر العثماني، ويعتبر سبيل الظاهر بيبرس الملحق بمدرسته بالنحاسين أقدم سبيل باقٍ في مصر.

الإسطبل أو الإصطبل هو في الأصل مجموعة من مبان كان يقيمها بعض تجار أو أمراء دولتي المماليك لأجل سكنى الأمير وأسرته ومماليكه وخيوله، فكان الإسطبل يشمل قصر السكنى وبيوتاً لمماليكه وإسطبلات لخيوله ومخازن لمؤنها وحفظ سروجها، ويعتبر الإسطبل وملحقاته من العناصر الأساسية لقصور سلاطين المماليك وبيوت الأمراء وأجناد المماليك، وقد تطور استخدام هذا المصطلح ليشير في العمارة الإسلامية إلى موقف الدواب أو البناء المخصص لحيوانات الركوب والجر والتي تكون ملحقة بالمباني أو منفصلة عنها. انظر أيضاً مصطلح البائكة والطوالة.

الإفريز إفريز الحائط طنفه وهو الجزء البارز فيه ويكون عبارة عن زخرفة بارزة أسفل السقف أو على الواجهات والشرفات وقد يكون من الحجر أو الخشب أو الفسيفساء أو غير ذلك.

الإيوان كلمة فارسية معربة مأخوذة من "إيفان" وتعني لغوياً قاعة العرش ومنه إيوان كسرى، أما في العمارة المملوكية فالإيوان يمثل وحدة معمارية مربعة أو مستطيلة الشكل لها ثلاثة حوائط أي من ثلاث جهات فقط والجهة الرابعة تكون مفتوحة تطل على المساحة أمامها بعقد، وإذا سد الإيوان بحائط من الجهة الرابعة فلا يقال له إيوان بل مجلس، والإيوان يعلو دائما بمقدار درجة أو سلمة أو أكثر عن باقي أرضيات المكان، وسقف الإيوان إما معقود أو مسطح، وعلى واجهة الإيوان عقد أو قوصرة أو كريدي عدا في الوحدات السكنية الصغيرة فتعلوه فتحة عادية. ويطلق على الإيوان عند بعض أهل الشام اسم الطزر.

البائكة لفظة من أصل فارسي وتجمع على بوائك وهي النخيل، وتعني في العمارة الإسلامية صف من الأعمدة الموزعة على مساحات متساوية تربط بينها عقود وتحمل غالباً أسقف العمائر في الأبنية الدينية وغيرها مثل البوائك التي تحمل سقوف الحرم في الجامع الأموي في دمشق وغيرها.
وتستخدم لفظة بايكة أحياناً عند الحديث عن عمارة الإسطبلات ويقصد بها في العمارة المملوكية مكان مسقف محمول من جهة على بواكي أي عقود أو قناطر أو مطلة على حوش، فيرد في الوثائق عنها: "بوايك مبنية بالحجر الفص" أو "بايكة برسم الخيل مسقفة غشيماً محمول سقفها على أعمدة من الصوان والحجر النحيت" أو "بايكة بها قناطر على أكتاف" أو "بايكان أحدهما مقام أربعة أروس خيل وبها بئر ماء معين ومغسل للخيل وبالثانية مقام ستة أروس خيل ومتبن وسلم لطابق علو البايكة كامل المنافع والحقوق وسطح برسم الدريس".

الباروك هو مصطلح يُطلق على نوع من الفنون التي ظهرت في روما في نهايات القرن 16م، وحتى بدايات القرن الثامن عشر، والتي شاعت في أوروبا وأمريكا اللاتينية حتى نهاية القرن 18م، ويعتبر الباروك طرازاً معمارياً مميزاً، وأسلوباً مهماً من أساليب الرسم، كما يعتبر ظاهرةً ثقافيةً تجمع بين تهجين الثقافات المختلفة، حيث يجمع في أسلوبه ما بين اللاواقعي والعظمة، حيث يزخر بالتشكيلات المعمارية والألوان الممتلئة بالحركة والحيوية، كما أنه فن يحاكي المشاعر والعواطف ويهيجها، وهو بهذا يخالف الفن الكلاسيكي الذي يحاكي الواقع بكل ما يقدمه من نماذج ولوحات. انظر أيضا الركوكو.

برامق القضبان الخشبية المحفورة بأشكال متعددة والتي يشكل تقاطعها المشربية.

برطوشة بلاطة أرضية الفاصل بين الصحن والقاعة أو بين غرفة وأخرى.

البرطوم هو لفظ حرفي يعني أفلاج النخيل التي كانت تعمل من فلج جذوعه أو شقها إلى نصفين طوليين متساويين من أعلى إلى أسفل كي تستخدم في تسقيف العمائر حيث تجلد بألواح من الخشب الرقيق الذي تنفذ عليه الزخارف الملونة.

البغدادلي طريقة بناء ظهرت في العصر العثماني، ويؤرخ ظهورها في البناء في مصر بعصر محمد علي، الذي شهدت العمارة المدنية بصفة عامة والسكنية بصفة خاصة في عهده شيوع نمط معماري وزخرفي جديد متأثر بطراز العمارة العثمانية ومقلد لها، وظهر ذلك التأثر بداية في التصميم العام للقصور الملكية التي بناها محمد علي في القاهرة مثل قصر شبرا وقصر الجوهرة وقصر الحرم، كما ظهر هذا التأثر الجديد في طريقة بناء هذه القصور حيث شيدت الجدران على هيئة هيكل خشبي من جذوع النخيل في أوضاع أفقية ورأسية ومائلة، ثم تملأ الفراغات بين الأخشاب بالطوب المحروق وكسر الحجارة ثم تغطى بعد ذلك بالملاط ويتم وضع الطوب والأحجار في

هذا الهيكل من أعلى إلى أسفل.

أما الأسقف فقد صار يحمل بدن السقف على هيكل من الخشب يعتمد على كوابيل حجرية تختفي بين طبقتي السقف أما السطح الظاهر فينفذ بطريقة السقف المسطح حيث يجلد بفروخ من الخشب ثبت على براطيم خشبية وتجلد بسدايب بنظام البغدادلي، ثم تغطى بطبقة رقيقة من المعجون وتنفذ عليها الموضوعات الزخرفية إما بالرسم بالدهانات أو الخشب المقصوص الملون أو المذهب بلون واحد أو تكسى بالورق الملون. وينتهي السقف بإزار على شكل طيّ تنفذ عليه الموضوعات الزخرفية.

وقد أطلق الجبرتي على هذا الأسلوب الجديد البناء اسم "الرومي" حيث يقول عند حديثه عن هدم محمد علي لعمائر القلعة وشروعه في بناء سراي القلعة (وشرع في بنائها على وضع آخر واصطلاح رومي وأقاموا أكثر الأبنية من الأخشاب ويبنون الأعالي قبل بناء السفل).

وتعليل استخدام هذا الأسلوب في البناء هو المساعدة في توزيع الأحمال أو ثقل الجدران حتى يخفف عن الأساسات الحجرية ويتلاءم هذا الأسلوب مع الوضع الإنشائي في قصور محمد علي بالقلعة لوجودها على عمائر سابقة.

أما طريقة الرومي في الزخرفة فيأتي في العمارة العثمانية للدلالة على نوع من الزخرفة عبارة عن فروع نباتية انسيابية كدموع العين لا تخضع في شكلها أو رسمها لنظام الطبيعة أو واقعها الفعلي وعرفت لذلك بالتوريق العثماني أو الأرابيسك العثمانية.

البلاط الكدان هو نوع من الحجر الجيري شاع استعماله في البناء في مصر، ويختلف لونه باختلاف المحاجر المستخرج منها من اللون الأبيض إلى الأصفر إلى الأحمر حسب الأكاسيد المعدنية التي يحتوي عليها الكلس، وأجوده المستخرج من محجر بطن البقرة جنوب القاهرة، وقد عرف بأسماء عديدة نسبة إلى مكان استخراجه فيقال قرافي ومعصراني...، وإجمالاً فإن المصطلح يعني نوعاً من البلاطات الحجرية التي كانت تغطي بعض أرضيات العمائر الدينية والمدنية، وقد كانت تصقل بحيث تبدو ناعمة الملمس، وهي إما مستطيلة أو مربعة. انظر أيضا مصطلح الحجر الكدان.

بيت الحرارة أو القسم الساخن هو أهم أقسام الحمام الإسلامي، وقد عرف أنه كان يتألف من ثلاثة إيوانات على شكل مصلب ناقص أو من أربعة إيوانات ذات تخطيط متعامد، وكان هذا الطراز أوسع انتشاراً وأكثر شيوعاً واستمراراً، وكان بكل إيوان منها حوض أو حوضين للماء، كما كان يوجد ببيت الحرارة أحواض أخرى مرتفعة كي يظل ماؤها نظيفاً صالحاً للطهارة والوضوء.

التختبوش من العناصر المعمارية للبيت العثماني، يقع في الدور الأرضي من الدار، حيث يفتح على الفناء بكامل اتساعه من جهة، أو جهتين، أو ثلاثة، كما يرتفع عن منسوب أرضية الفناء بدرجة، أو درجتين، وهو عبارة عن دخلة عميقة يتوسط سقفه عمود واحد، أو دعامة في منتصف الحافة الخارجية المطلة على الفناء الداخلي، وأرضيته مبلطة بالرخام، ويفرش بالأرائك والدكك، وقد كان مخصصاً لاستقبال الضيوف من عامة الناس، وقد يستغنى عن وجوده في بعض البيوت قليلة المساحة، ويؤكد الباحثون أن عنصر التختبوش وتسميته أيضاً ظهر في فترة متأخرة تعود إلى النصف الثاني للقرن 12هـ/18م، حيث أكدت نيللي حنا أن أول ذكر لتختبوش تمَّ العثور عليه في السنوات1151–1157هـ/1738–1744، كما أن الآثار المعمارية التي ظلت قائمة في القاهرة تؤكد غياب التختبوشات في قصور القرن السابع عشر، ويعتقد موري أن التختبوش القائم في بيت الشبشيري يعود إلى تعديلات أدخلت في فترة لاحقة، ويدلي الكسندر ليزان برأي مشابه بخصوص بيت السحيمي الذي يرجع للقرن 12هـ/18م.

جفت وجفوت عبارة عن زخرفة ممتدة بارزة منحوتة في الحجر أو غيره من المواد على شكل إطار أو سلسلة تتكون من خطين متوازيين يتشابكان على مسافات منتظمة وتوجد حول الفتحات مثل النوافذ والأبواب والأيوانات، وقد تتخلل الجفت ميمات على أبعاد متفاوتة ذات أشكال مختلفة مستديرة أو مسدسة على أبعاد منتظمة، ويطلق أحياناً على الجفت ذي الميم جفت لاعب.

جمالون السقف المائل في اتجاهين أو أكثر.

الجوسق هو كلمة فارسية تعني القصر أو الحصن وتطلق في العمارة الإسلامية على الجزء العلوي للمأذنة حيث يتألف من قبة

صغيرة محمولة على عدد من الأعمدة.

الحجر العجالي هو في العمارة المملوكية صفة للحجر الضخم، وقد يكون تشبهاً إلى العجل ولد البقر، ولكن يغلب أيضا أنه نسب الى العجلة أي الدولاب، لأن هذه الحجارة الضخمة كانت تسحب على عجل وهي أيضاً الآلة الخشبية التي كان يجرها الثور، فقد ذكر القلقشندي عند الكلام على مدرسة الظاهر برقوق بين القصرين: "وكان قد اعتمد بناؤها بالصخور العظيمة التي لا تقلها الجمال حملاً إلا على العجل الخشب، وكما قال بعض الشعراء: يدعو الصخور فتأتيه على عجل".

وذكر ابن إياس في أحداث سنة 786هـ/1384م: وفيه تزايدت همة السلطان (برقوق) في عمارة مدرسته التي أنشأها مكان خان الزكاة وصار الأمير جركس الخليلي أمير آخور كبير والشهابي أحمد بن طولون معلم المعلمين يجلسان على دكة في وسط السوق فكانا يرسلان الحَجّارة يقطعون الحجارة من الجبل الأحمر إلى بين القصرين ويجعلونها على عَجَل تسحبها الأبقار من الجبل إلى مكان العمارة، وهي التي تسمى الحجارة العجالية.

الحجر الكدان كدان كلمة عامية والأصل في اللغة كذان وهو نوع من الحجر الجيري شاع استعماله في البناء في الشام ومصر ويختلف لونه باختلاف المحاجر المستخرج منها اللون الأبيض إلى الأصفر إلى الأحمر حسب الأكاسيد المعدنية التي يحتوي عليها الكلس. ولم يقتصر على استخدام حجر الكدان كحجارة بناء أو للبلاط فقط بل استخدم أيضاً في عمل درج السلالم والمجاديل والأعتاب السفلية للأبواب والعواميد وكخرزة لفوهة البير أو الصهريج وكذلك استخدم لفساقي الموتى أو كشواهد للقبور. انظر ايضاً البلاط الكدان.

الحجر الفص النحيت هو نوع من الحجر المصقول، استخدم في بناء معظم العمائر والبنايات الكبرى في العصر المملوكي، ويكون على هيئة مداميك من اللونين الأبيض والأحمر في معظم الأحيان، وهو من أجود أنواع الحجر حيث تم نحته وتهذيبه وجعله أملساً مصقولاً قبل الشروع باستخدامه.

الحجر الفص هو مصطلح منفصل نوع من الحجر المهذب استعمل في بناء معظم العمائر المملوكية وهو على هيئة مداميك من اللونين الأبيض والأحمر وأحياناً الأصفر وإذا تعذر ذلك لقلة الإمكانيات المادية، في العصور المتأخرة استخدم اللونان "الأبيض والأحمر" على الملاط الذي يغطي الآجر لدهان الحجر نفسه محاكاةً للعمائر الكبيرة. انظر أيضا مصطلح المشهر.

الحفر والتنزيل طريقة خاصة في تطعيم الرخام الأبيض بقطع أخرى ملونة من الرخام أو بمعجون أحمر أو أسود، ويقوم المرخِّم برسم الشكل المطلوب على لوح الرخام ثم يستعمل الإزميل وغيره من آلات الحفر لإزالة طبقة بعمق نصف أو ربع سنتمتر ثم ينزل فيه القطع ذات الشكل المطلوب على وسادة من الجبس السريع الشك أو الحمرة والإسمنت. أو يملأ الحفر بمعاجين من ألوان مختلفة. انظر ايضاً مصطلح الكدان.

الحنية الحنية في اللغة هي القوس وتجمع على حنايا، وكل تجويف في الحائط يسمى حنية، كتجويف المحراب أو غيره.

الحوض هو مكان تجمع المياه حيث يتألف من مساحة مبنية أرضها وأضلاعها الأربعة لحفظ الماء ويسمى أيضاً البركة والصهريج والمصنع والحاصل، ويوجد في الإسطبلات والمطابخ والأسبلة والمواضئ.

الخارجة خرج يخرج خروجا فهو خارج وخارج كل شيء ظاهره، ويمكن وصف الحوائط بحوائط داخلية وحوائط خارجية، ويطلق الخارج على الأجزاء البارزة من المبنى وتسمى خارج أو خارجة، والفرق بين الروشن والخارجة أن الروشن دائماً بالأدوار العليا، أما الخارجة أو الخرجة في الغالب بالدور الأرضي، فيرد بالوثائق مثلاً: "خرجة بالبحر بها مقعد قمري"، وقد تكون الخرجة أيضاً بالأدوار العلوية فيرد: "ثم إلى الخرجة المطلة على الطريق الموعود بذكرها المشتملة على خزانة ومخبأة ووجه خركاه مطلة على الطريق ومرحاض"، والخرجة بهذا المعنى متسعة اتّساعاً أكبر من الروشن ويؤكد ذلك ما يرد بالوثائق :"مقعد يعلوه خرجة"، ويرد أحياناً أن للحانوت خارج أي مسطبة بارزة عن الحانوت، وأما المخرج فهو مكان الخروج. انظر أيضا مصطلح الروشن.

الخافقي مصطلح صناع وهو نوع من المونة مركبة من جير وحمرة وقصراميل تخلط وتعجن أي تضرب وتترك لتخمر، ثم تكسى بها الأسطح وأحواض المياه لأنها عازلة للرطوبة، ويقال: "مضروب خافقي" أو"مرصص خافقي"، ويقصد بالمضروب أن يخلط عند تركيبه ثم يطرح على السقف قبل أن يجف،

أما المرصص فهو المحكم يغطي به السطح تماماً.

الخرستان والخورستان لفظ فارسي معرب من خور بمعنى طعام وستان بمعنى محل أو مكان، أي محل الطعام أو ما يتصل بالطعام. وتجمع على خورستانات. ويقصد به في الوثائق دواليب داخل الحوائط أو حنيات الحوائط بالمدارس والقاعات وغيرها وهي مثل الكتبيات.

الخزانة هي اسم الموضع الذي يخزن فيه الشيء، وأيضا الخزانة المخدع ويستخدم اللفظ في الوثائق للدلالة على حجرة ذات استخدام معين فيرد "خزانة نومية" أو "خزانة نوم" و"خزانة كتبية" و"خزانة برسم العجين" و"خزانة كسوة" أي لحفظ الملابس، و"خزانة بوابية" أي للبواب و "خزانة حبيس" أي بدون فتحات للتهوية و"خزانة شتوية" والمقصود أنها دافئة، كما ويستعمل اللفظ أيضاً للدلالة على الدواليب بالقاعات فيرد: "خزائن يغلق عليها أبواب نقي منقوشة مطعمة".

الخشب الخرط هو قطع صغيرة من الخشب مستطيلة في الغالب تشبك في بعضها على هيئة أشكال هندسية مخرمة تثبت على الفتحات الخارجية لتمنع من بالخارج من رؤية تفاصيل ما بالداخل، بينما يمكن من بالداخل أن يرى من بالخارج ولا تحجب النور أو الهواء وتستعمل أيضاً داخل المباني، ولهذا الخشب الخرط أنواع وتسميات أطلقها الصناع منها "الخشب الخرط الصهريجي" الذي تكون قطع الخشب به وكذلك الفتحات الناتجة بينها كبيرة، وكذلك نوع "الخشب الخرط الميموني" والذي يطلق عليه أيضاً "المأموني"، الذي زاد انتشاره في العصر المملوكي وهو عبارة عن الخرط الدقيق ذو الفتحات الدقيقة ومنه أيضا الميموني العربي أو البلدي والميموني المغربي، والذي كان يستعمل خاصة في الحواجز أو الأبواب أمام المزملة أو الدرابزين، وهو يصنع من الخشب الزان أو القرو.

خركاه في الأصل هي كلمة فارسية، كانت تطلق على المحل الواسع خاصة الخيمة الكبيرة، وفي العمارة المملوكية كان يقصد بها أصلاً الهيكل الخشبي الذي يركب أو يثبت عليه الخشب الخرط، وذلك تشبيهاً بالخيمة ثم أصبح يقصد بها ما يسمى مشربية الآن، أي الهيكل الخشبي وقطع الخشب الخرط التي تكون في مجموعها المشربية التي تغشي فتحات الشبابيك. انظر أيضا مصطلح المشربية.

خلوة وخلاوى الخلوة حجرة صغيرة بدون شبابيك في الغالب يختلي داخلها الصوفي بمفرده وأحياناً لفترة فيقال: "خلاوى الصوفية" و"خلاوى حبيس"، كذلك قد توجد الخلوة والخلاوي بالحمامات الإسلامية وتخصص لاستحمام كبار القوم.

خوخة هو باب صغير يفتح كالنافذة في الباب الكبير الرئيسي للمبنى حيث يستعمل من اجل الخروج والدخول عند قضاء الحوائج اليومية دون الحاجة إلى فتح الباب الكبير، وقد تكون الخوخة في درفة باب واحدة ولا تتسع إلا لمرور فرد واحد.

خوذة وتجمع على خوذ وهو لفظ فارسي معرب، والخوذة أعلى كل شيء، وهي على شكل قبة أو نصف قبة.

خورنق كلمة عامية لا ترتبط بكلمة خورنق الفارسية وأو بمسمى قصر الخورنق الذي كان الحيرة. وترد في الوثائق للدلالة على بيت صغير داخل المطبخ أو الإسطبل أو الوحدة السكنية، وترد أيضاً كتجويف في آخر الكريدي في أسفله: "كريدي خاتم بذيل مقرنص بسبع نهضات وخورنق".

الدرابزين هو حاجز أو سور مكون من قوائم رأسية وقضبان أفقية من الخشب أو الحجر ويركب الدرابزين للسلالم والأسطح.

الدراريب جمع درابة وهي إحدى مصراعي الباب الذي ينطبق إحداهما على الآخر، وأصلها فارسي دربند بمعنى غلق الدكان، وهي مركبة من در أي باب وبند أي رباط أوسط، وقد وردت بوثائق أخرى باسم درابيت.

دركاه دركاه وتجمع على دركاوات وهي لفظ فارسي مركب من مقطعين الأول: "در" بمعنى باب و الثاني "كاه" بمعنى محل، ويقصد بالكلمة العتبة أو الممر أو الساحة الصغيرة المربعة أو المستطيلة التي تلي الباب وتؤدي إلى داخل بناء كبير مثل القصر أو المدرسة أو المسجد او الخانقاه أو بناء من الأبنية الصغرى مثل الزاوية أو السبيل وعلى ذلك، فالدركاه منطقة وسطى تلي باب الدخول وتتقدم التكوين الرئيسي للمبنى واستخدمت الدركاه في البيوت والقصور حتى لا يطلع المار بالشارع أو الطريق على ما بداخل القصر أو البيت، كما استخدمت الدركاة في القلاع و الحصون لتعرقل تقدم العدو اذا ما دخل باب الحصن أو القلعة.

الدهليز هو الممر الموصل من الباب إلى صحن أو فناء المنشأة أو إلى داخل البيت.

الدكة هي البناء المرتفع المسطح أعلاه للجلوس عليه، واسم الدكان مشتق من الدكة بسبب ارتفاع سطح أرضيته عن مستوى الشارع وهي لفظة معربة من الفارسية.

دور مسروق ومسترقة سرق الشيء سرقاً استرقه، واسترق السمع أي استمع مستخفياً. والمسترقة في العمارة المملوكية والوثائق عبارة عن خزانة توجد في مكان بين أدوار المبنى وهي التي يسميها البعض الآن المسروقة. يرد وصفها في الوثائق: "مسترقتين على كل منهما فردة باب إحداهما حبيس والأخرى مطلة على الطريق مسقفتين غشيماً وبالحبيس منهما سلم خشبي برسم السطح العالي" و"مسترقة لطيفة بها طاقات". وقد توجد المسترقة فوق مخزن، أو فوق حانوت، فيرد: "مخزن به مسترقة" و"حانوت به مسترقة مطلة على الطريق"، وقد أطلقت عليه أيضاً اسم رحاب لطيف وقصدت رحبة تقع بين دورين، وهذا بدليل الواقع الأثري متطابق مع التعريف الوثائقي لهذا العنصر كما يظهر اعلاه.

الربع كان الربع يخصص أصلاً للصناع وأصحاب الحرف، حيث كان الدور الأرضي يحتوي على ورش ومحلات ومرافق والخدمات اللازمة، أما الطابقان العلويان فيحتويان عل شقق منفصلة مكونة كل شقة من حجرة أو حجرتين ومطبخ ودورة مياه لعائلات الصناع أصحاب هذه المحلات، وتشبه هذه الشقق إلى حد كبير مثيلاتها بالوكالات، وتؤدي إليها عادة طريق متصلة في أحد نهاياتها بسلم واحد يؤدي إلى الشارع.

ومن أهم الرباع الباقية بمدينة القاهرة التي ترجع للعصر المملوكي ربع قايتباي بالصحراء الشرقية أثر رقم ١٠٤، 879هـ/1474م، والربعان الباقيان أعلى وكالة قايتباي بباب النصر، أثر رقم ٩، 885هـ/ ١٤٨٠م، والربع الباقي أعلى وكالة الغوري بالتبليطة، أثر رقم 64، ٩٠٩هـ/١٥٠٤م، ويشار لأنه لم يبق في القاهرة اليوم أكثر من عشرين ربعا أغلبها متهالك وآيل للسقوط والبعض الآخر بقي من أجزاء تتمثل في واجهاته وأدواره السفلية ويصنف البعض هذه الرباع المستأجرة غالباً ضمن أنواع العمائر السكنية.

الركاب خاناه ومعناها بيت الركاب، وكانت عبارة عن مكان يحتوى على عدد من الخيل والسروج المتنوعة الساذجة والمطلية والمغشاة بالذهب والفضة، واللجم، والعبي المتخذة من الحرير والصوف، وغير ذلك من نفائس العدد والمراكيب.

الرواق هو من الأجزاء الهامة في عمارة البيت الإسلامي، ويستخدم للإشارة لوحدة سكنية أو جزء منها ويتكون عادة من إيوانين متقابلين بينهما دور قاعة –مسقفة غالباً وقد تكون سماوية– ويلحق بذلك منافع ومرافق كالخزانات النومية وخزانة الكسوة والمطبخ والمرحاض، وكان الرواق يسقف بالخشب النقي المدهون على مربعات ويوجد على كل إيوان زوج كرادي ومعبرة، أما الدور قاعة فقد كان يوجد أعلاها عراقية وسطها منور سماوي وأحياناً بوسط أرضيتها فسقية من الرخام الخردة، أما بقية الأرضية في الإيوانين والدور قاعة فمن الرخام الملون المختلف الأشكال، أو البلاط وكانت الجدر تسبل بالبياض. هذا ويطلق اسم الرواق في العمارة الدينية على المسطحات المسقفة التي تمتد بين الأعمدة أو البوائك.

الروشن هو الكوة أو النافذة أو الشرفة وأصل الكلمة فارسية "رون"، ويقصد بها في العصر المملوكي الخرجات التي تستخدم للبروز بالعمارة وزيادة سطح الأدوار العليا، وتطل على الشارع وواجهة الدخول. فالروشن يتكون من كباش أو كوابيل ثم مدادات أو كباسات سواء من الحجر أم من الخشب وهي التي تربط الجزء البارز بالمبنى، ثم يعلوها الحرمدانات والمواردیات سواء من خشب أو حجر أيضاً وهي التي تكون أرضية الجزء البارز، وقد يكون لهذا الجزء البارز درابزين خشب خرط.

الرنك كلمة فارسية بكاف معقودة كالجيم المصرية، وتنطق رنج وتعني بالعربية لون، وقد عربت هذه الكلمة وأصبح حرف ك الجاف ينطق كافاً، ولما كان اللون يلعب دوراً رئيسياً في رسوم هذه الشارات ويستخدم للتمييز بين الشارات المتشابهة من حيث الشكل ولاسيما الخاص منها بوظائف الأمراء فقد اصطلح على تسميتها بالرنوك، ويعتبر الرنك امتيازا خاصاً بالأمراء والقادة العسكريين خلال العصرين الأيوبي والمملوكي، وكان الرنك عبارة عن رسم لشيء معين، حيوان أو طائر أو أداة كالبقجة والدواة والسيف، وقد يتألف من منطقة واحدة أو ينقسم إلى منطقتين أو ثلاث مناطق أفقية،

أكبرها عادة المنطقة الوسطى، وهي تسمى باسم شطا أو شطف أو شطب، والرنك قد يكون من لون واحد أو أكثر، وهو إما بسيط أو مركب، وكان يوضع على البيوت والأماكن المنسوبة إلى صاحبها كمطابخ السكر وشون الغلال والأملاك والمراكب وغيرها، ويوضع على قماش خيوله من جوخ ملون مقصوص وعلى قماش جماله من خيوط صوف ملونة تنقش على العبي والبلاسات (نوع من السجاد) ونحوها، وربما جعل على السيوف والأقواس والأدوات المعدنية والخشبية والزجاجية وغيرها.

الروكوكو وهو طراز فني معماري انتشر في أوربا خلال القرن18م بعد طراز الباروك وامتاز بكثرة الزخرفة والتنميق، وقد شاع في تركيا وظهر بشكل واضح في جامع نوري عثمانية الذي شيد بين سنتي 1748–1755م، كما شاع في القرن 19م في بناء القصور، وانتقل لسورية ولباقي ولايات الدولة العثمانية. انظر أيضا مصطلح الباروك.

الساباط في المصطلح الأثري المعماري هو سقيفة بين بناءين، أو حائطين، أو دارين، تحتها طريق أو ممر مشترك غالباً، وتجمع على سوابط وسباطات، ومن أقدم أمثلته في العمارة الإسلامية بشكل عام الساباط الذي كان بين قصر قرطبة ومسجدها، والساباط الذي كان بين قصر الزهراء ومسجدها، وخير أمثلته في مصر الإسلامية سقيفة الغوري بالغورية أوائل ق10ھ/16م، وسقيفة رضوان بك بالخيامية 1060ھ/1650م وغيرهما وقد ورد هذا المصطلح في الوثائق بنفس المعنى.

الساقية هي النهر الصغير، ويستخدم هذا المصطلح في العمارة للدلالة على الدولاب أو الآلة التي تركب فوق فوهة البئر، وتديرها الدواب لرفع الماء، فالساقية في آلة لرفع الماء. وكثيراً ما يرد ذكر الساقية في الوثائق، فترد مثلاً "ساقية مكملة العدة والآلة" أو "ساقية خشب" أو "ساقية خشب مركبة فوق فوهة بئر ماء معين".

كما ورد في بعض الوثائق وصف لبعض أجزاء الساقية من ذلك: "وآلة الساقية المذكورة من أخشاب وأتراس وطارة وسهم وناف وهرميس ووسايد وطوانيس وقواديس وإكليل وغير ذلك" و "ساقية تشتمل على ترسين كبير وصغير وطارة وسهم مركبة على فوهة البئر" و "الساقية تشتمل على مدار ومعلف وبيوتاً وحوض وساقية خشب". "بير على فوهتها ساقية خشب بغير جابرة".

السقوف في الواقع لقد تنوعت السقوف الخشبية في العمارة الإسلامية في مصر خاصة، وفاضت الوثائق بذكر العديد من هذه الأنواع، مثل مسقف نقياً أي من الخشب المستورد، أو مسقف غشيماً أي من الخشب البلدي أو من جذوع النخل، أو مسقف غرد أي من البوص، كما ترد مصطلحات عديدة لأنواع التسقيف التي تدل على شكل أو طراز السقف، مثل مسقف إسكندرياً، أي ذو كمرات "مربعات" طولية بينها ألواح، ومسقف شامياً، أي السقف ذو الكمرات الطولية ولكن بينها عروق صغيرة عرضية، كما ورد في الوثائق الكثير من الوصف للأسقف من حيث طريقة التسقيف أيضاً.

سقيفة وهي في العمارة السكنية السقف الثانوي الذي يعمل ضمن الغرفة ويستعمل للخدمات.

السلم الطرابلسي سمي بذلك نسبة إلى مدينة طرابلس، ويقصد به السلم الذي يتكون من قلبة واحدة، وهو يستخدم أصلاً في سلالم الهبوط إلى الصهاريج أسفل الأسبلة، وأيضاً قد يوصل إلى الدور العلوي ولكن بدون بسطات أو قلبات أخرى.

الشاد أو الشد اسم وظيفة للذي يتولى وظيفة الشادية أو الملاحظة، وهي وظيفة لعدة نواح منها شد القصر والحوش والدواوين والسواقي والمراكب والشون والبيمارستان والمعاصر ودور الضرب والسلاح خاناه والعمائر والأوقاف، وصاحب هذه الوظيفة الأخيرة هو الذي يتولى شد العمائر الموقوفة ويجدد ويصلح ما فيها باعتباره من العارفين بأمور الهندسة وفن البناء وكان يشرف على أرباب الحرف والصناعات المختلفة في العمائر، وكان عليه اللطف والرفق بهم وأن يسمح لهم بالصلاة في أوقاتها والشاد يعتبر من جملة موظفي الوقف الإداريين.

الشاذروان والجمع شاذروانات، وهو لفظ فارسي ورد بالدال أو بالذال، وهو اللوح الرخامي المائل المشغول سطحه بالزخارف البارزة أو الغائرة بأشجار وأغصان وفروع نباتية وخطوط هندسية زكزاكية وقد يوجد على حافتيه صور منقوشة لحيوانات أو أسماك حيث يثبت بشكل واقف أو مائل لينسال عليه الماء ليبرد ويتخلص من الشوائب التي قد تؤثر فيه. وكانت

الشاذروانات توضع في تجويف مستطيل في حائط المبنى. ويوجد أسفل الشاذروان عادةً جرن رخام ملون أو فسقية رخام، وسطها فوار ينزل إليه الماء منه. وإلى جانب ذلك فقد عرف اتخاذ الشاذروان كحلية فنية في القاعات الإسلامية والأسبلة فقد كانت مهمته الأصلية تلطيف الجو وتخفيض درجة الحرارة في داخل البيت الإسلامي المملوكي إضافة لوظيفة تبريد الماء الذي يسبل في الأسبلة في ذلك العصر.

الشراب خاناه ومعناه بيت الشراب، وهو عبارة عن مكان يحتوي على أنواع الأشربة المخصصة للأمراء والسلاطين وغيرهم، ويوضع به أيضاً أواني الشرب النفيسة من الخزف الصيني الفاخر وغيره.

الشرفة وهي كل ما يعلو العمائر والجدران وقد أطلق على الزوائد التي توضع على أطراف الشيء لتجميله "شرافة" كما هو في العمائر الدينية وتسمى شرافات وشرفات وقد تكون من الحجر أو الطوب في العمارة ومن الخشب كما في أعلى باب المنبر أو من المعدن في زخرفة الأبواب المصفحة.

الشمسيات والقمريات هي الفتحات العلوية المغطاة بالجص المخرم أو الحجر أو الخشب أحياناً بأشكال نباتية وهندسية مشبكة ومثقبة ثم شاع فيها استعمال الزجاج الملون المعشق وتغطى من الخارج بأشرطة أو شبكة من النحاس للمحافظة عليها، والشمسيات إما مستديرة أو مستطيلة أو مقنطرة أو مربعة وتوضع الشمسيات في مجموعات إما من ثلاث أي اثنتان مستطيلتان وتعلوهما شمسية مستديرة، وتسمى هذه المجموعة شند ومعناها ثلاثة فيرد: "أشناد" و "شند قمريات"، أو يطلق عليها القندلية البسيطة، أو مجموعة من ست أي ثلاث مستطيلة تعلوها ثلاث مستديرة وتسمى دست فيرد: "دست قمريات" ويطلق عليها القندلية المركبة ، ويطلق على الشمسيات في مصر غالباً اسم القمريات دون إلغاء للمسمى الأول، بوقت حوفظ في المغرب على المسمى الشامي أي شمسيات. وفي هذه وتلك تؤدي دورها الجمالي في الشكل والزخرفة، وتعمل لها حلوق خشبية تعرف بالمنابل.

الصحن وهو أيضاً فناء البيت أي وسطه وهو المساحة الخالية من البناء التي تحيط بها أضلاع البناء وواجهته الداخلية، وقد حاز هذا العنصر على أهمية خاصة في العمارة الإسلامية فكان مصدر الضوء والهواء في البناء الإسلامي الذي اتصف بقلة الفتحات في جدرانه الخارجية وخاصة السكنية منها، كما يطلق عليه اسم الفناء والحوش والباحة.

الصفة الصفة من البنيان شبه البهو الواسع الطويل، وكان بمسجد الرسول (ص) صفة، وهي موضع مظلل في الجزء الخلفي من المسجد، والصفة تشبه المصطبة ولكنها أقل ارتفاعاً وتكون دائماً مبنية، كما أن الصفة تكون دائما بالداخل أي داخل القاعات والوحدات السكنية بينما تكون المصطبة بمدخل البناء أو خارجه أو بملحقات المبنى.

الطباق والطبقة في العمارة المملوكية عبارة عن وحدة سكنية مستقلة، وقد تكون هذه الوحدة صغيرة وهو ما يعبر عنها عادة في الوثائق باسم "طبقة لطيفة"، وتشتمل عادة على "إيوان ودور قاعة وطاقات وكراسي خلاء ومنافع ومرافق وحقوق" و"طبقة لطيفة مفروشة بالبلاط بها شباك خرط" أو "طبقة حبيس" إذا لم يكن بها طاقات أو شبابيك. وقد تكون الطبقة أكثر من ذلك فتحوي "إيوانين ودور قاعة" أو "طبقة كبرى حاوية لطبقتين متداخلتين"، وقد توصف الطبقة باعتبارها وحدة سكنية مستقلة بصفات خاصة مثل طبقة سفلية أو طبقة علوية، وقد يكون للطبقة مدخل خاص، وقد تكون الطبقة أشبه ما تكون بالبيت المستقل المكون من دورين وسلم داخل، وقد يحتوي المبنى الواحد على عدة طباق متطابقة أو متلاصقة لكل منها منافعها ليكون لها استقلالها عن الطبقات الأخرى.

وقد ورد مصطلح الطبقة بمعنى فرقة من فرق الجيش، وكانت تطلق على ثكنات المماليك بقلعة الجبل، وكانت كل طبقة تضم المماليك المجلوبين من بلد واحد وتسمى باسم هذا البلد، كما قد تسمى الطبقة بحسب اسم الفرقة وطبيعة عملها في الجيش مثل الطبقة الرماحة، أو بحسب اسم الطبقة أو المبنى الذي تنزله مثل طبقة الرفرف نسبة إلى اسم البرج الذي تنزله.

الطشت خاناه ومعناها بيت الطشت، والطشت هو صحن كبير لحمل الطعام أو الماء، والطشت خاناه في العمارة هو المكان المخصص لوضع الطشوت اللازمة لغسل الأيدي والقماش وغيرها، فضلاً عما يلبسه السلطان من الثياب والسيف والخف...، وما يجلس عليه من المقاعد والوسائد والسجادات.

الطوالة طوالة– طوالات: طال طولاً امتد فهو طويل وطوال والطويلة والطول، والطيل: حبل يشد به قائمة الدابة أو يمسك صاحبه بطرفه ويترك الدابة ترعى، ومن هذا المعنى الأخير وبالتشبيه استخدم اللفظ في الوثائق للدلالة على حوض مستطيل بالإسطبل أو بدار الدواب يوضع فيه العلف للخيل أو غيرها من الدواب، ومن أوصاف الطوالة بالوثائق "طوالة دائرية مبنية بالحجر" و"طوالة معقودة بالحجر الفص النحيت" و"إسطبل به ثلاث طوالات إحداها مقام تسعة أرؤس خيلاً والثانية خمسة أرؤس والثالثة رأسين" أو "دار الدواب المفروشة أرضها بالحجر والجاديل وبها طوالتان كبرى".

الطنف في المصطلح الأثري المعماري هو بروز أفقي يعمل عادة بالقالب من الجبصين أو الخشب وربما عمل من الحجر المنحوت. وهو على شكل مقرنص أو حواجز شبكية أو نماذج نباتية إما ليتوج الواجهات الخارجية للأبنية الأثرية ليحول دون تسرب الماء إليها، أو ليحدد المنطقة الواقعة بين التقاء جدار الأثر وسقفه إذا كان في الداخل، وقد سمي الطنف أيضاً بالكورنيش وبالإفريز أحياناً، ومن المعروف أن القباب البيزنطية نصف الدائرية كانت ترتكز على حائط دائري غير مرتفع ينتهي من أعلاه بطنف بارز، ثم انتقلت هذه الطنوف من العمارة البيزنطية إلى العمائر التالية ومنها العمارة الإسلامية التي لعبت فيها دوراً معمارياً وزخرفياً هاماً.

العتبة هي ما يغطي فتحة الباب من أعلى وتجمع على عتب وعتاب وتسمى أيضاً ساكف وأسكفة.

العجمي مصطلح شامي يستخدم للدلالة على نوع من الزخرفة البارزة قوامها خليط يُسمى النباتي تُنفذ على الخشب المطلي بشكل معجون نافر ملون تُزين بها الجدران والأسقف والأبواب وغيرها.

العراقية هي عروق من الخشب تركب أعلى وسط الدور قاعة على شكل مثمن، ثم يسقف عليها مع جعل وسط المثمن مرتفع عن باقي جوانب السقف، وذلك بواسطة شقق إما خرط أو بها فتحات للضوء والتهوية، وهي ما يسميها أهل القاهرة الآن شخشيخة وتسمى عند أهل الشام قفاعة. انظر أيضاً مصطلح الملقـف.

العقد هو عنصر معماري بشكل بناء مقوس وظيفته الأساسية هي نقل الأحمال المؤثرة عليه إلى الحوائط أو الأعمدة والدعامات الحاملة لها ويتكون العقد عادة من:

1- مجموعة من الصنج وهي الحجارة التي يتألف منها العقد
2- الصنجة المفتاحية وهي التي تتوسط الصنج وتكون أكثرها ارتفـاعاً
3- خصر العـقد وهي الصنجة الأولى من العقـد عند بدء انحنـائه
4- رجل العقد وهي الجزء الذي يرتكز عليه الخصر.
5- كوشة العقد هو الجزء الذي يقع يمين ويسار رجل العقد.

وللعقود في العمارة الإسلامية أنواع عديدة اختلفت بحسب أشكالها الهندسية وعدد مراكزها فمنها النصف الدائري والمدبب والمخموس والمدائني والمفصص وحدوة الفرس وتجمع على أعقاد وعقود.

عقد حدوة الفرس ظهر هذا العقد في ثاني أثر معماري يوجد في العالم الإسلامي وهو المسجد الأموي في دمشق، وذلك في عقود البائكات المحيطة بالصحن والشبابيك التي تعلو تلك العقود، وتعود البدايات السابقة لظهور هذا العقد قبل العصر الإسلامي إلى العمارة في شمال الجزيرة العربية في كل من العصرين الساساني والبيزنطي، ويلاحظ أن هذا النوع من العقود لم ينتشر في العمارة العربية في الشرق الإسلامي مثلما انتشر في الغرب الإسلامي، الذي يمكن القول بأنه هاجر إليه منذ العصر الإسلامي المبكر.

عقد حدوة الفرس المدبب وهذا النوع من العقود يجمع بين نوع العقد المدبب ذي القوسين وشكل العقد حدوة الفرس، وتوجد أمثلته الأولى في جامع القيروان في الجزء الذي يؤرخ في سنة 221هـ/836م، وفي جامع ابن طولون 263–265هـ/876–879م في القاهرة، وهذا النوع من العقود إسلامي صرف لا شك فيه.

العقد المدائني يقصد به في العمارة عقد مكون من ثلاثة أجزاء (فصوص)، فهو يتكون من نصف عقد في كلا الجانبين يتوجهما عقد للأعلى، ويرد في الوثائق باسم عقد مدائني، وقوس مدائني وغطاء مدائني، وقد يكون هذا العقد مقرنصاً أو مجرداً، أما اسم هذا العقد مدائني أو مدايني فهو مشتق غالباً من لفظة مدائن، لأن النسبة لها مدائني، وهي تسمية محلية،

وليس كما يتبادر للذهن أنه مجلوب من مدائن كسرى، كما هو شائع.

العقد المدبب انتشر هذا العقد في العمارة الإسلامية وأصبح من ميزاتها البارزة، وتفنن المعماريون العرب المسلمون في ابتكار أشكال منه وصل مجموعها إلى نحو ثلاثة أشكال رئيسية، أولها العقد المدبب الذي يتكون من قوسين رسما من مركزين، والثاني العقد المدبب المكون من أربعة أقواس رسمت من أربعة مراكز، والثالث العقد الفاطمي الذي يطلق عليه خطأ اسم العقد الفارسي، ويتكون من قوسين رسما من مركزين ويمس كل قوس منهما مستقيم يلتقي مع المستقيم الآخر في القمة المدببة للعقد.

العقد المدبب المخموس من أنواع العقود التي عرفت في العمارة الإسلامية، وهو مصطلح صناع نسبة إلى الطريقة التي ينفذ بها، حيث يتألف من قوس ودائرتين وهو مدبب الشكل.

العقد العاتق هو الذي يقوم بتخفيف الضغط الواقع على ما تحته من الجدران وبذلك فهو يعتق البناء الذي تحته من حمل البناء الذي فوقه من خلال توزيع هذا الحمل على الأكتاف، وقد ظهر هذا النوع في جنوب سورية منذ القرن الأول الميلادي، وقد انتقل للعمارة الإسلامية، وظهر في عمارة قصري الحير الشرقي والغربي، واستخدم وشاع في العصر المملوكي فوق أغلب فتحات الأبواب والنوافذ.

العقد المفصص المقصود أن حرف العقد أو باطنه يكون على شكل فصوص، وتشاهد فكرة هذه العقود في طاق كسرى، كما ظهرت في العصر العباسي المبكر في شبابيك وهمية بواجهة باب بغداد في مدينة الرقة سنة 155هـ/772م، وظهرت هذه العقود كثيراً بعد ذلك.

العقد النصف دائري ليس من السهل معرفة أول من ابتكر هذا العقد ولا أول من استعمله ولكن يصح القول بأنه انتشر في جميع الطرز المعمارية في العالم القديم والوسيط والحديث وشمل ذلك بالطبع كافة عصور وأقطار العالم الإسلامي.

العقد الموتور هو عقد غير مكتمل يتكون من نصف عقد أو أكثر أو أقل، ويتم بناؤه من صنج متداخلة يوثق بعضها في بعض بواسطة التعشيق، ويستعمل عادة في دعائم الجدران والجسور والسلالم ونحوها، وقد تعددت أشكاله الزخرفية بعد العصر المملوكي، فكان منه العقد الموتور ذو الأشكال النباتية والهندسية الذي ظل مستخدماً في عمارة العصر العثماني ولا سيما في أعلى فتحات الأبواب والنوافذ والدخلات الجدارية.

العمود العمود هو ما يدعم به لأن الأعمدة تحمل الأسقف والعقود وتجمع على أعمدة وعمد ويتكون العمود من قاعدة وبدن وتاج وقد استخدم المسلمون الأعمدة التي كانت بالمعابد والكنائس في إنشاء مبانيهم ثم طوروا أعمدة ذات طابع إسلامي من أشهرها الأعمدة ذات التيجان الناقوسية أو البصلية الشكل.

القاعة من مسميات إحدى عناصر البيت في العمارة الإسلامية واستخدمت للدلاة على فراغ معماري واسع يتألف من إيوانين جانبيين أو ثلاثة أواوين، يتوسطها مكان منخفض يسمى الدور قاعة (المكان المنخفض) يكون مربع التخطيط، في وسطه فسقية أو بحرة، وجعل منسوب الإيوانين أعلى من منسوب أرضية الدور قاعة بدرجة أو اثنتين، وإجمالاً فالقاعات مستطيلة التخطيط، وكانت تختلف فخامة وضخامة بحسب الوضع الاجتماعي لصاحب البيت أو المنشأة وقد صارت القاعات في العصر المملوكي ثم العثماني أهم عناصر الاستقبال في العمائر السكنية حيث كان يراعى من حيث التصميم أن توجه القاعات في اتجاه الريح الباردة والنسيم لتسهيل دخوله إليها من طريق النوافذ العلوية أو القفاعة "الشخشيخة" أو الملقف "الباذاهنج". وهي مكان صالح للاستقبال الشتوي للضيوف من خاصة الناس وكبارهم، ومكان لإقامة الاحتفالات، وقد عني بهندستها، وزخرفة سقوفها وجدرانها، بشكل يتناسب مع عظمة ومكانة صاحب البيت، فصارت السمة المميزة لكل البيوت الكبيرة والقصور، حتى أواخر القرن الثامن عشر الميلادي. وسميت القاعات الصغيرة في الطابق الأرضي في مصر "بالمندرة".

القبة هي من أساليب تغطية الفراغات المعمارية وهي دائرية المسقط وقطاعها نصف كرة وتبنى القبة من الحجر أو الآجر أو الخشب الذي يصفح بالرصاص وترتكز خوذة القبة في العمارة الإسلامية على رقبة أو أكثر مهمتها تحويل المسقط للفراغ المعماري المربع المراد تغطيته إلى المسقط الدائري الذي تبنى عليه القبة وتتم عملية التحويل هذه عن طريق الحنايا الركنية أو المثلثات الكروية أو غير ذلك وقد يكون للقباب رقبة أو أكثر

وتسمى معمارياً طبقاً لوظيفتها كمناطق انتقال، وقد يستغنى عن الرقبة في عمارة القبة فتسمى "القبة الضحلة" وتقام حينها على أربعة مثلثات كروية، وتسمى العمائر الجنائزية قباباً سواء كانت ملحقة بمنشأة دينية أو مستقلة بذاتها.

القبو هو من أساليب تغطية الفراغات المعمارية في العمارة الإسلامية، وهو السقف المعقود وقد يكون القبو مدبباً أو نصف دائري فيسمى "قبو برميلي" وقد يكون السقف مكوناً من قبويين متساويين في القطر فيسمى "قبو متقاطع".

قنطرة وقناطر وهي بالأصل ما يبنى على الماء للعبور عليه، ولكن اللفظ استخدم للدلالة على العقد كون القناطر عقود على دعائم. انظر أيضاً مصطلح العقد.

القيسارية وحدة معمارية تشبه سوق مستقل، تحيط بها من الخارج حوانيت، وفي الداخل صحن داخلي تحيط به حوانيت وحواصل، ويكون لها عدة مداخل، وتعلوها وحدات سكنية، يسكنها في الغالب الصناع الذين يبيعون إنتاجهم بالحوانيت، وهذا ما يجعل القيسارية تختلف عن الوكالة أو الخان الذي تباع به السلع الواردة من الخارج. انظر أيضاً مصطلح الربع.

قيطون والجمع قياطين وقياطن وقد يرد هذا الاسم برسم آخر وهو قوطون والجمع قواطين، وهو يعني الحجرة في لغة أهل مصر، وفي المغرب يعني الخيمة. والمقصود بالقيطون في الوثائق جزء من مبنى سكني في الغالب يفتح على النيل أو خليج أو بركة أو أي مأخذ ماء آخر، ويحتوي داخله على إيوان أو أكثر ودور قاعة بها فسقية أحياناً، كما قد يوجد شاذروان بأحد إيواناته، وعادة يعلو القيطون طبقة هي جزء منه، ونتصل مع القيطون بسلم هابط، كما قد توجد أمام القيطون بسطة مفروشة بالبلاط يحيط بها درابزين خشبي.

الفراش خاناه ومعناها بيت الفراش، وهو المكان الذي يشتمل على أنواع الفراش من البسط والخيام، ولها مثل الركاب خاناه والطشت خاناه والشراب خاناه، مسؤول عنها يسمى "مهتار" تعمل تحت يده جماعة من الغلمان.

الكباش الكباش جمع كبش، وهي الكوابيل من الحجر أو الخشب خاصة المثبتة في الحائط، وتستخدم في حمل الرواشن وألواح الرخام أمام الأسبلة. كما تعرف الرواشن ايضاً باسم الحرمدانات التي تشير الى الكتل الحجرية. انظر ايضاً مصطلحات الخارجة والروشن.

الكتبيات جمع كتبية وهي خزانة جدارية ذات رفوف صغيرة من الخشب، وتكون في حائط العمارة، ويغلق على الكتبية غالبا مصراعان من الخشب، وتكون الكتبيات متقابلة ومتشابهة غالباً، وهي تستعمل في حفظ الكتب، وكذلك في حفظ اللطائف والتحف الفنية، وغيرها من الأدوات بحسب مكان وجودها. انظر ايضاً مصطلح الخرستان.

الكردي والكريدي والكرادي هي في العمارة الإسلامية عبارة عن كابولين من الخشب، تستخدم بشكل أساسي لتزيين وزخرفة الإيوانات أعلى فتحاتها يميناً ويساراً، ويحمل كل كابولين بينهما معبرة، ويسمى الجزء السفلي من كل كابولي بالذيل، ويكون هذا الذيل عادة مقرنص ينتهي بأطراف تسمى "تاريخ وخورنق"، وأحياناً يكون الكريدي مزخرف بأشكال مختلفة، وقد يكون ساذجاً أي خال من الزخارف ومن القرنصة.

اللازورد هو حجر طبيعي، وأصفاه لونه السماوي، فيتدرج لونه من الأزرق السماوي إلى الأزرق الغامق. ومن خصائصه أنه إذا جمع إلى الذهب ازداد كل واحد منهما حسناً في أعين الناظرين، ولذلك استخدم اللازورد المصنع من مواد مختلفة في النقوش والدهانات كخلفية للكتابة المذهبة في العمائر المملوكية، ويؤكد هذا ما ذكره القلقشندي من أن اللازورد أنواع كثيرة وأجودها المعدني، وباقي ذلك مصنوع لا يناسب الكتابة وإنما يستعمل في الدهانات ونحوها.

مدخل الحِجر المعقود المرتد لا تبرز في هذا النوع من المداخل كتلة المدخل عن مستوى جدار الواجهة وإنما تكون فجوة الحجر مرتدة إلى الداخل ويتوجها عقد مخموس أو مدائني ويفتح بنهاية الحجر باب الدخول وكان غالباً باب مربع كما وجد الباب المعقود أيضاً.

وقد ظهر هذا النوع من المداخل في قبة أم الصالح (682–683هـ/1283–1284م) وفي مدخل مدرسة وقبة الناصر محمد بالنحاسين 695–703هـ/1295–1304م، وفي قبة بدر الدين القرافي (حوالي 700–710هـ/1300–1310م). قبل ظهورها في المدخل الحالي لقصر بشتاك.

مدخل الحجر المقرنص مدخل الحجر المقرنص الذي تعلوه طاقية قد يكون مرتداً أي لا تبرز فجوة المدخل عن مستوى جدار الواجهة، وقد يكون بارزاً حيث تبرز كتلة المدخل عن مستوى جدار الواجهة، وفي الحالتين تتوج الحجر طاقية حجرية وهي قطاع من قبة يرتكز على مجموعة من المقرنصات الحلبية، ولم يستعمل بالحجور النوع المعروف بالمقرنص البلدي، وتربط المقرنصات بين فتحة الحجر ونهايته في تكوين واحد، ومن الأمثلة الأقدم لهذا النوع من المداخل المدخل الرئيسي لزاوية زين الدين يوسف 697هـ/1297م، وبلغ قمة تطوره في المدخل الرئيسي بمدرسة السلطان حسن 757-764هـ/1356-1362م.

المدخل ذو المعبرة المقرنصة هو مدخل مرتد يتوالى استعمال المقرنصات في أعلاه لتصل في الخارج لمستوى جدار الواجهة ومستوى وجه الباب المرتد، وتتراوح عدد الحطات مابين 3-4 حطات. هو أول أنواع المداخل المقرنصة وأقدمها استعمالاً بمصر، وقد وفدت المداخل المقرنصة إلى مصر من سوريا التي سبقت مصر إلى استعمالها بحوالي القرن، ويعتبر مدخل قصر ألِناق الحسامي أقدم مثل لهذه المداخل التي مازالت قائمة في مصر. وأغلب هذه المعابر قد استخدم بها المقرنص الحلبي.

المدماك هو الصف في البناء ويجمع على مداميك وهي صفوف المادة التي يبنى فيها الحائط من طين أو طوب أو حجر وعليه فالجدار يتألف من صفوف من المداميك المستوية التي يفصل بين كل منها طبقة من المونة الرابطة.

المزملة هي جرة يبرد بها الماء، ثم أصبح اللفظ يطلق على الموضع الذي توضع فيه الجرار أو القدور أي الأزيار ليبرد بها ماء الشرب، وتوجد المزملة عادة بأحد جانبي الدهاليز المؤدية للصحن أو الميضآت في المدارس والمساجد والخانقاوات والكتاتيب، كما قد توجد أيضاً بدهليز القصور والبيوت والقاعات، وتغشى واجهة المزملة عادة بخركاه من الخشب الخرط وتسمى أيضاً "المزيرة" أو "بيت الأزيار".

مسقف قصعات وهو سقف مجلد بخشب على شكل قباب صغيرة متجاورة تشبه القصعات المقلوبة وهذا النوع من السقوف كان منتشراً خاصة في عصر المماليك البحرية ولا تستخدم كلمة قصعات في الوثائق بغير ذلك.

المشربية يحتل فن المشربية مكان الصدارة في الفنون الحرفية التقليدية لارتباطها بالعمارة منذ بداية الحضارة الإسلامية في مصر، والمشربية معالجة معمارية مصرية إسلامية، تصنع من قطع خشبية مخروطة ومتداخلة ومجمعة ضمن أطر تجعل منها غرفة صغيرة مستطيلة أو مضلعة المسقط، وتسمح بدخول الرياح المطلقة ولا تسمح بدخول أشعة الشمس ،كما تعمل المشربية على تحقيق قدر كبير من الخصوصية حيث يرى من بداخل المسكن من في خارجه من دون أن يُرى بفضل خرط المشربية الضيق، وعادة توضع المشربيات لتغطي المسطح الخارجي للشبابيك والسدلات المطلة على الأفنية الداخلية أو الشوارع، وقد تباينت الآراء حول أصل كلمة "مشربية" وسبب تسميتها بهذا الاسم، فالبعض يرى أنها كلمة مشتقة من كلمة "مشربة" (أي الغرفة)، لأن المشربية هي غرفة صغيرة بارزة عن سمت الحائط، وآراء أخرى ترى أن كلمة مشربية تحريف لكلمة "مشربة" وجمعها مشربيات أي الإناء الذي يشرب منه.

المشقف فصوص رخامية أو حجرية ملونة بأشكال هندسية تُشكل لوحات جدارية أو أرضية.

المشكاة هي الكوة غير النافذة وهي الحديدة التي يعلق عليها القنديل كما تسمى موضع الفتيلة وقصبة الزجاجة التي يستضاء بها مشكاة.

المشّهر وهو أيضاً طريقة في بناء جدران العمائر، وهذا الحجر ذو ألوان واضحة متباينة في درجات ألوانها فنه الأبيض والأحمر والمائل للصفرة، وقد استخدم هذا النوع بكثرة منذ العصر المملوكي خاصة في بناء الواجهات والعقود، ويكون كذلك على هيئة مداميك في صفوف منتظمة من اللونين الأبيض والأحمر التي توزع بالتبادل.

المصلب يستخدم هذا المصطلح للدلالة على نوع من السقوف، يتكون من أربعة أقبية تلتقي في النصف فتكون شكلاً مصلباً، وتوجد غالباً في المداخل والدركاوات والدهاليز، وترد في الوثائق: "سقف مصلب" و"مصلبان مدائني" وأيضاً: "معقود مصلباً" و"عقد مصلب". انظر أيضاً مصطلحي الحجر الفص النحيث المشهر والأبلق.

المضاوي هي فتحات صغيرة بسقوف أو قباب الحمامات مغطاة بالزجاج السميك أو بصفائح حجر الطلق الشفاف وتسميها

العامة قرية الحمام. وأجود أنواع حجر الطلق هو اليماني والهندي والأندلسي.

تقدم المضاوي عدة فوائد في الحمام أهمها أن تسمح بدخول الضوء دون الاضطرار لعمل فتحات نوافذ في الجدران كما تساعد في معرفة الوقت بالنسبة للمستحمين وهي بذلك تضفي على الأجزاء الداخلية للحمام الوسطاني والجواني متعة وأنس.

معشق تغطية جصية مخرّقة بتزيينات هندسية أو نباتية لزجاج النوافذ.

المعلم لفظة تشير إلى اسم وظيفة، كانت تسبق اسم صاحبها، فتطلق على معلم الكتّاب، واشتق من هذا اللقب أسماء وظائف أخرى، مثل معلم الرماحة، ومعلم النشاب ...، واستخدمت هذه اللفظة أيضاً كإسم وظيفة للصانع الماهر الذي يعتقد أنه يتمتع بشيء من الإشراف على غيره من الصناع، أو كان له فضل تعليم غيره من أبناء حرفته، سواء كانت البناء أو النجارة أو غير ذلك.

المقعد اسم مكان من الفعل الثلاثي قعد، وقعد يقعد قعوداً ومقعداً، أي جلس، والمَقْعَدَةُ مكان القعود، والمقعد ما يجلس عليه الناس، وتجمع على مقاعد.

يعتبر المقعد في العمائر السكنية في مدينة القاهرة في العصرين المملوكي ثم العثماني من أهم أماكن استقبال الرجال، فقد لعب عنصر المقعد بهذه العمارة دوراً بارزاً ومهماً، وإن لفظة مقعد في عمارة هذين العصرين لا تشير في الغالب إلى شكل معماري محدد، حيث تؤكد الأمثلة الأثرية الباقية، والأمثلة الوثائقية الكثيرة أن المقعد في العمارة السكنية قد ظهر بأنماط معمارية متباينة من حيث التصميم والشكل والموقع والوظيفة، رغم توحد إطلاق لفظة مقعد عليها جميعاً باعتبارها أماكن مخصصة للقعود بها دون النظر لأي اختلافات قائمة بين هذه الأنماط، التي اتخذت أوجه الخلاف الموجودة بينها من الناحية المعمارية أو الوظيفية، أداة للتمييز بينها، وبالتالي تقسيمها إلى أنواع عديدة تبعا لتلك الاختلافات.

وقد شاع بناء المقاعد خاصة في مدينة القاهرة استجابة لدوافع اجتماعية وبيئية، وقد فاضت الوثائق بالحديث عن هذه الأنواع مميزةً كل نوع منها أغلب الأحيان باسم خاص استمد من الشكل المعماري لهذا النوع، أو من الصفة الهامة المميزة له، مثل: المقعد الإيواني، ومقعد بدرابزين خشبي، والمقعد الكشف السماوي، والمقعد الطيارة، وهناك مقاعد سميت بحسب وظيفة استخدامها، مثل المقعد الديواني، ومقعد الأغاني، وسميت مقاعد أخرى بأسماء حملتها بسبب موقعها المعماري في البيت، مثل المقعد الأرضي، والمقعد على دركاه المدخل، وحملت مقاعد أخرى أسماء نسبة لأماكن ظهورها، أو نسبة لاسم شعب أو جنس معين، مثل المقعد المصري، والمقعد القبطي، والمقعد التركي، وهناك مقعد سمي بالمقعد القمري نسبة لوقت وطبيعة استخدامه في الليالي المقمرة.

وربما يكون الدافع الحقيقي وراء تعدد هذه الأنواع من المقاعد هو بالدرجة الأولى تنوع الوظيفة والاستخدام لهذا العنصر، حيث لوئِم الشكل المعماري تبعاً للاستخدام الوظيفي المطلوب، فجعل المقعد السماوي كشفاً لاستخدامه فوق السطح العالي للبناء والجلوس به في أيام الصيف الحارة، وكذلك جعل المقعد القمري غالباً، أما المقعد القبطي فقد جعل في الطابق الأول، يطل على فناء البيت بشبابيك من خشب الخرط؛ لأنه استخدم في الغالب لجلوس النساء، وجعل مقعد الأغاني يطل من الداخل من القاعة مكان الاستقبال والاجتماع ليسهل جلوس الجواري بها، والغناء للضيوف أو جلوس النساء الحرائر لمراقبة ما يدور بالقاعة دون أن تلحظ الجميع أعين الغرباء . وقد عرفت المقاعد في سورية وشاعت منذ العصر المملوكي في بيوت حماه وحمص وحلب ولكن كان لتأثير البيئة والتقاليد المعمارية دورٌ واضحٌ في قلقة انتشارها حيث استعيض عنها غالباً بالأواوين التي تفتح على الأفنية التي قامت بالعديد من الوظائف التي أدتها أنواع المقاعد التي مازالت القاهرة تحتفظ بأفضل نماذجها الباقية.

مقعد الأغاني وهو من أنواع المقاعد المميزة عن غيرها في موقعها وشكلها ووظيفتها أيضاً، واسم هذا المقعد المشهور أي الأغاني مشتق من إحدى أهم الوظائف التي قام بها هذا النوع من المقاعد كمكان لجلوس القيان للغناء فيه، وقد جاء مقعد الأغاني في كلا العصرين المملوكي والعثماني بغير كثير من الاختلاف في موقعه وشكله أو طريقة الوصول إليه، فهو عبارة عن غرف أو ممرات علوية تشرف على المكان بواجهة خركاه من الخشب الخرط؛ مفتوح بها شبابيك أو

نوافذ صغيرة أو طاقات، يغلق عليها درف مصنوعة أيضاً من الخشب الخرط تفتح للأعلى وتثبت بحوامل من الحديد، فيرد (أغاني عليه خركاه مطلة على الإيوان المذكور)، أو (أغانيان متقابلان كل منهما بواجهة خركاه مطلة على القاعة)، أو (أغانيان مسدودان بكل منهما شباك خرطاً مطل على القاعة المذكورة).

وغالباً توجد هذه الأغاني مزدوجة في القاعات الكبيرة المزدوجة، فتقع متقابلة على جانبي الدور قاعة، وتوجد أسفلها سدلتان أو صفتان، ومن المؤكد أن هذا النوع من المقاعد قد شاع منذ بداية العصر المملوكي، وزاد انتشاراً في العصر العثماني.

المقعد التركي يعتبر هذا المقعد أكثر أنواع المقاعد انتشاراً في العمائر السكنية في مدينة القاهرة في العصرين المملوكي والعثماني، ولهذا السبب فهو أكثر أنواع المقاعد الباقية عدداً واكتمالاً، وهو عبارة عن فراغ شبه متوسط يقع عادة بين منسوب الدور الأرضي والأول، ويغلب عليه الشكل المستطيل في المسقط الأفقي، ولكنه مقعد مفتوح بكامل واجهته على الفناء الداخلي للبيت، وتقع هذه الواجهة في أغلب الأحيان في اتجاه الضلع الطويل لمسقط المستطيل.

وعلى الأرجح فإن تسمية هذا النوع بالتركي لم يعرف قبل العصر المملوكي، وجاء نسبة للأتراك الذين شكلوا نسبة غالبة من أعداد المماليك في الدولة المملوكية، خاصة زمن الدولة البحرية التي يعتبر معظم ملوكها الأوائل منهم، وهذا أتاح لهم أن ينقلوا للقاهرة الكثير من عاداتهم وتقاليدهم وميزاتهم.

المقعد الديواني هو نوع من المقاعد التي شاعت في العمائر السكنية بالعصرين المملوكي ثم العثماني، وهو خير مثال على تأثر الوظيفة بتسمية المقعد وانقسامه لنوع خاص تحدثت عنه الوثائق بشكل مستقل، ورغم تشابهه من الناحية المعمارية وليست الوظيفية مع نوع آخر من المقاعد هو المقعد التركي، إلا أن ذلك لا يعني تشابهاً كاملاً في التفاصيل المعمارية التي جاءت بهذا النوع بشكل إضافات بسيطة تتناسب مع طبيعة الاستخدام والوظيفة التي قام بها هذا النوع الذي لم يظهر إلا في أوائل القرن 11هـ/16م، وشاع استخدامه في العصر العثماني، وأقدم الوثائق التي تحدثت عنه فيما وصل إلينا مؤرخة إلى 8 رمضان 1039هـ/1630م.

المقعد القمري يعتبر هذا المقعد من أشهر وأهم الأنواع التي شاع استخدامها في العصرين المملوكي والعثماني، لتبنى فوق السطح العالي أو فوق الطوابق العليا حيث لا يعلوها بناء، ويظهر من تصميمه العام أنه كان يعد للاستخدام في أيام الحر، أي في فصل الصيف وتحديداً في الليالي الحارة للتمتع بالنسيم البارد وربما من هنا جاءت تسميته بالمقعد القمري، ويظهر من الدلائل الوثائقية أنه لم يكن يوجد تصميم عام شائع للمقعد القمري، بل يبنى تصميمه تبعاً للموقع والمساحة المتاحة له بالنسبة للمساحة العامة للبيت وموقعه، أكان يطل على شارع عادي أو على بركة أو خليج أو نهر، فعندما لا يكون موقع البيت مشرفاً على بركة أو خليج أو نهر تجعل الإطلالة الرئيسية لهذا المقعد تطل غالباً على حديقة أو فناء البيت بخركاه أو درابزين خشباً أو شبابيك حديداً، فيرد (مقعد قمري كشف بخركاه مطلة على الدوار)، و(مقعد قمري بدرابزين خشباً خرطاً)، و(مقعد قمري لطيف بصدره شباك حديداً مطل على الدوار)، وربما جعلت هذه الإطلالة على الطريق أو الشارع العام، فيرد (مقعد قمري مطل على الطريق)، أما عندما يقع البيت بالقرب من مصدر مائي فتوجه إطلالته الرئيسية على هذا المصدر، فيرد (مقعد قمري نقي بدرابزين مطل على بركة الفيل)، أو (مقعد قمري مطل على البركة)، وقد يجعل في المقعد القمري مَنْزَلْ خاص يوصل للخليج أو النهر كما ورد في وثيقة الغوري: (مقعد قمري بدرابزين وبوسطه سلم ينزل منه لقيطون).

المقرنصات اسم لعنصر معماري وزخرفي صار استخدامه من السمات الهامة للعمارة الإسلامية وتتكون المقرنصات من أشكال على شكل عقود صغيرة، الجزء العلوي منها بارز عن الجزء الأسفل، مرتبة داخل صفوف متدرجة من الأسفل للأعلى ومن الداخل للخارج وتأتي متراصة داخل تكوينات تشبه خلايا النحل. وقد تكون من عدة كسرات أو نهضات أو حطات وتستعمل لهذا الغرض أعلى الحوائط أو الحنيات أو البوابات أو بمناطق انتقال القباب.

وللمقرنصات في العمارة الإسلامية وظيفتان: الأولى زخرفية تستخدم فيها لتزين أعلى حجور وحنايا المداخل والواجهات

والحنايا والسدلات والثانية معمارية تستخدم فيها صفوفها كعناصر حاملة للبروزات الإنشائية كالشرفات والرواشن والمشربيات والإزارات.

وللمقرنصات أنواع عديدة أهمها المقرنص الشامي الذي يسمى المقرنص الحلبي المميز برؤوس طاقاته المقوسة ومساقطها الأفقية المنحنية على شكل عقد مدبب. ثم المقرنص العربي أو البلدي المميز بعقوده المضلعة ذات الزوايا الحادة التي تشبه العقد المنكسر. ومنها أيضاً المقرنص المصري ثم المقرنص ذو الأجنحة والمقرنص ذو الدلايات وغيرها.

وقد جاءت المقرنصات من الحجر أو من الرخام أو الجص أو الخشب وعرفت بالعمارة الإسلامية بالمغرب العربي بـ"المقربص".

الملاط هو مادة المونة التي توضع بين الأحجار أو المداميك للزيادة في تماسكها وبالتالي تقوية البناء وهو أيضا ما تطلى به الجدران بعد الانتهاء من بنائها وهو ما يعرف اليوم بالتلبيس أو بالتلييس أو الزريقة أو البياض التي تزيد من قوة التماسك بين المداميك وتحميها من العوامل الجوية وتهيئها لتنفيذ الزخارف والألوان وقد يكون الملاط من الطين أو الجص أو غير ذلك.

الملاقف وهي الفتحات التي تحدث في الأسطح والأقبية لجذب الهواء لتلطيف حرارة الجو، وتعتبر ملاقف الهواء أحد أهم العناصر المميزة في المباني الإسلامية، خاصة التي توجد بالمناطق الحارة، وتعرَّف ملاقف الهواء على أنها مداخل تقوم بتهوية المبنى في وجود مخارج للهواء، فإذا ما اندفع تيار الهواء إلى داخل الغرفة ولم يجد له مخرجاً فإن هذه الغرفة سرعان ما تمتلئ بالهواء ويصبح الهواء الداخلي في حالة سكون. لذا استخدم الفناء الداخلي مع الملقف لإتمام حركة الهواء داخل الغرف التي تستخدم الملاقف لتهويتها ولها فتحات تطل على الأفنية الداخلية، كما استخدمت االشخشيخة مع الملقف في تهوية القاعات الإسلامية حيث يخرج الهواء الساخن منها، ويحل محله هواء بارد من الملقف أو الفناء. ويطلق على الملاقف أيضاً اسم البادهنج أو الباذاهنج وهي مسميات فارسية الأصل، وفي العراق يطلق عليها أيضاً اسم بادكير.

ميل شريط ملون رخامي ونحوه يدخل في زخرفة الأرضيات وغيرها.

المصادر والمراجع

القرآن الكريم

1 الوثائق

وثيقة **جمال الدين الأستادار**، رقم 106، دار الوثائق القومية، بتاريخ 10 ذي القعدة 815هـ/11 فبراير 1413م.

وثيقة **برسباي**، رقم 880، أوقاف، وهي مؤرخة بعدة تواريخ أولها آخر ذي الحجة 828هـ/ 12 نوفمبر 1426م، وآخرها 2 صفر 1030هـ/23 فبراير 1621م.

وثيقة **قايتباي**، رقم 886، أوقاف، بتاريخ 27 رمضان 884هـ/ 13 ديسمبر 1479م.

وثيقة **قرقماس أمير كبير**، رقم 901، أوقاف، بعدة تواريخ أولها 23 شعبان 891هـ/ 21 أكتوبر 1486م، وآخرها 2 ربيع الآخر 921هـ/ 26 مايو 1515م.

وثيقة **الغوري**، رقم 883، أوقاف، بتاريخ 20 صفر 911هـ/23 يوليو 1505م.

وثيقة **الغوري**، رقم 882، أوقاف، بتاريخ 28 شعبان 919هـ/11 نوفمبر 1513م.

وثيقة **خاير بك**، رقم 292/44، دار الوثائق القومية، بتاريخ رجب 929هـ/ مايو 1523م.

وثيقة **إبراهيم أغا مستحفظان**، رقم 952، أوقاف، بتاريخ 10 محرم 1070هـ/27 سبتمبر 1659م.

وثيقة **علي أغا دار السعادة**، رقم129، أوقاف، بتاريخ غرة ربيع أول 1090هـ/12 ابريل 1679م.

وثيقة **أحمد أغا المصاحب الشهرباري**، رقم 937، الأوقاف، بتاريخ 10 شوال 1092هـ/23 أكتوبر 1681م.

وثيقة **أحمد أغا المصاحب الشهرباري**، رقم 311، أوقاف، بتاريخ 28 جمادى آخر 1099هـ/أول مايو 1688م.

وثيقة **إبراهيم كتخدا السناري**، رقم 936، أوقاف، وهي مؤرخة في 18 رمضان 1209هـ/5 يونيو 1795م.

وثيقة **سالم العرماني**، رقم 57، أوقاف، غرة ذي القعدة 1248هـ/30 مايو 1832م.

أرشيف الشهر العقاري بمدينة القاهرة، محكمة قوصون، سجل 280، لسنة 1090هـ/1677م.

2 المصادر[1]*

ابن إياس (محمد بن أحمد ت930هـ/1524م)، **بدائع الزهور في وقائع الدهور**، 5 أجزاء، تحقيق محمد مصطفى، الهيئة العامة للكتاب، القاهرة، 1984.

ابن تغري بردي (أبو المحاسن جمال الدين يوسف ت874هـ/1469م)، **المنهل الصافي والمستوفي بعد الوافي**، تحقيق الدكتور محمد أمين والدكتور نبيل محمد عبد العزيز، صدر منه 9 أجزاء، الهيئة المصرية العامة للكتاب, 1985-1994.

ابن تغري بردي (أبو المحاسن جمال الدين يوسف ت874هـ-1469م)، **النجوم الزاهرة في ملوك مصر والقاهرة**، 16 جزء، تحقيق محمد رمزي وآخرين، دار الكتب المصرية والهيئة المصرية العامة للكتاب، القاهرة، 1929-1972.

ابن حبيب (حسن بن عمر بن الحسن بن حبيب ت779هـ/1377م)، **تذكرة النبيه في أيام المنصور وبنيه**، 3 أجزاء، تحقيق محمد محمد أمين، الهيئة المصرية العامة للكتاب، 1982-1986.

ابن حجر العسقلاني (أبو الفضل أحمد بن علي ت 852هـ/1448م)، **إنباء الغمر بأبناء العمر**، 4 أجزاء، تحقيق حسن حبشي، المجلس الأعلى للشؤون الإسلامية، القاهرة، 1994-1998.

ابن حجر العسقلاني (أبو الفضل أحمد بن علي ت852هـ/1448م)، **الدرر الكامنة في أعيان المائة الثامنة**، 6 أجزاء، تحقيق محمد عبد المعين خان، الطبعة الثانية، مجلس دائرة معارف العثمانية، حيدر

---

[1]* تمَّ ترتيب المصادر حسب الاسم الأكثر شهرة بين الباحثين مع اعتبار ابن وأبو أساسية في الترتيب الهجائي.

آباد، الهند، 1972.

ابن دقماق (إبراهيم بن محمد بن أيدمر العلائي ت809هـ/1406م)، **الجوهر الثمين في سير الخلفاء والملوك والسلاطين،** تحقيق الدكتور سعيد عبد الفتاح عاشور، طبع جامعة أم القرى، المملكة العربية السعودية، 1982.

ابن زنبل (الشيخ أحمد الرمال ت960هـ/1552م)، **آخرة المماليك،** تحقيق عبد المنعم عامر، الطبعة الثانية، الهيئة المصرية العامة للكتّاب، 1998.

ابن منظور، (جمال الدين محمد بن مكرم الأنصار ت711هـ/1311م)، **لسان العرب،** 20 جزء، طبعة بولاق، القاهرة.

البغدادي (موفق الدين عبد اللطيف أبو محمد بن يوسف ت629هـ/1232م)، **الإفادة والاعتبار في الأمور المشاهدة والحوادث والمعاينة بأرض مصر،** الهيئة العامة للكتّاب، الطبعة الثانية، 1998.

الجبرتي (عبد الرحمن بن محمد ت1230هـ/1814م)، **عجائب الآثار في التراجم والأخبار،** 3 أجزاء، دار الجيل، بيروت، د.ت.

الذهبي (شمس الدين محمد بن أحمد ت748هـ/1348م)، **ذيول العبر في خبر من غبر،** 5 أجزاء، تحقيق أبو هاجر محمد السيد بسيوني زغلول، دار الكتب العلمية، بيروت، د.ت.

الرازي (محمد بن أبي بكر بن عبد القادر ت650هـ/1252م)، **مختار الصحاح،** الطبعة الأولى، القاهرة، مكتبة الثقافة الدينية، 1986.

السخاوي (شمس الدين محمد بن عبد الرحمن ت902هـ/ 1497م)، **الضوء اللامع في أعيان القرن التاسع،** 10أجزاء في 5 مجلدات، مكتبة الحياة، بيروت، د.ت.

الشوكاني (محمد بن علي ت1250هـ/1834م)، **البدر الطالع بمحاسن من بعد القرن السابع،** مجلدان، دار المعرفة، بيروت، د.ت.

العيدروسي (عبد القادر بن شيخ بن عبد الله ت978هـ/1579م)، **تاريخ النور المسافر عن أخبار القرن العاشر،** دار الكتب العلمية، بيروت، الطبعة الأولى، 1984.

العيني (بدر الدين محمود بن أحمد بن موسى ت855هـ/1451م)، **عقد الجمان في تأريخ أهل الزمان،** حوادث سنة 815-824هـ، تحقيق د. عبد الرزاق القرموط، القاهرة، 1985.

الغزي (نجم الدين محمد بن محمد ت1061هـ/1650م)، **الكواكب السائرة بأعيان المئة العاشرة،** دار الآفاق الجديدة، بيروت، الطبعة الثانية، 1979.

القلقشندي (أبو العباس أحمد بن علي بن أحمد ت811هـ/1418م)، **صبح الأعشى في صناعة الإنشا،** 14جزء، المطبعة الأميرية، القاهرة، 1915م.

المقريزي (تقي الدين أحمد بن علي بن عبد القادر ت845هـ/1442م)، **السلوك لمعرفة دول الملوك،** 4 أجزاء، 12 قسم، ج1،2 (ستة أقسام)، تحقيق محمد مصطفى زيادة، ج3،4، تحقيق سعيد عبد الفتاح عاشور، مطبعة دار الكتب، القاهرة 1957-1973.

المقريزي (تقي الدين أحمد بن علي بن عبد القادر ت845هـ/1442م)، **المواعظ والاعتبار بذكر الخطط والآثار،** 4أجزاء، مكتبة الآداب، القاهرة، 1996.

3 المراجع العربية

أحمد السعيد سليمان، **تأصيل ما ورد في تاريخ الجبرتي من الدخيل،** دار المعارف، القاهرة، 1979.

أندريه ريمون، **القاهرة، تاريخ حاضرة،** ترجمة لطيف فرج، دار الفكر للدراسات والنشر والتوزيع، القاهرة، الطبعة الأولى، 1994.

أندريه ريمون، **المدن العربية الكبرى في العصر العثماني،** ترجمة لطيف فرج، دار الفكر للدراسات والنشر والتوزيع، القاهرة، الطبعة الأولى، 1991.

بول كازانوفا، **تاريخ ووصف قلعة القاهرة،** ترجمة وتقديم أحمد دراج، مراجعة جمال محرز، الهيئة المصرية العامة للكتّاب، 1974.

توفيق أحمد عبد الجواد، **تاريخ العمارة "تاريخ العمارة والفنون الإسلامية"،** دار وهدان للطباعة والنشر، القاهرة، 1970.

توفيق أحمد عبد الجواد، **العمارة الإسلامية فكر وحضارة،** مكتبة الأنجلو المصرية، القاهرة، الطبعة الثالثة، 1986.

جمال الخولي، **الاستبدال واغتصاب الأوقاف "دراسة وثائقية"،** دار الثقافة والعلوم، الإسكندرية، مصر، د.ت.

حسن الباشا، **الألقاب الإسلامية في التاريخ والوثائق والآثار،** دار النهضة العربية، القاهرة، 1958.

حسن الباشا، **الفنون الإسلامية والوظائف على الآثار العربية،** 3 أجزاء، دار النهضة العربية، القاهرة، 1966.

حسن الباشا، **موسوعة العمارة والآثار والفنون الإسلامية،** أوراق

ثقافية للطباعة والنشر، 5ج، طبعة 1420هـ/1999م.
حسن عبد الوهاب، **بين الآثار الإسلامية**، د.ن، د.ت.
حسن عبد الوهاب، **تاريخ المساجد الأثرية**، جزآن، مطبعة دار الكتب المصرية، 1946.
حسني نويصر، **دراسات في عمائر الجراكسة بمصر**، جامعة القاهرة، التعليم المفتوح، مطبعة كلية الزراعة، د.ت.
حسني نويصر، **العمارة الإسلامية في مصر (عصر الأيوبيين والمماليك)**، مكتبة زهراء الشرق، القاهرة، 1996.

خريطة الحملة الفرنسية

رأفت النبراوي، **النقود الإسلامية في مصر "عصر دولة المماليك الجراكسة"**، طبع مركز الحضارة العربية للإعلام والنشر، الطبعة الثانية، القاهرة 1996.
رفعت محمد موسى، **الوكالات والبيوت الإسلامية**، الدار المصرية اللبنانية، الطبعة الأولى 1993.
زكي حسن، **فنون الإسلام**، مكتبة النهضة المصرية، القاهرة، الطبعة الأولى، 1948.
سعيد عبد الفتاح عاشور، **العصر المماليكي في مصر والشام**، دار النهضة العربية، القاهرة، الطبعة الثانية 1965.
سعيد عبد الفتاح عاشور، **المجتمع المصري في عصر سلاطين المماليك**، دار النهضة العربية، القاهرة، الطبعة الأولى، 1962.
سعيد مغاوري، **الألقاب وأسماء الحرف والوظائف في ضوء البرديات العربية**، 3 أجزاء، دار الكتب المصرية، القاهرة، الطبعة الأولى، 2000م.
عاصم رزق، **معجم مصطلحات العمارة والفنون الإسلامية**، مكتبة مدبولي، القاهرة، الطبعة الأولى، 2000.
عبد الرحيم غالب، **موسوعة العمارة الإسلامية**، مطبعة جروس برس، بيروت، 1988.
عبد العزيز عبد الدايم، **مصر في عصري المماليك والعثمانيين**، نهضة الشرق، جامعة القاهرة، 1996.
علي باشا مبارك، **الخطط التوفيقية الجديدة لمصر القاهرة ومدنها وبلادها القديمة والشهيرة**، الهيئة المصرية العامة للكتاب، 1982، (طبعة مصورة عن الطبعة الثانية في القاهرة، 1969)، 20جزء، الهيئة العامة المصرية للكتاب، 1983.
علي بهجت وألبير جبرييل، **حفريات الفسطاط**، ترجمة محمود عكوش وعلي بهجت، دار الكتب المصرية، الطبعة الأولى، 1928.
عماد محمد عدنان تنبكجي، **النظرة المعمارية لمسألتي السكن والإسكان**، دار دمشق، الطبعة الأولى، 1991.
غزوان ياغي، **المعالم الأثرية للحضارة الإسلامية في سوريا**، المنظمة الإسلامية للتربية والثقافة والعلوم، الرباط، ط1، 2011.
فريد شافعي، **العمارة العربية في مصر الإسلامية المجلد الأول "عصر الولاة"**، الهيئة المصرية العامة للكتاب، 1994.

فهرس الآثار الإسلامية

قاسم عبده قاسم، **عصر سلاطين المماليك**، القاهرة، دار الشروق، الطبعة الأولى، 1994.
كمال الدين سامح، **العمارة الإسلامية في مصر**، الهيئة المصرية العامة للكتاب، الطبعة الرابعة، 1991.
مايسة محمد داود، **الكتابات العربية على الآثار الإسلامية من القرن الأول حتى أواخر القرن الثاني عشر للهجرة "7-18م"**، مكتبة النهضة المصرية، القاهرة، الطبعة الأولى، 1991.
مجدي محمد عبد الرحمن حريري، **أسس تصميم المسكن في العمارة الإسلامية**، د.ن، د.ت.
مجدي محمد عبد الرحمن الحريري، **صحن الدار والتطلع للسماء**، د.ن، د.ت.
مجمع اللغة العربية، **المعجم الوجيز**، الهيئة العامة لشؤون المطابع الأميرية، القاهرة، 1995.
مجموعة مصنفين، **المنجد في الأعلام**، لبنان، بيروت، دار المشرق، ط12، 1982.
مجموعة مصنفين، **المنجد في اللغة**، بيروت، دار المشرق، ط35، 1996.
مجموعة مؤلفين، **أسس التصميم والتخطيط الحضري في العصور الإسلامية المختلفة بالعاصمة القاهرة**، جدة، منظمة العواصم والمدن الإسلامية، 1990.
مجموعة مؤلفين، **خان الخليلي وما حوله مركز تجاري وحرفي للقاهرة من القرن الثالث عشر إلى القرن العشرين**، جزآن، المعهد العلمي الفرنسي للآثار الشرقية بالقاهرة، 1999.
محاسن محمد الوقاد، **الطبقات الشعبية في القاهرة المملوكية**، (648-

923 هـ/1250-1517م)، الهيئة المصرية العامة للكتّاب، سلسلة تاريخ المصريين، 1999.
محمد أحمد دهمان، **معجم الألفاظ التاريخية في العصر المملوكي**، دار الفكر، دمشق، بيروت، الطبعة الأولى، 1990.
محمد أمين، ليلى إبراهيم، **قاموس المصطلحات الأثرية والوثائقية**، مطبعة الجامعة الأمريكية، القاهرة، 1990.
محمد بدر الدين الخولي، **المؤثرات المناخية والعمارة العربية**، جامعة بيروت العربية، 1975.
محمد حسام إسماعيل، **الأصول المملوكية للعمائر العثمانية**، دار الوفاء، الإسكندرية، 2002.
محمد عبد الستار عثمان، **دراسات في العمارة العباسية والفاطمية**، دار محسن للطباعة، سوهاج، مصر، 2004.
محمد عبد الغني الأشقر، **نائب السلطنة المملوكية في مصر**، الهيئة المصرية العامة للكتّاب، سلسلة تاريخ المصريين 158، القاهرة، 1999.
محمد كمال السيد محمد، **أسماء ومسميات من تأريخ مصر القاهرة**، الهيئة المصرية العامة للكتّاب، 1986.
محمود الحسيني، **الأسبلة العثمانية بمدينة القاهرة 1517–1798**، جزآن، مكتبة مدبولي، القاهرة، 1988.
موسى الحسيني المازندراني، **تاريخ النقود الإسلامية**، الطبعة الثالثة، دار العلوم، بيروت، 1988.
نيللي حنا، **بيوت القاهرة في القرنين السابع عشر والثامن عشر دراسة اجتماعية ميدانية**، ترجمة حليم طوسون، دار العربي للنشر والتوزيع، القاهرة، 1993.
ولفرد جوزف دللي، **العمارة العربية بمصر**، ترجمة محمود أحمد، الهيئة المصرية العامة للكتّاب، الطبعة الثانية،2000.
وليد عبد الله عبد العزيز المنيس، **الحسبة على المدن والعمران**، حوليات كلية الآداب، جامعة الكويت، الحولية 16، لعام 1995.
يحيى وزيري، **العمارة الإسلامية والبيئة، سلسلة كتب عالم المعرفة**، تصدر عن المجلس الوطني للثقافة والفنون والآداب، الكويت، العدد 304.

4 الرسائل الجامعية

أحمد محمد أحمد، **منشآت الأمير أيتمش البجاسي بباب الوزير دراسة معمارية أثريه**، قسم الآثار الإسلامية، كلية الآثار، جامعة القاهرة، (رسالة دكتوراة غير منشورة)، 1994.
أحمد عبد الوهاب حمدي، **المجموعات السكنية المشتركة مع مباني التجارة والخدمات**، كلية الهندسة، جامعة القاهرة، (رسالة ماجستير غير منشورة)، 1986 م.
أمينة فاروق عبد المنعم، **قاعات سكنية وقصور مملوكية تحولت لمساجد**، قسم الآثار الإسلامية، كلية الآثار، جامعة القاهرة، (رسالة ماجستير غير منشورة)، 2004.
حسني محمد نويصر، **منشأت السلطان قايتباي الدينية في القاهرة**، قسم الآثار الإسلامية، كلية الآثار، جامعة القاهرة، (رسالة دكتوراة غير منشورة)، 1973.
خالد عزب، **التحولات السياسية وأثرها على العمارة بمدينة القاهرة من العصر الأيوبي حتى عصر الخديوي إسماعيل 567–1296هـ/1171–1879م**، قسم الآثار الإسلامية، كلية الآثار، جامعة القاهرة، (رسالة دكتوراة غير منشورة)، 2002.
رامز أرميا جندي، **دراسة فنية أثرية للأسقف الخشبية في العصر المملوكي بمدينة القاهرة من خلال الوثائق والمنشآت القائمة**، قسم الآثار الإسلامية، كلية الآثار، جامعة القاهرة، (رسالة ماجستير غير منشورة)، 2003.
رفعت موسى، **العمائر السكنية الباقية بمدينة القاهرة في العصر العثماني**، دراسة أثرية وثائقية، قسم الآثار الإسلامية، كلية الآثار، جامعة القاهرة، (رسالة دكتوراة غير منشورة)، 1995.
سامي أحمد عبد الحليم، **آثار الأمير قاني باي الرماح بالقاهرة، دراسة أثرية معمارية**، كلية الآثار، جامعة القاهرة، (رسالة دكتوراة غير منشورة)، 1975.
سامي عبد الحليم، **الأمير يشبك من مهدي وأعماله المعمارية بالقاهرة**، قسم الآثار الإسلامية، كلية الآداب، قسم الآثار، جامعة القاهرة، (رسالة ماجستير غير منشورة)، 1970.
سعيد محمد مصيلحي، **أدوات وأواني المطبخ المعدنية المملوكيه**، قسم الآثار الإسلامية، كلية الآثار، جامعة القاهرة، (رسالة دكتوراة

غير منشورة)، 1984.

سيف النصر أبو الفتوح، **مداخل العمائر المملوكية بالقاهرة الدينية والمدنية بين سنة 648هـ/1250م، 784هـ/1382م**، قسم الآثار الإسلامية، كلية الآثار، جامعة القاهرة، (رسالة ماجستير غير منشورة)، 1975.

شفيقة قرني، **دراسة أثرية عمرانية لشارع الصليبة بالقاهرة حتى العصر الجركسي**، قسم الآثار الإسلامية، كلية الآثار، جامعة القاهرة، (رسالة ماجستير غير منشورة)، 1993.

طارق المرسي، **الزوايا الباقية في مدينة القاهرة في العصر المملوكي**، قسم الآثار الإسلامية، كلية الآثار، جامعة القاهرة، (رسالة ماجستير غير منشورة)، 2000.

عباس كامل حلمي، **تطور المسكن المصري الإسلامي من الفتح العربي حتى العثماني**، قسم الآثار، كلية الآداب، جامعة القاهرة، (رسالة دكتوراة غير منشورة)، 1968.

عبد اللطيف إبراهيم، **دراسات تاريخية وأثرية في وثائق من عصر الغوري**، قسم الآثار الإسلامية، كلية الآداب، جامعة القاهرة، (رسالة دكتوراة غير منشورة)، 1956.

عبد المسيح عشي، **المعايير التصميمية للأفنية الداخلية في العمارة العربية**، قسم العمارة، كلية الهندسة، جامعة القاهرة، (رسالة دكتوراة غير منشورة)، 1999.

علي ماهر متولي أحمد، **أسس تصميم العمائر السكنية فى القاهرة في العصرين المملوكى والعثمانى**، كلية الآثار، جامعة القاهرة، (رسالة دكتوراة غير منشورة)، 2006.

غزوان ياغي، **المقاعد في عمائر القاهرة السكنية في العصرين المملوكي والعثماني، دراسة أثرية حضارية**، قسم الآثار الإسلامية، كلية الآثار، جامعة القاهرة، (رسالة ماجستير غير منشورة)، 1999.

محمد إبراهيم عبد العزيز عكاشة، **شارع السيوفية بمدينة القاهرة منذ نشأته وحتى نهاية العصر العثماني بمصر دراسة أثرية حضارية**، قسم الآثار الإسلامية، كلية الآداب، جامعة جنوب الوادي، (رسالة ماجستير غير منشورة)، 1999.

محمد الششتاوي، **متنزهات القاهرة في عصر سلاطين المماليك والعثمانيين**، قسم الآثار الإسلامية، كلية الآثار، جامعة القاهرة، (رسالة ماجستير منشورة بنفس العنوان)، 1994.

محمد الششتاوي، **منشآت رعاية الحيوان بالقاهرة في العصرين المملوكي والعثماني**، قسم الآثار الإسلامية، كلية الآثار، جامعة القاهرة، (رسالة دكتوراة غير منشورة)، 2001.

محمد عبد الستار، **الآثار المعمارية للسلطان برسباي بمدينة القاهرة**، قسم الآثار الإسلامية، كلية الآثار، جامعة القاهرة، (رسالة ماجستير غير منشورة)، 1977.

محمود رمضان عبد العزيز خضراوي، **أعمال الأمير رضوان أغا كتخدا الرزاز بمدينة القاهرة في العصر العثماني "دراسة أثرية معمارية"**، شعبة الآثار الإسلامية، كلية الآداب، جامعة طنطا، (رسالة ماجستير غير منشورة)، 2003.

محمود محمد فتحي الألفي، **الدور والقصور والوكالات في العصر المملوكي في القاهرة، " دراسة لبعض الأمثلة"**، قسم العمارة، كلية الهندسة، جامعة القاهرة، (رسالة ماجستير غير منشورة)، 1976.

مختار الكسباني، **تطور طرز العمارة في أعمال محمد علي الباقية بمدينة القاهرة "دراسة للقصور الملكية"**، قسم الآثار الإسلامية، كلية الآثار، جامعة القاهرة، (رسالة دكتوراة غير منشورة)، 1993.

مصطفى محمد جاب الله، **البيت الإسلامي في العصور الإسلامية المختلفة وأثره على العمارة المعاصرة في مصر**، قسم العمارة، كلية الهندسة، جامعة القاهرة، (رسالة ماجستير غير منشورة)، 1976.

مصطفى نجيب، **مدرسة الأمير كبير قرقماس وملحقاتها، دراسة أثرية معمارية**، قسم الآثار الإسلامية، كلية الآثار، جامعة القاهرة، (رسالة دكتوراة غير منشورة)، 1975.

مصطفى نجيب، **مدرسة خاير بك بباب الوزير دراسة معمارية وأثرية**، كلية الآداب، جامعة القاهرة، (رسالة ماجستير غير منشورة)، 1968.

منى السيد محمد بسيوني، **الزخارف الإسلامية وعلاقتها بالعمارة، دراسة تفصيلية لزخارف مباني العصر المملوكي**، كلية العمارة، جامعة القاهرة، (رسالة ماجستير غير منشورة)، 1999.

هبة الله محمد فتحي حسن، **الأربع والمنازل الشعبية في القاهرة في العصرين المملوكي والعثماني**، قسم الآثار الإسلامية، كلية الآثار، جامعة القاهرة، (رسالة دكتوراة غير منشورة)، 1995.

5 الدوريات

أمال العمري، **موارد المياه وتوزيعها في بعض المنشآت السلطانية بمدينة القاهرة**، مجلة كلية الأداب، سوهاج، العدد السابع، 1988.

أحمد عبد الرزاق، **الرنوك في عصر سلاطين المماليك**، مجلة الجمعية المصرية للدراسات التاريخية، مج 21، 1974.

أحمد ممدوح حمدي، **عواصمنا الإسلامية قبل القاهرة**، أبحاث الندوة الدولية لتاريخ القاهرة مارس - ابريل 1969، مطبعة دار الكتب، 1970.

تمام فاكوش، **القيم الاجتماعية وأثرها على تصميم المسكن العربي**، مجلة باسل الأسد للعلوم الهندسية (عدد خاص عن تطور المسكن العربي عبر العصور)، العدد 8، تشرين الثاني "نوفمبر"، 1979.

حسن فتحي، **القاعة العربية في المنازل القاهرية تطورها وبعض الاستعمالات الجديدة لمبادئ تصميمها**، أبحاث الندوة الدولية لتاريخ القاهرة مارس-ابريل 1969، مطبعة دار الكتب 1970.

حسني نويصر، **دراسة لأجزاء هامة من بقايا مدرسة السلطان الظاهر بيبرس البندقداري بالقاهرة 660-662هـ/1262-1263م**، مجلة كلية الآثار، العدد الرابع، مطبعة جامعة القاهرة، 1990.

حسني محمد نويصر، **عوامل مؤثرة في تخطيط المدرسة المملوكية**، مجلة جامعة المنيا، كلية الآداب، قسم التاريخ، المجلد الأول، العدد الأول، 1991.

حسني محمد نويصر، **مدرسة جركسية على نمط المدارس الجامعة "مدرسة الأمير سودون من زادة بسوق السلاح"**، مكتبة نهضة الشرق، جامعة القاهرة، 1985.

حسني محمد حسن نويصر، **مضامين شريفة بنصوص تأسيس المدرسة الأشرفية برسباي بالقاهرة "دراسة أثرية حضارية"**، مجلة المؤرخ المصري، كلية الآداب، جامعة القاهرة، يناير 1990.

خالص حسن الأشعب، **تطور البيت ودوره في تشكيل المدينة العربية "حالة الدراسة بغداد"**، مجلة باسل الأسد للعلوم الهندسية (عدد خاص عن تطور المسكن العربي عبر العصور)، العدد 8، تشرين الثاني "نوفمبر"، 1979.

ربيع حامد خليفة، **جوانب من الحياة الفنية في القاهرة العثمانية**، دراسة حول التيارات الفنية وأثرها في فنون الزخرفة المعمارية، (أبحاث ندوة تاريخ مصر الاقتصادي والاجتماعي في العصر العثماني المنعقدة بالقاهرة في 1-1992/9/3)، مجلة كلية الآداب، جامعة القاهرة، عدد 57، مركز النشر الجامعي، 1992.

سامي أحمد عبد الحليم، **الحجر المُشَهَّر: حلية معمارية بمنشآت المماليك في القاهرة**، (د.م)، ط1، 1984.

سامي أحمد عبد الحليم، **مسجد الأمير آقسنقر الناصري**، بحث في مجلة كلية الآداب، جامعة المنصورة، العدد 3-4، 1982.

سوسن سليمان يحيى، **بيت القاضي دار القضاء العالي في مصر العثمانية "دراسة وثائقية آثارية"**، ندوة قسم التاريخ الإسلامي، العدد العاشر، كلية دار العلوم، جامعة القاهرة، 1993.

عبد اللطيف إبراهيم، **نصان جديدان من وثيقة الأمير صرغتمش**، مجلة كلية الآداب، جامعة القاهرة، المجلد 28، مايو-دسمبر 1966، مطبعة جامعة القاهرة، 1971، ص143-210. ص166، تحقيق رقم 57. وكان قد نشر القسم الأول من البحث في نفس المجلة، المجلد27، مايو-دسمبر 1965، مطبعة جامعة القاهرة، 1969.

عبد اللطيف إبراهيم، **الوثائق في خدمة الآثار "العصر المملوكي"**، بحث في كتاب دراسات في الآثار الإسلامية، المنظمة العربية للتربية والثقافة والعلوم، القاهرة، 1979.

كراسات لجنة حفظ الآثار العربية، الأجزاء المعربة.

محمد حسام الدين إسماعيل، **أربع بيوت مملوكية من الوثائق العثمانية**، حوليات إسلامية، المجلد 24، مطبعة المعهد العلمي الفرنسي للآثار الشرقية، 1988.

6 المراجع الأجنبية

Abd ar-Raziq, Aḥmad. *La femme au temps des Mamelouks en Egypte*. Cairo: I.F.A.O, 1973.

Ali Ibrahim, Laila. "Middle-Class Living Units in Mamluk Cairo. Architecture and Terminology." *Art and Archaeological Research Papers* 14 (1979): 24-30.

Ali Ibrahim, Laila. "Residential Architecture in Mamluk Cairo." *Muqarnas* 2 (1984): 47-59.

d'Avennes, Prisse. *Islamic Art in Cairo*. Cairo: AUC Press, 1987.

Behrens-Abouseif, Doris. *The Arts of the Mamluks in Egypt and Syria: Evolution and Impact*. Göttingen: V&R unipress, 2012.

Behrens-Abouseif, Doris. *Azbakiyya and Its Environs from Azbak to Ismāʿīl, 1476-1879*. Supplément aux annales islamologiques. Cairo: I.F.A.O., 1985.

Behrens-Abouseif, Doris. *Cairo of the Mamluks: A History of the Architecture and Its Culture*. London: I. B. Tauris, 2007.

Behrens-Abouseif, Doris. *Islamic Architecture in Cairo: An Introduction*. Cairo: AUC Press, 1998.

Behrens-Abouseif, Doris. *The Minarets of Cairo*. Cairo: AUC Press, 1987.

Behrens-Abouseif, Doris. *The Muslim Architecture of Cairo*. Cairo: AUC Press, 1996.

Berchem, Max van. *Matériaux pour un Corpus Inscriptionum Arabicarum, I*. Egypt. Paris: Ernest Laroux, 1903), II Egypt (G. Wiet, Cairo, 1930).

Briggs, Martin S. *Mohammedan Architecture in Egypt and Palestine*. Oxford: Clarendon, 1924.

Burgoyne, Michael Hamilton. *Mamluk Jerusalem. An Architectural Study*. London: World of Islam Festival Trust on behalf of the British School of Archaeology in Jerusalem, 1987.

Comité de Conservation Des Monuments De L'art Arabé. *Procès-Verbaux des Séances*. 41 vols. Cairo: Imprimerie franco-égyptienne J. Serriére, 1882-1953.

Coste, Pascal. *Architecture arabe, ou Monuments du Kaire. Mesurés et Dessinés, de 1818 à 1825*. Paris: Typographie de Firmin Didot Frères, Imprimeurs de l'Institut de France, 1839.

Creswell, Keppel Archibald Cameron. *Early Muslim Architecture. Vol. 1. Umayyads, A.D. 622–750*. Oxford: Clarendon Press, 1969.

Creswell, Keppel Archibald Cameron. *A Brief Chronology of Muhammadan Monuments of Egypt to A.D. 1517*. Cairo: I.F.A.O., 1919.

Creswell, Keppel Archibald Cameron. *Early Muslim Architecture. Vol. 2. Early Abbasids, Ummayyads of Cordova, Aghlabids, Tulunids, and Samanids*. Oxford: Clarendon Press, 1940.

Creswell, Keppel Archibald Cameron. *The Muslim Architecture of Egypt. Vol 1. Ikhshīds and Fātimids 939–1171 A.D.* Oxford: Oxford University Press, 1952.

Creswell, Keppel Archibald Cameron. *The Muslim Architecture of Egypt. Vol. 2, Ayyubids and Bahrits Mamluks 1171–1326 A.D.* Oxford: Oxford University Press, 1959.

Dozy, Reinhart P.A. *Supplément aux dictionnaires arabes. 2 vols*. Paris: Librairie et Imprimerie Ci-devant E.-J. Brill, Librairie orientale et américaine Maisonneuve Frères, 1927.

Garcin, Jean-Claude, Maury, Bernard, Revault, Jacques, Zakariya, Mona. *Palais et maisons du Caire. Tome I. Époque mamelouke (XIIIe-XVIe siècles)*. Paris: Institut de recherches et d'études sur le monde arabe et musulman. Éditions du CNRS, 1982.

Hanna, Nelly. *An Urban History of Būlāq in the Mamluk and Ottoman Periods*. Supplément aux Annales islamologiques, cahier no. 3. Cairo: I.F.A.O., 1983.

Lézine, Alexandre. *Les Salles nobles des palais mamelouks*. Cairo: I.F.A.O., 1972.

Meinecke, Michael. *Die mamlukische Architektur in Ägypten und Syrien (648/1250 bis 923/1517). Genese, Entwicklung und Auswirkungen der mamlukischen Architektur*. Gluckstadt: Verlag J.J. Augustin, 1992.-Pauty, Edmond. Les palais et les maisons d'époque musulmane, au Caire. Cairo: I.F.A.O., 1932.

Rabbat, Nasser. *Mamluk History through Architecture: Monuments, Culture and Politics in Medieval Egypt and Syria*. I.B. Tauris, 2010.

Ravaisse, Paul. *Essai sur l'histoire et sur la topographie du Caire d'après Makrizi*. Paris: E. Leroux, 1890.

Revault, Jacques, Maury, Bernard. *Palais et maisons du Caire (du XIVe au XVIIIe siècle)*, Cairo: I.F.A.O., 1975.

Speiser, Philipp. "La restauration du palais Baštak." In *GARCIN*, Cairo: I.F.A.O., 1991, 809-826.

Walker, Paul, Yassin, Adil. "Restoration of the Bait Ar-Razzaz." *Islamic Cairo., Architectural Conservation and Urban Development of the Historic Centre.* Cairo: German Institute of Archaeology, 1980, 57-61.

Zakarya, Mona. *Deux palais du Caire médiéval. Waqfs et architecture.* Aix-en-Provence: Institut de recherches et d'études sur le mondes-arabes et musulman, Éditions du C.N.R.S., 1983.

كشاف الآثار والأماكن

كشاف الأعلام

كشاف المصطلحات